이중표

전남대학교 철학과를 졸업한 뒤 동국대학교 대학원에서
불교학 석 · 박사 학위를 취득했다. 이후 전남대학교
철학과 교수로 재직했으며, 정년 후 동 대학교
철학과 명예교수로 위촉됐다.
호남불교문화연구소 소장, 범한철학회 회장,
불교학연구회 회장을 역임했으며, 현재 불교 신행 단체인
'붓다나라'를 설립하여 포교와 교육에 힘쓰고 있다.
저서로는 『정선 디가 니까야』, 『정선 맛지마 니까야』,
『정선 앙굿따라 니까야』, 『붓다의 철학』,
『니까야로 읽는 금강경』, 『니까야로 읽는 반야심경』,
『담마빠다』, 『숫따니빠따』, 『불교란 무엇인가』,
『붓다가 깨달은 연기법』, 『근본불교』,
『현대와 불교사상』 외 여러 책이 있으며,
역서로 『붓다의 연기법과 인공지능』,
『불교와 양자역학』 등이 있다.

精選 정선 쌍윳따 니까야

Samyutta-Nikāya

이중표 역해

精選 정선 쌍윳따 니까야

Saṃyutta-Nikāya

이중표 역해

불광출판사

머리말

『니까야』를 정선(精選)하여 번역하고, 이를 엮어서 이 시대에 필요한 '불경'을 편찬하려는 생각으로 2014년 1월에 『정선 디가 니까야』를 출간하고, 2016년 1월에 『정선 맛지마 니까야』를 출간하였다. 이후 2018년 8월 전남대학교 철학과 교수직을 정년 퇴임하여 거처를 서울로 옮기고 연구실과 법당을 마련하는 등 여러 일이 겹쳐서 예상보다 늦게 『정선 쌍윳따 니까야』를 출간하게 되었다.

『쌍윳따 니까야(Saṃyutta-Nikāya)』는, '같은'의 의미를 지닌 'saṃ'과 '묶다'의 의미를 지닌 'yutta'의 합성어인 'saṃyutta'라는 말이 의미하듯이, 짧은 경(sutta)들을 같은 주제별로 묶어서 편집한 것으로 한역 『잡아함경(雜阿含經)』에 상응한다. PTS본 『쌍윳따 니까야』에는 2,889개의 경(sutta)이 있는데, 이들이 56개의 쌍윳따로 묶여서 5개의 큰 왁가(Vagga)로 분류되어 있다. 왁가란 문장 단락을 나타내는 장(章)이나 절(節)을 의미하며, 흔히 품(品)으로 한역되었다. 각각의 쌍윳따에는 작은 왁가가 있으며, 작은 왁가의 수는 모두 230개이다. 이 230개의 작은 왁가 속에 2,889개의 경(sutta)이 들어 있다.

이를 정리하면 아래와 같다.

1 『게송품(偈頌品, Sagātha-Vagga)』 11 Saṃyutta

제1 「천신(天神) 쌍윳따(Deva-Saṃyutta)」 8 vagga, 81 sutta

제2 「천자(天子) 쌍윳따(Devaputta-Saṃyutta)」 3 vagga, 30 sutta

제3 「꼬쌀라 쌍윳따(Kosala-Saṃyutta)」 3 vagga, 25 sutta

제4 「마라 쌍윳따(Māra-Saṃyutta)」 3 vagga, 25 sutta

제5 「비구니 쌍윳따(Bhikkhunī-Saṃyutta)」 1 vagga, 10 sutta

제6 「범천(梵天) 쌍윳따(Brahma-Saṃyutta)」 2 vagga, 15 sutta

제7 「바라문(婆羅門) 쌍윳따(Brāhmaṇa-Saṃyutta)」 2 vagga, 22 sutta

제8 「왕기싸 쌍윳따(Vaṅgīsa-Saṃyutta)」 1 vagga, 12 sutta

제9 「숲 쌍윳따(Vana-Saṃyutta)」 1 vagga, 14 sutta

제10 「야차(夜叉) 쌍윳따(Yakkha-Saṃyutta)」 1 vagga, 12 sutta

제11 「제석천(帝釋天) 쌍윳따(Sakka-Saṃyutta)」 3 vagga, 25 sutta

2 『인연품(因緣品, Nidāna-Vagga)』 10 Saṃyutta

제12 「인연(因緣) 쌍윳따(Nidāna-Saṃyutta)」 9 vagga, 93 sutta

제13 「이해(理解) 쌍윳따(Abhisamaya-Saṃyutta)」 1 vagga, 11 sutta

제14 「계(界) 쌍윳따(Dhātu-Saṃyutta)」 4 vagga, 39 sutta

제15 「무시이래(無始以來) 쌍윳따(Anamatagga-Saṃyutta)」 2 vagga, 20 sutta

제16 「깟싸빠 쌍윳따(Kassapa-Saṃyutta)」 1 vagga, 13 sutta

제36「느낌[受] 쌍윳따(Vedanā-Saṃyutta)」 3 vagga, 29 sutta

제37「여인(女人) 쌍윳따(Mātugāma-Saṃyutta)」 1 vagga, 34 sutta

제38「잠부카다까 쌍윳따(Jambukhādaka-Saṃyutta)」 1 vagga, 16 sutta

제39「싸만다까 쌍윳따(Sāmaṇḍaka-Saṃyutta)」 1 vagga, 16 sutta

제40「목갈라나 쌍윳따(Moggallāna-Saṃyutta)」 1 vagga, 11 sutta

제41「찟따 쌍윳따(Citta-Saṃyutta)」 1 vagga, 10 sutta

제42「촌장(村長) 쌍윳따(Gāmaṇi-Saṃyutta)」 1 vagga, 13 sutta

제43「무위(無爲) 쌍윳따(Asaṅkhata-Saṃyutta)」 2 vagga, 44 sutta

제44「무기(無記) 쌍윳따(Avyākata-Saṃyutta)」 1 vagga, 11 sutta

5 『대품(大品, Mahā-Vagga)』 12 Saṃyutta

제45「도(道) 쌍윳따(Magga-Saṃyutta)」 16 vagga, 180 sutta

제46「각지(覺支) 쌍윳따(Bojjhaṅga-Saṃyutta)」 18 vagga, 187 sutta

제47「염처(念處) 쌍윳따(Satipaṭṭhāna-Saṃyutta)」 10 vagga, 103 sutta

제48「근(根) 쌍윳따(Indriya-Saṃyutta)」 17 vagga, 185 sutta

제49「정도(正道) 쌍윳따(Sammappadhāna-Saṃyutta)」 5 vagga, 54 sutta

제50「역(力) 쌍윳따(Bala-Saṃyutta)」 10 vagga, 110 sutta

제51「여의족(如意足) 쌍윳따(Iddhipāda-Saṃyutta)」 8 vagga, 86 sutta

제52「아누룻다 쌍윳따(Anuruddha-Saṃyutta)」 2 vagga, 24 sutta

제53「선정(禪定) 쌍윳따(Jhāna-Saṃyutta)」 5 vagga, 54 sutta

제54「들숨날숨 쌍윳따(Ānāpāna-Saṃyutta)」 2 vagga, 20 sutta

제55「수다원(須陀洹) 쌍윳따(Sotāpatti-Saṃyutta)」 7 vagga, 74 sutta

제56「진리[諦] 쌍윳따(Sacca-Saṃyutta)」 11 vagga, 131 sutta

『쌍윳따 니까야』는 이렇게 복잡한 구성을 하고 있지만, 그 내용은 큰 주제를 5개의 큰 왁가(Vagga: 작은 왁가와 구별하기 위하여 대문자 V로 표기함)로 분류하여 같은 주제의 경들을 모아놓은 것이다. 56개의 쌍윳따는 각각 주제별로 경을 묶은 것이기는 하지만, 큰 왁가의 주제를 이야기하는 대상이나 방법의 차이로 인해 발생한 작은 주제들이다. 따라서 이 책에서는 56개의 쌍윳따와 230개의 작은 왁가는 무시하고, 5개의 큰 왁가를 장(章)으로 분류하였다. 2,889개의 경(sutta) 가운데는 설하는 장소와 대상만 다를 뿐 내용이 같은 경들이 많기 때문에 겹치는 경은 생략하고, 500여 개의 경을 정선(精選)하였다. 그리고 이들 가운데 합쳐도 무방한 경들은 통합하여 하나의 경으로 엮어서 399개의 경으로 편집하였다.

경의 번호는 각 장에 수록된 순서대로 붙였으며, 원전(原典)의 경 번호를 〈 〉 속에 넣었다.

예) 3.22.「비구(Bhikkhu)」〈s.22.36〉: 제3장 『온품(蘊品)』의 22번째 경 「비구(Bhikkhu)」는 원전의 제22 「온(蘊) 쌍윳따(Khandha-Saṃyutta)」 36번째 경.

여러 경을 통합하여 하나로 편집한 경은 통합한 원전의 경을 아래의 예와 같이 표시했다.

예) 4.74.「욕망(Chandena) - 객관(客觀, Bāhira)」〈s.35.167-186〉: 제4장 『입처품(入處品)』의 74번째 경 「욕망 - 객관」은 원전의 제35

「6입처(六入處) 쌍윳따(Saḷāyatana-Saṃyutta)」 167번째 「욕망 경」에서 186번째 「객관 경」까지를 통합한 경.

이렇게 총 5장으로 분류, 편집하여 정선한 각 장의 이름과 경의 수는 아래와 같다.

- 제1장 『게송품(偈頌品, Sagātha-Vagga)』 111경(sutta)
- 제2장 『인연품(因緣品, Nidāna-VaggaKhandha-Vagga)』 97경(sutta)
- 제3장 『온품(蘊品, Khandha-Vagga)』 78경 (sutta)
- 제4장 『입처품(入處品, Āyatana-Vagga)』 93경(sutta)
- 제5장 『대품(大品, Mahā-Vagga)』 20경(sutta)

제1장 『게송품』에서는 당시의 종교적 신념 속에 존재하는 여러 천신과 왕, 바라문 등 많은 인물이 등장하여 불법을 찬탄하면서 문답 형식을 통해 불교를 다른 사상과 비교하여 보여준다.

제2장 『인연품』에서는 붓다의 깨달음의 핵심인 연기(緣起)를 주제로 하는 경들을 통해서 연기를 다각적으로 설명한다.

제3장 『온품』에서는 5온(五蘊)에 관련된 경들을 통해 불교에서 일체법(一切法)으로 이야기하는 5온에 대한 이해를 보여준다.

제4장 『입처품』에서는 12입처(十二入處)에 관련된 경들을 통해 붓다가 세간의 근원, 즉 일체(一切)라고 천명하신 12입처에 대하여 설명한다.

제5장 『대품』에서는 8정도(八正道), 7각지(七覺支), 4념처(四念處) 등 소위 37도품(道品)으로 알려진 불교 수행법에 관계된 경들을 통해

열반에 이르는 구체적인 길을 보여준다.

이상과 같은 『쌍윳따 니까야』의 구성을 보면 『게송품』에서 붓다의 가르침을 찬탄하면서 통관(通觀)하고, 『인연품』에서 불교사상의 핵심이 연기라는 것을 천명한 후에, 『온품』과 『입처품』을 통해 연기하는 세간의 모습을 구체적으로 보여준다. 그리고 『대품』에서 이러한 교리에 근거하여 세간을 벗어나 열반을 성취하는 길을 상세하게 알려준다. 이를 『디가 니까야』와 『맛지마 니까야』의 내용과 비교하면, 『디가 니까야』는 당시의 외도사상을 비판하면서 불교의 입장을 드러내고, 『맛지마 니까야』는 불교 수행의 목적과 방법을 알려준다면, 『쌍윳따 니까야』는 불교의 핵심 사상과 교리, 수행법을 보여줌으로써, 불교를 이해하고 실천하여 열반에 이르는 길을 알려준다고 할 수 있다.

이 책이 나오기까지 많은 분의 노고와 도움이 있었다. 먼저 역자가 편안하게 번역할 수 있도록 연구실을 마련해 주신 보해 임성우 회장님의 후원에 감사드린다. 붓다나라 도반 여러분의 성원과 기대는 이 책을 번역하는 힘의 원천이었다. 원고의 교정은 부산의 김법영 원장님과 명지대 명예교수이신 박영배 선생님 그리고 명인 백경희 법우님께서 맡아주셨다. 책의 출판을 위해 항상 애쓰는 불광출판사 여러분께도 감사의 말씀을 드린다.

2021년 4월
붓다나라
장주선실(壯宙禪室)에서

이중표 합장

목차

2 『인연품(因緣品, Nidāna-Vagga)』

3 『온품(蘊品, Khandha-Vagga)』

4 『입처품(入處品, Āyatana-Vagga)』

5 『대품(大品, Mahā-Vagga)』

일러두기

- 니까야, 한역 경전, 큰 왁가(vagga)는 『 』, 쌍윳따, 작은 왁가, 경(sutta)은 「 」으로 표기했다.
- 원전 경 번호는 〈 〉 속에 넣었다.
- 내용의 이해를 돕기 위한 보충 설명과 요약 등은 ( ) 안에 넣었다.
- 경 제목의 빨리어 표기는 PTS본의 표기를 따랐다.
- 본문 경 제목에서 '경'은 계속 반복되므로 생략했다.
  예) '생사의 폭류 경' → '생사의 폭류'
- 4성제, 7각지, 8정도 등과 같이 수사(數詞)가 붙는 단어는 아라비아 숫자로 표기했다.

나는 이와 같이 들었습니다

1

게송품
偈頌品

Sagātha-Vagga

해제

이 품을 『게송품(偈頌品, Sagātha-Vagga)』이라고 하는 것은 모든 경이 게송을 포함하고 있기 때문이다. 『쌍윳따 니까야』는 천신(天神)이 출현하여 붓다의 성도(成道)를 찬탄하는 게송으로 시작된다. 천신들이 계속해서 출현하여 게송의 형식을 빌려 해탈의 의미를 천명하고, 삼보(三寶)를 찬탄한다. 이어서 천자(天子), 왕(王), 바라문(婆羅門), 마라, 범천, 야차, 제석천 등 당시 인도 사회를 구성하고 있는 각양각색의 인물과 신들이 등장하여 대화의 형식으로 당시의 종교 사상과 대비되는 불교의 특징을 다각적으로 보여준다.

제1「천신(天神) 쌍윳따(Deva-Saṃyutta)」: 천신들을 등장시킴으로써 붓다가 인간뿐만이 아니라 천신들까지도 스승으로 존경하는 위대한 성자, 즉 천인사(天人師)라는 것을 넌지시 보여준다. 천신들이 스승으로 존경하는 위대한 성자를 인간이 어찌 따르지 않을 것인가. 『쌍윳따 니까야』는 이렇게 천신들이 붓다의 깨달음을 찬탄하고 찬송하게 함으로써 이 세상에 새로운 시대가 열리고 있음을 선언하면서 시작된다.

맨 처음 등장한 천신은 붓다를 '스승님'이라고 부르면서 어떻게 생사를 벗어나 열반을 성취했는지 묻는다. 붓다는 머물지 않고 애쓰지 않고 생사의 폭류(暴流)를 건넜다고 대답한다. 머물지 않고 애쓰지 않았다는 말은 무슨 의미일까? 이 말은 붓다가 당시의 수행법을 비판하고 불교의 수행법을 천명한 것이다. 당시 바라문교에서는 생사를 벗어나 열반을 성취하기 위해서 선정(禪定)을 닦아야 한다고 주장했고, 바라문교를 비판하고 새롭게 등장한 사문(沙門)들 가운데 대부분은 고행(苦行)을 통해서 생사를 벗어날 수 있다고 주장했다. 주지하듯이 싯다르타는 출가하여 알라라 깔라마(Āḷāra Kālāma)와 웃다까 라마뿟따(Uddaka Rāmaputta)를 찾아가서 선정을 닦아 무소유처(無所有處)와 비유상비무상처(非有想非無想處)에 도달하지만, 현실에서 도피하여 선정에 빠지는 것에 만족하지 못하고, 우루웰라(Uruvela)의 고행림(苦行林)으로 가서 고행(苦行)을 닦는다. 그러나 고행은 헛되이 몸만 괴롭힐 뿐이라는 것을 깨닫고 보리수 그늘에서 반야(般若)로 12연기를 통찰하여 깨달음을 성취한다. 머물지 않았다는 것은 현실에서 도피하여 선정 가운데 머물지 않았다는 것이고, 애쓰지 않았다는 것은 혼란스러울 뿐인 고행을 애써서 하지 않았다는 것이다. 그렇다면 붓다는 어떻게 열반을 성취했는가? 이 경은 붓다가 선정에 빠지지 않고, 고행을 버리고, 세간의 애착에서 벗어남으로써 열반을 성취했다고 이야기한다.

「천신 쌍윳따」의 첫 게송은 드디어 이 세상에 진정한 열반을 성취한 성자가 나타났음을 천명하면서, 열반에 도달하는 바른길은 선정 수행이나 고행이 아니라 애착을 버리는 일이라고 다음과 같이 선언한다.

> 마침내 나는 보았네!
> 반열반(般涅槃)을 성취한 바라문을.
> 머물지 않고, 애쓰지 않고,
> 세간(世間)의 애착에서 벗어났다네!

제2「천자(天子) 쌍윳따(Devaputta-Saṃyutta)」:「천자 쌍윳따」에는 천자(天子, Devaputta)들이 등장한다. 천자는 천신(天神, Deva)의 아들이라는 의미이다. 천신과 천자의 차이는 분명하지 않지만, 천자에 대한 언급에서,

천자가 되기 이전에 인간이었음을 이야기하는 경들이 있기 때문에 인간 세상에서 죽은 후에 천상에 태어난 어린 천신을 천자라고 표현한 것으로 생각된다.

아무튼 「천자 쌍윳따」에는 여러 천자가 등장하는데, 대부분은 삼보를 찬양하는 「천신 쌍윳따」의 내용과 크게 다르지 않다. 따라서 이 책에서는 「천자 쌍윳따」의 대부분을 생략하고 불교의 특징을 잘 보여주는 아래의 3개의 경만을 선정했다.

1.62. 「쑤브라마(Subrahmā) 경」〈s.2.17〉은 걱정과 두려움에서 벗어나 행복하게 사는 길은 올바른 수행뿐임을 보여주고, 1.63. 「까꾸다(Kakudho) 경」〈s.2.18〉은 올바른 수행을 통해 기쁨과 고통에 동요하지 않고 세간의 애착에서 벗어나는 것이 진정한 열반임을 보여준다. 그렇다면 이와 같은 열반의 세계는 어디에 있는가? 1.64. 「로히따(Rohito) 경」〈s.2.26〉은 다음과 같은 게송을 통해 생사윤회의 괴로움이 끝나는 열반은 생사윤회의 세간을 벗어난 다른 공간의 세계에 있는 것이 아니라, 청정한 수행을 완성하여 평온을 얻을 때 지금 여기에서 성취된다는 것을 보여준다.

걸어서는 결코
세간의 끝에 도달할 수 없지만,
세간의 끝에 도달하지 않으면
괴로움에서 벗어날 수 없다네.
그러므로 진실로 세간을 아는,
세간의 끝에 도달하여 청정한 수행[梵行]을 완성한,

세간의 끝에서 평온을 얻은 현자(賢者)는
이 세간도, 저 세간도 바라지 않는다네.

제3「꼬쌀라 쌍윳따(Kosala-Saṃyutta)」: 꼬쌀라(Kosala)는 싸왓티(Sāvatthī, 舍衛城)를 수도로 하는 붓다 당시 인도에서 가장 막강한 나라 중 하나이다. 붓다는 싸왓티의 제따와나(Jetavana) 아나타삔디까(Anāthapiṇḍika) 사원에 머물면서 많은 법문을 설하셨다.「꼬쌀라 쌍윳따」에는 꼬쌀라의 빠쎄나디(Pasenadi)왕이 주인공으로 등장한다.『게송품』은「천신 쌍윳따」와「천자 쌍윳따」에서 붓다가 천신들의 찬탄과 존중을 받는 위대한 스승이라는 것을 보여준 다음「꼬쌀라 쌍윳따」를 통해서 당시 가장 강력한 나라인 꼬쌀라의 빠쎄나디왕도 붓다를 스승으로 삼아 가르침을 받고 있음을 보여준다.

「꼬쌀라 쌍윳따」의 제1경인 1.65.「젊은이(Daharo) 경」〈s.3.1〉에서 꼬쌀라의 왕 빠쎄나디는 젊은 수행자 고따마(Gotama)가 정각(正覺)을 성취하여 붓다가 되었다는 사실을 받아들이지 못하고, "고따마 존자께서는 위없는 바른 깨달음을 원만하게 깨달았다고 선언하십니까?"라고 묻는다. 호칭도 '세존'이 아니라 '고따마'다. 이것은 아직 빠쎄나디왕이 붓다를 인정하지 않고 있음을 보여준다.「꼬쌀라 쌍윳따」는 이렇게 35세의 젊은 붓다를 의심하는 세간의 눈초리를 최강국의 왕 빠쎄나디를 통해 보여준다. 붓다는 "위없는 바른 깨달음을 원만하게 깨달았다고 한다면, 그것은 바로 나를 두고 하는 말일 것이다. 나는 진실로 위없는 바른 깨달음을 원만하게 깨달았다"라고 당당하게 선언한다.「꼬쌀라 쌍윳따」는 이렇게 제1경에서 인간 세상에 젊은 붓다가 출현했음을 알리면서 시작된다.

젊은 수행자가 진정한 붓다임을 확인한 빠쎄나디왕은 이후부터 붓다를 '세존'이라고 부른다. 그리고 「꼬쌀라 쌍윳따」의 제3경인 1.66. 「왕(Rājā) 경」〈s.3.3〉에서 "세존이시여, 태어난 자가 늙음과 죽음을 피할 수 있습니까?"라고 묻는다. 당시의 바라문교를 비롯한 종교 사상가들은 생사(生死)를 벗어나 죽지 않는 세계가 있다고 가르쳤다. 불교에서도 생사에서 해탈할 것을 가르친다. 그런데 이 경에서 붓다는 "늙음과 죽음은 그 누구도 피할 수 없다. 완전한 지혜에 의해 해탈하고, 번뇌[漏]가 멸진한 아라한들의 몸도 파괴되고 버려진다"라고 이야기한다. 불교에서 가르치는 생사에서의 해탈은 죽지 않고 영원히 사는 것을 의미하는 게 아님을 이 경은 보여주고 있다.

이후 「꼬쌀라 쌍윳따」는 빠쎄나디왕과 붓다의 문답을 통해 당시 인도 상류사회의 관심사들과 이에 대한 붓다의 가르침을 보여준다. 당시의 세인(世人)들은 사람이 죽으면 다음 세상에 가서 태어난다고 믿었다. 붓다는 이러한 세속 사람들에게는, 이해하기 어려운 무아의 깨달음을 성취하는 길을 가르치기보다는, 그러한 믿음 속에서 바르게 사는 길을 가르쳤다. 「꼬쌀라 쌍윳따」는 빠쎄나디왕을 통해 이러한 속인들이 세속을 살아가는 바른길을 보여준다. 「꼬쌀라 쌍윳따」 제22경인 1.82. 「할머니(Ayyakā) 경」〈s.3.22〉의 아래 게송은 「꼬쌀라 쌍윳따」의 내용을 축약해서 보여준다.

모든 중생은 죽는다네.
수명(壽命)은 죽음이 끝이라네.

그들은 업에 따라가게 된다네.
복(福)과 죄(罪)의 과보를 받는다네.
죄를 지으면 지옥에 가고,
복을 지으면 좋은 곳에 간다네.

그러므로 좋은 일을 해야 한다네.
후세(後世)의 부(富)를 쌓아야 한다네.
다음 세상에서는 공덕이
살아가는 것들의 의지가 된다네.

제4「마라 쌍윳따(Māra-Saṃyutta)」: 마왕(魔王) 파순(波旬)으로 한역되는 마라(Māra) 빠삐만(Pāpimant)은 초기경전에 자주 등장하는 죽음의 신이다. 그렇다면 초기경전에서 '마라'라고 부르는 것의 실체는 무엇인가? 제23「라다(Rādha) 쌍윳따」의 제1경인 3.68.「마라(Māro) 경」〈s.23.1〉에서는 "몸의 형색[色]이나 느끼는 마음[受], 생각하는 마음[想], 유위를 조작하는 행위[行]들, 분별하는 마음[識]을 마라라고 보고, 살해자라고 보고, 죽는 자라고 보고, 질병이라고 보고, 종기라고 보고, 화살이라고 보고, 재앙이라고 보고, 재앙의 실체라고 보라"고 이야기한다. 이와 같이 초기경전에 등장하는 죽음의 신 마라는 5온(五蘊)을 자아(自我)로 집착하는 중생의 애착심에 대한 은유(隱喩)이다.「마라 쌍윳따」의 제1경인 1.84.「고행(苦行, Tapo kammañ ca) 경」〈s.4.1〉에서 마라는 고행을 그만두고 깨달음을 성취한 붓다 앞에 나타나 고행을 멈추지 말라고 아래의 게송으로 유혹한다.

고행으로 사람들은 청정해지는데
고행을 내던지다니
부정(不淨)한 것을 청정하다고 생각하여
청정한 길에서 벗어났도다.

그러자 붓다는 마라 빠삐만에게 아래의 게송으로 응답한다.

죽지 않기[不死] 위해 하는 어떤 고행도
무의미한 수행임을 알고 나서,
밀림에서 노와 타(舵)가 쓸모없듯이
백해무익(百害無益)함을 알고 나서,
계율과 선정과 지혜를 닦아,
깨달음에 이르는 길을 닦아,
나는 최상의 청정을 얻었다네.
죽음의 신이여, 나는 이미 너를 죽였다네.

이것은 붓다가 정각(正覺)을 이루기 전에 고행을 포기하면서 많은 갈등을 겪었음을 보여준다. 그리고 이 갈등의 극복을 마라를 죽인 것으로 표현하고 있다. 이와 같이 초기경전에서 마라는 항상 심적으로 갈등하는 수행자 앞에 나타나는데, 「마라 쌍윳따」에서는 마라가 붓다 앞에 등장하여 붓다가 갈등한 문제들을 보여준다.

예를 들어, 1.88. 「통치(統治, Rajjaṃ) 경」〈s.4.20〉은 붓다가 어떻게 해야 이 세상이 평화롭고 행복하게 될 것인가의 문제로 고심했음을 보여준다. 붓다가 '때리지 않고, 죽이지 않고, 정복하지 않고, 약탈하지 않고, 슬픔이 없고, 근심이 없이, 법(法)으로 통치(統治)할 수는 없는 것일까?'라는 생각을 할 때, 마라 빠삐만이 등장하여 "세존이시여, 세존께서 통치하십시오. 선서(善逝)께서 죽이지 않고, 학살하지 않고, 정복하지 않고, 약탈하지 않고, 슬픔이 없고, 근심이 없이, 법으로 통치하십시오"라고 부추긴다. 붓다가 그렇게 말하는 이유를 묻자, 마라는 "세존께서 원하여 산들의 왕 설산(雪山)을 황금으로 만들 결심을 하면, 설산은 황금산이 될 것입니다"라고 응답한다. 이것은 붓다가 출가하여 깨달음을 얻고자 한 목적이 개인적인 괴로움의 극복이 아니라 사회적인 평화와 행복이라는 것을 보여준다. 그리고 붓다는 이 세상을 근심 없는 세상으로 만들기 위해서 진정으로 필요한 것은 무엇인지 고심했으며, '그것은 설산과 같은 크기의 황금, 즉 물질적인 풍요가 아닐까?'라고 갈등했음을 마라를 통해 보여주고 있다. 그렇지만 붓다는 재물의 소유가 세간의 걱정의 근원임을 확신하고 이 갈등에서 벗어났음을 아래의 게송이 보여준다.

황금으로 된 산도
온통 순금으로 된 산도
그 곱절도 한 사람을 만족시킬 수 없다네.
이와 같이 알고 평정심을 지녀야 한다네.

괴로움의 근원을 본 사람이
어찌 감각적 쾌락으로 기울겠는가.
소유(所有)는 세간의 걱정임을 알고

그것을 제어하는 법을 배워야 한다네.

제5「비구니 쌍윳따(Bhikkhunī-Saṃyutta)」: 앞에서 언급했듯이 마라는 항상 심적으로 갈등하는 수행자 앞에 나타나는데,「비구니 쌍윳따」는 감각적 쾌락과 수행 사이에서 갈등하는 알라위까(Āḷavikā) 비구니의 이야기를 담은 1.90.「알라위까(Āḷavikā) 경」〈s.5.1〉으로 시작된다. 숲에서 수행하는 알라위까 비구니 앞에 마라가 등장하여 한편으로는 위협하고 한편으로는 유혹하면서 게송을 읊는다.

세간에는 출리(出離)가 없다네.
왜 원리(遠離)수행을 하려 하는가?
감각적 쾌락을 즐겨라!
뒷날 후회하지 말라!

숲속에 들어가서 세간을 벗어나 열반을 구하여 수행하는 알라위까 비구니에게 '만약에 세간을 벗어날 수 있는 길이 없다면 어떡할까? 차라리 감각적 쾌락을 즐기는 것이 뒷날 후회하지 않는 일이 아닐까?'라는 생각이 엄습한다. 이러한 잡념이 마라 빠삐만의 모습으로 나타난 것이다. 알라위까 비구니는 이것이 우리를 죽음의 공포로 내모는 잡념이라는 것을 깨닫고 다음과 같이 노래한다.

세간에는 출리(出離)가 있다네.
나는 반야로써 잘 도달했다네.

게으른 친구 빠삐만이여,
그대는 그 경지를 알지 못한다네.

감각적 욕망은 칼과 창 같은 것.
5온(五蘊)은 칼질하는 도마 같은 것.
그대가 감각적 쾌락이라고 부르는 것이
나에게는 혐오스러운 것이라네.

「비구니 쌍윳따」는 이와 같이 여인의 몸으로 수행하는 비구니들이 갈등을 극복하는 모습을 마라를 등장시켜 극적으로 묘사한다. 그 대표가 되는 것이 1.91. 「쏘마(Somā) 경」〈s.5.2〉이다. 탁발한 음식으로 식사를 하고 숲에서 휴식을 취하는 쏘마 비구니에게 마라가 다가와서 말을 건다.

선인(仙人)들이나 성취할 수 있는
그 경지는 도달하기 어렵다네.
여인의 천박한 지혜로는
도달할 수가 없다네.

대승불교에서조차 여인은 성불(成佛)할 수 없다는 생각이 만연했다는 것을 생각해보면, 남녀의 차별이 극심하던 시대에 여인으로 출가하여 수행하는 비구니들에게 '과연 여인의 몸으로 열반을 성취할 수 있을 것인가?'라는 의구심이 일어나는 것은 당연한 일일 것이다. 쏘마 비구니는 이런 차별된 생각이 우리를 고통으로 내모는 마라라고 확신하고 다음과 같이 노래한다.

마음이 삼매에 잘 들어가고
지혜가 잘 드러나서
바르게 법을 통찰하는데
여인이면 무엇이 어떠하리.

나는 여자다, 나는 남자다,
나는 누구다.
이런 생각을 하는 사람을
마라라고 말할 수 있다네.

이와 같이 「비구니 쌍윳따」는 아들을 잃고 실성했다가 붓다를 만나 출가한 고따미(Gotamī) 비구니, 젊고 아름다운 위자야(Vijayā) 비구니와 우빨라완나(Uppalavaṇṇā) 비구니 등, 당시의 많은 비구니들이 여성 수행자로서 갖게 된 갈등을 어떤 마음가짐으로 극복했는지를 감동적으로 보여준다.

제6 「범천(梵天) 쌍윳따(Brahma-Saṃyutta)」: 범천(梵天, Brahman)은 바라문교에서 우주를 창조한 창조신으로 추앙하는 최고의 신이며, 범천의 세계가 곧 불사(不死)의 세계이며, 해탈의 세계다. 그래서 생사를 초월하는 종교적 수행을 'brahmacariya, 범행(梵行)', 즉 '범천(梵天)으로 가는 수행'이라고 부르며, 붓다도 불교 수행을 'brahmacariya, 범행(梵行)'

이라고 불렀다. 초기경전에서는 이러한 범천을 붓다가 정각을 성취하는 자리에 등장시켜 설법을 포기하려는 붓다에게 설법을 간청한 것으로 묘사한다.

붓다 당시의 인도 사회는 바라문교가 지배하고 있었다. 그리고 그 정점에 범천이 있었다. 그런데 그 범천이 붓다의 출현을 반기고, 설법을 권청한다는 것은 무엇을 의미하는가? 이것은 붓다의 출현으로 바라문교의 시대는 가고, 붓다의 가르침이 세상의 빛이 되는 새로운 시대가 왔음을 선언한 것이다. 「범천 쌍윳따」는 이렇게 범천이 붓다에게 자신이 차지하고 있던 자리를 내어주는 모습으로 시작된다. 1.100. 「청원(請願, Āyācanaṃ) 경」〈s.6.1〉에서 붓다는 심오하고 깨닫기 어려운 연기의 도리를 다른 사람들이 이해하지 못할 것이라고 생각하여 설법을 포기하려고 한다. 이때 범천이 이를 알고 다음과 같이 설법을 청원한다.

이전에 마가다(Magadha)에는
불순한 자들이 생각해낸 불결(不潔)한 가르침이 있었으니,
불사(不死)의 문을 여소서!
순결하신 분이 깨달은 진리[法]를 듣게 하소서!

산꼭대기 바위 위에 서서
두루 사람들을 살펴보듯이
그와 같이 진리의 궁전에 올라
보안(普眼)을 지닌 현명하신 슬픔을 여읜 분이여,
태어남과 늙음의 지배를 받는

슬픔에 빠진 사람들을 굽어 살펴주옵소서!

일어나소서! 전쟁에서 승리한 영웅이여!
세상을 돌아다니소서! 빚 없는 대상(隊商)의 지도자여!
진리를 가르치소서! 세존이시여!
이해하는 자들이 있을 것입니다.

범천의 청법(請法)을 받아들인 붓다는 다음과 같이 노래한다.

그들에게 불사(不死)의 문이 열렸나니,
귀 있는 자, 헛된 신앙에서 벗어날지어다.
범천이여, 나는 무익하다는 생각에서
고상하고 승묘한 진리[法]를
인간들 가운데서 설하지 않았노라.

불사(不死)는 '죽는다'는 의미의 'mara'에 부정 접두사 'a'가 결합한 'amara'의 번역이다. 바라문교에서 'amara'는 그곳에 태어나면 죽지 않는 범천의 세계를 의미한다. 범천의 권청을 받아들인 붓다는 이제야 진정으로 불사의 문이 열렸음을 선언하면서, 이전의 신앙을 헛된 신앙으로 규정한다. 붓다는 자신이 깨달은 진리를 가르칠 테니 귀 있는 자는 와서 듣고 헛된 신앙에서 벗어나라고 선언하고 있는 것이다.

그렇다면 바라문교라는 헛된 신앙을 버리고 무엇을 의지하여 살아가야 하는가? 이 물음에 대한 답이 1.101.「숭배(崇拜, Gāravo) 경」

〈s.6.2〉에 있다. 붓다가 정각을 성취한 후에 '숭배하지 않고, 순종하지 않고 살아가는 것은 괴롭다. 나는 어떤 사문이나 바라문을 공경하고 숭배하고 의지하면서 살아가면 좋을까?'라고 생각하다가 '나는 내가 깨달은 이 진리[法]를 공경하고 숭배하고 의지하면서 사는 것이 좋겠다'라고 결심하자, 싸함빠띠 범천이 이를 알고 붓다 앞에 나타나서 한쪽 어깨에 상의를 걸치고, 오른쪽 무릎을 꿇고, 세존을 향해 합장 공경하고 다음과 같이 노래한다.

과거의 부처님들
미래의 부처님들
많은 이의 슬픔을 없애주시는
현재의 부처님.

모두가 정법(正法)을 숭배하며
살아가셨고, 살아가시며,
앞으로도 살아가실 것이니,
이것이 깨달으신 분들의
마땅한 도리[法性, buddhānaṃ dhammatā]라네.

그러므로 자신의 이익을 위하여
위대한 삶(mahattaṃ)을 소망하는 자들은
정법을 숭배해야 한다네.
부처님의 가르침을 명심해야 한다네.

이와 같이 「범천 쌍윳따」는 범천을 등장시켜 범천을 신앙하는 당시의 세인들에게 이제는 범천에 대한 헛된 신앙을 버리고 붓다가 깨달은 정법(正法)에 의지해 살아갈 것을 역설한다. 이 경에서 주목할 것은 'buddhānaṃ dhammatā'라는 말이 등장한다는 점이다. 이 말은 불성(佛性), 또는 법성(法性)으로 번역할 수 있는데, 이 말이 『니까야』에 나타난다는 것은 대승불교에서 가장 중요한 개념으로 인식되는 불성이나 법성이라는 개념이 초기불교 시대에 이미 사용되고 있었음을 시사한다.

범천은 이와 같이 헛된 신앙에서 벗어나 붓다의 참된 가르침에 귀를 기울이라는 메시지의 전달자다. 우리는 이러한 범천의 모습을 1.102. 「브라마데와(Brahmadevo) 경」〈s.6.3〉에서도 확인할 수 있다. 붓다의 제자가 되어 아라한이 된 브라마데와(Brahmadeva) 존자의 어머니는 아들이 자신의 집에 탁발을 왔는데, 이를 무시하고 여전히 범천에게 일상적인 헌공(獻供)을 하고 있었다. 이것을 본 범천이 브라마데와 존자의 어머니 앞에 나타나 다음과 같이 각성시킨다.

> 바라문 여인이여! 그대가 날마다 헌공을 올리는
> 범천 세계는 먼 곳에 있다네.
> 바라문 여인이여! 범천은 그런 음식을 먹지 않는다네.
> 알지도 못하면서 어찌하여 범천의 도(道)를 중얼대는가?
> 바라문 여인이여! 이 사람은 그대의 브라마데와라네.
> 집착을 벗어난 천신(天神) 중의 천신이 되었다네.
> 다른 사람을 부양하지 않는 무소유의 비구라네.
> 그가 지금 탁발하러 그대 집에 들어왔다네.

… (중략) …

(번뇌의) 군대를 물리쳐서 마음이 고요한 분,
길들인 큰 코끼리[龍象]처럼 침착하게 걸어가네.
계행(戒行)이 훌륭하고 마음이 잘 해탈한 비구,
그대가 가장 먼저 올리는 공양은 마땅히 그분이 받아야 하리.

바라문 여인이여! 주저하지 말고 확신을 가지고
공양받아 마땅한 분에게 공양을 올려라!
생사의 폭류를 건넌 성자(聖者)를 보고,
미래의 행복을 위해 공덕을 지어라!

범천이 자신에게 헌공을 올리는 사람에게 이를 저지하고 붓다의 가르침에 의해 아라한이 된 비구에게 공양을 올리라고 노래하는 이 게송은 이제 붓다의 제자들이 세간의 공양을 받는 새로운 시대가 열렸음을 이야기한 것이다.

제7 「바라문 쌍윳따(Brāhmaṇa-Saṃyutta)」: 당시의 바라문교 사제인 바라문들이 등장하는 「바라문 쌍윳따」는 붓다의 말을 논파하러 갔다가 오히려 붓다의 제자가 되어 아라한이 된 바라문의 이야기를 담고 있는 1.103. 「다난자니(Dhanañjanī) 경」〈s.7.1〉으로 시작된다. 당시의 가장 유명한 가문인 바라드와자 가문의 바라문은 자신의 가문의 여인 다난자니(Dhanañjanī)가 붓다에 귀의한 후에, 매번 밥상을 차리고 나면, '아라한

(阿羅漢)이시며 등정각(等正覺)이신 그분, 세존께 귀의합니다(namo tassa Bhagavato arahato sammāsambuddhassa)'라고 세 번씩 외우는 것을 듣는다. 그는 이를 창피하게 여기고 화가 나서 붓다를 찾아가서 묻는다.

무엇을 끊어야 편히 자나요?
무엇을 끊어야 슬프지 않나요?
하나를 죽여야 한다면,
고따마여! 당신은 무엇을 죽이겠습니까?

이 게송은 다난자니를 교화하여 불교에 귀의시킨 붓다에 대해 바라드와자 가문의 바라문이 죽이고 싶을 정도로 분노하고 있음을 보여준다. 그 바라문은 '나는 고따마 당신 때문에 잠을 이루지 못하고 슬퍼하고 있다. 만약에 단 하나만을 죽여야 한다면, 나는 고따마 당신을 죽이겠다'라고 말하고 있는 것이다. 이러한 바라문의 마음을 알아차린 붓다는 이렇게 노래한다.

분노를 끊어야 편히 잔다오.
분노를 끊어야 슬프지 않다오.
분노는 처음은 달콤하지만,
바라문이여, 끝에는 독이 있다오.
분노를 죽이면 성자들은 칭찬한다오.
그것을 끊으면 슬프지 않다오.

바라드와자 바라문은 붓다가 자신의 마음을 꿰뚫어 보고 있음을 알고, 붓다에게 출가하여 구족계를 받고 아라한이 된다. 「바라문 쌍윳따」는 이렇게 바라문들에게 새로운 붓다의 출현에 분노하지 말고, 붓다의 가르침에 따라 진정한 아라한이 될 것을 권하고 있다.

이어지는 1.104. 「욕쟁이(Akkosa) 경」〈s.7.2〉에는 바라드와자 가문의 바라문이 출가했다는 말을 듣고 붓다를 찾아가 거친 말로 욕하며 비난하는 바라문이 등장한다. 심한 욕설을 묵묵히 듣고 나서, 붓다는 그에게 묻는다. "바라문이여, 만약에 손님이 당신이 대접한 음식을 받지 않으면, 그 음식은 누구의 것이 됩니까?" 바라문이 "고따마 존자여, 만약에 손님이 나에게서 받지 않으면, 그 음식은 나의 것이 됩니다"라고 대답하자 붓다는 이렇게 노래한다.

억제되어 분노가 없는
평온한 삶을 사는 사람에게,
올바른 지혜로 해탈한 고요한 사람에게
어찌 분노가 있겠는가?

성내는 사람에게 성내는 사람은
그 사람이 더 나쁜 사람이라네.
성내는 사람에게 성내지 않는 사람은
이기기 어려운 싸움에서 승리하는 것이라네.

다른 사람이 화난 것을 알아차리고

주의집중하여 진정하는 사람은
나에게 그리고 남에게,
둘에게 이익을 준다네.

자신도 치유하고 남도 치유하는,
둘을 모두 치유하는 사람을
진리에 무지한 사람들은
바보라고 생각한다네.

이 가르침을 듣고 욕쟁이 바라드와자 바라문은 세존 앞으로 출가하여 구족계를 받고 아라한이 된다.

1.105.「쑷디까(Suddhika) 경」〈s.7.7〉에서는 "크샤트리아든 바라문이든 바이샤든 수드라든 불가촉천민이든 열심히 정진하고, 스스로 노력하고, 끊임없이 꿋꿋하게 나아가면 누구나 최상의 청정에 이른다"고 말함으로써 당시의 카스트에 의한 차별을 타파하며, 1.106.「쑨다리까(Sundarika) 경」〈s.7.9〉에서는 "나는 장작 태우기를 포기하고 안으로 불을 지핀다네. 불꽃은 항상 타오르고, 마음은 항상 삼매에 들어 있다네. 나는 청정한 수행[梵行]을 살아가는 아라한이라네"라고 노래하여 바라문교의 제사를 부정하고, 안으로 자신의 마음을 살피는 청정한 수행을 강조한다.

1.107.「까씨(Kasi) 경」〈s.7.11〉은 붓다를 무위도식하는 사람이라고 비판하는 바라문에 대한 붓다의 반박을 보여준다. 붓다가 탁발하러 오자 "밭을 갈고, 씨를 뿌린 후에 먹으세요"라고 말하며 음식 주기를 거

부하는 바라문에게, 붓다는 "나도 밭을 갈고, 씨를 뿌린다. 나도 밭을 갈고, 씨를 뿌린 후에 먹는다"라고 응수하면서 다음과 같이 노래한다.

믿음은 씨앗, 수행은 비,
통찰지[般若]는 나의 멍에와 쟁기,
부끄러움은 끌채, 마음은 멍에끈,
주의집중은 나의 보습과 회초리.

몸가짐을 조심하고, 말을 조심하고,
음식은 양에 맞게 절제하며
진리로 잡초를 베어낸다네.
온화함은 나의 휴식이라네.

지고의 행복[瑜伽安穩]을 실어 나르는,
정진(精進)은 나의 짐을 진 소.
물러서지 않고 나아간다네.
그가 간 곳에는 걱정이 없다네.
내 농사는 이와 같이 짓는다네.
이 농사의 결실은 불사(不死)라네.
이 농사를 지으면
일체의 괴로움을 벗어난다네.

이러한 붓다의 대응에 "고따마 존자여, 음식을 드십시오. 농사를 지어서 불사(不死)의 결실을 거두는 고따마 존자가 진정한 농부입니다"라고 음식을 준다. 그러나 붓다는 그 음식을 받지 않고 다음과 같이 노래한다.

> 게송을 노래하고 받은 음식을 나는 먹을 수 없다네.
> 바라문이여, 그것은 바르게 보는 자의 법도(法道)가 아니라네.
> 게송을 노래한 품삯을 깨달은 사람들은 거절한다네.
> 바라문이여, 그런 행실이 법도에 알맞다네.
>
> 번뇌가 소멸하고, 악행이 멸진한,
> 독존(獨存)에 이른 위대한 선인(仙人)에게
> 다른 방법으로, 먹을 것과 마실 것으로 공양하시오!
> 그것이 복을 구하는 밭[福田]이라오.

이 게송이 의미하는 바는 수행자는 어떤 대가도 바라지 않고 법을 설해야 한다는 것이다. 수행자의 설법은 생계가 아니라는 것이다. 승려나 목사, 신부를 성직자라고 부른다. '성직자'는 '성스러운 직업에 종사하는 자'라는 의미이다. 그런데 이 경에서 붓다는 진리를 바르게 보고 살아가는 '수행자'는 '직업에 종사하는 자'가 아님을 역설하고 있다. 참된 수행자는 설법의 대가로 생계를 이어가는 직업인이 아니라, 아무것도 소유하지 않고, 바라지 않고, 걸식하는 무직의 수행자[bhikkhu, 比丘]라는 것이다. 그리고 이런 수행자에게 아무런 대가도 바라지 않고 공양하는 것이 진정한 복전(福田)이라고 말한다.

이와 같이 「바라문 쌍윳따」는 바라문들과 관련된 경들을 통해 붓다의 출현으로 바라문교의 시대는 가고, 붓다의 가르침이 세상의 빛이 되는 새로운 시대가 왔으니 모든 바라문은 붓다의 가르침에 따르라고 역설한다.

제8 「왕기싸 쌍윳따(Vaṅgīsa-Saṃyutta) : 「왕기싸 쌍윳따」는 왕기싸라는 비구와 관련된 12개의 경을 모은 것으로서, 젊은 수행자 왕기싸가 욕정, 교만 등의 번뇌를 극복하는 이야기를 담고 있는데, 유사한 내용이 다른 경에도 자주 나오기 때문에 이 책에서는 모두 생략했다.

제9 「숲 쌍윳따(Vana-Saṃyutta)」: 「숲 쌍윳따」에는 숲속에서 수행하는 비구와 관련된 12개의 경이 있다. 그 내용은 숲속에서 수행하다 나태해진 비구에게 숲의 신이 나타나 수행을 독려하는 이야기다. 이 책에서는 1.108. 「일깨움(Upaṭṭhāna) 경」〈s.9.2〉, 1.109. 「깟싸빠곳따(Kassapagotto) 경」〈s.9.3〉, 1.110. 「홍련(紅蓮, Paduma-puppha) 경」〈s.9.14〉 등 3개의 경을 선정했다.

제10 「야차(夜叉) 쌍윳따(Yakkha-Saṃyutta)」: 야차는 인도사람들이 인간의 피를 먹고 산다고 생각하는 추악하게 생긴 악귀(惡鬼)다. 불교에서는 이 악귀가 붓다를 만나 불법을 수호하는 착한 수호신이 되어 인왕(仁王), 또는 금강역사(金剛力士)로 불리게 된다. 「야차 쌍윳따」는 이러한 야차가 주인공이 되어 이루어진 12개의 경이 실려 있다. 『쌍윳따 니까야』에서 뒷부분에 「야차 쌍윳따」를 배치한 것은 무서운 악귀조차도 불법을 만나면 착하고 지혜롭게 된다는 것을 이야기하려는 의도라고 생각된다.

붓다 당시에는 사람들이 야차가 실재한다고 믿었겠지만, 현대인들에게는 관심의 대상이 되지 못하기 때문에 이 책에서는 인간의 몸이 자궁에 탁태(托胎)하여 성장하는 과정을 이야기하는 1.111.「인다까(Indako) 경」〈s.10.1〉 하나만을 선정했다.

제11「제석천(帝釋天) 쌍윳따(Sakka-Saṃyutta)」: 'Sakka'는 제석천왕(帝釋天王)의 이름이다.「제석천 쌍윳따」에는 인도인들이 착한 신이라고 믿고 있는 제석천과 투쟁의 신이라고 믿고 있는 아수라천(阿修羅天)과의 전쟁에 대한 10개의 경과 제석천이 하늘 세계의 제왕이 된 전생의 인연 등, 제석천의 선행에 대한 이야기를 담은 15개의 경이 있다. 그렇지만 그 내용이 현실성이 없거나 다른 경에 자주 나오기 때문에 이 책에서는 모두 생략했다.

제1 「천신(天神) 쌍윳따(Deva-Saṃyutta)」

1.1. 생사(生死)의 폭류(暴流, Oghaṃ[01])〈s.1.1〉

세존께서 싸왓티(Sāvatthī)의 제따와나(Jetavana) 아나타삔디까(Anāthapiṇḍika) 사원에 머무실 때, 어느 날 밤이 지나자 어떤 천신이 눈부신 용모로 제따와나를 환히 밝히면서 세존을 찾아와 예배한 후 한쪽에 서서 세존께 말씀드렸습니다.

"스승님! 당신은 어떻게 생사(生死)의 폭류(暴流)를 건너셨습니까?"

"존자여, 나는 머물지 않고, 애쓰지 않고, 생사의 폭류를 건넜다오."

"스승님! 당신은 어떻게 머물지 않고, 애쓰지 않고, 생사의 폭류를 건너셨습니까?"

"존자여, 내가 머물 때, 그때 나는 빠져들었다오. 존자여, 내가 애쓸 때, 그때 나는 혼란스러웠다오. 존자여, 그래서 나는 머물지 않고, 애쓰지 않고, 생사의 폭류를 건넜다오."[02]

---

01 'ogha'는 홍수(洪水)가 나서 거칠게 흘러가는 폭류(暴流)를 의미하며, 우리가 처한 생사(生死) 괴로움을 의미한다. 이러한 생사의 폭류를 거슬러 깨달음을 향해 나아가는 것을 역류(逆流)라고 한다. 이 경은 어떻게 붓다가 생사의 폭류를 건너 열반을 성취했는지를 이야기하고 있다. 따라서 'ogha'를 '생사(生死)의 폭류(暴流)'로 번역했다.

02 머물지 않고, 애쓰지 않고 생사의 폭류를 건넜다는 것은 선정(禪定)에 빠져들지 않고, 고행(苦行)으로 헛된 고생을 하지 않고, 중도(中道) 수행을 통해서 생사를 벗어나 열반을 얻었음을 의미한다. 부처님은 출가하여 알라라 깔라마(Āḷāra Kālāma)와 웃다까 라마뿟따(Uddaka Rāmaputta)를 찾아가 선정을 닦아 무소유처(無所有處)와 비유상비무상처(非有想非無想處)에 도달하였지만, 현실을 도피하여 선정에 빠지는 것에 만족하지 못하고 우루웰라(Uruvela)에 가서 고행을 닦았다. 그러나 고행은 헛되이 몸만 괴롭힐 뿐이라는 것을 깨닫고 보리수 그늘에서 반야(般若)로 12연기를 통찰하여 깨달음을 성취한다.

마침내 나는 보았네!
반열반(般涅槃)을 성취한 바라문을.
머물지 않고, 애쓰지 않고,
세간(世間)의 애착에서 벗어났다네!

천신이 이와 같이 말하자, 스승님은 승인하셨습니다. 그 천신은 '스승님이 나를 인정하셨다'라고 생각하고, 세존께 예배하고 오른쪽으로 돌고 나서 그곳에서 사라졌습니다.

1.2. 해탈(Nimokkho)〈s.1.2〉

세존께서 싸왓티의 제따와나 아나타삔디까 사원에 머무실 때, 밤이 지나자 어떤 천신이 찾아와서 말씀드렸습니다.

"스승님! 당신은 중생의 해탈, 벗어남, 멀리 떠남[遠離]을 아십니까?"[03]

"존자여, 나는 참으로 중생의 해탈, 벗어남, 멀리 떠남을 안다오."

"스승님! 당신은 중생의 해탈, 벗어남, 멀리 떠남을 어떻게 아십니까?"

즐기는 존재[有]가 사라지고,[04]

03 'jānāsi tvaṃ mārisa sattānaṃ nimokkhaṃ pampkkhaṃ vivekan'ti'의 번역.

04 'nandī-bhava-parikkhayā'의 번역.

관념적인 생각[想]과 분별[識]이 멸하고,[05]
느낌[受]이 소멸하면 평온하다오,[06]
존자여, 나는 이와 같이 안다오.
이것이 중생의 해탈, 벗어남, 멀리 떠남이라오.

1.3. 임종(臨終, Upaneyyaṃ)〈s.1.3〉

한쪽에 선 그 천신이 세존 앞에서 게송을 읊었습니다.

생명은 죽음에 이르고, 수명은 짧다네.
늙어가는 우리에게 피난처는 없다네.
죽음에서 이러한 두려움을 보았다면
행복 주는 공덕을 지어야 하리.

세존께서 게송으로 답하셨습니다.

생명은 죽음에 이르고, 수명은 짧다네.
늙어가는 우리에게 피난처는 없다네.
죽음에서 이러한 두려움을 보았다면
세간의 유혹을 버리고 평온을 구해야 하리.

---

05 'saññā-viññāṇa-saṅkhayā'의 번역.

06 'vedanānaṃ nirodhā upasamā'의 번역.

1.4. 덧없어라(Accenti)〈s.1.4〉

밤이 가면 새벽 오고, 세월은 흘러가네.
세월 가면 청춘은 우리를 버린다네.
죽음에서 이러한 두려움을 보았다면
행복 주는 공덕을 지어야 하리.

밤이 가면 새벽 오고, 세월은 흘러가네.
세월 가면 청춘은 우리를 버린다네.
죽음에서 이러한 두려움을 보았다면
세간의 유혹을 버리고 평온을 구해야 하리.

1.5. 얼마나 끊어야 하나(Kati chinde)〈s.1.5〉

얼마나 끊고, 얼마나 버리고,
그 위에 얼마나 더 닦고,
얼마나 집착을 벗어나야
생사의 폭류를 건넌 비구라고 하나요?

다섯을 끊고, 다섯을 버리고,[07]
그 위에 다섯을 더 닦고,[08]

---

07 5하분결(五下分結)을 끊고, 5상분결(五上分結)을 버린다는 의미이다.

08 5근(五根), 즉 확신[信, saddhā], 정진(精進, viriya), 주의집중[念, sati], 삼매[定, samādhi], 통찰

다섯 가지 집착을 벗어나야[09]
생사의 폭류를 건넌 비구라고 한다네.

1.6. 깨어 있으면(Jāgaraṃ)〈s.1.6〉

깨어 있으면 어떤 것들이 잠들고,
잠들면 어떤 것들이 깨어 있나요?
어떤 것들로 인하여 오염되고,
어떤 것들로 인하여 정화되나요?

깨어 있으면 다섯 가지가 잠들고,[10]
잠들면 다섯 가지가 깨어 있다네.[11]
다섯 가지로 인하여 오염되고,[12]
다섯 가지로 인하여 정화된다네.[13]

지[慧, paññā]를 닦아 익힌다는 의미이다.

09 탐(貪, rāga), 진(瞋, dosa), 치(癡, moha), 만(慢, māna), 사견(邪見, diṭṭhi)에서 벗어난다는 의미이다.

10 주의집중[念, sati]을 닦아 익혀서 통찰하면 다섯 가지 장애[五蓋, pañca nīvaraṇāni], 즉 감각적인 탐욕(貪欲, kāma), 진에(瞋恚, vyāpāda), 혼침(昏沈, thīnamiddha), 흥분과 후회[悼擧, uddhaccakukkucca], 의심[疑, vicikiccha]이 일어나지 않는다는 의미이다.

11 주의집중[念, sati]을 닦아 익히지 않고 타성에 젖어서 살아가면 다섯 가지 장애가 일어난다는 의미이다.

12 다섯 가지 장애로 인하여 번뇌에 휩싸인다는 의미이다.

13 5근(五根)으로 인하여 번뇌에서 벗어난다는 의미이다.

1.7. 무지(無知)한 사람들(Appaṭividitā)〈s.1.7〉

진실한 가르침[法]을 이해하지 못한 사람들은
외도(外道)의 교리에 빠져든다네.
그들은 잠에서 깨어나지 못한다네.
이제는 그들이 깨어날 시간.

진실한 가르침을 이해한 사람들은
외도의 교리에 빠져들지 않는다네.
바르게 깨닫고 온전하게 알아서
험한 길을 평안하게 간다네.

1.8. 미혹한 사람들(Susammuṭṭhā)〈s.1.8〉

진실한 가르침에 미혹한 사람들은
외도의 교리에 빠져든다네.
그들은 잠에서 깨어나지 못한다네.
이제는 그들이 깨어날 시간.

진실한 가르침을 확신하는 사람들은
외도의 교리에 빠져들지 않는다네.
바르게 깨닫고 온전하게 알아서
험한 길을 평안하게 간다네.

1.9. 아만(我慢)에 사로잡힘(Mānakāma)〈s.1.9〉

아만에 사로잡히면[14] 자제(自制)가 있을 수 없다네.
삼매(三昧)에 들지 않으면 지혜가 있을 수 없다네.
숲속에서 홀로 지내도 방일한다면
죽음의 영역에서 피안(彼岸)으로 갈 수 없다네.

아만을 버리고 삼매에 들면
모든 것으로부터 마음이 해탈한다네.
숲속에서 홀로 지내며 방일하지 않으면
죽음의 영역에서 피안으로 갈 수 있다네.

1.10. 숲속(Araññe)〈s.1.10〉

숲속에서 지내면서
고요하게 수행하는 수행자들은
하루에 한 끼만 먹을 뿐인데
어찌하여 용모에서 빛이 나나요?

지나 가버린 것을 슬퍼하지 않고,
오지 않은 것을 갈망하지 않고,

---

14 'mānakāmassa'의 번역. 'māna'는 '아만(我慢)'을 의미하고, 'kāmassa'는 '욕망'을 의미하는 'kāma'의 복수 속격(屬格)이다. 'kāmassa'를 '사로잡히면'으로 번역했다.

현재를 충실하게 살아간다네.
그리하여 용모에서 빛이 난다네.

오지 않은 것을 갈망하고,
지나 가버린 것을 슬퍼한다네.
어리석은 사람들은 그래서 마른다네.
베어낸 푸른 갈대 시들어가듯.

1.11. 환희원(歡喜園, Nandana)〈s.1.11〉

세존께서 싸왓티의 제따와나 아나타삔디까 사원에 머무실 때, 세존께서 "비구들이여!"라고 비구들을 불렀습니다.

비구들은 "존경하는 스승님!"하고 대답했습니다.

세존께서 말씀하셨습니다.

"비구들이여, 옛날에 어떤 도리천(忉利天)의 몸을 받은 천신이 환희원(歡喜園)에서 하늘의 여인들에게 둘러싸여 천상의 5욕락(五欲樂)을 빠짐없이 즐기면서 이런 게송을 읊었다오."

환희원을 보지 않은 사람들은
즐거움이 무엇인지 알지 못하리.
명예로운 서른 명의
하늘 사람들이 사는 곳이네.

"비구들이여, 이와 같이 말하자, 다른 천신이 그 천신에게 게송으로 응답했다오."

어리석은 그대는 알지 못하네.
아라한의 말씀은 이와 같다네.
유위를 조작하는 행위[行]들은[15] 모두가 무상하며[諸行無常]
이것들의 본성(本性)은 생멸(生滅)이라네[是生滅法].[16]
생겨서 소멸하는 모든 것들을[生滅滅已]
고요하게 멈추는 게 즐거움이라네[寂滅爲樂].

1.12. 기뻐하다(Nandati)〈s.1.12〉

한쪽에 선 천신이 세존 앞에서 게송을 읊으니, 세존께서 게송으로 응답하셨습니다.

아들을 가진 사람은 아들 때문에 기뻐하고,
소를 가진 사람은 소 때문에 기뻐하듯이
사람의 기쁨은 가진 것 때문이니,
가진 것이 없는 사람은 기뻐할 것이 없다네.

---

15 'sabba saṅkhārā'의 번역.

16 'uppādavayadhammino'의 번역.

아들을 가진 사람은 아들 때문에 슬퍼하고,
소를 가진 사람은 소 때문에 슬퍼하듯이
사람의 슬픔은 가진 것 때문이니,
가진 것이 없는 사람은 슬퍼할 것이 없다네.

1.13. 아들과 같은 것은 없다(Natthi Puttasamaṃ)〈s.1.13〉

아들과 같이 사랑스러운 것은 없고,
소와 같은 재산은 없으며,
태양과 같은 광명은 없고,
바다가 가장 큰 물이라네.

자신보다 사랑스러운 것은 없고,
곡식보다 훌륭한 재산은 없으며,
지혜보다 밝은 광명은 없고,
비야말로 가장 큰 물이라네.

1.14. 크샤트리아(Khattiyo)〈s.1.14〉

두 발 가운데는 크샤트리아가
네 발 가운데는 황소가 으뜸이네.
아내감 가운데는 어린 처녀가
아들 가운데는 장남이 으뜸이네.

두 발 가운데는 바르게 깨달은 분[等正覺]이
네 발 가운데는 좋은 혈통이 으뜸이네.
아내 가운데는 순종하는 여인이
아들 가운데는 효자가 으뜸이네.

1.15. 숲에 이는 바람 소리(Sakamāno)〈s.1.15〉

한낮의 정오에
새들도 조용한데
숲에 이는 바람 소리
두려움을 일으키네.

한낮의 정오에
새들도 조용한데
숲에 이는 바람 소리
마음에 드네.

1.16. 수면과 나태(Niddā Tandi)〈s.1.16〉

수면과 나태 그리고 졸음
불만과 식후의 나른한 식곤증
성스러운 길이 중생들에게는
이것 때문에 나타나지 않는다네.

수면과 나태 그리고 졸음
불만과 식후의 나른한 식곤증
정진으로 이것을 내쫓으면
성스러운 길이 청정해지네.

1.17. 어려운 일(Dukkaraṃ)〈s.1.17〉

어리석은 사람에게 사문의 길은
실천하기 어렵고 참아내기 어렵다네.
거기에는 많은 어려움이 있다네.
어리석은 사람은 극복하지 못한다네.
만약에 마음을 다스리지 않는다면
잠시라도 사문의 길 갈 수 있을까?
한 발 한 발 빠져들리라.
잡생각에 끌려가리라.

거북이 네 발을 등딱지에 감추듯이
비구는 마음속에 사유(思惟)를 삼간다네.[17]
의존하지 않는 사람은[18] 남을 해치지 않고

---

17 'samodahaṃ bhikkhu mano-vitakke'의 번역. '사유(思惟)'로 번역한 'vitakka'는 논리적으로 사유하는 개념적 사유이다.

18 'anissito'의 번역. '의존하지 않는다'는 것은 개념적인 사유에 의존하지 않는 것을 의미한다.

반열반(般涅槃)에 들어간 사람은
아무도 비난하지 않는다네.

1.18. 부끄러움(Hirī)〈s.1.18〉

부끄러움을 아는 사람은
누구나 세상에 알려진다네.
그는 비난을 받지 않는다네.
훌륭한 말이 채찍을 맞지 않듯이.

작은 것에도 부끄러움을 알아
언제나 바른길을 가는 사람들은
괴로움의 끝에 도달하여
험한 길도 편히 간다네.

1.19. 오두막(Kuṭikā)〈s.1.19〉

당신은 오두막이 없지 않나요?
당신은 둥지가 없지 않나요?
당신은 끈이 없지 않나요?
당신은 결박에서 벗어났나요?

나에게는 분명히 오두막이 없다오.

나에게는 둥지도 전혀 없다오.
나에게는 분명히 끈도 없다오.
나는 결박에서 벗어났다오.

내가 말한 오두막은 무엇인가요?
내가 말한 둥지는 무엇인가요?
내가 말한 끈은 무엇인가요?
내가 말한 결박은 무엇인가요?

그대가 말한 오두막은 어머니라오.
그대가 말한 둥지는 부인이라오.
그대가 말한 끈은 아들이라오.
그리고 결박은 나의 갈애[愛]라오.

훌륭합니다! 당신에겐 오두막이 없군요!
훌륭합니다! 당신에겐 둥지가 없군요!
훌륭합니다! 당신에겐 끈이 없군요!
훌륭합니다! 결박에서 벗어났군요!

1.20. 싸밋디(Samiddhi)〈s.1.20〉

세존께서 라자가하(Rājagaha)의 따뽀다(Tapodā) 사원[19]에 머무실 때, 싸밋디 존자는 어스름 새벽에 일어나 목욕을 하러 따뽀다강에 갔습니다. 그는 따뽀다강에서 목욕을 마치고 나와 속옷만 입은 채로 서서 몸을 말리고 있었습니다.

그런데 밤이 지나자 어떤 천신이 눈부신 용모로 따뽀다강을 환히 밝히면서 싸밋디 존자를 찾아왔습니다. 그 천신은 싸밋디 존자를 찾아와서 허공에 서서 싸밋디 존자에게 이런 게송을 읊었습니다.

향락하지 않고 걸식하는 비구여,
향락을 모르고 걸식만 하는군요.
비구여, 향락하며 걸식하세요.
시간이 당신을 지나가지 않도록.

(그러자 싸밋디 존자가 게송으로 답했습니다.)

나는 결코 시간을 알지 못한다오.
시간은 숨어서 보이지 않는다오.
그래서 향락하지 않고 걸식한다오.

---

19 따뽀다(Tapodā)강 옆에 세운 정사(精舍). 'Tapodā'는 '열'을 의미하는 'tapa'와 '물'을 의미하는 'uda'의 합성어로서 '온천수'를 의미한다. 온천수가 흐르기 때문에 '따뽀다(Tapodā)'로 불린 것 같다. 이 강은 라자가하 근처의 웨바라(Vebhāha) 언덕 아래를 흘러간다고 한다.

시간이 나를 지나가지 못하도록.

이 게송을 듣자 그 천신이 땅으로 내려와 싸밋디 존자에게 말했습니다.

"비구여, 당신은 칠흑 같은 머리를 갖춘 가장 좋은 꽃다운 청춘 시절 초년에 출가하여 아직 쾌락을 맛보지 못한 젊은이군요. 비구여, 인간의 쾌락을 향유하세요. 눈에 보이는 것을 버리고 시간이 걸리는 것을 추구하지 마세요."[20]

"존자여, 나는 결코 눈에 보이는 것을 버리고 시간이 걸리는 것을 추구하는 것이 아닙니다. 존자여, 나는 실로 시간이 걸리는 것을 버리고 눈에 보이는 것을 추구합니다. 존자여, 세존께서는 '쾌락은 시간이 걸리는 것이며, 더욱이 여기에는 근본적으로 괴로움이 많고 근심이 많다. 이 가르침[法]은 눈에 보이는 것이며, 시간이 걸리지 않으며, 와서 보라고 할 수 있으며, (행복으로) 이끌며, 현명한 사람들은 누구나 알 수 있는 것이다'라고 말씀하셨습니다."

"비구여, 세존께서는 왜 '쾌락은 시간이 걸리는 것이며, 더욱이 여기에는 근본적으로 괴로움이 많고 근심이 많다'라고 하셨는지요? 어찌하여 이 가르침[法]은 눈에 보이는 것이며, 시간이 걸리지 않으며, 와서 보라고 할 수 있으며, (행복으로) 이끌며, 현명한 사람들은 누구나 알 수 있는 것인지요?"

"존자여, 나는 최근에 출가하여 들어온 지가 얼마 되지 않은 신출

20 'mā sandiṭṭhikaṃ hitvā kālikam anudhāvī'의 번역. 여기에서 'kālika'는 '눈에 보이는 것'을 의미하는 'sandiṭṭhika'와 상대적인 의미로서, 감각적 쾌락은 즉시에 즐거움을 주지만, 수행은 그 결과를 얻기까지 시간이 걸린다는 것을 의미한다.

내기입니다. 나는 사실 이 가르침과 율(律)을 자세하게 설명해드릴 수 가 없습니다. 아라한이시며, 바른 깨달음을 이루신 세존께서 라자가하의 따뽀다 승원에 머물고 계십니다. 세존을 찾아가서 이 의미를 묻고, 세존께서 당신에게 설명해주시면, 그것을 받아 지니도록 하십시오."

"비구여, 세존께서는 큰 위력이 있는 다른 천신들에 둘러싸여 있기 때문에 우리는 세존께 가까이 가기가 어렵습니다. 비구여, 만약에 당신이 세존을 찾아가서 이 의미를 묻는다면, 우리는 가르침을 들으러 가겠습니다."

싸밋디 존자는 그 천신에게 "존자여, 그렇게 하겠습니다"라고 응답하고 세존을 찾아갔습니다. 그는 세존을 찾아가 예배한 후 한쪽에 앉았습니다. 한쪽에 앉은 싸밋디 존자는 천신을 만나서 함께 나눈 이야기를 세존께 자세히 말씀드린 후에[21] 이렇게 말했습니다.

"세존이시여, 만약에 그 천신을 위하여 진실을 말씀하신다면, 그 천신은 여기 근처에 올 것입니다."

이와 같이 말씀드리자, 그 천신이 싸밋디 존자에게 말했습니다.

"비구여, 질문하세요! 비구여 질문하세요! 나는 여기에 와 있습니다."

그러자 세존께서 그 천신에게 게송으로 말씀하셨습니다.

언어로 표현되는 것을 관념으로 인식하고[22]

---

21 천신을 만나서 나눈 이야기가 반복되기 때문에 생략함.

22 'akkheyyasaññino'의 번역.

언어로 표현되는 것에 머물고[23]
언어로 표현되는 것을 깊이 이해하지 못하는 중생들은
죽음의 손아귀에 들어간다네.

언어로 표현되는 것을 깊이 이해하면
언어로 표현된 것을 헤아려 분별(分別)하지 않으며,[24]
헤아려 분별하지 않으면
죄악이 없다네.

"야차여, 이 말의 뜻을 이해했다면 말해보시오."

"세존이시여, 실로 저는 세존께서 간략히 하신 말씀의 의미를 자세히 알지 못하겠습니다. 세존이시여, 부디 저에게 세존께서 간략히 하신 말씀의 의미를 제가 자세히 알 수 있도록 이야기해주십시오."

동등하다, 우월하다, 열등하다.
이와 같이 헤아리고 분별하여 다투네.
세 가지에 마음이 동요하지 않으면
같다거나 다르다는 생각이 없다네.

---

23 'akkheyyasmiṃ patiṭṭhitā'의 번역.

24 'akkhātāraṃ na maññati'의 번역. 'akkhātāraṃ'이 주석서에는 'akkhātānaṃ'으로 표기되어 있다. 'maññati'는 '생각하다'라는 의미의 동사인데, 여기에서는 문맥상 '헤아려 분별(分別)하다'로 번역했다.

"야차여, 이 말의 뜻을 이해했다면 말해보시오."

"세존이시여, 저는 여전히 세존께서 간략히 하신 말씀의 의미를 자세히 알지 못하겠습니다. 세존이시여, 부디 저에게 세존께서 간략히 하신 말씀의 의미를 제가 자세히 알 수 있도록 이야기해주십시오."

명칭을 버리고 아만(我慢)에 빠지지 않고[25]
이 세상에서 이름과 형색[名色]에 대한 갈애[愛]를 끊고
결박을 끊고 동요하지 않고 욕망이 없는 사람은
신들도 인간들도 찾을 수 없다네.
이 세상에서도 저세상에서도
천상에서도 그 어느 곳에서도.

"야차여, 이 말의 뜻을 이해했다면 말해보시오."

"세존이시여, 저는 세존께서 간략히 하신 말씀의 의미를 이와 같이 자세히 알았습니다."

일체의 세간에서 몸과 말과 마음으로
그 어떤 악행도 행하지 말라.
쾌락을 버리고 주의집중하고 알아차려서[26]
무익한 괴로움을 만들지 않아야 한다.

---

25 'pahāsi saṅkhaṃ na vimānam ajjhagā'의 번역.

26 'kāme pahāya satimā sampajāno'의 번역.

1.21. 칼날(Sattiyā)〈s.1.21〉

세존께서 싸왓티에 머무실 때, 한쪽에 선 천신이 세존 앞에서 게송을 읊으니, 세존께서 게송으로 응답하셨습니다.

내리치는 칼날을 피하듯이
머리에 붙은 불을 끄듯이
쾌락에 대한 탐욕을 버리기 위해[27]
비구여, 주의집중을 하며 유행(遊行)하라.[28]

내리치는 칼날을 피하듯이
머리에 붙은 불을 끄듯이
자신이 존재한다는 견해[有身見]를 버리기 위해[29]
비구여, 주의집중을 하며 유행하라.

1.22. 접촉하다(Phusati)〈s.1.22〉

접촉해서 안 될 것은 접촉하지 않고,
접촉해야 할 것을 접촉해야 한다네.
그러므로 타락하지 않고 해가 없는

---

27 'kāmarāgappahānāya'의 번역.

28 'sato bhikkhu paribbaje'ti'의 번역.

29 'sakkāyadiṭṭhippahānāya'의 번역.

그런 사람을 접촉해야 한다네.

탐욕에서 벗어나 타락하지 않은
청정한 사람을 타락시키는
어리석은 사람에게 죄가 되돌아온다네.
바람을 향해 던진 먼지처럼.

1.23. 뒤엉킴(Jaṭā)〈s.1.23〉

안으로도 뒤엉키고 밖으로도 뒤엉켰네.
사람들은 온통 뒤엉켜 있네.
고따마여, 제가 묻습니다.
누가 뒤엉킴을 풀 수 있나요?

지혜를 갖추어 계(戒)에 굳게 머물면서
선정과 지혜를 닦는[30] 사람
부지런하고 사려 깊은 비구
그가 이 뒤엉킴을 풀 수 있다네.

탐욕도 버리고 분노도 버리고
무명(無明)마저 버린

30 'cittaṃ paññañca bhāvayaṃ'의 번역.

번뇌가 멸진한 아라한
그에게 뒤엉킴이 풀린다네.

이름[名]과 형색[色][31]을 소멸하고
지각대상과 형색[色]에 대한 관념들을[32]
남김없이 소멸할 때
그때 뒤엉킴이 풀린다네.

1.24. 마음 단속(Mano-nivāraṇā)〈s.1.24〉

마음을 단속하면
괴로움이 오지 않네.
언제나 마음을 단속하면
언제나 괴로움은 오지 않네.

자제(自制)를 성취한 마음은
언제나 단속하지 않아도 된다네.
사악한 마음이 일어날 때
그때그때 단속하면 된다네.

31 'nāmañca rūpañca'의 번역.

32 'paṭighaṃ rūpasaññā ca'의 번역.

1.25. 아라한(Arahaṃ)〈s.1.25〉

번뇌를 멸진하고 최후신(最後身)을 지닌[33]
아라한을 성취한 비구가
"내가 말한다"라고도 말할 수 있고
"나에게 말한다"라고도 말할 수 있을까?

번뇌를 멸진하고 최후신을 지닌
아라한을 성취한 비구는
"내가 말한다"라고도 말할 수 있고
"나에게 말한다"라고도 말할 수 있다네.
세상에 통용되는 명칭을 잘 알아서
적절하게 사용하여 말할 수 있다네.

번뇌를 멸진하고 최후신을 지닌
아라한을 성취한 비구가
아만에 빠져서
"내가 말한다"라고도 말하고
"나에게 말한다"라고도 말하는 것이 아닐까?

아만을 버린 사람에게 결박은 없다네.
아만의 결박이 모두 파괴되었다네.

---

33 'khīṇāsavo antimadehadhārī'의 번역.

아만을 벗어난 현명한 그는
“내가 말한다”라고도 말할 수 있고
“나에게 말한다”라고도 말할 수 있다네.
세상에 통용되는 명칭을 잘 알아서
적절하게 사용하여 말할 수 있다네.

1.26. 빛(Pajjoto)〈s.1.26〉

세상에는 빛이 몇 가지나 있어서
그것이 세상을 비추나요?
세존께 묻기 위해 우리는 왔습니다.
우리에게 그것을 알려주세요.[34]

세상에는 네 가지 빛이 있다네.
여기에 다섯째는 보이지 않네.
낮에는 태양이 빛나고
밤에는 달이 빛난다네.

불은 밤이나 낮이나
여기저기를 비추지만

---

34 ‘katham jānumu taṃ mayaṃ’의 번역. 직역하면 ‘우리는 그것을 어떻게 알아야 하나요?’이다. ‘어떻게 알아야 하느냐?’고 묻는 것은 알려달라는 것이기 때문에 ‘알려주세요.’로 번역했다.

등정각(等正覺)은 빛 가운데 최상이시니
그 빛이 가장 뛰어나다네.

1.27. 흐름(Sarā)〈s.1.27〉

흐름은 어디에서 멈추나요?
소용돌이는 어디에서 돌지 않나요?
이름[名]과 형색[色]은 어디에서
남김없이 소멸하나요?

지(地), 수(水), 화(火), 풍(風)
4대(四大)가 기반을 잃으면
그 결과 흐름이 멈추고
여기에서 소용돌이가 돌지 않고
여기에서 이름[名]과 형색[色]이
남김없이 소멸한다네.[35]

1.28. 큰 재산(Mahaddhana)〈s.1.28〉

큰 재산이 있고, 큰 재물이 있고,

---

35 『디가 니까야』 11. Kevaddha Sutta에서는 "식(識)을 모두 버릴 때, 지(地), 수(水), 화(火), 풍(風)은 기반을 잃고, 여기에서 길고 짧음, 가볍고 무거움, 깨끗함과 더러움은 기반을 잃고, 여기에서 이름과 형태는 남김없이 소멸된다"고 이야기한다.

왕국을 가진 크샤트리아도
쾌락에 만족하지 못하고
서로서로 탐을 냅니다.

태어남을 열망하여[36]
존재의 흐름을 따르는데[37]
어떤 사람들이 탐욕과 갈애[愛]를 버려서
세간에 대한 열망이 없는지요?[38]

탐욕과 분노를 버리고
무명(無明)도 제거하여
번뇌를 멸진한 아라한들,
그들이 세간에 대한 열망이 없다네.

1.29. 네 바퀴 수레(Catucakka)〈s.1.29〉

문이 아홉 달린 네 바퀴 수레
가득 찬 탐욕에 묶여 있네.
진흙에서 태어나신 위대한 영웅이여,

---

36 'ussukkajātesu'의 번역.

37 'bhavasotānusārisu'의 번역.

38 'lokasmim anussukkā'의 번역.

어떻게 하면 나올 수가 있나요?

환락의 가죽끈을 끊고
사악한 욕망과 탐욕도 끊고
갈애[愛]를 뿌리째 뽑으면
나올 수 있다네.

1.30. 사슴 장딴지(Enijaṅgha)〈s.1.30〉

소식(小食)하며 맛을 탐하지 않고
사자나 용상(龍象)처럼 혼자서 가며
감각적 쾌락을 바라지 않는
사슴 장딴지 모습의 여윈 영웅을[39]
우리가 찾아와서 묻습니다.
어찌하면 괴로움에서 벗어날까요?

세상에는 다섯 가지 쾌락이 있고
마음은 여섯째로 알려졌다네.
여기에서 욕구를 버리면
괴로움에서 벗어난다네.

---

39 'enijaṅghaṃ kisaṃ vīraṃ'의 번역. 'enijaṅgha'는 부처님의 32상(相) 가운데 '천여녹왕상(腨如鹿王相)', 즉 '장딴지가 사슴과 같은 모습'이다.

1.31. 진실한 사람과 함께하면(Sabbhi)〈s.1.31〉

세존께서 싸왓티의 제따와나 아나타삔디까 사원에 머무실 때, 밤이 지나자 많은 싸뚤라빠까이까(Satullapakāyika) 천신들이 눈부신 용모로 제따와나를 환히 밝히면서 세존을 찾아와 예배한 후 한쪽에 섰습니다.

한쪽에 선 한 천신이 세존 앞에서 이 게송을 읊었습니다.

진실한 사람과 함께 지내야 한다네.
진실한 사람과 사귀어야 한다네.
진실한 사람의 참된 가르침을 알면
더 나아지고, 더는 나빠지지 않는다네.

그러자 다른 천신이 세존 앞에서 이 게송을 읊었습니다.

진실한 사람과 함께 지내야 한다네.
진실한 사람과 사귀어야 한다네.
진실한 사람의 참된 가르침을 알면
다른 데서는 얻을 수 없는 통찰지[般若]를 얻는다네.

그러자 다른 천신이 세존 앞에서 이 게송을 읊었습니다.

진실한 사람과 함께 지내야 한다네.
진실한 사람과 사귀어야 한다네.
진실한 사람의 참된 가르침을 알면

슬픔 가운데서 슬퍼하지 않는다네.

그러자 다른 천신이 세존 앞에서 이 게송을 읊었습니다.

진실한 사람과 함께 지내야 한다네.
진실한 사람과 사귀어야 한다네.
진실한 사람의 참된 가르침을 알면
친족 가운데서 빛난다네.

그러자 다른 천신이 세존 앞에서 이 게송을 읊었습니다.

진실한 사람과 함께 지내야 한다네.
진실한 사람과 사귀어야 한다네.
진실한 사람의 참된 가르침을 알면
중생들은 행복한 곳에 도달한다네.

그러자 다른 천신이 세존 앞에서 이 게송을 읊었습니다.

진실한 사람과 함께 지내야 한다네.
진실한 사람과 사귀어야 한다네.
진실한 사람의 참된 가르침을 알면
중생들은 행복한 곳에 안주한다네.

그러자 다른 천신이 세존께 말씀드렸습니다.

"세존이시여, 누가 잘 이야기했습니까?"

모두가 좋은 법문을 설했지만
내 말도 들어보오.
진실한 사람과 함께 지내야 한다네.
진실한 사람과 사귀어야 한다네.
진실한 사람의 참된 가르침을 알면
모든 괴로움에서 벗어난다네.

1.32. 인색한 사람(Macchari)〈s.1.32〉

세존께서 싸왓티의 제따와나 아나타삔디까 사원에 머무실 때, 밤이 지나자 많은 싸뚤라빠까이까 천신들이 눈부신 용모로 제따와나를 환히 밝히면서 세존을 찾아와 예배한 후 한쪽에 섰습니다.

한쪽에 선 한 천신이 세존 앞에서 이 게송을 읊었습니다.

인색하고 게을러서 보시하지 않는다네.
복(福)을 바란다면
보시해야 한다는 것을 알아야 하리.

그러자 다른 천신이 세존 앞에서 이 게송을 읊었습니다.

인색한 사람은 두려워서 보시하지 않는다네.
보시하지 못하는 두려움은
가난과 굶주림이라네.
인색한 사람은 그것을 두려워하지만
이 세상과 다음 세상에서
어리석은 사람은 그것을 겪는다네.

그러므로 두려움을 버려야 한다네.
못된 생각을 극복하고 보시해야 한다네.[40]
많은 복(福)이 다음 세상에서
생명들의 의지처라네.

그러자 다른 천신이 세존 앞에서 이 게송을 읊었습니다.

함께 길을 가는 길동무처럼
적지만 베푸는 사람들은
죽는 자 가운데서 죽지 않는다네.
이것이 만고의 진리라네.
어떤 사람들은 적지만 베풀고
어떤 사람들은 많지만 베풀지 않네.
적지만 공양을 베풀면

---

40 'dajjā dānaṃ malābhibhū'의 번역. '더러운 먼지'를 의미하는 'mala'를 '못된 생각'으로 번역함.

그 공덕이 천 배가 된다네.

그러자 다른 천신이 세존 앞에서 이 게송을 읊었습니다.

주기 어려운 것을 베풀어주는
행하기 어려운 일을 해야 한다네.
진실하지 않으면 행할 수 없다네.
따르기 어렵지만 진실한 사람들의 의무라네.[41]
그래서 진실한 사람과 진실하지 않은 사람은
여기에서 가는 곳이 다르다네.
진실하지 않은 사람들은 지옥으로 가고[42]
진실한 사람들은 천상(天上)으로 간다네.[43]

그러자 다른 천신이 세존께 말씀드렸습니다.

"세존이시여, 누가 잘 이야기했습니까?"

"모두 잘 이야기했습니다. 이제 내 말도 들어보시오."

이삭을 주워서 아내를 돌보고
적은 살림 가운데서 보시의 의무를 실천한다면

---

41 'satam̩ dhammo durannayo'의 번역.

42 'asanto nirayam̩ yanti'의 번역.

43 'santo saggaparāyana'의 번역.

억만 번의 제사를 올리는 것은
거기에 비하면 하잘것없다네.

그러자 다른 천신이 세존께 게송으로 말씀드렸습니다.

어찌하여 크고 성대한 이 제사가
올바른 보시가 되지 못하며
억만 번의 제사를 올리는 것이
거기에 비하면 하잘것없나요?

그러자 세존께서 그 천신에게 게송으로 말씀하셨습니다.

어떤 사람들은 옳지 않게 보시한다네.
자르고 죽여서 슬프게 한다네.
그 희생물들은 눈물에 젖어 말뚝에 묶여 있다네.[44]
그것은 올바른 보시가 되지 못한다네.
이렇게 억만 번의 제사를 올려도
거기에 비하면 하잘것없다네.

---

44 'sā dakkhiṇā assumukhā sadaṇḍā'의 번역. 바라문교에서는 제사를 지내기 위해서 희생물들을 말뚝에 묶어놓았다. 'sadaṇḍā'는 이것을 표현한 것이다.

1.33. 좋은 것(Sādhu)〈s.1.33〉

세존께서 싸왓티의 제따와나 아나타삔디까 사원에 머무실 때, 밤이 지나자 많은 싸뚤라빠까이까 천신들이 눈부신 용모로 제따와나를 환히 밝히면서 세존을 찾아와 예배한 후 한쪽에 섰습니다.

한쪽에 선 천신들이 세존 앞에서 차례로 우다나를 읊었습니다.[45]

스승님, 보시는 좋은 것입니다.
인색하고 게으르면
이와 같은 보시를 할 수 없습니다.
복을 바란다면
보시할 줄 알아야 합니다.

스승님, 보시는 좋은 것입니다.
적을 때 보시하는 것 또한 좋은 것입니다.
어떤 사람들은 적지만 베풀어주고
어떤 사람들은 많지만 베풀지 않습니다.
적을 때 베푸는 보시는
공덕이 천 배가 됩니다.

---

45 'imam udānam udānesi'의 번역. 'udāna'는 '감동하여 읊는 시(詩)'를 의미한다. '게송(偈頌)'으로 번역한 'gātha'와 구별하기 위하여 '우다나'로 음사한다. 원문에는 하나하나 나서서 우다나를 읊고 있는데, 반복되는 내용을 생략하기 위하여 차례로 읊은 것으로 번역하였다.

스승님, 보시는 좋은 것입니다.
확신을 가지고 보시하는 것 또한 좋은 것입니다.
보시와 전쟁은 같다고 했습니다.
소수의 정예군(精銳軍)이 대군(大軍)을 무찌릅니다.
확신을 가지고 적지만 보시하면
그로 인하여 그도 행복하고 다른 사람도 이롭습니다.

스승님, 보시는 좋은 것입니다.
정당하게 얻은 것을 보시하는 것 또한 좋은 것입니다.
힘써 노력하여 정당하게 얻은 것을
베풀어 보시하는 사람은
야마(Yama)천의 웨따라니(Vetaraṇī)강을 건너[46]
죽어서 천신들이 사는 곳으로 갑니다.

스승님, 보시는 좋은 것입니다.
잘 살펴서 적절하게 보시하는 것 또한 좋은 것입니다.
선서(善逝)께서는 적절한 보시를 칭찬하셨습니다.
이 생명의 세계에서 공양을 받을만한 사람들
이런 사람들에게 보시하면 큰 과보(果報)가 있습니다.
좋은 밭에 뿌린 씨앗들처럼.

---

46 야마천은 죽은 자들이 가는 세계이며, 웨따라니강은 그곳에 있는 강이다. 잿물이 흐르는 강이라고 하여 회하(灰河)라고도 한다.

스승님, 보시는 좋은 것입니다.
생명에 대하여 자제하는 것 또한 좋은 것입니다.[47]
생명 있는 존재들을 괴롭히지 않고
타인의 비난에 악행(惡行)을 하지 않는
진실한 사람들은
용감하게 두려움을 거부하며
두려움 때문에 악행을 하지 않습니다.

그러자 다른 천신이 세존께 말씀드렸습니다.
"세존이시여, 누가 잘 이야기했습니까?"
"모두 잘 이야기했습니다. 이제 내 말도 들어보시오."

확신으로 행하는 보시는 크게 칭찬받아 마땅하지만
진리의 말씀[法句]을 보시하는 것이 더 훌륭하다네.[48]
이전에도 그 이전에도 진실한 사람들이,
지혜를 지닌 사람들이 열반에 도달했다네.

---

47 생명들이 두려워하지 않게 하는 무외시(無畏施)를 의미한다.

48 'dānā ca kho dhammapadaṃ va seyyo'의 번역. 여러 가지 보시 가운데 법시(法施)가 가장 훌륭하다는 의미이다.

1.34. 그런 것은 없다(Na santi)〈s.1.34〉

세존께서 싸왓티의 제따와나 아나타삔디까 사원에 머무실 때, 밤이 지나자 많은 싸뚤라빠까이까 천신들이 눈부신 용모로 제따와나를 환히 밝히면서 세존을 찾아와 예배한 후 한쪽에 섰습니다.

한쪽에 선 한 천신이 세존 앞에서 이 게송을 읊었습니다.

인간에게 지속하는 감각적 쾌락은 없다네.[49]
이 세상 사람들은 매력적인 감각적 쾌락에 사로잡혀 있다네.
방일하는 사람은 감각적 쾌락으로 다시 돌아가
죽음의 영역에서 돌아오지 못한다네.

불행은 욕망에서 생긴 것,
괴로움은 욕망에서 생긴 것,
욕망을 없애야 불행이 없어지고
욕망을 없애야 괴로움이 사라진다네.

세간에 감각적 쾌락은 여러 가지가 아니라네.
인간의 감각적 쾌락은 망상과 탐욕일 뿐이라네.[50]
세간에는 다양한 쾌락이 있지만
현명한 사람들은 욕망을 없앤다네.

---

49 'na santi kāmā manujesu niccā'의 번역.

50 'saṅkapparāgo purisassa kāmo'의 번역.

성냄도 벗어놓고 아만(我慢)도 내던지고
일체의 속박을 벗어나야 한다네.
이름과 형색[名色]에 대하여 집착이 없는[51]
아무것도 없는 사람에게는 괴로움이 따르지 않는다네.[52]

명칭을 버리고 아만에 빠지지 않고
이 세상에서 이름과 형색[名色]에 대한 갈애[愛]를 끊고
결박을 끊고 동요하지 않고 욕망이 없는 사람은
신들도 인간들도 찾을 수 없다네.
이 세상에서도 저세상에서도
천상에서도 그 어느 곳에서도.[53]

모가라자(Mogharāja) 존자가 말했습니다.

신들과 인간들이 이 세상이나 저세상에서
만약에 그렇게 해탈한 사람을 보지 못했다면
선을 행한 사람들 가운데서 가장 훌륭한
그 사람을 존경하는 사람들은 칭찬받아 마땅합니다.

51 'taṃ nāmarūpasmim asajjamānaṃ'의 번역.

52 'akiñcanaṃ nānupatanti dukkhā'의 번역.

53 1.20.「싸밋디(Samiddhi) 경」〈s.1.20〉에도 같은 내용의 게송이 나온다.

세존께서 말씀하셨습니다.

모가라자여! 그렇게 해탈한 사람을
존경하는 비구들도 칭찬받아 마땅하다네.
가르침을 완전히 이해하고 의혹을 버림으로써
그 비구들도 집착에서 벗어난다네.[54]

1.35. 불평하는 자들(Ujjhāsaññino)〈s.1.35〉

세존께서 싸왓티의 제따와나 아나타삔디까 사원에 머무실 때, 밤이 지나자 불평하기 좋아하는(Ujjhāsaññikā) 많은 천신들이 눈부신 용모로 제따와나를 환히 밝히면서 세존을 찾아와서 허공에 섰습니다.

허공에 선 한 천신이 세존 앞에서 이 게송을 읊었습니다.

자신의 진실을
사실과 다르게 말하는 사람은
사기꾼이 속임수로
도둑질하여 먹는 것과 같다네.
행할 수 있는 것을 말하고
행할 수 없는 것을 말해서는 안 되네.
행하지 않은 것을 말하는 것을

54 'saṅgātigā te pi bhavanti bhikkhū'의 번역.

지혜로운 사람들은 다 안다네.

(세존께서 게송으로 답하셨습니다.)

이것은 단지 말뿐이거나
듣는 것만이 아니라네.
진실로 따를 수 있는 확고한 길이라네.
이것으로 현명한 선정 수행자들은
죽음의 속박에서 벗어난다네.[55]

현자들은 세간의 이치를 알고서
(세간의 일을) 행하지 않는다네.[56]
구경지(究竟智)로 번뇌를 소멸한 현자들은
세간에 대한 집착을 초월했다네.

그러자 그 천신들은 땅에 내려서서 세존의 발에 머리를 조아려 예배하고 세존께 말씀드렸습니다.

"세존이시여, 우리가 과오(過誤)를 범했습니다. 바보처럼, 장님처럼, 못된 사람처럼, 우리는 세존을 비난하려고 하면서 믿지 않았습니다. 세존이시여, 그 점에 대하여 앞으로는 자제하겠으니 세존께서는 우

55 'yāya dhīrā pamuccanti jhāyino mārabandhanā'의 번역.

56 'na ve dhīrā pakubbanti viditvā lokapariyāyaṃ'의 번역.

리의 과오를 용서해주십시오."

세존께서는 미소를 보이셨습니다. 그러자 그 천신들은 크게 불평하면서 하늘로 올라갔습니다. 한 천신이 세존 앞에서 게송을 읊었습니다.

과오를 참회하는데
이것을 용서하지 않고
고약하게 분노를 품은 자는
원한에 묶인다네.

만약에 과오가 없다면
이 세상에서 죽을 자가 누가 있겠는가?
원한을 그치지 않는다면
이 세상에서 누구를 착하다 하겠는가?

누구에게 과오가 없을 것이며
누구에게 죽음이 없을 것인가?
누가 어리석은 일을 저지르지 않으며
누가 언제나 현명하고 착한 사람이란 말인가?[57]

(세존께서 게송으로 답하셨습니다.)

---

57 사람은 죽지 않을 수 없듯이, 과오가 없는 사람은 없다는 의미이다.

모든 존재를 연민하는
여래에게는, 붓다에게는
그에게는 과오가 없으며
그에게는 죽음이 없다네.
그는 어리석은 일을 저지르지 않으며
그는 언제나 현명하고 착하다네.

과오를 참회하는데
이것을 용서하지 않고
고약하게 분노를 품은 자는
원한에 묶인다네.
나는 원한을 좋아하지 않으며
그대들의 과오를 용서했다네.

1.36. 확신(確信, Saddhā)〈s.1.36〉

세존께서 싸왓티의 제따와나 아나타삔디까 사원에 머무실 때, 밤이 지나자 많은 싸뚤라빠까이까 천신들이 눈부신 용모로 제따와나를 환히 밝히면서 세존을 찾아와 예배한 후 한쪽에 섰습니다.

한쪽에 선 한 천신이 세존 앞에서 이 게송을 읊었습니다.

확신(確信)이 인간의 동반자라네
불신(不信)에 머물지 않으면

그에게 성공과 명성이 있고
몸을 버린 다음에는 천상에 간다네.

성냄도 벗어놓고 아만도 내던지고
일체의 속박을 벗어나야 한다네.
이름과 형색[名色]에 집착이 없는
아무것도 없는 사람에게는 집착이 따르지 않는다네.[58]

(세존께서 게송으로 대답했습니다.)

현명하지 못한 어리석은 사람들은
게으름에 빠진다네.
현명한 사람들은 부지런함을
최상의 재물처럼 지킨다네.
게으름에 빠지지 말라!
감각적 쾌락을 탐닉하지 말고 멀리하라!
부지런히 선정을 닦으면
최상의 행복을 얻는다네.

---

58 'akiñcanaṃ nānupatanti saṅgā'의 번역.

1.37. 집회(Samayo)〈s.1.37〉

세존께서 싹까(Sakka)족의 까삘라왓투(Kapilavatthu)에 있는 큰 숲에서 모두가 아라한인 5백 명의 큰 비구 승가와 함께 머무실 때, 시방세계 대부분의 천신들이 세존과 비구 승가를 보기 위해 모였습니다.

그때 네 명의 쑤다와싸(Suddhāvāsa, 淨居天)의 무리에 속하는 천신들은 이렇게 생각했습니다.

"지금 세존께서 싹까족의 까삘라왓투에 있는 큰 숲에서 모두가 아라한인 5백 명의 큰 비구 승가와 함께 머물고 계시는데, 시방세계 대부분의 천신들이 세존과 비구 승가를 보기 위해 모였다. 우리도 세존을 찾아가서 세존 앞에서 각자의 게송을 읊도록 하자."

그래서 그 천신들은 마치 건장한 사람이 굽혀진 팔을 펴거나, 펴진 팔을 굽히듯이, 이와 같이 삽시간에 쑤다와싸를 떠나 세존 앞에 나타났습니다. 그 천신들은 세존께 예배한 후 한쪽에 섰습니다.

한쪽에 선 그 천신들은 세존 앞에서 차례로 우다나를 읊었습니다.

큰 대중이 모인 총림(叢林)에
천신의 무리가 모였네.
우리도 이 법회에 왔다네.
무적(無敵)의 승가(僧伽)를 보기 위하여.

그곳의 비구들은 삼매에 들어
자신의 마음을 바로잡았네.
마부들이 고삐를 움켜잡듯이

현자들은 지각활동을 지켜본다네.[59]

가시를 뽑고 빗장을 풀고
인드라의 말뚝을 뽑아 동요하지 않는
그들은 청정무구(淸淨無垢)하게 살아간다네.
잘 길들여진 지혜로운 어린 코끼리처럼

1.38. 불이 났을 때(Ādittaṃ)〈s.1.41〉

세존께서 싸왓티의 제따와나 아나타삔디까 사원에 머무실 때, 밤이 지나자 어떤 천신이 눈부신 용모로 제따와나를 환히 밝히면서 세존을 찾아와 예배한 후 한쪽에 섰습니다.

한쪽에 선 그 천신은 세존 앞에서 게송을 읊었습니다.

집에 불이 났을 때는
살림살이를 구해내야 한다네.
그곳에서 살림살이가
불에 타지 않도록.

이와 같이 세상은
늙음과 죽음으로 불타고 있으니

59 'indriyāni rakkhanti paṇḍitā'의 번역.

보시하여 구해내야 한다네.
보시가 좋은 구제책(救濟策)이라네.

보시하면 행복한 과보가 있다네.
보시하지 않으면 그렇지 않다네.
도적이나 왕들이 빼앗아가고
불에 타서 소실된다네.

몸과 가진 재산은
종국에는 버려진다네.
현명한 사람들아! 이것을 알아서
즐겨 보시하라!
힘닿는 데로 즐겨 보시하면
즉시에 천상에 도달한다네.

1.39. 무엇을 주는 것이(Kiṃdada)〈s.1.42〉

무엇을 주는 것이 힘을 주는 것인가요?
무엇을 주는 것이 미모(美貌)를 주는 것인가요?
무엇을 주는 것이 안락을 주는 것인가요?
무엇을 주는 것이 눈을 주는 것인가요?
그리고 모든 것을 주는 사람은 누구인가요?
제 질문에 답을 주세요.

음식을 주는 것이 힘을 주는 것이라네.
옷을 주는 것이 미모를 주는 것이라네.
수레를 주는 것이 안락을 주는 것이라네.
등을 주는 것이 눈을 주는 것이라네.
살 곳을 주는 사람이[60]
모든 것을 주는 사람이라네.
그리고 진리를 가르쳐주는 사람은[61]
불사(不死)의 감로(甘露)를 주는 사람이라네.[62]

1.40. 천녀(天女, Accharā)〈s.1.46〉

천녀들이 무리 지어 노래 부르고
악령들이 무리 지어 출몰하는 곳
그 숲의 이름은 미혹(迷惑)이라네.
어떻게 그곳에서 벗어날 수 있나요?

(세존께서 게송으로 답하셨습니다.)

---

60 'yo dadāti upassayaṃ'의 번역. 'upassaya'는 '주거(住居)'를 의미하는데, 현대적인 의미로는 '직업'이라고 할 수 있다.

61 'yo dhammam anusāsati'의 번역.

62 'amataṃ dado ca so hoti'의 번역. 'amata'는 '죽음'을 의미하는 'mata'에 부정 접두사 'a'가 결합한 것으로서 먹으면 죽지 않는 음식을 의미하며, '감로(甘露)'로 한역(漢譯)된다. 이 두 의미를 살려서 '불사(不死)의 감로(甘露)'로 번역하였다. 여기에서는 열반(涅槃)을 의미한다.

그 길은 올바르고
사방은 위험이 없으며
진리의 수레바퀴가 달린
수레는 삐걱거리지 않는다네.

부끄러움이 그 수레의 제어(制御) 장치라네.
주의집중이 그 수레의 장막(帳幕)이라네.
나는 진리를 마부라고 부르고
바른 견해[正見]를 선도자(先導者)라고 부른다네.

여자든 남자든
이러한 수레를 타면
이 수레에 의해서
열반으로 간다네.

1.41. 숲을 가꾸면(Vanaropa)〈s.1.47〉

어떤 사람들에게 낮이나 밤이나
언제나 공덕이 늘어나나요?
가르침에 머물면서 계행(戒行)을 구족하면[63]

---

63 'dhammaṭṭhā sīlasampannā'의 번역.

어떤 사람들이 행복한 곳으로 가나요?[64]

승원을 가꾸고 숲을 가꾸고
사람들을 위하여 다리를 만들고
샘과 우물을 만들고
살 곳을 주는 사람들
그들에게 낮이나 밤이나
언제나 공덕이 늘어난다네.
가르침에 머물면서 계행을 구족하면
그 사람들이 행복한 곳으로 간다네.

1.42. 제따와나(Jetavana)〈s.1.48〉

이곳 제따와나는 축복의 땅.
선인(仙人)들의 승가(僧伽)가 실현된 곳.
법왕(法王)께서 사시는 곳.
나에게 희열이 생기네.

업보(業報)와 명지(明智)의 가르침[法],
계행(戒行)을 실천하는 최상의 생활.[65]

---

64 'ke janā saggagāmino'의 번역.

65 'kammaṃ vijjā ca dhammo ca sīlaṃ jīvitam uttamaṃ'의 번역. 'kamma'는 '업(業)'을 의미하는

인간은 이것으로 청정해진다네.
가문이나 재산이 아니라네.

그러므로 현명한 사람이
자신의 이익을 생각하여
이치에 맞게 가르침을 찾으면,[66]
이와 같이 그곳에서 청정해진다네.

통찰지[般若]와 계행과 적정(寂靜)으로
피안(彼岸)에 도달한
싸리뿟따(Sāriputta)처럼
이와 같이 피안에 도달한 비구가
최상의 비구라네.

1.43. 구두쇠(Macchari)〈s.1.49〉

이 세상의 구두쇠들,
다른 사람에게 베푸는 것에 대하여
인색하고, 험담하고,
방해하는 사람들,

데, 여기에서는 업보(業報)로 번역한다.

66 'yosino vicine dhammaṃ'의 번역.

그들의 과보는 어떤 세상인가요?
그들의 미래는 어떤 세상인가요?
우리는 세존께 묻기 위해 왔습니다.
어떻게 되는지 알고 싶습니다.

이 세상의 구두쇠들,
다른 사람에게 베푸는 것에 대하여
인색하고, 험담하고,
방해하는 사람들,
그들은 지옥이나 축생의 자궁이나
죽음의 세계에 태어나리라.
만약에 인간으로 돌아온다면
빈천한 집안에 태어나리라.
옷이나 음식이나 환락이나 오락,
이런 것은 얻기 어렵고,
그 어리석은 사람이 바라는 것은
더욱더 얻을 수 없으리라.
현재에도 그 과보를 받고
미래에도 불행에 빠지리라.[67]

이와 같은 말씀을 우리는 이해했습니다.

---

67 'diṭṭhe dhamme sa vipāko samparāye ca duggati'의 번역.

고따마여, 다른 것을 묻고자 합니다.
이 세상에서 인간의 몸을 얻어
인색하지 않고 관대한 사람들,
부처님과 가르침과 승가에 대하여
청정한 신심을 가지고 깊이 공경하는 사람들,
그들의 과보는 어떤 세상인가요?
그들의 미래는 어떤 세상인가요?
우리는 세존께 묻기 위해 왔습니다.
어떻게 되는지 알고 싶습니다.

이 세상에서 인간의 몸을 얻어
인색하지 않고 관대한 사람들,
부처님과 가르침과 승가에 대하여
청정한 신심을 가지고 깊이 공경하는 사람들,
그들은 다시 태어나면
행복한 곳에 태어나리라.
만약에 인간으로 돌아온다면
부귀한 집안에 태어나리라.
옷이나 음식이나 환락이나 오락,
이런 것을 얻기는 어렵지 않고,
자재천(自在天)과 같은
풍요로움을 누리리라.
지금 여기에서 그 과보를 받고

미래에도 행복을 누리리라.

1.44. 노년(Jarā)〈s.1.51〉

노년(老年)까지 좋은 것은 무엇인가요?
좋은 의지처는 무엇인가요?
인간의 보물은 무엇인가요?
도둑맞지 않는 것은 무엇인가요?

노년까지 좋은 것은 계행[68] 이라네.
좋은 의지처는 확신[69] 이라네.
인간의 보물은 통찰지(通察智, 般若)[70] 라네.
도둑맞지 않는 것은 공덕(功德)[71] 이라네.

---

68 'sīla'의 번역.

69 'saddhā'의 번역.

70 'paññā'의 번역.

71 'puñña'의 번역.

1.45. 젊을 때(Ajarasā[72])〈s.1.52〉

젊을 때 좋은 것은 무엇인가요?
어떤 것이 행복을 보장하나요?[73]
인간의 보물은 무엇인가요?
도둑맞지 않는 것은 무엇인가요?

젊을 때 좋은 것은 계행이라네.
확신이 행복을 보장한다네.
인간의 보물은 통찰지라네.
도둑맞지 않는 것은 공덕이라네.

1.46. 벗(Mittaṃ)〈s.1.53〉

길 떠나면 누가 벗이 되나요?
집안에선 누가 벗이 되나요?
일 생기면 누가 벗이 되나요?
앞날에는 무엇이 벗이 되나요?

길 떠나면 길동무가 벗이 된다네.

72 'ajarasā'는 직역하면 '늙음이 없을 때'를 의미한다. 앞의 게송에서 늙었을 때를 이야기하고, 여기에서는 젊었을 때를 이야기한다.

73 'kiṃsu sādhu patṭhitaṃ'의 번역.

집안에선 어머니가 벗이 된다네.
좋은 일이나 궂은일이나 일 생기면 동료가 벗이 된다네.
앞날에는 자신이 지은 공덕이 벗이 된다네.

1.47. 바탕(Vatthu)〈s.1.54〉

인간의 바탕은 무엇인가요?
최상의 친구는 누구인가요?
땅에 의존해 살아가는 생명들은
무엇이 있어서 생육(生育)하나요?

인간의 바탕은 아이들이라네.
최상의 친구는 부부[74]라네.
땅에 의존해 살아가는 생명들은
비가 있어서 생육한다네.

1.48. 이름(Nāmaṃ)〈s.1.61〉

무엇이 일체(一切)를 지배했나요?
가장 높은 것은 무엇인가요?
일체를 통제하는

74 부부는 서로 좋은 친구라는 의미에서 '아내'를 의미하는 'bhariyā'를 '부부'로 번역함.

유일한 법(法)은 무엇인가요?

이름[名]이[75] 일체를 지배했다네.[76]
가장 높은 것은 이름이라네.
일체를 통제하는
유일한 법은 이름이라네.

1.49. 마음(Cittaṃ)〈s.1.62〉

세간은 무엇에 의해 끌려가나요?
무엇에 의해 이리저리 끌려다니나요?
일체를 통제하는
유일한 법은 무엇인가요?

세간은 마음에 의해 끌려간다네.
마음에 의해 이리저리 끌려다닌다네.
일체를 통제하는
유일한 법은 마음이라네.

---

75 'nāmam'의 번역.

76 과거형을 취하는 이 문장은 부처님께서 깨달음을 얻기 전에는 이름이 일체를 지배하고 있었음을 이야기하고 있다. 그리고 부처님은 깨달음을 통해서 이름의 지배에서 벗어났음을 이야기하고 있다.

1.50. 갈애(愛, Taṇhā)〈s.1.63〉

세간은 무엇에 끌려가나요?
무엇에 의해 이리저리 끌려다니나요?
모든 것을 통제하는
유일한 법은 무엇인가요?

세간은 갈애[愛]에 끌려간다네.
갈애에 의해 이리저리 끌려다닌다네.
(세간의) 모든 것을 통제하는
유일한 법은 갈애라네.

1.51. 속박하는 것(Saṃyojana)〈s.1.64〉

무엇이 세간을 속박하나요?
무엇이 그것을 찾아다니나요?[77]
무엇을 버려야
열반이라고 부르나요?

환희(歡喜)가[78] 세간을 속박한다네.

---

77 'kiṃsu tassa vicāraṇam'의 번역.

78 'nandī'의 번역.

사유(思惟)가 그것을 찾아다닌다네.[79]

갈애를 버려야[80]

열반이라고 부른다네.[81]

1.52. 결박하는 것(Bandhana)〈s.1.65〉

무엇이 세간을 결박하나요?

무엇이 그것을 찾아다니나요?

무엇을 버려야만

일체의 결박을 끊어내나요?

환희가 세간을 결박한다네.

사유가 그것을 찾아다닌다네.

갈애를 버려야만

일체의 결박을 끊어낸다네.

---

79 'vitakk-assa vicāraṇam'의 번역.

80 'taṇhāya vippahānena'의 번역.

81 세상 사람들은 환희에 사로잡혀 있으며, 사유를 통해서 환희를 추구하는데, 그 환희에 대한 갈애를 버리는 것이 열반이라는 의미이다.

1.53. 공격하는 것(Abbhāhata)〈s.1.66〉

무엇이 세간을 공격하고 있나요?
무엇이 세간을 포위하고 있나요?
어떤 화살을 맞았나요?
항상 어떤 연기가 자욱하나요?

죽음이 세간을 공격하고 있다네.
늙음이 세간을 포위하고 있다네.
갈애의 화살을 맞았다네.
항상 욕망의 연기가 자욱하다네.

1.54. 묶고 있는 것(Uḍḍito)〈s.1.67〉

무엇이 세간을 묶고 있나요?
무엇이 세간을 포위하고 있나요?
무엇이 세간을 덮고 있나요?
세간은 어떤 것 속에 있나요?

갈애가 세간을 묶고 있다네.
늙음이 세간을 포위하고 있다네.
죽음이 세간을 덮고 있다네.
세간은 괴로움 속에 있다네.

1.55. 덮고 있는 것(Pihito)〈s.1.68 〉

무엇이 세간을 덮고 있나요?
세간은 어떤 것 속에 있나요?
무엇이 세간을 묶고 있나요?
무엇이 세간을 포위하고 있나요?

죽음이 세간을 덮고 있다네.
세간은 괴로움 속에 있다네.
갈애가 세간을 묶고 있다네.
늙음이 세간을 포위하고 있다네.

1.56. 욕망(Icchā)〈s.1.69〉

세간은 무엇에 붙잡혀 있나요?
어떤 굴레에서 벗어나야 하나요?
무엇을 버려야
일체의 결박을 끊게 되나요?

세간은 욕망에 붙잡혀 있다네.
욕망의 굴레에서 벗어나야 한다네.
욕망을 버려야만
일체의 결박을 끊게 된다네.

1.57. 세간(Loka)〈s.1.70〉

세간은 어디에서 생겼나요?

어디에서 교제(交際)를 하나요?[82]

무엇이 세간을 붙들고 있나요?[83]

세간은 어디에서 고난을 겪나요?[84]

세간은 여섯[85]에서 생겨났다네.

여섯에서 교제를 한다네.

여섯이 세간을 붙들고 있다네.

세간은 여섯에서 고난을 겪는다네.

1.58. 끊음(Chetvā)〈s.1.71〉

무엇을 끊어야 행복하게 지내나요?

무엇을 끊어야 슬퍼하지 않나요?

고따마여! 죽이는 것을 당신이 허락하시는

유일한 것은 무엇인가요?

---

82 'kismiṃ kubbati santhavaṃ'의 번역.

83 'kissā loko upādāya'의 번역. 세간이 유지되도록 붙들고 있는 것이 무엇인가를 묻고 있음.

84 'kismiṃ loko vihaññati'의 번역.

85 '여섯'은 6입처(六入處)를 의미한다.

화를 끊어야 행복하게 지낸다네.
화를 끊어야 슬퍼하지 않는다네.
천신이여! 달콤하기 그지없지만
뿌리에 독이 있는 화를 죽이면
성인(聖人)들은 그것을 찬탄한다네.
그것을 끊어야 슬퍼하지 않는다네.

1.59. 재산(Vitta)〈s.1.73〉

무엇이 인간에게 최상의 재산인가요?
무엇을 잘 실천하면 행복을 주나요?
무엇보다 감미로운 맛은 어떤 것인가요?
어떻게 사는 것이 최상의 삶인가요?

확신이 인간에게 최상의 재산이라네.
가르침을 잘 실천하면 행복을 준다네.
진리가[86] 무엇보다 감미로운 맛이라네.
반야로 통찰하는 삶이[87] 최상의 삶이라네.

---

86 'saccam'의 번역. 4성제(四聖諦)를 의미한다.

87 'paññājīviṃ'의 번역.

1.60. 비(Vuṭṭhi)〈s.1.74〉

올라오는 것은 무엇이 최상인가요?
내려오는 것은 무엇이 최상인가요?
돌아다니는 것은 무엇이 최상인가요?
말하는 것은 무엇이 최상인가요?

(다른 천신이 답했습니다)

올라오는 것은 종자(種子)가 최상이라네.
내려오는 것은 비가 최상이라네.
돌아다니는 것은 황소가 최상이라네.
말하는 것은 자식(子息)이 최상이라네.

(세존께서 답했습니다.)

올라오는 것은 명지(明智)가 최상이라네.
내려오는 것은 무명(無明)이 최상이라네.
돌아다니는 것은 승가(僧伽)가 최상이라네.
말하는 것은 깨달은 사람이 최상이라네.

1.61. 위하여(Kāma)〈s.1.78〉

이익을 위하여 내주어서 안 되는 것은 무엇인가요?

사람이 포기해서 안 되는 것은 무엇인가요?
무엇에서 해탈해야 훌륭하고
해탈하지 못하면 사악한가요?

사람은 자기를 내주어서는 안 된다네.
자기를 포기해서는 안 된다네.
언어(言語)를 벗어나야 훌륭하다네.[88]
벗어나지 못하면 사악하다네.

제2「천자(天子) 쌍윳따(Devaputta-Saṃyutta)」

1.62. 쑤브라만(Subrahmā)〈s.2.17〉

한쪽에 선 쑤브라만(Subrahmā) 천자(天子)가 세존께 게송으로 말을 걸었습니다.

마음은[89] 항상 두렵습니다.
생각은[90] 항상 걱정합니다.

88 탐욕과 사악한 불선법(不善法)을 버리고 초선(初禪)을 닦으면 언어(言語)가 적멸한다.

89 'cittaṃ'의 번역.

90 'mano'의 번역.

할 일이 생기지 않으면 두렵습니다.[91]
그런데 생기면 걱정합니다.[92]
만약에 두려움을 없앨 수 있다면
저에게 알려주길 청하옵니다.

각지(覺支)를 닦는 수밖에 없다네.[93]
지각활동[根]을 단속하는 수밖에 없다네.[94]
일체를 버리는 수밖에 없다네.[95]
그 밖에 살아 있는 존재의 행복을 나는 알지 못한다네.

1.63. 까꾸다(Kakudho)〈s.2.18〉

한쪽에 선 까꾸다(Kakudha) 천자가 세존께 이렇게 말했습니다.

"사문이여, 당신은 기쁩니까?"
"존자여, 내가 무엇을 얻었나요?"
"사문이여, 그렇다면 당신은 슬픕니까?"

---

91 'anuppannesu kiccesu'의 번역.

92 'atho uppattitesu ca'의 번역.

93 'na aññatra bojjhaṅgatapasā'의 번역. 7각지(七覺支) 수행을 의미한다.

94 'na aññatra indriyasaṃvarā'의 번역. 6근(六根)의 수호(守護)를 의미한다.

95 'na aññatra sabbanissaggā'의 번역. 12입처(十二入處), 즉 주관과 객관을 분별하는 인식을 버리는 것을 의미한다.

"존자여, 내가 무엇을 잃었나요?"

"사문이여, 그렇다면 당신은 기쁘지도 않고, 슬프지도 않습니까?"

"존자여, 그렇다오."

비구여, 당신은 동요하지 않고,
기뻐하지 않나요?
한 끼의 생활에[96]
불만이 없나요?

야차여, 진실로 나는 동요하지 않고,
기뻐하지 않는다오.
한 끼의 생활에
불만이 없다오.

비구여, 어찌하여 동요하지 않고,
기뻐하지 않나요?
어찌하여 한 끼의 생활에
불만이 없나요?

기쁨은 고통에서 생긴다네.

96 'ekam āsīnaṃ'의 번역. 'ekam āsīnaṃ'은 '일좌식(一坐食)', 즉 하루 한 끼의 식사로 생활하는 것을 의미한다.

고통은 기쁨에서 생긴다네.
기쁨이 없고, 동요가 없는 것이 비구라네.
존자여, 이와 같이 알아야 한다네.

실로 오랜만에 나는 보았네.
반열반을 성취한 바라문을.
기쁨이 없고, 동요가 없는 비구를.
세간에서 애착을 극복한 분을.

1.64. 로히따(Rohito)〈s.2.26〉

한쪽에 선 로히땃싸(Rohitassa) 천자가 세존께 이렇게 말씀드렸습니다.

"세존이시여, 태어나지 않고, 늙지 않고, 죽지 않고, 옮아가지 않고, 다시 태어나지 않는 세간의 끝을 걸어가서 알고, 보고, 도달할 수 있을까요?"

"존자여, 태어나지 않고, 늙지 않고, 죽지 않고, 옮아가지 않고, 다시 태어나지 않는 세간의 끝을 걸어가서 알고, 보고, 도달할 수는 없다고 나는 말한다오."

"놀랍습니다. 세존이시여! 경이롭습니다. 세존이시여! 참으로 옳은 말씀을 하셨습니다. 저는 옛날에 로히땃싸라고 하는 선인(仙人)이었는데, 보자(Bhoja)의 아들로서 하늘을 걸어 다니는 신통력이 있었습니다. 세존이시여, 저는 훈련받아 능숙하게 숙련된 솜씨 좋은 궁사(弓師)가 쏜 화살처럼 날래고 빨랐습니다. 저는 한 발걸음에 동해에서 서해로 가로질러 갔습니다. 세존이시여, 그때 저에게 '나는 걸어서 세간의 끝에 도달해야겠다'는 욕망이 생겼습니다. 세존이시여, 제가 이와 같은 빠르기를 가지고, 이와 같은 발걸음으로 음식을 먹고, 마시고, 대소변을 보고, 잠자고, 지칠 때를 제외하고, 100년을 살면서, 100살까지, 100년을 걸어갔지만, 세간의 끝에 도달하지 못하고 도중에 죽었습니다."

"존자여, 나는 세간의 끝에 가서 괴로움을 종식할 수 있다고 말하지 않는다오. 존자여, 그 대신 나는, 의식이 있고 생각이 있는 한 길 몸속에 있는 세간과 세간의 집(集)과 세간의 멸(滅)과 세간의 멸에 이르는 길을 알려준다오."

걸어서는 결코
세간의 끝에 도달할 수 없지만,
세간의 끝에 도달하지 않으면
괴로움에서 벗어날 수 없다네.
그러므로 진실로 세간을 아는,
세간의 끝에 도달하여 청정한 수행[梵行]을 완성한,
세간의 끝에서 평온을 얻은 현자(賢者)는
이 세간도, 저 세간도 바라지 않는다네.

제3 「꼬쌀라 쌍윳따(Kosala-Saṃyutta)」

1.65. 젊은이(Daharo)〈s.3.1〉

세존께서 싸왓티의 제따와나 아나타삔디까 사원에 머무실 때, 꼬쌀라(Kosala)의 빠쎄나디(Pasenadi)왕이 세존을 찾아왔습니다. 그는 세존에게 정중히 인사하고, 공손한 인사말을 나눈 후 한쪽에 앉아 세존께 말씀드렸습니다.

"고따마 존자께서는 위없는 바른 깨달음을 원만하게 깨달았다고 선언하십니까?"

"대왕이시여, 바른말로 '위없는 바른 깨달음을 원만하게 깨달았다'라고 말한다면, 그것은 바로 나를 두고 하는 말일 것입니다. 대왕이시여, 나는 진실로 위없는 바른 깨달음을 원만하게 깨달았습니다."

"고따마 존자여, 뿌라나 깟싸빠, 막칼리 고쌀라, 니간타 나타뿟따, 싼자야 벨라티뿟따, 빠꾸다 깟짜야나, 아지따 꼣싸깜발라 같은, 많은 무리를 거느리는 승가(僧伽)의 지도자이며, 널리 알려진, 명성 있고 훌륭한 교조로서 많은 사람의 존경을 받는 사문과 바라문들은 내가 '위없는 바른 깨달음을 원만하게 깨달았다고 선언하는지'를 물었을 때, 위없는 바른 깨달음을 원만하게 깨달았다고 선언하지 않았습니다. 그런데 나이도 젊고, 출가한 지 얼마 되지도 않은 고따마 존자가 어떻게 그럴 수 있습니까?"

"대왕이시여, 어리다고 깔보거나, 어리다고 무시해서는 안 되는 네 가지가 있습니다. 대왕이시여, 크샤트리아는 어리다고 깔보거나, 어리다고 무시해서는 안 됩니다. 대왕이시여, 뱀은 어리다고 깔보거나,

어리다고 무시해서는 안 됩니다. 대왕이시여, 불은 작다고 깔보거나, 작다고 무시해서는 안 됩니다. 대왕이시여, 비구는 어리다고 깔보거나, 어리다고 무시해서는 안 됩니다."

세존께서는 이와 같이 말씀하셨습니다. 선서께서는 이와 같이 말씀하셨습니다. 스승님께서는 다시 다음과 같이 말씀하셨습니다.

명성 있는 훌륭한 가문에 태어난
명문 출신의 크샤트리아는
어리다고 깔보면 안 된다네.
어리다고 무시하면 안 된다네.
그가 인간의 주인인
왕이 되면
그때는 성을 내어
큰 벌을 내린다네.
그러므로 목숨을 부지하려면
깔보거나 무시하면 안 된다네.

마을이나 숲에서
뱀을 보았을 때
어리다고 깔보면 안 된다네.
어리다고 무시하면 안 된다네.
다양한 색과 위력을 가진
뱀은 돌아다니다가

어린애를 공격하여 물고,
남자도 물고, 여자도 문다네.
그러므로 목숨을 부지하려면
깔보거나 무시하면 안 된다네.

모든 것을 먹어 치우며 타오르는,
검은 꼬리를 가진 빛나는 불은
작다고 깔보면 안 된다네.
작다고 무시하면 안 된다네.
작은 불은 연료를 얻으면
큰불이 되어서
어린애를 공격하여 집어삼키고,
남자도, 여자도 집어삼킨다네.
그러므로 목숨을 부지하려면
깔보거나 무시하면 안 된다네.

검은 꼬리를 가진 빛나는
불이 숲을 태워도
시간이 지나면
새싹이 돋지만
계행을 갖추고 위력을 가진
비구를 괴롭히는 사람은
그에게는 대를 이을 아들이 없고,

재산을 물려받을 상속자가 없다네.
후손이 없고, 상속자가 없는
그들은 둥치만 남은 종려나무 신세가 된다네.[97]

그러므로 지혜로운 사람은
자신의 이익을 생각하여
뱀과 불과
명문 출신의 크샤트리아를
그리고 계행을 갖춘 비구를
합당하게 대해야 한다네.

1.66. 왕(Rājā)〈s.3.3〉

꼬쌀라의 빠쎄나디왕이 세존을 찾아와서 인사를 나눈 후 한쪽에 앉아 세존께 말씀드렸습니다.

"세존이시여, 태어난 자가 늙음과 죽음을 피할 수 있을까요?"

"대왕이시여, 늙음과 죽음을 피할 수 없습니다. 대왕이시여, 큰 집을 지니고, 많은 재물과 재산이 있고, 많은 금은보화를 지니고, 많은 살림살이를 갖추고, 곳간에 보물과 곡식이 가득한, 부유한 크샤트리아로 태어난 자들도 늙음과 죽음은 피할 수 없습니다. 대왕이시여, 큰 집을

97 'tālavatthu bhavanti te'의 번역. 줄기가 잘려 둥치만 남은 종려나무는 번식하지 못하고 죽는다고 한다.

지니고, 많은 재물과 재산이 있고, 많은 금은보화를 지니고, 많은 살림살이를 갖추고, 곳간에 보물과 곡식이 가득한, 부유한 바라문 거사(居士)로 태어난 자들도 늙음과 죽음은 피할 수 없습니다. 대왕이시여, 비구로서 수행을 완성하고, 해야 할 일을 마치고, 짐을 내려놓고, 자신의 목적을 성취하고, 존재의 결박[有結][98]이 멸진(滅盡)하고, 완전한 지혜에 의해 해탈하고, 번뇌[漏]가 멸진한 아라한들의 몸도 파괴되고 버려집니다."

화려한 왕의 수레 낡아지듯이
육신은 마침내 노쇠한다네.
그러나 정법(正法)은 노쇠하지 않나니,
참된 사람이 참된 사람들에게 전한다네.[99]

1.67. 사랑스러운(Piya)〈s.3.4〉

한쪽에 앉은 꼬쌀라의 빠쎄나디왕이 세존께 말씀드렸습니다.

"세존이시여, 저는 조용한 곳에서 혼자 명상을 하면서 이런 생각을 했습니다.

'어떤 사람들은 자기가 사랑스럽고, 어떤 사람들은 자기가 사랑스럽지 않을까?'

---

98 'bhavasaṃyojana'의 번역.

99 부처님의 가르침은 참된 사람들에 의해서 후세에 전해지기 때문에 노쇠하지 않는다는 의미.

세존이시여, 그때 저는 '몸으로 악행(惡行)을 하고, 말로 악행을 하고, 마음으로 악행을 하는 사람들은 자기가 사랑스럽지 않은 것이다. 그들이 비록 '나는 내가 사랑스럽다'라고 말할지라도, 사실 그들은 자기가 사랑스럽지 않은 것이다. 왜냐하면, 사랑스럽지 않은 자가 사랑스럽지 않은 자에게 하는 행위를 그들은 스스로 자신들에게 행하기 때문이다. 그러므로 그들은 자기가 사랑스럽지 않은 것이다. 몸으로 선행(善行)을 하고, 말로 선행을 하고, 마음으로 선행을 하는 사람들은 자기가 사랑스러운 것이다. 그들이 비록 '나는 내가 사랑스럽지 않다'라고 말할지라도, 사실은 그들은 자기가 사랑스러운 것이다. 왜냐하면, 사랑스러운 자가 사랑스러운 자에게 하는 행위를 그들은 스스로 자신들에게 행하기 때문이다. 그러므로 그들은 자기가 사랑스러운 것이다'라고 생각했습니다."

"그렇습니다. 대왕이시여! 그렇습니다. 대왕이시여!"

자신이 사랑스러운 줄을 안다면
악행으로 자신을 결박하지 않으리니
실로 악행을 행한 자가
행복을 얻기는 쉽지 않다네.

죽음의 신에게 사로잡혀서
마침내 버려질 인간에게
자신의 것은 무엇이겠는가?
가지고 갈 것은 무엇이겠는가?

떨어지지 않는 그림자처럼
따라오는 것은 무엇이겠는가?

이 세상에서 인간이 지은
공덕과 죄악, 이 두 가지가
진실로 그 사람 자신의 것이라네.
그는 그것을 가지고 간다네.
떨어지지 않는 그림자처럼
그것이 그를 따라온다네.

그러므로 좋은 일을 해야 한다네.
후세의 부를 쌓아야 한다네.
다음 세상에서는 공덕이
살아가는 것들의[100] 의지가 된다네.

1.68. 자신의 수호(守護, Attānarakkhita)〈s.3.5〉

한쪽에 앉은 꼬쌀라의 빠쎄나디왕이 세존께 말씀드렸습니다.

"세존이시여, 저는 조용한 곳에서 혼자 명상을 하면서 이런 생각을 했습니다.

'어떤 사람들은 자신을 수호(守護)하고, 어떤 사람들은 자신을 수

100 'pāṇinaṃ'의 번역.

호하지 않을까?'

세존이시여, 그때 저는 '몸으로 악행(惡行)을 하고, 말로 악행을 하고, 마음으로 악행을 하는 사람들은 자신을 수호하지 않는 것이다. 그들을 비록 코끼리부대[象兵]가 수호하거나, 기마부대[馬兵]가 수호하거나, 전차부대[車兵]가 수호하거나, 보병(步兵)부대가 수호한다고 할지라도, 사실 그들은 자기를 수호하지 않는 것이다. 왜냐하면, 이것은 밖을 지키는 것이지, 안을 지키는 것이 아니기 때문이다. 그러므로 그들은 자기를 수호하지 않는 것이다. 몸으로 선행(善行)을 하고, 말로 선행을 하고, 마음으로 선행을 하는 사람들은 자기를 수호하는 것이다. 그들을 비록 코끼리부대가 수호하지 않고, 기마부대가 수호하지 않고, 전차부대가 수호하지 않고, 보병(步兵)부대가 수호하지 않는다고 할지라도, 사실 그들은 자기를 수호하는 것이다. 왜냐하면, 이것은 안을 지키는 것이지 밖을 지키는 것이 아니기 때문이다. 그러므로 그들은 자기를 수호하는 것이다'라고 생각했습니다."

"그렇습니다. 대왕이시여! 그렇습니다. 대왕이시여!"

몸을 제어하는 것이 훌륭하다네.
말을 제어하는 것이 훌륭하다네.
마음을 제어하는 것이 훌륭하다네.
모든 면에서 제어하는 것이 훌륭하다네.
부끄러운 줄을 알고 모든 면에서 제어하는 것을
수호라고 한다네.

1.69. 많지 않음(Appakā)〈s.3.6〉

한쪽에 앉은 꼬쌀라의 빠쎄나디왕이 세존께 말씀드렸습니다.

"세존이시여, 저는 조용한 곳에서 혼자 명상을 하면서 '세간에는 막대한 재산을 얻고 나서 (재물에) 빠지지 않고, 방일하지 않고, 감각적 쾌락에 대한 탐욕을 일으키지 않고, 죄를 짓지 않는 중생들은 많지 않다. 그런데 세간에는 막대한 재산을 얻고 나서 (재물에) 빠지고, 방일하고, 감각적 쾌락에 대한 탐욕을 일으키고, 중생들에게 죄를 짓는 중생들은 많다'라고 생각했습니다."

"그렇습니다. 대왕이시여! 그렇습니다. 대왕이시여!"

쾌락을 누리는 데 열중하는 자
쾌락에 얼이 빠져 갈망하는 자
그들은 지나침을 알지 못하네.
덫에 속은 사슴처럼,
그가 지은 죄악이 성숙하면
그 결과는 쓰디쓰다네.

1.70. 말리까(Mallikā)〈s.3.8〉

세존께서 싸왓티의 제따와나 아나타삔디까 사원에 머무실 때, 꼬쌀라의 빠쎄나디왕은 말리까(Mallikā) 왕비와 함께 궁전의 높은 누각에 있었습니다. 꼬쌀라의 빠쎄나디왕이 말리까 왕비에게 말했습니다.

"말리까여, 그대에게는 자신보다 사랑스러운 것이 있나요?"

"대왕이시여, 저에게는 자신보다 사랑스러운 것은 없습니다. 대왕이시여, 그렇다면 당신에게는 자신보다 사랑스러운 것이 있습니까?"

"말리까여, 나에게도 자신보다 사랑스러운 것은 없다오."

꼬쌀라의 빠쎄나디왕은 누각에서 내려와 세존을 찾아갔습니다. 그는 세존께 예배한 후 한쪽에 앉아 세존께 말리까 왕비와 함께 나눈 이야기를 말씀드렸습니다.[101]

세존께서는 그 의미를 아시고 그때 이 게송을 읊으셨습니다.

마음으로 사방을 찾아다녀도
자신보다 사랑스러운 것은 얻을 수가 없다네.
이와 같이 다른 사람도 저마다 자신이 사랑스럽다네.
그러므로 자신을 사랑하는 사람은 남을 해쳐서는 안 된다네.

1.71. 결박(Bandhana)〈s.3.10〉

쇠나 나무나 새끼줄로 된 것을
현자들은 단단한 결박이라 말하지 않는다네.

보석 장신구에 혹(惑)하고,
처자식에 애착하는 것,
현자들은 이런 것을 단단한 결박이라고 말한다네.

---

101 반복되는 대화 내용을 생략함.

굼뜨고 해이함은 벗어나기 어려운 것,
현자들은 이것을 끊고 유행(遊行)한다네.
감각적 쾌락을 버리고 초연(超然)하다네.

1.72. 결발(結髮) 수행자(Jaṭilo)〈s.3.11〉

세존께서 싸왓티의 뿝바라마(Pubbārāma) 미가라마뚜(Migāramātu) 강당에 머무실 때, 세존께서 해 질 무렵에 좌선에서 일어나 문밖에 나와 앉아계셨습니다. 그러자 꼬쌀라의 빠쎄나디왕이 세존을 찾아와서 세존께 예배하고 한쪽에 앉았습니다.

그때 겨드랑이털과 손톱과 체모(體毛)가 길게 자란, 일곱 명의 결발(結髮) 수행자와 일곱 명의 니간타와 일곱 명의 나체(裸體) 수행자와 일곱 명의 단벌옷 수행자와 일곱 명의 출가수행자가 유행장구(遊行裝具)를[102] 들고 세존 곁을 지나갔습니다.

그러자 꼬쌀라의 빠쎄나디왕은 자리에서 일어나 윗도리를 한쪽 어깨에 올리고, 땅에 오른쪽 무릎을 꿇은 후에, 그들에게 합장하고 예배한 다음, 세 차례 이름을 알렸습니다.

"존자들이여, 저는 꼬쌀라의 왕 빠쎄나디입니다. 존자들이여, 저는 꼬쌀라의 왕 빠쎄나디입니다."

그들이 떠나자 꼬쌀라의 빠쎄나디왕은 세존에게 다가와서 예배한 후 한쪽에 앉았습니다. 한쪽에 앉은 꼬쌀라의 빠쎄나디왕이 세존께

---

102 'khārividham'의 번역. 수행자들이 여행할 때 지니는 지팡이나 발우(鉢盂) 같은 소지품.

말씀드렸습니다.

"세존이시여, 저분들은 세간에서 아라한(阿羅漢)이거나 아라한도(阿羅漢道)에 들어간 분들이지요? 그렇지 않은가요?"

"대왕이시여, 감각적 쾌락을 즐기고, 자식을 걱정하며 사는,[103] 까시(Kāsi)국의 전단(栴檀)을 사용하고, 화환과 향수와 도향(塗香)으로 치장하고, 금과 은을 취하는 재가자(在家者)인[104] 당신은 그들이 아라한인지, 또는 아라한도에 들어간 사람인지를 알기 어렵습니다.

대왕이시여, 계행(戒行)은[105] 잠시가 아니라 오랜 시간 함께 살아보고, 대충 보지 않고 세심하게 살펴서, 어리석지 않고 통찰력을 가지고[106] 판단해야 합니다.

대왕이시여, 순수함은[107] 잠시가 아니라 오랜 시간 함께 일해보고, 대충 보지 않고 세심하게 살펴서, 어리석지 않고 통찰력을 가지고 판단해야 합니다.

대왕이시여, 확고함은[108] 잠시가 아니라 오랜 시간 불행한 처지에서, 대충 보지 않고 세심하게 살펴서, 어리석지 않고 통찰력을 가지고 판단해야 합니다.

---

103 'putta-sambādha-samayaṃ ajjhāvasantena'의 번역.

104 'gihinā'의 번역.

105 'sīiaṃ'의 번역.

106 'paññavatā no dupaññena'의 번역.

107 'soceyyaṃ'의 번역.

108 'thāmo'의 번역.

대왕이시여, 지혜(智慧)는[109] 잠시가 아니라 오랜 시간 대화해보고, 대충 보지 않고 세심하게 살펴서, 어리석지 않고 통찰력을 가지고 판단해야 합니다."

"놀랍습니다, 세존이시여! 경이롭습니다, 세존이시여! 참으로 옳은 말씀을 하셨습니다. … (중략) … 세존이시여, 염탐하고 정탐하는 제 신하들이 영토를 염탐하고 돌아왔습니다. 그들이 먼저 염탐한 것을 저는 나중에 결정할 것입니다. 세존이시여, 그들은 지금 흙먼지를 털고, 목욕하고, 향유를 바르고, 머리와 수염을 다듬고, 흰옷을 입고, 5욕락을 구족하여 즐길 것입니다."[110]

그러자 세존께서 그 말의 의미를 아시고 그때 이 게송(偈頌)을 읊으셨습니다.

겉모습으로는 사람을 잘 알 수 없다네.
잠깐 보고 믿어서는 안 된다네.
잘 수련된 모습을 하고
수련되지 않은 자들이 세상을 돌아다닌다네.
가짜 진흙 귀걸이나
반 푼도 안 되는 도금한 놋쇠 같은
허세로 위장한 사람들이 세상을 돌아다닌다네.

---

109 'paññā'의 번역.

110 염탐꾼들이 염탐을 할 때는 먼지를 뒤집어쓰고 위장을 하지만 돌아와서는 5욕락을 즐기듯이, 거짓 수행자들이 수행자의 모습을 하고 돌아다니지만 돌아가서는 5욕락을 즐길 것이라는 의미이다.

겉은 빛이 나지만 속은 더럽다네.

1.73. 도나 분량의 밥(Doṇapāka)〈s.3.13〉

세존께서 싸왓티에 머무실 때, 꼬쌀라의 빠쎄나디왕은 도나(doṇa) 분량의 밥을[111] 먹었습니다. 어느 날 식사를 마친 꼬쌀라의 빠쎄나디왕이 숨을 몰아쉬면서 세존을 찾아와서 세존께 예배하고 한쪽에 앉았습니다. 그러자 세존께서 꼬쌀라의 빠쎄나디왕이 식사를 마치고 숨을 몰아쉬는 것을 보시고, 그때 이 게송을 읊으셨습니다.

항상 유념하여
먹어야 할 식사의 양을 아는 사람에게,
그에게 괴로움은 줄어들고
소중한 수명은 천천히 노쇠한다네.

이 게송을 명심한 꼬쌀라의 빠쎄나디왕은 점차로 식사의 양을 줄여 날리까(nāḷika)[112] 분량의 밥에 만족하게 되었습니다. 그 후에 날씬해진 꼬쌀라의 빠쎄나디왕은 손바닥으로 몸을 쓰다듬으면서 이 우다나를 읊

111 'doṇapākaṃ'의 번역. 'doṇa'는 인도의 도량(度量) 단위이다. 우리말로는 '되'에 해당하는 말로서 '되'보다는 크고 '말'보다는 적은 양이므로 '큰 됫박'쯤으로 생각할 수 있다. 'pāka'는 '요리, 음식, 밥'을 의미하므로 'doṇapākaṃ'은 '큰 됫박 분량의 밥'을 의미하며, 식사량이 많음을 표현한 것이다.

112 인도의 도량(度量) 단위이다. 우리말로는 '홉'에 해당하는 분량이다.

었습니다.

세존께서는 실로 이중(二重)으로 행복을 주시었네.
현재의 행복과 미래의 행복으로 나를 연민하셨네.

1.74. 전쟁에 대한 두 말씀(Saṅgāme dve vuttāni) (1) 〈s.3.14〉

세존께서 싸왓티에 머무실 때, 마가다의 왕 아자따쌋뚜 웨데히뿟따가 4병(四兵)을[113] 무장하고 꼬쌀라의 빠세나디왕을 공격하기 위하여 까씨(Kāsī)로 쳐들어왔습니다. 그 소식을 듣고, 꼬쌀라의 빠세나디왕도 4병을 무장하여 마가다의 왕 아자따쌋뚜 웨데히뿟따를 막기 위해 까씨로 나아갔습니다. 그래서 마가다의 왕 아자따쌋뚜 웨데히뿟따와 꼬쌀라의 빠세나디왕은 전투를 벌였습니다. 그 전투에서 마가다의 왕 아자따쌋뚜 웨데히뿟따가 꼬쌀라의 빠세나디왕을 이겼습니다. 전투에서 패배한 꼬쌀라의 빠세나디왕은 자신의 왕성(王城)인 싸왓티로 돌아왔습니다.

아침에 싸왓티에 탁발을 다녀온 많은 비구들이 세존을 찾아가서 이 사실을 알려드리자, 세존께서 말씀하셨습니다.

"비구들이여, 마가다의 왕 아자따쌋뚜 웨데히뿟따는 못된 친구이고, 못된 벗이고, 못된 동료라오. 비구들이여, 꼬쌀라의 빠세나디왕은 훌륭

113 'caturaṅginiṃ senaṃ'의 번역. 고대 인도의 군대 형태로서, 상병(象兵), 차병(車兵), 마병(馬兵), 보병(步兵)을 4병(四兵)이라고 한다.

한 친구이고, 훌륭한 벗이고, 훌륭한 동료라오. 비구들이여, 그렇지만 오늘 패배한 꼬쌀라의 빠쎄나디왕은 이 밤을 괴롭게 지새울 것이오.

승리는 원한을 낳고
패자는 괴롭게 밤을 지새운다네.
이기고 지는 일을 버리고
마음이 평온한 사람은 단잠을 이룬다네.

1.75. 전쟁에 대한 두 말씀(Saṅgāme dve vuttāni) (2) 〈s.3.15〉

그 후에 다시 마가다의 왕 아자따쌋뚜 웨데히뿟따가 까씨로 쳐들어와 전투가 벌어졌습니다. 이 전투에서 승리한 꼬쌀라의 빠쎄나디왕은 마가다의 왕 아자따쌋뚜 웨데히뿟따를 생포했습니다. 그렇지만 꼬쌀라의 빠쎄나디왕은 '마가다의 왕 아자따쌋뚜 웨데히뿟따는 해친 적이 없는 나를 해치지만, 그는 나의 조카이니[114] 상병(象兵), 차병(車兵), 마병(馬兵), 보병(步兵)을 모조리 빼앗고 목숨만은 살려서 풀어주어야겠다'라고 생각하고 그를 풀어주었습니다.

아침에 싸왓티에 탁발을 다녀온 많은 비구들이 세존을 찾아가서 이 사실을 알려드렸습니다. 그때 세존께서 이 게송을 읊으셨습니다.

114 아자따쌋뚜의 어머니 웨데히는 빠쎄나디의 누이동생이다. 빠쎄나디는 아자따쌋투의 외삼촌이다.

자신에게 유익하면
사람은 약탈을 한다네.
그렇지만 다른 사람들이 약탈을 하면,
약탈당한 그 사람도 약탈을 한다네.
악행이 익어서 괴로움이 되기 전에는
어리석은 사람은 잘한 일이라고 생각한다네.
그러다가 악행이 익어서 괴로움이 되면
어리석은 사람은 괴로움에 빠진다네.
남을 죽인 사람은 자신을 죽이는 사람을 만나고
남에게 승리한 사람은 자신을 이기는 사람을 만난다네.[115]
남을 비난한 사람은 자신을 비난하는 사람을 만나고
남을 괴롭힌 사람은 자신을 괴롭히는 사람을 만난다네.
업(業)은 돌고 돌아서
약탈당한 그 사람이 약탈을 한다네.

1.76. 딸(Dhitā)〈s.3.16〉

세존께서 싸왓티에 머무실 때, 꼬쌀라의 빠쎄나디왕이 세존을 찾아와서 예배하고 한쪽에 앉았습니다. 한쪽에 앉아 있는 빠쎄나디왕에게 어떤 신하가 다가와서 말했습니다.

115 'hantā labhati hantāram jetāram labhati jayaṃ'의 번역. 직역하면 '살인한 사람은 살인자를 얻고, 승리한 사람은 승자를 얻는다'이다. 살인한 사람은 언젠가는 자신을 죽이는 살인자를 만나고, 승리한 사람은 자신을 이기는 승자를 만나게 된다는 의미이다.

"대왕이시여, 말리까(Malikā) 왕비께서 딸을 출산했습니다."

이 말을 듣고 빠쎄나디왕은 기뻐하지 않았습니다. 그러자 세존께서는 빠쎄나디왕이 기뻐하지 않는 것을 아시고, 이 게송을 읊으셨습니다.

백성들의 왕이시여, 어떤 여인은
실로 남자보다 훌륭하다오.
총명한 여인으로서 계행을 갖추고
시부모를 섬기는 정숙한 아내에게서
태어난 남자는
국토를 다스리는 왕이 되나니
그와 같이 훌륭한 아내의 아들이
왕국을 다스린다오.

1.77. 불방일(不放逸, Appamāda) (1) 〈s.3.17〉

세존께서 싸왓티에 머무실 때, 꼬쌀라의 빠쎄나디왕이 세존을 찾아와서 예배하고 한쪽에 앉아 세존께 말씀드렸습니다.

"세존이시여, 두 가지 이익을 얻을 수 있는, 즉 현재에도 이익을 얻고 미래에도 이익을 얻을 수 있는 하나의 법(法)이 있을까요?"

"대왕이시여, 있습니다."

"세존이시여, 그것은 어떤 것입니까?"

"대왕이시여, 그것은 게으르지 않음[不放逸]입니다. 대왕이시여,

비유하면, 발을 가진 동물의 발자국은 어떤 것이든 모두 코끼리의 발자국 속에 들어가는 것과 같습니다. 코끼리의 발은 동물들 가운데 가장 크다고 알려져 있습니다. 대왕이시여, 이와 같이 (게으르지 않음이라는) 유일한 법이 현재에도 이익을 얻고 미래에도 이익을 얻을 수 있는 법입니다."

건강하고 아름답게 장수하고
귀한 가문에서 행복하게 살면서
사랑받기를 원한다면
공덕을 짓는 데 게으르지 않아야 함을
수많은 훌륭한 현자들은
찬탄한다네.
부지런한 현자는
두 가지 이익을 얻나니
현재의 이익과
미래의 이익이라네.
현명한 사람은 이익을 알기 때문에
현자라고 불린다네.

1.78. 불방일(不放逸, Appamāda)(2)〈s.3.18〉

세존께서 싸왓티에 머무실 때, 꼬쌀라의 빠쎄나디왕이 세존을 찾아와서 예배하고 한쪽에 앉아 세존께 말씀드렸습니다.

"세존이시여, 저는 조용한 곳에서 홀로 명상을 하면서, '세존께서 잘 설하신 가르침[法]은 좋은 친구가 되고, 좋은 도반이 되고, 좋은 동료가 되라는 것이지, 나쁜 친구가 되고, 나쁜 도반이 되고, 나쁜 동료가 되라는 것이 아니다'라는 생각을 했습니다."

"대왕이시여, 그렇습니다. 대왕이시여, 그렇습니다. 내가 잘 가르친 가르침[法]은 좋은 친구가 되고, 좋은 도반이 되고, 좋은 동료가 되라는 것이지, 나쁜 친구가 되고, 나쁜 도반이 되고, 나쁜 동료가 되라는 것이 아닙니다. 대왕이시여, 나는 한때 싹까족이 사는 나가라까(Nāgaraka)라는 싹까족의 작은 마을에 머물렀습니다. 대왕이시여, 그때 아난다 비구가 나를 찾아와서 인사를 하고 한쪽에 앉아서 이런 말을 했습니다.

'세존이시여, 좋은 친구, 좋은 도반, 좋은 동료는 청정한 수행[梵行]의 절반은 되는 것 같습니다.'

대왕이시여, 이와 같은 말을 듣고 나는 아난다 비구에게 이렇게 말했습니다.

'아난다여! 그렇게 말하지 말라. 아난다여! 그렇게 말해서는 안 된다. 아난다여! 좋은 친구, 좋은 도반, 좋은 동료는 청정한 수행[梵行]의 전부이다.[116] 아난다여! 비구는 좋은 친구가 있고, 좋은 벗이 있고, 좋은 동료가 있어야 거룩한 8정도(八正道)를 수행하고, 거룩한 8정도를 지속적으로 실천할 수 있다.

아난다여! 좋은 친구가 되고, 좋은 벗이 되고, 좋은 동료가 되는 비

116 'sakalam eva hidam Ānanda brahmacariyaṃ yad idaṃ kalyāṇamittatā kalyāṇasahāyatā kalyāṇasampavaṅkatā'의 번역.

구는 어떻게 거룩한 8정도를 수행하고, 거룩한 8정도를 지속적으로 실천하는가? 아난다여! 어떤 비구는 원리(遠離)에 도움 되고, 이욕(離欲)에 도움 되고, 소멸(消滅)에 도움 되고, 버림[捨離]으로 귀결되는 바른 견해[正見]를 닦아 익히며,[117] 원리(遠離)에 도움 되고, 이욕(離欲)에 도움 되고, 소멸(消滅)에 도움 되고, 버림[捨離]으로 귀결되는 바른 의도[正思惟], 바른말[正語], 바른 행동[正業], 바른 생계[正命], 바른 정진[正精進], 바른 주의집중[正念], 바른 선정[正定]을 닦아 익힌다. 아난다여! 이런 좋은 친구가 있고, 좋은 벗이 있고, 좋은 동료가 있는 비구는 거룩한 8정도를 닦아 익히고, 거룩한 8정도를 지속적으로 실천할 수 있다.

아난다여! 이런 점에서, 좋은 친구, 좋은 도반, 좋은 동료는 청정한 수행의 전부라는 것을 알아야 한다. 아난다여! 나를 좋은 벗으로 삼아, 태어날 운명의 중생들이 태어남에서 벗어나고, 늙을 운명의 중생들이 늙음에서 벗어나고, 죽을 운명의 중생들이 죽음에서 벗어나고, 근심, 슬픔, 고통, 우울, 고뇌의 운명에 빠진 중생들이 근심, 슬픔, 고통, 우울, 고뇌에서 벗어난다. 아난다여! 이런 점에서, 좋은 친구, 좋은 도반, 좋은 동료는 청정한 범행의 전부라는 것을 알아야 한다.'

대왕이시여, 그러므로 대왕께서는 '나는 좋은 친구가 되고, 좋은 도반이 되고, 좋은 동지가 되겠다'라고 공부하도록 하십시오. 대왕이시여, 좋은 친구가 되고, 좋은 도반이 되고, 좋은 동지가 되기 위해서 대왕

117 'idha Ānanda bhikkhu sammā-diṭṭhim bhāveti viveka-nissitaṃ virāga-nissitam nirodha-nissitaṃ vossaggapariṇamiṃ'의 번역. 바른 견해[正見]를 닦음으로써 세속을 멀리하고[遠離], 탐욕을 버리고[離欲], 번뇌를 소멸하여[消滅] 고락(苦樂)의 감정을 모두 버린 평정심에 이른다는 말이다.

께서는 선법(善法)들 가운데 하나인 불방일(不放逸)이라는 법(法)에 의지하여 생활하도록 하십시오. 대왕이시여, 대왕께서 불방일에 의지하여 게으름 피우지 않고 생활하면, 궁녀들도, 크샤트리아 신하들도, 도시와 촌락의 백성들도 '대왕께서는 불방일에 의지하여 게으름 피우지 않고 생활하신다. 자! 우리도 불방일에 의지하여 게으름 피우지 않고 생활하자'라고 할 것입니다. 대왕이시여, 대왕께서 불방일에 의지하여 게으름 피우지 않고 생활하면, 자신도 지키고 보호하게 될 것이고, 궁녀들도 지키고 보호하게 될 것이고, 창고와 곡간도 지키고 보호하게 될 것입니다."

1.79. 아들 없는 사람(Aputtaka) (1) 〈s.3.19〉

세존께서 싸왓티에 머무실 때, 꼬쌀라의 빠쎄나디왕이 한낮에 세존을 찾아와서 예배하고 한쪽에 앉았습니다. 한쪽에 앉은 빠쎄나디왕에게 세존께서 말씀하셨습니다.

"대왕이시여, 대왕께서는 무슨 일로 한낮에 오셨습니까?"

"세존이시여, 싸왓티에서 큰 부자가 죽었습니다. 그는 아들이 없기 때문에 내가 그 재산을 왕궁 안에 옮겨놓고 왔습니다. 세존이시여, 그의 재산은 금화가 800만(萬)인데, 은화는 말해 무엇 하겠습니까? 세존이시여, 그런데 그는 겨죽을 먹고, 쉰 죽을 먹었습니다. 그는 세 번을 덧댄 삼베 누더기를 입었습니다. 그는 나뭇잎 양산을 부착한 낡고 작은 수레를 타고 다녔습니다."

"대왕이시여, 그렇습니다. 대왕이시여, 그렇습니다. 대왕이시여,

천박한 사람은 많은 재물을 얻지만, 자신을 행복하게 하고 기쁘게 하지 못하며, 부모, 처자, 종과 일꾼, 친지를 행복하게 하고 기쁘게 하지 못하며, 사문과 바라문에게 천상에 가서 천상의 복을 누리는 행복한 과보를 주는 공양을 하지도 않습니다. 이렇게 바르게 사용하지 않은 그의 재산은 왕들이 가져가거나, 도적들이 훔쳐 가거나, 불이 태우거나, 물이 쓸어가거나, 사랑하지 않은 상속인들이 가져갑니다. 대왕이시여, 바르게 사용하지 않은 재산은 이렇게 써보지도 못하고 사라집니다."

… (중략) …

인적이 없는 곳의 맑은 물은
마시지 않아도 고갈하듯이
못난 사람은 재물을 얻으면
자신도 쓰지 않고 베풀지도 않는다네.

현명하고 지혜로운 사람은 재물을 얻으면
자신도 쓰고, 해야 할 일도 한다네.
훌륭한 사람은 친족을 부양하고
칭송을 받으며[118] 천상에 간다네.

---

118 'anindito'의 번역. 본래의 의미는 '비난받지 않는'인데, 문맥상 '칭송을 받는'의 의미로 번역함.

1.80. 아들 없는 사람(Aputtaka) (2) 〈s.3.20〉

곡물이든 재물이든 금은보화든
소유물은 그것이 어떤 것이든
종과 일꾼, 심부름꾼, 식솔까지도
어떤 것도 가지고 갈 수 없다네.
모든 것을 내려놓고 가야 한다네.

몸이나 말이나 마음으로 행한 것이
진실로 그 사람 자신의 것이라네.
그는 그것을 가지고 간다네.
떨어지지 않는 그림자처럼 그것이 그를 따라온다네.

그러므로 좋은 일을 해야 한다네.
후세의 부를 쌓아야 한다네.
다음 세상에서는 공덕이
살아가는 것들의 의지가 된다네.

1.81. 사람(Puggala)〈s.3.21〉

세존께서 싸왓티에 머무실 때, 꼬쌀라의 빠쎄나디왕이 세존을 찾아와서 예배하고 한쪽에 앉았습니다. 한쪽에 앉은 빠쎄나디왕에게 세존께서 말씀하셨습니다.

"대왕이시여, 세간에는 네 종류의 사람들이 있습니다. 네 종류의 사람들이란, 어두운 곳에서 어두운 곳으로 가는 사람, 어두운 곳에서 밝은 곳으로 가는 사람, 밝은 곳에서 어두운 곳으로 가는 사람, 밝은 곳에서 밝은 곳으로 가는 사람입니다."

… (중략) …

왕이시여, 어떤 사람은 가난하면서
믿음이 없고, 인색하고, 비천하여
사악한 의도와 삿된 견해를 가지고
사문이나 바라문이나 그 밖의 탁발승에게
욕하고 비방하고 무시하고 화를 내고,
음식을 비는 사람에게
보시하는 것을 방해한다오.
백성들의 왕이시여, 이런 사람은
죽어서 무서운 지옥으로 가나니
어두운 곳에서 어두운 곳으로 가는 사람이라오.

왕이시여, 어떤 사람은 가난하지만
믿음이 있고, 인색하지 않아서
훌륭한 의도로 보시를 행하고
산란하지 않은 마음을 가지고
사문이나 바라문이나 그 밖의 탁발승에게
일어나서 인사하고

고요한 행을 익히며,
음식을 비는 사람에게
보시하는 것을 방해하지 않는다오.
백성들의 왕이시여, 이런 사람은
죽어서 도리천(忉利天)으로[119] 가나니
어두운 곳에서 밝은 곳으로 가는 사람이라오.

왕이시여, 어떤 사람은 부유하지만
믿음이 없고, 인색하고, 비천하여
사악한 의도와 삿된 견해를 가지고
사문이나 바라문이나 그 밖의 탁발승에게
욕하고 비방하고 무시하고 화를 내고,
음식을 비는 사람에게
보시하는 것을 방해한다오.
백성들의 왕이시여, 이런 사람은
죽어서 무서운 지옥으로 가나니
밝은 곳에서 어두운 곳으로 가는 사람이라오.

왕이시여, 어떤 사람은 부유하면서
믿음이 있고, 인색하지 않아서
훌륭한 의도로 보시를 행하고

119 'tidivaṃ'의 번역. 수미산 정상에 있다고 하는 제석천왕(帝釋天王)이 사는 천상 세계.

산란하지 않은 마음을 가지고
사문이나 바라문이나 그 밖의 탁발승에게
일어나서 인사하고
고요한 행을 익히며,
음식을 비는 사람에게
보시하는 것을 방해하지 않는다오.
백성들의 왕이시여, 이런 사람은
죽어서 도리천으로 가나니
밝은 곳에서 밝은 곳으로 가는 사람이라오.

1.82. 할머니(Ayyakā)〈s.3.22〉

세존께서 싸왓티에 머무실 때, 꼬쌀라의 빠쎄나디왕이 한낮에 세존을 찾아와서 예배하고 한쪽에 앉았습니다. 한쪽에 앉은 빠쎄나디왕에게 세존께서 말씀하셨습니다.

"대왕이시여, 대왕께서는 무슨 일로 한낮에 오셨습니까?"

"세존이시여, 몹시 사랑하는 저의 할머니가 돌아가셨습니다."[120]

"대왕이시여, 모든 중생은 죽는 법입니다. 죽음이 끝이며, 죽음에서 벗어날 수 없습니다."

모든 중생은 죽는다네.

120 간략하게 번역함.

수명(壽命)은 죽음이 끝이라네.
그들은 업에 따라가게 된다네.
복(福)과 죄(罪)의 과보를 받는다네.
죄를 지으면 지옥에 가고,
복을 지으면 좋은 곳에 간다네.

그러므로 좋은 일을 해야 한다네.
후세의 부를 쌓아야 한다네.
다음 세상에서는 공덕이
살아가는 것들의 의지가 된다네.

1.83. 세간(Loko)〈s.3.23〉

세존께서 싸왓티에 머무실 때, 꼬쌀라의 빠쎄나디왕이 한낮에 세존을 찾아와서 예배하고 한쪽에 앉은 후에 세존께 말씀드렸습니다.

"세존이시여, 그것이 나타나면 이익이 없고, 괴롭고, 살기 어렵게 되는 세간의 법(法)은 몇 가지나 됩니까?"

"대왕이시여, 그것이 나타나면 이익이 없고, 괴롭고, 살기 어렵게 되는 세간의 법은 세 가지입니다. 대왕이시여, 탐욕과 분노와 어리석음이 그 셋입니다."

탐욕과 분노와 어리석음은
자신에게서 나와

사악한 마음을 지닌 그 사람을 죽인다네.
너무 많은 열매가 나무를 죽이듯이.

제4「마라 쌍윳따(Māra-Saṃyutta)」

1.84. 고행(苦行, Tapo kammañ ca)〈s.4.1〉

세존께서 정각(正覺)을 성취하신 직후에 우루웰라(Uruvela)의 네란자라(Nerañjara) 강기슭에 있는 아자빨라니그로다(Ajapāla-nigrodha) 나무 아래에 머무실 때, 홀로 좌선하는 가운데 마음속에 이런 생각이 떠올랐습니다.

'나는 참으로 고행(苦行)에서 벗어났다. 다행스럽게 나는 참으로 저 무의미한 고행에서 벗어났다. 다행스럽게 나는 주의집중을 확립하여[121] 깨달음에 도달했다.'

그러자 마라(Māra) 빠삐만(Pāpimant)[122]이 세존의 마음속에 일어난 생각을 알고 세존을 찾아와서 세존께 게송으로 말을 걸어왔습니다.

고행으로 사람들은 청정해지는데

121 'ṭhito sato'의 번역. 4념처(四念處) 수행을 통해서 깨달음을 성취했다는 의미이다.

122 '마왕(魔王) 파순(波旬)'으로 한역되는 악신(惡神). 'Māra'는 마음에서 일어나는 혼란이나 착각을 신격화한 것이다.

고행을 내던지다니
부정(不淨)한 것을 청정하다고 생각하여
청정한 길에서 벗어났도다.

그러자 세존께서는 '이 자는 마라 빠삐만이다'라고 알아차리시고 마라 빠삐만에게 게송으로 응답하셨습니다.

죽지 않기[不死][123] 위해 하는 어떤 고행도
무의미한 수행임을 알고 나서,
밀림에서 노와 타(舵)가 쓸모없듯이[124]
백해무익(百害無益)함을 알고 나서,
계율과 선정과 지혜를 닦아,
깨달음에 이르는 길을 닦아,
나는 최상의 청정을 얻었다네.
죽음의 신이여, 나는 이미 너를 죽였다네.[125]

---

123 'amaram'의 번역.

124 'piyārittam va dhammaniṃ'의 번역. 물을 건널 때는 배를 젓는 노와 방향타(舵)가 필요하지만 물 없는 밀림에서는 방해가 될 뿐 아무 쓸모가 없다는 의미이다.

125 'nihato tvaṃ asi antaraka'의 번역. 'nihato'는 '죽이다'는 의미의 동사 'nihanti'의 과거분사 남성 1인칭 단수형으로서 '살해된'의 의미이다. 'nihato tvaṃ asi'는 '너는 살해되었다'라는 수동태인데, 이를 능동태로 바꾸어서 '나는 이미 너를 죽였다'라고 번역했다. 정각(正覺)을 성취한 여래에게는 죽음의 공포가 이미 사라졌다는 의미이다.

그러자 마라 빠삐만은 "세존께서 나를 알아보았다. 선서(善逝)께서 나를 알아보았다"라고 괴로워하고 슬퍼하면서 그곳에서 바로 사라졌습니다.[126]

1.85. 덫(Pāsa)〈s.4.5〉

세존께서 바라나씨(Bārāṇasi)의 이씨빠따나 미가다야(鹿野苑)에 머무실 때, 세존께서 "비구들이여!" 하고 부르셨습니다. 비구들은 세존에게 "세존이시여!" 하고 대답했습니다.

세존께서 말씀하셨습니다.

"비구들이여, 나는 천상과 인간의 모든 덫에서 벗어났소. 비구들이여, 그대들도 천상과 인간의 모든 덫에서 벗어났소. 비구들이여, 많은 사람들의 이익을 위하여, 많은 사람들의 행복을 위하여, 세간을 연민하여, 천신과 인간의 복리와 이익과 행복을 위하여 유행(遊行)하시오. 둘이서 같은 길로 가지 마시오. 비구들이여, 처음도 좋고, 중간도 좋고, 마지막도 좋은 법을 의미 있는 말로 명쾌하게[127] 설하시오. 완전하고 원만한 청정한 수행[梵行]을 드러내 보여주시오. 법을 듣지 못해서 타락한 눈 밝은[128] 중생들이 있다오. 그들은 법을 이해할 수 있을 것이

126 의혹과 갈등이 사라진 것을 의미한다.

127 'sāttham savyañjanaṃ'의 번역. 'sāttham'은 '의미(attha)를 갖춘'의 뜻이고, 'savyañjanaṃ'은 '특징, 기호, 문자(vyañjana)를 갖춘'의 뜻이다. 설법을 할 때, 무의미한 말이나 애매한 말을 하지 말라는 의미이다.

128 'apparajakkha-jātika'의 번역. 'apparajakkha'는 '눈에 때가 끼지 않은'의 의미이므로 '눈 밝

오. 비구들이여, 나는 법을 설하기 위해서 우루웰라에 있는 쎄나니가마(Senānigama)로 가겠소."

그러자 마라 빠삐만이 세존을 찾아와서 세존께 게송으로 말을 걸어왔습니다.

천상과 인간의
모든 덫에 그대는 묶여 있다네
커다란 결박에 묶여 있다네
사문이여, 그대는 나를 벗어날 수 없다네.

(세존께서 게송으로 말씀하셨습니다.)

천상과 인간의
모든 덫에서 나는 벗어났다네.
커다란 결박에서 벗어났다네.
죽음의 신이여, 나는 이미 너를 죽였다네.

1.86. 수명(壽命, Āyu)〈s.4.10〉

세존께서 라자가하의 웰루와나 깔란다까니와빠(Veluvana kalandakanivāpa, 竹林精舍)에 머무실 때, 비구들에게 말씀하셨습니다.

은'으로 번역했다.

"비구들이여, 사람은 수명이 길지 않다오. 다음 세상으로 가야 한다오. 그러므로 착한 일을 해야 한다오. 청정한 수행[梵行]을 해야 한다오. 태어나서 죽지 않는 것은 없다오. 비구들이여, 오래 살아야 100년 남짓이라오."

그러자 마라 빠삐만이 세존을 찾아와서 세존께 게송으로 말을 걸어왔습니다.

세월은[129] 흘러가지 않는다네.
목숨은[130] 끊어지지 않는다네.
죽는 자들의[131] 수명은 돌고 돈다네.
바퀴의 축을 도는 바퀴 테처럼.

(세존께서 게송으로 말씀하셨습니다.)

세월은 흘러간다네.
목숨은 끊어진다네.
죽는 자들의 수명은 고갈된다네.
작은 개울의 물이 마르듯.

---

129 'ahorattā'의 번역. 'ahorattā'는 낮과 밤을 의미하는데, 이는 세월에 대한 비유이므로 세월로 번역함.

130 'āyu'의 번역.

131 'maccānam'의 번역.

그러자 마라 빠삐만은 “세존께서 나를 알아보았다. 선서께서 나를 알아보았다”라고 괴로워하고 슬퍼하면서 그곳에서 바로 사라졌습니다.

1.87. 입처(入處, Āyatana)〈s.4.17〉

세존께서 웨쌀리(Vesāli)에 있는 마하와나(Mahāvana, 大林園)의 중각강당(重閣講堂)[132]에 머무실 때, 세존께서 비구들에게 6촉입처(六觸入處)를 여법한 말씀으로 가르치고, 격려하고, 장려하여, 기쁘게 했습니다. 그리고 그 비구들은 흥미를 가지고 주의를 기울여, 모든 마음을 집중하고 가르침을 경청(傾聽)했습니다.

그러자 마라 빠삐만은 이렇게 생각했습니다.

‘사문 고따마가 비구들에게 6촉입처를 가르치고, 비구들은 가르침을 경청하고 있다. 내가 사문 고따마를 찾아가서 당황하게 해야겠다.’

그래서 마라 빠삐만은 세존을 찾아가 가까운 곳에서 땅이 무너지는 것 같은 두렵고 무서운 큰소리를 질렀습니다. 그러자 어떤 비구가 다른 비구에게 말했습니다.

“비구여, 비구여, 이것은 분명히 땅이 무너지는 것이오.”

이 말을 듣고 세존께서 그 비구에게 말씀하셨습니다.

“비구여, 이것은 땅이 무너지는 것이 아니요. 이것은 마라 빠삐만이 그대들을 당황하게 하려고 온 것이요.”[133]

---

132 ‘kūṭāgāra-sālāyā’의 번역. 첨탑형의 지붕이 있는 큰 건물을 의미한다.

133 6촉입처와 그로 인한 가르침을 듣고, 제자들이 크게 당황한 것을 마라의 출현으로 표

세존께서는 이것은 마라 빠삐만이라는 것을 알아보시고, 마라 빠삐만에게 게송으로 말을 걸었습니다.

형색[色]과 소리[聲]와 냄새[香]와 맛[味]
그리고 촉감[觸]과 지각대상[法]은 오로지
세간을 유혹하는 무서운 미끼일 뿐,
세간은 지금 여기에 빠져 있네.

주의집중하는[134] 붓다의 제자는
이것을 바르게 벗어난다네.
마라의 영역을 벗어난다네.
태양이 찬란한 빛을 내듯이.

그러자 마라 빠삐만은 "세존께서 나를 알아보았다. 선서께서 나를 알아보았다"라고 괴로워하고 슬퍼하면서 그곳에서 바로 사라졌습니다.

1.88. 통치(統治, Rajjaṃ)〈s.4.20〉

세존께서 꼬쌀라(Kosala)의 설산(雪山) 지역에[135] 있는 숲속의 암자에

현함.

134 'sato'의 번역.

135 'Himavant padesa'의 번역. 'Himavant'는 히말라야를 의미한다.

머무실 때, 세존께서 홀로 좌선하는 가운데 마음속에 이런 생각이 떠올랐습니다.

'때리지 않고, 죽이지 않고, 정복하지 않고, 약탈하지 않고, 슬픔이 없고, 근심이 없이, 법(法)으로 통치(統治)를 할 수는 없는 것일까?'

그러자 마라 빠삐만이 세존의 마음속에 일어난 생각을 알고 세존을 찾아와서 세존에게 말했습니다.

"세존이시여, 세존께서 통치하십시오. 선서께서 죽이지 않고, 학살하지 않고, 정복하지 않고, 약탈하지 않고, 슬픔이 없고, 근심이 없이, 법으로 통치를 하십시오."

"빠삐만이여, 그런데 그대는 무엇을 보고 나에게 그런 말을 하는가?"

"세존이시여, 세존께서는 4여의족(四如意足)을 닦아 익혀서 능통하셨으며, 철저하게 성취하여 익숙하게 실행하십니다. 세존이시여, 세존께서 원하여 산들의 왕 설산을 황금으로 만들 결심을 하면, 설산은 황금산이 될 것입니다."

황금으로 된 산도
온통 순금으로 된 산도
그 곱절도 한 사람을 만족시킬 수 없다네.
이와 같이 알고 평정심을 지녀야 한다네.[136]

---

136 'iti viditvā samañcare'의 번역.

괴로움의 근원을 본 사람이
어찌 감각적 쾌락으로 기울겠는가?
소유(所有)는 세간의 걱정임을 알고[137]
그것을 제어하는 법을 배워야 한다네.

그러자 마라 빠삐만은 "세존께서 나를 알아보았다. 선서께서 나를 알아보았다"라고 괴로워하고 슬퍼하면서 그곳에서 바로 사라졌습니다.

1.89. 마라의 딸들(Dhītaro)〈s.4.25〉

세존께서 우루웰라에 있는 네란자라 강기슭의 아자빨라니그로다 나무 아래에 머무실 때, 마라 빠삐만은 세존을 7년 동안 따라다니며 허점을 노렸지만 기회를 잡지 못하고 있었습니다.[138] 그러자 마라의 딸 땅하(Taṇhā)와 아라띠(Arati)와 라가(Ragā)[139]가 마라 빠삐만에게 다가와서 게송으로 말을 걸었습니다.

---

137 'upadhiṃ viditvā saṅgo ti loke'의 번역. 'saṅgo(집착)'가 싱할리어본에는 'saṃvego'로 되어 있다. 여기에서는 'saṃvego'의 뜻을 취하여 '걱정'으로 번역하였다.

138 이 부분은 이전 4. Sattavassānubandha의 내용이다. 4. Sattavassānubandha와 5. Dhītaro는 시기적으로 이어지고 있는데, 여기에서는 4. Sattavassānubandha를 생략했기 때문에 이 부분을 첨가했다.

139 'taṇhā'는 갈애(渴愛), 또는 애(愛)로 한역되는 '강한 애착'이고, 'arati'는 '불만'을 의미하며, 'ragā'는 '탐욕으로 한역되는 '욕망'이다. 여기에서는 갈애[愛]와 불만과 탐욕이 마라의 딸로 표현되고 있다.

아버지, 무슨 일로 낙담(落膽)하나요?
어떤 자 때문에 우울해하시나요?
우리가 그자를 욕망의 그물로
숲속의 코끼리를 결박하듯이
단단히 결박하여 데리고 와서
당신의 지배 아래 두겠습니다.

(마라가 게송으로 대답했습니다.)

아라한(阿羅漢) 선서(善逝)는 세간에서
욕망으로 유혹할 수 없단다.
마라의 영역을 뛰어넘었단다.
그래서 나는 매우 우울하단다.

그러자 마라의 딸 땅하와 아라띠와 라가는 세존을 찾아가서 말했습니다.

"사문이시여, 우리가 당신을 모시고 즐겁게 해드리겠습니다."[140]

그렇지만 세존께서는 집착이 멸진한 무상(無上)의 해탈의 상태 그대로 계시면서 개의치 않았습니다.[141] 그러자 마라의 딸 땅하와 아라띠와 라가는 한쪽으로 물러나서 이렇게 대화를 나누었습니다.

---

140 'pāde te samaṇa paricārema'의 번역.

141 'na manasākāsi yathā taṃ anuttare upadhi-saṅkhaye vimutto'의 번역.

"인간의 욕구는 다양하다. 우리가 100명의 소녀 모습으로 변신하여 유혹해보자."

그래서 마라의 딸 땅하와 아라띠와 라가는 100명의 소녀 모습으로 변신하여 세존을 찾아가서 말했습니다.

"사문이시여, 우리가 당신을 모시고 즐겁게 해드리겠습니다."

그렇지만 세존께서는 집착이 멸진한 무상의 해탈의 상태 그대로 계시면서 개의치 않았습니다.

마라의 딸 땅하와 아라띠와 라가는 100명의 처녀 모습으로 변신하고, 100명의 부인 모습으로 변신하고, 100명의 중년의 부인 모습으로 변신하고, 100명의 노파 모습으로 변신하는 등 갖가지 모습의 여인으로 변신하여 유혹했지만, 세존께서는 집착이 멸진한 무상의 해탈의 상태 그대로 계시면서 개의치 않았습니다.[142]

그러자 마라의 딸 땅하와 아라띠와 라가는 한쪽으로 물러나서 이렇게 대화를 나누었습니다.

"아라한 선서는 세간에서 욕망으로 유혹할 수 없다는 아버지의 말씀이 사실이었구나! 만약에 우리가 욕망에서 벗어나지 못한 사문이나 바라문을 이런 방법으로 유혹했다면, 심장이 터지거나 입으로 뜨거운 피를 토하거나, 마음이 혼란하여 미쳐 날뛰었을 것이다. 잘려 나간 푸른 갈대처럼 시들고 말라비틀어졌을 것이다."

마라의 딸 땅하와 아라띠와 라가는 한쪽에 서서 세존께 게송으로 말을 걸었습니다.

---

142 여러 가지 모습으로 변신하여 유혹하는 모습을 생략하여 번역함.

슬픔에 잠겨 숲속에서 선정을 닦는군요.
재산을 잃었나요, 갈망하나요?
마을에서 어떤 죄라도 지었나요?
어찌하여 사람들과 어울리지 않나요?
그 누구와도 어울리지 않나요?

사랑스럽고 귀여운 모습의 군대를 정복했기에
목적은 성취되었고, 심장은 고요하다네.
나는 홀로 선정을 닦아 행복을 깨달았다네.
그래서 사람들과 어울리지 않는다네.
그 누구와도 어울리지 않는다네.

그러자 마라의 딸 아라띠가 세존께 게송으로 말을 걸었습니다.

비구는 이 세상에서 대부분을
어떻게 지내나요?
이 세상에서 다섯 폭류(暴流)를 건너고
여섯 번째를 건넜나요?[143]
어떤 선정을 열심히 닦아
감각적 욕망과 그로 인한 생각을[144]

143 'pañcoghatiṇṇo atarīdha chaṭṭhaṃ'의 번역.

144 'kāma-saññā'의 번역.

멀리하고 그것을 취하지 않나요?

(세존께서 게송으로 대답했습니다.)

몸은 가볍고 편안하며, 마음은 잘 해탈했다네.
조작함이 없이[145] 주의집중하며 집 없이 지낸다네.
법(法)을 요지(了知)하고서[146] 사유(思惟) 없는
선정을 닦는 사람은[147] 동요하지 않고,
표류하지 않고, 혼침(昏沈)에 빠지지 않는다네.[148]

비구는 이 세상에서 대부분을
이렇게 지낸다네.
이 세상에서 다섯 폭류를 건너고
여섯 번째를 건넜다네.
이와 같은 선정을 열심히 닦아
감각적 욕망과 그로 인한 생각을
멀리하고 그것을 취하지 않는다네.

---

145 'asaṅkhārāno'의 번역. '자아'라는 망상을 조작하지 않는 것을 의미한다.

146 'aññāya dhammaṃ'의 번역. 일체의 현상이 연기한다는 것을 깨달아 아는 것을 의미한다.

147 'avitakkajhāyī'의 번역.

148 'na kuppati na sarati ve na thino'의 번역. 다섯 폭류와 여섯 번째 폭류는 6촉입처(觸入處)를 의미한다.

그러자 마라의 딸 라가가 세존 앞에서 조용히 게송을 읊었습니다.

갈애[愛]를 끊고
대중(大衆) 승가(僧伽)와 지내시는 분
실로 많은 중생들이 그를 따르리라.
이 집 없는 사람이 많은 사람을
죽음의 왕에게서 빼앗아
피안(彼岸)으로 인도하리라.

위대한 영웅들은 인도한다네.
여래들은 정법(正法)으로 인도한다네.
정법으로 인도하는데,
이를 알고 그 누가 비방하리.

그러자 마라의 딸 땅하와 아라띠와 라가는 마라 빠삐만에게 갔습니다. 마라 빠삐만은 땅하와 아라띠와 라가가 멀리서 오는 것을 보고 게송으로 말을 걸었습니다.

바보들아! 너희들은 연꽃 줄기로
바위를 부수려고 하는구나!
손톱으로 산을 허물려고 하는구나!
이빨로 쇠를 씹으려고 하는구나!
바위를 머리로 들어 올리려 하고,

절벽에서 발 디딜 곳을 찾다가,
가슴에 말뚝이 박혀
고따마에게 실망하고 떠나오는구나.

휘황찬란한 미모(美貌)를 하고
땅하와 아라띠와 라가가 왔지만
스승님은 그녀들을 쫓아버렸네.
바람이 솜털을 날려 보내듯.

제5 「비구니 쌍윳따(Bhikkhunī-Saṃyutta)」

1.90. 알라위까(Āḷavikā)〈s.5.1〉

세존께서 싸왓티의 제따와나 아나타삔디까 사원에 머무실 때, 알라위까(Āḷavikā) 비구니는 아침에 옷을 입고, 발우와 법의를 지니고 탁발하러 싸왓티에 들어갔습니다. 싸왓티에서 탁발을 하고 돌아와 식사를 마친 후에 원리(遠離)수행을 하려고[149] 안다(Andha) 숲으로[150] 갔습니다. 그러자 마라 빠삐만이 온몸의 털이 곤두서는 두려움과 공포를 일으켜

---

149 'vivekatthikinī'의 번역. 원리(遠離)로 한역(漢譯)되는 'viveka'는 감각적 욕망을 멀리하는 것을 의미한다.

150 'andhavanaṃ'의 번역. 'andha'는 맹인(盲人)을 의미하고, 'vana'는 숲을 의미한다. 한역에서는 '안타림(安陀林)'으로 번역한다.

서 알라위까 비구니의 원리수행을 방해하려고 알라위까 비구니에게 다가가서 게송으로 말을 걸었습니다.

세간에는 출리(出離)가 없다네.
왜 원리(遠離)수행을 하려 하는가?
감각적 쾌락을 즐겨라!
뒷날 후회하지 말라!

그러자 알라위까 비구니는 이렇게 생각했습니다.

'이 게송을 읊는 자는 도대체 누구인가? 사람인가 귀신인가?'[151]

그때 알라위까 비구니는 이렇게 생각했습니다.

'온몸의 털이 곤두서는 두려움과 공포를 일으켜서 나의 원리(遠離)수행을 방해하려고 게송으로 말을 거는 이 자는 분명히 마라 빠삐만이다.'

알라위까 비구니는 '이 자는 마라 빠삐만이다'라고 알아차리고서 마라 빠삐만에게 게송으로 응답했습니다.

세간에는 출리(出離)가 있다네.
나는 반야로써 잘 도달했다네.
게으른 친구 빠삐만이여,

---

151 'manusso vā amanusso vā'의 번역. '非人'으로 한역되는 'amanusso'는 인간이 아닌 귀신이나 유령을 의미한다. 여기서는 문맥상 귀신으로 번역한다.

그대는 그 경지를 알지 못한다네.

감각적 욕망은 칼과 창 같은 것.
5온(五蘊)은 칼질하는 도마 같은 것.
그대가 감각적 쾌락이라고 부르는 것이
나에게는 혐오스러운 것[152]이라네.

그러자 마라 빠삐만은 "알라위까 비구니가 나를 알아보았다"라고 괴로워하고 슬퍼하면서 그곳에서 바로 사라졌습니다.

1.91. 쏘마(Somā)〈s.5.2〉

세존께서 싸왓티에 머무실 때, 쏘마(Somā) 비구니는 싸왓티에서 탁발을 하고 돌아와 식사를 마친 후에 오후의 휴식을 위해[153] 안다 숲으로 들어가서 어떤 나무 아래 앉았습니다. 그러자 마라 빠삐만이 온몸의 털이 곤두서는 두려움과 공포를 일으켜서 쏘마 비구니의 휴식을 방해하려고 쏘마 비구니에게 다가가서 게송으로 말을 걸었습니다.

선인(仙人)들이나 성취할 수 있는
그 경지는 도달하기 어렵다네.

---

152 'arati'의 번역.

153 'divāviharāya'의 번역. 식후에 한적한 곳에서 휴식하며 행하는 좌선을 의미한다.

여인의 천박한 지혜로는
도달할 수가 없다네.

그러자 쏘마 비구니는 '이 자는 마라 빠삐만이다'라고 알아차리고서 마라 빠삐만에게 게송으로 응답했습니다.

마음이 삼매에 잘 들어가고
지혜가 잘 드러나서
바르게 법을 통찰하는데
여인이면 무엇이 어떠하리.

나는 여자다, 나는 남자다,
나는 누구다.
이런 생각을 하는 사람을
마라라고 말할 수 있다네.

그러자 마라 빠삐만은 "쏘마 비구니가 나를 알아보았다"라고 괴로워하고 슬퍼하면서 그곳에서 바로 사라졌습니다.

1.92. 고따미(Gotamī)〈s.5.3〉

세존께서 싸왓티의 제따와나 아나타삔디까 사원에 머무실 때, 끼싸 고따미(Kisā Gotamī)[154] 비구니는 싸왓티에서 탁발을 하고 돌아와 식사를 마친 후에 오후의 휴식을 위해 안다 숲으로 들어가서 어떤 나무 아래 앉았습니다. 그러자 마라 빠삐만이 온몸의 털이 곤두서는 두려움과 공포를 일으켜서 끼싸 고따미 비구니의 휴식을 방해하려고 끼싸 고따미 비구니에게 다가가서 게송으로 말을 걸었습니다.

그대는 아들을 잃고 어찌하여
애처로운 얼굴로 홀로 앉아 있는가?
홀로 숲속에 들어와서
사내를 찾고 있는 것은 아닌가?

그러자 끼싸 고따미 비구니는 '이 자는 마라 빠삐만이다'라고 알아차리고서 마라 빠삐만에게 게송으로 응답했습니다.

나는 결국 아들을 잃었다네.
그것이 내가 찾았던 마지막 사내라네.[155]
나는 슬프지 않네. 나는 결코 울지 않네.
나는 그대가 두렵지 않네.

---

154 어린 아들을 잃고 실성하였다가 부처님을 만나 출가한 비구니.

155 'purisā etad antikā'의 번역. 죽은 아들이 살아나기를 바랐던 것이 자신이 찾았던 마지막 남자였다는 의미이다.

모든 환락은 무너졌다네.
어둠 덩어리는 부서졌다네.
죽음의 군대를 물리쳤다네.
나는 번뇌 없이 살고 있다네.

그러자 마라 빠삐만은 "끼싸 고따미 비구니가 나를 알아보았다"라고 괴로워하고 슬퍼하면서 그곳에서 바로 사라졌습니다.

1.93. 위자야(Vijayā)〈s.5.4〉

세존께서 싸왓티의 제따와나 아나타삔디까 사원에 머무실 때, 위자야(Vijayā) 비구니는 싸왓티에서 탁발을 하고 돌아와 식사를 마친 후에 오후의 휴식을 위해 안다 숲으로 들어가서 어떤 나무 아래 앉았습니다. 그러자 마라 빠삐만이 온몸의 털이 곤두서는 두려움과 공포를 일으켜서 위자야 비구니의 휴식을 방해하려고 위자야 비구니에게 다가가서 게송으로 말을 걸었습니다.

그대는 젊고 아름다운 여인
나는 젊고 멋진 사나이
오라! 귀부인이여,
다섯 가지 악기로[156] 즐겨보자.

156 'pañcaṅgikena turiyena'의 번역. 인도음악을 합주할 때 사용하는 다섯 가지 악기. 다섯 가

그러자 위자야 비구니는 '이 자는 마라 빠삐만이다'라고 알아차리고서 마라 빠삐만에게 게송으로 응답했습니다.

마음을 즐겁게 하는 형색과 소리,
그리고 향기와 맛과 촉감을
나는 그대에게 넘겨주리라.
마라여, 나는 원치 않노라.

쾌락에 대한 갈망을[157] 근절했기에
언젠가는 부서지고 흩어지고
썩어 문드러질 이 몸은
나에게 곤혹스럽고 성가실 뿐이네.

색계(色界)에 도달한 중생들,
무색계(無色界)에 머무는 중생들,
그리고 평온의 성취에 대하여
모든 어둠이 사라졌다네.[158]

지 감각적 쾌락의 대상, 즉 색(色), 성(聲), 향(香), 미(味), 촉(觸)을 비유적으로 표현한 것이다.

157 'kāmataṇhā'의 번역.

158 욕계(欲界)에서 색계(色界), 무색계(無色界)를 거쳐서 열반에 이르는 길에 대하여 밝게 알고 있다는 의미이다.

그러자 마라 빠삐만은 "위자야 비구니가 나를 알아보았다"라고 괴로워하고 슬퍼하면서 그곳에서 바로 사라졌습니다.

1.94. 우빨라완나(Uppalavaṇṇā)〈s.5.5〉

세존께서 싸왓티의 제따와나 아나타삔디까 사원에 머무실 때, 우빨라완나(Uppalavaṇṇā)[159] 비구니는 싸왓티에서 탁발을 하고 돌아와 식사를 마친 후에 오후의 휴식을 위해 안다 숲으로 들어가서 어떤 나무 아래 앉았습니다. 그러자 마라 빠삐만이 온몸의 털이 곤두서는 두려움과 공포를 일으켜서 우빨라완나 비구니의 휴식을 방해하려고 우빨라완나 비구니에게 다가가서 게송으로 말을 걸었습니다.

> 꽃이 만발한 쌀라 나무 아래
> 홀로 서 있는 그대, 비구니여!
> 세상에 둘도 없이 아름답구나.
> 어리석은 여인아! 불량배들이 두렵지 않은가?

그러자 우빨라완나 비구니는 '이 자는 마라 빠삐만이다'라고 알아차리고서 마라 빠삐만에게 게송으로 응답했습니다.

---

159 'uppala'는 수련(睡蓮)을 의미하고, 'vaṇṇā'는 용모를 의미한다. 연꽃 같은 아름다운 용모를 지녔다는 의미의 이름이다. 한역(漢譯)에서는 '연화색(蓮花色)'으로 번역한다.

그대 같은 불량배들이
백 명이 오든 천 명이 오든
나는 추호도 놀라지 않네.
마라여! 나는 홀로지만 그것이 두렵지 않네.

내가 여기에서 사라져서
그대의 배속에 들어가거나
눈썹 사이에 서 있으면,
그대는 나를 보지 못한다네.

여러 여의족(如意足)을 잘 닦아서[160]
나는 마음을 조복(調伏)했다네.
일체의 결박에서 벗어났다네.
벗이여, 나는 그것이 두렵지 않네.

그러자 마라 빠삐만은 "우빨라완나 비구니가 나를 알아보았다"라고 괴로워하고 슬퍼하면서 그곳에서 바로 사라졌습니다.

1.95. 짤라(Cālā)〈s.5.6〉

세존께서 싸왓티의 제따와나 아나타삔디까 사원에 머무실 때, 짤라

160 4여의족(四如意足)을 잘 수행했다는 의미이다.

(Cālā) 비구니는 싸왓티에서 탁발을 하고 돌아와 식사를 마친 후에 오후의 휴식을 위해 안다 숲으로 들어가서 어떤 나무 아래 앉았습니다. 그러자 마라 빠삐만이 온몸의 털이 곤두서는 두려움과 공포를 일으켜서 짤라 비구니의 휴식을 방해하려고 짤라 비구니에게 다가가서 말했습니다.

"비구니여, 그대는 무엇을 기뻐하지 않는가?"

"벗이여, 나는 태어남[生]을 기뻐하지 않는다오."

태어남이 왜 기쁘지 않은가?
태어나야 여러 쾌락 즐길 수 있는데.
비구니여, 누가 그대에게
태어남을 기뻐하지 말라고 가르쳤는가?

(그러자 짤라 비구니는 '이 자는 마라 빠삐만이다'라고 알아차리고서 마라 빠삐만에게 게송으로 응답했습니다.)

태어난 자에게 죽음이 있다네.
태어난 자는 속박(束縛), 살해(殺害), 고뇌(苦惱) 같은
여러 가지 괴로움을 겪는다네.
그러므로 태어남을 기뻐해선 안 된다네.

깨달으신 분께서는
일체의 괴로움을 끊어버리도록
태어남에서 벗어나는 법(法)을 가르쳤다네.

그분께서 나를 진리 속에 살게 했다네.

색계(色界)에 도달한 중생들,
무색계(無色界)에 머무는 중생들,
이들은 멸(滅)을 알지 못하여
다시 존재로 돌아온 자들이라네.[161]

그러자 마라 빠삐만은 "짤라 비구니가 나를 알아보았다"라고 괴로워하고 슬퍼하면서 그곳에서 바로 사라졌습니다.

1.96. 우빠짤라(Upacālā)〈s.5.7〉

세존께서 싸왓티의 제따와나 아나타삔디까 사원에 머무실 때, 우빠짤라(Upacālā) 비구니는 싸왓티에서 탁발을 하고 돌아와 식사를 마친 후에 오후의 휴식을 위해 안다 숲으로 들어가서 어떤 나무 아래 앉았습니다. 그러자 마라 빠삐만이 온몸의 털이 곤두서는 두려움과 공포를 일으켜서 우빠짤라 비구니의 휴식을 방해하려고 우빠짤라 비구니에게 다가가서 말했습니다.

"비구니여, 그대는 어느 곳에 다시 태어나기를 바라는가?"

"벗이여, 나는 어느 곳에도 다시 태어나기를 바라지 않는다오."

도리천(忉利天)도 있고, 야마천도 있고,

---

161 'āgantāro punabbhavan'의 번역.

도솔천의 천신들도 있다.
화락천(化樂天)의 천신들도 있고,
자재천의 천신들도 있다.
마음을 그곳으로 향하도록 하라!
그대는 큰 기쁨을 느끼게 될 것이다.

(그러자 우빠짤라 비구니는 '이 자는 마라 빠삐만이다'라고 알아차리고서 마라 빠삐만에게 게송으로 응답했습니다.)

도리천도, 야마천도,
도솔천의 천신들도,
화락천의 천신들도,
자재천의 천신들도,
쾌락의 결박에 묶여
마라의 지배 아래 다시 돌아간다네.

일체의 세간은 불타고 있다네.
일체의 세간은 연기에 휩싸였다네.
일체의 세간은 작열(灼熱)하고 있다네.
일체의 세간은 동요하고 있다네.

동요하지 않고, 흔들리지 않는 곳,
범부(凡夫)들이 가지 않는 곳,

마라가 미치지 못하는 곳,
나의 마음은 그곳을 좋아한다네.

그러자 마라 빠삐만은 "우빠짤라 비구니가 나를 알아보았다"라고 괴로워하고 슬퍼하면서 그곳에서 바로 사라졌습니다.

1.97. 씨쑤빠짤라(Sīsupacālā)〈s.5.8〉

세존께서 싸왓티의 제따와나 아나타삔디까 사원에 머무실 때, 씨쑤빠짤라(Sīsupacālā) 비구니는 싸왓티에서 탁발을 하고 돌아와 식사를 마친 후에 오후의 휴식을 위해 안다 숲으로 들어가서 어떤 나무 아래 앉았습니다. 그러자 마라 빠삐만이 온몸의 털이 곤두서는 두려움과 공포를 일으켜서 씨쑤빠짤라 비구니의 휴식을 방해하려고 씨쑤빠짤라 비구니에게 다가가서 말했습니다.

"비구니여, 그대는 어떤 외도(外道)를[162] 따르는가?"

"벗이여, 나는 그 어떤 외도도 따르지 않는다오."

누구 아래에서 삭발했는가?
그대는 여성 사문(沙門)처럼 보이는데.
외도를 따르지 않는다면서
어찌하여 정신없이 돌아다니는가?

---

162 'pāsaṇḍaṃ'의 번역. 당시 바라문교를 벗어난 종교 사상가를 의미함.

(그러자 씨쑤빠짤라 비구니는 '이 자는 마라 빠삐만이다'라고 알아차리고서 마라 빠삐만에게 게송으로 응답했습니다.)

이 밖의 외도들은
삿된 견해[邪見]를 믿는다네.
나는 그들의 법(法)을 따르지 않네.
그들은 법을 제대로 알지 못한다네.

싹까족에서 태어난 분이 있다네,
견줄 이 없는 깨달으신 분.
죽음을 물리치고 일체를 정복하신 분.
어떤 경우에도 정복되지 않는 분.
모든 것에서 해탈한 의존하지 않는 분.
안목(眼目)이 있는 그분은 일체를 본다네.

모든 업을 소멸하신 분.
집착을 깨부순 해탈하신 분.
그분이 나의 스승, 세존이라네.
나는 그분의 가르침을 따른다네.

그러자 마라 빠삐만은 "씨쑤빠짤라 비구니가 나를 알아보았다"라고 괴로워하고 슬퍼하면서 그곳에서 바로 사라졌습니다.

1.98. 쎌라(Selā)〈s.5.9〉

세존께서 싸왓티의 제따와나 아나타삔디까 사원에 머무실 때, 쎌라(Selā) 비구니는 싸왓티에서 탁발을 하고 돌아와 식사를 마친 후에 오후의 휴식을 위해 안다 숲으로 들어가서 어떤 나무 아래 앉았습니다. 그러자 마라 빠삐만이 온몸의 털이 곤두서는 두려움과 공포를 일으켜서 쎌라 비구니의 휴식을 방해하려고 쎌라 비구니에게 다가가서 게송으로 말을 걸었습니다.

누가 이 형상을 만들었는가?
형상을 만든 자는 어디에 있는가?
형상은 어디에서 나타나서
형상은 어디로 사라지는가?

그러자 쎌라 비구니는 '이 자는 마라 빠삐만이다'라고 알아차리고서 마라 빠삐만에게 게송으로 응답했습니다.

이 형상은 스스로 만든 것이 아니라네.
이 고통은 다른 것이 만든 것이 아니라네.
원인에 의존하여 생긴 것이라서,
원인을 없애면 사라진다네.
밭에 뿌려진 어떤 씨앗이
땅의 힘[地力]과 습기
두 가지에 의해서

싹을 틔우고 성장하듯이,
이와 같이 온(蘊)들과 계(界)들[163]
그리고 6입처(六入處)는
원인에 의존하여 생긴 것이라서,
원인을 없애면 사라진다네.

그러자 마라 빠삐만은 "쎌라 비구니가 나를 알아보았다"라고 괴로워하고 슬퍼하면서 그곳에서 바로 사라졌습니다.

1.99. 와지라(Vajirā)〈s.5.10〉

세존께서 싸왓티의 제따와나 아나타삔디까 사원에 머무실 때, 와지라(Vajirā) 비구니는 싸왓티에서 탁발을 하고 돌아와 식사를 마친 후에 오후의 휴식을 위해 안다 숲으로 들어가서 어떤 나무 아래 앉았습니다. 그러자 마라 빠삐만이 온몸의 털이 곤두서는 두려움과 공포를 일으켜서 와지라 비구니의 휴식을 방해하려고 와지라 비구니에게 다가가서 게송으로 말을 걸었습니다.

무엇이 이 중생(衆生)을 만들었는가?
중생을 만든 자는 어디에 있는가?
중생은 어디에서 생겨서

163 5온(蘊)과 18계(界)를 의미한다.

중생은 어디로 사라지는가?

그러자 와지라 비구니는 '이 자는 마라 빠삐만이다'라고 알아차리고서 마라 빠삐만에게 게송으로 응답했습니다.

그대는 왜 '중생'이라고 상정(想定)하는가?
마라여, 그대의 삿된 견해[邪見]가 아니겠는가?
순전히 유위(有爲)를 조작하는 행위[行]들의 덩어리일 뿐[164]
이 세상에 중생은 발견되지 않는다네.

부품(部品)들이 모여서
수레라는 말이 있듯이,
이와 같이 온(蘊)들이 있을 때
중생이라는 가명(假名)이 있다네.
단지 괴로움이 생길 뿐이네.
괴로움이 머물다가 사라질 뿐이네.
괴로움 이외에 생기는 것은 없다네.
괴로움 이외에 사라지는 것은 없다네.

그러자 마라 빠삐만은 "와지라 비구니가 나를 알아보았다"라고 괴로워하고 슬퍼하면서 그곳에서 바로 사라졌습니다.

---

164 'suddhasaṅkhārapuñjo yaṃ'의 번역.

제6 「범천(梵天) 쌍윳따(Brahma-Saṃyutta)」

1.100. 청원(請願, Āyācanaṃ)〈s.6.1〉

세존께서 정각(正覺)을 성취하신 직후에 우루웰라의 네란자라 강기슭에 있는 아자빨라니그로다 나무 아래에 머무실 때, 세존께서 홀로 좌선하는 가운데 마음속에 이런 생각이 떠올랐습니다.

'내가 도달한 이 진리[法]는 심오하고, 보기 어렵고, 깨닫기 어렵고, 고요하고, 사변을 벗어난, 미묘(微妙)하고, 승묘(勝妙)한, 현자만이 알 수 있는 것이다. 그런데 지금 사람들은 애착이 생겨서, 애착을 좋아하고, 애착에 빠져 있다.[165] 그런데 애착이 생겨서, 애착을 좋아하고, 애착에 빠져 있는 사람들은 '이 의존성, 즉 연기(緣起)'라는[166] 도리를 보기 어렵다. 그리고 '일체의 행(行)의 멈춤, 일체의 집착의 버림, 갈애[愛]의 파괴, 탐욕을 멀리함, 소멸[滅]이 열반'[167]이라는 이 (열반의) 도리를 보기 어렵다. 내가 진리[法]를 가르쳐도 다른 사람들은 나의 말을 이해하지 못할 것이다. 그것은 나에게 피로한 일이고, 무익한 일이다.'

세존에게 다음과 같은, 진실로 과거에 전혀 들어본 적 없는, 희유

---

165 'ālayarāmā kho panāyaṃ pajā ālayaratā ālayasamuditā'의 번역.

166 'idappaccayatā paṭiccasamuppādo'의 번역. 'idappaccayatā paṭiccasamuppādo'는 이것이 있을 때, 이것을 조건으로 어떤 현상이 함께 생기는 연기(緣起)를 의미한다. 예를 들면, 무명(無明)이 있을 때, 무명에 의존하여 무명과 함께 행(行)이 생기고, 행(行)이 있을 때, 행에 의존하여 행과 함께 식(識)이 생긴다. 이와 같이 연기(緣起)는 어떤 조건이 있을 때, 그 조건에 의존하여 그것과 함께 어떤 현상이 생기는 것을 의미한다.

167 'yad idaṃ sabbasaṅkhārasamatho sabbupadhipaṭinissaggo taṇhakkhayo virāgo nirodho nibbānaṃ'의 번역.

한 게송들이 생각났습니다.

내가 힘들게 도달한 것을
지금 가르치려고 한 것으로[168] 충분하리라.
탐욕과 분노에 패배한 자들은
이 진리[法]를 쉽게 이해하지 못하리라.

세상의 흐름을 거슬러 올라가는
미묘하고, 심오하고, 보기 어렵고, 미세한 진리를
어둠 덩어리에 뒤덮인
탐욕에 물든 자들은 보지 못하리라.

이와 같이 성찰하신 세존께서는 진리[法]를 가르치지 않고 편히 지내기로 마음먹었습니다.

그때 싸함빠띠(Sahampati) 범천(梵天, Brahman)은 이심전심(以心傳心)으로[169] 세존께서 성찰하신 바를 알아차리고 이렇게 생각했습니다.

'여래(如來) 아라한(阿羅漢) 등정각(等正覺)께서 진리[法]를 가르치지 않고 편히 지내기로 마음먹었으니, 이제 세상은 끝이로구나! 이제 세상은 망했구나!'

싸함빠띠 범천은 마치 건장한 사람이 구부린 팔을 펴거나, 편 팔

---

168 가르치려고 생각했다가 포기한 것을 의미한다.

169 'cetasā ceto'의 번역.

을 구부리듯이, 이와 같이 삽시간에 범천의 세계에서 사라져 세존 앞에 나타났습니다.

싸함빠띠 범천은 한쪽 어깨에 상의를 걸치고, 오른쪽 무릎을 꿇고, 세존을 향해 합장 공경(恭敬)하고 세존께 말씀드렸습니다.

"세존이시여, 세존께서는 진리[法]를 가르치소서! 선서(善逝)께서는 진리[法]를 가르치소서! 천성(天性)이 때 묻지 않은 중생들이 있습니다. 그들은 진리를 듣지 못해서 타락하고 있습니다. 그들은 진리를 이해할 수 있을 것입니다."

싸함빠띠 범천은 이와 같이 말하고 나서 다시 다음과 같이 말했습니다.

이전에 마가다(Magadha)에는
불순한 자들이 생각해 낸
불결(不潔)한 가르침이 있었으니,
불사(不死)의 문을 여소서!
순결하신 분이 깨달은 진리[法]를 듣게 하소서!
산꼭대기 바위에 서서
두루 사람들을 살펴보듯이
그와 같이 진리의 궁전에 올라
보안(普眼)을 지닌 현명하신 슬픔을 여읜 분이여,
태어남과 늙음의 지배를 받는
슬픔에 빠진 사람들을 굽어 살펴주옵소서!

일어나소서! 전쟁에서 승리한 영웅이여!
세상을 돌아다니소서! 빚 없는 대상(隊商)의 지도자여!
진리를 가르치소서! 세존이시여!
이해하는 자들이 있을 것입니다.

그러자 세존께서는 범천의 권청(勸請)을 듣고, 중생들을 연민하여 불안(佛眼)으로 세간을 살펴보셨습니다. 불안으로 세간을 살펴보신 세존께서는 때가 없는 중생도 보고 때가 많은 중생도 보고, 근기가 날카로운[利根] 중생도 보고 근기가 무딘[鈍根] 중생도 보고, 잘생긴 중생도 보고 못생긴 중생도 보고, 가르치기 쉬운 중생도 보고 가르치기 어려운 중생도 보셨으며, 어떤 중생들은 내세의 죄를 두려워하며 사는 모습을 보셨습니다.

이와 같이 보시고 나서 싸함빠띠 범천에게 게송으로 응답하셨습니다.

그들에게 불사(不死)의 문이 열렸나니,
귀 있는 자, 헛된 신앙에서 벗어날지어다.[170]
범천이여, 나는 무익하다는 생각에서
고상하고 승묘한 진리[法]를
인간들 가운데서 설하지 않았노라.

170 'ye sotavanto pamuccantu saddhaṃ'의 번역. 'saddhaṃ'을 '헛된 신앙'으로 번역함. 당시의 사회를 지배하고 있던 바라문교와 그로 인한 신앙을 버릴 것을 이야기한 것이다.

그러자 싸함빠띠 범천은 '나는 세존으로부터 진리[法]를 가르치겠다는 승낙을 받았다'라고 생각하고, 세존께 예배한 후에 오른쪽으로 돌고 그곳에서 사라졌습니다.

1.101. 숭배(崇拜, Gāravo)〈s.6.2〉

세존께서 정각(正覺)을 성취하신 직후에 우루웰라의 네란자라 강기슭에 있는 아자빨라니그로다 나무 아래에 머무실 때, 세존께서 홀로 좌선하는 가운데 마음속에 이런 생각이 떠올랐습니다.

'숭배하지 않고, 순종하지 않고 살아가는 것은 괴롭다. 나는 어떤 사문이나 바라문을 공경하고 숭배하고 의지하면서 살아가면 좋을까?'

그때 세존께서는 이렇게 생각하셨습니다.

'부족한 계온(戒蘊)을 원만하게 성취하기 위해서 다른 사문이나 바라문을 공경하고 숭배하고 의지하면 좋겠다. 그런데 마라와 범천을 포함한 천신들의 세계와 사문과 바라문, 그리고 왕과 백성을 포함한 인간계에서 계(戒)를 나보다 더 원만하게 성취하여 내가 공경하고 숭배하고 의지할만한 사문이나 바라문을 나는 보지 못했다. 정온(定蘊), 혜온(慧蘊), 해탈온(解脫蘊), 해탈지견온(解脫知見蘊)도 마찬가지다.[171] 나는 내가 깨달은 이 진리[法]를 공경하고 숭배하고 의지하면서 사는 것이 좋겠다.'

---

171 원본에서는 각각의 온(蘊)에 대하여 같은 내용을 반복적으로 서술하고 있는데, 여기에서는 생략하여 번역함.

그때 싸함빠띠 범천은 이심전심(以心傳心)으로 세존께서 성찰하신 바를 알아차리고, 마치 건장한 사람이 구부린 팔을 펴거나, 편 팔을 구부리듯이, 이와 같이 삽시간에 범천의 세계에서 사라져 세존 앞에 나타났습니다.

싸함빠띠 범천은 한쪽 어깨에 상의를 걸치고, 오른쪽 무릎을 꿇고, 세존을 향해 합장 공경하고 세존께 말씀드렸습니다.

"그렇습니다. 세존이시여! 그렇습니다. 선서시여! 세존이시여, 과거에 존재했던 아라한(阿羅漢) 등정각(等正覺)들, 그 세존들도 참으로 깨달아서 이해한 진리[法]를[172] 공경하고 숭배하고 의지하면서 살았습니다. 세존이시여, 미래에 존재할 아라한 등정각들, 그 세존들도 참으로 깨달아서 이해한 진리[法]를 공경하고 숭배하고 의지하면서 살아갈 것입니다. 세존이시여, 현재의 아라한 등정각인 세존께서도 참으로 깨달아서 이해한 진리[法]를 공경하고 숭배하고 의지하면서 살아가십시오."

과거의 부처님들
미래의 부처님들
많은 이의 슬픔을 없애주시는
현재의 부처님.

모두가 정법(正法)을 숭배하며
살아가셨고, 살아가시며,

---

172 'dhammaññeva'의 번역.

앞으로도 살아가실 것이니,
이것이 깨달으신 분들의 마땅한 도리[法性][173]라네.
그러므로 자신의 이익을 위하여[174]
위대한 삶을[175] 소망하는 자들은
정법(正法)을 숭배해야 한다네.
부처님의 가르침을 명심해야 한다네.

1.102. 브라마데와(Brahmadevo)〈s.6.3〉

세존께서 싸왓티의 제따와나 아나타삔디까 사원에 머무실 때, 브라마데와 존자는 열심히 정진하여 위없는 청정한 수행[梵行]을 완성하고, 지금 여기에서[176] 스스로 '생(生)은 소멸했다. 청정한 수행을 완성했으며, 해야 할 일을 끝마쳤다. 다시는 이와 같은 상태로 되지 않는다'는 승지(勝智)를[177] 체득하고 성취하여 아라한 가운데 한 분이 되었습니다.

---

173 'buddhānaṃ dhammatā'의 번역. 인도인들은 4가지 인생의 목표, 즉 '감각적 쾌락(kāma), 재산(attha), 마땅히 해야 할 도리(dhamma), 해탈(mokkha)을 추구하였다. 'dhamma'는 여러 가지 의미가 있는데, 여기에서는 인도인들이 추구하는 4가지 인생의 목표 가운데 하나인 '마땅히 해야 할 도리'를 의미한다. 'dhammatā'는 이러한 'dhamma'의 보편성을 의미한다. 따라서 'buddhānaṃ dhammatā'는 '붓다의 법성(法性)', 즉 불성(佛性)으로 이해할 수 있다.

174 'atthakāmena'의 번역.

175 'mahattam'의 번역.

176 'diṭṭheva dhamme'의 번역.

177 'abhiññā'의 번역.

어느 날 브라마데와 존자는 아침에 옷을 입고, 발우와 법의를 지니고 탁발하러 싸왓티에 들어가 차례로 걸식을 하다가 자신의 어머니가 사는 집에 이르렀습니다. 그때 브라마데와 존자의 어머니는 일상적인 헌공(獻供)을 올리고 있었습니다. 그때 싸함빠띠 범천은 이렇게 생각했습니다.

'브라마데와 존자의 어머니가 일상적인 헌공을 올리고 있구나. 내가 가서 각성(覺醒)을 시켜야겠다.'

싸함빠띠 범천은 마치 건장한 사람이 구부린 팔을 펴거나, 편 팔을 구부리듯이, 이와 같이 삽시간에 범천의 세계에서 사라져 브라마데와 존자의 어머니 앞에 나타났습니다. 싸함빠띠 범천은 공중에 서서 브라마데와 존자의 어머니에게 게송으로 말을 걸었습니다.

바라문 여인이여! 그대가 날마다 헌공을 올리는
범천 세계는 먼 곳에 있다네.
바라문 여인이여! 범천은 그런 음식을 먹지 않는다네.
알지도 못하면서 어찌하여 범천의 도(道)를 중얼대는가?

바라문 여인이여! 이 사람은 그대의 브라마데와라네.
집착을 벗어난 천신(天神) 중의 천신이 되었다네.
다른 사람을 부양하지 않는 무소유의 비구라네.
그가 지금 탁발하러 그대 집에 들어왔다네.

최상의 지혜를 얻고 자신을 잘 닦아 헌공을 받아 마땅한 분,

인간과 천신의 공양을 받아 마땅한 분,
악행(惡行)을 멀리하여 오점(汚點) 없는 분,
청량(淸凉)한 그분이 음식을 구하러 다니신다네.

그분에게는 앞이 없고 뒤가 없다네.[178]
(시야를 가리는) 연기(煙氣)와
격정과 탐욕이 없는[179] 평온하신 분.
약자에게나 강자에게나 폭력을 버리신 분,[180]
그대가 가장 먼저 올리는 공양은
마땅히 그분이 받아야 하리.

(번뇌의) 군대를 물리쳐서 마음이 고요한 분,
길들인 큰 코끼리[龍象]처럼 침착하게 걸어가네.
계행(戒行)이 훌륭하고 마음이 잘 해탈한 비구,
그대가 가장 먼저 올리는 공양은
마땅히 그분이 받아야 하리.

바라문 여인이여! 주저하지 말고 확신을 가지고

---

178 앞과 뒤가 없다는 것은 과거와 미래와 그로 인한 후회나 불안이 없이 '지금 여기'에서 평온하게 지낸다는 의미이다.

179 탐진치(貪瞋癡)가 없다는 의미이다.

180 'nikkhittadaṇḍo tasathāvaresu'의 번역.

공양받아 마땅한 분에게 공양을 올리세요.
생사의 폭류를 건넌 성자(聖者)를 보고,
미래의 행복을 위해 공덕을 지으세요.

바라문 여인은 주저하지 않고 확신을 가지고
공양받아 마땅한 분에게 공양을 올려라.
생사의 폭류를 건넌 성자를 보고,
미래의 행복을 위해 공덕을 지어라.

제7 「바라문 쌍윳따(Brāhmaṇa-Saṃyutta)」

1.103. 다난자니(Dhanañjanī)〈s.7.1〉

세존께서 라자가하의 웰루와나 깔란다까니와빠(竹林精舍)에 머무실 때, 바라드와자(Bhāradvāja) 가문의 바라문 여인 다난자니(Dhanañjanī)는 부처님과 가르침과 승단에 대하여 맑은 신심(信心)을 가지고 있었습니다. 어느 날 바라문 여인 다난자니는 바라드와자 가문의 바라문들을 위하여 밥상을 차린 후에 다음과 같은 우다나(Udāna)를 세 차례 읊었습니다.

아라한(阿羅漢)이시며, 등정각(等正覺)이신

그분 세존(世尊)께 귀의합니다.[181]

이와 같이 말하자, 바라드와자 가문의 바라문이 다난자니에게 말했습니다.

"이 딱한 여인은[182] 시도 때도 없이 이렇게 저 삭발한 사문을 찬양하는군! 딱한 여인아! 지금 당장 내가 네 스승의 말을[183] 논파해야겠다."

"바라문이여! 나는 마라와 범천을 포함한 천신들의 세계와 사문과 바라문, 그리고 왕과 백성을 포함한 인간계에서 아라한이시며 등정각이신 세존의 말씀을 논파할 수 있는 자를 보지 못했습니다. 바라문이여! 그대가 직접 가보세요! 가보면 알게 될 것입니다."

그러자 화가 나서 기분이 상한 바라드와자 가문의 바라문은 세존을 찾아갔습니다. 그는 세존에게 정중하게 인사를 하고, 공손한 인사말을 나눈 후 한쪽에 앉았습니다. 한쪽에 앉은 바라드와자 가문의 바라문은 세존께 게송으로 말을 걸었습니다.

무엇을 끊어야 편히 자나요?
무엇을 끊어야 슬프지 않나요?
하나를 죽여야 한다면,

---

181 'namo tassa Bhagavato arahato sammāsambuddhassa'의 번역.

182 'vasalī'의 번역.

183 'satthunovāda'의 번역.

고따마여! 당신은 무엇을 죽이겠습니까?[184]

(세존께서 게송으로 대답하셨습니다.)

분노를 끊어야 편히 잔다오.
분노를 끊어야 슬프지 않다오.
분노는 처음은 달콤하지만,
바라문이여, 끝에는 독이 있다오.
분노를 죽이는 것을 성자들은 칭찬한다오.
그것을 끊으면 슬프지 않다오.

이와 같이 말씀하시자, 바라드와자 가문의 바라문은 이렇게 말했습니다.

"훌륭합니다. 세존이시여! 훌륭합니다. 세존이시여! 세존이시여, 마치 뒤집힌 것을 바로 세우는 것 같고, 감추어진 것을 드러내는 것 같고, 길 잃은 자에게 길을 알려주는 것 같고, '눈 있는 자들은 보라'고 어둠 속에 등불을 비춰주는 것 같습니다. 이와 같이 세존께서는 여러 가지 방법으로 진리를 알려주셨습니다. 세존이시여, 그래서 저는 세존께 귀의합니다. 가르침과 비구 승가에 귀의합니다. 세존이시여, 저는 세존님 앞으로 출가하여 구족계를 받고자 합니다."

바라드와자 가문의 바라문은 세존 앞으로 출가하여 구족계를 받았습니다. 바라드와자 가문의 바라문은 구족계를 받자 곧 홀로 외

184 'kissassa ekadhammassa vadhaṃ rocesi Gotamā' 의 번역.

딴곳에서 열심히 노력하고 정진하며 지냈습니다. 그리고 오래지 않아 선남자(善男子)들이 출가하는 목적인 위없는 청정한 수행[梵行]의 완성을 지금 여기에서 스스로 체득하고 성취하여 살았습니다. 그는 '생(生)은 소멸했다. 청정한 수행[梵行]을 완성했으며, 해야 할 일을 끝마쳤다. 다시는 이와 같은 상태로 되지 않는다'는 것을 체득했습니다. 바라드와자 가문의 바라문은 아라한 가운데 한 분이 되었습니다.

1.104. 욕쟁이(Akkosa)〈s.7.2〉

세존께서 라자가하의 웰루와나 깔란다까니와빠(竹林精舍)에 머무실 때, 어떤 욕쟁이[185] 바라드와자 바라문이 바라드와자 가문의 한 바라문이 고따마 사문 앞으로 출가했다는 말을 들었습니다. 화가 나서 기분이 상한 욕쟁이 바라드와자 바라문은 세존을 찾아갔습니다. 그는 세존에게 무례하고 거친 말로 욕하면서 비난했습니다.

이와 같이 말하자, 세존께서 욕쟁이 바라드와자 바라문에게 말씀하셨습니다.

"바라문이여, 어떻습니까? 그대에게 친구나 친척이나 손님들이 오지 않습니까?"

"고따마 존자여, 가끔 나에게 친구나 친척이나 손님들이 옵니다."

"바라문이여, 어떻습니까? 그대는 그들에게 부드럽고 맛있는 먹

185 'Akkosaka'의 번역.

기 좋은 음식을 대접하지 않나요?"

"고따마 존자여, 가끔 나는 그들에게 부드럽고 맛있는 먹기 좋은 음식을 대접합니다."

"바라문이여, 만약에 그들이 당신에게 받지 않으면, 그 음식은 누구의 것이 됩니까?"

"고따마 존자여, 만약에 그들이 나에게서 받지 않으면, 그 음식은 우리의 것이 됩니다."

"바라문이여, 실로 그와 같이, 그대는 욕하지 않는 우리에게 욕하고, 괴롭히지 않는 우리를 괴롭히고, 다투지 않는 우리와 다투고 있습니다. 우리는 그대에게 그것을 받지 않았습니다. 바라문이여, 그것은 참으로 당신의 것이 되었습니다. 바라문이여, 그것은 참으로 당신의 것이 되었습니다. 바라문이여, 욕하는 사람에 맞서서 욕하고, 괴롭히는 사람에 맞서서 괴롭히고, 다투는 사람에 맞서서 다툰다면, 이것은 함께 먹고, 서로 나눈다고 할 것입니다. 우리는 진실로 그대와 그것을 함께 먹지 않았고, 서로 나누지 않았습니다. 바라문이여, 그것은 참으로 당신의 것이 되었습니다. 바라문이여, 그것은 참으로 당신의 것이 되었습니다."

"고따마 존자에 대하여 여러 왕들을 비롯하여 대중들은 '고따마 사문은 아라한이다'라고 알고 있습니다. 그런데 고따마 존자는 화가 났군요."

억제되어 분노가 없는
평온한 삶을 사는 사람에게

올바른 지혜로 해탈한 고요한 사람에게
어찌 분노가 있겠는가?

성내는 사람에게 성내는 사람은
그 사람이 더 나쁜 사람이라네.
성내는 사람에게 성내지 않는 사람은
이기기 어려운 싸움에서 승리하는 것이라네.

다른 사람이 화난 것을 알아차리고
주의집중하여 진정하는 사람은[186]
나에게 그리고 남에게
둘에게 이익을 준다네.
자신도 치유하고 남도 치유하는,
둘을 모두 치유하는 사람을
진리에 무지한 사람들은
바보라고 생각한다네.

이와 같이 말씀하시자, 욕쟁이 바라드와자 바라문은 세존 앞으로 출가하여 구족계를 받고, 오래지 않아 선남자(善男子)들이 출가하는 목적인 위없는 청정한 수행[梵行]의 완성을 지금 여기에서 스스로 체득하고 성

186 'yo sato upasammati'의 번역.

취하여 아라한 가운데 한 분이 되었습니다.[187]

1.105. 쑤디까(Suddhika)〈s.7.7〉

세존께서 싸왓티에 계실 때입니다. 그때 쑤디까(Suddhika) 바라드와자 바라문이 세존을 찾아와서 세존에게 정중히 인사하고, 공손한 인사말을 나눈 후 한쪽에 앉았습니다. 한쪽에 앉은 쑤디까 바라드와자 바라문이 세존께 게송으로 말을 걸었습니다.

비록 계행이나 고행을 행할지라도
바라문이 아니면 세간에서 그 누가 청정해지겠는가?
앎과 실천을 구족한[明行足][188] 바라문이 청정해진다네.
그 밖의 다른 사람들은 아니라네.

(세존께서 응답하셨습니다.)

비록 많은 헛소리를[189] 암송한다 해도
안은 쓰레기로 오염되고

187 생략하여 번역함.

188 'vijjācaraṇasampanno'의 번역. 바라문교에서 베다에 통달하여 제사를 잘 수행하는 것을 의미함. 이것이 불교에서는 여래의 10가지 호칭[十號] 가운데 하나가 되어 진리를 깨달아 실천한 사람이라는 의미를 지니게 됨.

189 'palapaṃ'의 번역.

위선으로 가득 차 있다면
혈통에 의해 바라문이 될 수는 없다네.

크샤트리아든 바라문이든 바이샤든
수드라든 불가촉천민[190]이든
열심히 정진하고, 스스로 노력하고,
끊임없이 꿋꿋하게 나아가면[191]
누구나 최상의 청정에 이른다네.
바라문이여, 이와 같이 알아야 한다네.

이와 같이 말씀하시자, 쑤디까 바라드와자 바라문은 세존 앞으로 출가하여 구족계를 받고, 오래지 않아 선남자(善男子)들이 출가하는 목적인 위없는 청정한 수행[梵行]의 완성을 지금 여기에서 스스로 체득하고 성취하여 아라한 가운데 한 분이 되었습니다.

1.106. 쑨다리까(Sundarika)〈s.7.9〉

세존께서 꼬쌀라(Kosala)에 있는 쑨다리까(Sundarika)강 언덕에 머무실 때, 쑨다리까(Sundarika) 바라드와자 바라문은 쑨다리까강 언덕에서 불

190 'caṇḍālapukkuso'의 번역.

191 'niccaṃ daḷhaparakkamo'의 번역.

의 신에게 헌공(獻供)하고 제화(祭火)를 올렸습니다.[192] 쑨다리까 바라드와자 바라문은 불의 신에게 헌공하고 제화를 올린 후에 자리에서 일어나 사방을 두루 둘러보았습니다.

"헌공하고 남은 이 음식을 누군가가 먹었으면 좋겠는데."

쑨다리까 바라드와자 바라문은 어떤 나무 아래에 머리를 가리고 앉아 있는 세존을 보았습니다. 그는 왼손으로는 남은 음식을 들고, 오른손으로는 물병을 들고, 세존에게 다가갔습니다. 세존께서는 쑨다리까 바라드와자 바라문의 발자국 소리를 듣고 머리를 드러냈습니다. 그러자 쑨다리까 바라드와자 바라문은 "이 존자는 삭발했네! 이 존자는 삭발했네!"라고 하면서 그곳에서 다시 돌아가려고 생각했습니다. 그러다가 쑨다리까 바라드와자 바라문은 '하긴 어떤 바라문들은 삭발을 하기도 하지! 내가 다가가서 혈통을 물어봐야겠다'라고 생각했습니다.

쑨다리까 바라드와자 바라문은 다가가서 세존에게 말했습니다.

"존자는 어떤 혈통인가요?"

(세존께서 게송으로 대답했습니다.)

혈통을 묻지 말고 행위를 물어야 한다네.
어떤 나무에서도 불은 생긴다네.
천한 가문의 사람일지라도
부끄러움을 알고 자제한다면,

---

192 'aggiṃ juhati aggihuttaṃ paricarati'의 번역.

이 사람이 확실한 고귀한 성자라네.

… (중략) …

바라문이여, 장작을 모아놓고 태우면서
밖에서 불을 피우는 것을
정화(淨化)[193]라고 여겨서는 안 된다네.
밖에 있는 것으로 정화를 기대한다면,
정화를 할 수 없다고 현자들은 말한다네.
바라문이여, 나는 장작 태우기를 포기하고
안으로 불을 지핀다네.
불꽃은 항상 타오르고,
마음은 항상 삼매에 들어 있다네.
나는 청정한 수행[梵行]으로 살아가는 아라한이라네.

바라문이여, 그대의 교만은 한 섬의 짐이라네.
분노는 연기이고, 허망한 말은 재라네.
혀는 국자이고, 심장은 불을 모신 제단이라네.
잘 길들인 자아가 사람들의 불빛이라네.

---

193 'suddhim'의 번역. 죄업(罪業)을 씻는 것을 의미한다. 바라문교에서는 성스러운 하천에서 불을 피워 제사를 올리고 목욕하면 죄업을 씻고 윤회를 벗어나 천상에 간다고 믿었다.

바라문이여, (나의) 가르침[法]은
계율을 나루 삼아 건너는 호수라네.
착한 사람들이 착한 사람에게 청정하다고 칭찬한다네.
그곳에서 목욕한 베다에 정통한 사람들은[194] 반드시
몸에 물을 적시지 않고[195] 피안(彼岸)으로 건너간다네.

… (이하 생략) …

이와 같이 말씀하시자, 쑨다리까 바라드와자 바라문은 세존 앞으로 출가하여 구족계를 받고, 오래지 않아 선남자(善男子)들이 출가하는 목적인 위없는 청정한 수행[梵行]의 완성을 지금 여기에서 스스로 체득하고 성취하여 아라한 가운데 한 분이 되었습니다.

1.107. 까씨(Kasi)〈s.7.11〉

세존께서 마가다(Magadha)국의 닥키나기리(Dakkhiṇāgiri)에 있는 에까날라(Ekanāḷa) 바라문 마을에 머무실 때, 까씨(Kasi) 바라드와자 바라문

---

194 'vedaguno'의 번역. 'vedaguno'는 바라문교에서 베다에 정통한 사람을 지칭하는 'vedagū'의 복수 주격이다. 모든 지식에 통달한 사람을 의미한다. 여기에서는 부처님의 가르침을 잘 이해한 사람을 의미한다.

195 'anallīnagattā'의 번역. 'anallīnagattā'는 부정 접두사 'an'과 '오염된'의 의미를 지닌 'allīna'와 '몸'을 의미하는 'gatta'의 합성어로서 '오염되지 않은 몸'을 의미한다. 그런데 다른 판본들에는 부정 접두사 'an'과 '젖은'의 의미를 지닌 'alla'와 '몸'을 의미하는 'gatta'의 합성어인 'anallagattā'로 되어 있기 때문에 'anallagattā'의 의미로 번역함.

은 파종기(播種期)에 즈음하여 500개의 쟁기를 멍에에 묶고 있었습니다. 세존께서는 아침에 옷을 입고, 발우와 법의를 지니고 까씨 바라드와자 바라문이 일하는 곳을 찾아가서 한쪽에 서 있었습니다. 그때 까씨 바라드와자 바라문은 음식을 나누어주고 있었습니다. 까씨 바라드와자 바라문은 탁발하기 위해 서 있는 세존을 보았습니다. 그는 세존에게 이렇게 말했습니다.

"사문이여, 나는 밭을 갈고, 씨를 뿌립니다. 나는 밭을 갈고, 씨를 뿌린 후에 먹습니다. 사문이여, 그대도 밭을 갈고, 씨를 뿌리세요. 그대도 밭을 갈고, 씨를 뿌린 후에 먹으세요."

"바라문이여, 나도 밭을 갈고, 씨를 뿌린다오. 나도 밭을 갈고, 씨를 뿌린 후에 먹는다오."

'우리는 고따마 존자의 멍에나 쟁기나 보습이나 회초리나 밭 가는 소들을 보지 못했다. 그런데 고따마 존자는 '나도 밭을 갈고, 씨를 뿌린다. 나도 밭을 갈고, 씨를 뿌린 후에 먹는다'라고 말하는구나.'

이렇게 생각한 까씨 바라드와자 바라문은 세존에게 게송으로 말을 걸었습니다.

그대는 자신을 농부라고 말하지만
농사짓는 것을 나는 보지 못했다오.
그대가 농부라면 말해보세요.
어떻게 농사짓는지 알고 싶군요.

(세존께서 게송으로 대답했습니다.)

믿음은 씨앗, 수행은 비,
통찰지[般若]는 나의 멍에와 쟁기.
부끄러움은 끌채, 마음은 멍에끈,[196]
주의집중은[197] 나의 보습과 회초리.

몸가짐을 조심하고, 말을 조심하고,[198]
음식은 양에 맞게 절제하며[199]
진리로[200] 잡초를 베어낸다네.
온화함은 나의 휴식이라네.[201]

지고의 행복[瑜伽安穩]을 실어 나르는,[202]
정진(精進)은 나의 짐을 진 소.

---

196 'hirī isā mano yottaṃ'의 번역. 'īsā'는 수레 양쪽에 튀어나온 두 개의 긴 막대인 '끌채'를 의미한다. 끌채 사이에 소가 들어가면 소 위에 멍에를 걸치고 멍에끈으로 멍에와 끌채를 연결한다.

197 'sati'의 번역.

198 'kāyagutto vacīgutto'의 번역.

199 'āhāre udare yato'의 번역. 직역하면 '음식을 위(胃)에 제한한다'이며, 자신의 양에 맞게 음식을 절제하는 것을 의미한다.

200 'saccaṃ'의 번역.

201 'soraccam me pamocanaṃ'의 번역. 'pamocanaṃ'는 일을 마치고 밤에 소에서 멍에를 벗겨내는 것을 의미한다. 온화한 마음이 속박에서 벗어난 마음이라는 것을 의미한다.

202 'yogakkhemādhivāhanaṃ'의 번역. 'yogakkhema'는 속박에서 벗어나 평안한 상태로서 열반과 같은 의미다.

물러서지 않고 나아간다네.
그가 간 곳에는 걱정이 없다네.[203]

내 농사는 이와 같이 짓는다네.
이 농사의 결실은 불사(不死)라네.[204]
이 농사를 지으면
일체의 괴로움을 벗어난다네.

"고따마 존자여, 음식을 드십시오. 농사를 지어서 불사(不死)의 결실을 거두는 고따마 존자가 진정한 농부입니다."

게송을 노래하고 받은 음식을
나는 먹을 수 없다네.
바라문이여, 그것은 바르게 보는 자의
법도(法道)가 아니라네.[205]
게송을 노래한 품삯을 깨달은 사람들은 거절한다네.[206]
바라문이여, 그런 행실이 법도에 알맞다네.[207]

---

203 'yattha gantvā na socati'의 번역.

204 'sā hoti amataphalā'의 번역.

205 'sampassataṃ brāhmaṇa n'esa dhammo'의 번역.

206 'gāthābhigītaṃ panudanti buddhā'의 번역.

207 'dhamme sati brāhmaṇa vuttir esā'의 번역.

다른 방법으로, 번뇌가 소멸하고, 악행이 멸진한,
독존(獨存)에 이른 위대한 선인(仙人)을[208]
먹을 것과 마실 것으로 공양하시오!
그것이 복을 구하는 밭[福田]이라오.

이와 같이 말씀하시자, 까씨 바라드와자 바라문은 이렇게 말했습니다.

"훌륭합니다. 고따마 존자여! 훌륭합니다. 고따마 존자여! 마치 뒤집힌 것을 바로 세우는 것 같고, 감추어진 것을 드러내는 것 같고, 길 잃은 자에게 길을 알려주는 것 같고, '눈 있는 자들은 보라'고 어둠 속에 등불을 비춰주는 것 같습니다. 이와 같이 고따마 존자께서는 여러 가지 방법으로 진리를 알려주셨습니다. 고따마 존자여, 그래서 저는 고따마 존자님께 귀의합니다. 가르침과 비구 승가에 귀의합니다. 고따마 존자께서는 저를 청신사(淸信士)로[209] 받아주소서. 지금부터 살아 있는 날까지 귀의하겠나이다."

제8 「왕기싸(Vaṅgīsa) 쌍윳따(Vaṅgīsa-Saṃyutta)」

(생략)

---

208 'kevalinaṃ mahesiṃ'의 번역.

209 'upāsakaṃ'의 번역.

제9「숲 쌍윳따(Vana-Saṃyutta)」

1.108. 일깨움(Upaṭṭhāna)〈s.9.2〉

한때 어떤 비구가 꼬쌀라에 있는 어느 잡목 숲에 머물고 있었습니다. 그 비구는 오후의 휴식을 취하면서 잠자고 있었습니다. 그때 그 잡목 숲의 신이 그 비구를 연민하고 이익을 주기 위해, 그 비구를 자극하려고 다가가서 게송으로 말을 걸었습니다.

일어나세요! 비구여, 어찌하여 잠을 자나요?
잠을 자면 그대에게 무슨 이익이 있나요?
화살을 맞아 괴로운
고통 속에서 잠이 웬 말인가요?[210]

신념을 가지고 집을 떠나
집 없는 곳으로 출가했으니
잠에 빠져들지 말고
그 신념을 보여주세요!

감각적 쾌락은 무상하고 불안한 것.
어리석으면 거기에 빠져들지만,
속박에서 벗어나 집착하지 않는

210 'āturassa hi kā niddā'의 번역.

출가자를 어떻게 괴롭히리오.

욕망과 탐착을 조복(調伏)하고
무명(無明)을 벗어나서
청정한 지혜를 갖춘
출가자를 어떻게 괴롭히리오.

명(明)으로 무명(無明)을 깨고[211]
번뇌[漏]를 멸진(滅盡)하여
슬픔과 근심이 없는
출가자를 어떻게 괴롭히리오.

부단히 정진(精進)하고, 스스로 노력하고,
끊임없이 열심히 노력하면서
열반을 갈망하는
출가자를 어떻게 괴롭히리오.

1.109. 깟싸빠곳따(Kassapagotto)〈s.9.3〉

한때 깟싸빠곳따(Kassapagotta) 존자는 꼬쌀라에 있는 어느 잡목 숲에 머물고 있었습니다. 깟싸빠곳따 존자는 오후의 휴식을 취하면서 어떤

211 'bhetva avijjaṃ vijjāya'의 번역.

사냥꾼을 훈계했습니다. 그때 그 잡목 숲의 신이 깟싸빠곳따 존자를 연민하고 이익을 주기 위해, 깟싸빠곳따 존자를 자극하려고 깟싸빠곳따 존자에게 다가가서 게송으로 말을 걸었습니다.

비구여, 험한 산길을 돌아다니는 사냥꾼에게,
지혜 없고 착한 마음 없는 자에게
시의적절하지 않게 하는 훈계는
나에게는 무익하게 보이네.

그는 들어도 알지 못하고,
보여줘도 보지 못한다네.
가르침을 설해도
어리석은 자는 의미를 이해하지 못한다네.

만약에 열 개의 등불을
깟싸빠여, 그대가 들어 올린다 해도
그는 형색을 보지 못한다네.
그에게는 볼 수 있는 눈이 없다네.

그때 깟싸빠곳따 존자는 그 천신의 자극을 받고 동요했습니다.

1.110. 홍련(紅蓮, Paduma-puppha)〈s.9.14〉

한때 어떤 비구가 꼬쌀라에 있는 어느 잡목 숲에 머물고 있었습니다. 그 비구는 탁발하고 돌아와서 식사를 마친 후에 연못에 들어가 홍련 향기를 맡았습니다. 그때 그 잡목 숲의 신이 그 비구를 연민하고 이익을 주기 위해, 그를 자극하려고 다가가서 게송으로 말을 걸었습니다.

물에서 자란 이 홍련을
주지 않았는데 향기를 맡는군요.
이것은 일종의 도둑질이라오.
존자여! 그대는 향기 도둑이라오.

(비구가 게송으로 대답했습니다.)

나는 훔치지 않았다오.
나는 꺾지도 않았다오.
멀리서 연꽃을 냄새만 맡았다오.
그런데 어찌하여
향기 도둑이라고 말하나요?

뿌리를 파내고,
홍련을 꺾고,
이와 같이 모진 짓을 하는 사람은
어찌하여 그렇게 부르지 않나요?

(잡목 숲의 신이 다시 게송으로 말했습니다.)

모질고 잔혹한 사람
기저귀처럼 오염된 사람
그런 사람에게 나는 할 말이 없지만,
그대에게는 할 말이 있다오.
그대처럼 죄가 없고
항상 청정하기를 바라는 사람은
털끝만큼의 악행도 하늘만큼 커 보인다오.

(비구가 게송으로 대답했습니다.)

그대는 참으로 나를 알고 있군요.
그리고 나를 연민하는군요.
그대가 이와 같은 일을 보거든
야차여, 다음에도 말해주세요.

(잡목 숲의 신이 다시 게송으로 말했습니다.)

나는 그대를 의지해서 살아가지 않고,
그대의 하인도 아니라오.
비구여, 행복으로 가는 길은
그대가 스스로 알아야 한다오.

제10 「야차(夜叉) 쌍윳따(Yakkha-Saṃyutta)」

1.111. 인다까(Indako)〈s.10.1〉

세존께서 인다까(Indaka) 야차가 사는 라자가하의 인다꾸따(Indakūṭa)산에 머무실 때, 인다까 야차가 세존에게 다가와서 게송으로 말을 걸었습니다.

몸[色, rūpa]은 생명체[壽命, jīva]가 아니라고
깨달은 분들이 말씀하시는데,[212]
이 몸은 어떻게 이 육신(肉身)을 얻나요?[213]
이 몸에 뼈와 장기(臟器)는 어디에서 오나요?[214]
이 몸은 어떻게 자궁에 탁태(托胎)하나요?[215]

---

212 'rūpaṃ na jīvan'ti vadanti buddhā'의 번역. 'rūpa'는 '사람이나 동물의 형상을 이루는 전체'를 의미하는 '몸'이고, 'jīva'는 '생명체'를 의미한다. 이들을 '물질'과 '영혼'으로 번역하는 경우가 허다한데, 이는 잘못된 번역이다. 이 게송은 생명체가 아닌 몸이 어떻게 자궁에 붙어서 뼈와 장기(臟器)를 지닌 몸뚱이가 되는가를 묻고 있다.

213 'kathaṃ nvayaṃ vindat-imaṃ sarīraṃ'의 번역. 여기에서 지시대명사 'ayaṃ'은 'rūpa'를 가리킨다. 'sarīraṃ'은 생명이 없는 육신을 의미한다. 이런 의미에서 죽은 몸, 즉 시신(屍身)을 의미하기도 한다.

214 'kut-assa aṭṭhīyakapiṇḍam eti'의 번역. 'aṭṭhi'는 '뼈'를 의미하고, 'yaka'는 간(肝)을 의미하며 'piṇḍam'은 덩어리를 의미한다. 여기에서는 'yakapiṇḍam'을 '장기(臟器)'로 번역했다.

215 'kathaṃ nvayaṃ sajjati gabbharasmin'의 번역. 당시의 윤회설에 의하면 생명체가 모태에 탁태하여 새로운 세상에 태어난다. 그런데 생명체가 아닌 몸이 어떻게 모태에 탁태하여 뼈와 장기를 지닌 몸뚱이를 지니고 세상에 나오게 되는가를 묻고 있다.

맨 처음에는 깔라라(kalala) 상태라네.[216]
깔라라에서 압부다(abbuda) 상태가 된다네.[217]
압부다에서 뻬씨(pesī)가 생겨난다네.[218]
뻬씨에서 가나(ghana)가 생긴다네.[219]
가나에서 빠싸카(pasākha)들이,
그리고 머리카락, 체모(體毛), 손발톱이 생긴다네.[220]

어머니가 태아를 위해
음식을 먹고 마시면,
모태에 있는 사람은
그곳에서 그것으로 살아간다네.[221]

---

216 'pathamaṃ kalalaṃ hoti'의 번역. 'kalala'는 '진흙'이나 '반죽'을 의미한다. 여기에서는 끈적끈적한 액체 상태를 의미한다. 이 부분을 '처음에 깔라라가 생긴다'라고 번역하는 것은 잘못이다. 어떤 형태를 취하지 않고 유동적인 상태에서 시작하여 우리의 몸이 구체적인 형태를 잡아가는 과정을 이 게송은 보여준다.

217 'kalalā hoti abbudaṃ'의 번역. 'abbuda'는 종기처럼 부풀어 오른 상태를 의미한다. 죽을 끓일 때 끈적끈적한 상태에서 기포가 생겨 부풀어 오르듯이 어떤 형태가 나타나기 시작하는 상태를 의미한다.

218 'abbudā jāyate pesī'의 번역. 'pesī'는 '살덩어리'를 의미한다. 부풀어 오른 것이 살의 모양을 갖추게 되는 것을 의미한다.

219 'pesī nibbattati ghana'의 번역. 'ghana'는 단단한 상태를 의미한다. 뼈같이 단단한 것이 생기는 것을 의미한다.

220 'ghanā pasākhā jāyanti, kesā lomā nakhāni ca'의 번역. 'pasākhā'는 사지(四肢)를 의미한다.

221 'yañ c-assa bhuñjati māta, annam pānañ ca bhojanaṃ, tena so tattha yāpeti, mātukucchigato naro'의 번역. 이 게송을 근거로 체내오위설(體內五位說)이 나타난다. 그러나 이 게송은

제11「제석천(帝釋天) 쌍윳따(Sakka-Saṃyutta)」

(생략)

체내오위(體內五位)를 설명하려는 의도에서 설해진 것이 아니라, 생명체인 지와(Jīva)가 모태에 탁태하여 윤회를 거듭한다는 당시의 윤회설을 부정하기 위하여, 사람의 몸은 어머니의 몸속에서 어머니가 먹는 음식에 의존하여 여러 가지로 상태의 변화를 겪으며 성장한다는 것을 이야기한 것이다.

2

인연품
因緣品

Nidāna-Vagga

해제

제2장 『인연품(因緣品, Nidāna-Vagga)』의 주제는 연기(緣起)이다. 'Nidāna'는 '인연(因緣)'으로 한역되었는데, 연기와 같은 의미로도 쓰인다. 제1장 『게송품(偈頌品)』에서 붓다의 출현으로 바라문교의 시대는 가고 불교의 시대가 새롭게 열렸음을 노래한 『쌍윳따 니까야』는 이제 붓다가 깨달은 진리, 즉 연기법을 설파한다.

제12 「인연(因緣) 쌍윳따(Nidāna-Saṃyutta)」: 붓다는 무엇을 깨달았는가? 「인연 쌍윳따」는 이 물음에 대한 답이다. 붓다는 연기를 깨달아서 생사(生死)의 폭류를 건넜다. 12연기는 이것을 잘 보여준다. 생사는 무명(無明)에서 연기한 것이기 때문에, 생사의 폭류를 건너기 위해서는 선정(禪定)에 빠지거나 애써 고행(苦行)을 해서는 안 되고, 생사를 일으키는 인연을 통찰하여 생사의 근본 원인은 무지, 즉 무명이라는 것을 깨달아야 한다는 것이 붓다가 깨달은 12연기이다.

「인연 쌍윳따」의 첫 경인 2.1. 「설법(Desanā) 경」〈s.12.1〉에서는 12연기의 유전문(流轉門)과 환멸문(還滅門)을 보여주고, 다음 경인 2.2. 「자세한 설명(Vibhaṅgaṃ) 경」〈s.12.2〉에서는 이를 자세하게 설명한다. 이어서 2.3. 「길(Paṭipadā) 경」〈s.12.3〉에서는 12연기가 공허한 이론이 아니라 우리가 살아가는 길이라는 것을 보여준다. 유전문 즉 무명에 의존하여 살아감으로써 생사의 괴로움을 겪는 것은 인생의 그른 길[邪道]이고, 환멸문 즉 무명에서 벗어나 정견(正見)을 가지고 살아감으로써 생사의 괴로움에서 벗어나는 것이 바른길[正道]이라는 것이다. 2.4. 「위대한 싸까무니 고따마(Mahā Sakyamuni Gotamo) 경」〈s.12.10〉은 과거의 모든 붓다들과 싸까무니 붓다도 이 길을 깨달아 정각을 성취했음을 보여준다. 즉 누구나 12연기를 통찰하여 바른길을 가면 생사의 폭류를 건널 수 있다는 것을 이야기한다.

2.5.「음식(Āhārā) 경」〈s.12.11〉은 생사(生死)의 연기(緣起)를 음식물의 섭취에 비유한 것으로서 연기의 이해에 매우 중요한 경이다. 이 경에서는 덩어리 음식[摶食], 접촉 음식[觸食], 의도(意圖) 음식[意思食], 분별 음식[識食] 등, 네 가지 음식[四食]으로 인해서 중생들이 생사의 폭류에서 벗어나지 못한다고 이야기하면서 이들 네 가지 음식은 무명에서 연기한다고 이야기한다. 음식을 취하여 유지되는 우리의 삶에 잘못된 음식을 취하면 괴로움이 생기듯이, 무명으로 살아가면 우리의 삶에 생사의 괴로움을 일으키는 신체적, 정신적 자양분이 발생한다는 것이다. 2.8.「깟짜야나곳따(Kaccāyanagotto) 경」〈s.12.15〉은 연기법이 모순대립을 벗어난 중도(中道)에서 설한 법(法)이라는 것을 이야기하고, 2.9.「법사(法師, Dhammakathiko) 경」〈s.12.16〉은 12연기를 깨달아 바른길[正道]을 가는 사람이 불법을 설할 수 있는 법사(法師)라고 이야기한다.

이와 같이 「인연 쌍윳따」에는 연기와 관련된 다양한 주제의 경들이 93개 들어 있다. 이 책에서는 이들 가운데 45개를 선정했다.

제13 「이해(理解) 쌍윳따(Abhisamaya-Saṃyutta)」: 「이해 쌍윳따」에는 연기법의 이해가 우리의 삶에 얼마나 큰 이익과 위력이 있는지를 이야기한 11개의 경이 들어 있는데, 그 내용이 비유만 다를 뿐 대동소이하기 때문에, 이 책에서는 2.46.「손톱 끝(Nakhasikhā) 경」〈s.13.1〉 하나만을 선정했다.

제14 「계(界) 쌍윳따(Dhātu-Saṃyutta)」: 계(界, dhātu)는 부류(部類)를 구별하는 개념이다. 붓다는 18계, 6계, 4계, 3계 등 다양한 계를 이야기했는데, 「계 쌍윳따」에는 이와 같은 다양한 계에 대한 붓다의 설법이 들어 있다. 설일체유부(說一切有部) 전승(傳承)의 '아가마(Āgama)'를 한역한 『잡아함경(雜阿含經)』은 온(蘊), 처(處), 계(界)라는 삼과(三科) 분류에 따라 경을 편찬했기 때문에 계를 연기(緣起)와 별개의 교리로 취급했는데, 근본상좌부(根本上座部) 전승의 『쌍윳따 니까야』는 계를 연기에 속하는 교리로 취급하고 있다. 이것은, 설일체유부가 근본상좌부에서 분파된 부파라는 점을 감안할 때, 초기 아비달마는 붓다의 가르침을 삼과(三科)로 분별하지 않았다는 것을 시사한다.

「계 쌍윳따」에는 다양한 계가 나오지만, 근본이 되는 것은 18계이다. 그리고 여타의 계는 18계에서 비롯된 것이다. 따라서 「계 쌍윳따」는 18계를 소개하는 2.47. 「계(界, Dhātu) 경」〈s.14.1〉으로 시작된다. 이어서 2.48. 「접촉(觸, Samphassaṃ) 경」〈s.14.2〉은 18계를 인연으로 여섯 가지 접촉[六觸]이 연기한다는 것을 이야기하고, 2.50. 「느낌(受, Vedanā) 경」〈s.14.4-5〉은 18계를 인연으로 발생한 접촉[觸]에 의존하여 고락(苦樂)의 감정[受]이 연기한다는 것을 이야기한다. 그리고 2.55. 「접촉(觸, Phassa) 경」〈s.14.10〉은 18계가 접촉[觸], 감정[受]의 근거일 뿐만 아니라 관념[想], 의도[思], 의욕, 고민 등이 연기하는 인연이 된다고 이야기한다. 이와 같이 「계 쌍윳따」는 18계가 중생들의 모든 괴로움과 번뇌가 연기하는 근거라는 것을 보여준다.

제15 「무시이래(無始以來) 쌍윳따(Anamatagga-Saṃyutta)」: '무시이래'로

번역한 'anamatagga'는 부정 접미사 'ana'와 '헤아린다'는 의미의 'mata'에 '시초, 태초'를 의미하는 'agga'가 결합된 합성어로서, '시초를 헤아릴 수 없는'의 의미이다. 「무시이래 쌍윳따」는 중생들이 무시이래로 무명에 뒤덮이고 갈애[愛]에 속박되어 지금 여기에 존재하기까지 흘러 돌아다닌 유전(流轉)의 시작은 그 시기를 헤아려 알 수 없다는 이야기를 주제로 한다. 맨 앞에 나오는 2.71.「풀과 나무(Tiṇakaṭṭhaṃ), 흙덩어리(Pathavī) 경」〈s.15.1-2〉에서는 "어떤 사람이 이 잠부디빠(Jambudīpa)에 있는 풀과 나무 잎사귀를 잘라서 한곳에 모아놓고, 손가락 네 마디의 크기로 잘게 만들어서 '이것은 나의 어머니, 이것은 나의 어머니의 어머니'라고 하면서 제거한다면, 그 사람의 어머니의 어머니가 끝나기 전에 이 잠부디빠에 있는 풀과 나무 잎사귀는 동나게 될 것이다"라고 이야기한다.

여기에서 주목할 것은 셈을 할 때 '나의 어머니, 나의 어머니'가 아니라, '나의 어머니, 나의 어머니의 어머니'라고 셈하고 있다는 점이다. 이것은 일반적으로 '윤회(輪廻)'로 번역하는 'saṃsāra'가 '개인적인 윤회'를 의미하는 것이 아니라, 어머니의 어머니에서 어머니로 이어지는 생사유전(生死流轉)을 의미한다는 것을 보여준다. 다시 말해서 이 경은 우리는 시작을 알 수 없는 먼 옛날의 어머니의 어머니들로부터 오늘의 어머니에 이르는 생사유전의 결과라는 것을 말하고 있는 것이지, 무시이래로 우리가 어머니의 태를 빌려 윤회한다는 이야기를 하는 것이 아니다.

2.76.「부모 형제 경」〈s.15.14-19〉에서는 "무명에 뒤덮이고 갈애[愛]에 속박된 중생들이 흘러 다니고 돌아다닌, 시초를 헤아릴 수 없는 긴 세월 동안 과거의 부모 형제가 아닌 사람, 아들딸이 아닌 사람을 만나기는 쉽지 않다"고 이야기하면서, 연기의 도리를 깨달아 생사유전에서

벗어나 해탈해야 한다고 가르친다. 우리는 여기에서 연기법의 사회적 의미를 찾을 수 있다. 우리의 삶은 개인적이고 개별적인 것이 아니다. 시작을 알 수 없는 먼 과거로부터 여러 생명의 생사를 거쳐서 오늘의 우리가 살고 있다. 즉 우리는 연기하는 존재다. 그렇기 때문에 나와 함께 살고 있는 모든 존재는 나의 부모 형제이고 아들딸이다. 이런 사실을 알지 못하는 무명(無明)의 상태로 살아가면, 우리는 생사의 괴로움에서 벗어날 길이 없다는 것을「무시이래 쌍윳따」는 이야기하고 있다.

제16「깟싸빠 쌍윳따(Kassapa-Saṃyutta)」: 깟싸빠(Kassapa, 迦葉) 존자는 철저하게 두타행(頭陀行)을 실천한 모범적인 수행자다.「깟싸빠 쌍윳따」는 이러한 깟싸빠 존자를 통해 수행자가 본받아야 할 행실(行實)을 보여주고 있다. 이러한 내용의「깟싸빠 쌍윳따」가 연기(緣起)를 주제로 하는 『인연품(因緣品, Nidāna-Vagga)』에 속해 있다는 것은 연기법이 이론적인 교리가 아니라 수행의 토대라는 것을 시사한다.

제18「라훌라 쌍윳따(Rāhula-Saṃyutta)」: 라훌라는 붓다의 아들로서 7세의 어린 나이로 출가하여 훌륭한 수행자로 성장했다.「라훌라 쌍윳따」에는 붓다가 라훌라에게 무아(無我)와 연기(緣起)를 가르치는 내용의 경들이 들어 있다.

제19「락카나 쌍윳따(Lakkhaṇa-Saṃyutta)」, 제20「비유(比喩) 쌍윳따(Opamma-Saṃyutta)」, 제21「비구(比丘) 쌍윳따(Bhikkhu-Saṃyutta)」이 3개의 쌍윳따는 다른 경에 자주 나오는 내용이기 때문에 생략했다.

제12「인연(因緣) 쌍윳따(Nidāna-Saṃyutta)」

2.1. 설법(Desanā)〈s.12.1〉

세존께서 싸왓티의 제따와나 아나타삔디까 사원에 머무실 때, 비구들에게 말씀하셨습니다.

"비구들이여, 내가 연기(緣起)[01]에 대하여 가르쳐주겠소. 잘 듣고 깊이 생각해보시오. 내가 이야기하겠소."

그 비구들은 "세존이시여, 그렇게 하겠습니다"라고 세존께 대답했습니다.

세존께서는 다음과 같이 말씀하셨습니다.

"비구들이여, 연기(緣起)란 어떤 것인가? 비구들이여, 무명(無明)에 의존하여 유위를 조작하는 행위[行]가 있고,[02] 유위를 조작하는 행위들에 의존하여 분별하는 마음[識]이 있고, 분별에 의존하여 이름과 형색[名色]이 있고, 이름과 형색에 의존하여 6입처(六入處)가 있고, 6입처에 의존하여 접촉[觸]이 있고, 접촉에 의존하여 느낌[受]이 있고, 느낌에 의존하여 갈애[愛]가 있고, 갈망에 의존하여 취(取)가 있고, 취에 의존하여 유(有)가 있고, 유에 의존하여 생(生)이 있고, 생에 의존하여 노사(老死)와 근심, 슬픔, 고통, 우울, 고뇌가 생긴다오.[03] 이와 같이 순전한

---

01 'paṭiccasamuppāda'의 번역.

02 'avijjāpaccayā saṅkhārā'의 번역.

03 'jātipaccayā jarāmaraṇaṃ soka-parideva-dukkha-domanassupāyasā sambhavanti'의 번역. 우리의 근심, 슬픔, 고통, 우울, 고뇌 등은 우리가 태어나서 늙어 죽기 때문에 생긴다는 의미이다.

괴로움 덩어리[苦蘊]가 쌓인다오[集].[04] 비구들이여, 이것을 '함께 나타남'[05]이라고 부른다오.

그렇지만, 무명(無明)이 남김없이 소멸하면[滅] 유위를 조작하는 행위[行]가 소멸하고,[06] 유위를 조작하는 행위가 소멸하면 분별하는 마음[識]이 소멸하고, 분별이 소멸하면 이름과 형색[名色]이 소멸하고, 이름과 형색이 소멸하면 6입처(六入處)가 소멸하고, 6입처가 소멸하면 접촉[觸]이 소멸하고, 접촉이 소멸하면 느낌[受]이 소멸하고, 느낌이 소멸하면 갈애[愛]가 소멸하고, 갈망이 소멸하면 취(取)가 소멸하고, 취가 소멸하면 유(有)가 소멸하고, 유가 소멸하면 생(生)이 소멸하고, 생이 소멸하면 노사(老死)와 근심, 슬픔, 고통, 우울, 고뇌가 소멸한다오. 이와 같이 순전한 괴로움 덩어리[苦蘊]가 소멸한다오[滅]."[07]

이것이 세존께서 하신 말씀입니다.

그 비구들은 세존의 말씀에 만족하고 기뻐했습니다.

---

04 'evam etassa kevalassa dukkhakkhandhassa samudayo hoti'의 번역. 이것은 12연기의 유전문(流轉門)이 고온(苦蘊)의 집(集), 즉 집성제(苦集聖諦)를 설명하는 교리라는 것을 의미한다.

05 'samuppādo'의 번역.

06 'avijjāya tveva asesavirāganirodhā saṅkhāranirodho'의 번역.

07 'evam etassa kevalassa dukkhakkhandhassa nirodho hoti'의 번역. 이것은 12연기의 환멸문(還滅門)이 고온(苦蘊)의 멸(滅), 즉 멸성제(滅聖諦)를 설명하는 교리라는 것을 의미한다.

2.2. 자세한 설명(Vibhaṅgaṃ[08])〈s.12.2〉

세존께서 싸왓티의 제따와나 아나타삔디까 사원에 머무실 때, 비구들에게 말씀하셨습니다.

"비구들이여, 연기란 어떤 것인가? 비구들이여, 무명(無明)에 의존하여 유위를 조작하는 행위[行]들이 있고, 유위를 조작하는 행위들에 의존하여 분별하는 마음[識]이 있고, 분별에 의존하여 이름과 형색[名色]이 있고, 이름과 형색에 의존하여 6입처(六入處)가 있고, 6입처에 의존하여 접촉[觸]이 있고, 접촉에 의존하여 느낌[受]이 있고, 느낌에 의존하여 갈애[愛]가 있고, 갈망에 의존하여 취(取)가 있고, 취에 의존하여 유(有)가 있고, 유에 의존하여 생(生)이 있고, 생에 의존하여 노사(老死)와 근심, 슬픔, 고통, 우울, 고뇌가 생긴다오. 이와 같이 순전한 괴로움 덩어리[苦蘊]가 쌓인다오[集].

비구들이여, 그렇다면 노사(老死)란 어떤 것인가? 이런저런 중생들의 이런저런 중생의 몸[衆生身]에[09] 노쇠가 나타나고, 이가 빠지고, 주름살이 잡히고, 수명이 줄고, 지각활동이 쇠퇴하면, 존자들이여, 이것을 늙음[老]이라고 부르고, 이런저런 중생들의 몸의 죽음, 소멸, 파멸, 소실, 사망, 운명(殞命), 온(蘊)들의 파괴, 사체의 매장(埋葬), 비구들이여,

---

08 'Vibhaṅga'는 분석적인 설명을 의미한다.

09 'sattanikāye'의 번역. 'sattanikāya'란 중생이 취하고 있는 몸을 의미한다. 예를 들면, 사람은 사람의 몸을 취하고 있고, 개는 개의 몸을 취하고 있다. 이렇게 각각의 중생들이 취하고 있는 몸이 'sattanikāya'이다. 중생들의 늙음은 이러한 몸에 나타난다. 따라서 '늙음[老]'을 설명하는 이 부분에서 'sattanikāya'는 처격(處格)으로 표현되고 있으며, 역자는 이것을 '중생의 몸[衆生身]에'로 번역했다.

이것을 죽음[死]이라고 부른다오. 이것이 늙음이고, 이것이 죽음이라오. 비구들이여, 이것을 노사라고 부른다오.

비구들이여, 생(生)이란 어떤 것인가? 이런저런 중생들의 몸 가운데[10] 태어남[生], 탄생(誕生), 출현(出現), 출생, 온(蘊)들의 현현(顯現), 입처(入處)들의 획득(獲得), 비구들이여, 이것을 생이라고 부른다오.

비구들이여, 유(有)란 어떤 것인가? 비구들이여, 유는 세 가지, 즉 욕유(欲有),[11] 색유(色有),[12] 무색유(無色有)[13]가 있다오. 비구들이여, 이것을 유라고 부른다오.

비구들이여, 취(取)란 어떤 것인가? 비구들이여, 취는 네 가지, 즉 욕취(欲取),[14] 견취(見取),[15] 계금취(戒禁取),[16] 아어취(我語取)[17]가 있다오. 비구들이여, 이것을 취라고 부른다오.

비구들이여, 갈애[愛]란 어떤 것인가? 비구들이여, 갈애의 구조[愛

---

10 'sattanikāye'의 번역. 중생들의 태어남은 중생이 취한 몸 가운데 태어나는 것이다. 따라서 '태어남[生]'을 설명하는 이 부분에서 'sattanikāya'는 처격(處格)으로 표현되고 있으며, 역자는 이것을 '중생의 몸[衆生身] 가운데'로 번역했다.

11 'kāma-bhava'의 번역.

12 'rūpa-bhava'의 번역.

13 'arūpa-bhava'의 번역.

14 'kāmupādāna'의 번역.

15 'diṭṭhupādāna'의 번역.

16 'sīlabbatupādāna'의 번역.

17 'attavādupādāna'의 번역.

身][18]는 여섯 가지, 즉 형색[色]에 대한 갈애[色愛], 소리에 대한 갈애[聲愛], 냄새에 대한 갈애[香愛], 맛에 대한 갈애[味愛], 촉감에 대한 갈애[觸愛], 인식대상에 대한 갈애[法愛]라오. 비구들이여, 이것을 갈애[愛]라고 부른다오.

비구들이여, 느낌[受]이란 어떤 것인가? 비구들이여, 느낌의 구조[受身]는[19] 여섯 가지, 즉 시각접촉에서 생긴 느낌[眼觸生受],[20] 청각접촉에서 생긴 느낌[耳觸生受], 후각접촉에서 생긴 느낌[鼻觸生受], 미각접촉에서 생긴 느낌[舌觸生受], 촉각접촉에서 생긴 느낌[身觸生受], 의식접촉에서 생긴 느낌[意觸生受]이라오. 비구들이여, 이것을 느낌이라고 부른다오.

비구들이여, 접촉[觸]이란 어떤 것인가? 비구들이여, 접촉 구조[觸身]는[21] 여섯 가지, 즉 시각접촉[眼觸], 청각접촉[耳觸], 후각접촉[鼻觸], 미각접촉[舌觸], 촉각접촉[身觸], 의식접촉[意觸]이라오. 비구들이여, 이것을 접촉[觸]이라고 부른다오.

비구들이여, 6입처(六入處)란 어떤 것인가? 안입처(眼入處), 이입처(耳入處), 비입처(鼻入處), 설입처(舌入處), 신입처(身入處), 의입처(意入處), 비구들이여, 이것을 6입처라고 부른다오.

비구들이여, 이름과 형색[名色]이란 어떤 것인가? 비구들이여, 느

18 'taṇhākāyā'의 번역. 'taṇhā'를 '갈애[愛]'로, 'kāya'를 '구조'로 번역함.

19 'vedanākāyā'의 번역. 'vedanā'를 '느낌[受]'으로, 'kāya'를 '구조'로 번역함.

20 'cakkhusamphassajā vedanā'의 번역.

21 'phassakāyā'의 번역. 'phassa'를 '접촉[觸]'으로, 'kāya'를 '구조'로 번역함.

낌[受], 관념[想], 의도[思], 접촉[觸], 숙고[作意], 비구들이여, 이것을 이름[名]이라고 부른다오.[22] 4대(四大)와 4대를 취하고 있는 형색[色], 비구들이여, 이것을 형색[色]이라고 부른다오.[23] 이와 같이 이 이름[名]과 이 형색[色], 비구들이여, 이것을 이름과 형색[名色]이라고 부른다오.

비구들이여, 분별하는 마음[識]이란 어떤 것인가? 비구들이여, 분별의 구조[識身]는[24] 여섯 가지, 즉 시각분별[眼識], 청각분별[耳識], 후각분별[鼻識], 미각분별[舌識], 촉각분별[身識], 마음분별[意識]이라오. 비구들이여, 이것을 분별하는 마음[識]이라고 부른다오.

비구들이여, 유위를 조작하는 행위[行]들이란 어떤 것인가? 비구들이여, 유위를 조작하는 행위는 세 가지, 즉 몸으로 유위를 조작하는

---

22 'vedanā saññā cetanā phasso manasikāro, idaṁ vuccat' āvuso nāmaṁ'의 번역. 일반적으로 'nāma'를 '정신'으로 이해하고 있는데, 이것은 옳지 않다. 여기에서 'vedanā saññā cetanā phasso manasikāro'를 단순한 정신작용으로 해석해서는 안 된다. 이것은 느끼고, 생각하고, 의도하고 대상을 접촉하고, 숙고하는 것을 의미한다. 우리는 인식의 대상을 개념, 즉 이름(nāma)으로 분별하는데, 이 이름은 인식의 대상이 본래부터 가지고 있는 이름이 아니라 우리가 느끼고, 생각하고, 의도하면서 대상을 접촉하여, 이를 숙고함으로써 만들어진 것이라는 의미이다.

23 'cattāri ca mahābhūtāni catunnañ ca mahābhūtānaṁ upādāya rūpaṁ, idaṁ vuccat' āvuso rūpaṁ'의 번역. 기존의 해석에 의하면 'rūpa'를 '물질'로 이해하고, 이 부분을 4대(四大)와 4대로 만들어진 물질이라고 번역했다. 그러나 'rūpa'는 본래 '형색, 형태'를 의미하며, 4대는 당시의 인도인들이 물질세계를 구성하는 네 가지 불변의 요소라고 생각했던 것들이다. 우리는 인식의 대상을 형색[色]으로 분별하는데, 이 형색은 인식의 대상이 본래부터 가지고 있는 것이 아니라 4대와 4대를 취하고 있는 형색이라는 것을 이 경에서 이야기하고 있다.

24 'viññāṇakāyā'의 번역. 'viññāṇa'를 '분별하는 마음[識]'으로, 'kāya'를 '구조'로 번역함.

행위[身行],[25] 언어로 유위를 조작하는 행위[口行],[26] 마음으로 유위를 조작하는 행위[意行][27]가 있다오. 비구들이여, 이것을 유위를 조작하는 행위들이라고 부른다오.

비구들이여, 무명(無明)이란 어떤 것인가? 비구들이여, 괴로움[苦]에 대하여 알지 못하고, 괴로움의 쌓임[苦集]에 대하여 알지 못하고, 괴로움의 소멸[苦滅]에 대하여 알지 못하고, 괴로움의 소멸에 이르는 길[苦滅道]에 대하여 알지 못하면, 비구들이여, 이것을 무명(無明)이라고 부른다오.

비구들이여, 이와 같이 무명(無明)에 의존하여 유위를 조작하는 행위[行]들이 있고, … 생(生)에 의존하여 노사(老死)와 근심, 슬픔, 고통, 우울, 고뇌가 생긴다오. 이와 같이 순전한 괴로움 덩어리[苦蘊]가 쌓인다오[集]. 그렇지만, 무명이 남김없이 소멸하면 유위를 조작하는 행위가 소멸하고, … 생이 소멸하면 노사와 근심, 슬픔, 고통, 우울, 고뇌가 소멸한다오. 이와 같이 순전한 괴로움 덩어리[苦蘊]가 소멸한다오[滅]."

2.3. 길(Paṭipadā)〈s.12.3〉

세존께서 싸왓티의 제따와나 아나타삔디까 사원에 머무실 때, 비구들에게 말씀하셨습니다.

---

25 'kāyasaṅkhāra'의 번역.

26 'vacīsaṅkhāra'의 번역.

27 'cittasaṅkhāra'의 번역.

"비구들이여, 그른 길[邪道][28]과 바른길[正道][29]에 대하여 가르쳐주겠소. 잘 듣고, 깊이 생각해보시오. 내가 이야기하겠소."

그 비구들은 "세존이시여, 그렇게 하겠습니다"라고 세존께 대답했습니다.

세존께서는 다음과 같이 말씀하셨습니다.

"비구들이여, 어떤 것이 그른 길인가? 비구들이여, 무명(無明)에 의존하여 유위를 조작하는 행위[行]들이 있고, … 생(生)에 의존하여 노사(老死)와 근심, 슬픔, 고통, 우울, 고뇌가 생긴다오. 이와 같이 순전한 괴로움 덩어리[苦蘊]가 쌓인다오[集]. 비구들이여, 이것을 그른 길이라고 부른다오. 비구들이여, 어떤 것이 바른길인가? 비구들이여, 그렇지만 무명(無明)이 남김없이 소멸하면 유위를 조작하는 행위[行]가 소멸하고, … 생(生)이 소멸하면 노사(老死)와 근심, 슬픔, 고통, 우울, 고뇌가 소멸한다오. 이와 같이 순전한 괴로움 덩어리[苦蘊]가 소멸한다오[滅]. 비구들이여, 이것을 바른길이라고 부른다오."

2.4. 위대한 싸꺄무니 고따마(Mahā Sakyamuni Gotamo)〈s.12.10〉

세존께서 싸왓티의 제따와나 아나타삔디까 사원에 머무실 때, 비구들에게 말씀하셨습니다.

"비구들이여, 내가 예전에, 정각(正覺)을 깨닫지 못한 보살이었을

---

28 'micchāpaṭipada'의 번역.

29 'sammāpaṭipada'의 번역.

때, 과거의 부처님들, 즉 위빠씬(Vipassin), 씨킨(Sikhin), 웻싸부(Vessabhu), 까꾸싼다(Kakusandha), 꼬나가마나(Koṇāgamana), 깟싸빠(Kassapa) 부처님과 마찬가지로,[30] 나에게 이런 생각이 들었다오.

'세간은 태어나고, 늙어 죽고, 죽어가서 다시 태어나는 곤경에 처해 있다. 그런데 이러한 괴로움과 늙어 죽음에서 벗어날 줄을 모른다. 언제 이러한 괴로움과 늙어 죽음에서 벗어날 줄을 알게 될까?'

비구들이여, 그래서 나는 이렇게 생각했다오.

'무엇이 있는 곳에 늙어 죽음[老死]이 있을까? 무엇에 의존하여 늙어 죽음이 있을까?'

비구들이여, 그때 이치에 맞는 생각을 하자, 통찰지[般若]에 의한 이해가 생겼다오.[31]

'생(生)이 있는 곳에 늙어 죽음[老死]이 있다. 생에 의존하여 늙어 죽음이 있다.'

비구들이여, 그래서 나는 이렇게 생각했다오.

'무엇이 있는 곳에 생(生)이 있을까? 무엇에 의존하여 생이 있을까?'"

(유(有), 취(取), 갈애[愛], 느낌[受], 접촉[觸], 6입처(六入處), 이름과 형색[名色]에 대해서도 마찬가지로 말씀하셨습니다.)

"비구들이여, 그래서 나는 이렇게 생각했다오.

'무엇이 있는 곳에 분별하는 마음[識]이 있을까? 무엇에 의존하여 분별하는 마음이 있을까?'

---

30 과거의 부처님들에 대한 이야기가 같은 내용이기 때문에 생략하고 이렇게 표현함.

31 'yoniso manasikārā ahu paññāya abhisamayo'의 번역.

비구들이여, 그때 이치에 맞는 생각을 하자, 통찰지[般若]에 의한 이해가 생겼다오.

'유위를 조작하는 행위[行]들이 있는 곳에 분별하는 마음[識]이 있다. 유위를 조작하는 행위들에 의존하여 분별하는 마음이 있다.'

비구들이여, 그래서 나는 이렇게 생각했다오.

'무엇이 있는 곳에 유위를 조작하는 행위[行]들이 있을까? 무엇에 의존하여 유위를 조작하는 행위들이 있을까?'

비구들이여, 그때 이치에 맞는 생각을 하자, 통찰지[般若]에 의한 이해가 생겼다오.

'무명(無明)이 있는 곳에 유위를 조작하는 행위[行]들이 있다. 무명에 의존하여 유위를 조작하는 행위들이 있다.'

이와 같이 무명에 의존하여 유위를 조작하는 행위들이 있고, 유위를 조작하는 행위들에 의존하여 분별하는 마음이 있고, 분별에 의존하여 이름과 형색[名色]이 있고, 이름과 형색에 의존하여 6입처(六入處)가 있고, 6입처에 의존하여 접촉[觸]이 있고, 접촉에 의존하여 느낌[受]이 있고, 느낌에 의존하여 갈애[愛]가 있고, 갈애에 의존하여 취(取)가 있고, 취에 의존하여 유(有)가 있고, 유에 의존하여 생(生)이 있고, 생에 의존하여 노사(老死)와 근심, 슬픔, 고통, 우울, 고뇌가 생긴다. 이와 같이 순전한 괴로움 덩어리[苦蘊]의 쌓임[集]이 있다.

비구들이여, 나에게 '쌓임[集]이다. 바로 쌓임이다'라고 하는, 예전에 들어본 적 없는 법(法)들에 대한 안목이 생기고, 지식이 생기고, 통찰

지[般若]가 생기고, 밝음[明]이 생기고, 광명(光明)이 생겼다오.[32]

비구들이여, 그래서 나는 이렇게 생각했다오.

'무엇이 없는 곳에 노사(老死)가 없을까? 무엇이 소멸하면 노사가 소멸할까?'

비구들이여, 그때 이치에 맞는 생각을 하자, 통찰지[般若]에 의한 이해가 생겼다오.

'생(生)이 없는 곳에 노사(老死)가 없다. 생이 소멸하면 늙어 죽음이 소멸한다.'

비구들이여, 그래서 나는 이렇게 생각했다오.

'무엇이 없는 곳에 생(生)이 없을까? 무엇이 소멸하면 생이 소멸할까?'"

(유(有), 취(取), 갈애[愛], 느낌[受], 접촉[觸], 6입처(六入處), 이름과 형색[名色]에 대해서도 마찬가지로 말씀하셨습니다.)

"비구들이여, 그래서 나는 이렇게 생각했다오.

'무엇이 없는 곳에 유위를 조작하는 행위[行]들이 없을까? 무엇이 소멸하면 유위를 조작하는 행위들이 소멸할까?'

비구들이여, 그때 이치에 맞는 생각을 하자, 통찰지[般若]에 의한 이해가 생겼다오.

'무명(無明)이 없는 곳에 유위를 조작하는 행위[行]들이 없다. 무명이 소멸하면 유위를 조작하는 행위들이 소멸한다.'

---

32 'samudayo samudayo ti kho me bhikkhave pubbe ananussutesu dhammesu cakkhum udapādi ñāṇam udapādi paññā udapādi vijjā udapādi āloko udapādi'

이와 같이 무명이 소멸하면 유위를 조작하는 행위들이 소멸하고, 유위를 조작하는 행위들이 소멸하면 분별하는 마음[識]이 소멸하고, 분별이 소멸하면 이름과 형색[名色]이 소멸하고, 이름과 형색이 소멸하면 6입처(六入處)가 소멸하고, 6입처가 소멸하면 접촉[觸]이 소멸하고, 접촉이 소멸하면 느낌[受]이 소멸하고, 느낌이 소멸하면 갈애[愛]가 소멸하고, 갈애가 소멸하면 취(取)가 소멸하고, 취가 소멸하면 유(有)가 소멸하고, 유가 소멸하면 생(生)이 소멸하고, 생이 소멸하면 노사(老死)와 근심, 슬픔, 고통, 우울, 고뇌가 소멸한다. 이와 같이 순전한 괴로움 덩어리[苦蘊]의 소멸[滅]이 있다.

비구들이여, '소멸이다. 바로 소멸이다'[33]라고 하는, 예전에 들어본 적 없는 법(法)들에 대한 안목이 생기고, 지식이 생기고, 통찰지가 생기고, 밝음이 생기고, 광명이 생겼다오."

2.5. 음식(Āhārā[34])〈s.12.11〉

세존께서 싸왓티의 제따와나 아나타삔디까 사원에 머무실 때, 비구들에게 말씀하셨습니다.

"비구들이여, 이미 존재하는 중생들을 (중생의 상태에) 머물게 하거나, 다시 존재하고 싶어 하는 중생들을 (다시 존재하도록) 돕는 네 가지 음

33 'nirodho nirodhoti'의 번역.

34 'āhārā'는 우리말 '밥'에 해당하는 '끼니로 먹는 음식'이다. 한역에서는 '食'으로 번역한다.

식이 있다오.[35] 그 넷은 어떤 것들인가? 첫째는 거칠거나 부드러운 덩어리 음식[摶食],[36] 둘째는 접촉 음식[觸食],[37] 셋째는 의도(意圖) 음식[意思食][38] 넷째는 분별 음식[識食][39]이라오. 비구들이여, 이들 네 가지 음식이 이미 존재하는 중생들을 (중생의 상태에) 머물게 하거나, 다시 존재하고 싶어 하는 중생들을 (다시 존재하도록) 돕는다오.

비구들이여, 이들 네 가지 음식은 어떤 인연으로,[40] 어떤 것이 모여서,[41] 어떤 것의 발생으로 인해서,[42] 어떤 것을 근거로[43] 존재하는가? 이들 네 가지 음식은 갈애[愛]를 인연으로, 갈망이 모여서, 갈망의 발생으로 인해서, 갈망을 근거로 존재한다오.

비구들이여, 그렇다면 이 갈애는 어떤 인연으로, 어떤 것이 모여서, 어떤 것의 발생으로 인해서, 어떤 것을 근거로 존재하는가? 이 갈애

---

35 'cattāro me bhikkhave āhārā bhūtānam vā sattānaṃ ṭhitiyā sambhavesīnam vā anuggahāya'의 번역.

36 'kabaliṃkāro āhāro'의 번역. 'kabaliṃkāra'는 밥을 한입에 먹기 좋게 손가락으로 덩어리로 만드는 것을 의미한다. 따라서 'kabaliṃkāro āhāro'는 입으로 먹는 밥을 의미한다. 이것을 한역에서는 덩어리로 만들어 먹는 밥이라는 의미에서 '단식(摶食)' 또는 '단식(團食)'으로 번역했다.

37 'phasso āhāro'의 번역.

38 'manosañcetanā āhāro'의 번역.

39 'viññanaṃ āhāro'의 번역.

40 'kimnidānā'의 번역.

41 'kimsamudayā'의 번역.

42 'kimjātikā'의 번역.

43 'kimpabhavā'의 번역.

는 느낌[受]을 인연으로, 느낌이 모여서, 느낌의 발생으로 인해서, 느낌을 근거로 존재한다오.

비구들이여, 그렇다면 이 느낌은 어떤 인연으로, 어떤 것이 모여서, 어떤 것의 발생으로 인해서, 어떤 것을 근거로 존재하는가? 이 느낌은 접촉[觸]을 인연으로, 접촉이 모여서, 접촉의 발생으로 인해서, 접촉을 근거로 존재한다오.

비구들이여, 그렇다면 이 접촉은 어떤 인연으로, 어떤 것이 모여서, 어떤 것의 발생으로 인해서, 어떤 것을 근거로 존재하는가? 이 접촉은 6입처(六入處)를 인연으로, 6입처가 모여서, 6입처의 발생으로 인해서, 6입처를 근거로 존재한다오.

비구들이여, 그렇다면 이 6입처는 어떤 인연으로, 어떤 것이 모여서, 어떤 것의 발생으로 인해서, 어떤 것을 근거로 존재하는가? 이 6입처는 이름과 형색[名色]을 인연으로, 이름과 형색이 모여서, 이름과 형색의 발생으로 인해서, 이름과 형색을 근거로 존재한다오.

비구들이여, 그렇다면 이 이름과 형색은 어떤 인연으로, 어떤 것이 모여서, 어떤 것의 발생으로 인해서, 어떤 것을 근거로 존재하는가? 이 이름과 형색은 분별하는 마음[識]을 인연으로, 분별이 모여서, 분별의 발생으로 인해서, 분별을 근거로 존재한다오.

비구들이여, 그렇다면 이 분별하는 마음은 어떤 인연으로, 어떤 것이 모여서, 어떤 것의 발생으로 인해서, 어떤 것을 근거로 존재하는가? 이 분별하는 마음은 유위를 조작하는 행위[行]들을 인연으로, 유위를 조작하는 행위들이 모여서, 유위를 조작하는 행위들의 발생으로 인해서, 유위를 조작하는 행위들을 근거로 존재한다오.

비구들이여, 그렇다면 이 유위를 조작하는 행위들은 어떤 인연으로, 어떤 것이 모여서, 어떤 것의 발생으로 인해서, 어떤 것을 근거로 존재하는가? 이 유위를 조작하는 행위들은 무명(無明)을 인연으로, 무명이 모여서, 무명의 발생으로 인해서, 무명을 근거로 존재한다오.

비구들이여, 이와 같이 무명에 의존하여 유위를 조작하는 행위[行]들이 있고, 유위를 조작하는 행위들에 의존하여 분별하는 마음[識]이 있고, 분별에 의존하여 이름과 형색[名色]이 있고, 이름과 형색에 의존하여 6입처(六入處)가 있고, 6입처에 의존하여 접촉[觸]이 있고, 접촉에 의존하여 느낌[受]이 있고, 느낌에 의존하여 갈애[愛]가 있고, 갈애에 의존하여 취(取)가 있고, 취에 의존하여 유(有)가 있고, 유에 의존하여 생(生)이 있고, 생에 의존하여 노사(老死)와 근심, 슬픔, 고통, 우울, 고뇌가 생긴다오. 이와 같이 순전한 괴로움 덩어리[苦蘊]가 쌓인다오[集].

그렇지만, 무명이 남김없이 소멸하면 유위를 조작하는 행위[行]들이 소멸하고, 유위를 조작하는 행위들이 소멸하면 분별하는 마음[識]이 소멸하고, 분별이 소멸하면 이름과 형색[名色]이 소멸하고, 이름과 형색이 소멸하면 6입처(六入處)가 소멸하고, 6입처가 소멸하면 접촉[觸]이 소멸하고, 접촉이 소멸하면 느낌[受]이 소멸하고, 느낌이 소멸하면 갈애[愛]가 소멸하고, 갈애가 소멸하면 취(取)가 소멸하고, 취가 소멸하면 유(有)가 소멸하고, 유가 소멸하면 생(生)이 소멸하고, 생이 소멸하면 노사(老死)와 근심, 슬픔, 고통, 우울, 고뇌가 소멸한다오. 이와 같이 순전한 괴로움 덩어리[苦蘊]가 소멸한다오[滅]."

2.6. 팍구나(Phagguno)〈s.12.12〉

세존께서 싸왓티의 제따와나 아나타삔디까 사원에 머무실 때, 비구들에게 말씀하셨습니다.

"비구들이여, 이미 존재하는 중생들을 (중생의 상태에) 머물게 하거나, 다시 존재하고 싶어 하는 중생들을 (다시 존재하도록) 돕는 네 가지 음식이 있다오. 그 넷은 어떤 것들인가? 첫째는 거칠거나 부드러운 덩어리 음식[摶食], 둘째는 접촉 음식[觸食], 셋째는 의도(意圖) 음식[意思食] 넷째는 분별 음식[識食]이라오. 비구들이여, 이들 네 가지 음식이 이미 존재하는 중생들을 (중생의 상태에) 머물게 하거나, 다시 존재하고 싶어 하는 중생들을 (다시 존재하도록) 돕는다오."

이와 같이 말씀하시자, 몰리야 팍구나(Moliya Phagguna) 존자가 세존께 이렇게 말씀드렸습니다.

"세존이시여, 그렇다면 누가 분별 음식[識食]을 먹습니까?"[44]

세존께서는 '온당치 않은 질문'이라고 하시면서 다음과 같이 말씀하셨습니다.

"나는 '먹는다'라고 말하지 않았다오. 내가 '먹는다'라고 말했다면, '세존이시여, 그렇다면 누가 분별 음식[識食]을 먹습니까?'라는 질문은 온당한 질문이라오. 그렇지만 나는 그렇게 말하지 않았다오. 그렇게 말하지 않은 나에게는 '세존이시여, 분별 음식은 무엇을 키우는 음식입니

44 'ko nu kho bhante viññāṇāhāram āhāreti'의 번역. 팍구나는 분별 음식[識食]이 있다는 말씀을 듣고, 분별 음식[識食]이 어디에 있으며, 그런 음식을 먹고 사는 사람이 있을 수 있겠는가를 묻고 있다. 아울러 팍구나는 음식을 먹는 행위자가 누구인가를 묻고 있다.

까?'[45]라고 묻는 것이 온당한 질문이라오. 그때 '분별 음식은 미래에 다시 존재하게 되는 유(有)의 조건이다.[46] 그것이 존재할 때 6입처(六入處)가 있고, 6입처에 의존하여 접촉[觸]이 있다[47]'라고 하는 것이 온당한 대답이라오."

"세존이시여, 그렇다면, 누가 대상을 접촉합니까?"

세존께서는 '온당치 않은 질문'이라고 하시면서 다음과 같이 말씀하셨습니다.

"나는 '접촉한다'라고 말하지 않았다오. 내가 '대상을 접촉한다'라고 말했다면, '세존이시여, 그렇다면 누가 대상을 접촉합니까?'라는 질문은 온당한 질문이라오. 그렇지만 나는 그렇게 말하지 않았다오. 그렇게 말하지 않은 나에게는 '세존이시여, 무엇에 의존하여 접촉[觸]이 있습니까?'라고 묻는 것이 온당한 질문이라오. 그때 '6입처(六入處)에 의존하여 접촉[觸]이 있고, 접촉에 의존하여 느낌[受]이 있다'라고 하는 것이 온당한 대답이라오."

"세존이시여, 그렇다면, 누가 느낍니까?"

세존께서는 '온당치 않은 질문'이라고 하시면서 다음과 같이 말씀

---

45 우리는 사람이 음식을 먹는다고 생각한다. 그러나 사실은 음식을 섭취함으로써 사람으로 존재하는 것이지, 사람이 존재하면서 음식을 먹는 것이 아니다. 따라서 "누가 음식을 먹는가?"라는 질문은 온당치 못하며, 무엇을 키우는 음식인가를 묻는 것이 온당한 질문이라는 의미이다.

46 'viññāṇāhāro āyatiṃ punabbhavābhinibbattiyā paccayo'의 번역. 'punabbhava'를 후유(後有)로 번역함. 음식이 생물을 먹여 살리듯이, 네 가지 음식은 미래에 자신의 존재를 다시 존재하게 하는 자양분이 된다는 의미이다.

47 'tasmiṃ bhūte sati saḷāyatanaṃ saḷāyatanapaccayā phasso'의 번역.

하셨습니다.

"나는 '느낀다'라고 말하지 않았다오. 내가 '느낀다'라고 말했다면, '세존이시여, 그렇다면 누가 느낍니까?'라는 질문은 온당한 질문이라오. 그렇지만 나는 그렇게 말하지 않았다오. 그렇게 말하지 않은 나에게는 '세존이시여, 무엇에 의존하여 느낌[受]이 있습니까?'라고 묻는 것이 온당한 질문이라오. 그때 '접촉[觸]에 의존하여 느낌[受]이 있고, 느낌에 의존하여 갈애[愛]가 있다'라고 하는 것이 온당한 대답이라오."

"세존이시여, 그렇다면, 누가 갈망합니까?"

세존께서는 '온당치 않은 질문'이라고 하시면서 다음과 같이 말씀하셨습니다.

"나는 '갈망한다'라고 말하지 않았다오. 내가 '갈망한다'라고 말했다면, '세존이시여, 그렇다면 누가 갈망합니까?'라는 질문은 온당한 질문이라오. 그렇지만 나는 그렇게 말하지 않았다오. 그렇게 말하지 않은 나에게는 '세존이시여, 무엇에 의존하여 갈애[愛]가 있습니까?'라고 묻는 것이 온당한 질문이라오. 그때 '느낌[受]에 의존하여 갈애[愛]가 있고, 갈애에 의존하여 취(取)가 있다'라고 하는 것이 온당한 대답이라오."

"세존이시여, 그렇다면, 누가 취합니까?"

세존께서는 '온당치 않은 질문'이라고 하시면서 다음과 같이 말씀하셨습니다.

"나는 '취한다'라고 말하지 않았다오. 내가 '취한다'라고 말했다면, '세존이시여, 그렇다면 누가 취합니까?'라는 질문은 온당한 질문이라오. 그렇지만 나는 그렇게 말하지 않았다오. 그렇게 말하지 않은 나에게는 '세존이시여, 무엇에 의존하여 취(取)가 있습니까?'라고 묻는 것이 온당한 질문이라오. 그때 '갈애[愛]에 의존하여 취가 있고, 취에 의존하여 유(有)가 있고, 유에 의존하여 생(生)이 있고, 생에 의존하여 노사(老死)와 근심, 슬픔, 고통, 우울, 고뇌가 생긴다'라고 하는 것이 온당한 대답이라오. 이와 같이 순전한 괴로움 덩어리[苦蘊]가 쌓인다오[集].

팍구나여, 그렇지만 6촉입처(六觸入處)가 남김없이 소멸하면 접촉[觸]이 소멸하고, 접촉이 소멸하면 느낌[受]이 소멸하고, 느낌이 소멸하면 갈애[愛]가 소멸하고, 갈망이 소멸하면 취(取)가 소멸하고, 취가 소멸하면 유(有)가 소멸하고, 유가 소멸하면 생(生)이 소멸하고, 생이 소멸하면 노사(老死)와 근심, 슬픔, 고통, 우울, 고뇌가 소멸한다오. 이와 같이 순전한 괴로움 덩어리[苦蘊]가 소멸한다오[滅]."

2.7. 사문과 바라문(Samaṇa-brahmaṇā)〈s.12.13〉

세존께서 싸왓티의 제따와나 아나타삔디까 사원에 머무실 때, 비구들에게 말씀하셨습니다.

"비구들이여, 어떤 사문이나 바라문이라 할지라도 노사(老死)를 분명하게 알지 못하고, 노사의 쌓임[集]을 분명하게 알지 못하고, 노사의 소멸[滅]을 분명하게 알지 못하고, 노사의 소멸[滅]에 이르는 길[道]을 분명하게 알지 못한다면, 생(生), 유(有), 취(取), 갈애[愛], 느낌[受], 접촉[觸], 6입처(六入處), 이름과 형색[名色], 분별하는 마음[識], 유위를 조작하는 행위[行]들에 대하여 분명하게 알지 못하고, 이들의 쌓임[集]과 소멸[滅]과 소멸에 이르는 길[道]을 분명하게 알지 못한다면, 비구들이여,

이러한 사문이나 바라문은 사문들 가운데 있지만 진정한 사문이라고 볼 수 없고, 바라문들 가운데 있지만 진정한 바라문이라고 볼 수 없다오. 더구나 그들은 사문의 목적이나 바라문의 목적을 지금 여기에서[48] 스스로 체험지(體驗智)로[49] 체득하고 성취하여 살아갈 수 없다오.

비구들이여, 어떤 사문이나 바라문이라 할지라도 노사(老死)를 분명하게 알고, 노사의 쌓임[集]을 분명하게 알고, 노사의 소멸[滅]을 분명하게 알고, 노사의 소멸[滅]에 이르는 길[道]을 분명하게 안다면, 생(生), 유(有), 취(取), 갈애[愛], 느낌[受], 접촉[觸], 6입처(六入處), 이름과 형색[名色], 분별하는 마음[識], 유위를 조작하는 행위[行]들에 대하여 분명하게 알고, 이들의 쌓임[集]과 소멸[滅]과 소멸에 이르는 길[道]을 분명하게 안다면, 비구들이여, 이러한 사문이나 바라문은 사문들 가운데서 진정한 사문이라고 할 수 있고, 바라문들 가운데서 진정한 바라문이라고 할 수 있다오. 뿐만 아니라 그들은 사문의 목적이나 바라문의 목적을 지금 여기에서 스스로 체험지(體驗智)로 체득하고 성취하여 살아갈 수 있다오."

2.8. 깟짜야나곳따(Kaccāyanagotto)〈s.12.15〉

세존께서 싸왓티의 제따와나 아나타삔디까 사원에 머무실 때, 깟짜야

48 'diṭṭhe dhamme'의 번역. 한역에서 '현법(現法)'으로 번역하는 'diṭṭha dhamma'의 처격으로서 '지금 여기'를 의미한다.

49 'abhiññā'의 번역. 'abhiññā'는 자신이 직접 체험하여 아는 지혜를 의미한다. 한역에서는 '신통(神通)' 또는 '승지(勝智)'로 번역한다.

나곳따(Kaccāyanagotta) 존자가 세존을 찾아와서 예배하고, 한쪽에 앉은 후에 세존께 말씀드렸습니다.

"세존이시여, 바른 견해[正見]라는 말들을 하는데, 어떤 방식으로 보는 것이 바른 견해입니까?"

"깟짜야나여, 이 세간은 대체로 '있음'과 '없음'이라는 이원성(二元性)에 의존하고 있다오.[50] 깟짜야나여, 그렇지만 세간의 쌓임[集]을 바른 통찰지로 있는 그대로 보면 세간에 대하여 '없음'이라고 할 것이 없다오.[51] 깟짜야나여, 그리고 세간의 소멸[滅]을 바른 통찰지로 있는 그대로 보면 세간에 대하여 '있음'이라고 할 것이 없다오.[52]

깟짜야나여, 이 세간은 대체로 방편의 취착(取著)이며, 집착에 의한 속박이라오.[53] 방편의 취착과 마음의 입장과 집착하는 잠재적인 경

---

50 'dvayanissito khvāyaṃ Kaccāyana loko yebhuyyena atthitañ ceva natthitañ ca'의 번역. 이 말의 의미는 대체로 이 세상은 있는 것과 없는 것이라는 두 가지 범주로 파악된 것이라는 뜻이다. 바꾸어 말하면 사람들은 대부분 이 세상을 있는 것과 없는 것으로 판단한다는 의미이다. 논리학적으로 말하면, 사람들은 대부분 있음[有]과 없음[無]의 모순구조로 이 세상을 본다는 의미이다.

51 'lokasamudayaṃ kho Kaccāyana yathābhūtaṃ sammapaññāya passato yā loke natthitā sā na hoti'의 번역. 쌓임[集]으로 번역한 'samudaya'는 쌓여서 나타나는[集起] 것을 의미한다. '있음'과 '없음'은 모순이다. '있음'은 '없음'일 수 없고, '없음'은 '있음'일 수 없다. 그런데 여러 조건이 모이면 없던 것이 나타나서 '있음'이 된다. 이것을 보면 '있음'과 모순된 '없음'은 없다는 것을 알 수 있다.

52 'lokanirodhaṃ kho Kaccāyana yathābhūtaṃ sammapaññāya passato yā loke atthitā sā na hoti'의 번역. 있던 것이 사라지면[止滅] '없음'이 된다. 따라서 '없음'과 모순된 '있음'은 없다는 것을 알 수 있다.

53 'upāyupādānābhinivesavinibandho khvāyaṃ Kaccāyana loko yebhuyyena'의 번역. 'upāyupādānābhinivesavinibandho'는 '방편, 방법'을 의미하는 'upāya'와 '취착'을 의미하는 'upādāna'와 '집착'을 의미하는 'abhinivesa'와 '속박'을 의미하는 'vinibandha'의 합성어다.

향에 다가가지 않고, (방편을) 취하지 않고, (입장을) 고집하지 않는 사람은 '그것은 나의 자아가 아니다. 일어나고 있는 것은 괴로움일 뿐이고, 사라지고 있는 것은 괴로움일 뿐이다'라고 불안해하지 않고, 의심하지 않고, 그에 관해서 남에게 의존하지 않는 올바른 지식이 그에게 생긴다오.[54] 깟짜야나여, 이런 방식으로 보는 것이 바른 견해[正見]라오.

깟짜야나여, '일체(一切)는 있다'라고 보는 것은 한쪽의 견해이고, '일체는 없다'라고 보는 것은 다른 한쪽의 견해라오.[55] 깟짜야나여, 여래는 이들 양쪽에 가까이 가지 않고, 중간에서 법을 보여준다오.[56]

무명(無明)에 의존하여 유위를 조작하는 행위[行]들이 있고, … 이와 같이 순전한 괴로움 덩어리[苦蘊]가 쌓인다오[集]. 그렇지만, 무명(無明)이 남김없이 소멸하면 유위를 조작하는 행위[行]들이 소멸하고, … 이와 같이 순전한 괴로움 덩어리[苦蘊]가 소멸한다오[滅]."

---

54 'tañcāyaṃ upāyupādānām cetaso adhiṭṭhānam abhinivesāyaṃ na upeti na upādiyati nādhiṭṭhāti attā na me ti. dukkham eva uppajjamānam uppajjati dukkhaṃ nirujjhatīti na kaṅkhati na vicikicchati aparapaccayā ñāṇam evassa ettha hoti'의 번역.

55 'sabbam atthīti kho Kaccāyana ayam eko anto sabbaṃ natthīti ayam dutiyo anto'의 번역. 'dutiyo anto'를 '다른 한쪽의 견해'로 번역했다. 이 경에서는 세간의 '이원성'을 이야기하기 때문에 한쪽과 다른 한쪽으로 번역한 것이다. 여기에서 일체(sabba)는 모든 것을 의미하는 일반명사가 아니라 '세계의 근원이 되는 실체(實體)'를 의미한다. 부처님 당시에 우파니샤드에서는 '일체는 브라만이다'라고 주장했고, 유물론자들은 '일체는 4대(四大)다'라고 주장했고, 회의론자들은 '일체는 알 수 없다'라고 주장했다. 이와 같이 세계를 설명하기 위해서 세계의 근원이 되는 존재를 설정하여 이것이 있다는 주장과 없다는 주장이 대립하고 있는 것을 언급한 것이다.

56 'ete te Kaccāyana ubho ante anupagamma majjhena Tathāgato dhammam deseti'의 번역.

2.9. 법사(法師, Dhammakathiko)〈s.12.16〉

세존께서 싸왓티의 제따와나 아나타삔디까 사원에 머무실 때, 어떤 비구가 세존을 찾아와서 예배하고, 한쪽에 앉은 후에 세존께 말씀드렸습니다.

"세존이시여, 법사(法師)라는 말들을 하는데, 어느 정도가 되어야 법사라고 할 수 있습니까?"

"만약에 어떤 비구가 노사(老死)에 싫증[厭離]을 내고, 욕탐을 버리고[離欲], 소멸(消滅)하는 법(法)을 보여준다면 그는 법사라는 말에 어울리는 비구라오.

만약에 어떤 비구가 노사에 싫증을 내고, 욕탐을 버리고, 소멸을 실천하고 있다면 그는 여법한 실천을 하는 비구라는 말에 어울리는 비구라오.

만약에 어떤 비구가 노사에 싫증을 내고, 욕탐을 버리고, 소멸하여 집착에서 벗어나 해탈했다면, 그는 지금 여기에서 해탈에 이른 비구라는 말에 어울리는 비구라오.

생(生) 내지 무명(無明)에 대해서도 마찬가지라오."

2.10. 아쩰라(Acela[57])〈s.12.17〉

세존께서 라자가하의 웰루와나 깔란다까니와빠(竹林精舍)에 머무실

57 'Acela'는 '옷을 입지 않은'의 의미이다. 당시의 자이나교 승려들은 옷을 입지 않았다. 이 경에 등장하는 깟싸빠에게 'Acela'라는 수식어가 붙은 것으로 보아 깟싸빠가 자이나교의 승려라는 것을 알 수 있다. 자이나교의 수행법은 고행주의(苦行主義)로서 고행을 통해서 과거에 지은 업을 소멸해야 한다고 주장했다. 이 경에서 다루고 있는 '괴로움'의 문제는 이와 같은 자이나교의 교리와 관련된 것이다.

때, 세존께서 아침에 옷을 입고, 발우와 법의를 지니고 탁발하러 라자가하에 들어가셨습니다. 그때 멀리서 세존께서 오시는 것을 본 아쩰라 깟싸빠(Acela-Kassapa)는 세존에게 다가가서 정중하게 인사를 하고, 공손한 인사말을 나눈 후 한쪽에 섰습니다. 한쪽에 선 아쩰라 깟싸빠가 세존께 말씀드렸습니다.

"우리는 고따마 존자님께 어떤 점에 대하여 묻고 싶습니다. 만약에 허락하신다면 고따마 존자님께서 물음에 답을 주시기 바랍니다."

"깟싸빠여, 그런데 우리는 지금 마을에 들어와 있기 때문에 적당한 때가 아니군요."

아쩰라 깟싸빠가 두 번, 세 번 거듭하여 청하였지만, 세존께서는 같은 말씀을 하셨습니다. 그러자 아쩰라 깟싸빠가 세존께 이렇게 말했습니다.

"우리는 고따마 존자님께 결코 많은 질문을 하려는 것이 아닙니다."

"깟싸빠여, 하고 싶은 질문을 해보시오!"

"고따마 존자여, 어떠한가요? 괴로움은 자기 자신이 지은 것인가요?"

세존께서는 "깟싸빠여, 그렇지 않다오"라고 말씀하셨습니다.

"고따마 존자여, 그렇다면 괴로움은 다른 사람이 지은 것인가요?"

세존께서는 "깟싸빠여, 그렇지 않다오"라고 말씀하셨습니다.

"고따마 존자여, 그렇다면 괴로움은 자기 자신과 다른 사람이 지은 것인가요?"

세존께서는 "깟싸빠여, 그렇지 않다오"라고 말씀하셨습니다.

"고따마 존자여, 그렇다면 괴로움은 자기 자신의 행위도 아니고, 다른 사람의 행위도 아니고, 우연하게 생긴 것인가요?"

세존께서는 "깟싸빠여, 그렇지 않다오"라고 말씀하셨습니다.

"고따마 존자여, 그렇다면 괴로움이 없다는 말씀인가요?"

"깟싸빠여, 없다는 말이 아니라오. 깟싸빠여, 괴로움은 있다오."

"그렇다면 고따마 존자님은 괴로움을 알지 못하고, 보지 못하시나요?"

"깟싸빠여, 나는 결코 괴로움을 알지 못하고, 보지 못하는 것이 아니라오. 깟싸빠여, 나야말로 진실로 괴로움을 알고 있다오. 깟싸빠여, 나야말로 진실로 괴로움을 보고 있다오."

"'괴로움은 자기 자신이 지은 것인가?'라고 물으니, '그렇지 않다'라고 말씀하시고, … (중략) … '그렇다면 고따마 존자님은 괴로움을 알지 못하고, 보지 못하시나요?'라고 물으니 '깟싸빠여, 나는 결코 괴로움을 알지 못하고, 보지 못하는 것이 아니다. 깟싸빠여, 나야말로 진실로 괴로움을 알고 있다. 깟싸빠여, 나야말로 진실로 괴로움을 보고 있다'라고 말씀하셨습니다. 세존이시여, 세존께서는 저에게 괴로움을 알려주십시오. 세존이시여, 세존께서는 저에게 괴로움을 보여주십시오."

"깟싸빠여, '그 사람이 지어서, 그 사람이 겪는다'는 것은 처음부터 있었던 사람에게 자기 자신이 지은 괴로움이 있다는 것으로서 이것은 상주론(常住論)에 귀착(歸着)한다오.[58] 깟싸빠여, '다른 사람이 지어서, 다른 사람이 겪는다'는 것은 괴로움을 느끼고 있는 사람에게 다른 사람이 지은 괴로움이 있다는 것으로서 이것은 단멸론(斷滅論)에 귀착한다

---

58 'so karoti so paṭisaṃvediyatīti kho Kassapa ādito sato sayaṃkataṃ dukkhanti iti vadaṃ sassatam etam pareti'의 번역.

오.[59] 깟싸빠여, 여래는 이들 양쪽에 가까이 가지 않고, 중간에서 법(法)을 보여준다오. 무명(無明)에 의존하여 유위를 조작하는 행위[行]들이 있고, … 이와 같이 순전한 괴로움 덩어리[苦蘊]가 쌓인다오[集]. 그렇지만, 무명(無明)이 남김없이 소멸하면 유위를 조작하는 행위[行]들이 소멸하고, … 이와 같이 순전한 괴로움 덩어리[苦蘊]가 소멸한다오[滅]."

이와 같이 말씀하시자, 아젤라 깟싸빠는 세존께 이렇게 말씀드렸습니다.

"훌륭합니다. 세존이시여! 훌륭합니다. 세존이시여! 세존이시여, 마치 뒤집힌 것을 바로 세우는 것 같고, 감추어진 것을 드러내는 것 같고, 길 잃은 자에게 길을 알려주는 것 같고, '눈 있는 자들은 보라'고 어둠 속에 등불을 비춰주는 것 같습니다. 이와 같이 세존께서는 여러 가지 방법으로 진리를 알려주셨습니다. 세존이시여, 그래서 저는 세존께 귀의합니다. 가르침과 비구 승가에 귀의합니다. 세존이시여, 저는 세존님 앞으로 출가하여 구족계를 받고자 합니다."

"깟싸빠여, 이전에 외도(外道)였던 사람으로서 이 가르침과 율에 출가하여 구족계를 받고자 하는 사람은 넉 달 동안 별주(別住)[60]하고, 넉 달이 지나서 확신을 가진 비구들이 그를 비구가 되도록 출가시켜 구족계를 준다오. 그렇지만 나는 사람마다 차이가 있다는 것을 알고 있소."

---

59 'añño karoti añño paṭisaṃvediyatīti kho Kassapa vedanābhitunnassa sato paraṃkataṃ dukkhanti iti vadaṃ ucchedam etam pareti'의 번역.

60 비구 승가와 함께 생활하지 않고 따로 생활하는 것. 구족계를 받기 전에 따로 생활하면서 승가의 승인을 기다리는 것을 의미한다.

"세존이시여, 만약에 이전에 외도였던 사람으로서 이 가르침과 율에 출가하여 구족계를 받고자 하는 사람은 넉 달 동안 별주하고, 넉 달이 지나서 확신을 가진 비구들이 그를 비구가 되도록 출가시켜 구족계를 준다면, 저는 넉 달 동안 별주하겠나이다. 넉 달이 지난 후에 확신을 가진 비구들께서 저에게 구족계를 주고 출가시켜 비구가 되도록 해주십시오."

마침내 아쩰라 깟싸빠는 세존 앞으로 출가하여 구족계를 받았습니다.

깟싸빠는 구족계를 받자 곧 홀로 외딴곳에서 열심히 노력하고 정진하며 지냈습니다. 그리고 오래지 않아 선남자(善男子)들이 출가하는 목적인 위없는 청정한 수행[梵行]의 완성을 지금 여기에서 스스로 체득하고 성취하여 살았습니다. 그는 '생(生)은 소멸했다. 청정한 수행[梵行]을 완성했으며, 해야 할 일을 끝마쳤다. 다시는 이와 같은 상태로 되지 않는다'라는 것을 체득했습니다. 그리하여 깟싸빠 존자는 아라한(阿羅漢) 가운데 한 분이 되었습니다.

2.11. 띰바루까(Timbaruko)〈s.12.18〉

세존께서 싸왓티의 제따와나 아나타삔디까 사원에 머무실 때, 출가수행자 띰바루까가 세존을 찾아왔습니다. 그는 세존에게 다가가서 정중하게 인사를 하고, 공손한 인사말을 나눈 후 한쪽에 앉았습니다. 한쪽에 앉은 띰바루까가 세존께 말씀드렸습니다.

"고따마 존자여, 어떠한가요? 즐거움과 괴로움은 자기 자신이 지은 것인가요?"

세존께서는 "띰바루까여, 그렇지 않다오"라고 말씀하셨습니다.

"고따마 존자여, 그렇다면 즐거움과 괴로움은 다른 사람이 지은 것인가요?"

세존께서는 "띰바루까여, 그렇지 않다오"라고 말씀하셨습니다.

"고따마 존자여, 그렇다면 즐거움과 괴로움은 자기 자신과 다른 사람이 지은 것인가요?"

세존께서는 "띰바루까여, 그렇지 않다오"라고 말씀하셨습니다.

"고따마 존자여, 그렇다면 즐거움과 괴로움은 자기 자신의 행위도 아니고, 다른 사람의 행위도 아니고, 우연하게 생긴 것인가요?"

세존께서는 "띰바루까여, 그렇지 않다오"라고 말씀하셨습니다.

"고따마 존자여, 그렇다면 즐거움과 괴로움이 없다는 말씀인가요?"

"띰바루까여, 없다는 말이 아니라오. 띰바루까여, 즐거움과 괴로움은 있다오."

"그렇다면 고따마 존자님은 즐거움과 괴로움을 알지 못하고, 보지 못하시나요?"

"띰바루까여, 나는 결코 즐거움과 괴로움을 알지 못하고, 보지 못하는 것이 아니라오. 띰바루까여, 나야말로 진실로 즐거움과 괴로움을 알고 있다오. 띰바루까여, 나야말로 진실로 즐거움과 괴로움을 보고 있다오."

"'즐거움과 괴로움은 자기 자신이 지은 것인가?'라고 물으니 '그렇지 않다'라고 말씀하시고, … (중략) … '그렇다면 고따마 존자님은 즐거움과 괴로움을 알지 못하고, 보지 못하시나요?'라고 물으니 '띰바루까여, 나는 결코 즐거움과 괴로움을 알지 못하고, 보지 못하는 것이 아니다. 띰바루까여, 나야말로 진실로 즐거움과 괴로움을 알고 있다. 띰바루까여, 나야말로 진실로 즐거움과 괴로움을 보고 있다'라고 말씀하셨습니다. 세존이시여, 세존께서는 저에게 즐거움과 괴로움을 알려주십시오. 세존이시여, 세존께서는 저에게 즐거움과 괴로움을 보여주십시오."

"띰바루까여, 나는 결코 '자기 자신이 지은 즐거움과 괴로움을 처음부터 있었던 같은 사람이 느낀다'라고 말하지 않는다오.[61] 띰바루까여, 나는 결코 '느끼고 있는 사람과 다른 사람이 지은 즐거움과 괴로움을 다른 사람이 느낀다'라고 말하지 않는다오.[62] 띰바루까여, 여래는 이들 양쪽에 가까이 가지 않고, 중간에서 법을 보여준다오. 무명(無明)에 의존하여 유위를 조작하는 행위[行]들이 있고, … 이와 같이 순전한 괴로움 덩어리[苦蘊]가 쌓인다오[集]. 그렇지만, 무명(無明)이 남김없이 소멸하면 유위를 조작하는 행위[行]들이 소멸하고, … 이와 같이 순전한 괴로움 덩어리[苦蘊]가 소멸한다오[滅]."

이와 같이 말씀하시자, 띰바루까는 세존께 이렇게 말씀드렸습니다.

"훌륭합니다. 고따마 존자여! 훌륭합니다. 고따마 존자여! 고따마 존자여, 마치 뒤집힌 것을 바로 세우는 것 같고, 감추어진 것을 드러내는 것 같고, 길 잃은 자에게 길을 알려주는 것 같고, '눈 있는 자들은 보라'고 어둠 속에 등불을 비춰주는 것 같습니다. 이와 같이 고따마 존자

---

61 'sā vedanā so vediyatīti kho Timbaruka ādito sato sayaṃkataṃ sukhadukkhanti. evam pāham na vadāmi'의 번역.

62 'aññā vedanā añño vediyatīti kho Timbaruka vedanābhitunnassa sato paraṃ kataṃ sukhadukkhanti. evam pāham na vadāmi'의 번역.

께서는 여러 가지 방법으로 진리를 알려주셨습니다. 고따마 존자여, 그래서 저는 고따마 존자님께 귀의합니다. 가르침과 비구 승가에 귀의합니다. 고따마 존자께서는 저를 청신사(淸信士)로 받아주소서. 지금부터 살아 있는 날까지 귀의하겠나이다."

2.12. 어리석은 사람과 현명한 사람(Bālena Paṇḍito)〈s.12.19〉

세존께서 싸왓티의 제따와나 아나타삔디까 사원에 머무실 때, 비구들에게 말씀하셨습니다.

"비구들이여, 무명(無明)에 뒤덮이고 갈애[愛]에 속박된 어리석은 사람에게 이 몸이 생긴다오. 즉 그는 '이것은 몸이고, 밖에는 이름과 형색[名色]이 있다'라고 생각한다오.[63] 여기에서 그것이 이원성(二元性)이라오.[64] 이원성에 의존하여 접촉[觸]이 있으며, 6입처(六入處)나 그것들

63 'avijjānīvaraṇassa bhikkhave bālassa taṇhāya saṃyuttassa evam ayaṃ kāyo samudāgato. iti ayaṃ ceva kāyo bahiddhā ca nāmarūpa'의 번역. 이 경에 상응하는 『잡아함경』(294)에는 이 부분이 '愚癡無聞凡夫無明覆 愛緣繫得此識身 內有此識身 外有名色'(어리석고 무지한 범부는 무명에 뒤덮이고 갈망에 묶여서 이 식신(識身)을 얻으면, 안에는 이 식신이 있고, 밖에는 명색(名色)이 있다고 생각한다)로 되어 있다. 『잡아함경』(294)에서는 '몸'을 '식신'이라고 하고 있기 때문에 여기에서 이야기하는 몸은 신체를 의미하기보다는 의식이 있는 몸을 의미한다고 볼 수 있다.

64 'itthetaṃ dvayaṃ'의 번역. 여기에서 몸은 내6입처(內六入處), 즉 안이비설신의(眼耳鼻舌身意)이고, 외부의 이름과 형색[名色]을 지닌 대상은 외6입처(外六入處), 즉 색성향미촉법(色聲香味觸法)이다. "이것이 이원성(二元性)이다"라는 말은 '내6입처가 주관이 되고 외6입처가 객관이 되어 이원성을 이루어서 한 쌍으로 존재한다'는 말이다. 바꾸어 말하면, 중생들은 무명(無明)과 갈망하는 마음[愛]에 의해 '자신의 몸'이라는 생각을 갖게 되는데, 그 결과 이 몸을 주관이 머무는 장소, 즉 내입처(內入處)로 생각하고, 밖에 있는 이름

가운데 어떤 하나로 접촉을 한 어리석은 사람은 즐거움과 괴로움을 느낀다오.[65]

비구들이여, 무명(無明)에 뒤덮이고 갈애[愛]에 속박된 현명한 사람에게 이 몸이 생긴다오. 즉 그는 '이것은 몸이고, 밖에는 이름과 형색[名色]이 있다'라고 생각한다오. 여기에서 그것이 이원성이라오. 이원성에 의존하여 접촉[觸]이 있으며, 6입처나 그것들 가운데 어떤 하나로 접촉을 한 현명한 사람은 즐거움과 괴로움을 느낀다오.

비구들이여, 거기에서 현명한 사람과 어리석은 사람이 구별되는 차이는 무엇이고, 다른 점은 무엇인가?"

"세존이시여, 세존께서는 우리의 법의 근본이시고, 안내자이시고, 귀의처이십니다. 세존이시여, 부디 세존께서는 이 말씀의 의미를 밝혀 주십시오. 비구들은 세존의 말씀을 듣고 받아 지니겠습니다."

"비구들이여, 그렇다면 그대들은 듣고 잘 생각하도록 하시오. 내가 이야기하겠소."

그 비구들은 "그렇게 하겠습니다. 세존이시여"라고 대답했습니다.

세존께서는 다음과 같이 말씀하셨습니다.

"비구들이여, 무명(無明)에 휩싸이고, 갈애[愛]에 속박된 어리석은

과 형색[名色]을 객관이 머무는 장소, 즉 외입처(外入處)로 생각함으로써 중생들은 세계를 주관과 객관의 이원성으로 인식한다는 의미이다.

65 'dvayaṃ paṭicca phasso saḷevāyatāni yehi phuṭṭho bālo sukhadukkham paṭisaṃvediyati etesaṃ vā aññatarena'의 번역. 『잡아함경』(294)에는 이 부분이 '此二因緣生觸 此六觸入所觸 愚癡無聞凡夫苦樂受覺 因起種種 云何為六 眼觸入處 耳, 鼻, 舌, 身, 意觸入處'로 되어 있다.

사람에게 이 몸이 생기게 하는, 그 무명이 어리석은 사람에게는 버려지지 않고, 그 갈애[愛]가 흩어지지 않는다오. 그 까닭은 무엇인가? 비구들이여, 어리석은 사람은 바르게 괴로움을 없애기 위한 청정한 수행[梵行]을 실천하지 않기 때문이라오. 그래서 어리석은 사람은 부서진 몸을 몸으로 여긴다오.[66] 그는 몸으로 여기고 있기 때문에 생(生), 노사(老死), 근심, 슬픔, 고통, 우울, 고뇌에서 벗어나지 못하고, 괴로움에서 벗어나지 못한다고 나는 말한다오.

비구들이여, 무명(無明)에 휩싸이고, 갈애[愛]에 속박된 현명한 사람에게 이 몸이 생기게 하는, 그 무명이 현명한 사람에게는 버려지고,

66 'tasmā bālo kāyassa bhedā kāyūpago hoti'의 번역. 이 부분의 번역에 주의해야 한다. 보디(Bodhi) 비구는 'kāyassa bhedā kāyūpago'를 'with the breakup of the body, the fool fares on to [another] body : 몸이 파괴됨과 동시에, 어리석은 사람은 [다른] 몸으로 가서 지낸다'(*The Connected Discourses of the Buddha*, Wisdom Publications, Boston, 2000, p. 550.)로 번역하고, 리스 데이비스(Rhys Davids) 부인은 'the fool at the breaking up of the body is on his way to [another] body : 어리석은 사람은 몸이 파괴될 때 [다른] 몸으로 가는 길에 있게 된다'(*Kindered Sayings II*, The Pali Text Society, London, 1982, p.20)로 번역한다. 이들은 'kāya'와 'upago'의 합성어 'kāyūpago'에서 'upago'를 '간다'는 의미로 해석하고 있다. 그래서 'kāyūpago'를 '몸으로 간다'는 의미로 번역하고 있다. 그 결과 본문에 없는 [다른]이라는 수식어를 첨가하여, 죽어서 다른 몸으로 가는 것을 의미하는 것으로 이해하고 있다. 'upago'는 '가까이 가다'라는 의미의 동사 'upagacchati'에서 파생한 형용사 'upaga'의 남성 단수 주격이다. 그런데 'upagacchati'에는 '접근하다, 도착하다'라는 의미 이외에 '여기다'라는 의미도 있다. 여기에서는 문맥상 '여기다'의 의미로 해석하는 것이 옳다고 생각된다. 우리는 우리의 몸이 있고, 밖에 '이름과 형색[名色]'을 지닌 대상이 있다고 생각한다. 즉 몸을 중심으로 안과 밖을 분별하여 주관[몸]과 객관[名色]이 대립적으로 실재한다는 이원적인 생각을 가지고 살아간다. 그런데 우리의 몸은 지속하지 못하고 매 순간 파괴된다. 그렇지만 우리는 파괴되어 존재하지 않는 몸을 자신의 몸이라고 생각하며 살아간다. 어려서의 몸은 파괴되어 없어졌지만 우리는 파괴되어 사라진 몸을 자신의 몸이라고 생각하면서 태어나서 죽을 때까지 자신의 몸이 존속하고 있다고 여기며 살아간다. 'kāyassa bhedā kāyūpago'는 이러한 우리의 어리석음을 이야기한 것이다.

그 갈애[愛]가 흩어진다오. 그 까닭은 무엇인가? 비구들이여, 현명한 사람은 바르게 괴로움을 없애기 위한 청정한 수행[梵行]을 실천하기 때문이라오. 그래서 현명한 사람은 부서진 몸을 몸이라고 여기지 않는다오.[67] 그는 몸이라고 여기지 않기 때문에 생(生), 노사(老死), 근심, 슬픔, 고통, 우울, 고뇌에서 벗어나고, 괴로움에서 벗어난다고 나는 말한다오.

비구들이여, 청정한 수행[梵行]을 실천하는 삶,[68] 이것이 현명한 사람과 어리석은 사람이 구별되는 차이이고, 이것이 다른 점이라오."

2.13. 연(緣, Paccayo)〈s.12.20〉

세존께서 싸왓티의 제따와나 아나타삔디까 사원에 머무실 때, 비구들에게 말씀하셨습니다.

"비구들이여, 내가 그대들에게 연기(緣起)[69]와 연생법(緣生法)들[70]을 가르쳐주겠소. 그대들은 듣고 잘 생각하도록 하시오. 내가 이야기하겠소."

그 비구들은 "그렇게 하겠습니다. 세존이시여"라고 대답했습니다.

세존께서는 다음과 같이 말씀하셨습니다.

"비구들이여, 연기(緣起)란 어떤 것인가? 비구들이여, 생(生)에 의

---

67 'tasmā paṇḍito kāyassa bhedā akāyūpago hoti'의 번역.

68 'brahmacariyavāso'의 번역.

69 'paṭiccasamupāda'의 번역.

70 'paṭiccasamupanne dhamme'의 번역.

존하여 노사(老死)가 있다오. 여래가 출현하거나, 여래가 출현하지 않거나, 실로 그 계(界), 즉 법(法)의 고정성, 법의 순차성, 이 의존성은 상주(常住)한다오.[71] 여래는 그것을 바르게 깨닫고 통달한다오. 그리하여 알려주고, 보여주고, 선언하고, 확립하고, 공개하고, 해석하고, 천명(闡明)한다오. 그리고 '보라!'고 말한다오.

비구들이여, 생(生)에 의존하여 노사(老死)가 있다오. 비구들이여, 유(有)에 의존하여 생이 있다오. 비구들이여, 취(取)에 의존하여 유가 있다오. 비구들이여, 갈애[愛]에 의존하여 취가 있다오. 비구들이여, 느낌[受]에 의존하여 갈애[愛]가 있다오. 비구들이여, 접촉[觸]에 의존하여 느낌이 있다오. 비구들이여, 6입처(六入處)에 의존하여 접촉이 있다오. 비구들이여, 이름과 형색[名色]에 의존하여 6입처가 있다오. 비구들이여, 분별하는 마음[識]에 의존하여 이름과 형색이 있다오. 비구들이여, 유위를 조작하는 행위[行]들에 의존하여 분별하는 마음이 있다오. 비구들이여, 무명에 의존하여 유위를 조작하는 행위들이 있다오. 여래가 출현하거나, 여래가 출현하지 않거나, 실로 그 계(界), 법의 고정성, 법의 순차성, 이 의존성은 상주한다오. 여래는 그것을 바르게 깨닫고 통달한다오. 그리하여 알려주고, 보여주고, 선언하고, 확립하고, 공개하고, 해석하고, 천명한다오. 그리고 '보라!'고 말한다오.

비구들이여, 무명(無明)에 의존하여 유위를 조작하는 행위[行]들이

---

71 'ṭhitā va sā dhātu dhammaṭṭhitatā dhammaniyāmatā idappaccayatā'의 번역. 그 계(界)는 법계(法界)를 의미한다.

있다오. 비구들이여, 거기에서 이 의존성은[72] 진실 그대로[眞如]이며,[73] 거짓 아닌 그대로이며,[74] 다름 아닌 그대로라오.[75] 비구들이여, 이것을 연기(緣起)라고 부른다오.

비구들이여, 연생법(緣生法)들은 어떤 것들인가? 비구들이여, 노사(老死)는 지속성이 없으며[無常],[76] 조작된 것이며[有爲],[77] 연기(緣起)한 것이며,[78] 괴멸법(壞滅法)이며,[79] 쇠멸법(衰滅法)이며,[80] 이욕법(離欲法)이며,[81] 소멸법(消滅法)[82]이라오.

비구들이여, 생(生), 유(有), 취(取), 갈애[愛], 느낌[受], 접촉[觸], 6입처(六入處), 이름과 형색[名色], 분별하는 마음[識], 유위를 조작하는 행위[行]들, 무명(無明)은 지속성이 없으며[無常], 조작된 것이며[有爲], 연기(緣起)한 것이며, 괴멸법(壞滅法)이며, 쇠멸법(衰滅法)이며, 이욕법(離欲

---

72 'idappaccayatā'의 번역.

73 'tathatā'의 번역.

74 'avitathatā'의 번역.

75 'anaññathatā'의 번역.

76 'aniccaṃ'의 번역.

77 'saṅkhataṃ'의 번역.

78 'paṭiccasamuppannaṃ'의 번역.

79 'khayadhammaṃ'의 번역.

80 'vayadhammaṃ'의 번역.

81 'viragadhammaṃ'의 번역.

82 'nirodhadhammam'의 번역.

法)이며, 소멸법(消滅法)이라오. 비구들이여, 이것들을 연생법(緣生法)들이라고 부른다오.

비구들이여, 훌륭한 제자들은, 이 연기(緣起)와 연생법(緣生法)들을 바른 통찰지로 있는 그대로 잘 보기 때문에, '나는 과거세에 존재했을까, 존재하지 않았을까? 나는 과거세에 무엇이었을까? 나는 과거세에 어떠했을까? 나는 과거세에 무엇이었다가 무엇이 되었을까?'라고 과거로 거슬러 가려고 하거나, '나는 미래세에 존재하게 될까, 존재하지 않게 될까? 나는 미래세에 무엇이 될까? 나는 미래세에 어떻게 될까? 나는 미래세에 무엇이었다가 무엇이 될까?'라고 미래로 다가가려고 하거나, '나는 존재하는가, 존재하지 않는가? 나는 무엇인가? 나는 어떠한가? 나는 어디에서 온 중생이며, 그 중생은 어디로 가서 존재하게 될까?'라고 지금 현재의 자신에 대하여 의심하는 일이 있을 수가 없다오.

그 까닭은 무엇인가? 비구들이여, 훌륭한 제자들은 이 연기와 연생법들을 바른 통찰지로 있는 그대로 잘 보기 때문이라오."

2.14. 열 가지 능력〔十力, Dasabalā〕〈s.12.22〉

세존께서 싸왓티의 제따와나 아나타삔디까 사원에 머무실 때, 비구들에게 말씀하셨습니다.

"비구들이여, 여래는 열 가지 능력[十力]을 구족(具足)하고, 네 가지 두려움 없음[四無所畏]을 구족하여, 지도자의 지위에 있음을 선언하고,[83] 대중 가운데서 사자후(獅子吼)를 하며, 범륜(梵輪)[84]을 굴린다오.

'형색(形色)을 지닌 몸[色]은 이러하고, 형색을 지닌 몸의 쌓임[集]은 이러하고, 형색을 지닌 몸의 사라짐은[85] 이러하다. 느낌[受]은 이러하고, 느낌의 쌓임은 이러하고, 느낌의 사라짐은 이러하다. 관념[想]은 이러하고, 관념의 쌓임은 이러하고, 관념의 사라짐은 이러하다. 유위를 조작하는 행위[行]들은 이러하고, 유위를 조작하는 행위들의 쌓임은 이러하고, 유위를 조작하는 행위들의 사라짐은 이러하다. 분별하는 마음[識]은 이러하고, 분별하는 마음의 쌓임은 이러하고, 분별하는 마음의 사라짐은 이러하다.

이것이 있는 곳에 이것이 있고, 이것이 생기면 이것이 생긴다. 이것이 없는 곳에는 이것이 없다. 이것이 소멸하면 이것이 소멸한다.[86]

이와 같이 무명(無明)에 의존하여 유위를 조작하는 행위[行]들이 있고, 유위를 조작하는 행위에 의존하여 분별[識]이 있고, … 이와 같이 순전한 괴로움 덩어리[苦蘊]의 쌓임[集]이 있다. 그렇지만, 무명(無明)이 남김없이 소멸하면 유위를 조작하는 행위[行]들이 소멸하고, 유위를 조작하는 행위가 소멸하면 분별하는 마음[識]이 소멸하고, … 이와 같

---

83 'āsabhaṃ ṭhānam patijānati'의 번역. 'āsabha'는 '소의 무리를 이끄는 황소'를 의미하고, 'ṭhāna'는 '위치, 상태'를 의미한다. 그리고 'patijānati'는 '자칭하다. 선언하다'의 의미를 지닌다. 따라서 직역하면 '우두머리 황소의 지위에 있다고 선언한다'라고 번역할 수 있다.

84 'bhahmacakka'의 번역

85 'rūpassa atthagamo'의 번역.

86 'imasmiṃ sati idaṃ hoti imassupādā idam uppajjati imasmiṃ asati idaṃ na hoti imassa nirodhā idaṃ nirujjhati'의 번역.

이 순전한 괴로움 덩어리[苦蘊]의 소멸[滅]이 있다.'

비구들이여, 이와 같이 나는 밝히고, 공개하고, 드러내어, 적나라(赤裸裸)하게 법(法)을 잘 설했다오.[87] 비구들이여, 이와 같이 내가 밝히고, 공개하고, 드러내어, 적나라하게 잘 설한 법(法)은 출가한 선남자(善男子)가 '가죽과 힘줄과 뼈만 남고 몸에 살과 피가 말라비틀어져도 좋다. 그 법은 마땅히 인간이 할 수 있는 모든 힘과 정진(精進)과 노력을 기울여 얻어야 할 것이다. 그것을 얻지 못하면 정진을 쉬지 않겠다'라고 신념을 가지고 정진하기에 적당한 것이라오.

비구들이여, 게으른 사람은 괴롭게 지내면서 사악(邪惡)하고 불선(不善)한 법에 뒤덮여 위대하고 참된 목적을[88] 버린다오. 비구들이여, 그렇지만, 열심히 정진하는 사람은 행복하게 지내면서 사악하고 불선한 법에서 멀리 벗어나 위대하고 참된 목적을 달성한다오.

비구들이여, 작은 정진으로는 최상의 목적에 도달하지 못한다오. 비구들이여, 최상의 정진으로 최상의 목적에 도달한다오.[89] 비구들이여, 이 청정한 수행[梵行]은 최상의 음료인 제호(醍醐)와 같고, 그대들 앞에는 스승이 있소.[90] 비구들이여, 그러므로 얻지 못한 것을 얻기 위하

---

87 'evaṃ svākhyāto bhikkhave mayā dhammo uttāno vivaṭo pakasito chinnapilotiko'의 번역. 'chinnapilotiko'는 '재단된 옷'을 의미하는 'pilotiko'와 '절단된'을 의미하는 'chinna'의 합성어이다. 직역하면 '재단된 옷을 절단한'인데, 이것을 '적나라한'으로 번역했다.

88 'sadattham'의 번역.

89 'na bhikkhave hīnena aggassa patti hoti, aggena ca bhikkhave aggassa patti hoti'의 번역. 정진을 통해서 목적에 도달하게 된다는 것을 이야기한 것이다.

90 'maṇḍapeyyam idam bhikkhave brahmacariyaṃ satthā sammukhībhūto'의 번역. 최상의 목적

여, 도달하지 못한 곳에 도달하기 위하여, 체득하지 못한 것을 체득하기 위하여 정진을 시작하시오.

이와 같이 하면 결코 우리의 출가는 헛되지 않고, 결과가 있고, 결실이 있을 것이오. 우리가 먹고 쓰는 옷과 탁발 음식과 좌구(坐具)와 의약자구(醫藥資具)는 비록 보잘것없을지라도, 우리에게는 큰 결과와 큰 이익이 있을 것이오.

비구들이여, 그대들은 이와 같이 공부해야 한다오. 비구들이여, 자신의 이익을 잘 살피면서 노력해야 한다오. 비구들이여, 다른 사람의 이익을 잘 살피면서 노력해야 한다오. 비구들이여, 자신과 타인, 양자(兩者)의 이익을 잘 살피면서 노력해야 한다오."

2.15. 원인(Upanisā)〈s.12.23〉

세존께서 싸왓티의 제따와나 아나타삔디까 사원에 머무실 때, 비구들에게 말씀하셨습니다.

"비구들이여, 나는 알고, 보면 번뇌[漏]는 소멸한다고 말한다오. 알지 못하면 소멸하지 않고, 보지 못하면 소멸하지 않는다오.

비구들이여, 무엇을 알고, 무엇을 보아야 번뇌가 소멸하는가? '형색(形色)을 지닌 몸[色]은 이러하고, 형색을 지닌 몸의 쌓임[集]은 이러하고, 형색을 지닌 몸의 소멸은 이러하다. 느낌[受]은 이러하고, 느낌의

을 성취하는 수행인 청정한 수행[梵行]이 있고, 그 청정한 수행을 닦아 익히는 법을 가르치는 스승이 있다는 의미이다.

쌓임은 이러하고, 느낌의 소멸은 이러하다. 관념[想]은 이러하고, 관념의 쌓임은 이러하고, 관념의 소멸은 이러하다. 유위를 조작하는 행위[行]들은 이러하고, 유위를 조작하는 행위들의 쌓임은 이러하고, 유위를 조작하는 행위들의 소멸은 이러하다. 분별하는 마음[識]은 이러하고, 분별하는 마음의 쌓임은 이러하고, 분별하는 마음의 소멸은 이러하다.' 비구들이여, 이와 같이 알고, 이와 같이 보면 번뇌[漏]가 소멸한다오.

비구들이여, 번뇌가 소멸할 때, 소멸에 대한 앎은 원인이 있는 것이지, 원인이 없는 것이 아니라고 나는 말한다오. 비구들이여, 그렇다면 소멸에 대한 앎의 원인은 무엇인가? '해탈(解脫)'[91]이 그 답이라오. 비구들이여, 나는 해탈은 원인이 있는 것이지, 없는 것이 아니라고 말한다오. 비구들이여, 그렇다면 해탈의 원인은 무엇인가? '욕탐을 버림[離欲]'[92]이 그 답이라오. 비구들이여, 나는 욕탐을 버림은 원인이 있는 것이지, 없는 것이 아니라고 말한다오. 비구들이여, 그렇다면 욕탐을 버림의 원인은 무엇인가? '싫증[厭離]'[93]이 그 답이라오. 비구들이여, 나는 싫증은 원인이 있는 것이지, 없는 것이 아니라고 말한다오. 비구들이여, 그렇다면 싫증의 원인은 무엇인가? '있는 그대로 알고 봄[如實知見]'[94]이 그 답이라오. 비구들이여, 나는 있는 그대로 알고 봄은 원인이 있는 것이지, 없는 것이 아니라고 말한다오. 비구들이여, 그렇다

91 'vimutti'의 번역.

92 'virāga'의 번역.

93 'nibbida'의 번역.

94 'yathābhūtañāṇadassana'의 번역.

면 있는 그대로 알고 봄의 원인은 무엇인가? '삼매(三昧)'[95]가 그 답이라오. 비구들이여, 나는 삼매는 원인이 있는 것이지, 없는 것이 아니라고 말한다오. 비구들이여, 그렇다면 삼매의 원인은 무엇인가? '즐거움[樂]'[96]이 그 답이라오. 비구들이여, 나는 즐거움은 원인이 있는 것이지, 없는 것이 아니라고 말한다오. 비구들이여, 그렇다면 즐거움의 원인은 무엇인가? '경안(輕安)'[97]이 그 답이라오. 비구들이여, 나는 경안은 원인이 있는 것이지, 없는 것이 아니라고 말한다오. 비구들이여, 그렇다면 경안의 원인은 무엇인가? '기쁨[喜]'[98]이 그 답이라오. 비구들이여, 나는 기쁨은 원인이 있는 것이지, 없는 것이 아니라고 말한다오. 비구들이여, 그렇다면 기쁨의 원인은 무엇인가? '희락(喜樂)'[99]이 그 답이라오. 비구들이여, 나는 희락은 원인이 있는 것이지, 없는 것이 아니라고 말한다오. 비구들이여, 그렇다면 희락의 원인은 무엇인가? '신념[信]'[100]이 그 답이라오. 비구들이여, 나는 신념은 원인이 있는 것이지, 없는 것이 아니라고 말한다오. 비구들이여, 그렇다면 신념의 원인은 무엇인가? '괴로움[苦]'[101]이 그 답이라오. 비구들이여, 나는 괴로움은 원인이

---

95 'samādhi'의 번역.

96 'sukha'의 번역.

97 'passaddhi'의 번역.

98 'pīti'의 번역.

99 'pāmojja'의 번역.

100 'saddhā'의 번역.

101 'dukkha'의 번역.

있는 것이지, 없는 것이 아니라고 말한다오. 비구들이여, 그렇다면 괴로움의 원인은 무엇인가? '생(生)'이 그 답이라오. 비구들이여, 나는 생(生)은 원인이 있는 것이지, 없는 것이 아니라고 말한다오. '생의 원인은 유(有), 유의 원인은 취(取), 취의 원인은 갈애[愛], 갈망의 원인은 느낌[受], 느낌의 원인은 접촉[觸], 접촉의 원인은 6입처(六入處), 6입처의 원인은 이름과 형색[名色], 이름과 형색의 원인은 분별하는 마음[識], 분별의 원인은 유위를 조작하는 행위[行]들이라오.' 비구들이여, 나는 유위를 조작하는 행위[行]들은 원인이 있는 것이지, 없는 것이 아니라고 말한다오. 비구들이여, 그렇다면 유위를 조작하는 행위들의 원인은 무엇인가? '무명(無明)'이 그 답이라오.

비구들이여, 무명이라는 원인이 있으면 유위를 조작하는 행위[行]들이 있고, 유위를 조작하는 행위들이라는 원인이 있으면 분별하는 마음[識]이 있고, 분별이라는 원인이 있으면 이름과 형색[名色]이 있고, 이름과 형색이라는 원인이 있으면 6입처(六入處)가 있고, 6입처라는 원인이 있으면 접촉[觸]이 있고, 접촉이라는 원인이 있으면 느낌[受]이 있고, 느낌이라는 원인이 있으면 갈애[愛]가 있고, 갈망이라는 원인이 있으면 취(取)가 있고, 취라는 원인이 있으면 유(有)가 있고, 유라는 원인이 있으면 생(生)이 있고, 생이라는 원인이 있으면 괴로움[苦]이 있고, 괴로움이라는 원인이 있으면 신념[信]이 있고, 신념이라는 원인이 있으면 희락(喜樂)이 있고, 희락이라는 원인이 있으면 기쁨[喜]이 있고, 기쁨이라는 원인이 있으면 경안(輕安)이 있고, 경안이라는 원인이 있으면 즐거움[樂]이 있고, 즐거움이라는 원인이 있으면 삼매(三昧)가 있고, 삼매라는 원인이 있으면 있는 그대로 알고 봄[如實知見]이 있고, 있는 그대로 알고 봄이라는 원인이 있으면 싫증[厭離]이 있고, 싫증이라는 원인이 있으면 욕탐을 버림[離欲]이 있고, 욕탐을 버림이라는 원인이 있으면 해탈이 있고, 해탈이라는 원인이 있으면 소멸에 대한 앎이 있다오.

비구들이여, 비유하면 산꼭대기에 비구름이 비를 뿌리면 그 물이 낮은 곳으로 흘러내리면서 산의 작은 골짜기를 채우고, 산의 작은 골짜기가 차면 작은 못을 채우고, 작은 못이 차면 큰 못을 채우고, 큰 못이 차면 작은 강을 채우고, 작은 강이 차면 큰 강을 채우고, 큰 강이 차면 큰 바다와 대양을 채우는 것과 같다오.

비구들이여, 이와 같이 무명(無明)이라는 원인이 있으면 유위를 조작하는 행위[行]들이 있고, … (중략) … 있는 그대로 알고 봄[如實知見]이라는 원인이 있으면 싫증[厭離]이 있고, 싫증이라는 원인이 있으면 욕탐을 버림[離欲]이 있고, 욕탐을 버림이라는 원인이 있으면 해탈이 있고, 해탈이라는 원인이 있으면 소멸에 대한 앎이 있다오."

2.16. 깔라라(Kaḷāra)〈s.12.32〉

세존께서 싸왓티의 제따와나 아나타삔디까 사원에 머무실 때, 깔라라 캇띠야(Kaḷāra Khattiya) 비구가 싸리뿟따 존자를 찾아가서 함께 인사를 하고, 공손한 인사말을 나눈 후 한쪽에 앉았습니다. 한쪽에 앉은 깔라라 캇띠야 비구가 싸리뿟따 존자에게 말했습니다.

"싸리뿟따 존자여, 몰리야 팍구나(Moliya Phagguna)[102] 비구가 공부

102 이전의 「팍구나 경」에서 세존께서 네 가지 음식에 대하여 말씀하시자, '누가 먹습니까?'

를 포기하고 환속했습니다."

"그 존자는 이 가르침[法]과 율(律)에서 안식처(安息處)를[103] 얻지 못한 것 같군요."

"그렇다면, 싸리뿟따 존자께서는 이 가르침과 율에서 안식처를 얻었습니까?"

"존자여, 나는 불안하지 않습니다."

"존자여, 미래에도 그렇습니까?"[104]

"존자여, 나는 미래를 걱정하지 않습니다."[105]

그러자, 깔라라 캇띠야 비구는 자리에서 일어나 세존을 찾아갔습니다. 그는 세존을 찾아가서 예배하고 한쪽에 앉은 후에 세존께 이렇게 말씀드렸습니다.

"세존이시여, 싸리뿟따 존자는 '생(生)은 소멸했다. 청정한 수행[梵行]을 완성했으며, 해야 할 일을 끝마쳤다. 다시는 이와 같은 상태로 되지 않는다고 나는 통찰한다'라고 구경지(究竟智)[106]를 선언했습니다."[107]

라는 질문을 한 비구이다.

103 'assāsam'의 번역. 'assāsa'는 '들이쉬는 숨'을 의미하며, '위로, 위안'을 의미하기도 한다.

104 'āyatim panāusoti'의 번역. 직역하면 '존자여, 미래에도'이다. 지금은 안심하고 수행을 하지만 '미래에 열반을 얻지 못하고 윤회하면 어쩌지?'라는 불안이 없는가를 물은 것이다.

105 'nakhvham āvuso vicikicchāmi'의 번역. 직역하면 '존자여, 나는 숙고하지 않습니다'이다. 미래에 대하여 숙고하지 않는다는 의미이다.

106 'aññā'의 번역.

107 'vyākata'의 번역.

그러자 세존께서 어떤 비구를 불렀습니다.

"이리 오라! 비구여, 그대는 '싸리뿟따 존자여, 스승님께서 그대를 부르십니다'라고 나의 말을 전하여 싸리뿟따를 불러라."

그 비구는 "그렇게 하겠습니다. 세존이시여!"라고 세존께 승낙하고, 싸리뿟따 존자를 찾아가서 말했습니다.

"싸리뿟따 존자여, 스승님께서 그대를 부르십니다."

싸리뿟따 비구는 그 비구에게 "그렇게 하겠습니다. 존자여!"라고 승낙하고서, 세존을 찾아갔습니다. 그는 세존을 찾아가서 예배하고 한쪽에 앉았습니다. 한쪽에 앉은 싸리뿟따 존자에게 세존께서 말씀하셨습니다.

"싸리뿟따여, 그대가 '생(生)은 소멸했다. 청정한 수행[梵行]을 완성했으며, 해야 할 일을 끝마쳤다. 다시는 이와 같은 상태로 되지 않는다고 나는 통찰한다'라고 구경지(究竟智)를 선언했다고 하던데, 사실인가?"

"세존이시여, 저는 구경지에 대하여 그런 단어를 사용하여 말하지 않았고, 그런 자구(字句)를 사용하여 말하지 않았습니다."

"싸리뿟따여, 선남자(善男子)는 어떤 식으로든 구경지를 선언한다오. 그렇지만 선언해야 할 말로 선언해야 한다오."[108]

"세존이시여, 저는 결코 그렇게 말하지 않았습니다. 세존이시여, 구경지에 대하여 그런 단어를 사용하여 말하지 않았고, 그런 자구를 사용하여 말하지 않았습니다."

---

108 'atha kho vyākatam vyākatato daṭṭhabbaṃ'의 번역.

"싸리뿟따여, 만약에 그대에게 '싸리뿟따 존자여, 그대는 어떻게 알고, 어떻게 보았기에 '생(生)은 소멸했다. 청정한 수행[梵行]을 완성했으며, 해야 할 일을 끝마쳤다. 다시는 이와 같은 상태로 되지 않는다고 나는 통찰한다'라고 구경지(究竟智)를 선언하는가?'라고 묻는다면, 싸리뿟따여, 이와 같은 질문에 그대는 어떻게 답변하겠는가?"

"세존이시여, 만약 저에게 그렇게 묻는다면, 저는 '나는 의존하고 있는 그 인연의 소멸로 인하여 생(生)이 소멸했을 때 소멸했다는 것을 알고, 소멸했을 때 소멸했다는 것을 알고 난 다음에 '생은 소멸했다. 청정한 수행[梵行]을 완성했으며, 해야 할 일을 끝마쳤다. 다시는 이와 같은 상태로 되지 않는다'라고 통찰한다'라고 답변할 것입니다."

"싸리뿟따여, 만약에 그대에게 '싸리뿟따 존자여, 그렇다면, 생(生)은 무엇이 인연이고, 무엇이 모여 나타난 것이고, 무엇에서 생긴 것이고, 무엇이 근원인가?'[109]라고 묻는다면, 싸리뿟따여, 이와 같은 질문에 그대는 어떻게 답변하겠는가?"

"세존이시여, 만약 저에게 그렇게 묻는다면, 저는 '생(生)은 유(有)가 인연이고, 유가 모여 나타난 것이고, 유에서 생긴 것이고, 유가 근원이다'라고 답변할 것입니다."

"싸리뿟따여, 만약에 그대에게 '싸리뿟따 존자여, 그렇다면, 유(有)는 무엇이 인연이고, 무엇이 모여 나타난 것이고, 무엇에서 생긴 것이고, 무엇이 근원인가?'라고 묻는다면, 싸리뿟따여, 이와 같은 질문에 그대는 어떻게 답변하겠는가?"

---

109 'kiṃnidānā kiṃsamudayā kiṃjātikā kiṃpabhā'의 번역.

"세존이시여, 만약 저에게 그렇게 묻는다면, 저는 '유(有)는 취(取)가 인연이고, 취가 모여 나타난 것이고, 취에서 생긴 것이고, 취가 근원이다'라고 답변할 것입니다."

"싸리뿟따여, 만약에 그대에게 '싸리뿟따 존자여, 그렇다면, 취(取)는 무엇이 인연이고, 무엇이 모여 나타난 것이고, 무엇에서 생긴 것이고, 무엇이 근원인가?'라고 묻는다면, 싸리뿟따여, 이와 같은 질문에 그대는 어떻게 답변하겠는가?"

"세존이시여, 만약 저에게 그렇게 묻는다면, 저는 '취(取)는 갈애[愛]가 인연이고, 갈애가 모여 나타난 것이고, 갈애에서 생긴 것이고, 갈애가 근원이다'라고 답변할 것입니다."

"싸리뿟따여, 만약에 그대에게 '싸리뿟따 존자여, 그렇다면, 갈애[愛]는 무엇이 인연이고, 무엇이 모여 나타난 것이고, 무엇에서 생긴 것이고, 무엇이 근원인가?'라고 묻는다면, 싸리뿟따여, 이와 같은 질문에 그대는 어떻게 답변하겠는가?"

"세존이시여, 만약 저에게 그렇게 묻는다면, 저는 '갈애[愛]는 느낌[受]이 인연이고, 느낌이 모여 나타난 것이고, 느낌에서 생긴 것이고, 느낌이 근원이다'라고 답변할 것입니다."

"싸리뿟따여, 만약에 그대에게 '싸리뿟따 존자여, 그렇다면, 그대는 어떻게 알고 어떻게 보았을 때 느낌[受]에 대한 환희가 일어나지 않았는가?'[110]라고 묻는다면, 싸리뿟따여, 이와 같은 질문에 그대는 어떻게 답변하겠는가?"

---

110 'yā vedanā sunandī sā na upaṭṭhāsi'의 번역.

"세존이시여, 만약 저에게 그렇게 묻는다면, 저는 '존자여, 느낌[受]은 세 가지라오. 그 셋은 즐거운 느낌, 괴로운 느낌, 괴롭지도 즐겁지도 않은 느낌이라오. 존자여, 그런데 이 세 가지 느낌은 지속성이 없다오[無常]. 지속성이 없는[無常] 그것이 괴로움[苦]이라는 것을 알았을 때 느낌[受]에 대한 환희가 일어나지 않았다오'라고 답변할 것입니다."

"훌륭하오! 싸리뿟따여, 훌륭하오! 싸리뿟따여, '느껴진 것은 어떤 것이든 괴로움이다'라고 말하는 것이 이 물음에 대한 간략한 답변이라오. 싸리뿟따여, 만약에 그대에게 '싸리뿟따 존자여, 그렇다면, 어떻게 해탈했기에 그대는 '생(生)은 소멸했다. 청정한 수행[梵行]을 완성했으며, 해야 할 일을 끝마쳤다. 다시는 이와 같은 상태로 되지 않는다고 나는 통찰한다'라고 구경지(究竟智)를 선언하는가?'라고 묻는다면, 싸리뿟따여, 이와 같은 질문에 그대는 어떻게 답변하겠는가?"

"세존이시여, 만약 저에게 그렇게 묻는다면, 저는 '존자여, 나는 내적으로 해탈했기 때문에, 일체의 취(取)가 소멸했기 때문에 이렇게 주의집중에 머문다오. 그와 같은 주의집중에 머물기 때문에 번뇌[漏]들이 흘러들지 않으며, 나는 나 자신을 의심하지 않는다오'[111]라고 답변할

---

111 'ajjhattam vimokkhā khvāham āvuso sabbupādānakhayā tathāsato viharāmi. yathāsatam viharantaṃ āsavā nānusavanti attānaṃ ca nāvajānāmi'의 번역. 여기에서 문제가 되는 것은 'attānaṃ nāvajānāmi'의 번역이다. 보디(Bodhi) 비구는 'I do not despise myself : 나는 나 자신을 경멸하지 않는다'(*The Connected Discourses of the Buddha*, Wisdom Publications, Boston, 2000, p. 550.)로 번역하고, 리스 데이비스(Rhys Davids) 부인은 'I admit no [immutable] Soul : 나는 어떤 [불변의] 영혼도 허용하지 않는다.'(*Kindered Sayings II*, The Pali Text Society, London, 1982, p.20)로 번역한다. 보디 비구는 '경멸하다, 무시하다, 부정하다'의 의미를 지닌 동사 'avajānāti'를 '경멸하다'의 의미로 번역했고, 리스 데이비스 부인은 '부정하다'의 의미를 취하고, 'attān'을 '영혼'으로 해석하였다. 그런데 이 문장은 다

것입니다."

"훌륭하오! 싸리뿟따여, 훌륭하오! 싸리뿟따여, '사문(沙門)들이 말한 번뇌[漏]들을 나는 걱정하지 않는다. 내가 그것들을 버렸다는 것을 나는 의심하지 않는다'라고 말하는 것이 이 물음에 대한 간략한 답변이라오."

이와 같이 말씀하시고, 세존께서는 자리에서 일어나 거처로 들어가셨습니다. 세존께서 떠나시자, 잠시 후에 싸리뿟따 존자가 비구들에게 고백했습니다.

"존자들이여, 아까 세존께서 나에게 예상치 못한[112] 첫 번째 질문을 하셨을 때, 나는 망설였다오. 그렇지만 세존께서 나의 첫 번째 대답에 동의하시자, 존자들이여, 나에게 이런 생각이 들었다오.

'만약에 종일토록 세존께서 이 의미를 서로 다른 말을 사용하여 서로 다른 방식으로[113] 나에게 질문하신다면, 나는 종일토록 이 의미를 서로 다른 말을 사용하여 서로 다른 방식으로 세존께 답변을 드릴 수 있다. 만약에 밤중까지 세존께서 이 의미를 서로 다른 말을 사용하여 서로 다른 방식으로 나에게 질문하신다면, 나는 밤중까지 이 의미를 서로 다른 말을 사용하여 서로 다른 방식으로 세존께 답변을 드릴 수 있

음에 나오는 'te me pahīnā na vicikicchāmi : 내가 그것들을 버렸다는 것을 나는 의심하지 않는다'와 관련된 것이다. 번뇌를 버렸다는 자신의 판단을 의심하지 않는다는 것을 'attānaṃ nāvajānāmi'라고 표현한 것이다.

112 'appaṭisaṃviditam'의 번역.

113 'aññam aññehi padehi aññam aññehi pariyāyehi'의 번역. 'aññam añña'가 '상호 간의, 서로의, 각각의'의 의미이므로 '서로 다른 단어와 서로 다른 표현을 사용하여'의 의미이다.

다. 하루 밤낮이든, 이틀 밤낮이든, 사흘 밤낮이든, 나흘 밤낮이든, 닷새 밤낮이든, 엿새 밤낮이든, 이레 밤낮이든, 세존께서 이 의미를 서로 다른 말을 사용하여 서로 다른 방식으로 나에게 질문하신다면, 나는 이 의미를 서로 다른 말을 사용하여 서로 다른 방식으로 세존께 답변을 드릴 수 있다.'"[114]

그러자, 깔라라 캇띠야 비구는 자리에서 일어나 세존을 찾아갔습니다. 그는 세존을 찾아가서 예배하고 한쪽에 앉은 후에 세존께 이렇게 말씀드렸습니다.

"세존이시여, 싸리뿟따 존자는 '만약에 종일토록 세존께서 이 의미를 서로 다른 말을 사용하여 서로 다른 방식으로 나에게 질문하신다면, 나는 종일토록 이 의미를 서로 다른 말을 사용하여 서로 다른 방식으로 세존께 답변을 드릴 수 있다. 하루 밤낮이든, 이틀 밤낮이든, 사흘 밤낮이든, 나흘 밤낮이든, 닷새 밤낮이든, 엿새 밤낮이든, 이레 밤낮이든, 세존께서 이 의미를 서로 다른 말을 사용하여 서로 다른 방식으로 나에게 질문하신다면, 나는 이 의미를 서로 다른 말을 사용하여 서로 다른 방식으로 세존께 답변을 드릴 수 있다'라고 사자후(獅子吼)를 토했습니다."

"비구여, 그것은 싸리뿟따가 법계(法界)를 잘 통달했기 때문이라

114 "존자여, 느낌[受]은 세 가지라오. 그 셋은 즐거운 느낌, 괴로운 느낌, 괴롭지도 즐겁지도 않은 느낌이라오. 존자여, 그런데 이 세 가지 느낌은 지속성이 없다오[無常]. 지속성이 없는[無常] 그것이 괴로움[苦]이라는 것을 알았을 때 환희로운 느낌[受]이 일어나지 않았다오"라는 싸리뿟따 존자의 답변에 대하여, 세존께서 "싸리뿟따여, '느껴진 것은 어떤 것이든 괴로움이다'라고 말하는 것이 이 물음에 대한 간략한 답변이라오"라고 말씀하신 것처럼, 같은 의미를 얼마든지 서로 다른 말로 표현할 수 있다는 의미이다.

오.[115] 법계를 잘 통달했기 때문에, 만약에 내가 종일토록 싸리뿟따에게 이 의미를 서로 다른 말을 사용하여 서로 다른 방식으로 질문하면, 싸리뿟따는 종일토록 이 의미를 서로 다른 말을 사용하여 서로 다른 방식으로 나에게 답변을 할 수 있는 것이라오. 하루 밤낮이든, 이틀 밤낮이든, 사흘 밤낮이든, 나흘 밤낮이든, 닷새 밤낮이든, 엿새 밤낮이든, 이레 밤낮이든, 내가 이 의미를 서로 다른 말을 사용하여 서로 다른 방식으로 싸리뿟따에게 질문하면, 싸리뿟따는 이 의미를 서로 다른 말을 사용하여 서로 다른 방식으로 나에게 답변을 할 수 있는 것이라오."

2.17. 알아야 할 항목들(Ñāṇassa vatthūni)〈s.12.33〉

세존께서 싸왓티의 제따와나 아나타삔디까 사원에 머무실 때, 비구들에게 말씀하셨습니다.

"비구들이여, 내가 그대들에게 44가지 알아야 할 항목들을 가르쳐주겠소. 그대들은 듣고 잘 생각하도록 하시오. 내가 이야기하겠소."

그 비구들은 "그렇게 하겠습니다. 세존이시여"라고 대답했습니다.

세존께서는 다음과 같이 말씀하셨습니다.

"비구들이여, 44가지 알아야 할 항목들은 어떤 것들인가?

노사(老死)에 대한 앎, 노사의 쌓임[集]에 대한 앎, 노사의 소멸[滅]에 대한 앎, 노사의 소멸에 이르는 길[道]에 대한 앎, 그리고 생(生), 유(有), 취(取), 갈애[愛], 느낌[受], 접촉[觸], 6입처(六入處), 이름과 형색[名

115 'Sā hi bhikkhu Sāriputtassa dhammadhātu suppaṭividdhā'의 번역.

色], 분별하는 마음[識], 유위를 조작하는 행위[行]들에 대한 앎과 이들의 쌓임[集]과 소멸[滅]과 소멸에 이르는 길[道]에 대한 앎,[116] 이것들을 44가지 알아야 할 항목들이라고 한다오.

비구들이여, 그렇다면 노사(老死)란 어떤 것인가? 이런저런 중생들의 이런저런 중생의 몸[衆生身]에 노쇠가 나타나고, 이가 빠지고, 주름살이 지고, 수명이 줄고, 지각활동이 쇠퇴하면, 존자들이여, 이것을 늙음[老]이라고 부르고, 이런저런 중생들의 이런저런 중생의 몸의 죽음, 소멸, 파멸, 소실, 사망, 운명(殞命), 온(蘊)들의 파괴, 사체의 매장(埋葬), 비구들이여, 이것을 죽음[死]이라고 부른다오. 이것이 늙음이고, 이것이 죽음이라오. 비구들이여, 이것을 노사라고 부른다오.

생(生)이 모여 나타나면 노사가 모여 나타나고, 생이 소멸하면 노사가 소멸한다오[滅].[117] 이러한 사실에 대한 바른 견해[正見], 바른 의도[正思惟], 바른말[正語], 바른 행동[正業], 바른 생계[正命], 바른 정진[正精進], 바른 주의집중[正念], 바른 선정[正定], 이것이 노사의 소멸에 이르는 길[道], 즉 거룩한 8정도(八正道)라오.

비구들이여, 거룩한 제자가 이와 같이 노사(老死)를 통찰하고,[118] 이와 같이 노사의 쌓임[集]을 통찰하고, 이와 같이 노사의 소멸[滅]을 통찰하고, 이와 같이 노사의 소멸에 이르는 길[道]을 통찰한다면, 이것

116 같은 내용이 반복되므로 생략하여 번역함.

117 'jātisamudayā jarāmaraṇasamudayo jātinirodhā jarāmaraṇanirodho'의 번역.

118 'pajānāti'의 번역.

은 그의 사실에 대한 앎이라오.[119]

그는 곧바로 보아서 알고 깊이 이해하게 된 이 사실을 가지고 과거와 미래에 대하여 다음과 같이 추론한다오.[120] '과거에 노사에 대하여 알고, 노사의 쌓임[集]에 대하여 알고, 노사의 소멸[滅]에 대하여 알고, 노사의 소멸에 이르는 길[道]에 대하여 알았던 사문이나 바라문은 그 누구든지, 모두가 지금의 나와 같이 알았을 것이다. 미래에 노사에 대하여 알고, 노사의 쌓임[集]에 대하여 알고, 노사의 소멸[滅]에 대하여 알고, 노사의 소멸에 이르는 길[道]에 대하여 알게 될 사문이나 바라문은 그 누구든지, 모두가 지금의 나와 같이 알게 될 것이다.' 이것은 그의 추론에 의한 앎이라오.[121]

비구들이여, 거룩한 비구에게는 사실에 대한 앎과 추론에 의한 앎이라고 하는 이와 같은 두 가지 청정하고 순수한 앎이 있다오. 비구들이여, 이것을 거룩한 제자가 '견(見)을 구족했다',[122] '통찰을 구족했다',[123] '이 정법(正法)을 성취했다',[124] '이 정법(正法)을 보고 있다',[125] '배워야

---

119 'idam assa dhamme ñāṇaṃ'의 번역.

120 'so iminā dhammena diṭṭhena viditena pattena pariyogāḷhena atītānāgate nayaṃ neti'의 번역.

121 'idam assa anvaye ñāṇaṃ'의 번역.

122 'diṭṭhisampanno'의 번역.

123 'dassanasampanno''의 번역.

124 'āgato imaṃ saddhammam iti'의 번역.

125 'passati imaṃ saddhammam iti'의 번역.

할 앎을 갖추었다',[126] '배워야 할 명지(明智)를 갖추었다',[127] '법의 귀[法耳]를 구족했다',[128] '거룩한 결택지(決擇智)가 있다',[129] '불사(不死)의 문을 두드리며 서 있다'[130]라고 한다오.

비구들이여, 생(生), 유(有), 취(取), 갈애[愛], 느낌[受], 접촉[觸], 6입처(六入處), 이름과 형색[名色], 분별하는 마음[識], 유위를 조작하는 행위[行]들에 대해서도 이와 같다오."[131]

2.18. 무명(無明)에 의존하여(Avijjāpaccayā)〈s.12.35〉

세존께서 싸왓티의 제따와나 아나타삔디까 사원에 머무실 때, 비구들에게 말씀하셨습니다.

"무명(無明)에 의존하여 유위를 조작하는 행위[行]들이 있고, 유위를 조작하는 행위들에 의존하여 분별하는 마음[識]이 있으며, … 생(生)에 의존하여 노사(老死)와 근심, 슬픔, 고통, 우울, 고뇌가 생긴다오. 이

126 'sekhena ñāṇena samannāgato iti'의 번역.

127 'sekhāya vijjāya samannāgato iti'의 번역.

128 'dhammasotaṃ samāpanno iti'의 번역.

129 'ariyo nibbedhikapañño iti'의 번역.

130 'amatadvāram āhcca tiṭṭhati iti'의 번역.

131 생(生)에서 유위를 조작하는 행위[行]들까지의 각 지(支)의 설명은 2.2. 「자세한 설명(Vibhaṅga) 경」〈s.12.2〉과 동일하고, 사실에 대한 앎과 추론에 의한 앎을 이야기한 부분은 노사(老死)에 대한 말씀과 동일하므로 생(生)에서 유위를 조작하는 행위[行]들까지의 말씀을 생략함.

와 같이 순전한 괴로움 덩어리[苦蘊]가 쌓인다오[集]."

"세존이시여, 그렇다면 노사(老死)는 어떤 것입니까? 그러니까 이것은 무엇의 노사입니까?"[132]

세존께서는 '온당치 않은 질문'이라고 하시면서 다음과 같이 말씀하셨습니다.

"비구여, '노사(老死)는 어떤 것이다. 이것은 무엇의 노사다'라고 말하든, 비구여, '노사는 다른 것이다. 이것은 다른 것의 노사다'라고 말하든, 이 둘은 의미는 같은데, 말만 다를 뿐이라오. 비구여, '생명(生命)은 곧 육신(肉身)이다'[133]라는 견해가 있는 곳에는 청정한 수행[梵行]을 실천하는 삶이[134] 없다오. 비구여, '생명과 육신은 서로 다른 것이다'라는 견해가 있는 곳에도 청정한 수행을 실천하는 삶이 없다오. 비구여, 여래는 이들 양쪽에 가까이 가지 않고, 중간에서 법(法)을 보여준다오. 생(生)에 의존하여 노사가 있다오."

"세존이시여, 그렇다면 생(生)은 어떤 것입니까? 그러니까 이것은 무엇의 생입니까?"

세존께서는 '온당치 않은 질문'이라고 하시면서 다음과 같이 말씀

---

132 이 비구는 육신과 정신을 별개의 실체로 생각하고, '늙어 죽는 것은 육신인가, 정신인가?'를 묻고 있다. 즉 세존께서 말씀하시는 노사(老死)는 '육신의 노사를 의미하는가, 정신의 노사를 의미하는가?'를 묻고 있다.

133 'taṃ jīvaṃ taṃ sarīranti'의 번역. 'jīva'를 '영혼'으로 번역하는 경우가 있는데, 여기에서는 노사(老死)를 겪는 생명(生命)을 의미한다. 여기에서 문제 삼는 것은, 육신을 생명으로 보느냐, 아니면 생명을 육신과는 다른 어떤 것으로 보느냐에 대한 견해이다.

134 'bahmacariyavāso'의 번역.

하셨습니다.

“비구여, ‘생(生)은 어떤 것이다. 이것은 무엇의 생이다’라고 말하든, 비구여, ‘생은 다른 것이다. 이것은 다른 것의 생이다’라고 말하든, 이 둘은 의미는 같은데, 말만 다를 뿐이라오. 비구여, ‘생명은 곧 육신이다’라는 견해가 있는 곳에는 청정한 수행을 실천하는 삶이 없다오. 비구여, ‘생명과 육신은 서로 다른 것이다’라는 견해가 있는 곳에도 청정한 수행을 실천하는 삶이 없다오. 비구여, 여래는 이들 양쪽에 가까이 가지 않고, 중간에서 법을 보여준다오. 유(有)에 의존하여 생이 있다오.”

“세존이시여, 그렇다면 유(有)는 어떤 것입니까? 그러니까 이것은 무엇의 유(有)입니까?”

세존께서는 ‘온당치 않은 질문’이라고 하시면서 다음과 같이 말씀하셨습니다.

“비구여, ‘유(有)는 어떤 것이다. 이것은 무엇의 유다’라고 말하든, 비구여, ‘유는 다른 것이다. 이것은 다른 것의 유이다’라고 말하든, 이 둘은 의미는 같은데, 말만 다를 뿐이라오. 비구여, ‘생명은 곧 육신이다’라는 견해가 있는 곳에는 청정한 수행을 실천하는 삶이 없다오. 비구여, ‘생명과 육신은 서로 다른 것이다’라는 견해가 있는 곳에도 청정한 수행을 실천하는 삶이 없다오. 비구여, 여래는 이들 양쪽에 가까이 가지 않고, 중간에서 법을 보여준다오. 취(取)에 의존하여 유가 있다오.”

(취(取), 갈애[愛], 느낌[受], 접촉[觸], 6입처(六入處), 이름과 형색[名色], 분별하는 마음[識]에 대해서도 마찬가지로 말씀하셨습니다.)

“유위를 조작하는 행위[行]들에 의존하여 분별하는 마음[識]이 있다오.”

"세존이시여, 그렇다면 유위를 조작하는 행위[行]들은 어떤 것입니까? 그러니까 이것은 무엇의 유위를 조작하는 행위들입니까?"

세존께서는 '온당치 않은 질문'이라고 하시면서 다음과 같이 말씀하셨습니다.

"비구여, '유위를 조작하는 행위[行]들은 어떤 것이다. 이것은 무엇의 유위를 조작하는 행위들이다'라고 말하든, 비구여, '유위를 조작하는 행위들은 다른 것이다. 이것은 다른 것의 유위를 조작하는 행위들이다'라고 말하든, 이 둘은 의미는 같은데, 말만 다를 뿐이라오. 비구여, '생명은 곧 육신이다'라는 견해가 있는 곳에는 청정한 수행을 실천하는 삶이 없다오. 비구여, '생명과 육신은 서로 다른 것이다'라는 견해가 있는 곳에도 청정한 수행을 실천하는 삶이 없다오. 비구여, 여래는 이들 양쪽에 가까이 가지 않고, 중간에서 법을 보여준다오. 무명(無明)에 의존하여 유위를 조작하는 행위들이 있다오.

비구여, 그렇지만, 무명이 남김없이 소멸하면[滅], 그로 인한 곡해와 갈등과 논쟁은 그 어떤 것이든, '노사(老死)는 어떤 것이다. 이것은 무엇의 노사다', '노사는 다른 것이다. 이것은 다른 것의 노사다', '생명은 곧 육신(肉身)이다', '생명과 육신은 서로 다른 것이다'와 같은 그로 인한 모든 것들이 제거되어, 뿌리가 잘려 없어진 야자나무처럼, 미래에는 생기지 않는다오."

(생(生), 유(有), 취(取), 갈애[愛], 느낌[受], 접촉[觸], 6입처(六入處), 이름과 형색[名色], 분별하는 마음[識]에 대해서도 마찬가지로 말씀하셨습니다.)

2.19. 그대들의 것이 아니다(Na tumhā)〈s.12.37〉

세존께서 싸왓티의 제따와나 아나타삔디까 사원에 머무실 때, 비구들에게 말씀하셨습니다.

"비구들이여, 이 몸은[135] 그대들의 것도 아니고, 다른 사람들의 것도 아니라오. 비구들이여, 이것은 고의(故意)에 의한 과거의 업(業)으로서, 조작된 것[有爲]이며, 경험된 것이라고 보아야 한다오.[136]

비구들이여, 배움이 많은 거룩한 제자는 연기(緣起)를 다음과 같이 철저하게 이치에 맞게 생각한다오.[137]

'이것이 있는 곳에 이것이 있고, 이것이 생기면 이것이 생긴다. 이것이 없는 곳에는 이것이 없다. 이것이 소멸하면 이것이 소멸한다. 이와 같이 무명(無明)에 의존하여 유위를 조작하는 행위[行]들이 있고, 유위를 조작하는 행위에 의존하여 분별하는 마음[識]이 있고, … 이와 같이 순전한 괴로움 덩어리[苦蘊]의 쌓임[集]이 있다. 그렇지만, 무명이 남김없이 소멸하면 유위를 조작하는 행위들이 소멸하고, 유위를 조작하는 행위가 소멸하면 분별하는 마음이 소멸하고, … 이와 같이 순전한 괴로움 덩어리의 소멸[滅]이 있다.'"

---

135 'kāyo'의 번역.

136 'purāṇam idam bhikkhave kammam abhisaṅkhatam abhisañcetayitam vedadiyitaṃ daṭṭhabbaṃ'의 번역. 우리의 몸은 과거에 고의로 행한 업(業)에 의해서 경험된 것들에 의해 조작된 결과물이라는 의미이다. 즉, 몸은 업보(業報)일 뿐, 업을 짓는 작자(作者)가 아니라는 말씀이다.

137 'paṭiccasamuppādaññeva sādhukaṃ yoniso manasi karoti'의 번역.

2.20. 의도(意圖, Cetanā) (1) 〈s.12.38〉

세존께서 싸왓티의 제따와나 아나타삔디까 사원에 머무실 때, 비구들에게 말씀하셨습니다.

"비구들이여, 의도되는 것과 계획되는 것과 반복되는 것, 이것이 분별하는 마음[識]이 머무는 바탕이라오.[138] 바탕이 있는 곳에 분별하는 마음이 머물 곳이 있다오.[139] 분별하는 마음이 머물면서 성장하기 때문에, 미래에 다시 유(有)가 생긴다오.[140] 미래에 다시 유(有)가 생기는 일이 있는 곳에, 미래에 생(生)과 노사(老死), 근심, 슬픔, 고통, 우울, 고뇌가 생긴다오. 이와 같이 순전한 괴로움 덩어리[苦蘊]가 쌓인다오[集].

비구들이여, 의도되지 않는다고 할지라도, 계획되지 않는다고 할지라도, 만약에 다시 반복된다면, 이것이 분별하는 마음[識]이 머무는 바탕이라오. 바탕이 있는 곳에 분별하는 마음이 머물 곳이 있다오. 분별하는 마음이 머물면서 성장하기 때문에, 미래에 다시 유(有)가 생긴다오. 미래에 다시 유(有)가 생기는 일이 있는 곳에, 미래의 생(生)과 노사(老死), 근심, 슬픔, 고통, 우울, 고뇌가 생긴다오. 이와 같이 순전한 괴로움 덩어리[苦蘊]가 쌓인다오[集].

---

138 'yañca kho bhikkhave ceteti yañ ca pakappeti yañca anuseti, ārammaṇam etaṃ hoti viññāṇassa ṭhitiyā'의 번역. 분별하는 마음[識]은 우리가 의도하고 계획하여 행하는 업이 반복될 때 지속된다는 의미이다. 'viññāṇassa ṭhiti'는 한역에서 '식주(識住)'로 번역되는데, 식(識)이 사라지지 않고 지속한다는 의미이다. 이것은 우리의 의식(意識)이 실체로서 존재하는 것이 아니라, 고의(故意)로 반복하여 지은 업(業)이 체화(體化)된 것임을 이야기한 것이다. 12연기의 행(行)에 의존하여 식(識)이 있다는 부분을 구체적으로 설명한 것이다.

139 'ārammaṇe sati patiṭṭhā viññāṇassa hoti'의 번역.

140 'tasmiṃ patiṭṭhite viññāṇe virūḷhe āyatim punabbhavbhinibbatti hoti'의 번역.

비구들이여, 의도되지 않고, 계획되지 않고, 반복되지 않으면, 이것은 분별하는 마음[識]이 머무는 바탕이 아니라오. 바탕이 없는 곳에는 분별하는 마음이 머물 곳이 없다오. 분별하는 마음이 머물지 않고 성장하지 않으면, 미래에 다시 유(有)가 생기지 않는다오. 미래에 다시 유(有)가 생기는 일이 없는 곳에는 미래에 생(生)과 노사(老死), 근심, 슬픔, 고통, 우울, 고뇌가 생기지 않는다오. 이와 같이 순전한 괴로움 덩어리[苦蘊]가 소멸한다오[滅].”

2.21. 의도(意圖, Cetanā) (2) 〈s.12.39〉

세존께서 싸왓티의 제따와나 아나타삔디까 사원에 머무실 때, 비구들에게 말씀하셨습니다.

“비구들이여, 의도되는 것과 계획되는 것과 반복되는 것, 이것이 분별하는 마음[識]이 머무는 바탕이라오. 바탕이 있는 곳에 분별하는 마음이 머물 곳이 있다오. 분별하는 마음이 머물면서 성장하는 곳에 이름과 형색[名色]이 나타난다오.[141] 이름과 형색에 의존하여 6입처(六入處)가 있고, 6입처에 의존하여 접촉[觸]이 있고, 접촉에 의존하여 느낌[受]이 있고, 느낌에 의존하여 갈애[愛]가 있고, 갈망에 의존하여 취(取)가 있고, 취에 의존하여 유(有)가 있고, 유에 의존하여 생(生)이 있고, 생에 의존하여 노사(老死)와 근심, 슬픔, 고통, 우울, 고뇌가 생긴다오. 이와 같이 순전한 괴로움 덩어리[苦蘊]가 쌓인다오[集].

141 ‘tasmiṃ patiṭṭhite viññāṇe virūḷhe nāmarūpassa avakkanti hoti’의 번역.

비구들이여, 의도되지 않는다고 할지라도, 계획되지 않는다고 할지라도, 만약에 다시 반복된다면, 이것이 분별하는 마음[識]이 머무는 바탕이라오. 바탕이 있는 곳에 분별하는 마음이 머물 곳이 있다오. 분별하는 마음이 머물면서 성장하는 곳에 이름과 형색[名色]이 나타난다오. 이름과 형색에 의존하여 6입처(六入處)가 있고, 6입처에 의존하여 접촉[觸]이 있고, 접촉에 의존하여 느낌[受]이 있고, 느낌에 의존하여 갈애[愛]가 있고, 갈망에 의존하여 취(取)가 있고, 취에 의존하여 유(有)가 있고, 유에 의존하여 생(生)이 있고, 생에 의존하여 노사(老死)와 근심, 슬픔, 고통, 우울, 고뇌가 생긴다오. 이와 같이 순전한 괴로움 덩어리[苦蘊]가 쌓인다오[集].

비구들이여, 의도되지 않고, 계획되지 않고, 반복되지 않으면, 이것은 분별하는 마음[識]이 머무는 바탕이 아니라오. 바탕이 없는 곳에는 분별하는 마음이 머물 곳이 없다오. 분별하는 마음이 머물지 않고 성장하지 않으면, 이름과 형색[名色]이 나타나지 않는다오. 이름과 형색이 소멸하면 6입처(六入處)의 소멸이 있고, … 이와 같이 순전한 괴로움 덩어리[苦蘊]가 소멸한다오[滅]."

2.22. 의도(意圖, Cetanā) (3) 〈s.12.40〉

세존께서 싸왓티의 제따와나 아나타삔디까 사원에 머무실 때, 비구들에게 말씀하셨습니다.

"비구들이여, 의도되는 것과 계획되는 것과 반복되는 것, 이것이 분별하는 마음[識]이 머무는 바탕이라오. 바탕이 있는 곳에 분별하는 마음이 머물 곳이 있다오. 분별하는 마음이 머물면서 성장하는 곳에 의향(意向)이[142] 있다오. 의향이 있는 곳에 오고 감이 있다오. 오고 감이 있는 곳에 사라지고 나타남이 있다오. 사라지고 나타남이 있는 곳에 미래의 생(生)과 노사(老死), 근심, 슬픔, 고통, 우울, 고뇌가 생긴다오. 이와 같이 순전한 괴로움 덩어리[苦蘊]가 쌓인다오[集].

비구들이여, 의도되지 않는다고 할지라도, 계획되지 않는다고 할지라도, 만약에 다시 반복된다면, 이것이 분별하는 마음[識]이 머무는 바탕이라오. 바탕이 있는 곳에 분별하는 마음이 머물 곳이 있다오. 분별하는 마음이 머물면서 성장하는 곳에 의향(意向)이 있다오. 의향이 있는 곳에 오고 감이 있다오. 오고 감이 있는 곳에 사라지고 나타남이 있다오. 사라지고 나타남이 있는 곳에 미래의 생(生)과 노사(老死), 근심, 슬픔, 고통, 우울, 고뇌가 생긴다오. 이와 같이 순전한 괴로움 덩어리[苦蘊]가 쌓인다오[集].

비구들이여, 의도되지 않고, 계획되지 않고, 반복되지 않으면, 이것은 분별하는 마음[識]이 머무는 바탕이 아니라오. 바탕이 없는 곳에는 분별하는 마음이 머물 곳이 없다오. 분별하는 마음이 머물지 않고 성장하지 않는 곳에는 의향(意向)이 없다오. 의향이 없는 곳에는 오고 감이 없다오. 오고 감이 없는 곳에는 사라지고 나타남이 없다오. 사라지고 나타남이 없는 곳에는 미래의 생(生)과 노사(老死), 근심, 슬픔, 고통, 우울, 고뇌가 소멸한다오. 이와 같이 순전한 괴로움 덩어리[苦蘊]가 소멸한다오[滅]."

---

142 'nati'의 번역. 어느 한쪽을 지향하는 의지의 방향성을 의미한다.

2.23. 다섯 가지 죄의 두려움(Pañcaverabhayā)〈s.12.41〉

세존께서 싸왓티의 제따와나 아나타삔디까 사원에 머무실 때, 아나타삔디까(Anāthapiṇḍika) 장자(長者)가 세존을 찾아와서 세존께 예배하고 한쪽에 앉았습니다. 한쪽에 앉은 아나타삔디까 장자에게 세존께서 이렇게 말씀하셨습니다.

"장자여, 다섯 가지 죄의 두려움이 적멸(寂滅)하고, 네 가지 수다원(須陀洹)의 덕목(德目)[143]을 구족하고, 거룩한 이치[144]를 통찰지[般若]로써 잘 보고 잘 통달한 거룩한 제자는 의심하지 않고 스스로 자신에게 '나는 지옥을 파괴했고, 축생의 자궁을 파괴했고, 아귀의 세계를 파괴했고, 괴롭고 험난(險難)한 악취(惡趣)를 파괴했다. 나는 수다원으로서 결국은 정각(正覺)을 성취하도록 결정되어 있다'라고 선언할 수 있다오.

어떤 것이 다섯 가지 죄의 두려움을 적멸하는 것인가?

장자여, 살생(殺生)하는 사람은 살생으로 인하여 현재에도 죄의 두려움을 느끼고, 내세에도 죄의 두려움을 느낄 뿐만 아니라, 심적으로 괴로움과 근심을 겪는다오. 살생을 하지 않으면 이와 같은 죄의 두려움이 적멸한다오.

---

143 'sotāpattiyaṇga'의 번역. 사문(沙門) 사과(四果) 가운데 하나인 'sotāpatti'는 '흐름'을 의미하는 'sota'와 '들어감'을 의미하는 'āpatti'의 합성어로서 한역(漢譯)에서는 '수다원(須陀洹)'으로 음역되거나 '입류(入流)', 또는 '예류(豫流)'로 의역된다. 'aṇga'는 동물의 사지(四肢)나 식물의 가지를 의미하며, 한역에서는 '지(支)'로 번역된다. 'sotāpattiyaṇga'는 수다원의 특징이 되는 덕목을 의미한다.

144 'ariyo ñāyo'의 번역. 'ñāya'는 산스크리트의 'nyāya'로서 '논리(論理), 체계적인 이론'을 의미하며, 한역(漢譯)에서는 '정리(正理)'로 번역한다. 여기에서는 단순한 '논리'를 의미하지 않고 12연기의 논리체계를 의미한다.

장자여, 주지 않는 것을 취하는 사람은 주지 않는 것을 취함으로 인하여 현재에도 죄의 두려움을 느끼고, 내세에도 죄의 두려움을 느낄 뿐만 아니라, 심적으로 괴로움과 근심을 겪는다오. 주지 않는 것을 취하지 않으면 이와 같은 죄의 두려움이 적멸한다오.

장자여, 삿된 음행(淫行)을 하는 사람은 삿된 음행으로 인하여 현재에도 죄의 두려움을 느끼고, 내세에도 죄의 두려움을 느낄 뿐만 아니라, 심적으로 괴로움과 근심을 겪는다오. 삿된 음행을 하지 않으면 이와 같은 죄의 두려움이 적멸한다오.

장자여, 거짓말을 하는 사람은 거짓말로 인하여 현재에도 죄의 두려움을 느끼고, 내세에도 죄의 두려움을 느낄 뿐만 아니라, 심적으로 괴로움과 근심을 겪는다오. 거짓말을 하지 않으면 이와 같은 죄의 두려움이 적멸한다오.

장자여, 곡주나 과실주를 취하게 마셔 방일하는 사람은 곡주나 과실주를 취하게 마셔 방일함으로 인하여 현재에도 죄의 두려움을 느끼고, 내세에도 죄의 두려움을 느낄 뿐만 아니라, 심적으로 괴로움과 근심을 겪는다오. 곡주나 과실주를 취하게 마셔 방일하지 않으면 이와 같은 죄의 두려움이 적멸한다오.

이와 같이 다섯 가지 죄의 두려움이 적멸한다오.

어떤 것이 네 가지 수다원의 덕목을 구족하는 것인가?

장자여, 거룩한 제자는 부처님에 대하여, '그분 세존은 아라한(阿

羅漢)이며,[145] 원만하고 바르게 깨달으신 분[等正覺]이며,[146] 앎과 실천을 구족하신 분[明行足]이며,[147] 행복하신 분[善逝]이며,[148] 세상을 잘 아시는 분[世間解]이며,[149] 위없는 분[無上士]이며,[150] 사람을 길들여 바른길로 이끄시는 분[調御丈夫]이며,[151] 천신과 인간의 스승[天人師]이며,[152] 진리를 깨달으신 분[佛]이며,[153] 세존(世尊)[154]이시다'[155]라는 흔들림 없는 청정한 믿음을 구족한다오.

거룩한 제자는 가르침에 대하여, '잘 설해진 세존의 가르침은 지금 여기에서 볼 수 있는 것이며,[156] 즉시 체득할 수 있는 것이며,[157] 와서

---

145 'arahant'의 번역. 한역(漢譯)에서 응공(應供)으로 번역함.

146 'sammā-sambuddha'의 번역.

147 'vijjā-caraṇa-sampanna'의 번역.

148 'sugata'의 번역. 선서(善逝)로 한역된 'sugata'는 '잘 간'이라는 의미인데, 열반의 세계에 잘 가서 행복한 분이라는 의미에서 '행복한 분'으로 번역함.

149 'loka-vidū'의 번역.

150 'anuttara'의 번역.

151 'purisadammasārathi'의 번역.

152 'satthā deva-manussānaṃ'의 번역.

153 'buddha'의 번역.

154 'bhagavant'의 번역.

155 이것을 여래(如來)의 십호(十號)라고 한다.

156 'sandiṭṭhiko'의 번역.

157 'akāliko'의 번역.

보라고 할 수 있는 것이며,[158] 지혜로운 사람이 스스로 볼 수 있도록 도움을 주는 것[159]이다'라는 흔들림 없는 청정한 믿음을 구족한다오.

승가(僧伽)에 대하여, '세존 제자들의 승가는 제대로 실천하며,[160] 세존 제자들의 승가는 바르게 실천하며,[161] 세존 제자들의 승가는 합리적으로 실천하며,[162] 세존 제자들의 승가는 화합(和合)과 공경(恭敬)을 실천한다.[163]'라는 흔들림 없는 청정한 믿음을 구족한다오.

'4쌍8배(四雙八輩)[164]의 세존 제자들의 승가는 공경받아 마땅하고, 환대받아 마땅하고, 시주(施主)받아 마땅하고, 존경받아 마땅한 세간의 위없는 복전(福田)이다. 성자(聖者)들이 행하고 현자(賢者)들이 칭찬하는, 온전하고, 결함이 없고, 결점이 없고, 순수하고, 자유롭고, 물들지 않고, 삼매로 인도하는 계행(戒行)을 구족하고 있다'라는 흔들림 없는 청정한 믿음을 구족한다오.

이와 같이 네 가지 수다원의 덕목을 구족한다오.

어떤 것이 거룩한 이치를 통찰지[般若]로써 잘 보고 잘 통달하는

---

158 'ehi passīko'의 번역.

159 'opanayīko paccattaṃ veditabbo viññūhi'의 번역.

160 'supaṭipanno'의 번역.

161 'ujupaṭipanno'의 번역.

162 'ñāyapaṭipanno'의 번역.

163 'sāmīcipaṭipanno'의 번역.

164 'cattāri purisayugāni aṭṭhapurisapuggalā'의 번역. 사문(沙門) 4과(四果)를 향(向)과 득(得)으로 나누어 4쌍8배(四雙八輩)라고 하며, 4향4득(四向四得), 4향4과(四向四果)라고도 한다.

것인가?

장자여, 거룩한 제자는 다음과 같이 연기(緣起)를 철저하게 이치에 맞게 생각한다오.

'이것이 있는 곳에 이것이 있고, 이것이 생기면 이것이 생긴다. 이것이 없는 곳에는 이것이 없다. 이것이 소멸하면 이것이 소멸한다. 이와 같이 무명(無明)에 의존하여 유위를 조작하는 행위[行]들이 있고, 유위를 조작하는 행위에 의존하여 분별하는 마음[識]이 있고, … 이와 같이 순전한 괴로움 덩어리[苦蘊]의 쌓임[集]이 있다. 그렇지만, 무명(無明)이 남김없이 소멸하면 유위를 조작하는 행위들이 소멸하고, 유위를 조작하는 행위가 소멸하면 분별하는 마음이 소멸하고, … 이와 같이 순전한 괴로움 덩어리의 소멸[滅]이 있다.'

이것이 통찰지로써 거룩한 이치를 잘 보고 잘 통달하는 것이라오.

장자여, 이와 같은 다섯 가지 죄의 두려움이 적멸(寂滅)하고, 이와 같은 네 가지 수다원(須陀洹)의 덕목(德目)을 구족하고, 이 거룩한 이치를 통찰지[般若]로써 잘 보고 잘 통달한 거룩한 제자는 의심하지 않고 스스로 자신에게 '나는 지옥을 파괴했고, 축생의 자궁을 파괴했고, 아귀의 세계를 파괴했고, 괴롭고 험난한 악취(惡趣)를 파괴했다. 나는 수다원으로서 결국은 정각(正覺)을 성취하도록 결정되어 있다'라고 선언할 수 있다오."

2.24. 괴로움(Dukkha)〈s.12.43〉

세존께서 싸왓티의 제따와나 아나타삔디까 사원에 머무실 때, 비구들

에게 말씀하셨습니다.

"비구들이여, 내가 그대들에게 괴로움의 쌓임[集]과 사라짐[滅][165]에 대하여 가르쳐주겠소. 그대들은 듣고 잘 생각하도록 하시오. 내가 이야기하겠소."

그 비구들은 "그렇게 하겠습니다. 세존이시여"라고 대답했습니다.

세존께서는 다음과 같이 말씀하셨습니다.

"비구들이여, 어떤 것이 괴로움의 쌓임[集]인가?

시각활동[眼]과 지각된 형색[色]들에 의존하여 시각분별[眼識]이 생긴다오.[166] 셋의 만남이 접촉[觸]이라오.[167] 접촉에 의존하여 느낌[受]이 있고, 느낌에 의존하여 갈애[愛]가 있다오. 비구들이여, 이것이 괴로움의 쌓임[集]이라오.

청각활동[耳]과 지각된 소리[聲]들에 의존하여 청각분별[耳識]이 생긴다오. …

후각활동[鼻]과 지각된 냄새[香]들에 의존하여 후각분별[鼻識]이 생긴다오. …

미각활동[舌]과 지각된 맛[味]들에 의존하여 미각분별[舌識]이 생긴다오. …

촉각활동[身]과 지각된 촉감[觸]들에 의존하여 촉각분별[身識]이 생긴다오. …

---

165 'atthaṅgama'의 번역.

166 'cakkhuṃ ca rūpe ca uppajjati cakkhuviññāṇaṃ'의 번역.

167 'tiṇṇaṃ saṅgatiphasso'의 번역.

마음활동[意]과 지각된 대상[法]들에 의존하여 마음분별[意識]이 생긴다오. 셋의 만남이 접촉[觸]이라오. 접촉에 의존하여 느낌[受]이 있고, 느낌에 의존하여 갈애[愛]가 있다오. 비구들이여, 이것이 괴로움의 쌓임[集]이라오.

비구들이여, 어떤 것이 괴로움의 사라짐[滅]인가?

시각활동[眼]과 지각된 형색[色]들에 의존하여 시각분별[眼識]이 생긴다오. 셋의 만남이 접촉[觸]이라오. 접촉에 의존하여 느낌[受]이 있고, 느낌에 의존하여 갈애[愛]가 있다오. 그 갈애가 남김없이 소멸하면 취(取)가 소멸하고, 취가 소멸하면 유(有)가 소멸하고, 유가 소멸하면 생(生)이 소멸하고, 생이 소멸하면 노사(老死)와 근심, 슬픔, 고통, 우울, 고뇌가 소멸한다오. 이와 같이 순전한 괴로움 덩어리[苦蘊]가 소멸한다오[滅].

비구들이여, 이것이 괴로움의 사라짐[滅]이라오.

청각활동[耳], 후각활동[鼻], 미각활동[舌], 촉각활동[身], 마음활동[意]도 이와 같다오."

2.25. 세간(Loko)〈s.12.44〉

세존께서 싸왓티의 제따와나 아나타삔디까 사원에 머무실 때, 비구들에게 말씀하셨습니다.

"비구들이여, 내가 그대들에게 세간(世間)의 쌓임[集]과 사라짐[滅]에 대하여 가르쳐주겠소. 그대들은 듣고 잘 생각하도록 하시오. 내가 이야기하겠소."

그 비구들은 "그렇게 하겠습니다. 세존이시여"라고 대답했습니다.

세존께서는 다음과 같이 말씀하셨습니다.

"비구들이여, 어떤 것이 세간의 쌓임[集]인가?

시각활동[眼]과 지각된 형색[色]들에 의존하여 시각분별[眼識]이 생긴다오. 셋의 만남이 접촉[觸]이라오. 접촉에 의존하여 느낌[受]이 있고, 느낌에 의존하여 갈애[愛]가 있고, 갈애에 의존하여 취(取)가 있고, 취에 의존하여 유(有)가 있고, 유에 의존하여 생(生)이 있고, 생에 의존하여 노사(老死)와 근심, 슬픔, 고통, 우울, 고뇌가 생긴다오. 이것이 괴로움의 쌓임[集]이라오.

청각활동[耳]과 지각된 소리[聲]들에 의존하여 청각분별[耳識]이 생긴다오. …

후각활동[鼻]과 지각된 냄새[香]들에 의존하여 후각분별[鼻識]이 생긴다오. …

미각활동[舌]과 지각된 맛[味]들에 의존하여 미각분별[舌識]이 생긴다오. …

촉각활동[身]과 지각된 촉감[觸]들에 의존하여 촉각분별[身識]이 생긴다오. …

마음활동[意]과 지각된 대상[法]들에 의존하여 마음분별[意識]이 생긴다오. 셋의 만남이 접촉[觸]이라오. 접촉에 의존하여 느낌[受]이 있고, 느낌에 의존하여 갈애[愛]가 있고, 갈애에 의존하여 취(取)가 있고, 취에 의존하여 유(有)가 있고, 유에 의존하여 생(生)이 있고, 생에 의존하여 노사(老死)와 근심, 슬픔, 고통, 우울, 고뇌가 생긴다오.

비구들이여, 이것이 세간의 쌓임[集]이라오.

비구들이여, 어떤 것이 세간의 사라짐[滅]인가?

시각활동[眼]과 지각된 형색[色]들에 의존하여 시각분별[眼識]이 생긴다오. 셋의 만남이 접촉[觸]이라오. 접촉에 의존하여 느낌[受]이 있고, 느낌에 의존하여 갈애[愛]가 있다오. 그 갈애가 남김없이 소멸하면 취(取)가 소멸하고, 취가 소멸하면 유(有)가 소멸하고, 유가 소멸하면 생(生)이 소멸하고, 생이 소멸하면 노사(老死)와 근심, 슬픔, 고통, 우울, 고뇌가 소멸한다오. 이와 같이 순전한 괴로움 덩어리[苦蘊]가 소멸한다오[滅].

청각활동[耳], 후각활동[鼻], 미각활동[舌], 촉각활동[身], 마음활동[意]도 이와 같다오.

비구들이여, 이것이 세간의 사라짐[滅]이라오."

2.26. 자눗쏘니(Jānussoṇi)〈s.12.47〉

세존께서 싸왓티의 제따와나 아나타삔디까 사원에 머무실 때, 자눗쏘니(Jānussoṇi) 바라문이 세존을 찾아왔습니다. 그는 세존과 함께 인사를 하고, 공손한 인사말을 나눈 후 한쪽에 앉았습니다. 한쪽에 앉은 자눗쏘니 바라문이 세존께 말했습니다.

"고따마 존자여, 일체(一切)라는 것이 있을까요?"[168]

---

168 'kim nu kho bho Gotama sabbaṃ atthi'의 번역. 여기에서 말하는 'sabbaṃ', 즉 일체(一切)는 '모든 것'을 의미하는 것이 아니라, 모든 것의 근원이 되는 실체를 의미한다. 찬도갸 우파니샤드에서는 '모든 것은 브라만에서 나와서 브라만으로 돌아간다. 그러므로 일체는 브라만이다'라고 이야기한다. 이와 같이 이 세계의 모든 것을 설명할 수 있는 존재를 'sabbaṃ', 즉 일체(一切)라고 부른다.

"바라문이여, '일체는 있다'라고 하는 것은 한쪽의 견해[169]라오."

"고따마 존자여, 그렇다면 일체는 없습니까?"

"바라문이여, '일체는 없다'라고 하는 것은 다른 한쪽의 견해[170]라오. 바라문이여, 여래는 이들 양쪽에 가까이 가지 않고, 중간에서 법(法)을 보여준다오. 무명(無明)에 의존하여 유위를 조작하는 행위[行]들이 있고, … 이와 같이 순전한 괴로움 덩어리[苦蘊]가 쌓인다오[集]. 그렇지만, 무명이 남김없이 소멸하면 유위를 조작하는 행위들이 소멸하고, … 이와 같이 순전한 괴로움 덩어리가 소멸한다오[滅]."

이와 같이 말씀하시자, 자눗쏘니 바라문은 세존께 이렇게 말씀드렸습니다.

"훌륭합니다. 고따마 존자여! … (중략) … 고따마 존자께서는 저를 청신사(淸信士)로 받아주소서. 지금부터 살아 있는 날까지 귀의하겠나이다."

2.27. 세간의 철학을 따르는 바라문(Lokāyatika)〈s.12.48〉

세존께서 싸왓티의 제따와나 아나타삔디까 사원에 머무실 때, 세간의 철학을 따르는 바라문이 세존을 찾아왔습니다. 그는 세존과 함께 인사를 하고, 공손한 인사말을 나눈 후 한쪽에 앉았습니다. 한쪽에 앉은 세간의 철학을 따르는 바라문이 세존께 말했습니다.

169 'eko anto'를 '한쪽의 견해'로 번역했다.

170 'dutiyo anto'의 번역. 'dutiyo anto'를 '다른 한쪽의 견해'로 번역했다.

"고따마 존자여, 일체(一切)라는 것이 있을까요?"

"바라문이여, '일체는 있다'라고 하는 것은 가장 오래된 세간의 철학[171]이라오."

"고따마 존자여, 그렇다면 일체는 없습니까?"

"바라문이여, '일체는 없다'라고 하는 것은 두 번째로 오래된 세간의 철학[172]이라오."

"고따마 존자여, 일체는 하나인가요?"[173]

"바라문이여, '일체는 하나다'라고 하는 것은 세 번째로 오래된 세간의 철학[174]이라오."

"고따마 존자여, 그렇다면 일체는 여러 종류인가요?"[175]

"바라문이여, '일체는 여러 종류다'라고 하는 것은 네 번째로 오래된 세간의 철학[176]이라오. 바라문이여, 여래는 이들 양쪽에 가까이 가지 않고, 중간에서 법(法)을 보여준다오. 무명(無明)에 의존하여 유위를 조작하는 행위[行]들이 있고, … 이와 같이 순전한 괴로움 덩어리[苦蘊]가 쌓인다오[集]. 그렇지만, 무명이 남김없이 소멸하면 유위를 조작하는 행위들이 소멸하고, … 이와 같이 순전한 괴로움 덩어리가 소멸한

---

171 'jeṭṭam lokāyataṃ'의 번역.

172 'dutiyaṃ lokāyataṃ'의 번역.

173 이 질문은 일원론(一元論)이 진리인가를 묻는 것이다.

174 'tatiyaṃ lokāyataṃ'의 번역.

175 이 질문은 다원론(多元論)이 진리인가를 묻는 것이다.

176 'catutthaṃ lokāyataṃ'의 번역.

다오[滅].”

이와 같이 말씀하시자, 세간의 철학을 따르는 바라문은 세존께 이렇게 말씀드렸습니다.

“훌륭합니다. 고따마 존자여! … (중략) … 고따마 존자께서는 저를 청신사(淸信士)로 받아주소서. 지금부터 살아 있는 날까지 귀의하겠나이다.”

2.28. 거룩한 제자(Ariyāsavaka) (1) 〈s.12.49〉

세존께서 싸왓티의 제따와나 아나타삔디까 사원에 머무실 때, 비구들에게 말씀하셨습니다.

“비구들이여, 배움이 많은 거룩한 제자에게는 다음과 같은 생각이 없다오.

‘무엇이 있는 곳에 무엇이 있을까? 무엇이 생기면 무엇이 생길까? 무엇이 있는 곳에 이름과 형색[名色]이 있을까? 무엇이 있는 곳에 6입처(六入處)가 있을까? 무엇이 있는 곳에 접촉[觸]이 있을까? 무엇이 있는 곳에 느낌[受]이 있을까? 무엇이 있는 곳에 갈애[愛]가 있을까? 무엇이 있는 곳에 취(取)가 있을까? 무엇이 있는 곳에 유(有)가 있을까? 무엇이 있는 곳에 생(生)이 있을까? 무엇이 있는 곳에 노사(老死)가 있을까?’

비구들이여, 배움이 많은 거룩한 제자에게는 실로 이 점에 관하여 남에게 의존하지 않는 앎이 있다오.

‘이것이 있는 곳에 이것이 있고, 이것이 생기면 이것이 생긴다. 분별하는 마음[識]이 있는 곳에 이름과 형색[名色]이 있고, … 생(生)이 있

는 곳에 노사(老死)가 있다.'

그는 이와 같이 '이 세간은 이와 같이 쌓인다'라고 통찰한다오.

비구들이여, 배움이 많은 거룩한 제자에게는 다음과 같은 생각이 없다오.

'무엇이 없는 곳에 무엇이 없을까? 무엇이 소멸하면 무엇이 소멸할까? 무엇이 없는 곳에 이름과 형색[名色]이 없을까? 무엇이 없는 곳에 6입처(六入處)가 없을까? 무엇이 없는 곳에 접촉[觸]이 없을까? 무엇이 없는 곳에 느낌[受]이 없을까? 무엇이 없는 곳에 갈애[愛]가 없을까? 무엇이 없는 곳에 취(取)가 없을까? 무엇이 없는 곳에 유(有)가 없을까? 무엇이 없는 곳에 생(生)이 없을까? 무엇이 없는 곳에 노사(老死)가 없을까?'

비구들이여, 배움이 많은 거룩한 제자에게는 실로 이 점에 관하여 남에게 의존하지 않는 앎이 있다오.

'이것이 없는 곳에는 이것이 없고, 이것이 소멸하면 이것이 소멸한다. 분별하는 마음[識]이 없는 곳에는 이름과 형색[名色]이 없고, … 생(生)이 없는 곳에는 노사(老死)가 없다.'

그는 이와 같이 '이 세간은 이처럼 소멸한다'라고 통찰한다오.

비구들이여, 배움이 많은 거룩한 제자는 이와 같이 세간의 쌓임[集]과 세간의 소멸을 있는 그대로 통찰하기 때문에, 비구들이여, 이것을 거룩한 제자가 '견(見)을 구족했다', '통찰을 구족했다', '정법(正法)을 성취했다', '정법(正法)을 보고 있다', '배워야 할 앎을 갖추었다', '배워야 할 명지(明智)를 갖추었다', '법의 귀[法耳]를 구족했다', '거룩한 결택지(決擇智)가 있다', '불사(不死)의 문을 두드리며 서 있다'라고 한다오."

2.29. 거룩한 제자(Ariyāsavaka) (2) 〈s.12.50〉

세존께서 싸왓티의 제따와나 아나타삔디까 사원에 머무실 때, 비구들에게 말씀하셨습니다.

"비구들이여, 배움이 많은 거룩한 제자에게는 다음과 같은 생각이 없다오.

'무엇이 있는 곳에 무엇이 있을까? 무엇이 생기면 무엇이 생길까? 무엇이 있는 곳에 유위를 조작하는 행위[行]가 있을까? 무엇이 있는 곳에 분별하는 마음[識]이 있을까? 무엇이 있는 곳에 이름과 형색[名色]이 있을까? 무엇이 있는 곳에 6입처(六入處)가 있을까? 무엇이 있는 곳에 접촉[觸]이 있을까? 무엇이 있는 곳에 느낌[受]이 있을까? 무엇이 있는 곳에 갈애[愛]가 있을까? 무엇이 있는 곳에 취(取)가 있을까? 무엇이 있는 곳에 유(有)가 있을까? 무엇이 있는 곳에 생(生)이 있을까? 무엇이 있는 곳에 노사(老死)가 있을까?'

비구들이여, 배움이 많은 거룩한 제자에게는 실로 이점에 관하여 남에게 의존하지 않는 앎이 있다오.

'이것이 있는 곳에 이것이 있고, 이것이 생기면 이것이 생긴다. 무명(無明)이 있는 곳에 유위를 조작하는 행위[行]가 있고, …, 생(生)이 있는 곳에 노사(老死)가 있다.'

그는 이와 같이 '이 세간은 이와 같이 쌓인다'라고 통찰한다오.

비구들이여, 배움이 많은 거룩한 제자에게는 다음과 같은 생각이 없다오.

'무엇이 없는 곳에 무엇이 없을까? 무엇이 소멸하면 무엇이 소멸할까? 무엇이 없는 곳에 유위를 조작하는 행위[行]가 없을까? 무엇이 없는 곳에 분별하는 마음[識]이 없을까? 무엇이 없는 곳에 이름과 형색[名色]이 없을까? 무엇이 없는 곳에 6입처(六入處)가 없을까? 무엇이 없는 곳에 접촉[觸]이 없을까? 무엇이 없는 곳에 느낌[受]이 없을까? 무엇이 없는 곳에 갈애[愛]가 없을까? 무엇이 없는 곳에 취(取)가 없을까? 무엇이 없는 곳에 유(有)가 없을까? 무엇이 없는 곳에 생(生)이 없을까? 무엇이 없는 곳에 노사(老死)가 없을까?'

비구들이여, 배움이 많은 거룩한 제자에게는 실로 이 점에 관하여 남에게 의존하지 않는 앎이 있다오.

'이것이 없는 곳에는 이것이 없고, 이것이 소멸하면 이것이 소멸한다. 무명(無明)이 없는 곳에는 유위를 조작하는 행위[行]가 없고, … 생(生)이 없는 곳에는 노사(老死)가 없다.'

그는 이와 같이 '이 세간은 이와 같이 소멸한다'라고 통찰한다오.

비구들이여, 배움이 많은 거룩한 제자는 이와 같이 세간의 쌓임[集]과 세간의 소멸을 있는 그대로 통찰하기 때문에, 비구들이여, 이것을 거룩한 제자가 '견(見)을 구족했다', '통찰을 구족했다', '정법(正法)을 성취했다', '정법(正法)을 보고 있다', '배워야 할 앎을 갖추었다', '배워야 할 명지(明智)를 갖추었다', '법의 귀[法耳]를 구족했다', '거룩한 결택지(決擇智)가 있다', '불사(不死)의 문을 두드리며 서 있다'라고 한다오."

2.30. 성찰(省察, Parivimaṃsana)〈s.12.51〉

세존께서 싸왓티의 제따와나 아나타삔디까 사원에 머무실 때, 비구들에게 말씀하셨습니다.

"비구들이여, 비구가 완전히 바르게 괴로움을 소멸하기 위해서 성찰할 때에는 어떤 점을 성찰해야 하는가?"

"세존이시여, 세존께서는 우리의 법의 근본이시고, 안내자이시고, 귀의처이십니다. 세존이시여, 부디 세존께서는 이 말씀의 의미를 밝혀 주십시오. 비구들은 세존의 말씀을 듣고 받아 지니겠습니다."

"비구들이여, 그렇다면 그대들은 듣고 잘 생각하도록 하시오. 내가 이야기하겠소."

그 비구들은 "그렇게 하겠습니다. 세존이시여"라고 대답했습니다.

세존께서는 다음과 같이 말씀하셨습니다.

"비구들이여, 비구가 성찰할 때는 다음과 같이 성찰한다오.

'세간에서 생기는 다양한 종류의 여러 가지 괴로움은 노사(老死)로 인한 것이다.[177] 이 괴로움은 무엇이 인연이고, 무엇이 모여 나타난 것이고, 무엇에서 생긴 것이고, 무엇이 근원일까?[178] 무엇이 있는 곳에 노사가 있을까? 무엇이 없는 곳에는 노사가 없을까?'

그는 성찰하면서 이와 같이 통찰한다오.

'세간에서 생기는 다양한 종류의 여러 가지 괴로움은 노사(老死)로 인한 것이다. 이 괴로움은 생(生)이 인연이고, 생이 모여 나타난 것이고, 생에서 생긴 것이고, 생이 근원이다. 생이 있는 곳에 노사가 있다. 생이 없는 곳에는 노사가 없다.'

그는 노사를 통찰하고, 노사의 쌓임[集]을 통찰하고, 노사의 소멸

---

177 'yaṃ kho idam anekavidhaṃ nānappakārakaṃ dukkhaṃ loke uppajjati jarāmaraṇaṃ'의 번역.

178 'idaṃ nu kho dukkhaṃ kiṃnidānaṃ kiṃsamudayaṃ kiṃjātikaṃ kimpabhavaṃ'의 번역.

[滅]을 통찰하고, 노사가 그쳐 사라진 상태에 이르는 길[道]을 통찰한다오. 이렇게 실천하는 사람이 여법(如法)한 수행자[179]라오.

비구들이여, 이 사람을 다양한 종류의 여러 가지 괴로움을 소멸하기 위하여, 노사(老死)의 소멸을 위하여 실천하는 비구라고 부른다오.

그는 다시 성찰하면서, 다음과 같이 성찰한다오.

'생(生)은 … . 유(有)는 … . 취(取)는 … . 갈애[愛]는 … . 느낌[受]은 … . 접촉[觸]은 … . 6입처(六入處)는 … . 이름과 형색[名色]은 … . 분별하는 마음[識]은 … .

유위를 조작하는 행위[行]들은 무엇이 인연이고, 무엇이 모여 나타난 것이고, 무엇에서 생긴 것이고, 무엇이 근원일까? 무엇이 있는 곳에 유위를 조작하는 행위들이 있을까? 무엇이 없는 곳에는 유위를 조작하는 행위들이 없을까?'

그는 성찰하면서 이와 같이 통찰한다오.

'유위를 조작하는 행위[行]들은 무명(無明)이 인연이고, 무명이 모여 나타난 것이고, 무명에서 생긴 것이고, 무명이 근원이다. 무명이 있는 곳에 유위를 조작하는 행위들이 있다. 무명이 없는 곳에는 유위를 조작하는 행위들이 없다.'

그는 유위를 조작하는 행위들을 통찰하고, 유위를 조작하는 행위들의 쌓임[集]을 통찰하고, 유위를 조작하는 행위들의 소멸[滅]을 통찰하고, 유위를 조작하는 행위들이 그쳐 사라진 상태에 이르는 길[道]을 통찰한다오. 이렇게 실천하는 사람이 여법(如法)한 수행자라오. 비구들

---

179 'anudhammacārin'의 번역.

이여, 이런 사람을 다양한 종류의 여러 가지 괴로움을 소멸하기 위하여, 유위를 조작하는 행위[行]들의 소멸을 위하여 실천하는 비구라고 부른다오.

비구들이여, 무명(無明)의 상태에 있는[180] 사람이 만약에 공덕(功德)이 있는 행위[行]를 실행하면 분별하는 마음[識]은 공덕을 성취하고,[181] 만약에 공덕이 없는 행위를 실행하면 분별하는 마음은 공덕을 성취하지 못하고,[182] 만약에 동요하지 않는 행위를 실행하면, 분별하는 마음은 동요하지 않게 된다오.[183]

비구들이여, 비구에게 무명(無明)이 제거되고 명지(明智)가 생기면, 그는 무명에서 벗어나 명지가 생겼기 때문에 결코 공덕이 있는 행위를 실행하지 않고, 공덕이 없는 행위를 실행하지 않고, 동요하지 않는 행위를 실행하지 않는다오.

그는 조작하지 않고, 도모(圖謀)하지 않기 때문에 세간에서 어떤 것도 취(取)하지 않는다오. 취하지 않기 때문에 걱정하지 않으며, 걱정하지 않기 때문에 개별적으로 반열반(般涅槃)에 든다오.[184] 그는 '생(生)은 소멸했다. 청정한 수행[梵行]을 완성했으며, 해야 할 일을 끝마쳤다.

---

180 'avijjāgato'의 번역.

181 'puññaṃ ce saṅkhāram abhisaṃkharoti puññūpagaṃ hoti viññāṇaṃ'의 번역.

182 'apuññaṃ ce saṅkhāram abhisaṃkharoti apuññūpagaṃ hoti viññāṇaṃ'의 번역.

183 'āneñjam ce saṅkhāram abhisaṃkharoti āneñjūpagaṃ hoti viññāṇaṃ'의 번역. 동요하지 않는다는 것은 행복과 불행에 동요하지 않는다는 의미로 생각된다. 이것은 행(行)에 의존하여 식(識)이 있음을 이야기한 것이다.

184 'aparitassaṃ paccattaññeva parinibbāyati'의 번역.

다시는 이와 같은 상태로 되지 않는다'라고 통찰한다오.

그는 즐거운 느낌을 느끼게 되면, '그것은 무상(無常)하다'라고 통찰하고, '탐닉할 것이 못 된다'라고 통찰하고, '즐길 것이 못 된다'라고 통찰한다오. 그는 괴로운 느낌을 느끼게 되면, '그것은 무상하다'라고 통찰하고, '탐닉할 것이 못 된다'라고 통찰하고, '즐길 것이 못 된다'라고 통찰한다오. 그는 괴롭지도 즐겁지도 않은 느낌을 느끼게 되면, '그것은 무상하다'라고 통찰하고, '탐닉할 것이 못 된다'라고 통찰하고, '즐길 것이 못 된다'라고 통찰한다오.

그는 즐거운 느낌을 느끼게 되면, 속박에서 벗어나 그 느낌을 느끼고, 괴로운 느낌을 느끼게 되면, 속박에서 벗어나 그 느낌을 느끼고, 괴롭지도 즐겁지도 않은 느낌을 느끼게 되면, 속박에서 벗어나 그 느낌을 느낀다오.

그는 몸의 마지막 느낌을 느끼면서, '나는 몸의 마지막 느낌을 느끼고 있다'라고 통찰한다오.[185] 그는 수명(壽命)의 마지막 느낌을[186] 느끼면서 '나는 수명의 마지막 느낌을 느끼고 있다'라고 통찰한다오. 그는 '몸이 파괴된 후에 수명이 끝나면 실로 이 세상에서 느껴진 모든 것들은 더 이상 즐길 수 없이 싸늘하게 식어버리고, 유골(遺骨)들만 남겨지게 된다'[187]라고 통찰한다오. 비구들이여, 비유하자면, 도공(陶工)이

185 'so kāyapariyantikaṃ vedanaṃ vediyamāno kāyapariyantikaṃ vedanaṃ vediyamāmīti pajānāti'의 번역.

186 'jīvitapariyantikaṃ vedanaṃ'의 번역.

187 'kāyassa bhedā uddhaṃ jīvitapariyādānā idheva sabbavedayitāni anabhinanditāni sītibhavissanti sarīrāni avasissantīti'의 번역.

가마에서 뜨거운 그릇을 들어내어 평평한 땅에 세워놓으면, 거기에 있던 열기는 가라앉고 사발들만 남겨지는 것과 같다오.[188]

비구들이여, 어떻게 생각하는가? 번뇌가 소멸(消滅)한 비구가 공덕(功德)이 되는 유위를 조작하는 행위[行]를 실행하거나, 공덕이 되지 않는 유위를 조작하는 행위[行]를 실행하거나, 동요하지 않는 유위를 조작하는 행위[行]를 실행하겠는가?"[189]

"세존이시여, 그렇지 않습니다."

"그렇다면, 모든 유위를 조작하는 행위[行]가 소멸하여 유위를 조작하는 행위들이 없는 곳에 분별하는 마음[識]이 시설될 수 있겠는가?[190]"

"세존이시여, 그렇지 않습니다."

"그렇다면, 분별하는 마음[識]이 소멸하여 분별하는 마음이 없는 곳에 이름과 형색[名色]이 시설될 수 있겠는가?"

"세존이시여, 그렇지 않습니다."

"그렇다면, 이름과 형색[名色]이 소멸하여 이름과 형색이 없는 곳

---

188 "몸의 마지막 느낌을 느끼면서 … 유골만 남겨지게 된다라고 통찰한다"는 내용이 반복되는데, 이를 생략함.

189 'taṃ kiṃ maññatha bhikkhave api nu kho khīnāsavo bhikkhu puññābhisaṅkhāraṃ vā abhisaṅkhareyya apuññābhisaṅkhāraṃ vā abhisaṅkhareyya ānenjābhisaṅkhāraṃ vā abhisaṅkhareyyāti'의 번역.

190 'sabbaso vā pana saṅkhāresu asati saṅkharānirodhā api nu kho viññāṇaṃ paññayetha'의 번역. 'viññāṇaṃ paññayetha'를 '분별하는 마음[識]이라는 말이 있겠는가?'로 번역함. 'paññayetha'는 '시설(施設)되다'라는 의미의 동사 'paññāyati'의 3인칭 기원법인데, '시설된다'는 것은 '언어로 표현된다'는 의미이다.

에 6입처(六入處)가 시설될 수 있겠는가?"

"세존이시여, 그렇지 않습니다."

"그렇다면, 6입처(六入處)가 소멸하여 6입처가 없는 곳에 접촉[觸]이 시설될 수 있겠는가?"

"세존이시여, 그렇지 않습니다."

"그렇다면, 접촉[觸]이 소멸하여 접촉이 없는 곳에 느낌[受]이 시설될 수 있겠는가?"

"세존이시여, 그렇지 않습니다."

"그렇다면, 느낌[受]이 소멸하여 느낌이 없는 곳에 갈애[愛]가 시설될 수 있겠는가?"

"세존이시여, 그렇지 않습니다."

"그렇다면, 갈애[愛]가 소멸하여 갈애가 없는 곳에 취(取)가 시설될 수 있겠는가?"

"세존이시여, 그렇지 않습니다."

"그렇다면, 취(取)가 소멸하여 취가 없는 곳에 유(有)가 시설될 수 있겠는가?"

"세존이시여, 그렇지 않습니다."

"그렇다면, 유(有)가 소멸하여 유가 없는 곳에 생(生)이 시설될 수 있겠는가?"

"세존이시여, 그렇지 않습니다."

"그렇다면, 생(生)이 소멸하여 생이 없는 곳에 노사(老死)가 시설될 수 있겠는가?"

"세존이시여, 그렇지 않습니다."

"훌륭하오. 비구들이여, 훌륭하오. 바로 그와 같다오. 결코 그와 다르지 않다오. 비구들이여, 나의 말을 믿으시오. 의심하지 마시오. 이 점에 대하여 확신을 갖도록 하시오. 실로 이것이 괴로움의 끝이라오."

2.31. 취(取, Upādāna)〈s.12.52〉

세존께서 싸왓티의 제따와나 아나타삔디까 사원에 머무실 때, 비구들에게 말씀하셨습니다.

"비구들이여, 취착의 대상이 되는 것들에 대하여[191] 달콤한 맛이라고 보면서 살아가면 갈애[愛]가 늘어난다오. 갈애에 의존하여 취(取)가 있고, 취에 의존하여 유(有)가 있고, 유에 의존하여 생(生)이 있고, 생에 의존하여 노사(老死)와 근심, 슬픔, 고통, 우울, 고뇌가 생긴다오. 이와 같이 순전한 괴로움 덩어리[苦蘊]가 쌓인다오[集].

비구들이여, 비유하면, 열 수레의 장작이나 스무 수레의 장작이나, 서른 수레의 장작이나, 마흔 수레의 장작에 큰불을 지르고, 거기에다가 사람이 수시로 바짝 마른 건초나, 바짝 마른 쇠똥이나, 바짝 마른 장작을 던져 넣는 것과 같다오. 비구들이여, 이와 같이 하면 그것이 공급되어,[192]

---

191 'upādāniyesu dhammesu'의 번역.

192 'tadāhāro'의 번역. 'tadāhāro'는 지시대명사 'tad'와 '음식, 자양분'을 의미하는 'āhāro'의 합성어인데, 'āhāro'는 '가져오다, 운반하다'라는 의미의 동사 'āhharati'에서 파생된 명사로서 원래 '가져오는 것, 운반하는 것'을 의미한다. 여기에서는 '가져온 것'의 의미를 취하여 '공급되고'로 번역했다.

그것을 취한[193] 그 큰 불덩어리가 오래오래 긴 시간을 타는 것과 같다오.

비구들이여, 취착의 대상이 되는 것들에 대하여 위험한 것이라고 보면서 살아가면 갈애[愛]가 소멸한다오. 갈애가 소멸하면 취(取)가 소멸하고, 취가 소멸하면 유(有)가 소멸하고, 유가 소멸하면 생(生)이 소멸하고, 생이 소멸하면 노사(老死)와 근심, 슬픔, 고통, 우울, 고뇌가 소멸한다오. 이와 같이 순전한 괴로움 덩어리[苦蘊]가 소멸한다오[滅].

비구들이여, 비유하면, 열 수레의 장작이나 스무 수레의 장작이나, 서른 수레의 장작이나, 마흔 수레의 장작에 큰불을 지르고, 거기에다가 사람이 수시로 바짝 마른 건초나, 바짝 마른 쇠똥이나, 바짝 마른 장작을 던져 넣지 않는 것과 같다오. 비구들이여, 이와 같이 하면 이전의 연료는 소진(消盡)되고, 다른 연료가 공급이 되지 않아서, 공급이 끊긴[194] 그 큰 불덩어리가 꺼지는 것과 같다오."

2.32. 속박(Saññojanaṃ)〈s.12.53〉

세존께서 싸왓티의 제따와나 아나타삔디까 사원에 머무실 때, 비구들에게 말씀하셨습니다.

---

193 'tadupādāno'의 번역. 'upādāno'는 '잡다, 쥐다, 취하다'는 의미의 동사 'upāduyati'에서 파생된 남성명사 1인칭으로서 '연료, 집착, 취착'의 의미가 있다. 12연기의 취(取)가 바로 'upādāno'의 번역이다. 불이 연료에 의존하여 존속하듯이, 유(有)가 유지될 수 있는 연료와 같은 것이 취라는 것을 12연기의 취가 보여준다고 할 수 있다.

194 'anāhāro'의 번역.

"비구들이여, 속박하는 것들에 대하여[195] 달콤한 맛이라고 보면서 살아가면 갈애[愛]가 늘어난다오. 갈애에 의존하여 취(取)가 있고, 취에 의존하여 유(有)가 있고, 유에 의존하여 생(生)이 있고, 생에 의존하여 노사(老死)와 근심, 슬픔, 고통, 우울, 고뇌가 생긴다오. 이와 같이 순전한 괴로움 덩어리[苦蘊]가 쌓인다오[集].

비구들이여, 비유하면, 기름에 의존하고 심지에 의존하여 기름 등이 타고 있는데, 거기에 사람이 수시로 기름을 붓고, 심지를 돋우는 것과 같다오. 비구들이여, 이와 같이 하면 그것이 공급되어 그것을 취한 그 기름 등은 오래오래 긴 시간을 타는 것과 같다오.

비구들이여, 속박하는 것들에 대하여 위험한 것이라고 보면서 살아가면 갈애[愛]가 소멸한다오. 갈애가 소멸하면 취(取)가 소멸하고, 취가 소멸하면 유(有)가 소멸하고, 유가 소멸하면 생(生)이 소멸하고, 생이 소멸하면 노사(老死)와 근심, 슬픔, 고통, 우울, 고뇌가 소멸한다오. 이와 같이 순전한 괴로움 덩어리[苦蘊]가 소멸한다오[滅].

비구들이여, 비유하면, 기름에 의존하고 심지에 의존하여 기름등이 타고 있는데, 거기에다가 사람이 수시로 기름을 붓지 않고, 심지를 돋우지 않는 것과 같다오. 비구들이여, 이와 같이 하면 이전의 연료는 소진(消盡)되고, 다른 연료가 공급되지 않아서, 공급이 끊긴 그 기름등이 꺼지는 것과 같다오."

---

195 'saññojaniyesu dhammesu'의 번역.

2.33. 큰 나무(Mahārukkho)〈s.12.55〉

세존께서 싸왓티의 제따와나 아나타삔디까 사원에 머무실 때, 비구들에게 말씀하셨습니다.

"비구들이여, 취착의 대상이 되는 것들에 대하여 달콤한 맛이라고 보면서 살아가면 갈애[愛]가 늘어난다오. 갈애에 의존하여 취(取)가 있고, 취에 의존하여 유(有)가 있고, 유에 의존하여 생(生)이 있고, 생에 의존하여 노사(老死)와 근심, 슬픔, 고통, 우울, 고뇌가 생긴다오. 이와 같이 순전한 괴로움 덩어리[苦蘊]가 쌓인다오[集].

비구들이여, 비유하면, 아래로 뻗고, 사방으로 뻗은 큰 나무의 뿌리들이 위로 모든 자양분을 제공하는 것과 같다오. 비구들이여, 이와 같이 하면 그것이 공급되어 그것을 취한 그 큰 나무는 오래오래 긴 시간을 서 있는 것과 같다오.

비구들이여, 취착의 대상이 되는 것들에 대하여 위험한 것이라고 보면서 살아가면 갈애[愛]가 소멸한다오. 갈애가 소멸하면 취(取)가 소멸하고, 취가 소멸하면 유(有)가 소멸하고, 유가 소멸하면 생(生)이 소멸하고, 생이 소멸하면 노사(老死)와 근심, 슬픔, 고통, 우울, 고뇌가 소멸한다오. 이와 같이 순전한 괴로움 덩어리[苦蘊]가 소멸한다오[滅].

비구들이여, 비유하면, 사람이 괭이와 소쿠리를 가지고 와서 큰 나무를 뿌리 부분에서 자른 후에, 흙을 파내어 뿌리를 뽑고, 잔뿌리, 실뿌리까지 뽑아낸 다음, 그 나무를 토막을 내어 자르고, 쪼개고, 산산조각으로 조각내어 바람과 햇볕에 말려서 불로 태운 후에 재를 만들어서 큰바람에 날려버리거나 강의 급류(急流)에 씻어버리는 것과 같다오. 비구들이여, 이와 같이 하면 뿌리가 잘린 그 큰 나무는, 그루터기가 잘린 종려나무처럼 다시 존재할 수 없게 되어, 미래에는 생기지 않는 것과 같다오."

2.34. 어린나무(Taruṇa)〈s.12.57〉

세존께서 싸왓티의 제따와나 아나타삔디까 사원에 머무실 때, 비구들에게 말씀하셨습니다.

"비구들이여, 속박하는 것들에 대하여 달콤한 맛이라고 보면서 살아가면 갈애[愛]가 늘어난다오. 갈애에 의존하여 취(取)가 있고, 취에 의존하여 유(有)가 있고, 유에 의존하여 생(生)이 있고, 생에 의존하여 노사(老死)와 근심, 슬픔, 고통, 우울, 고뇌가 생긴다오. 이와 같이 순전한 괴로움 덩어리[苦蘊]가 쌓인다오[集].

비구들이여, 비유하면 어린나무의 뿌리에 사람이 수시로 풀을 매주고, 수시로 흙을 북돋아주고, 수시로 물을 주는 것과 같다오. 비구들이여, 이와 같이 하면 그것이 공급되어 그것을 취한 그 작은 나무는 성장하고, 증장하고, 번성하게 되는 것과 같다오.

비구들이여, 속박하는 것들에 대하여 위험한 것이라고 보면서 살아가면 갈애[愛]가 소멸한다오. 갈애가 소멸하면 취(取)가 소멸하고, 취가 소멸하면 유(有)가 소멸하고, 유가 소멸하면 생(生)이 소멸하고, 생이 소멸하면 노사(老死)와 근심, 슬픔, 고통, 우울, 고뇌가 소멸한다오. 이와 같이 순전한 괴로움 덩어리[苦蘊]가 소멸한다오[滅].

비구들이여, 비유하면 사람이 괭이와 소쿠리를 가지고 와서 작은 나무를 뿌리 부분에서 자른 후에, 흙을 파내어 뿌리를 뽑고, 잔뿌리, 실뿌리까지 뽑아낸 다음, 그 나무를 토막을 내어 자르고, 쪼개고, 산산조각으로 조각내어 바람과 햇볕에 말려서 불로 태운 후에 재를 만들어서 큰바람에 날려버리거나 강의 급류(急流)에 씻어버리는 것과 같다오. 비구들이여, 이와 같이 하면 뿌리가 잘린 그 작은 나무는, 그루터기가 잘린 종려나무처럼 다시 존재할 수 없게 되어, 미래에는 생기지 않는 것과 같다오."

2.35. 이름과 형색〔名色, Nāmarūpaṃ〕〈s.12.58〉

세존께서 싸왓티의 제따와나 아나타삔디까 사원에 머무실 때, 비구들에게 말씀하셨습니다.

"비구들이여, 속박하는 것들에 대하여 달콤한 맛이라고 보면서 살아가면 이름과 형색[名色]이 늘어난다오. 이름과 형색에 의존하여 6입처(六入處)가 있고, … 이와 같이 순전한 괴로움 덩어리[苦蘊]가 쌓인다오[集].

비구들이여, 비유하면 아래로 뻗고, 사방으로 뻗은 큰 나무의 뿌리들이 위로 모든 자양분을 제공하는 것과 같다오. 비구들이여, 이와 같이 하면 그것이 공급되어 그것을 취한 그 큰 나무는 오래오래 긴 시간을 서 있는 것과 같다오.

비구들이여, 속박하는 것들에 대하여 위험한 것이라고 보면서 살아가면 이름과 형색[名色]이 소멸한다오. 이름과 형색이 소멸하면 6입처(六入處)가 소멸하고, … 이와 같이 순전한 괴로움 덩어리[苦蘊]가 소멸한다오[滅].

비구들이여, 비유하면 사람이 괭이와 소쿠리를 가지고 와서 큰 나무를 뿌리 부분에서 자른 후에, 흙을 파내어 뿌리를 뽑고, 잔뿌리, 실뿌리까지 뽑아낸 다음, 그 나무를 토막을 내어 자르고, 쪼개고, 산산조각으로 조각내어 바람과 햇볕에 말려서 불로 태운 후에 재를 만들어서 큰바람에 날려버리거나 강의 급류(急流)에 씻어버리는 것과 같다오. 비구들이여, 이와 같이 하면 뿌리가 잘린 그 큰 나무는, 그루터기가 잘린 종려나무처럼 다시 존재할 수 없게 되어, 미래에는 생기지 않는 것과 같다오."

2.36. 분별하는 마음〔識, Viññāṇaṃ〕〈s.12.49〉

세존께서 싸왓티의 제따와나 아나타삔디까 사원에 머무실 때, 비구들에게 말씀하셨습니다.

"비구들이여, 속박하는 것들에 대하여 달콤한 맛이라고 보면서 살아가면 분별하는 마음[識]이 늘어난다오. 분별하는 마음에 의존하여 이름과 형색[名色]이 있고, … 이와 같이 순전한 괴로움 덩어리[苦蘊]가 쌓인다오[集].

비구들이여, 비유하면 아래로 뻗고, 사방으로 뻗은 큰 나무의 뿌리들이 위로 모든 자양분을 제공하는 것과 같다오. 비구들이여, 이와 같이 하면 그것이 공급되어 그것을 취한 그 큰 나무는 오래오래 긴 시간을 서 있는 것과 같다오.

비구들이여, 속박하는 것들에 대하여 위험한 것이라고 보면서 살아가면 분별하는 마음[識]이 소멸한다오. 분별하는 마음이 소멸하면 이름과 형색[名色]이 소멸하고, … 이와 같이 순전한 괴로움 덩어리[苦蘊]가 소멸한다오[滅].

비구들이여, 비유하면, 사람이 괭이와 소쿠리를 가지고 와서 큰 나무를 뿌리 부분에서 자른 후에, 흙을 파내어 뿌리를 뽑고, 잔뿌리, 실뿌리까지 뽑아낸 다음, 그 나무를 토막을 내어 자르고, 쪼개고, 산산조각으로 조각내어 바람과 햇볕에 말려서 불로 태운 후에 재를 만들어서 큰바람에 날려버리거나 강의 급류(急流)에 씻어버리는 것과 같다오. 비구들이여, 이와 같이 하면 뿌리가 잘린 그 큰 나무는, 그루터기가 잘린 종려나무처럼 다시 존재할 수 없게 되어, 미래에는 생기지 않는 것과 같다오."

2.37. 무지한 자(Assutavato) (1) 〈s.12.61〉

세존께서 싸왓티의 제따와나 아나타삔디까 사원에 머무실 때, 비구들에게 말씀하셨습니다.

"비구들이여, 무지한 범부라도 4대(四大)로 된 몸에 대하여 싫증[厭離]을 내고, 욕탐을 버리고[離欲], 해탈(解脫)할 수가 있다오.[196] 그 까닭은 무엇인가? 비구들이여, 그는 4대로 된 몸이 늘어나기도 하고, 줄어들기도 하고, 섭취하기도 하고, 배설하기도 하는 것을 본다오. 그러므로 무지한 범부도 그것에 대하여 싫증을 내고, 욕탐을 버리고, 해탈할

---

196 'imasmiṃ cātumahābhūtikasmiṃ kāyasmim nibbindeyya pi virajjeyya pi vimucceyya pi'의 번역. 염리(厭離)는 싫증을 내는 것이고, 이욕(離欲)은 관심을 두지 않는 것이고, 해탈(解脫)은 벗어나는 것이다.

수가 있다오.

그렇지만, 비구들이여, 무지한 범부는 마음[心][197]이라고도 불리고, 생각[意][198]이라고도 불리고, 의식[識][199]이라고도 불리는 것에 대하여 싫증[厭離]을 내고, 욕탐을 버리고[離欲], 해탈(解脫)하기 어렵다오. 그 까닭은 무엇인가? 비구들이여, 무지한 범부는 실로 오랜 세월 동안 '이것은 나의 것이다. 이것이 나다. 이것이 나의 자아다'라고 고집하고, 좋아하고, 집착했다오. 그러므로 무지한 범부는 마음[心]이라고도 불리고, 생각[意]이라고도 불리고, 의식[識]이라고도 불리는 것에 대하여 싫증을 내고, 욕탐을 버리고, 해탈하기 어렵다오.

비구들이여, 그렇지만 무지한 범부는 4대(四大)로 된 몸을 자아로 여기는 것이 마음을 자아로 여기는 것보다 나을 것이오. 그 까닭은 무엇인가? 비구들이여, 이 4대로 된 몸을 보면, 1년을 머물기도 하고, 2년을 머물기도 하고, 3년을 머물기도 하고, 4년을 머물기도 하고, 5년을 머물기도 하고, 10년을 머물기도 하고, 20년을 머물기도 하고, 30년을 머물기도 하고, 40년을 머물기도 하고, 50년을 머물기도 하고, 100년을 머물기도 하고, 그 이상을 머물기도 한다오. 비구들이여, 그렇지만, 마음[心]이라고도 불리고, 생각[意]이라고도 불리고, 의식[識]이라고도 불리는 것은, 밤낮으로 달라지면서 다른 것이 생기고 사라진다오. 비유하면, 숲속에서 돌아다니는 원숭이가 나뭇가지를 붙잡았다가, 붙잡았

---

197 'cittaṃ'의 번역.

198 'mano'의 번역.

199 'viññāṇaṃ'의 번역.

던 나뭇가지를 놓고 다른 나뭇가지를 붙잡는 것과 같다오.

비구들이여, 거기에서 배움이 많은 거룩한 제자는 연기(緣起)를 철저하게 이치에 맞게 생각한다오.

'이것이 있는 곳에 이것이 있고, 이것이 생기면 이것이 생긴다. 이것이 없는 곳에는 이것이 없다. 이것이 소멸하면 이것이 소멸한다. 이와 같이 무명(無明)에 의존하여 유위를 조작하는 행위[行]들이 있고, … 이와 같이 순전한 괴로움 덩어리[苦蘊]의 쌓임[集]이 있다. 그렇지만, 무명(無明)이 남김없이 소멸하면 유위를 조작하는 행위[行]들이 소멸하고, … 이와 같이 순전한 괴로움 덩어리[苦蘊]의 소멸[滅]이 있다.'

비구들이여, 이와 같이 본 학식이 많은 거룩한 제자는 형상을 지닌 몸[色]이나, 느끼는 마음[受], 생각하는 마음[想], 유위를 조작하는 행위[行]들, 분별하는 마음[識]에 대하여 싫증을 낸다오. 그는 싫증을 내기 때문에 욕탐을 버리고, 욕탐을 버리기 때문에 해탈하며, 해탈했을 때, '나는 해탈했다'라고 안다오. 즉, 그는 '생(生)은 소멸했다. 청정한 수행[梵行]을 완성했으며, 해야 할 일을 끝마쳤다. 다시는 이와 같은 상태로 되지 않는다'라고 통찰한다오."

2.38. 무지한 자(Assutavā) (2) 〈s.12.62〉

세존께서 싸왓티의 제따와나 아나타삔디까 사원에 머무실 때, 비구들에게 말씀하셨습니다.

"비구들이여, 무지한 범부라도 4대(四大)로 된 몸에 대하여 싫증내고[厭離], 탐욕을 버리고[離欲], 해탈(解脫)할 수가 있다오. 그 까닭은 무엇인가? 비구들이여, 그는 4대로 된 몸이 늘어나기도 하고, 줄어들기도 하고, 섭취하기도 하고, 배설하기도 하는 것을 본다오. 그러므로 무지한 범부도 그것에 대하여 싫증 내고, 탐욕을 버리고, 해탈할 수가 있다오.

그렇지만, 비구들이여, 무지한 범부는 마음[心]이라고도 불리고, 생각[意]이라고도 불리고, 의식[識]이라고도 불리는 그것에 대하여 싫증 내고, 탐욕을 버리고, 해탈하기가 어렵다오. 그 까닭은 무엇인가? 비구들이여, 무지한 범부는 실로 오랜 세월 동안 '이것은 나의 것이다. 이것이 나다. 이것이 나의 자아다'라고 고집하고, 좋아하고, 집착했다오. 그러므로 무지한 범부는 마음[心]이라고도 불리고, 생각[意]이라고도 불리고, 의식[識]이라고도 불리는 그것에 대하여 싫증 내고, 탐욕을 버리고, 해탈하기가 어렵다오.

비구들이여, 그렇지만 무지한 범부는 4대로 된 몸을 자아로 여기는 것이 마음을 자아로 여기는 것보다 나을 것이오. 그 까닭은 무엇인가? 비구들이여, 이 4대로 된 몸을 보면, 1년을 머물기도 하고, 2년을 머물기도 하고, 3년을 머물기도 하고, 4년을 머물기도 하고, 5년을 머물기도 하고, 10년을 머물기도 하고, 20년을 머물기도 하고, 30년을 머물기도 하고, 40년을 머물기도 하고, 50년을 머물기도 하고, 100년을 머물기도 하고, 그 이상을 머물기도 한다오. 비구들이여, 그렇지만, 마음[心]이라고도 불리고, 생각[意]이라고도 불리고, 의식[識]이라고도 불리는 것은 밤낮으로 달라지면서 다른 것이 생기고 사라진다오.

비구들이여, 거기에서 많이 배운 거룩한 제자는 연기(緣起)를 철저하게 이치에 맞게 생각한다오. '이것이 있는 곳에 이것이 있고, 이것이

생기면 이것이 생긴다. 이것이 없는 곳에는 이것이 없다. 이것이 소멸하면 이것이 소멸한다.'

비구들이여, 즐겁게 느껴지는 접촉[觸]에 의존하여 즐거운 느낌[樂受]이 생긴다오.[200] 그 즐겁게 느껴지는 접촉이 소멸하면, 그것으로부터 생겨 느껴진, 즐겁게 느껴지는 접촉에 의존하여 생긴, 즐거운 느낌, 그것이 소멸하고, 그것이 가라앉는다오.

비구들이여, 괴롭게 느껴지는 접촉[觸]에 의존하여 괴로운 느낌[苦受]이 생긴다오. 그 괴롭게 느껴지는 접촉이 소멸하면, 그것으로부터 생겨 느껴진, 괴롭게 느껴지는 접촉에 의존하여 생긴, 괴로운 느낌, 그것이 소멸하고, 그것이 가라앉는다오.

비구들이여, 괴롭지도 즐겁지도 않게 느껴지는 접촉[觸]에 의존하여 괴롭지도 즐겁지도 않은 느낌[不苦不樂受]이 생긴다오. 그 괴롭지도 즐겁지도 않게 느껴지는 접촉이 소멸하면, 그것으로부터 생겨 느껴진, 괴롭지도 즐겁지도 않게 느껴지는 접촉에 의존하여 생긴, 괴롭지도 즐겁지도 않은 느낌, 그것이 소멸하고, 그것이 가라앉는다오.

비구들이여, 비유하면 두 개의 나무토막을 맞대어 문지르면 열이 생기면서 불이 일어나고, 그 두 나무토막을 분리하여 흩트리면 그것에서 생긴 열, 그것이 사라지고, 그것이 가라앉는 것과 같다오.

비구들이여, 이와 같이 보는 학식이 많은 거룩한 제자는 접촉[觸]에서도 싫증 내고[厭離], 느낌[受]에 대하여 싫증 내고, 관념[想]에 대하

---

200 'sukhavedaniyaṃ bhikkhave phassaṃ paṭiccauppajjati sukhā vedanā'의 번역.

여 싫증 내고, 분별하는 마음[識]에 대하여 싫증을 낸다오.[201] 그는 싫증을 내기 때문에 탐욕을 버리고[離欲], 탐욕을 버리기 때문에 해탈(解脫)하며, 해탈했을 때, '나는 해탈했다'라고 안다오. 즉, 그는 '생(生)은 소멸했다. 청정한 수행[梵行]을 완성했으며, 해야 할 일을 끝마쳤다. 다시는 이와 같은 상태로 되지 않는다'라고 통찰한다오."

2.39. 아들의 살(Puttamaṃsa)〈s.12.63〉

세존께서 싸왓티의 제따와나 아나타삔디까 사원에 머무실 때, 비구들에게 말씀하셨습니다.

"비구들이여, 이미 존재하는 중생들을 (중생의 상태에) 머물게 하거나, 다시 존재하고 싶어 하는 중생들을 (다시 존재하도록) 돕는 네 가지 음식이 있다오. 그 넷은 어떤 것들인가? 첫째는 거칠거나 부드러운 덩어리 음식[摶食], 둘째는 접촉 음식[觸食], 셋째는 의도(意圖) 음식[意思食], 넷째는 분별 음식[識食]이라오. 비구들이여, 이들 네 가지 음식이 이미 존재하는 중생들을 (중생의 상태에) 머물게 하거나, 다시 존재하고 싶어 하는 중생들을 (다시 존재하도록) 돕는다오.

비구들이여, 덩어리 음식[摶食]은 어떻게 보아야 하는가?

비구들이여, 비유하면, 어떤 부부가 적은 식량을 가지고 사막 길에 들어섰다오. 그들에게는 사랑스럽고 귀여운 외아들이 있었다오. 비

201 여기에는 '유위를 조작하는 행위[行]들(saṅkhārā)'이 빠졌다. 그 이유는 '유위를 조작하는 행위들'은 접촉[觸]에 의존하여 생기는 것이 아니기 때문이라고 생각된다.

구들이여, 그런데 사막 길을 가던 그 부부의 식량은 떨어져서 바닥났는데, 그 사막은 끝나지 않고 남아 있었다오. 그래서 그 부부는 생각했다오.

'우리의 식량은 떨어져서 바닥났는데, 이 사막은 끝나지 않고 남아 있구나. 우리는 이 사랑스럽고 귀여운 외아들을 죽여 육포(肉脯)를 만들고 장포(醬脯)를 만들어서 아들의 살을 먹으면 남은 사막을 건널 수 있을 것이다. 우리 셋이 다 죽을 수는 없지 않은가?'

그래서 그 부부는 사랑스럽고 귀여운 외아들을 죽여 아들의 살을 먹으면서 남은 사막을 건넜다오. 그들은 '우리 외아들아 어디로 갔느냐! 우리 외아들아 어디로 갔느냐!'라고 가슴을 치면서 아들의 살을 먹었다오.

비구들이여, 어떻게 생각하는가? 그들이 즐기려고[202] 음식을 먹거나, 맛에 빠져서[203] 음식을 먹거나, 푸짐하게[204] 음식을 먹거나, 진수성찬으로[205] 음식을 먹었겠는가?"

"결코 그렇지 않습니다. 세존이시여!"

"비구들이여, 그들은 오직 사막을 건널 목적으로만 그 음식을 먹지 않았겠는가?"

"그렇습니다. 세존이시여!"

---

202 'davāya'의 번역. 'dava'는 '놀이'를 의미한다.

203 'madāya'의 번역. 'mada'는 '중독, 열중, 심취'를 의미한다.

204 'maṇḍanāya'의 번역. 'maṇḍana'는 '장식, 단장, 장엄'을 의미한다.

205 'vibhūsanāya'의 번역. 'vibhūsana'는 '장식, 장엄'을 의미한다.

"비구들이여, 나는 '덩어리 음식[摶食]은 이와 같이 보아야 한다'고 말한다오. 비구들이여, '덩어리 음식에 대한 완전한 이해가 있을 때 다섯 가지 감각적 쾌락의 속성을 갖는 탐욕에 대한 완전한 이해가 있으며,[206] 다섯 가지 감각적 쾌락의 속성을 갖는 탐욕에 대한 완전한 이해가 있을 때에는 거룩한 제자가 더 이상 해야 할 어떤 것도 없다'고 나는 말한다오.

비구들이여, 접촉 음식[觸食]은 어떻게 보아야 하는가?

비구들이여, 비유하면 피부가 벗겨진 암소가 담장에 기대어 서 있으면 담장에 의지해서 사는 것들이 그 소를 뜯어먹을 것이고, 나무에 기대어 서 있으면 나무에 의지해서 사는 것들이 그 소를 뜯어먹을 것이고, 물속에 들어가 서 있으면 물에 의지해서 사는 것들이 그 소를 뜯어먹을 것이고, 허공에 몸을 두고 서 있으면 허공에 의지해서 사는 것들이 그 소를 뜯어먹을 것이오. 비구들이여, 그 피부가 벗겨진 암소가 무엇엔가 의지하여 서 있으면, 그것에 의지하여 사는 것들이 그 소를 뜯어먹을 것이오.

비구들이여, 나는 '접촉 음식[觸食]은 이와 같이 보아야 한다'고 말한다오. 비구들이여, '접촉 음식에 대한 완전한 이해가 있을 때 세 가지 느낌[受]에 대한 완전한 이해가 있으며,[207] 세 가지 느낌에 대한 완전한 이해가 있을 때에는 거룩한 제자가 더 이상 해야 할 어떤 것도 없다'고 나는 말한다오.

---

206 'kabaliṃkāre bhikkhave āhāre pariññāte pañcakāmaguṇiko rāgo pariññāto hoti'의 번역.

207 'phasse bhikkhave āhāre pariññāte tisso vedanā pariññātā hoti'의 번역.

비구들이여, 의도(意圖) 음식[意思食]은 어떻게 보아야 하는가?

비구들이여, 예를 들어 사람의 키보다 훨씬 깊은, 불꽃도 일지 않고, 연기도 나지 않는 숯불이 가득 찬 불구덩이에, 살기를 바라고, 죽지 않기를 바라고, 괴로움을 싫어하는 사람이 오자, 그 사람을 힘센 장정 두 사람이 억지로 붙잡아서 그 불구덩이 속에 끌어넣는다면, 비구들이여, 그것은 그 사람의 의지와는 전혀 동떨어진 것이고, 바람과는 전혀 동떨어진 것이고, 소원과는 전혀 동떨어진 것일 것이오. 왜냐하면, 비구들이여, 그 사람은 '내가 이 불구덩이에 빠지게 되면 그로 인해서 죽게 되거나, 죽을 정도로 괴롭게 될 것이다'라고 생각할 것이기 때문이오.

비구들이여, 나는 '의도(意圖) 음식[意思食]은 이와 같이 보아야 한다'라고 말한다오. 비구들이여, '의도 음식에 대한 완전한 이해가 있을 때 세 가지 갈애[愛]에 대한 완전한 이해가 있으며, 세 가지 갈애에 대한 완전한 이해가 있을 때는 거룩한 제자가 더 이상 해야 할 어떤 것도 없다'라고 나는 말한다오.

비구들이여, 분별 음식[識食]은 어떻게 보아야 하는가?

비구들이여, 비유하면 도적질을 한 죄인을 붙잡아 왕에게 보이고, '전하! 이놈이 도적질을 한 죄인입니다. 뜻대로 이놈에게 벌을 내려주십시오'라고 왕에게 고하자, '여봐라, 가서 이놈을 오전에 창으로 100번 찔러라!'라고 하여 오전에 창으로 그자를 100번 찔렀다오. 한낮이 되자 왕은 '여봐라, 그자는 어떻게 되었느냐?'라고 말했고, '전하, 여전히 살아 있습니다'라고 왕에게 고하자, '여봐라, 가서 그놈을 한낮에 창으로 100번 찔러라!'라고 하여 한낮에 창으로 그자를 100번 찔렀다오. 오후가 되자 왕은 '여봐라, 그자는 어떻게 되었느냐?'라고 말했고, '전하, 여전히 살아 있습니다'라고 왕에게 고하자, '여봐라, 가서 그놈을 오후에 창으로 100번 찔러라!'라고 하여 오후에 창으로 그자를 100번 찔렀다오.

비구들이여, 어떻게 생각하는가? 하루에 창으로 300번 찔린 그 사람은 그로 인해서 괴로움과 슬픔을 느끼지 않았겠는가?"

"세존이시여, 한 번만 창에 찔려도 그로 인해서 괴로움과 슬픔을 느낄 것입니다. 그런데 300번을 찔린다면 말해 무엇 하겠습니까?"

"비구들이여, 나는 '분별 음식[識食]은 이와 같이 보아야 한다'고 말한다오. 비구들이여, '분별 음식에 대한 완전한 이해가 있을 때 이름과 형색[名色]에 대한 완전한 이해가 있으며, 이름과 형색에 대한 완전한 이해가 있을 때에는 거룩한 제자가 더 이상 해야 할 어떤 것도 없다'라고 나는 말한다오."

2.40. 탐욕이 있으면(Atthirāgo)〈s.12.64〉

세존께서 싸왓티의 제따와나 아나타삔디까 사원에 머무실 때, 비구들에게 말씀하셨습니다.

"비구들이여, 이미 존재하는 중생들을 (중생의 상태에) 머물게 하거나, 다시 존재하고 싶어 하는 중생들을 (다시 존재하도록) 돕는 네 가지 음식이 있다오. 그 넷은 어떤 것들인가? 첫째는 거칠거나 부드러운 덩어리 음식[摶食], 둘째는 접촉 음식[觸食], 셋째는 의도(意圖) 음식[意思食], 넷째는 분별 음식[識食]이라오. 비구들이여, 이들 네 가지 음식이 이미 존재하는 중생들을 (중생의 상태에) 머물게 하거나, 다시 존재하고 싶어

하는 중생들을 (다시 존재하도록) 돕는다오.

비구들이여, 만약에 덩어리 음식[摶食]에 대하여 탐욕이 있고, 좋아하고, 갈애[愛]가 있으면, 거기에 분별하는 마음[識]이 머물면서 자란다오.[208] 분별하는 마음이 머물면서 자라는 곳에, 그곳에 이름과 형색[名色]의 출현이 있다오. 이름과 형색의 출현이 있는 곳에, 그곳에 유위를 조작하는 행위[行]들의 증가가 있다오.[209] 유위를 조작하는 행위들의 증가가 있는 곳에, 그곳에 미래에 다시 유(有)의 발생이 있다오.[210] 미래에 다시 유의 발생이 있는 곳에, 그곳에 미래에 생(生), 노사(老死)가 있다오. 비구들이여, '미래에 생, 노사가 있는 곳에 슬픔이 있고, 근심이 있고, 불안이 있다'라고 나는 말한다오.

접촉 음식[觸食], 의도(意圖) 음식[意思食], 분별 음식[識食]에 대해서도 마찬가지라오.

비구들이여, 비유하면, 염색공이나 화가가 염료나 칠이나 노란색이나 파란색이나 붉은색으로, 잘 문지른 널빤지나 담벼락이나 흰 천에, 여자의 모습이나 남자의 모습을 손가락 발가락까지 자세하게 그리는 것과 같다오.

---

208 'patiṭṭhitaṃ tattha viññāṇaṃ virūḷhaṃ'의 번역.

209 'atthi tattha saṅkhārāṇaṃ vuddhi'의 번역.

210 'atthi tattha āyatiṃ punabhavābhinibatti'의 번역. 'punabhavābhinibbatti'는 '다음, 다시'를 의미하는 'puna'와 '유(有)'를 의미하는 'bhava'와 '발생'을 의미하는 'abhinibbatti'의 합성어다. 이것은 행(行, saṅkhāra)에 의해서 다시 새로운 유(有)가 생긴다는 것을 말한 것이다. 이것을 기존의 번역에서는 '미래의 존재로 다시 태어남'으로 번역하여 '윤회'의 의미로 해석하고 있으나, 이것은 잘못된 것이다.

비구들이여, 만약에 덩어리 음식[摶食]에 대하여 탐욕이 없고, 좋아하지 않고, 갈애[愛]가 없으면, 거기에 분별하는 마음[識]이 머물지 않고, 자라지 않는다오. 분별하는 마음이 머물지 않고 자라지 않는 곳에는, 그곳에는 이름과 형색[名色]의 출현이 없다오. 이름과 형색의 출현이 없는 곳에는, 그곳에는 유위를 조작하는 행위[行]들의 증가가 없다오. 유위를 조작하는 행위들의 증가가 없는 곳에는, 그곳에는 미래에 다시 유(有)의 발생이 없다오.[211] 미래에 다시 유의 발생이 없는 곳에는, 그곳에 미래에 생(生), 노사(老死)가 없다오. 비구들이여, '미래에 생, 노사가 없는 곳에는 슬픔이 없고, 근심이 없고, 불안이 없다'라고 나는 말한다오.

접촉 음식[觸食], 의도(意圖) 음식[意思食], 분별 음식[識食]에 대해서도 마찬가지라오.

비구들이여, 예를 들어, 북쪽이나 남쪽이나 동쪽에 창문이 있는 집이나 누각(樓閣)이 있다면, 해가 뜰 때 창문으로 광선이 들어와 어디에 머물겠는가?"

"세존이시여, 서쪽 벽에 머물 것입니다."

"비구들이여, 만약에 서쪽 벽이 없다면 어디에 머물겠는가?"

"세존이시여, (집 밖에 있는) 땅에 머물 것입니다."

"비구들이여, 만약에 땅이 없다면 어디에 머물겠는가?"

"세존이시여, 물에 머물 것입니다."[212]

---

211 'natthi tattha āyatiṃ punabhavābhinibatti'의 번역.

212 땅이 없다는 것은 그곳에 땅 대신 물이 있다는 것을 의미하기 때문에 이렇게 대답했을

"비구들이여, 만약에 물이 없다면 어디에 머물겠는가?"

"세존이시여, 머물지 않을 것입니다."

"비구들이여, 이와 같이 만약에 덩어리 음식[摶食]에 대하여 탐욕이 없고, 좋아하지 않고, 갈애[愛]가 없으면, 거기에 분별하는 마음[識]이 머물지 않고, 자라지 않는다오. 분별하는 마음이 머물지 않고 자라지 않는 곳에는, 그곳에는 이름과 형색[名色]의 출현이 없다오. 이름과 형색의 출현이 없는 곳에는, 그곳에는 유위를 조작하는 행위[行]들의 증가가 없다오. 유위를 조작하는 행위들의 증가가 없는 곳에는, 그곳에는 미래에 다시 유(有)의 발생이 없다오. 미래에 다시 유의 발생이 없는 곳에는, 그곳에 미래에 생(生), 노사(老死)가 없다오. 비구들이여, '미래에 생, 노사가 없는 곳에는 슬픔이 없고, 근심이 없고, 불안이 없다'라고 나는 말한다오.

접촉 음식[觸食], 의도(意圖) 음식[意思食], 분별 음식[識食]에 대해서도 마찬가지라오."

2.41. 성(城, Nagaraṃ[213])〈s.12.65〉

세존께서 싸왓티의 제따와나 아나타삔디까 사원에 머무실 때, 비구들에게 말씀하셨습니다.

수도 있고, 당시의 인도인들은 지계(地界)가 수계(水界) 위에 있다고 생각했기 때문에 이렇게 대답했을 수도 있다.

213 'nagara'는 큰 도시나 성(城)을 의미한다. 여기에서 'nagara'는 '열반(涅槃)'을 큰 성(城)에 비유한 것이다.

"비구들이여, 예전에, 정각(正覺)을 성취하지 못한 보살이었을 때, 나는 이렇게 생각했다오.

'실로 이 세간은 태어나고, 늙고, 죽고, 소멸하고,[214] 생기는[215] 고난에 빠져 있다. 그런데 이러한 노사(老死)의 괴로움에서 벗어날 줄을 모르고 있다. 실로 언제쯤이나 노사의 괴로움에서 벗어날 줄을 알게 될까?'

비구들이여, 그때 나는 이렇게 생각했다오.

'도대체 무엇이 있는 곳에 노사(老死)가 있을까? 무엇에 의존하여 노사가 있을까?'

비구들이여, 그때 통찰지[般若]로 이치에 맞는 생각을 함으로써 나에게 다음과 같은 이해가 생겼다오.

'생(生)이 있는 곳에 노사(老死)가 있다. 생에 의존하여 노사가 있다.'

비구들이여, 그때 나는 이렇게 생각했다오.

'도대체 무엇이 있는 곳에 태어남이 있을까? … 유(有)가 있을까? … 취(取)가 있을까? … 갈애[愛]가 있을까? … 느낌[受]이 있을까? … 접촉[觸]이 있을까? … 6입처(六入處)가 있을까? … 도대체 무엇이 있는 곳에 이름과 형색[名色]이 있을까? 무엇에 의존하여 이름과 형색이 있을까?'

비구들이여, 그때 통찰지[般若]로 이치에 맞는 생각을 함으로써 나

---

214 'cavati'의 번역.

215 'upapajjati'의 번역. 여기에서 세간은 5온(五蘊)이다. 따라서 'upapajjati'는 5온(五蘊)이 생기는 것을 의미한다. 이것을 기존의 번역에서는 다시 태어나는 것을 의미한다고 해석했다.

에게 다음과 같은 이해가 생겼다오.

'분별하는 마음[識]이 있는 곳에 이름과 형색[名色]이 있다. 분별하는 마음에 의존하여 이름과 형색이 있다.'

비구들이여, 그때 나는 이렇게 생각했다오.

'도대체 무엇이 있는 곳에 분별하는 마음[識]이 있을까? 무엇에 의존하여 분별하는 마음이 있을까?'

비구들이여, 그때 통찰지[般若]로 이치에 맞는 생각을 함으로써 나에게 다음과 같은 이해가 생겼다오.

'이름과 형색[名色]이 있는 곳에 분별하는 마음[識]이 있다. 이름과 형색에 의존하여 분별하는 마음이 있다.'

비구들이여, 그때 나는 이렇게 생각했다오.

'그런데 분별하는 마음[識]은 되돌아가서 이름과 형색[名色]에서 더 이상 가지 못한다. 늙거나, 태어나거나, 죽거나, 소멸하거나, 생긴다면, 그것은 바로 이름과 형색[名色]에 의존하고 있는 분별하는 마음[識]일 따름이다.[216] 분별하는 마음에 의존하여 이름과 형색이 있고, 이름과 형색에 의존하여 6입처(六入處)가 있고, 6입처에 의존하여 접촉[觸]이 있고 …. 생(生)에 의존하여 노사(老死)와 근심, 슬픔, 고통, 우울, 고뇌가 생긴다. 이와 같이 순전한 괴로움 덩어리[苦蘊]의 쌓임[集]이 있다.

---

216 'ettāvatā jīyetha vā jāyetha vā māyetha vā cavetha vā upapajjhetha vā yad idam nāmarūpapaccayā viññāṇaṃ'의 번역. 노사(老死)의 근본을 사유하다가 이름과 형색[名色]에 의존하고 있는 분별하는 마음[識]에 이르러, 이 분별하는 마음[識]이 이름과 형색[名色]을 벗어나지 못한다는 사실에서 '무엇인가가 생기고 없어진다는 인식은 이름과 형색[名色]에 의한 분별일 뿐'이라는 것을 깨달았다는 의미이다.

쌓임이다! 쌓임이다!'[217]

비구들이여, 나에게 이와 같이 이전에 들어본 적 없는 법(法)들에 대하여 안목이 생기고, 앎이 생기고, 통찰지[般若]가 생기고, 명지(明智)가 생기고, 광명이 생겼다오.

비구들이여, 그때 나는 이렇게 생각했다오.

'무엇이 없는 곳에 노사(老死)가 없을까? 무엇이 소멸하면[滅] 노사가 소멸할까?'

비구들이여, 그때 통찰지[般若]로 이치에 맞는 생각을 함으로써 나에게 다음과 같은 이해가 생겼다오.

'생(生)이 없는 곳에는 노사(老死)가 없다. 생이 소멸하면 노사가 소멸한다.'

비구들이여, 그때 나는 이렇게 생각했다오.

'무엇이 없는 곳에 생(生)이 없을까? … 유(有)가 없을까? … 취(取)가 없을까? … 갈애[愛]가 없을까? … 느낌[受]이 없을까? … 접촉[觸]이 없을까? … 6입처(六入處)가 없을까? … 무엇이 없는 곳에 이름과 형색[名色]이 없을까? 무엇이 소멸하면 이름과 형색이 소멸할까?'

비구들이여, 그때 통찰지[般若]로 이치에 맞는 생각을 함으로써 나에게 다음과 같은 이해가 생겼다오.

'분별하는 마음[識]이 없는 곳에는 이름과 형색[名色]이 없다. 분별하는 마음이 소멸하면 이름과 형색이 소멸한다.'

비구들이여, 그때 나는 이렇게 생각했다오.

217 'samudayo samudayo'의 번역.

'무엇이 없는 곳에 분별하는 마음[識]이 없을까? 무엇이 소멸하면 분별하는 마음이 소멸할까?'

비구들이여, 그때 통찰지[般若]로 이치에 맞는 생각을 함으로써 나에게 다음과 같은 이해가 생겼다오.

'이름과 형색[名色]이 없는 곳에는 분별하는 마음[識]이 없다. 이름과 형색이 소멸하면 분별하는 마음이 소멸한다.'

비구들이여, 그때 나는 이렇게 생각했다오.

'참으로 나는 깨달음의 길을 이해했다. 이름과 형색[名色]이 소멸하면 분별하는 마음[識]이 소멸하고, 분별하는 마음이 소멸하면 이름과 형색이 소멸하고, 이름과 형색이 소멸하면 6입처(六入處)가 소멸하고, 6입처가 소멸하면 접촉[觸]이 소멸하고, … 생(生)이 소멸하면 노사(老死)와 근심, 슬픔, 고통, 우울, 고뇌가 소멸한다. 이와 같이 순전한 괴로움 덩어리[苦蘊]의 소멸[滅]이 있다. 소멸이다! 소멸이다!'[218]

비구들이여, 나에게 이와 같이 이전에 들어본 적 없는 법(法)들에 대하여 안목이 생기고, 앎이 생기고, 통찰지[般若]가 생기고, 명지(明智)가 생기고, 광명이 생겼다오.

비구들이여, 비유하면, 어떤 사람이 산기슭 숲속을 돌아다니다가 옛길을, 옛날 사람들이 다니던 오래된 지름길을 발견하는 것과 같다오. 그는 그 길을 따라간다오. 그는 그 길을 따라가다가 옛날 사람들이 살던 공원이 있고, 숲이 있고, 호수가 있고, 성벽이 있는 아름다운 옛 성을, 옛날의 왕도(王都)를 발견한다오.

---

218 'nirodho nirodho'의 번역.

비구들이여, 그 사람은 왕이나 왕의 대신에게 성을 발견한 사실을 알리고 그 성을 다시 건설하도록 권한다오.[219] 비구들이여, 그래서 왕이나 왕의 대신은 그 성을 건설한다오. 그 성은 이후에 번영하고 번성하여, 인구가 많고 사람들이 붐비는 큰 성으로 성장하게 된다오.

비구들이여, 이와 같이 나도 실로 옛길을, 옛날의 정각(正覺)을 성취한 분들이 따라간 오래된 지름길을 보았다오.

비구들이여, 어떤 것이 그 옛길, 옛날의 정각을 성취한 분들이 따라간 오래된 지름길인가? 그것은 성스러운 8정도(八正道), 즉 바른 견해[正見], 바른 의도[正思惟], 바른말[正語], 바른 행동[正業], 바른 생계[正命], 바른 정진[正精進], 바른 주의집중[正念], 바른 선정[正定]이라오. 비구들이여, 이것이 그 옛길, 옛날의 정각을 성취한 분들이 따라간 오래된 지름길이라오. 나는 그 길을 따라갔다오. 그 길을 따라가서 노사(老死)를 체험적으로 깨달았고,[220] 노사의 쌓임[集]을 체험적으로 깨달았고, 노사의 소멸[滅]을 체험적으로 깨달았고, 노사의 소멸에 이르는 길[道]을 체험적으로 깨달았다오. 나는 그 길을 따라갔다오. 그 길을 따라가서 생(生) … , 유(有) … , 취(取) … , 갈애[愛] … , 느낌[受] … , 접촉[觸] … , 6입처(六入處) … , 이름과 형색[名色], 분별하는 마음[識] … , 유위를 조작하는 행위[行]들을 체험적으로 깨달았고, 유위를 조작하는 행위들의 쌓임[集]을 체험적으로 깨달았고, 유위를 조작하는 행위들의 소멸[滅]을 체험적으로 깨달았고, 유위를 조작하는 행위들의 소멸에 이르

---

219 성(城)을 발견한 이야기는 동일한 내용의 반복이므로 생략함.

220 'abbhaññāsiṃ'의 번역.

는 길[道]을 체험적으로 깨달았다오. 나는 그것을 체험적으로 깨달아서 비구, 비구니, 청신남, 청신녀에게 알려주었다오. 비구들이여, 이 청정한 수행[梵行]은 번영하고 번성하여 많은 사람에게 널리 퍼지고, 천신과 인간들이 모두 알 수 있을 정도로 두루 퍼질 것이오."

2.42. 파악(把握, Sammasanaṃ)〈s.12.66〉

세존께서 꾸루(Kuru)에 있는 꾸루족의 마을 깜마싸담마(Kammāsadhamma)에 머무실 때, 비구들에게 말씀하셨습니다.

"비구들이여, 그대들은 내면(內面)을 파악하고 있는가?"[221]

이와 같이 말씀하시자, 어떤 비구가 세존께 말씀드렸습니다.

"세존이시여, 저는 내면을 파악하고 있습니다."

"비구여, 그대는 어떻게 내면을 파악하고 있는가?"

그러자 그 비구는 설명했습니다. 그러나 그 비구는 세존의 마음을 흡족하게 하지 못했습니다. 그러자 아난다 존자가 세존께 말씀드렸습니다.

"세존이시여, 좋은 기회입니다. 선서(善逝)시여, 좋은 기회입니다. 세존께서 내면의 파악에 대하여 말씀해주시면, 비구들은 세존의 말씀을 듣고 받아 지닐 것입니다."

"아난다여, 그렇다면, 내가 이야기하겠소. 그대들은 듣고 잘 생각해보도록 하시오."

---

221 'sammasatha no tumhe bhikkhave antaraṃ sammasanti'의 번역.

그 비구들은 "세존이시여, 그렇게 하겠습니다"라고 세존께 약속했습니다.

세존께서는 다음과 같이 말씀하셨습니다.

"비구들이여, 사유하는 비구는 다음과 같이 내면을 파악한다오.

'세간에서 일어나는 여러 가지 다양한 괴로움은 노사(老死)다.[222] 이 괴로움은 무엇이 인연이고, 무엇이 모여 나타난 것이고, 무엇에서 생긴 것이고, 무엇이 근원일까? 무엇이 있는 곳에 노사가 있을까? 무엇이 없는 곳에는 노사가 없을까?'

그는 사유하면서 이와 같이 안다오.

'세간에서 일어나는 여러 가지 다양한 괴로움은 노사(老死)다. 이 괴로움은 집착이[223] 인연이고, 집착이 모여 나타난 것이고, 집착에서 생긴 것이고, 집착이 근원이다. 집착이 있는 곳에 노사가 있다. 집착이 없는 곳에는 노사가 없다.'

그는 노사를 통찰하고, 노사의 쌓임[集]을 통찰하고, 노사의 소멸[滅]을 통찰하고, 노사가 소멸하는 길[道]을 통찰한다오. 이렇게 함으로써 그는 법(法)을 따르는 수행자[224]가 된다오. 비구들이여, 이런 비구를 일체의 괴로움을 완전히 소멸하기 위하여, 노사(老死)의 소멸[滅]을 위하여 실천하는 비구라고 한다오.

비구들이여, 사유하는 비구는 그다음에 다음과 같이 내면을 파악

---

222 우리가 느끼는 모든 괴로움은 늙고 죽는다는 생각[老死]에서 비롯된다는 의미이다.

223 'upadhi'의 번역.

224 'anudhammacārin'의 번역.

한다오.

'이 집착은 무엇이 인연이고, 무엇이 모여 나타난 것이고, 무엇에서 생긴 것이고, 무엇이 근원일까? 무엇이 있는 곳에 집착이 있을까? 무엇이 없는 곳에는 집착이 없을까?'

그는 파악하면서 이와 같이 안다오.

'이 집착은 갈애[愛]가 인연이고, 갈애가 모여 나타난 것이고, 갈애에서 생긴 것이고, 갈애가 근원이다. 갈애가 있는 곳에 집착이 있다. 갈애가 없는 곳에는 집착이 없다.'

그는 집착을 통찰하고, 집착의 쌓임[集]을 통찰하고, 집착의 소멸[滅]을 통찰하고, 집착이 소멸하는 길[道]을 통찰한다오. 이렇게 함으로써 그는 법(法)을 따르는 수행자가 된다오. 비구들이여, 이런 비구를 일체의 괴로움을 완전히 소멸하기 위하여, 집착의 소멸[滅]을 위하여 실천하는 비구라고 한다오.

비구들이여, 사유하는 비구는 그다음에 다음과 같이 내면을 파악한다오.

'이 갈애[愛]는 일어날 때는 어디에서 일어나고, 가라앉을 때는 어디에서 가라앉는가?'[225]

그는 파악하면서 이렇게 통찰한다오.

'세간에 있는 사랑스럽고 즐거운 것은 그것이 어떤 것이든,[226] 이 갈애가 일어날 때는 여기에서 일어나고, 가라앉을 때는 여기에서 가라

225 'taṇhā panāyaṃ kattha uppajjamānā uppajjati kattha nivisamānā nivisati'의 번역.

226 'kiñci loke piyrūpaṃ sātarūpaṃ'의 번역.

앉는다. 그렇다면 세간에 있는 사랑스럽고 즐거운 것은 어떤 것인가? 보는 주관[眼]이[227] 세간에 있는 사랑스럽고 즐거운 것이다. 이 갈애가 일어날 때는 여기에서 일어나고, 가라앉을 때는 여기에서 가라앉는다. 듣는 주관[耳]이 세간에 있는 사랑스럽고 즐거운 것이다. … 냄새 맡는 주관[鼻]이 세간에 있는 사랑스럽고 즐거운 것이다. … 맛보는 주관[舌]이 세간에 있는 사랑스럽고 즐거운 것이다. … 만지는 주관[身]이 세간에 있는 사랑스럽고 즐거운 것이다. … 마음[意]이 세간에 있는 사랑스럽고 즐거운 것이다.[228] 이 갈애가 일어날 때는 여기에서 일어나고, 가라앉을 때는 여기에서 가라앉는다.'

비구들이여, 과거의 그 어떤 사문이나 바라문이라 할지라도 이 세간에 있는 사랑스럽고 즐거운 것을 영속적이라고 보고, 즐겁다고 보고, 자아(自我)라고 보고, 병이 없는 것이라고 보고, 평온하다고 본 사람들은 갈애[愛]를 키웠다오. 갈애를 키운 사람들은 집착을 키우고, 집착을 키운 사람들은 괴로움을 키우고, 괴로움을 키운 사람들은 생(生), 노사(老死), 근심, 슬픔, 고통, 우울, 고뇌에서 해탈하지 못했다고, 즉 괴로움에서 해탈하지 못했다고 나는 말한다오.

비구들이여, 미래의 그 어떤 사문이나 바라문이라 할지라도 이 세간에 있는 사랑스럽고 즐거운 것을 영속적이라고 보고, 즐겁다고 보고,

---

227 'cakkhuṃ'의 번역. 여기에서 'cakkhuṃ, 眼'은 6입처(六入處)의 안입처(眼入處)로서 시각기관(視覺器官)이 아니라 시각주체(視覺主體), 즉 '보는 자아'를 의미한다. 귀[耳], 코[鼻] 등도 마찬가지다.

228 지각활동을 하는 자아를 사랑하고 이를 통해서 즐거움을 느끼기 때문에 눈[眼], 귀[耳], 코[鼻] 등을 사랑스럽고 즐거운 것이라고 본다는 의미이다.

자아라고 보고, 병이 없는 것이라고 보고, 평온하다고 본 사람들은 갈애를 키울 것이오. 갈애를 키운 사람들은 집착을 키울 것이고, 집착을 키운 사람들은 괴로움을 키울 것이고, 괴로움을 키운 사람들은 생(生), 노사(老死), 근심, 슬픔, 고통, 우울, 고뇌에서 해탈하지 못할 것이라고, 즉 괴로움에서 해탈하지 못할 것이라고 나는 말한다오.

비구들이여, 현재의 그 어떤 사문이나 바라문이라 할지라도 이 세간에 있는 사랑스럽고 즐거운 것을 영속적이라고 보고, 즐겁다고 보고, 자아라고 보고, 병이 없는 것이라고 보고, 평온하다고 보는 사람들은 갈애를 키우는 것이라오. 갈애를 키우는 사람들은 집착을 키우고, 집착을 키우는 사람들은 괴로움을 키우고, 괴로움을 키우는 사람들은 생(生), 노사(老死), 근심, 슬픔, 고통, 우울, 고뇌에서 해탈하지 못한다고, 즉 괴로움에서 해탈하지 못한다고 나는 말한다오.

비구들이여, 예를 들어, 색깔 좋고, 향기 좋고, 맛 좋은, 독이 섞인 물이 든 그릇이 있는데, 더위에 시달리고, 더위에 지쳐서 피곤하고, 갈증이 심한 사람이 왔다고 합시다. 그 사람에게 '여보시오! 이 그릇에는 색깔 좋고, 향기 좋고, 맛 좋은 물이 있지만 독이 섞여 있다오. 마시고 싶으면 마시도록 하시오. 그러면 색깔과 향기와 맛을 즐기게 될 것이오. 그렇지만 그대는 그로 인해서 죽게 되거나 죽을 괴로움을 겪을 것이오'라고 말했다고 합시다. 그 사람이 그 그릇의 물을 포기하지 않고, 아무 생각 없이 허겁지겁 마신다면, 그는 그로 인해서 죽게 되거나 죽을 괴로움을 겪을 것이오.

비구들이여, 이와 같이 과거, 미래, 현재의[229] 그 어떤 사문이나 바라문이라 할지라도 이 세간에 있는 사랑스럽고 즐거운 것을 영속적이라고 보고, 즐겁다고 보고, 자아라고 보고, 병이 없는 것이라고 보고, 평온하다고 보는 사람들은 갈애를 키우게 되고, 갈애를 키운 사람들은 집착을 키우게 되고, 집착을 키운 사람들은 괴로움을 키우게 되고, 괴로움을 키운 사람들은 생(生), 노사(老死), 근심, 슬픔, 고통, 우울, 고뇌에서 해탈하지 못한다고, 즉 괴로움에서 해탈하지 못한다고 나는 말한다오.

비구들이여, 그렇지만 과거의 그 어떤 사문이나 바라문이라 할지라도 이 세간에 있는 사랑스럽고 즐거운 것을 무상(無常)하다고 보고, 괴롭다고 보고, 자아가 아니라고 보고, 병이라고 보고, 두렵다고 본 사람은 갈애를 버린다오. 갈애를 버린 사람들은 집착을 버리고, 집착을 버린 사람들은 괴로움을 버리고, 괴로움을 버린 사람들은 생(生), 노사(老死), 근심, 슬픔, 고통, 우울, 고뇌에서 해탈했다고, 즉 괴로움에서 해탈했다고 나는 말한다오.

비구들이여, 미래의 그 어떤 사문이나 바라문이라 할지라도 이 세간에 있는 사랑스럽고 즐거운 것을 무상하다고 보고, 괴롭다고 보고, 자아가 아니라고 보고, 병이라고 보고, 두렵다고 본 사람들은 갈애를 버린다오. 갈애를 버린 사람들은 집착을 버리고, 집착을 버린 사람들은 괴로움을 버리고, 괴로움을 버린 사람들은 생(生), 노사(老死), 근심, 슬픔, 고통, 우울, 고뇌에서 해탈할 것이라고, 즉 괴로움에서 해탈할 것이

229 본문에는 과거, 미래, 현재에 대한 이야기가 각기 설해져 있지만, 여기에서는 종합하여 번역함.

라고 나는 말한다오.

비구들이여, 현재의 그 어떤 사문이나 바라문이라 할지라도 이 세간에 있는 사랑스럽고 즐거운 것을 무상하다고 보고, 괴롭다고 보고, 자아가 아니라고 보고, 병이라고 보고, 두렵다고 보는 사람들은 갈애를 버린다오. 갈애를 버리는 사람들은 집착을 버리고, 집착을 버리는 사람들은 괴로움을 버리고, 괴로움을 버리는 사람들은 생(生), 노사(老死), 근심, 슬픔, 고통, 우울, 고뇌에서 해탈한다고, 즉 괴로움에서 해탈한다고 나는 말한다오.

비구들이여, 예를 들어 색깔 좋고, 향기 좋고, 맛 좋은, 독이 섞인 물이 든 그릇이 있는데, 더위에 시달리고, 더위에 지쳐서 피곤하고, 갈증이 심한 사람이 왔다고 합시다. 그 사람에게 '여보시오! 이 그릇에는 색깔 좋고, 향기 좋고, 맛 좋은 물이 있지만 독이 섞여 있다오. 마시고 싶으면 마시도록 하시오. 그러면 색깔과 향기와 맛을 즐기게 될 것이오. 그렇지만 그대는 그로 인해서 죽게 되거나 죽을 괴로움을 겪을 것이오'라고 말했다고 합시다.

비구들이여, 그런데 그 사람이 이렇게 생각했다고 합시다.

'나의 이 극심한 갈증은 물이나 유장(乳漿)[230]이나 죽이나 미음으로 없앨 수 있다. 나는 나에게 오랜 기간 해를 주고 괴로움을 주게 될 그 물을 마시지 않겠다.'

그 사람이 신중하게 생각하여 그 그릇의 물을 포기하고 마시지 않는다면, 그는 그로 인해서 죽게 되거나 죽을 괴로움을 겪지 않을 것이오.

---

230 우유로 만든 음료.

비구들이여, 이와 같이 과거, 미래, 현재의 그 어떤 사문이나 바라문이라 할지라도 이 세간에 있는 사랑스럽고 즐거운 것을 무상하다고 보고, 괴롭다고 보고, 자아가 아니라고 보고, 병이라고 보고, 두렵다고 보는 사람들은 갈애를 버리고, 갈애를 버린 사람들은 집착을 버리고, 집착을 버린 사람들은 괴로움을 버리고, 괴로움을 버린 사람들은 생(生), 노사(老死), 근심, 슬픔, 고통, 우울, 고뇌에서 해탈한다고, 즉 괴로움에서 해탈한다고 나는 말한다오."

2.43. 갈대 다발(Nalakalapiyaṃ)〈s.12.67〉

한때 싸리뿟따 존자와 마하 꼿티따(Mahā Koṭṭtita) 존자는 바라나씨의 이씨빠따나 미가다야(鹿野苑)에 머물렀습니다. 어느 날 해 질 무렵에 마하 꼿티따 존자는 좌선에서 일어나 싸리뿟따 존자를 찾아가서 인사를 나누고 한쪽에 앉은 다음에 이렇게 말했습니다.

"싸리뿟따 존자여, 노사(老死)는 자신이 만든 것입니까, 다른 사람이 만든 것입니까, 자신도 만들고 다른 사람도 만든 것입니까? 그렇지 않으면 자신도 만들지 않았고, 다른 사람도 만들지 않았는데 우연히 생긴 것입니까?"

"꼿티따 존자여, 노사(老死)는 자신이 만든 것이 아니고, 다른 사람이 만든 것도 아니고, 자신도 만들고 다른 사람도 만든 것도 아니며, 그렇다고 자신도 만들지 않았고, 다른 사람도 만들지 않았는데 우연히 생긴 것도 아닙니다. 노사는 생(生)에 의존하고 있습니다."

"싸리뿟따 존자여, 그렇다면 생(生)은 자신이 만든 것입니까, 다른 사람이 만든 것입니까, 자신도 만들고 다른 사람도 만든 것입니까? 그렇지 않으면 자신도 만들지 않았고, 다른 사람도 만들지 않았는데 우연히 생긴 것입니까?"

"꼿티따 존자여, 생(生)은 자신이 만든 것이 아니고, 다른 사람이 만든 것도 아니고, 자신도 만들고 다른 사람도 만든 것도 아니며, 그렇다고 자신도 만들지 않았고, 다른 사람도 만들지 않았는데 우연히 생긴 것도 아닙니다. 생은 유(有)에 의존하고 있습니다."

"싸리뿟따 존자여, 그렇다면 유(有)는 … 취(取)는 … 갈애[愛]는 … 느낌[受]은 … 접촉[觸]은 … 6입처(六入處)는 … 이름과 형색[名色]은 자신이 만든 것입니까, 다른 사람이 만든 것입니까, 자신도 만들고 다른 사람도 만든 것입니까? 그렇지 않으면 자신도 만들지 않았고, 다른 사람도 만들지 않았고, 우연히 생긴 것입니까?"

"꼿티따 존자여, 유(有)는 … 취(取)는 … 갈애[愛]는 … 느낌[受]은 … 접촉[觸]은 … 6입처(六入處)는 … 이름과 형색[名色]은 자신이 만든 것이 아니고, 다른 사람이 만든 것도 아니고, 자신도 만들고 다른 사람도 만든 것도 아니며, 그렇다고 자신도 만들지 않았고, 다른 사람도 만들지 않았고, 우연히 생긴 것도 아닙니다. 이름과 형색[名色]은 분별하는 마음[識]에 의존하고 있습니다."

"싸리뿟따 존자여, 그렇다면 분별하는 마음[識]은 자신이 만든 것입니까, 다른 사람이 만든 것입니까, 자신도 만들고 다른 사람도 만든 것입니까? 그렇지 않으면 자신도 만들지 않았고, 다른 사람도 만들지 않았고, 우연히 생긴 것입니까?"

"꼿티따 존자여, 분별하는 마음[識]은 자신이 만든 것이 아니고, 다른 사람이 만든 것도 아니고, 자신도 만들고 다른 사람도 만든 것도 아니며, 그렇다고 자신도 만들지 않았고, 다른 사람도 만들지 않았고, 우연히 생긴 것도 아닙니다. 분별하는 마음[識]은 이름과 형색[名色]에 의존하고 있습니다."

"지금 우리는 '이름과 형색[名色]은 분별하는 마음[識]에 의존하고 있다'라고 이해했습니다. 그런데 지금 우리는 싸리뿟따 존자의 말씀을 '분별하는 마음[識]은 이름과 형색[名色]에 의존하고 있다'라고 이해합니다. 싸리뿟따 존자여, 어떻게 이 말씀의 의미를 그대로 이해할 수 있겠습니까?"[231]

"존자여, 그렇다면 그대에게 비유를 들겠습니다. 현명한 사람들은 비유를 통해서 말의 의미를 이해합니다. 존자여, 비유하면 두 개의 갈대 다발이 서로서로 의지하여 서 있는 것과 같답니다. 존자여, 이와 같이 이름과 형색[名色]에 의존하여 분별하는 마음[識]이 있고, 분별하는 마음에 의존하여 이름과 형색이 있습니다. 그리고 이름과 형색에 의존하여 6입처(六入處)가 있고, 6입처에 의존하여 접촉[觸]이 있고, 접촉에 의존하여 느낌[受]이 있고, 느낌에 의존하여 갈애[愛]가 있고, 갈애에 의존하여 취(取)가 있고, 취에 의존하여 유(有)가 있고, 유에 의존하여 생(生)이 있고, 생에 의존하여 노사(老死)와 근심, 슬픔, 고통, 우울, 고뇌가 함께 있습니다. 이와 같이 순전한 괴로움 덩어리[苦蘊]의 쌓임[集]이 있습니다. 존자여, 만약에 그 갈대 다발 가운데 하나를 빼내면 하나가

---

231 'yathā katham panāvuso Sāriputta imassa bhāsitassa attho daṭṭhabbo'의 번역. 명색(名色)이 식(識)에 의존하고 있다고 말하고, 다시 식(識)은 명색에 의존하고 있다는 말의 의미를 그대로 받아들이기 어렵다는 의미이다.

쓰러지고, 다른 하나를 빼내면 다른 하나가 쓰러지듯이, 존자여, 이와 같이 이름과 형색[名色]이 소멸하면 분별하는 마음[識]이 소멸하고, 분별하는 마음이 소멸하면 이름과 형색이 소멸합니다. 그리고 이름과 형색이 소멸하면 6입처(六入處)가 소멸하고, 6입처가 소멸하면 접촉[觸]이 소멸하고, 접촉이 소멸하면 느낌[受]이 소멸하고, 느낌이 소멸하면 갈애[愛]가 소멸하고, 갈애가 소멸하면 취(取)가 소멸하고, 취가 소멸하면 유(有)가 소멸하고, 유가 소멸하면 생(生)이 소멸하고, 생이 소멸하면 노사(老死)와 근심, 슬픔, 고통, 우울, 고뇌가 소멸합니다. 이와 같이 순전한 괴로움 덩어리[苦蘊]의 소멸[滅]이 있습니다."

"놀랍습니다. 싸리뿟따 존자여! 희유합니다. 싸리뿟따 존자여! 싸리뿟따 존자께서 잘 말씀해주셨으니, 이제 우리는 싸리뿟따 존자의 말씀을 다음과 같은 36개의 항목으로 기뻐합니다.

존자여, 만약에 비구가 노사(老死)에 대하여 싫증 내고[厭離], 탐욕을 버리고[離欲], 소멸(消滅)하는 법(法)을 가르친다면,[232] 법을 설하는 설법비구(說法比丘)[233]라고 불러 마땅합니다. 존자여, 만약에 비구가 노사에 대하여 싫증 내고, 탐욕을 버리고, (노사가) 소멸하는 실천을 하고 있다면,[234] 법을 따라 실천하는 수법비구(隨法比丘)[235]라고 불러 마땅합니다. 존자여, 만약에 비구가 노사에 대하여 싫증 내고, 탐욕을 버리고,

---

232 'jarāmaraṇassa ce āvuso bhikkhu nibbidāya virāgāya nirodhāya dhammaṃ deseti'의 번역.

233 'dhammakathiko bhikkhu'의 번역.

234 'jarāmaraṇassa ce āvuso bhikkhu nibbidāya virāgāya nirodhāya paṭipanno hoti'의 번역.

235 'dhammānudhammapaṭipanno bhikkhu'의 번역.

(노사가) 소멸하여서 생기지 않고 해탈한다면,[236] 지금 여기에서 열반을 성취한 현법열반비구(現法涅槃比丘)[237]라고 불러 마땅합니다. 생(生), 유(有), 취(取), 갈애[愛], 느낌[受], 접촉[觸], 6입처(六入處), 이름과 형색[名色], 분별하는 마음[識], 유위를 조작하는 행위[行]들, 무명(無明)에 대해서도 마찬가지입니다."[238]

2.44. 쑤씨마(Susīmo)〈s.12.70〉

세존께서 라자가하의 웰루와나 깔란다까니와빠(竹林精舍)에 머무시었습니다.

그때 세존께서는 존경과 존대와 공경과 공양과 숭배를 받고 있었기 때문에 옷과 음식과 좌구(坐具)와 환자에게 필요한 의약(醫藥)과 자구(資具)를 얻었습니다. 그렇지만 외도(外道) 출가수행자들은 존경과 존대와 공경과 공양과 숭배를 받지 못하고 있었기 때문에, 옷과 음식과 좌구와 환자에게 필요한 의약과 자구를 얻지 못했습니다.

그때 라자가하에는 출가수행자 쑤씨마가 커다란 출가수행자 대중과 함께 살고 있었습니다. 어느 날 쑤씨마가 속한 출가수행자 대중이 출가수행자 쑤씨마에게 말했습니다.

"여보시오! 쑤씨마 존자여, 그대는 고따마 사문에게 가서 청정한

---

236 'jarāmaraṇassa ce āvuso bhikkhu nibbidā virāgā nirodhā anupādā vimutto hoti'의 번역.

237 'Diṭṭādhammanibbānapatto bhikkhu'의 번역.

238 구체적인 내용은 생략함.

수행[梵行]을 닦아 익히도록 하시오. 그대는 가르침을 잘 배워서 우리에게 말해주시오. 우리가 그 가르침을 잘 배워서 재가자(在家者)에게 말해줍시다. 그렇게 하면 우리도 존경과 존대와 공경과 공양과 숭배를 받게 되어, 옷과 음식과 좌구와 환자에게 필요한 의약과 자구를 얻게 될 것이오."

출가수행자 쑤씨마는 자신의 대중에게 "그렇게 하겠습니다"라고 승낙한 후에, 아난다 존자를 찾아갔습니다. 그는 아난다 존자에게 가서 함께 인사를 나누고 한쪽에 앉았습니다.

한쪽에 앉은 출가수행자 쑤씨마가 아난다 존자에게 말했습니다.

"아난다 존자여, 저는 이 가르침과 율(律)에서 청정한 수행[梵行]을 배우고 싶습니다."

그래서 아난다 존자는 출가수행자 쑤씨마를 데리고 세존에게 갔습니다. 세존에게 가서 예배한 후 한쪽에 앉은 아난다 존자가 세존께 말씀드렸습니다.

"세존이시여, 이 출가수행자 쑤씨마가 '아난다 존자여, 저는 이 가르침과 율에서 청정한 수행을 배우고 싶습니다'라고 말했습니다."

"아난다여, 그렇다면 쑤씨마를 출가시켜라!"

그래서 출가수행자 쑤씨마는 세존 앞에서 출가하여 구족계를 받았습니다.

그런데 그때 많은 비구들이 세존 앞에서 "생(生)은 소멸했다. 청정한 수행[梵行]을 완성했으며, 해야 할 일을 끝마쳤다. 다시는 이와 같은 상태로 되지 않는다고 우리는 통찰합니다"라고 구경지(究竟智)를 선언했습니다.

쑤씨마 존자는 많은 비구들이 세존 앞에서 구경지를 선언했다는 말을 들었습니다. 그래서 쑤씨마 존자는 그 비구들을 찾아갔습니다. 그는 그 비구들과 함께 인사를 나누고 한쪽에 앉았습니다.

한쪽에 앉은 쑤씨마 존자가 그 비구들에게 말했습니다.

"지금 존자들이 세존 앞에서 '생(生)은 소멸했다. 청정한 수행[梵行]을 완성했으며, 해야 할 일을 끝마쳤다. 다시는 이와 같은 상태로 되지 않는다고 우리는 통찰합니다'라고 구경지를 선언했다는데, 사실인가요?"

"그렇다오. 존자여!"

"존자들이여, 그렇다면 이와 같이 알고 이와 같이 본 그대들은 여러 가지 신통(神通)을 체득하나요? 그대들은 하나이다가 여럿이 되기도 하고, 여럿이다가 하나가 되기도 하나요? 그대들은 나타나고, 사라지고, 담장을 가로지르고, 성벽을 가로지르고, 산을 가로질러, 허공에서 다니듯이 거침없이 다니나요? 그대들은 땅속에서 물속처럼 오르내리기도 하나요? 그대들은 땅 위를 걷듯이 물 위를 걸어 다니나요? 그대들은 날개 달린 새처럼 허공에서 가부좌를 하고 다니나요? 이와 같은 큰 신족통(神足通)과 이와 같은 큰 위력으로 그대들은 해와 달을 손바닥으로 만지고 쓰다듬기도 하나요? 그대들은 몸을 범천(梵天)의 세계까지 늘리기도 하나요?"

"그렇지 않다오. 존자여!"

"존자들이여, 그렇다면 이와 같이 알고, 이와 같이 본 그대들은 인간을 초월하는 청정한 하늘 귀[天耳]로[239] 멀고 가까운 천신과 인간의 두 소리를 듣나요?"

"그렇지 않다오. 존자여!"

"존자들이여, 그렇다면 이와 같이 알고, 이와 같이 본 그대들은 타심통(他心通)으로[240] 다른 중생들이나 다른 사람들의 마음을 잘 이해하여 통찰하나요? 여러분은 탐욕이 있는 마음은 탐욕이 있는 마음이라고 통찰하고, 탐욕이 없는 마음은 탐욕이 없는 마음이라고 통찰하고, 진에(瞋恚)가 있는 마음은 진에가 있는 마음이라고 통찰하고, 진에가 없는 마음은 진에가 없는 마음이라고 통찰하고, 어리석음이 있는 마음은 어리석음이 있는 마음이라고 통찰하고, 어리석음이 없는 마음은 어리석음이 없는 마음이라고 통찰하고, 집중된 마음은 집중된 마음이라고 통찰하고, 산만한 마음은 산만한 마음이라고 통찰하고, 넓은 마음은 넓은 마음이라고 통찰하고, 좁은 마음은 좁은 마음이라고 통찰하고, 뛰어난 마음은 뛰어난 마음이라고 통찰하고, 위없는 마음은 위없는 마음이라고 통찰하고, 삼매에 든 마음은 삼매에 든 마음이라고 통찰하고, 삼매에 들지 않은 마음은 삼매에 들지 않은 마음이라고 통찰하고, 해탈한 마음은 해탈한 마음이라고 통찰하고, 해탈하지 못한 마음은 해탈하지 못한 마음이라고 통찰하나요?"

"그렇지 않다오. 존자여!"

---

239 'dibbāya sotadhātuyā'의 번역.

240 'cetasā ceto paricca'의 번역. '마음으로 마음을 잘 이해하여'라는 뜻인데, 이것은 타심통(他心通)을 의미한다.

"존자들이여, 그렇다면 이와 같이 통찰하고, 이와 같이 본 그대들은 전생에 살던 곳을 기억해 내나요? 그대들은 '한 번 태어나고, 두 번 태어나고, 세 번 태어나고, 네 번 태어나고, 다섯 번 태어나고, 열 번 태어나고, 스무 번 태어나고, 서른 번 태어나고, 마흔 번 태어나고, 쉰 번 태어나고, 백 번 태어나고, 천 번 태어나고, 10만 번 태어나면서, 수많은 괴겁(壞劫)과 수많은 성겁(成劫)과 수많은 성괴겁(成壞劫) 동안 그곳에서 나는 이름은 이러했고, 가문은 이러했고, 용모는 이러했고, 음식은 이러했으며, 이러한 고락(苦樂)을 겪었고, 이와 같이 수명을 마쳤다. 그가 죽어서 나는 거기에 태어났다. 그곳에서 나는 이름은 이러했고, 가문은 이러했고, 용모는 이러했고, 음식은 이러했으며, 이러한 고락을 겪었고, 이와 같이 수명을 마쳤다. 그가 죽어서 이 세상에 태어났다'라고 용모와 내력(來歷)을 포함하여 여러 가지 전생에 살던 곳을 기억해 내나요?"

"그렇지 않다오. 존자여!"

"존자들이여, 그렇다면 이와 같이 알고, 이와 같이 본 그대들은 인간을 초월한 청정한 하늘눈[天眼]으로[241] 중생들을 보나요? 그대들은 업에 따라 죽고, 태어나고, 못나고, 훌륭하고, 잘생기고, 못생기고, 행복하고, 불행한 중생들을 보나요? '여러분, 참으로 이 중생들은 몸으로 악행을 행한 자들이며, 말로 악행을 행한 자들이며, 마음으로 악행을 행한 자들이며, 성자(聖者)를 비방한 자들이며, 삿된 견해[邪見]를 가진 자들이며, 삿된 견해로 업을 지은 자들이오. 그들은 몸이 무너져 죽은 후

241 'dibbena cakkhunā'의 번역.

에 괴로운 곳, 불행한 곳, 험난한 곳, 지옥에 태어났다오. 여러분, 참으로 이 중생들은 몸으로 선행을 행한 자들이며, 말로 선행을 행한 자들이며, 마음으로 선행을 행한 자들이며, 성자를 비방하지 않은 자들이며, 바른 견해[正見]를 가진 자들이며, 바른 견해로 업을 지은 자들이오. 그들은 몸이 무너져 죽은 후에 행복한 곳, 천상 세계에 태어났다오.' 이와 같이 그대들은 인간을 초월한 청정한 하늘눈으로 중생들을 보나요? 그대들은 업에 따라 죽고, 태어나고, 못나고, 훌륭하고, 잘생기고, 못생기고, 행복하고, 불행한 중생들을 보나요?"

"그렇지 않다오. 존자여!"

"존자들이여, 그렇다면 이와 같이 알고, 이와 같이 본 그대들은 형색[色]들을 초월한 형색이 없는[無色] 평온한 해탈을 그대들의 몸으로 체득하고 살고 있나요?"

"그렇지 않다오. 존자여!"

"존자들이여, 여기에서 지금 이 답변은 이들 법을 성취하지 못했다는 것인데,[242] 존자들이여, 그렇지 않나요? 왜 그렇지요?[243]"

"쑤씨마 존자여, 우리는 통찰지[般若]로 해탈했다오."[244]

"나는 존자들의 간단한 이 말씀의 의미를 상세하게 알지 못하겠습니다. 부디 존자들께서는 내가 존자들의 간단한 이 말씀의 의미를 상세

---

242 'ettha dāni āyasmanto idaṃ ca veyyākaraṇaṃ imesaṃ ca dhammānam asamātti'의 번역. 여기에서 '이들 법(法)' 즉 'imesaṃ dhammānam'은 여러 가지 신통(神通)을 의미한다.

243 'idan no avuso kathanti'의 번역.

244 'paññāvimuttā kho mayam āvuso Susīmāti'의 번역.

하게 알 수 있도록 나에게 말해주십시오."

"쑤씨마 존자여, 그대가 알든, 알지 못하든, 우리는 통찰지[般若]로 해탈했다오."

그래서 쑤씨마 존자는 자리에서 일어나 세존을 찾아갔습니다. 그는 세존에게 가서 예배하고 한쪽에 앉았습니다. 한쪽에 앉은 쑤씨마 존자는 비구들과 함께 나눈 대화를 빠짐없이 세존께 말씀드렸습니다.

"쑤씨마여, 먼저 변치 않는 사실에 대한 앎[245]이 있고, 다음에 열반에 대한 앎이 있다오."

"저는 세존의 간단한 이 말씀의 의미를 상세하게 알지 못하겠습니다. 부디 세존께서는 제가 세존의 이 간단한 말씀의 의미를 상세하게 알 수 있도록 저에게 말씀해주십시오."

"쑤씨마여, 그대가 알든, 알지 못하든, 먼저 법(法)이 변치 않고 머문다는 사실에 대한 앎이 있고, 다음에 열반에 대한 앎이 있다오. 쑤씨마여, 어떻게 생각하는가? 몸의 형색[色]은 무상(無常)한가, 무상하지 않은가?"

"무상합니다. 세존이시여!"

"무상하면 괴로운가, 즐거운가?"[246]

"괴롭습니다. 세존이시여!"

"그렇다면, 무상하고, 괴롭고, 변역하는 법을 '그것은 나의 것이다.

---

245 'dhammaṭṭhitiñāṇaṃ'의 번역. 'dhammaṭṭhitiñāṇaṃ'은 직역하면 '법(法)의 머묾에 대한 앎'이다. 한역에서는 '법주지(法住智)'로 번역했는데, 여기에서 머문다는 것은 변함없이 존재한다는 의미이다.

246 'yam panāniccaṃ dukkhaṃ vā taṃ sukhaṃ vāti'의 번역.

그것이 나다. 그것이 나의 자아(自我)다'라고 여기는 것이 마땅한가?"

"그렇지 않습니다. 세존이시여!"

"느낌[受]은 … 관념[想]은 … 유위를 조작하는 행위[行]들은 … 분별하는 마음[識]은 무상(無常)한가, 무상하지 않은가?"

"무상합니다. 세존이시여!"

"무상하면 괴로운가, 즐거운가?"

"괴롭습니다. 세존이시여!"

"그렇다면, 무상하고, 괴롭고, 변역하는 법을 '그것은 나의 것이다. 그것이 나다. 그것이 나의 자아다'라고 여기는 것이 마땅한가?"

"그렇지 않습니다. 세존이시여!"

"쏘씨마여, 그러므로 여기에서 '과거, 미래, 현재의 모든 몸의 형색[色]은, 그것이 내적인 것이든 외적인 것이든, 거친 것이든 섬세한 것이든, 저열한 것이든 훌륭한 것이든, 멀리에 있든 가까이에 있든, 몸의 형색[色]은 어떤 것이든, 그것은 나의 것이 아니고, 그것은 내가 아니고, 그것은 나의 자아가 아니다'라고 이것을 있는 그대로 바른 통찰지로 보아야 한다오. 느낌[受], 관념[想], 유위를 조작하는 행위[行]들, 분별하는 마음[識]도 이와 같다오.

쏘씨마여, 이와 같이 보기 때문에 학식이 많은 거룩한 제자는 몸의 형색[色]에 대하여 싫증 내고[厭離], 느낌[受], 관념[想], 유위를 조작하는 행위[行]들, 분별하는 마음[識]에 대하여 싫증을 낸다오. 싫증을 내기 때문에 탐욕을 버리고[離欲] 탐욕을 버리기 때문에 해탈(解脫)하고, 해탈했을 때, '나는 해탈했다'라고 안다오. 그는 '생(生)은 소멸했다. 청정한 수행[梵行]을 완성했으며, 해야 할 일을 끝마쳤다. 다시는 이와 같은 상태로 되지 않는다'라고 통찰한다오. 쑤씨마여, 그대는 생(生)에 의존하여 노사(老死)가 있다는 사실을 보는가?"

"그렇습니다. 세존이시여!"

"쑤씨마여, 그대는 유(有)에 의존하여 생(生)이 있다는 사실을 보는가?"

"그렇습니다. 세존이시여!"

"쑤씨마여, 그대는 취(取)에 의존하여 유(有)가 … 갈애[愛]에 의존하여 취(取)가 … 느낌[受]에 의존하여 갈애[愛]가 … 접촉[觸]에 의존하여 느낌[受]이 … 6입처(六入處)에 의존하여 접촉[觸]이 … 이름과 형색[名色]에 의존하여 6입처가 … 분별하는 마음[識]에 의존하여 이름과 형색[名色]이 … 유위를 조작하는 행위[行]들에 의존하여 분별하는 마음[識]이 … 무명(無明)에 의존하여 유위를 조작하는 행위[行]들이 있다는 사실을 보는가?"

"그렇습니다. 세존이시여!"

"쑤씨마여, 그대는 생(生)이 소멸하면 노사(老死)가 소멸한다는 사실을 보는가?"

"그렇습니다. 세존이시여!"

"쑤씨마여, 그대는 유(有)가 소멸하면 생(生)이 소멸한다는 사실을 보는가?"

"그렇습니다. 세존이시여!"

"쑤씨마여, 그대는 취(取)가 소멸하면 유(有)가 … 갈애[愛]가 소멸하면 취(取)가 … 느낌[受]이 소멸하면 갈애[愛]가 … 접촉[觸]이 소멸하면 느낌[受]이 … 6입처(六入處)가 소멸하면 접촉[觸]이 … 이름과 형색

[名色]이 소멸하면 6입처(六入處)가 … 분별하는 마음[識]이 소멸하면 이름과 형색[名色]이 … 유위를 조작하는 행위[行]들이 소멸하면 분별하는 마음[識]이 … 무명(無明)이 소멸하면 유위를 조작하는 행위[行]들이 소멸한다는 사실을 보는가?"

"그렇습니다. 세존이시여!"

"쑤씨마여, 이와 같이 알고, 이와 같이 본 그대는 여러 가지 신통(神通)을 체득하는가?

그대는 하나이다가 여럿이 되기도 하고, 여럿이다가 하나가 되기도 하는가? 그대는 나타나고, 사라지고, 담장을 가로지르고, 성벽을 가로지르고, 산을 가로질러, 허공에서 다니듯이 거침없이 다니는가? 그대는 땅속에서 물속처럼 오르내리기도 하는가? 그대는 땅 위를 걷듯이 물 위를 걸어 다니는가? 그대는 날개 달린 새처럼 허공에서 가부좌를 하고 다니는가? 이와 같은 큰 신족통(神足通)과 이와 같은 큰 위력으로 그대는 해와 달을 손바닥으로 만지고 쓰다듬기도 하는가? 그대들은 몸을 범천(梵天)의 세계까지 늘리기도 하는가?"

"그렇지 않습니다. 세존이시여!"

"쑤씨마여, 그렇다면 이와 같이 알고, 이와 같이 본 그대는 인간을 초월하는 청정한 하늘 귀[天耳]로 멀고 가까운 천신과 인간의 두 소리를 듣는가?"

"그렇지 않습니다. 세존이시여!"

"쑤씨마여, 그렇다면 이와 같이 알고, 이와 같이 본 그대는 타심통(他心通)으로 다른 중생들이나 다른 사람들의 마음을 잘 이해하여 통찰하는가?"[247]

"그렇지 않습니다. 세존이시여!"

"쑤씨마여, 그렇다면 이와 같이 통찰하고, 이와 같이 본 그대는 전생에 살던 곳을 기억해 내는가?"

"그렇지 않습니다. 세존이시여!"

"쑤씨마여, 그렇다면 이와 같이 알고, 이와 같이 본 그대는 인간을 초월한 청정한 하늘 눈[天眼]으로 중생들을 보는가?"

"그렇지 않습니다. 세존이시여!"

"쑤씨마여, 그렇다면 이와 같이 알고, 이와 같이 본 그대는 형색[色]들을 초월한 형색이 없는[無色] 평온한 해탈을 그대의 몸으로 체득하고 살고 있는가?"

"그렇지 않습니다. 세존이시여!"

"쑤씨마여, 여기에서 지금 이 답변은 이들 법을 성취하지 못했다는 것인데, 쑤씨마여, 그렇지 않은가? 왜 그러한가?"[248]

그러자, 쑤씨마 존자는 세존의 발에 머리를 조아리고 이렇게 말씀드렸습니다.

"세존이시여, 제가 바보처럼 어리석게도 착하지 못하게 죄를 범했습니다. 저는 이와 같이 잘 가르쳐진 가르침과 율(律)에 가르침을 훔치기 위해서 출가했습니다. 세존이시여, 세존께서는 저의 죄를 용서하시

---

247 구체적인 내용 생략. 이후에도 신통의 구체적인 내용은 생략함.

248 'idam no Susīma katanti'의 번역. 이전에 쑤씨마가 비구들에게 한 말을 가지고 세존께서 쑤씨마에게 반문하시는 말씀인데, 그곳에는 'idam no avuso kathanti'로 되어 있다. 따라서 이곳의 'katanti'는 'kathanti'의 오기(誤記)인 것 같다.

어 미래에 다시 죄를 범하지 않게 하옵소서."

"쑤씨마여, 그대가 이와 같이 잘 가르쳐진 가르침과 율(律)에 가르침을 훔치기 위해서 출가한 것은 분명히 바보처럼 어리석게도 착하지 못하게 죄를 범한 것이오. 쑤씨마여, 예를 들어, 도적질을 한 죄인을 붙잡아 왕에게 보이고, '전하! 이놈이 도적질을 한 죄인입니다. 뜻대로 이놈에게 벌을 내려주십시오'라고 왕에게 고하자, '여봐라, 가서 이놈을 팔을 뒤로하여 굵은 밧줄로 묶어서 단단히 결박하고, 머리를 삭발한 후에, 날카로운 소리가 나는 작은 북을 걸치고, 이 차도에서 저 차도로, 이 사거리에서 저 사거리로, 이리저리 끌고 다닌 다음, 남문(南門)으로 나가서 성(城)의 남쪽에서 그의 머리를 베어라'고 하여, 그 왕의 하인들이 그 사람을 팔을 뒤로하여 굵은 밧줄로 묶어서 단단히 결박하고, 머리를 삭발한 후에, 날카로운 소리가 나는 작은 북을 걸치고, 이 차도에서 저 차도로, 이 사거리에서 저 사거리로, 이리저리 끌고 다닌 다음, 남문으로 나가서 성의 남쪽에서 그의 머리를 베었다고 한다면, 쑤씨마여, 어떻게 생각하는가? 그 사람은 그로 인하여 괴로움과 슬픔을 느끼지 않았겠는가?"

"그렇습니다. 세존이시여!"

"쑤씨마여, 잘 가르쳐진 가르침과 율(律)에 가르침을 훔치기 위해서 출가한 자들은 그 죄인이 그로 인하여 괴로움과 슬픔을 느끼는 것보다 더한 괴로운 과보와 혹독한 과보를 받는 고통스러운 곳으로 떨어진다오. 그렇지만, 그대는 죄를 죄로 보고 여법(如法)하게 참회했으니, 우리는 그 참회를 받아들이겠소. 쑤씨마여, 죄를 죄로 보고 여법하게 참회하고, 이후로 자제하는 것이[249] 거룩한 율에서는 성장이라오."

2.45. 스승(Satthā)〈s.12.82〉

세존께서 싸왓티의 제따와나 아나타삔디까 사원에 머무실 때, 비구들에게 말씀하셨습니다.

"비구들이여, 노사(老死)를 알지 못하고 보지 못하면 노사에 대하여 있는 그대로 알기 위해서 스승을 찾아야 한다오. 노사의 쌓임[集]을 알지 못하고 보지 못하면 노사의 쌓임에 대하여 있는 그대로 알기 위해서 스승을 찾아야 한다오. 노사의 소멸[滅]을 알지 못하고 보지 못하면 노사의 소멸에 대하여 있는 그대로 알기 위해서 스승을 찾아야 한다오. 노사가 소멸하는 길[道]을 알지 못하고 보지 못하면 노사가 소멸하는 길[道]에 대하여 있는 그대로 알기 위해서 스승을 찾아야 한다오.

생(生), 유(有), 취(取), 갈애[愛], 느낌[受], 접촉[觸], 6입처(六入處), 이름과 형색[色], 분별하는 마음[識], 유위를 조작하는 행위[行]들에 대해서도 마찬가지라오."[250]

249 'āyatiṃ ca saṃvaram āpajjati'의 번역.

250 동일한 내용을 생략함.

제13 「이해(理解) 쌍윳따(Abhisamaya-Saṃyutta)」

2.46. 손톱 끝(Nakhasikhā)〈s.13.1〉

세존께서 싸왓티의 제따와나 아나타삔디까 사원에 머무실 때, 세존께서 손톱 끝으로 티끌을 집어 들고서 비구들에게 말씀하셨습니다.

"비구들이여, 어떻게 생각하는가? 내가 손톱 끝으로 집어 든 이 작은 티끌과 이 대지(大地) 가운데 어떤 것이 더 큰가?"

"세존이시여, 실로 이 대지가 더 큽니다. 세존께서 손톱 끝으로 집어 드신 티끌은 아주 작습니다. 대지에 비하여 세존께서 손톱 끝으로 집어 드신 티끌은 100분의 일에도 미치지 못하고, 1,000분의 일에도 미치지 못하고, 10만분의 일에도 미치지 못할 만큼 작습니다."

"비구들이여, 실로 이와 같이 거룩한 가르침을 듣고 바른 견해[正見]를 성취하여 (연기법을) 이해한 사람에게[251] 멸진되고 종식된 괴로움은 매우 많고, 남겨진 괴로움은 매우 적다오. 이전에 멸진되고 종식된 괴로움에 비하면 기껏해야 이 일곱 번의 괴로움은[252] 100분의 일에도 미치지 못하고, 1,000분의 일에도 미치지 못하고, 10만분의 일에도 미치지 못할 만큼 적다오. 비구들이여, 이와 같이 법(法)의 이해는[253] 큰

251 'ariyasāvakassa diṭṭhisapannassa puggalassa abhisametāvino'의 번역.

252 'yad idam sattakkhattuṃ paramatā'의 번역. 직역하면 '기껏해야 이 일곱 번'이다. 여기에서 '일곱 번'은 수다원(須陀洹)이 열반을 얻기까지 받아야 할 7번의 생사(生死)를 의미한다. 여기에서 생사(生死)가 의미하는 것은 윤회(輪廻)가 아니라 아직 떨치지 못한 괴로움이다.

253 'dhammābhisamayo'의 번역.

위력이 있고, 법안(法眼)의 성취는[254] 큰 위력이 있다오."

제14 「계(界) 쌍윳따(Dhātu-Saṃyutta)」

2.47. 계(界, Dhātu[255])〈s.14.1〉

세존께서 싸왓티의 제따와나 아나타삔디까 사원에 머무실 때, 비구들에게 말씀하셨습니다.

"비구들이여, 다양한 계(界)를 설하겠소. 그대들은 듣고 잘 생각해 보도록 하시오."

그 비구들은 "세존이시여, 그렇게 하겠습니다"라고 세존께 약속했습니다.

세존께서는 다음과 같이 말씀하셨습니다.

"비구들이여, 어떤 것이 다양한 계(界)인가? 시각계[眼界], 형색계[色界], 시각분별계[眼識界], 청각계[耳界], 소리계[聲界], 청각분별계[耳識界], 후각계[鼻界], 향기계[香界], 후각분별계[鼻識界], 미각계[舌界], 맛계[味界], 미각분별계[舌識界], 촉각계[身界], 촉감계[觸界], 촉각분별계[身識界], 마음계[意界], 법계(法界), 마음분별계[意識界], 비구들이여, 이들을

---

254 'dhammacakkhupaṭilābho'의 번역.

255 '계(界)'로 한역되는 'dhātu'는 온(蘊), 입처(入處)와 함께 불교 교리를 이해하는 데 매우 중요한 개념으로서 '유유상종(類類相從)하는 것'을 의미한다. 즉 같은 종류를 모아서 다른 종류와 구별하는 개념이다. 우리가 일상적으로 사용하는 '부류(部類)'와 가까운 말이다.

다양한 계(界)라고 한다오."

2.48. 접촉〔觸, Samphassaṃ〕〈s.14.2〉

세존께서 싸왓티의 제따와나 아나타삔디까 사원에 머무실 때, 비구들에게 말씀하셨습니다.

"비구들이여, 다양한 계(界)에 의존하여 다양한 접촉[觸]이 생긴다오.

비구들이여, 어떤 것이 다양한 계인가? 시각계[眼界], 청각계[耳界], 후각계[鼻界], 미각계[舌界], 촉각계[身界], 마음계[意界], 비구들이여, 이들을 다양한 계라고 한다오.

비구들이여, 다양한 계에 의존하여 다양한 접촉이 생긴다는 것은 어떤 것인가? 비구들이여, 시각계에 의존하여 시각접촉[眼觸]이 생긴다오. 청각계, 후각계, 미각계, 촉각계, 마음계에 의존하여 마음접촉[意觸]이 생긴다오.

비구들이여, 이와 같이 다양한 계에 의존하여 다양한 접촉이 생긴다오."

2.49. 그런 것이 아니다(No ce taṃ)〈s.14.3〉

세존께서 싸왓티의 제따와나 아나타삔디까 사원에 머무실 때, 비구들에게 말씀하셨습니다.

"비구들이여, 다양한 계(界)에 의존하여 다양한 접촉[觸]이 생기는 것이지, 다양한 접촉에 의존하여 다양한 계가 생기는 것이 아니라오.

비구들이여, 어떤 것이 다양한 계인가? 시각계[眼界], 청각계[耳界], 후각계[鼻界], 미각계[舌界], 촉각계[身界], 마음계[意界], 비구들이여, 이들을 다양한 계라고 한다오.

비구들이여, 다양한 계에 의존하여 다양한 접촉이 생기는 것이지, 다양한 접촉에 의존하여 다양한 계가 생기는 것이 아니라는 것은 어떤 것인가?

비구들이여, 시각계에 의존하여 시각접촉[眼觸]이 생기고, 청각계에 의존하여 청각접촉[耳觸]이 생기고, 후각계에 의존하여 후각접촉[鼻觸]이 생기고, 미각계에 의존하여 미각접촉[味觸]이 생기고, 촉각계에 의존하여 촉각접촉[身觸]이 생기고, 마음계에 의존하여 마음접촉[意觸]이 생기는 것이지, 시각접촉에 의존하여 시각계가 생기고, … 마음접촉에 의존하여 마음계가 나타는 것이 아니라오.

비구들이여, 이와 같이 다양한 계에 의존하여 다양한 접촉이 생기는 것이지, 다양한 접촉에 의존하여 다양한 계가 생기는 것이 아니라오."

2.50. 느낌〔受, Vedanā〕〈s.14.4-5〉

세존께서 싸왓티의 제따와나 아나타삔디까 사원에 머무실 때, 비구들에게 말씀하셨습니다.

"비구들이여, 다양한 계(界)에 의존하여 다양한 접촉[觸]이 생기고, 다양한 접촉에 의존하여 다양한 느낌[受]이 생긴다오. 비구들이여, 다양한 계에 의존하여 다양한 접촉이 생기고, 다양한 접촉에 의존하여 다양한 느낌이 생기는 것이지, 다양한 느낌에 의존하여 다양한 접촉이 생기는 것이 아니고, 다양한 접촉에 의존하여 다양한 계가 생기는 것이 아니라오.

비구들이여, 어떤 것이 다양한 계인가? 시각계[眼界], 청각계[耳界], 후각계[鼻界], 미각계[舌界], 촉각계[身界], 마음계[意界], 비구들이여, 이들을 다양한 계라고 한다오.

비구들이여, 다양한 계에 의존하여 다양한 접촉이 생기고, 다양한 접촉에 의존하여 다양한 느낌이 생긴다는 것은 어떤 것인가? 비구들이여, 시각계에 의존하여 시각접촉[眼觸]이 생기고, 시각접촉에 의존하여 시각접촉에서 생긴 느낌이[256] 생긴다오. 청각계, 후각계, 미각계, 촉각계, 마음계도 이와 같다오.

비구들이여, 이와 같이 다양한 계에 의존하여 다양한 접촉이 생기고, 다양한 접촉에 의존하여 다양한 느낌이 생긴다오."

2.51. 계(界, Dhātu)〈s.14.6〉

세존께서 싸왓티의 제따와나 아나타삔디까 사원에 머무실 때, 비구들에게 말씀하셨습니다.

"비구들이여, 다양한 계(界)를 설하겠소. 그대들은 듣고 잘 생각해 보도록 하시오."

그 비구들은 "세존이시여, 그렇게 하겠습니다"라고 세존께 약속했습니다.

세존께서는 다음과 같이 말씀하셨습니다.

256 'cakkhusamphassajā vedanā'의 번역.

"비구들이여, 어떤 것이 다양한 계인가? 형색계[色界], 소리계[聲界], 향기계[香界], 맛계[味界], 촉감계[觸界], 법계(法界), 비구들이여, 이들을 다양한 계라고 한다오."

2.52. 관념〔想, Saññā〕〈s.14.7〉

세존께서 싸왓티의 제따와나 아나타삔디까 사원에 머무실 때, 비구들에게 말씀하셨습니다.

"비구들이여, 다양한 계(界)에 의존하여 다양한 관념[想]이 생기고, 다양한 관념에 의존하여 다양한 의도[思]가[257] 생기고, 다양한 의도에 의존하여 다양한 의욕이[258] 생기고, 다양한 의욕에 의존하여 다양한 고민[惱]이[259] 생기고, 다양한 고민에 의존하여 다양한 추구(追求)가[260] 생긴다오.[261]

비구들이여, 어떤 것이 다양한 계인가? 형색계[色界], 소리계[聲界],

---

257 'saṅkappanānattaṃ'의 번역.

258 'chandanānattaṃ'의 번역.

259 'pariḷāhanānattaṃ'의 번역. 'pariḷāha'는 '열뇌(熱惱)'로 한역되는데, 의욕을 달성하기 위해서 고민하는 것을 의미한다.

260 'pariyesanānānattaṃ'의 번역. 'pariyesanā'는 '심구(尋求)'로 한역되는데, 의욕을 달성하기 위해서 여러 가지 방법을 찾아 시도하는 것을 의미한다.

261 내적인 계(界)에 의존하여 생기는 것은 접촉[觸]인데, 외적인 계에 의존하여 생기는 것은 관념[想]이라는 점에 주목해야 한다. 그리고 내적인 계에 의존하여 접촉[觸]과 느낌[受]이 생기는데, 외적인 계에 의존하여 관념, 의도[思], 의욕, 고민[惱], 추구(追求)가 생긴다는 점에 주목해야 한다.

향기계[香界], 맛계[味界], 촉감계[觸界], 법계(法界), 비구들이여, 이들을 다양한 계라고 한다오.

비구들이여, 다양한 계(界)에 의존하여 다양한 관념[想]이 생기고, 다양한 관념에 의존하여 다양한 의도[思]가 생기고, 다양한 의도에 의존하여 다양한 의욕이 생기고, 다양한 의욕에 의존하여 다양한 고민[惱]이 생기고, 다양한 고민에 의존하여 다양한 추구(追求)가 생긴다는 것은 어떤 것인가?

비구들이여, 형색계[色界]에 의존하여 형색관념[色想]이 생기고, 형색관념에 의존하여 형색에 대한 의도[色思]가 생기고, 형색에 대한 의도에 의존하여 형색에 대한 의욕이[262] 생기고, 형색에 대한 의욕에 의존하여 형색에 대한 고민[色惱]이 생기고, 형색에 대한 고민에 의존하여 형색에 대한 추구[色尋求]가 생긴다오. 소리계[聲界], 향기계[香界], 맛계[味界], 촉감계[觸界], 법계(法界)도 이와 같다오. 법계에 의존하여 법관념[法想]이 생기고, 법관념에 의존하여 법에 대한 의도[法思]가 생기고, 법에 대한 의도에 의존하여 법에 대한 의욕이 생기고, 법에 대한 의욕에 의존하여 법에 대한 고민[法惱]이 생기고, 법에 대한 고민에 의존하여 법에 대한 추구[法尋求]가 생긴다오.

비구들이여, 이와 같이 다양한 계(界)에 의존하여 다양한 관념[想]이 생기고, 다양한 관념에 의존하여 다양한 의도[思]가 생기고, 다양한 의도에 의존하여 다양한 의욕이 생기고, 다양한 의욕에 의존하여 다양한 고민[惱]이 생기고, 다양한 고민에 의존하여 다양한 추구(追求)가 생긴다오."

---

262 'rūpachando'

2.53. 그런 것이 아니다(No ce taṃ)〈s.14.8〉

세존께서 싸왓티의 제따와나 아나타삔디까 사원에 머무실 때, 비구들에게 말씀하셨습니다.

"비구들이여, 다양한 계(界)에 의존하여 다양한 관념[想]이 생기고, 다양한 관념에 의존하여 다양한 의도[思]가 생기고, 다양한 의도에 의존하여 다양한 의욕이 생기고, 다양한 의욕에 의존하여 다양한 고민[惱]이 생기고, 다양한 고민에 의존하여 다양한 추구(追求)가 생기는 것이지, 다양한 추구에 의존하여 다양한 고민이 생기는 것이 아니며, … 다양한 관념[想]에 의존하여 다양한 계가 생기는 것이 아니라오."

… (이하 생략) …

2.54. 접촉〔觸, Phassa[263]〕(1)〈s.14.9〉

세존께서 싸왓티의 제따와나 아나타삔디까 사원에 머무실 때, 비구들에게 말씀하셨습니다.

"비구들이여, 다양한 계(界)에 의존하여 다양한 관념[想]이 생기고, 다양한 관념에 의존하여 다양한 의도[思]가 생기고, 다양한 의도에 의존하여 다양한 접촉[觸]이 생기고, 다양한 접촉에 의존하여 다양한 느

263 외적인 계(界)에 의존하여 그 외적인 계(界)를 접촉하는 것을 'phassa'라고 표현하여 내적인 계(界)에서 생기는 'samphassa'와 구별하고 있는 점에 주목해야 한다. 'samphassa'는 내적인 지각활동을 의미하고, 'phassa'는 외적인 계(界)를 대상으로 접촉하는 것을 의미한다.

낌[受]이 생기고, 다양한 느낌에 의존하여 다양한 의욕이 생기고, 다양한 의욕에 의존하여 다양한 고민[惱]이 생기고, 다양한 고민에 의존하여 다양한 추구(追求)가 생기고, 다양한 추구에 의존하여 다양한 획득(獲得)이 생긴다오.[264]

비구들이여, 어떤 것이 다양한 계(界)인가? 형색계[色界], 소리계[聲界], 향기계[香界], 맛계[味界], 촉감계[觸界], 법계(法界), 비구들이여, 이들을 다양한 계(界)라고 한다오.

… (중략) …

비구들이여, 형색계[色界]에 의존하여 형색관념[色想]이 생기고, 형색관념에 의존하여 형색에 대한 의도[色思]가 생기고, 형색에 대한 의도에 의존하여 형색에 대한 접촉[色觸]이 생기고, 형색에 대한 접촉에 의존하여 형색에 대한 느낌[色受]이 생기고, 형색에 대한 느낌에 의존하여 형색에 대한 의욕이 생기고, 형색에 대한 의욕에 의존하여 형색에 대한 고민[色惱]이 생기고, 형색에 대한 고민에 의존하여 형색에 대한 추구[色尋求]가 생기고, 형색에 대한 추구에 의존하여 형색의 획득이 생긴다오. 소리계[聲界], 향기계[香界], 맛계[味界], 촉감계[觸界], 법계(法界)도 이와 같다오."

---

264 앞의 경에서는 외적인 계(界)에 의존하여 관념[想], 의도[思], 의욕, 고민[惱], 추구(追求)가 생긴다고 했는데, 이 경에서는 외적인 계(界)에 의존하여 관념[想], 의도[思], 접촉[觸], 느낌[受], 의욕, 고민[惱], 추구, 획득(獲得)이 생긴다고 하여 중간에 접촉[觸]과 느낌[受]이 첨가되고, 마지막에 획득이 추가된 점에 주목해야 한다. 이것은 내적인 계(界)에 의존하여 나타난 접촉과 느낌이 추가된 것인데, 그 지점이 의도[思] 다음이다. 이것은 우리의 지각활동이 의도에 의해 이루어지고 있고, 의도가 있을 때 외부의 대상에 대한 접촉이 이루어진다는 것을 시사하며, 이러한 접촉의 목적은 획득에 있음을 보여주고 있다.

… (이하 생략) …

2.55. 접촉〔觸, Phassa〕 (2) 〈s.14.10〉

세존께서 싸왓티의 제따와나 아나타삔디까 사원에 머무실 때, 비구들에게 말씀하셨습니다.

"비구들이여, 다양한 계(界)에 의존하여 다양한 관념[想]이 생기고, 다양한 관념에 의존하여 다양한 의도[思]가 생기고, 다양한 의도에 의존하여 다양한 접촉[觸]이 생기고, 다양한 접촉에 의존하여 다양한 느낌[受]이 생기고, 다양한 느낌에 의존하여 다양한 의욕이 생기고, 다양한 의욕에 의존하여 다양한 고민[惱]이 생기고, 다양한 고민에 의존하여 다양한 추구(追求)가 생기고, 다양한 추구에 의존하여 다양한 획득이 생기는 것이지, 다양한 획득에 의존하여 다양한 추구가 생기는 것이 아니고, … 다양한 접촉에 의존하여 다양한 의도가 생기는 것이 아니고, … 다양한 관념에 의존하여 다양한 계가 생기는 것이 아니라오.

비구들이여, 어떤 것이 다양한 계인가? 형색계[色界], 소리계[聲界], 향기계[香界], 맛계[味界], 촉감계[觸界], 법계(法界), 비구들이여, 이들을 다양한 계라고 한다오."

… (이하 생략) …

2.56. 일곱 가지(Sattimā)〈s.14.11〉

세존께서 싸왓티의 제따와나 아나타삔디까 사원에 머무실 때, 비구들에게 말씀하셨습니다.

"비구들이여, 일곱 가지 계(界)가 있다오. 일곱 가지는 어떤 것인가? 밝은 계[光界], 청정한 계[淨界], 공무변처계(空無邊處界), 식무변처계(識無邊處界), 무소유처계(無所有處界), 비유상비무상처계(非有想非無想處界), 관념적 지각이 그쳐 사라진 계[想受滅界],[265] 비구들이여, 이들이 일곱 가지 계라오."

이와 같이 말씀하시자 어떤 비구가 세존께 다음과 같이 말씀드렸습니다.

"세존이시여, 밝은 계와 청정한 계, 공무변처계, 식무변처계, 무소유처계, 비유상비무상처계, 관념적 지각이 그쳐 사라진 계는 무엇에 의존하여 시설(施設)됩니까?"[266]

"비구여, 밝은 계[光界]는 어둠에 의존하여 시설된다오. 비구여, 청정한 계[淨界]는 더러움에 의존하여 시설된다오. 비구여, 공무변처계(空無邊處界)는 형색[色]에 의존하여 시설된다오. 비구여, 식무변처계(識無邊處界)는 공무변처에 의존하여 시설된다오. 비구여, 무소유처계(無所

---

265 'saññāvedayitanirodhadhātu'의 번역. 'saññāvedayita'는 '관념'을 의미하는 'saññā'와 '느끼다, 경험하다, 지각하다, 인지하다'는 의미의 동사 'vedeti'의 과거분사 'vedayita'의 합성어로서 관념에 의해 인지된'의 의미이다.

266 'kim paṭicca paññāyanti'의 번역. '시설(施設)되다'로 번역한 'paññāyati'는 언어를 통해서 알려지는 것을 의미한다. 불교에서는 모든 언어를 어떤 사실을 알리기 위한 방편(方便)이나 시설로 보기 때문에 언어적으로 표현하는 것을 '시설한다'고 한다.

有處界)는 식무변처에 의존하여 시설된다오. 비구여, 비유상비무상처계(非有想非無想處界)는 무소유처에 의존하여 시설된다오. 비구여, 관념적 지각이 그쳐 사라진 계[想受滅界]는 소멸[滅]에 의존하여 시설된다오."

"세존이시여, 밝은 계와 청정한 계, 공무변처계, 식무변처계, 무소유처계, 비유상비무상처계, 관념적 지각이 그쳐 사라진 계, 세존이시여, 이들 계(界)는 무엇을 얻어야 도달할 수 있습니까?"[267]

"비구여, 밝은 계와 청정한 계, 공무변처계, 식무변처계, 무소유처계는 관념[想]을 얻어야 도달할 수 있다오. 비구여, 비유상비무상처계는 나머지 유위를 조작하는 행위[行]를 얻어야[268] 도달할 수 있다오. 비구여, 관념적 지각이 그쳐 사라진 계는 소멸[滅]을 얻어야 도달할 수 있

---

267 'imā nu kho bhante dhātuyo kathaṃ samāpatti pattabbā'의 번역.

268 'saṅkhārāvasesasamāpatti'의 번역. 'saṅkhārāvasesa'는 '유위를 조작하는 행위[行]'를 의미하는 'saṅkhāra'와 '나머지, 잔여, 남겨진, 여타의'를 의미하는 'avasesa'의 합성어이다. 유(有)와 무(無)는 조작된 관념이다. 중생들이 인식하는 세계는 모두 유와 무라고 하는 모순된 관념에 의해서 이루어진다. 밝은 계[光界]의 있음[有]은 어두움의 없음[無]에 의해서 시설된 것이고, 청정한 계[淨界]의 있음[有]은 더러움의 없음[無]에 의해서 시설된 것이며, 공무변처계(空無邊處界)의 있음[有]은 형색[色]의 없음[無]에 의해서 시설된 것이고, 식무변처계(識無邊處界)의 있음[有]은 공무변처(空無邊處)의 없음[無]에 의해서 시설된 것이며, 무소유처계(無所有處界)의 있음[有]은 식무변처(識無邊處)의 없음[無]에 의해서 시설된 것이다. 그런데 비유상비무상처계(非有想非無想處界)는 '있음'이라는 관념[有想]도 부정(否定)하고, '없음'이라는 관념[無想]도 부정함으로써 시설된 것이다. 이전의 계(界)들이 유와 무라는 모순개념[想]을 조작함으로써 시설된 것이라면, 비유상비무상처계는 유와 무라는 모순개념을 부정함으로써 시설된 것인데, 모순의 부정(否定) 역시 유위를 조작하는 행위[行]이다. '나머지 유위를 조작하는 행위'는 이와 같이 모순을 부정하는 행위를 의미한다. 바꾸어 말하면 유와 무라는 모순개념을 조작함으로써 시설된 계(界)들은 형식논리(形式論理)에 의해 시설된 것이고, 유와 무라는 모순개념을 부정함으로써 시설된 비유상비무상처계는 변증법(辨證法)에 의해서 조작된 관념이라는 의미이다.

다오."[269]

2.57. 인연(因緣)이 있기 때문에(Sanidānaṃ)〈s.14.12〉

세존께서 싸왓티의 제따와나 아나타삔디까 사원에 머무실 때, 비구들에게 말씀하셨습니다.

"비구들이여, 인연이 있기 때문에 감각적 욕망에 대한 사유[欲尋究]가[270] 생긴다오. 인연이 없으면 생기지 않는다오. 인연이 있기 때문에 분노의 사유[瞋恚尋究]가[271] 생긴다오. 인연이 없으면 생기지 않는다오. 인연이 있기 때문에 폭력의 사유[害尋究]가[272] 생긴다오. 인연이 없으면 생기지 않는다오. 비구들이여, 이 말의 의미는 어떤 것인가?[273]

비구들이여, 감각적 욕망의 계[欲界]에[274] 의존하여 감각적 욕망에 대한 관념[欲想]이[275] 생기고, 감각적 욕망에 대한 관념에 의존하여 감각적 욕망에 대한 의도[欲思]가[276] 생기고, 감각적 욕망에 대한 의도에

---

269 'yāyam saññāvedayitanirodhadhātu ayam dhātu nirodhasamāpatti pattabbā'의 번역. 'nirodhasamāpatti'는 모든 유위를 조작하는 행위[行]가 소멸하는 것[諸行寂滅]을 의미한다.

270 'kāmavitakko'의 번역.

271 'vyāpādavitakko'의 번역.

272 'vihiṃsāvitakko'의 번역.

273 앞의 말씀이 반복되기 때문에 생략하여 번역함.

274 'kāmadhātum'의 번역.

275 'kāmasaññā'의 번역.

276 'kāmasaṅkappo'의 번역.

의존하여 감각적 욕망에 대한 의욕이[277] 생기고, 감각적 욕망에 대한 의욕에 의존하여 감각적 욕망에 대한 고민[欲惱]이[278] 생기고, 감각적 욕망에 대한 고민에 의존하여 감각적 욕망에 대한 추구(追求)가[279] 생긴다오. 비구들이여, 무지한 범부는 몸과 말과 마음, 세 가지로 감각적 욕망을 추구하면서 삿된 길에 들어간다오.[280]

비구들이여, 분노계[瞋恚界]에[281] 의존하여 분노에 대한 관념[瞋恚想]이[282] 생기고, 분노에 대한 관념에 의존하여 분노하려는 의도[瞋恚思]가[283] 생기고, 분노하려는 의도에 의존하여 분노하려는 의욕이[284] 생기고, 분노하려는 의욕에 의존하여 분노하려는 고민[瞋恚惱]이[285] 생기고, 분노하려는 고민에 의존하여 분노의 추구(追求)가[286] 생긴다오. 비구들이여, 무지한 범부는 몸과 말과 마음, 세 가지로 분노를 추구하면서 삿된 길에 들어간다오.

277 'kāmachando'의 번역.

278 'kāmapariḷāho'의 번역.

279 'kāmapariyesanā'의 번역.

280 'tīhi ṭhānehi micchāpaṭipajjati kāyena vācāya manasā'의 번역.

281 'vyāpādadhātum'의 번역.

282 'vyāpādasaññā'의 번역.

283 'vyāpādasaṅkappo'의 번역.

284 'vyāpādachando'의 번역.

285 'vyāpādapariḷāho'의 번역.

286 'vyāpādapariyesanā'의 번역.

비구들이여, 폭력계[害界]에[287] 의존하여 폭력에 대한 관념[害想]이[288] 생기고, 폭력에 대한 관념에 의존하여 폭력을 쓰려는 의도[害思]가[289] 생기고, 폭력을 쓰려는 의도에 의존하여 폭력을 쓰려는 의욕이[290] 생기고, 폭력을 쓰려는 의욕에 의존하여 폭력을 쓰려는 고민[害惱]이[291] 생기고, 폭력을 쓰려는 고민에 의존하여 폭력의 추구(追求)가[292] 생긴다오. 비구들이여, 무지한 범부는 몸과 말과 마음, 세 가지로 폭력을 추구하면서 삿된 길에 들어간다오.

비구들이여, 비유하면 어떤 사람이 불타는 횃불을 마른 초원에 던지는 것과 같다오. 만약에 손이나 발로 빨리 끄지 않으면, 비구들이여, 풀이나 나무에 의지해서 살아가는 생명들은 불행과 재난을 만나게 될 것이오. 비구들이여, 이와 같이 어떤 사문이나 바라문이라 할지라도 나타난 사악(邪惡)한 관념[想]을[293] 빨리 버리지 않고, 제거하지 않고, 파괴하지 않고, 없애지 않으면, 그는 지금 여기에서 고뇌하고, 근심하고,

---

287 'vihiṃsādhātum'의 번역.

288 'vihiṃsāsaññā'의 번역.

289 'vihiṃsāsaṅkappo'의 번역.

290 'vihiṃsāchando'의 번역.

291 'vihiṃsāpariḷāho'의 번역.

292 'ahiṃsāpariyesanā'의 번역.

293 'uppannam visamagatam saññam'의 번역. 여기에서 이야기하는 '사악한 관념'은 '신, 내세, 환생, 윤회, 제사, 희생, 영생' 등과 같은 종교적인 관념을 의미한다. 종교가 사악한 관념을 만들어 세상에 던져놓으면, 그 관념이 세상에 퍼져서 많은 사람들이 해를 입는다는 의미이다.

고민하면서 괴롭게 살아갈 것이오. 그리고 몸이 무너져 죽은 후에 불행한 삶을 살게 될 것이오.[294]

비구들이여, 인연이 있기 때문에 감각적 욕망에서 벗어나려는 사유[出離尋究]가[295] 생긴다오. 인연이 없으면 생기지 않는다오. 인연이 있기 때문에 분노가 없는 사유[無恚尋究]가[296] 생긴다오. 인연이 없으면 생기지 않는다오. 인연이 있기 때문에 비폭력의 사유[無害尋究]가[297] 생긴다오. 인연이 없으면 생기지 않는다오. 비구들이여, 이 말의 의미는 어떤 것인가?[298]

비구들이여, 감각적 욕망에서 벗어난 계[出離界]에 의존하여 벗어남에 대한 관념[出離想]이 생기고, 벗어남에 대한 관념에 의존하여 벗어나려는 의도[出離思]가 생기고, 벗어나려는 의도에 의존하여 벗어나려는 의욕이 생기고, 벗어나려는 의욕에 의존하여 벗어나려는 고민[出離惱]이 생기고, 벗어나려는 고민에 의존하여 벗어나기 위한 추구(追求)가 생긴다오. 비구들이여, 학식이 많은 거룩한 제자는 몸과 말과 마음, 세 가지로 벗어나기를 추구하면서 바른길에 들어간다오.

비구들이여, 분노가 없는 계[無恚界]에 의존하여 분노가 없는 관념[無恚想]이 생기고, 분노가 없는 관념에 의존하여 분노를 없애려는 의도

---

294 'duggatiṃ pāṭikaṅkhā'의 번역.

295 'nekkhammavitakko'의 번역.

296 'avyāpādavitakko'의 번역.

297 'vihiṃsāvitakko'의 번역.

298 앞의 말씀이 반복되기 때문에 생략하여 번역함.

[無恚思]가 생기고, 분노를 없애려는 의도에 의존하여 분노를 없애려는 의욕이 생기고, 분노를 없애려는 의욕에 의존하여 분노를 없애려는 고민[無恚惱]이 생기고, 분노를 없애려는 고민에 의존하여 분노를 없애려는 추구(追求)가 생긴다오. 비구들이여, 학식이 많은 거룩한 제자는 몸과 말과 마음, 세 가지로 분노 없애기를 추구하면서 바른길에 들어간다오.

비구들이여, 비폭력계[無害界]에 의존하여 비폭력의 관념[無害想]이 생기고, 비폭력의 관념에 의존하여 폭력을 행하지 않으려는 의도[無害思]가 생기고, 폭력을 행하지 않으려는 의도에 의존하여 폭력을 행하지 않으려는 의욕이 생기고, 폭력을 행하지 않으려는 의욕에 의존하여 폭력을 행하지 않으려는 고민[無害惱]이 생기고, 폭력을 행하지 않으려는 고민에 의존하여 비폭력의 추구(追求)가 생긴다오. 비구들이여, 학식이 많은 거룩한 제자는 몸과 말과 마음, 세 가지로 비폭력을 추구하면서 바른길에 들어간다오.

비구들이여, 비유하면, 어떤 사람이 불타는 횃불을 마른 초원에 던지는 것과 같다오. 만약에 그것을 손이나 발로 빨리 끄면, 비구들이여, 그러면 풀이나 나무에 의지해 살아가는 생명들은 불행과 재난을 만나지 않게 될 것이오. 비구들이여, 이와 같이 어떤 사문이나 바라문이라 할지라도 나타난 사악(邪惡)한 관념[想]을 빨리 버리고, 제거하고, 파괴하고, 없애면, 그는 지금 여기에서 고뇌 없이, 근심 없이, 고민 없이 행복하게 살게 될 것이오. 그리고 몸이 무너져 죽은 후에 행복한 삶을 기대할 수 있을 것이오."[299]

---

299 'suggatiṃ pāṭikaṅkhā'의 번역.

2.58. 벽돌집(Giñjakāvasatha)〈s.14.13〉

세존께서 싸왓티의 제따와나 아나타삔디까 사원에 머무실 때, 비구들에게 말씀하셨습니다.

"비구들이여, 계(界)에 의존하여 관념[想]이 생기고, 견해[見]가[300] 생기고, 사유[尋究]가[301] 생긴다오."

이와 같이 말씀하시자 신심 깊은 깟짜야나 존자가 세존께 말씀드렸습니다.

"세존이시여, 바른 깨달음을 얻지 못한 사람들을 바른 깨달음을 얻은 분[等正覺]이라고 보는 견해는[302] 무엇에 의존하여 시설되는 것입니까?"

"깟짜야나여, 그것은 광대(廣大)한 무명계(無明界)라오.[303] 깟짜야나여, 하급(下級)의 계(界)에 의존하여 하급의 관념[想], 하급의 견해[見], 하급의 사유[尋究], 하급의 의지(意志), 하급의 소망(所望), 하급의 서원(誓願), 하급의 인간, 하급의 언어가 생긴다오.[304] 그는 하급을 이야기하고, 가르치고, 시설하고, 제시하고, 밝히고, 해설하고, 천명한다오. 나는 '그 사람의 출생은 하급이다'라고 말한다오.

---

300 'diṭṭhi'의 번역.

301 'vitakko'의 번역.

302 'ayam diṭṭhi asammāsambuddhesu Sammāsambuddho ti'의 번역.

303 'mahatī kho esā Kaccāyana dhātu yad idam avijjādhātu'의 번역. 이 경에서는 광대한 무명계(無明界)를 상급(上級), 중급(中級), 하급(下級)으로 나누어 이야기하고 있다.

304 'hīnaṃ Kaccāyana dhātuṃ paṭicca uppajjati hīnā saññā hīnā diṭṭhī hīno vitakko hīnā cetanā hīnā patthanā hīno paṅidhī hīno puggalo hīnā vācā'의 번역.

깟짜야나여, 중급(中級)의 계(界)에 의존하여 중급의 관념[想], 중급의 견해[見], 중급의 사유[尋究], 중급의 의지(意志), 중급의 소망(所望), 중급의 서원(誓願), 중급의 인간, 중급의 언어가 생긴다오. 그는 중급을 이야기하고, 가르치고, 시설하고, 제시하고, 밝히고, 해설하고, 천명한다오. 나는 '그 사람의 출생은 중급이다'라고 말한다오.

깟짜야나여, 상급(上級)의 계(界)에 의존하여 상급의 관념[想], 상급의 견해[見], 상급의 사유[尋究], 상급의 의지(意志), 상급의 소망(所望), 상급의 서원(誓願), 상급의 인간, 상급의 언어가 생긴다오. 그는 상급(上級)을 이야기하고, 가르치고, 시설하고, 제시하고, 밝히고, 해설하고, 천명한다오. 나는 '그 사람의 출생은 상급이다'라고 말한다오."

2.59. 업(業, Kammaṃ)〈s.14.15〉

세존께서 라자가하의 깃자꾸따(Gijjhakūṭa) 산에[305] 머무실 때, 싸리뿟따 존자가 많은 비구들과 함께 세존과 멀지 않은 곳에서 산책하고 있었습니다. 마하 목갈라나(Mahā Moggallāna) 존자, 마하 깟싸빠(Mahā Kassapa) 존자, 아누룻다(Anuruddha) 존자, 뿐나(Puṇṇa) 존자, 우빨리(Upāli) 존자, 아난다 존자, 데와닷따(Devadatta)도 각기 많은 비구들과 함께 세존과 멀지 않은 곳에서 산책하고 있었습니다.[306]

그때 세존께서 비구들을 불렀습니다.

305 한역(漢譯)에서는 영취산(靈鷲山)으로 번역됨.

306 축약하여 번역함.

"비구들이여, 싸리뿟따가 많은 비구들과 함께 산책하는 것이 보이나요?"

"네! 세존이시여!"

"비구들이여, 그 비구들은 모두 큰 지혜가[307] 있다오. 비구들이여, 목갈라나가 많은 비구들과 함께 산책하는 것이 보이나요?"

"네! 세존이시여!"

"비구들이여, 그 비구들은 모두 큰 신통이[308] 있다오. 비구들이여, 깟싸빠가 많은 비구들과 함께 산책하는 것이 보이나요?"

"네! 세존이시여!"

"비구들이여, 그 비구들은 모두 두타행(頭陀行)을 주장[309]한다오. 비구들이여, 아누룻다가 많은 비구들과 함께 산책하는 것이 보이나요?"

"네! 세존이시여!"

"비구들이여, 그 비구들은 모두 천안(天眼)을 갖춘 사람들[310]이라오. 비구들이여, 뿐나가 많은 비구들과 함께 산책하는 것이 보이나요?"

"네! 세존이시여!"

"비구들이여, 그 비구들은 모두 설법(說法)을 잘하는 사람들[311]이라오. 비구들이여, 우빨리가 많은 비구들과 함께 산책하는 것이 보이

---

307 'mahāpaññā'의 번역.

308 'mahiddhikā'의 번역.

309 'dhutavādā'의 번역.

310 'dibbacakkhukā'의 번역.

311 'dhammakathikā'의 번역.

나요?"

"네! 세존이시여!"

"비구들이여, 그 비구들은 모두 율(律)을 지닌 사람들[312]이라오. 비구들이여, 아난다가 많은 비구들과 함께 산책하는 것이 보이나요?"

"네! 세존이시여!"

"비구들이여, 그 비구들은 많이 듣는 사람들[313]이라오. 비구들이여, 데와닷따가 많은 비구들과 함께 산책하는 것이 보이나요?"

"네! 세존이시여!"

"비구들이여, 그 비구들은 의도가 사악한 사람들[314]이라오. 비구들이여, 중생들은 같은 부류[界]와[315] 교류하고 어울린다오. 저급한 성품의 중생들은 저급한 성품의 중생들과 교류하고 어울리고, 선량한 성품의 중생들은 선량한 성품의 중생들과 교류하고 어울린다오. 과거에도 그랬고, 미래에도 그럴 것이고, 현재에도 그렇다오."

2.60. 게송(偈頌)이 있는(Sagātha)〈s.14.16〉

세존께서 싸왓티의 제따와나 아나타삔디까 사원에 머무실 때, 비구들

---

312 'vinayadharā'의 번역.

313 'bahussutā'의 번역.

314 'pāpicchā'의 번역.

315 'dhātuso'의 번역. 'dhātuso'는 '계(界)'로 한역된 'dhātu'에 '방법' 정도'를 의미하는 접미사 'so'가 붙은 것이다. 그런데 'dhātu'는 '유유상종(類類相從)하는 것', 즉 '같은 부류(部類)'를 의미하므로 '같은 부류[界]와'로 번역했다.

에게 말씀하셨습니다.

"비구들이여, 중생들은 같은 부류[界]와 교류하고 어울린다오. 저급한 성품의 중생들은 저급한 성품의 중생들과 교류하고 어울린다오. 과거에도 그랬고, 미래에도 그럴 것이고, 현재에도 그렇다오.[316]

비구들이여, 비유하면, 똥은 똥과 합쳐져서 어울리고, 오줌은 오줌과 합쳐져서 어울리고, 침은 침과 합쳐져서 어울리고, 고름은 고름과 합쳐져서 어울리고, 피는 피와 합쳐져서 어울리는 것과 같다오.

비구들이여, 중생들은 같은 부류[界]와 교류하고 어울린다오. 선량한 성품의 중생들은 선량한 성품의 중생들과 교류하고 어울린다오. 과거에도 그랬고, 미래에도 그럴 것이고, 현재에도 그렇다오.

비구들이여, 비유하면, 우유는 우유와 합쳐져서 어울리고, 참기름은 참기름과 합쳐져서 어울리고, 버터는 버터와 합쳐져서 어울리고, 꿀은 꿀과 합쳐져서 어울리고, 당밀은 당밀과 합쳐져서 어울리는 것과 같다오."

세존께서는 이와 같이 말씀하셨습니다. 선서께서는 이와 같이 말씀하셨습니다. 스승님께서는 다시 다음과 같이 (게송으로) 말씀하셨습니다.

욕망의 숲은 교류에서 생기고,
교류가 없으면 잘려진다네.
작은 나무 조각에 올라타면

316 생략하여 번역함.

큰 바닷속으로 가라앉듯이,
이와 같이 게으름 때문에
유덕한 생활 또한 가라앉는다네.
그러므로 노력이 부족한
게으른 사람을 멀리해야 한다네.
세속의 욕망에서 벗어난 성자와[317]
정진하는 선정(禪定)수행자와
지속적으로 열심히 노력하는
현자와 함께 살아가야 한다네.

2.61. 믿음이 없는(Asaddha)〈s.14.17〉

세존께서 싸왓티의 제따와나 아나타삔디까 사원에 머무실 때, 비구들에게 말씀하셨습니다.

"비구들이여, 중생들은 같은 부류[界]와 교류하고 어울린다오.

믿음이 없는 중생들은 믿음이 없는 중생들과 교류하고 어울린다오. 부끄러움을 모르는 중생들은 부끄러움을 모르는 중생들과 교류하고 어울린다오. 뉘우침이 없는 중생들은 뉘우침이 없는 중생들과 교류하고 어울린다오. 무지한 중생들은 무지한 중생들과 교류하고 어울린다오. 게으른 중생들은 게으른 중생들과 교류하고 어울린다오. 주의집

317 'pavivittehi ayitehi'의 번역.

중을 망각한 중생들은[318] 주의집중을 망각한 중생들과 교류하고 어울린다오. 통찰력이 없는 중생들은[319] 통찰력이 없는 중생들과 교류하고 어울린다오.

믿음이 있는 중생들은 믿음이 있는 중생들과 교류하고 어울린다오. 부끄러움을 아는 중생들은 부끄러움을 아는 중생들과 교류하고 어울린다오. 뉘우침이 있는 중생들은 뉘우침이 있는 중생들과 교류하고 어울린다오. 학식이 많은 중생들은 학식이 많은 중생들과 교류하고 어울린다오. 부지런한 중생들은 부지런한 중생들과 교류하고 어울린다오. 주의집중이 일어나고 있는 중생들은[320] 주의집중이 일어나고 있는 중생들과 교류하고 어울린다오. 통찰력이 있는 중생들은[321] 통찰력이 있는 중생들과 교류하고 어울린다오.

비구들이여, 과거에도 그랬고, 미래에도 그럴 것이고, 현재에도 그렇다오."

2.62. 삼매(三昧)에 들지 않는(Asamāhita)〈s.14.23〉

세존께서 싸왓티의 제따와나 아나타삔디까 사원에 머무실 때, 비구들에게 말씀하셨습니다.

318 'muṭṭhasatino'의 번역.

319 'duppaññā'의 번역.

320 'upaṭṭhitasatino'의 번역.

321 'paññavanto'의 번역.

"비구들이여, 중생들은 같은 부류[界]와 교류하고 어울린다오.

믿음이 없는 중생들은 믿음이 없는 중생들과 교류하고 어울린다오. 부끄러움을 모르는 중생들은 부끄러움을 모르는 중생들과 교류하고 어울린다오. 뉘우침이 없는 중생들은 뉘우침이 없는 중생들과 교류하고 어울린다오. 무지한 중생들은 무지한 중생들과 교류하고 어울린다오. 게으른 중생들은 게으른 중생들과 교류하고 어울린다오. 삼매(三昧)에 들지 않는 중생들은[322] 삼매에 들지 않는 중생들과 교류하고 어울린다오. 통찰력이 없는 중생들은 통찰력이 없는 중생들과 교류하고 어울린다오.

믿음이 있는 중생들은 믿음이 있는 중생들과 교류하고 어울린다오. 부끄러움을 아는 중생들은 부끄러움을 아는 중생들과 교류하고 어울린다오. 뉘우침이 있는 중생들은 뉘우침이 있는 중생들과 교류하고 어울린다오. 학식이 많은 중생들은 학식이 많은 중생들과 교류하고 어울린다오. 부지런한 중생들은 부지런한 중생들과 교류하고 어울린다오. 삼매에 드는 중생들은[323] 삼매에 드는 중생들과 교류하고 어울린다오. 통찰력이 있는 중생들은 통찰력이 있는 중생들과 교류하고 어울린다오."

2.63. 부도덕한(Dussilya)〈s.14.24〉

세존께서 싸왓티의 제따와나 아나타삔디까 사원에 머무실 때, 비구들

322 'asamāhitā'의 번역.

323 'samāhitā'의 번역.

에게 말씀하셨습니다.

“비구들이여, 중생들은 같은 부류[界]와 교류하고 어울린다오.

믿음이 없는 중생들은 믿음이 없는 중생들과 교류하고 어울린다오. 부끄러움을 모르는 중생들은 부끄러움을 모르는 중생들과 교류하고 어울린다오. 뉘우침이 없는 중생들은 뉘우침이 없는 중생들과 교류하고 어울린다오. 무지한 중생들은 무지한 중생들과 교류하고 어울린다오. 게으른 중생들은 게으른 중생들과 교류하고 어울린다오. 부도덕한 중생들은[324] 부도덕한 중생들과 교류하고 어울린다오. 통찰력이 없는 중생들은 통찰력이 없는 중생들과 교류하고 어울린다오.

믿음이 있는 중생들은 믿음이 있는 중생들과 교류하고 어울린다오. 부끄러움을 아는 중생들은 부끄러움을 아는 중생들과 교류하고 어울린다오. 뉘우침이 있는 중생들은 뉘우침이 있는 중생들과 교류하고 어울린다오. 학식이 많은 중생들은 학식이 많은 중생들과 교류하고 어울린다오. 부지런한 중생들은 부지런한 중생들과 교류하고 어울린다오. 도덕적인 중생들은[325] 도덕적인 중생들과 교류하고 어울린다오. 통찰력이 있는 중생들은 통찰력이 있는 중생들과 교류하고 어울린다오.”

2.64. 10업도(十業道, Dasakammapathā)〈s.14.27〉

세존께서 싸왓티의 제따와나 아나타삔디까 사원에 머무실 때, 비구들

324 ‘dusīlya’의 번역.

325 ‘sīlavanto’의 번역.

에게 말씀하셨습니다.

"비구들이여, 중생들은 같은 부류[界]와 교류하고 어울린다오.

살생하는 중생들은 살생하는 중생들과 교류하고 어울린다오. 주지 않는 것을 취하는 중생들은 주지 않는 것을 취하는 중생들과 교류하고 어울린다오. 삿된 음행을 하는 중생들은 삿된 음행을 하는 중생들과 교류하고 어울린다오. 거짓말하는 중생들은 거짓말하는 중생들과 교류하고 어울린다오. 이간질하는 중생들은 이간질하는 중생들과 교류하고 어울린다오. 폭언(暴言)하는 중생들은 폭언하는 중생들과 교류하고 어울린다오. 잡담하는 중생들은 잡담하는 중생들과 교류하고 어울린다오. 탐욕스러운 중생들은 탐욕스러운 중생들과 교류하고 어울린다오. 진심(瞋心)을 가진 중생들은 진심(瞋心)을 가진 중생들과 교류하고 어울린다오. 삿된 견해[邪見]를 가진 중생들은 삿된 견해를 가진 중생들과 교류하고 어울린다오.

살생하지 않는 중생들은 살생하지 않는 중생들과 교류하고 어울린다오. 주지 않는 것을 취하지 않는 중생들은 주지 않는 것을 취하지 않는 중생들과 교류하고 어울린다오. 삿된 음행을 하지 않는 중생들은 삿된 음행을 하지 않는 중생들과 교류하고 어울린다오. 거짓말하지 않는 중생들은 거짓말하지 않는 중생들과 교류하고 어울린다오. 이간질하지 않는 중생들은 이간질하지 않는 중생들과 교류하고 어울린다오. 폭언(暴言)하지 않는 중생들은 폭언하지 않는 중생들과 교류하고 어울린다오. 잡담하지 않는 중생들은 잡담하지 않는 중생들과 교류하고 어울린다오. 탐욕스럽지 않은 중생들은 탐욕스럽지 않은 중생들과 교류하고 어울린다오. 진심(瞋心)이 없는 중생들은 진심(瞋心)이 없는 중생들과 교류하고 어울린다오. 바른 견해[正見]를 가진 중생들은 바른 견해를 가진 중생들과 교류하고 어울린다오."

2.65. 10지(十支, Dasaṅga)〈s.14.29〉

세존께서 싸왓티의 제따와나 아나타삔디까 사원에 머무실 때, 비구들에게 말씀하셨습니다.

"비구들이여, 중생들은 같은 부류[界]와 교류하고 어울린다오.

삿된 견해[邪見]를 가진 중생들은 삿된 견해를 가진 중생들과 교류하고 어울린다오. 그릇된 말을 하는 중생들은 그릇된 말을 하는 중생들과 교류하고 어울린다오. 그릇된 행위를 하는 중생들은 그릇된 행위를 하는 중생들과 교류하고 어울린다오. 그릇된 생활을 하는 중생들은 그릇된 생활을 하는 중생들과 교류하고 어울린다오. 그릇된 정진을 하는 중생들은 그릇된 정진을 하는 중생들과 교류하고 어울린다오. 그릇된 주의집중을 하는 중생들은 그릇된 주의집중을 하는 중생들과 교류하고 어울린다오. 그릇된 선정(禪定)을 닦는 중생들은 그릇된 선정을 닦는 중생들과 교류하고 어울린다오. 그릇되게 아는 중생들은 그릇되게 아는 중생들과 교류하고 어울린다오. 그릇되게 해탈한 중생들은 그릇되게 해탈한 중생들과 교류하고 어울린다오.

바른 견해[正見]를 가진 중생들은 바른 견해를 가진 중생들과 교류하고 어울린다오. 바른말을 하는 중생들은 바른말을 하는 중생들과 교류하고 어울린다오. 바른 행위를 하는 중생들은 바른 행위를 하는 중생들과 교류하고 어울린다오. 바른 생활을 하는 중생들은 바른 생활을 하는 중생들과 교류하고 어울린다오. 바른 정진을 하는 중생들은 바른 정진을 하는 중생들과 교류하고 어울린다오. 바른 주의집중을 하는 중생들은 바른 주의집중을 하는 중생들과 교류하고 어울린다오. 바른 선정(禪定)을 닦는 중생들은 바른 선정을 닦는 중생들과 교류하고 어울린다오. 바르게 아는 중생들은 바르게 아는 중생들과 교류하고 어울린다오. 바르게 해탈한 중생들은 바르게 해탈한 중생들과 교류하고 어울린다오."

2.66. 예전에(Pubbe)〈s.14.31〉

세존께서 싸왓티의 제따와나 아나타삔디까 사원에 머무실 때, 비구들에게 말씀하셨습니다.

"비구들이여, 예전에, 정각(正覺)을 성취하지 못한 보살이었을 때, 나는 이렇게 생각했다오.

'지계(地界)의 달콤한 맛[味]은 어떤 것이고, 재난[患]은 어떤 것이고, 벗어남[出離]은 어떤 것일까?[326] 수계(水界), 화계(火界), 풍계(風界)의 달콤한 맛은 어떤 것이고, 재난은 어떤 것이고, 벗어남은 어떤 것일까?'

비구들이여, 나는 이렇게 생각했다오.

'지계(地界)에 의존하여 생긴 즐거움과 만족, 이것이 지계의 달콤한 맛[味]이다. 지계는 지속성이 없고, 괴롭고, 변해가는 법이라는 사실, 이것이 지계의 재난[患]이다. 지계에 대한 욕탐(欲貪)을 억제하고 버리는 것, 이것이 지계에서 벗어남[出離]이다. 수계(水界), 화계(火界), 풍계

326 'ko nu kho pathavīdhātuyā assādo ko ādinavo kiṃ nissaraṇaṃ'의 번역.

(風界)도 마찬가지다.'

비구들이여, 내가 이들 네 가지 계[四界]에 대하여 이와 같이 달콤한 맛[味]을 달콤한 맛[味]으로, 재난[患]을 재난[患]으로, 벗어남[出離]을 벗어남[出離]으로, 있는 그대로 체득하여 알지 못했다면,[327] 비구들이여, 나는 결코 마라와 범천과 천신들을 포함한 세간에서 사문과 바라문, 그리고 왕과 백성을 포함한 인간들에게 위없는 평등하고 바른 깨달음을 얻은 등정각(等正覺)이라고 선언하지 못했을 것이오.

비구들이여, 나는 이들 네 가지 계에 대하여 이와 같이 달콤한 맛을 달콤한 맛으로, 재난을 재난으로, 벗어남을 벗어남으로, 있는 그대로 체득하여 알았기 때문에, 비구들이여, 나는 마라와 범천과 천신들을 포함한 세간에서 사문과 바라문, 그리고 왕과 백성을 포함한 인간들에게 위없는 평등하고 바른 깨달음을 얻은 등정각이라고 선언했던 것이오.

뿐만 아니라 '이것이 마지막 생(生)이다. 이제 다음 유[後有]는 없다'라는 지견(知見)이 나에게 생기고, 부동(不動)의 심해탈(心解脫)이 나에게 생겼던 것이라오."[328]

2.67. 나는 탐구했다(Acariṃ)〈s.14.32〉

세존께서 싸왓티의 제따와나 아나타삔디까 사원에 머무실 때, 비구들

327 'yathābhūtaṃ na abbhaññāsiṃ'의 번역.

328 'ñāṇañca pana me dassanam udapādi akuppā me cetovimutti ayam antimā jāti natthi dāni punabbhavoti'의 번역.

에게 말씀하셨습니다.

"비구들이여, 나는 지계(地界)의 달콤한 맛[味]을 탐구했다오.[329] 나는 지계의 달콤한 맛을 파악했다오. 나는 지계의 달콤한 맛을 통찰지[般若]를 통해 잘 보았다오. 비구들이여, 나는 지계의 재난[患]을 탐구했다오. 나는 지계의 재난을 파악했다오. 나는 지계의 재난을 통찰지를 통해 잘 보았다오. 비구들이여, 나는 지계에서 벗어남[出離]을 탐구했다오. 나는 지계에서 벗어남을 파악했다오. 나는 지계에서 벗어남을 통찰지를 통해 잘 보았다오. 수계(水界), 화계(火界), 풍계(風界)에 대해서도 마찬가지로 통찰지를 통해 잘 보았다오.

비구들이여, 내가 이들 네 가지 계[四界]에 대하여 이와 같이 달콤한 맛[味]을 달콤한 맛으로, 재난[患]을 재난으로, 벗어남[出離]을 벗어남으로, 있는 그대로 체득하여 알지 못했다면, 비구들이여, 나는 결코 마라와 범천과 천신들을 포함한 세간에서 사문과 바라문, 그리고 왕과 백성을 포함한 인간들에게 위없는 평등하고 바른 깨달음을 얻은 등정각(等正覺)이라고 선언하지 못했을 것이오.

비구들이여, 나는 이들 네 가지 계[四界]에 대하여 이와 같이 달콤한 맛[味]을 달콤한 맛으로, 재난[患]을 재난으로, 벗어남[出離]을 벗어남으로, 있는 그대로 체득하여 알았기 때문에, 비구들이여, 나는 마라와 범천과 천신들을 포함한 세간에서 사문과 바라문, 그리고 왕과 백성을 포함한 인간들에게 위없는 평등하고 바른 깨달음을 얻은 등정각으로 선언했던 것이오.

---

329 'pathavīdhātuyāhaṃ bhikkhave assādapariyesanaṃ acariṃ'의 번역.

뿐만 아니라 '이것이 마지막 생(生)이다. 이제 다음 유[後有]는 없다'라는 지견(知見)이 나에게 생기고, 부동(不動)의 심해탈(心解脫)이 나에게 생겼던 것이라오."

2.68. 이것이 없다면(Yo no cedaṃ)〈s.14.33〉

세존께서 싸왓티의 제따와나 아나타삔디까 사원에 머무실 때, 비구들에게 말씀하셨습니다.

"비구들이여, 만약 이 지계(地界)의 달콤한 맛[味]이 없다면 중생들은 지계를 즐기지 않을 것이오. 비구들이여, 지계의 달콤한 맛이 있기 때문에 중생들은 지계를 즐기는 것이라오. 비구들이여, 만약 이 지계의 재난[患]이 없다면 중생들은 지계에 대하여 싫증 내지[厭離] 않을 것이오. 비구들이여, 지계의 재난[患]이 있기 때문에 중생들은 지계에 대하여 싫증 내는 것이라오. 비구들이여, 만약 이 지계에서 벗어남[出離]이 없다면 중생들은 지계에서 벗어나지 못할 것이오. 비구들이여, 지계에서 벗어남이 있기 때문에 중생들은 지계에서 벗어나는 것이라오. 수계(水界), 화계(火界), 풍계(風界)도 이와 같다오.

비구들이여, 중생들은 이들 네 가지 계[四界]에 대하여 이와 같이 달콤한 맛[味]을 달콤한 맛으로, 재난[患]을 재난으로, 벗어남[出離]을 벗어남으로, 있는 그대로 체득하여 알지 못했기 때문에, 비구들이여, 중생들은 마라와 범천과 천신들을 포함한 세간들을, 그리고 사문과 바라문, 그리고 왕과 백성을 포함한 인간들을 포기하지 못하고, 벗어나지 못하고, 떨어지지 못하고, 자유로운 마음으로 살아가지 못했다오.

비구들이여, 중생들은 이들 네 가지 계에 대하여 이와 같이 달콤한 맛[味]을 달콤한 맛으로, 재난[患]을 재난으로, 벗어남[出離]을 벗어남으로, 있는 그대로 체득하여 알았기 때문에, 비구들이여, 중생들은 마라와 범천과 천신들을 포함한 세간들을, 그리고 사문과 바라문, 그리고 왕과 백성을 포함한 인간들을 포기하고, 벗어나고, 떨어져서 자유로운 마음으로 살아간다오."

2.69. 괴로움(Dukkha)〈s.14.34〉

세존께서 싸왓티의 제따와나 아나타삔디까 사원에 머무실 때, 비구들에게 말씀하셨습니다.

"비구들이여, 만약에 지계(地界)가 괴로움이 따르고, 괴로움이 나타나고, 즐거움은 나타나지 않는 순전(純全)히 괴로운 것이라면, 중생들은 지계를 즐기지 않을 것이오. 비구들이여, 그러나 지계는 즐거움이 따르고, 즐거움이 나타나고, 괴로움은 나타나지 않는 즐거운 것이기 때문에 중생들은 지계를 즐긴다오. 수계(水界), 화계(火界), 풍계(風界)도 이와 같다오.

비구들이여, 만약에 지계가 즐거움이 따르고, 즐거움이 나타나고, 괴로움은 나타나지 않는 순전히 즐거운 것이라면, 중생들은 지계에 대하여 싫증 내지[厭離] 않을 것이오. 비구들이여, 그러나 지계는 괴로움이 따르고, 괴로움이 나타나고, 즐거움은 나타나지 않는 괴로운 것이기 때문에 중생들은 지계에 대하여 싫증을 낸다오. 수계(水界), 화계(火界), 풍계(風界)도 이와 같다오."

2.70. 사문과 바라문(Samaṇabrāhmaṇa)〈s.14.37-39〉

세존께서 싸왓티의 제따와나 아나타삔디까 사원에 머무실 때, 비구들에게 말씀하셨습니다.

〈s.14.37〉 "비구들이여, 지계(地界)를 좋아하는 사람은 괴로움을 좋아하는 사람이고, 괴로움을 좋아하는 사람은 괴로움에서 해탈하지 못했다고 나는 말한다오. 수계(水界), 화계(火界), 풍계(風界)도 이와 같다오. 비구들이여, 지계를 좋아하지 않는 사람은 괴로움을 좋아하지 않는 사람이고, 괴로움을 좋아하지 않는 사람은 괴로움에서 해탈했다고 나는 말한다오. 수계, 화계, 풍계도 이와 같다오.

〈s.14.38〉 비구들이여, 지계(地界)의 생김과 머묾과 거듭하여 생김과 드러남은 괴로움의 나타남이며, 병(病)의 머묾이며, 노사(老死)의 드러남이라오. 수계(水界), 화계(火界), 풍계(風界)도 이와 같다오. 비구들이여, 지계의 괴멸(壞滅)과 적멸(寂滅)과 소멸(消滅)은 괴로움의 괴멸이며, 병의 적멸이며, 노사의 소멸이라오. 수계, 화계, 풍계도 이와 같다오.

〈s.14.37-38〉 비구들이여, 그 어떤 사문이나 바라문이라 할지라도 이 네 가지 계(界)의 쌓임[集]과 소멸[滅]과 달콤한 맛[味]과 재난[患]과 벗어남[出離]을 있는 그대로 통찰하지 못하는 사람을 나는 사문 가운데 있으나 사문으로 여기지 않고, 바라문 가운데 있으나 바라문으로 여기지 않는다오. 그들은 지금 여기에서 사문의 목적이나 바라문의 목적을 스스로 체험지(體驗智)로 체득하고 성취하여 살고 있는 것이 아니라오. 비구들이여, 그 어떤 사문이나 바라문이라 할지라도 이 네 가지 계의 쌓임[集]과 소멸[滅]과 달콤한 맛[味]과 재난[患]과 벗어남[出離]을 있는 그대로 통찰하는 사람을 나는 사문 가운데 사문으로 여기고, 바라문 가운데 바라문으로 여긴다오. 그들은 지금 여기에서 사문의 목적이나 바라문의 목적을 스스로 체험지로 체득하고 성취하여 사는 것이라오.[330]

〈s.14.39〉 비구들이여, 그 어떤 사문이나 바라문이라 할지라도 지계(地界)를 통찰하지 못하고, 지계의 쌓임[集]을 통찰하지 못하고, 지계의 소멸[滅]을 통찰하지 못하고, 지계의 달콤한 맛[味]을 통찰하지 못하고, 지계의 재난[患]을 통찰하지 못하고, 지계에서 벗어남[出離]을 통찰하지 못하는 사람을 나는 사문 가운데 있으나 사문으로 여기지 않고, 바라문 가운데 있으나 바라문으로 여기지 않는다오. 그들은 지금 여기에서 사문의 목적이나 바라문의 목적을 스스로 체험지(體驗智)로 체득하고 성취하여 살고 있는 것이 아니라오. 비구들이여, 그 어떤 사문이나 바라문이라 할지라도 지계를 통찰하고, 지계의 쌓임을 통찰하고, 지계의 소멸[滅]을 통찰하고, 지계의 달콤한 맛을 통찰하고, 지계의 재난을 통찰하고, 지계에서 벗어남을 통찰하는 사람을 나는 사문 가운데 사문으로 여기고, 바라문 가운데 바라문으로 여긴다오. 그들은 지금 여기에서 사문의 목적이나 바라문의 목적을 스스로 체험지로 체득하고 성취하여 사는 것이라오. 수계(水界), 화계(火界), 풍계(風界)도 이와 같다오."

330 'te ca panāyasmantā sāmaññattham ca brahmaññatthañca diṭṭheva dhamme sayam abhiññā sacchikatvā upasampajja viharanti'의 번역.

제15 「무시이래(無始以來) 쌍윳따(Anamatagga-Saṃyutta)」

2.71. 풀과 나무(Tiṇakaṭṭhaṃ), 흙덩어리(Pathavī)〈s.15.1-2〉

세존께서 싸왓티의 제따와나 아나타삔디까 사원에 머무실 때, 비구들에게 말씀하셨습니다.

"비구들이여, 무명(無明)에 뒤덮이고 갈애[愛]에 속박된 중생들이 흘러 다니고 돌아다닌, 시초를 헤아릴 수 없는 유전(流轉)의 시작은 알 수 없다오.[331]

〈s.15.1〉 비구들이여, 예를 들어, 어떤 사람이 이 잠부디빠(Jambudīpa)[332]에 있는 풀과 나무 잎사귀를 잘라서 한곳에 모아놓고, 손가락 네 마디의 크기로[333] 잘게 만들어서 '이것은 나의 어머니, 이것은 나의 어머니의 어머니'[334]라고 하면서 제거한다면, 비구들이여, 그 사

---

331 'anamataggāyaṃ bhikkhave saṃsāro pubbākoti na paññāyati avijjānīvaraṇānaṃ sattānaṃ taṇhāsaṃyojanānaṃ sandhāvataṃ saṃsarataṃ'의 번역.

332 우리가 살고 있는 이 세상을 의미함. 인도의 세계관에 의하면, 우주의 중심에 수미산(須彌山)이 바다에 둘러싸여 있고, 사방에는 큰 섬이 있으며, 우리는 남쪽의 섬에 살고 있다고 하는데, 그 섬의 이름이 잠부디빠(Jambudīpa)이다. 한역(漢譯)으로는 '염부제(閻浮提)', 섬부주(贍部洲)'로 음역(音譯)되며, 남쪽에 있기 때문에 '남섬부주(南贍部洲)'라고 번역되기도 한다.

333 'caturaṅgulaṃ'의 번역. '손가락 네 마디의 크기'는 손으로 집어서 수를 세기에 적당한 크기를 의미한다.

334 여기에서 '나의 어머니, 나의 어머니'가 아니라, '나의 어머니, 나의 어머니의 어머니'라는 말에 주의할 필요가 있다. 이것은 이 경에서 이야기하는 'saṃsāra'가 개인적인 '윤회'를 의미하는 것이 아니라, 어머니의 어머니에서 어머니로 이어지는 생사유전(生死流轉)을 의미한다는 것을 보여준다. 즉 오늘의 우리는 시작을 알 수 없는 먼 옛날의 어머니의 어머니들로부터 오늘의 어머니에 이르는 생사유전의 결과라는 것을 말하고 있다.

람의 어머니의 어머니가 끝나기 전에 이 잠부디빠에 있는 풀과 나무 잎사귀는 동나게 될 것이오.

〈s.15.2〉 비구들이여, 예를 들어, 어떤 사람이 이 대지(大地)를 대추 씨 크기로 흙덩어리를 만들어서[335] '이것은 나의 어머니, 이것은 나의 어머니의 어머니'라고 하면서 제거한다면, 비구들이여, 그 사람의 어머니의 어머니가 끝나기 전에 이 대지는 동나게 될 것이오.

왜냐하면, 비구들이여, 무명(無明)에 뒤덮이고 갈애[愛]에 속박된 중생들이 흘러 다니고 돌아다닌, 시초를 헤아릴 수 없는 유전(流轉)의 시작은 알 수 없기 때문이오. 비구들이여, 이렇게 오랜 세월 동안 그대들은 괴로움을 겪고, 고난을 겪고, 파멸을 겪었으며, 무덤은 늘어났다오. 비구들이여, 이런 정도이니,[336] 마땅히 일체의 유위를 조작하는 행위[行]들에 대하여 싫증 내고[厭離], 탐욕을 버리고[離欲], 해탈(解脫)해야 한다오."

2.72. 눈물(Assu)〈s.15.3〉

세존께서 싸왓티의 제따와나 아나타삔디까 사원에 머무실 때, 비구들에게 말씀하셨습니다.

"비구들이여, 무명(無明)에 뒤덮이고 갈애[愛]에 속박된 중생들이

335 '대추 씨 크기의 흙덩어리'는 손으로 집어서 수를 세기에 적당한 크기의 흙덩어리를 의미한다.

336 'yāvañcidam'의 번역.

흘러 다니고 돌아다닌, 시초를 헤아릴 수 없는 유전(流轉)의 시작은 알 수 없다오.

비구들이여, 그대들은 어떻게 생각하는가? 그대들이 오랜 세월 동안 흘러 다니고 돌아다니면서, 싫어하는 것과 만나고, 좋아하는 것과 헤어짐으로 인해서 울고 통곡하며 흘린 눈물을 모아놓은 것과 4대양(大洋)의 바닷물 가운데 어떤 것이 더 많다고 생각하는가?"

"세존이시여, 우리가 세존께서 가르치신 가르침을 이해한 바로는 우리가 오랜 세월 동안 흘러 다니고 돌아다니면서, 싫어하는 것과 만나고, 좋아하는 것과 헤어짐으로 인해서 울고 통곡하며 흘린 눈물을 모아놓은 것이 더 많습니다. 결코 4대양의 바닷물이 더 많지 않습니다."

"훌륭하오! 비구들이여, 훌륭하오! 그대들은 내가 가르친 가르침을 잘 이해했군요. 비구들이여, 그대들이 오랜 세월 어머니의 죽음을 겪고, 아들의 죽음을 겪고, 딸의 죽음을 겪고, 친척의 죽음을 겪고, 재산의 손실을 겪고, 질병의 고통을 겪으면서, 싫어하는 것과 만나고, 좋아하는 것과 헤어짐으로 인해서 울고 통곡하며 흘린 눈물을 모아놓은 것이 더 많지, 결코 4대양의 바닷물이 더 많지 않다오. 왜냐하면, 비구들이여, 무명에 뒤덮이고 갈애에 속박된 중생들이 흘러 다니고 돌아다닌, 시초를 헤아릴 수 없는 유전(流轉)의 시작은 알 수 없기 때문이오. 비구들이여, 이렇게 오랜 세월 동안 그대들은 괴로움을 겪고, 고난을 겪고, 파멸을 겪었으며, 무덤은 늘어났다오. 비구들이여, 이런 정도이니, 마땅히 일체의 유위를 조작하는 행위[行]들에 대하여 싫증 내고[厭離], 탐욕을 버리고[離欲], 해탈(解脫)해야 한다오."

2.73. 젖(Khīraṃ)〈s.15.4〉

세존께서 싸왓티의 제따와나 아나타삔디까 사원에 머무실 때, 비구들에게 말씀하셨습니다.

"비구들이여, 무명(無明)에 뒤덮이고 갈애[愛]에 속박된 중생들이 흘러 다니고 돌아다닌, 시초를 헤아릴 수 없는 유전(流轉)의 시작은 알 수 없다오.

비구들이여, 그대들은 어떻게 생각하는가? 그대들이 오랜 세월 동안 흘러 다니고 돌아다니면서 마신 어머니의 젖과 4대양(大洋)의 바닷물 가운데 어떤 것이 더 많다고 생각하는가?"

"세존이시여, 우리가 세존께서 가르치신 가르침을 이해한 바로는 우리가 오랜 세월 동안 흘러 다니고 돌아다니면서 마신 어머니의 젖이 더 많습니다. 결코 4대양의 바닷물이 더 많지 않습니다."

"훌륭하오! 비구들이여, 훌륭하오! 그대들은 내가 가르친 가르침을 잘 이해했군요. 비구들이여, 그대들이 오랜 세월 동안 흘러 다니고 돌아다니면서 마신 어머니의 젖이 더 많지, 결코 4대양의 바닷물이 더 많지 않다오. 왜냐하면, 비구들이여, 무명에 뒤덮이고 갈애에 속박된 중생들이 흘러 다니고 돌아다닌, 시초를 헤아릴 수 없는 유전(流轉)의 시작은 알 수 없기 때문이오. 비구들이여, 이렇게 오랜 세월 동안 그대들은 괴로움을 겪고, 고난을 겪고, 파멸을 겪었으며, 무덤은 늘어났다오. 비구들이여, 이런 정도이니, 마땅히 일체의 유위를 조작하는 행위[行]들에 대하여 싫증 내고[厭離], 탐욕을 버리고[離欲], 해탈(解脫)해야 한다오."

2.74. 산(Pabbata), 겨자(Sāsapā)〈s.15.5-6〉

세존께서 싸왓티의 제따와나 아나타삔디까 사원에 머무실 때, 어떤 비구가 세존을 찾아와서 물었습니다.

"세존이시여, 겁(劫)은 얼마나 깁니까?"

"비구여, 겁은 '몇 년이다, 몇백 년이다, 몇천 년이다, 몇십만 년이다'라고 헤아릴 수 없이 길다오."

"세존이시여, 그렇다면 비유할 수는 있습니까?"

세존께서는 "할 수 있다오. 비구여!"라고 말씀하신 후에, 다음과 같이 말씀하셨습니다.

〈s.15.5〉"비구여, 예를 들어, 가로와 세로와 높이가 각각 한 요자나(yojana)[337]가 되는 빈틈없이 조밀하고 단단한 큰 바위산을 사람이 100년마다 와서 비단옷으로[338] 한 번씩 문지른다고 할 때, 비구여, 이렇게 하면 그 큰 바위산이 더 빨리 닳아서 없어지고, 겁은 없어지지 않을 것이오.

〈s.15.6〉비구여, 예를 들어, 가로와 세로와 높이가 각각 한 요자나(yojana)가 되는 큰 성(城)에 가득 찬 겨자씨를 사람이 100년마다 와서 한 알씩 덜어낸다고 할 때, 비구여, 이렇게 하면 그 많은 겨자씨가 더 빨리 없어지고, 겁은 없어지지 않을 것이오.

비구여, 겁은 이렇게 길다오. 비구여, 그런데 이렇게 긴 겁을 그대

---

337 'yojana'는 길이의 단위로서 14km 정도의 거리이다.

338 'kāsikena vatthena'의 번역. 직역하면 '까씨에서 생산된 옷으로'인데, '까씨'에서는 비단처럼 고운 천을 생산했다고 한다. '까씨에서 생산된 옷'은 매우 부드러운 천으로 만든 옷을 의미한다.

는 수 겁, 수백 겁, 수천 겁, 수십만 겁 동안 흘러 다니고 돌아다녔다오. 왜냐하면, 비구여, 무명에 뒤덮이고 갈애에 속박된 중생들이 흘러 다니고 돌아다닌, 시초를 헤아릴 수 없는 유전(流轉)의 시작은 알 수 없기 때문이오. 비구여, 이렇게 오랜 세월 동안 중생들은 괴로움을 겪고, 고난을 겪고, 파멸을 겪었으며, 무덤은 늘어났다오. 비구여, 이런 정도이니, 마땅히 일체의 유위를 조작하는 행위[行]들에 대하여 싫증 내고[厭離], 탐욕을 버리고[離欲], 해탈(解脫)해야 한다오."

2.75. 불행한 사람(Duggataṃ), 행복한 사람(Sukhitaṃ)〈s.15.11-12〉

세존께서 싸왓티의 제따와나 아나타삔디까 사원에 머무실 때, 비구들에게 말씀하셨습니다.

"비구들이여, 무명(無明)에 뒤덮이고 갈애[愛]에 속박된 중생들이 흘러 다니고 돌아다닌, 시초를 헤아릴 수 없는 유전(流轉)의 시작은 알 수 없다오.

〈s.15.11〉 비구들이여, 그대들은 불행하고, 가난한 사람을 보면, 우리도 긴 세월 동안 이와 같은 일을 겪었다고 생각해야 한다오.

〈s.15.12〉 비구들이여, 그대들은 행복하고, 유복한 사람을 보면, 우리도 긴 세월 동안 이와 같은 일을 겪었다고 생각해야 한다오.

왜냐하면, 비구들이여, 무명에 뒤덮이고 갈애에 속박된 중생들이 흘러 다니고 돌아다닌, 시초를 헤아릴 수 없는 유전(流轉)의 시작은 알 수 없기 때문이오. 비구들이여, 이렇게 오랜 세월 동안 그대들은 괴로움을 겪고, 고난을 겪고, 파멸을 겪었으며, 무덤은 늘어났다오. 비구들이여, 이런 정도이니, 마땅히 일체의 유위를 조작하는 행위[行]들에 대하여 싫증 내고[厭離], 탐욕을 버리고[離欲], 해탈(解脫)해야 한다오."

2.76. 어머니(Mātā) - 딸(Dhītā)〈s.15.14-19〉

세존께서 싸왓티의 제따와나 아나타삔디까 사원에 머무실 때, 비구들에게 말씀하셨습니다.

"비구들이여, 무명(無明)에 뒤덮이고 갈애[愛]에 속박된 중생들이 흘러 다니고 돌아다닌, 시초를 헤아릴 수 없는 유전(流轉)의 시작은 알 수 없다오. 비구들이여, 중생들이 긴 세월 동안 과거의 〈s.15.14〉 어머니가 아닌 사람, 〈s.15.15〉 아버지가 아닌 사람, 〈s.15.16〉 형제가 아닌 사람, 〈s.15.17〉 자매가 아닌 사람, 〈s.15.18〉 아들이 아닌 사람, 〈s.15.19〉 딸이 아닌 사람을 만나기는 쉽지 않다오. 왜냐하면, 비구들이여, 무명에 뒤덮이고 갈애에 속박된 중생들이 흘러 다니고 돌아다닌, 시초를 헤아릴 수 없는 유전(流轉)의 시작은 알 수 없기 때문이라오. 비구들이여, 이렇게 오랜 세월 동안 그대들은 괴로움을 겪고, 고난을 겪고, 파멸을 겪었으며, 무덤은 늘어났다오. 비구들이여, 이런 정도이니, 마땅히 일체의 유위를 조작하는 행위[行]들에 대하여 싫증 내고[厭離], 탐욕을 버리고[離欲], 해탈(解脫)해야 한다오."

제16 「깟싸빠 쌍윳따(Kassapa-Saṃyutta)」

2.77. 지족(知足, Santuṭṭhaṃ)〈s.16.1〉

세존께서 싸왓티의 제따와나 아나타삔디까 사원에 머무실 때, 비구들에게 말씀하셨습니다.

"비구들이여, 깟싸빠는 어떤 옷이나 탁발 음식이나 좌구(坐具)나 의약(醫藥) 자구(資具)로도 만족할 줄을 안다오. 그는 어떤 옷이나 탁발 음식이나 좌구나 의약 자구로도 만족할 줄 아는 것을 찬탄하며, 옷이나 탁발 음식이나 좌구나 의약 자구 때문에 부당하거나 부적절한 일을 하지 않는다오. 옷이나 탁발 음식이나 좌구나 의약 자구를 얻지 못해도 걱정하지 않고, 옷이나 탁발 음식이나 좌구나 의약 자구를 얻어도 집착하지 않고, 마음을 뺏기지 않고, 과오를 범하지 않고, 재난을 보고, 벗어남[出離]을 통찰하며 사용한다오.

비구들이여, 그러므로 이제 그대들은 이와 같이 배워야 한다오.

'우리는 어떤 옷이나 탁발 음식이나 좌구나 의약 자구로도 만족할 줄을 알고, 어떤 옷이나 탁발 음식이나 좌구나 의약 자구로도 만족할 줄을 아는 것을 찬탄하고, 옷이나 탁발 음식이나 좌구나 의약 자구 때문에 부당하거나 부적절한 일을 하지 않겠다. 우리는 옷이나 탁발 음식이나 좌구나 의약 자구를 얻지 못해도 걱정하지 않고, 옷이나 탁발 음식이나 좌구나 의약 자구를 얻어도 집착하지 않고, 마음을 뺏기지 않고, 과오를 범하지 않고, 재난을 보고, 벗어남을 통찰하며 사용하겠다.'

비구들이여, 그대들은 참으로 이와 같이 배워야 한다오.

비구들이여, 나는 깟싸빠나 깟싸빠 같은 사람을 통해서 그대들을 가르치고자 하는 것이오. 그대들은 배운 그대로 실천하도록 하시오."

2.78. 두려워하지 않으면(Anottāpi)〈s.16.2〉

한때 싸리뿟따 존자와 마하 깟싸빠 존자는 바라나씨의 이씨빠따나 미가다야(鹿野苑)에 머물렀습니다. 어느 날 해 질 무렵에 싸리뿟따 존자는 좌선에서 일어나 마하 깟싸빠 존자를 찾아가서 인사를 나누고 한쪽에 앉은 다음에 이렇게 말했습니다.

"깟싸빠 존자여, 노력하지 않고, 두려워하지 않으면 바른 깨달음[正覺]과 열반(涅槃)과 더할 나위 없는 행복[瑜伽安穩]의 획득이 불가능하며, 노력하고, 두려워하면 바른 깨달음과 열반과 더할 나위 없는 행복의 획득이 가능하다고 합니다. 존자여, 어떤 식으로 노력하지 않고 두려워하지 않으면 바른 깨달음과 열반과 더할 나위 없는 행복의 획득이 불가능합니까? 그리고 어떤 식으로 노력하고, 두려워하면 바른 깨달음과 열반과 더할 나위 없는 행복의 획득이 가능합니까?"

"존자여, 어떤 비구는 '나에게 생기지 않았던 사악하고 나쁜 법[惡不善法]들이 생기고 있으니 손해가 될 것이다'라고 노력하지 않고, '나에게 생겼던 사악하고 나쁜 법들이 소멸하지 않고 있으니 손해가 될 것이다'라고 노력하지 않고, '나에게 생기지 않았던 좋은 법[善法]들이 생기지 않고 있으니 손해가 될 것이다'라고 노력하지 않고, '나에게 생겼던 좋은 법들이 소멸하고 있으니 손해가 될 것이다'라고 노력하지 않습니다. 존자여, 이렇게 하는 것이 노력하지 않는 것입니다."

"존자여, 그렇다면 어떻게 하는 것이 두려워하지 않는 것입니까?"

"존자여, 어떤 비구는 '나에게 생기지 않았던 사악하고 나쁜 법들이 생기고 있으니 손해가 될 것이다'라고 두려워하지 않고, '나에게 생기지 않았던 좋은 법들이 생기지 않고 있으니 손해가 될 것이다'라고 두려워하지 않고, '나에게 생겼던 좋은 법들이 소멸하고 있으니 손해가 될 것이다'라고 두려워하지 않습니다. 존자여, 이렇게 하는 것이 두려워하지 않는 것입니다. 존자여, 이와 같이 노력하지 않고 두려워하지 않으면 바른 깨달음과 열반과 더할 나위 없는 행복의 획득이 불가능합니다."

"존자여, 그렇다면 어떻게 하는 것이 노력하는 것입니까?"

"존자여, 어떤 비구는 '나에게 생기지 않았던 사악하고 나쁜 법들이 생기고 있으니 손해가 될 것이다'라고 노력하고, '나에게 생기지 않았던 좋은 법들이 생기지 않고 있으니 손해가 될 것이다'라고 노력하고, '나에게 생겼던 좋은 법들이 소멸하고 있으니 손해가 될 것이다'라고 노력합니다. 존자여, 이렇게 하는 것이 노력하는 것입니다."

"존자여, 그렇다면 어떻게 하는 것이 두려워하는 것입니까?"

"존자여, 어떤 비구는 '나에게 생기지 않았던 사악하고 나쁜 법들이 생기고 있으니 손해가 될 것이다'라고 두려워하고, '나에게 생기지 않았던 좋은 법들이 생기지 않고 있으니 손해가 될 것이다'라고 두려워하고, '나에게 생겼던 좋은 법들이 소멸하고 있으니 손해가 될 것이다'라고 두려워합니다. 존자여, 이렇게 하는 것이 두려워하는 것입니다. 존자여, 이와 같이 노력하고, 두려워하면 바른 깨달음과 열반과 더할 나위 없는 행복의 획득이 가능합니다."

2.79. 달의 비유(Candupamaṃ)〈s.16.3〉

세존께서 싸왓티의 제따와나 아나타삔디까 사원에 머무실 때, 비구들에게 말씀하셨습니다.

"비구들이여, 그대들은 조신(操身)하고 조심(操心)하면서, 그 식구들에게 항상 새내기처럼 겸손하게, 달처럼 가정집을 방문해야 한다오. 비구들이여, 비유하면, 어떤 사람이 허물어진 우물이나 산벼랑이나 험한 강을 살피듯이 조신하고 조심해야 한다오. 비구들이여, 이와 같이 그대들은 조신하고 조심하면서, 그 식구들에게 항상 새내기처럼 겸손하게, 달처럼 가정집을 방문해야 한다오. 비구들이여, 깟싸빠는 이와 같이 조신하고 조심하면서, 그 식구들에게 항상 새내기처럼 겸손하게, 달처럼 가정집을 방문한다오. 비구들이여, 그대들은 어떻게 생각하는가? 비구가 어떤 태도로 가정집을 방문하는 것이 바람직하겠는가?"

"세존이시여, 세존께서는 법의 근본이시고, 법의 안내자이시고, 법의 귀의처이십니다. 세존이시여, 부디 세존께서는 이 말씀의 의미를 밝혀주십시오. 세존의 말씀을 듣고 비구들은 받아 지닐 것입니다."

그러자 세존께서 허공에 손을 흔드셨습니다.

"비구들이여, 비유하면, 허공에 이 손이 들러붙지 않고, 붙잡히지 않고, 묶이지 않듯이, 비구들이여, 이와 같이 비구는 어떤 가정집을 방문하더라도 '얻고 싶으면 얻고, 공덕을 원하면 공덕을 지으시오'라고 생각하면서 가정집에 마음이 들러붙지 않고, 붙잡히지 않고, 묶이지 않아야 한다오. '자신이 얻어서 즐겁고 기쁘듯이, 다른 사람이 얻어서 즐겁고 기쁘다.' 비구들이여, 비구는 이런 태도로 가정집을 방문하는 것이 바람직하다오. 비구들이여, 깟싸빠는 이런 태도로 가정집을 방문한다오."

"비구들이여, 그대들은 어떻게 생각하는가? 어떤 태도가 비구의 청정하지 못한 설법이고 어떤 태도가 비구의 청정한 설법인가?"

"세존이시여, 세존께서는 법의 근본이시고, 법의 안내자이시고, 법의 귀의처이십니다. 세존이시여, 부디 세존께서는 이 말씀의 의미를 밝혀주십시오. 세존의 말씀을 듣고 비구들은 받아 지닐 것입니다."

"비구들이여, 그렇다면 그대들은 듣고 잘 생각하도록 하시오. 내가 이야기하겠소."

그 비구들은 "그렇게 하겠습니다. 세존이시여"라고 대답했습니다.

세존께서는 다음과 같이 말씀하셨습니다.

"비구들이여, 어떤 비구라도 '아! 나에게 가르침[法]을 들으면 좋겠다. 가르침을 듣고서 믿으면 좋겠다. 믿고서 나에게 믿음을 보이면 좋겠다'라는 마음으로 다른 사람에게 설법한다면, 비구들이여, 이런 태도는 비구의 청정하지 못한 설법이라오. 비구들이여, 어떤 비구라도 '잘 설해진 세존의 가르침[法]은 지금 여기에서 볼 수 있는 것이며, 즉시 체득할 수 있는 것이며, 와서 보라고 할 수 있는 것이며, 지혜로운 사람이 스스로 볼 수 있도록 도움을 주는 것이다. 아! 나에게 이 가르침[法]을 들으면 좋겠다. 가르침을 듣고서 이해하면 좋겠다. 이해하고서 그대로 실천하면 좋겠다'라고 가르침의 선법성(善法性)에 의존하여[339] 다른 사람에게 설법하고, 자애의 마음으로, 연민의 마음으로, 동정심을 가지고 다른 사람에게 설법한다면, 비구들이여, 이런 태도가 비구의 청정한

339 'dhammasudhammatam paṭicca'의 번역.

설법이라오. 비구들이여, 깟싸빠는 이런 마음으로 다른 사람에게 설법을 한다오. 비구들이여, 나는 깟싸빠나 깟싸빠와 비슷한 사람을 통해서 그대들을 가르치고자 하는 것이오. 그대들은 배운 그대로 실천하도록 하시오."

2.80. 심방(尋訪, Kulupagaṃ)〈s.16.4〉

세존께서 싸왓티의 제따와나 아나타삔디까 사원에 머무실 때, 비구들에게 말씀하셨습니다.

"비구들이여, 그대들은 어떻게 생각하는가? 비구가 어떤 태도로 가정집을 방문하는 것이 바람직하고, 어떤 태도로 가정집을 방문하는 것이 바람직하지 않다고 생각하는가?"

"세존이시여, 세존께서는 법의 근본이시고, 법의 안내자이시고, 법의 귀의처이십니다. 세존이시여, 부디 세존께서는 이 말씀의 의미를 밝혀주십시오. 세존의 말씀을 듣고 비구들은 받아 지닐 것입니다."

"비구들이여, 그렇다면 그대들은 듣고 잘 생각하도록 하시오. 내가 이야기하겠소."

그 비구들은 "그렇게 하겠습니다. 세존이시여"라고 대답했습니다.

세존께서는 다음과 같이 말씀하셨습니다.

"비구들이여, 어떤 비구라 할지라도, '그들은 나에게 보시해야 한다. 보시하지 않으면 안 된다. 그들은 나에게 많은 보시를 해야 한다. 적어서는 안 된다. 그대들은 나에게 훌륭한 보시를 해야 한다. 보잘것없어서는 안 된다. 그들은 나에게 지체하지 않고 보시해야 한다. 지체해서는 안 된다. 그들은 나에게 공손하게 보시해야 한다. 공손하지 않으면 안 된다'라고 생각하고, 이와 같은 마음으로 가정집을 방문한다면, 비구들이여, 이와 같은 마음으로 가정집을 방문한 그 비구에게 그들이 보시하지 않으면, 그 비구는 화가 날 것이오. 그는 그로 인해서 괴로움과 불쾌함을 느낄 것이오. 그들이 적게 보시하거나, 보잘것없는 것을 보시하거나, 지체하고 보시하거나, 공손하지 않게 보시하면, 그 비구는 화가 날 것이오. 그는 그로 인해서 괴로움과 불쾌함을 느낄 것이오. 비구들이여, 비구가 이런 마음으로 가정집을 방문하는 것은 바람직하지 않다오.

비구들이여, 어떤 비구가 '어떻게 다른 집에 가서, 그들은 나에게 보시해야 한다. 보시하지 않으면 안 된다. 그들은 나에게 많은 보시를 해야 한다. 적어서는 안 된다. 그대들은 나에게 훌륭한 보시를 해야 한다. 보잘것없어서는 안 된다. 그들은 나에게 지체하지 않고 보시해야 한다. 지체해서는 안 된다. 그들은 나에게 공손하게 보시해야 한다. 공손하지 않으면 안 된다고 생각할 수 있겠는가?'라고 생각하고, 이와 같은 마음으로 가정집을 방문한다면, 비구들이여, 이와 같은 마음으로 가정집을 방문한 그 비구에게 그들이 보시하지 않아도, 그 비구는 화가 나지 않을 것이오. 그는 그로 인해서 괴로움과 불쾌함을 느끼지 않을 것이오. 그들이 적게 보시하거나, 보잘것없는 것을 보시하거나, 지체하고 보시하거나, 공손하지 않게 보시해도, 그 비구는 화가 나지 않을 것이오. 그는 그로 인해서 괴로움과 불쾌함을 느끼지 않을 것이오. 비구들이여, 비구는 이런 마음으로 가정집을 방문하는 것이 바람직하다오.

비구들이여, 깟싸빠는 이런 마음으로 가정집을 방문한다오. 비구들이여, 나는 깟싸빠나 깟싸빠와 비슷한 사람을 통해서 그대들을 가르치고자 하는 것이오. 그대들은 배운 그대로 실천하도록 하시오."

2.81. 연로(年老)한(Jiṇṇaṃ)〈s.16.5〉

세존께서 라자가하의 웰루와나 깔란다까니와빠(竹林精舍)에 머무실 때, 마하 깟싸빠 존자가 세존을 찾아와서 예배하고 한쪽에 앉았습니다. 한쪽에 앉은 마하 깟싸빠 존자에게 세존께서 말씀하셨습니다.

"깟싸빠여, 그대는 거친 삼베옷, 분소의(糞掃衣), 버려진 옷들을 중시하여 애착하기에는 연로(年老)합니다. 깟싸빠여, 그러므로 그대는 이제 거사들이 주는 옷을 입고, 초대에 응하면서 내 곁에서 머무는 것이 어떠한가요?"

"세존이시여, 저는 오랜 세월을 숲에서 살면서 숲에서의 생활을 찬탄했고, 탁발 음식을 먹으면서 탁발 음식을 찬탄했고, 분소의를 입으면서 분소의를 찬탄했고, 세 벌의 옷을 지니면서 세 벌의 옷을 찬탄했고, 적은 욕심으로 생활하면서 적은 욕심을 찬탄했고, 만족할 줄 알고[知足] 살아가면서 만족할 줄 아는 것을 찬탄했고, 한적한 곳에서 지내면서 한적한 곳에서 지내는 것을 찬탄했고, 번거로운 교류를 하지 않으면서 번거로운 교류를 하지 않는 것을 찬탄했고, 열심히 정진하면서 열심히 정진하는 것을 찬탄했습니다."

"깟싸빠여, 그대는 도대체 어떤 이익이 있음을 보았기에 오랜 세월을 그렇게 살았나요?"

"세존이시여, 저는 두 가지 이익이 있음을 보고서 오랜 세월을 그렇게 살았습니다. 저는 저 자신이 지금 여기에서 행복한 삶을 살고 있음을 보고 있습니다. 그리고 후인(後人)들을 연민하면서, 후인들이 보고 따르게 하고 싶습니다. 깨달은 분을 따라서 깨달음을 구하는 제자들은 오랜 세월을 숲에서 생활하면서 숲에서의 생활을 찬탄했으며, 탁발 음식을 먹으면서 탁발 음식을 찬탄했으며, 분소의를 입고 분소의를 찬탄했으며, 세 벌의 옷을 지니고 세 벌의 옷을 찬탄했으며, 적은 욕심으로 생활하면서 적은 욕심을 찬탄했으며, 만족할 줄 알고[知足] 살아가면서 만족할 줄 아는 것을 찬탄했고, 한적한 곳에서 지내면서 한적한 곳에서 지내는 것을 찬탄했으며, 번거로운 교류를 하지 않으면서 번거로운 교류를 하지 않는 것을 찬탄했으며, 열심히 정진하면서 열심히 정진하는 것을 찬탄했다고 합니다. 후인들이 그대로 실천한다면, 그것은 그들에게 오랜 세월 동안 행복이 되고 즐거움이 될 것입니다. 세존이시여, 저는 이 두 가지 이익이 있음을 보았기 때문에 오랜 세월을 그렇게 살았습니다."

"훌륭하군요, 깟싸빠여. 훌륭하군요, 깟싸빠여. 참으로 그대는 많은 사람의 행복을 위하여, 많은 사람의 즐거움을 위하여, 세간을 연민하여, 천신과 인간의 이익과 행복과 즐거움을 위하여 실천했습니다. 깟싸빠여, 그러므로 그대는 거친 삼베옷, 분소의, 버려진 옷들을 입고, 탁발하러 다니면서, 숲에 머물도록 하십시오."

2.82. 가르침(Ovādo) (1) 〈s.16.6〉

세존께서 라자가하의 웰루와나 깔란다까니와빠(竹林精舍)에 머무실 때, 마하 깟싸빠 존자가 세존을 찾아와서 예배하고 한쪽에 앉았습니다. 한쪽에 앉은 마하 깟싸빠 존자에게 세존께서 말씀하셨습니다.

"깟싸빠여, 비구들을 가르치십시오. 깟싸빠여, 비구들에게 설법을 하십시오. 깟싸빠여, 내가 아니면 그대가 비구들을 가르쳐야 합니다. 내가 아니면 그대가 비구들에게 설법을 해야 합니다."

"세존이시여, 요즘 비구들은 참을성이 없고 말을 듣지 않아서, 말로 타이르기 어렵고 가르치기 어렵습니다. 세존이시여, 저는 아난다의 제자인 반다(Bhaṇḍa)라는 비구와 아누룻다의 제자인 아빈지까(Abhiñjika)라는 비구가 '이리 와보게! 비구여, 우리 가운데 누가 더 많은 것을 말할 수 있을까? 누가 더 훌륭하게 말할 수 있을까? 누가 더 오래 말할 수 있을까?'라고 서로 입씨름하는 것을 보았습니다."

그러자 세존께서 어떤 비구를 불렀습니다.

"이리 오라! 비구여, 그대는 '스승께서 존자들을 부르신다'라고 나의 말을 전하여 아난다의 제자인 반다(Bhaṇḍa)라는 비구와 아누룻다의 제자인 아빈지까(Abhiñjika)라는 비구를 불러오라."

그 비구는 세존께 "그렇게 하겠습니다. 세존이시여!"라고 응답하고 그 비구들에게 가서 "스승께서 존자들을 부르신다"라고 말했습니다.

그 비구들은 "알겠습니다. 존자여!"라고 응답하고, 세존을 찾아가서 예배한 후 한쪽에 앉았습니다. 한쪽에 앉은 비구들에게 세존께서 말씀하셨습니다.

"비구들이여, 그대들은 '여보게! 비구여, 우리 가운데 누가 더 많은 것을 말할 수 있을까? 누가 더 훌륭하게 말할 수 있을까? 누가 더 오래 말할 수 있을까?'라고 서로 입씨름을 했다고 하던데, 사실인가?"

"그렇습니다. 세존이시여!"

"비구들이여, 그대들은 내가 그와 같은 입씨름을 하라고 법을 가르쳤다고 알고 있는가?"

"그렇지 않습니다. 세존이시여!"

"비구들이여, 만약에 그대들이 내가 그런 법을 가르치지 않았다고 알고 있다면, 어리석은 사람들아, 그렇다면 그대들은 어떻게 알고 어떻게 보았기에 이와 같이 잘 설해진 가르침과 율(律)에 출가한 사문(沙門)으로서, 서로 그런 입씨름을 한단 말인가?"

그러자 그 비구들은 세존의 두 발에 머리를 조아린 후에 이렇게 말씀드렸습니다.

"세존이시여, 저희들이 바보처럼, 어리석게, 착하지 못하게, 잘못을 저질렀습니다. 세존이시여, 세존께서는 저희들의 죄를 용서하시어 미래에 다시 죄를 범하지 않게 하옵소서."

"비구들이여, 그대들은 분명히 잘못을 저질렀다오. 그렇지만 그대들은 죄를 죄로 보고 여법(如法)하게 참회했으니, 우리는 그 참회를 받아들이겠소. 비구들이여, 죄를 죄로 보고 여법하게 참회하고, 이후로 자제하는 것이 거룩한 율(律)에서는 성장이라오."

2.83. 가르침(Ovādo) (2) 〈s.16.8〉

세존께서 라자가하의 웰루와나 깔란다까니와빠(竹林精舍)에 머무실 때, 마하 깟싸빠 존자가 세존을 찾아와서 예배하고 한쪽에 앉았습니다. 한쪽에 앉은 마하 깟싸빠 존자에게 세존께서 말씀하셨습니다.

"깟싸빠여, 비구들을 가르치십시오. 깟싸빠여, 비구들에게 설법을 하십시오. 깟싸빠여, 내가 아니면 그대가 비구들을 가르쳐야 합니다. 내가 아니면 그대가 비구들에게 설법을 해야 합니다."

"세존이시여, 요즘 비구들은 참을성이 없고, 말로 타이르기 어렵고, 존경심이 없어서[340] 가르치기 어렵습니다."

"깟싸빠여, 실로 그렇다오. 그런데 예전에 장로(長老) 비구들은 숲에서 살면서 숲에서의 생활을 찬탄했고, 탁발 음식을 먹으면서 탁발 음식을 찬탄했고, 분소의를 입으면서 분소의를 찬탄했고, 세 벌의 옷을 지니면서 세 벌의 옷을 찬탄했고, 적은 욕심으로 생활하면서 적은 욕심을 찬탄했고, 만족할 줄 알고[知足] 살아가면서 만족할 줄 아는 것을 찬탄했고, 한적한 곳에서 지내면서 한적한 곳에서 지내는 것을 찬탄했고, 번거로운 교류를 하지 않으면서 번거로운 교류를 하지 않는 것을 찬탄했고, 열심히 정진하면서 열심히 정진하는 것을 찬탄했다오. 그리고 숲에서 살면서 숲에서의 생활을 찬탄하고, … 열심히 정진하면서 열심히 정진하는 것을 찬탄하는 비구가 있으면, 장로 비구들은 그를 자리에 불러서 '이리 오라, 비구여! 비구여, 이름이 무엇인가? 비구여, 참으로 훌륭하구나. 비구여, 참으로 배우고 싶구나. 비구여, 이리 와서 이 자리에 앉아라'라고 했다오. 그래서 젊은 비구들은 '숲에서 살면서 숲에서의 생활을 찬탄하고, … 열심히 정진하면서 열심히 정진하는 것을 찬탄하

---

340 'apadakkhiṇaggāhino'의 번역. 'apadakkhiṇaggāhino'는 오른쪽으로 돌면서 존경을 표현하는 것을 의미하는 'padakkhiṇa'와 '지닌'을 의미하는 'gāhin'의 합성어 'padakkhiṇaggāhin'에 부정 접두사 'a'가 첨가된 'apadakkhiṇaggāhin'의 복수형으로서, '존경심을 지니지 않은'의 의미이다.

는 비구가 있으면, 장로 비구들이 그를 자리에 불러서 '이리 오라, 비구여! 비구여, 이름이 무엇인가? 비구여, 참으로 훌륭하구나. 비구여, 참으로 배우고 싶구나. 비구여, 이리 와서 이 자리에 앉아라'라고 한다더니, 그들은 그와 같이 실천하는구나'라고 생각했으며, 그것은 그들에게 오랜 세월 이익이 되고 행복이 되었다오.

깟싸빠여, 그런데 요즘 장로 비구들은 숲에서 살지 않고, 숲에서의 생활을 찬탄하지 않으며, … 열심히 정진하지 않고, 열심히 정진하는 것을 찬탄하지 않는다오. 그리고 옷과 탁발 음식과 좌구(坐具)와 의약(醫藥) 자구(資具)를 많이 받는, 명성이 있고 유명한 비구가 있으면, 장로 비구들은 그를 자리에 불러서 '이리 오라, 비구여! 비구여, 이름이 무엇인가? 비구여, 참으로 훌륭하구나. 비구여, 참으로 도반(道伴)으로 삼고 싶구나. 비구여, 이리 와서 이 자리에 앉아라'라고 한다오. 그래서 젊은 비구들은 '옷과 탁발 음식과 좌구와 의약 자구를 많이 받는, 명성이 있고 유명한 비구가 있으면, 장로 비구들은 그를 자리에 불러서 '이리 오라, 비구여! 비구여, 이름이 무엇인가? 비구여, 참으로 훌륭하구나. 비구여, 참으로 도반으로 삼고 싶구나. 비구여, 이리 와서 이 자리에 앉아라'라고 한다더니, 그들은 그와 같이 실천하는구나'라고 생각하며, 그것은 그들에게 오랜 세월 이익이 되지 않고 괴로움이 된다오.

깟싸빠여, 청정한 수행[梵行]을 하는 사람은 청정한 수행을 해치는 사람에 의해서 해를 입고, 청정한 수행을 하는 사람은 청정한 수행을 이룬 사람에 의해서 승리한다고 말하는 것이 옳은 말이오."

2.84. 사이비 정법(Saddhammapatirūpakaṃ)〈s.16.13〉

세존께서 라자가하의 웰루와나 깔란다까니와빠(竹林精舍)에 머무실 때, 마하 깟싸빠 존자가 세존을 찾아와서 예배하고 한쪽에 앉았습니다. 한쪽에 앉은 마하 깟싸빠 존자가 세존께 말씀드렸습니다.

"세존이시여, 예전에는 계법(戒法)이 더 적었지만, 구경지(究竟智)로써 (자신의 삶을) 확립한 비구들이 더 많았던 원인은 무엇이고, 이유는 무엇인지요? 그리고 요즘은 계법이 더 많지만, 구경지로써 (자신의 삶을) 확립하는 비구들은 더 적은 원인은 무엇이고, 이유는 무엇인지요?"

"깟싸빠여, 그것은 이와 같다오. 중생들이 감소하고 정법(正法)이 사라질 때는, 계법(戒法)이 더 많아도, 구경지로써 (자신의 삶을) 확립하는 비구들은 더 적다오. 깟싸빠여, 사이비 정법이 세상에 출현하지 않는 한 정법은 사라지지 않는다오. 깟싸빠여, 그런데 사이비 정법이 세상에 출현하면, 이제 정법이 사라진다오.

깟싸빠여, 비유하면, 가짜 황금이 세상에 출현하지 않는 한 황금은 사라지지 않는 것과 같다오. 깟싸빠여, 가짜 황금이 세상에 출현하면, 이제 황금이 사라지는 것과 같다오.

깟싸빠여, 지계(地界)가 정법(正法)을 사라지게 하는 것이 아니라오. 수계(水界), 화계(火界), 풍계(風界)가 정법을 사라지게 하는 것이 아니라오. 무지몽매한 사람들이 세상에 출현하여 그들이 정법을 사라지게 한다오.

깟싸빠여, 비유하면, 곧바로 침몰하는 배처럼, 깟싸빠여, 정법은 그렇게 사라지는 것이 아니라오.

깟싸빠여, 다섯 가지 타락법(墮落法)이 정법을 어지럽히고 사라지게 한다오. 다섯 가지는 어떤 것들인가? 깟싸빠여, 비구, 비구니, 청신사(淸信士), 청신녀(淸信女)들이 스승을 존경하지 않고 따르지 않으며 살아가고, 가르침[法]을 존경하지 않고 따르지 않으며 살아가고, 승가(僧伽)를 존경하지 않고 따르지 않으며 살아가고, 학계(學戒)를 존경하지 않고 따르지 않으며 살아가고, 삼매(三昧)를 존경하지 않고 따르지 않으며 살아가는 것, 깟싸빠여, 이들 다섯 가지 법이 정법을 어지럽히고 사라지게 하는 다섯 가지 타락법이라오.

깟싸빠여, 다섯 가지 법이 정법을 어지럽히지 않고, 사라지지 않고 머물게 한다오. 다섯 가지는 어떤 것들인가? 깟싸빠여, 비구, 비구니, 청신사, 청신녀들이 스승을 존경하고 따르며 살아가고, 가르침[法]을 존경하고 따르며 살아가고, 승가(僧伽)를 존경하고 따르며 살아가고, 학계(學戒)를 존경하고 따르며 살아가고, 삼매(三昧)를 존경하고 따르며 살아가는 것, 깟싸빠여, 이들 다섯 가지 법이 정법을 어지럽히지 않고, 사라지지 않고 머물게 한다오."

제17「재물과 공경 쌍윳따(Lābhasakkāra-Saṃyutta)」

2.85. 흉악한 것(Dāruno) - 게송이 있는(Sagāthakaṃ)〈s.17.1-10〉

세존께서 싸왓티의 제따와나 아나타삔디까 사원에 머무실 때, 비구들에게 말씀하셨습니다.

〈s.17.1〉"비구들이여, 재물과 공경(恭敬)과 명성(名聲)은 더할 나위 없는 행복[瑜伽安穩]을 증득하는 데[341] 장애가 되는 끔찍하고, 지독하고, 흉악한 것이라오. 비구들이여, 그러므로 그대들은 '우리는 이미 생긴 재물과 공경과 명성을 버리겠다. 그리고 아직 생기지 않은 재물과 공경과 명성이 마음을 지배하지 않도록 하겠다'라고 공부해야 한다오.

〈s.17.2〉 비구들이여, 예를 들어, 어부가 미끼를 끼운 낚시를 깊은 호수 속에 던져놓으면, 미끼에 눈이 먼 물고기가 그것을 삼키는 것과 같다오. 비구들이여, 이렇게 어부의 낚시를 삼킨 그 물고기는 상처를 입고, 손상을 당하여 어부의 뜻대로 할 수밖에 없다오. 비구들이여, 어부는 마라(Māra) 빠삐만(Pāpimant)의 비유라오. 비구들이여, 낚시는 재물과 공경과 명성의 비유라오. 비구들이여, 어떤 비구든 비구가 이미 생긴 재물과 공경과 명성을 즐기고 희구하면, 비구들이여, 이것을 일러 '마라의 낚시를 삼켜 상처를 입고, 손상을 당한 비구는 빠삐만의 뜻대로 할 수밖에 없다'라고 하는 것이오.

〈s.17.3〉 비구들이여, 옛날에 어떤 호수에 큰 거북이 가족이 오랫동안 살고 있었다오. 비구들이여, 그때 어떤 거북이가 다른 거북이에게 이렇게 말했다오.

'사랑하는 거북이여, 너는 그 지역에는 가지 마라!'

비구들이여, 그런데도 그 거북이는 그 지역에 갔고, 사냥꾼이 그를 끈이 달린 작살로 찔렀다오.

비구들이여, 그때 그 거북이는 처음의 거북이를 찾아갔다오. 비구

341 'anuttarassa yogakkhemassa adhigamāya'의 번역. 'yogakkhema'는 열반(涅槃)을 의미하며, 한역에서는 '유가안온(瑜伽安穩)'으로 번역함.

들이여, 처음의 거북이는 멀리서 그 거북이가 오는 것을 보고, 그 거북이에게 이렇게 말했다오.

'사랑하는 거북이여, 너는 그 지역에 가지 않았어야 했는데!'

'사랑하는 거북이여, 그렇지만 나는 그 지역에 갔다네.'

'사랑하는 거북이여, 그런데 너는 상처를 입지 않고, 손상을 당하지 않은 것 같구나.'

'사랑하는 거북이여, 나는 손상을 당하지 않았지만, 이 끈이 나를 뒤에서 묶고 있다네.'

'사랑하는 거북이여, 너는 분명히 상처를 입었고, 분명히 손상을 당했다. 사랑하는 거북이여, 그 사냥꾼에게 너의 아버지와 할아버지도 상처를 입고, 손상을 당하였다. 사랑하는 거북이여, 이제 너는 가거라! 이제 너는 우리의 가족이 아니다.'

비구들이여, 사냥꾼은 마라 빠삐만의 비유라오. 비구들이여, 끈이 달린 작살은 재물과 공경과 명성의 비유라오. 비구들이여, 끈은 환희와 탐욕(貪欲)의 비유라오. 비구들이여, 어떤 비구든 비구가 이미 생긴 재물과 공경과 명성을 즐기고 희구하면, 비구들이여, 이것을 일러 '탐욕의 작살에 의해 상처를 입고, 손상을 당한 비구는 빠삐만의 뜻대로 할 수밖에 없다'라고 하는 것이오.

〈s.17.4〉 비구들이여, 예를 들어, 털이 긴 염소가 가시덤불에 들어가면, 여기저기에 들러붙고, 여기저기에 붙잡히고, 여기저기에 얽매이고, 여기저기에 묶이고, 여기저기에 상처와 손상을 입는 것과 같다오. 비구들이여, 이와 같이 어떤 비구는 재물과 공경과 명성에 정복당하고 지배된 마음으로 아침에 옷을 입고, 발우와 법의를 지니고 마을이나 촌락에 탁발하러 들어가서 여기저기를 집착하고, 여기저기를 붙잡고, 여기저기에 얽매이고, 여기저기에 묶이고, 여기저기에 상처와 손상을 입는다오.

〈s.17.5〉 비구들이여, 예를 들어, 똥을 먹는 구더기가 똥으로 포식을 하고, 똥이 넘쳐나는데, 그 앞에 또 커다란 똥 덩어리가 있으면, 그 구더기가 '나는 똥을 먹는 자다. 똥으로 포식을 하고, 똥이 넘쳐난다. 그리고 내 앞에는 또 커다란 똥 덩어리가 있다'라고 다른 구더기들을 얕보는 것과 같다오. 비구들이여, 이와 같이 어떤 비구는 재물과 공경과 명성에 정복당하고 지배된 마음으로 아침에 옷을 입고, 발우와 법의를 지니고 마을이나 촌락에 탁발하러 들어간다오. 그는 그곳에서 마음껏 먹고, 다음날 초대를 받고, 탁발 음식이 넘쳐난다오. 그는 정사(精舍)에 가서 비구들의 모임 가운데서 '나는 마음껏 먹고, 다음날 초대를 받고, 나의 탁발 음식은 넘쳐난다. 나는 옷과 탁발 음식과 좌구(坐具)와 의약(醫藥) 자구(資具)를 얻는다. 그렇지만 공덕이 적고, 위력이 없는 다른 비구들은 옷과 탁발 음식과 좌구와 의약 자구를 얻지 못한다'라고 자랑한다오. 그래서 그는 재물과 공경과 명성에 정복당하고 지배된 마음으로 품행이 올바른 다른 비구들을 얕본다오.

〈s.17.6〉 비구들이여, 벼락은 누구에게 떨어지겠는가? 뜻을 이루지 못한 유학(有學)이[342] 재물과 공경과 명성을 얻으면, 벼락은 그에게 떨어진다오. 비구들이여, 벼락은 재물과 공경과 명성의 비유라오.

〈s.17.7〉 비구들이여, 독화살은 누구를 관통하겠는가? 뜻을 이루지 못한 유학(有學)이 재물과 공경과 명성을 얻으면, 독화살은 그를 관

342 'sekham appattamānansam'의 번역.

통한다오. 비구들이여, 독화살은 재물과 공경과 명성의 비유라오.

〈s.17.9〉 비구들이여, 높은 공중에는 회오리바람이 분다오. 새가 거기에 가면 회오리바람이 새를 내팽개친다오. 그러면 발은 발대로, 날개는 날개대로, 머리는 머리대로, 몸은 몸대로 산산이 흩어진다오. 비구들이여, 이와 같이 어떤 비구가 재물과 공경과 명성에 정복당하고 사로잡힌 마음으로 아침에 옷을 입고, 발우와 법의를 지니고 마을이나 촌락에 탁발하러 들어가서, 몸과 말과 마음을 단속하지 못하고, 주의집중을 확립하지 못하고, 6근을 수호하지 못하고, 그곳에서 헐거운 옷을 입거나 살이 드러난 부인을 보면, 탐욕의 마음이 그를 타락시킨다오. 그는 탐욕에 의해 타락한 마음으로 배움을 포기하고 환속한다오. 바람에 내팽개쳐진 새처럼, 그에게서 다른 사람들이 법복을 빼앗고, 발우를 빼앗고, 좌구를 빼앗고, 바늘 쌈지를 빼앗는다오.

〈s.17.10〉 비구들이여, 어떤 사람은 마음이 공경에 정복당하고 지배되어 몸이 무너져 죽은 후에 험난하고, 고통스러운, 지옥과 같은 불행한 삶을 살게 되는 것을 나는 본다오. 비구들이여, 어떤 사람은 마음이 공경받지 못함에 정복당하고 지배되어 몸이 무너져 죽은 후에 험난하고, 고통스러운, 지옥과 같은 불행한 삶을 살게 되는 것을 나는 본다오. 비구들이여, 어떤 사람은 마음이 공경과 공경받지 못함, 그 둘에 정복당하고 지배되어 몸이 무너져 죽은 후에 험난하고, 고통스러운, 지옥과 같은 불행한 삶을 살게 되는 것을 나는 본다오.

비구들이여 이와 같이 재물과 공경과 명성은 더할 나위 없는 행복[瑜伽安穩]을 증득하는 데 장애가 되는 끔찍하고, 지독하고, 흉악한 것이라오. 비구들이여, 그러므로 그대들은 '우리는 이미 생긴 재물과 공경과 명성을 버리겠다. 그리고 아직 생기지 않은 재물과 공경과 명성이 마음을 지배하지 않도록 하겠다'라고 공부해야 한다오."

세존께서는 이와 같이 말씀하셨습니다. 선서(善逝)이신 스승님께서는 이와 같이 말씀하신 후에 다시 (게송으로) 말씀하셨습니다.

공경을 받거나
공경받지 못하거나,
방일하지 않고 살아가는 사람은
삼매(三昧)가 흔들리지 않는다네.

미묘한 견(見)을 관찰하고[343]
취(取)의 소멸을 즐기는
항상 노력하는 선정(禪定)수행자를
참사람이라고 한다네.

제18「라훌라 쌍윳따(Rāhula-Saṃyutta)」

2.86. 보는 주관〔眼, Cakkhu〕〈s.18.1〉

세존께서 싸왓티의 제따와나 아나타삔디까 사원에 머무실 때, 라훌라

343 'sukhumaṃ diṭṭhivipassakaṃ'의 번역.

(Rahula) 존자가 세존을 찾아와서 예배하고 한쪽에 앉았습니다. 한쪽에 앉은 라훌라 존자에게 세존께서는 다음과 같이 말씀하셨습니다.

"라훌라여, 어떻게 생각하는가? 보는 주관[眼], 듣는 주관[耳], 냄새 맡는 주관[鼻], 맛보는 주관[舌], 만지는 주관[身], 마음[意]은 지속하는가[常], 지속하지 않는가[無常]?"[344]

"지속하지 않습니다[無常]. 세존이시여!"

"지속하지 않으면 괴로운가, 즐거운가?"

"괴롭습니다. 세존이시여!"

"지속하지 않고, 괴롭고, 변화하는 법(法)을 '이것은 나의 소유다. 이것은 나다. 이것은 나의 자아다'라고 여기는 것이 온당한가?"

"그렇지 않습니다. 세존이시여!"

"라훌라여, 이와 같이 본 학식이 많은 거룩한 제자는 보는 주관[眼], 듣는 주관[耳], 냄새 맡는 주관[鼻], 맛보는 주관[舌], 만지는 주관

---

344 안(眼), 이(耳), 비(鼻), 설(舌), 신(身), 의(意)로 한역되는 'cakkhu(眼)', 'sota(耳)', 'ghāna(鼻)' 'jivhā(舌), kāya(身), mano(意)' 등은 신체를 구성하는 눈, 귀, 코 등이 아니다. 신체를 구성하는 눈, 귀, 코를 의미하는 명사는 'nayana(눈), kaṇṇa(귀), nāsā(코)'이다. 'cakkhu(眼)', 'sota(耳)', 'ghāna(鼻)' 'jivhā(舌), kāya(身), mano(意)'는 보고, 듣고, 냄새 맡고, 대상을 지각하는 지각활동을 의미한다. 우리는 지각활동을 지속하는 자아의 활동으로 생각한다. 우리는 시각활동을 할 때, '지속하는 자아가 눈을 통해서 외부의 사물을 보고 있다'고 생각하는 것이다. 이러한 생각이 'cakkhu(眼)', 'sota(耳)', 'ghāna(鼻)' 'jivhā(舌), kāya(身), mano(意)'로 표현되는 6입처(六入處)이다. 이 경에서 부처님은 6입처(六入處)에 대하여 이야기하고 있다. 따라서 이 질문은 신체를 구성하는 눈, 귀, 코 등에 대한 질문이 아니라, '지각활동이 지속하는 자아의 활동인가, 그렇지 않은가'에 대한 질문이다. '지속하는[常]'으로 번역한 'niccaṃ'은 일반적으로 '영원한'으로 번역하는데, 이는 잘못된 번역이다. 'niccaṃ'은 시간적인 '지속'을 의미하는 것이지 '영원'을 의미하지 않기 때문이다. 따라서 'niccaṃ'을 부정하는 의미의 'aniccaṃ'도 '영원하지 않는'을 의미하는 것이 아니라 '지속하지 않는'을 의미한다.

[身], 마음[意]에 대하여 싫증 내고[厭離], 싫증 내기 때문에 탐욕을 버리고[離欲], 탐욕을 버리기 때문에 해탈(解脫)하며, 해탈했을 때, '생(生)은 소멸했다. 청정한 수행[梵行]을 완성했으며, 해야 할 일을 끝마쳤다. 다시는 이와 같은 상태로 되지 않는다'라고, '나는 해탈했다'라고 통찰한다."

2.87. 형색〔色, Rūpaṃ〕〈s.18.2〉

"라훌라여, 어떻게 생각하는가? 형색[色], 소리[聲], 냄새[香], 맛[味], 촉감[觸], 법(法)은 지속하는가[常], 지속하지 않는가[無常]?"

"지속하지 않습니다[無常]. 세존이시여!"

"지속하지 않으면 괴로운가, 즐거운가?"

"괴롭습니다. 세존이시여!"

"지속하지 않고, 괴롭고, 변화하는 법(法)을 '이것은 나의 소유다. 이것은 나다. 이것은 나의 자아다'라고 여기는 것이 온당한가?"

"그렇지 않습니다. 세존이시여!"

"라훌라여, 이와 같이 본 학식이 많은 거룩한 제자는 형색, 소리, 냄새, 맛, 촉감, 법에 대하여 싫증 내고, 싫증 내기 때문에 탐욕을 버리고, 탐욕을 버리기 때문에 해탈하며, 해탈했을 때, '생(生)은 소멸했다. 청정한 수행[梵行]을 완성했으며, 해야 할 일을 끝마쳤다. 다시는 이와 같은 상태로 되지 않는다'라고, '나는 해탈했다'라고 통찰한다."

2.88. 분별〔識, Viññāṇaṃ〕〈s.18.3〉

"라훌라여, 어떻게 생각하는가? 시각분별[眼識], 청각분별[耳識], 후각분별[鼻識], 미각분별[舌識], 촉각분별[身識], 마음분별[意識]은 지속하는가[常], 지속하지 않는가[無常]?"

"지속하지 않습니다[無常]. 세존이시여!"

"지속하지 않으면 괴로운가, 즐거운가?"

"괴롭습니다. 세존이시여!"

"지속하지 않고, 괴롭고, 변화하는 법(法)을 '이것은 나의 소유다. 이것은 나다. 이것은 나의 자아다'라고 여기는 것이 온당한가?"

"그렇지 않습니다. 세존이시여!"

"라훌라여, 이와 같이 본 학식이 많은 거룩한 제자는 시각분별, 청각분별, 후각분별, 미각분별, 촉각분별, 마음분별에 대하여 싫증 내고, 싫증 내기 때문에 탐욕을 버리고, 탐욕을 버리기 때문에 해탈하며, 해탈했을 때, '생(生)은 소멸했다. 청정한 수행[梵行]을 완성했으며, 해야 할 일을 끝마쳤다. 다시는 이와 같은 상태로 되지 않는다'라고, '나는 해탈했다'라고 통찰한다."

2.89. 접촉〔觸, Samphasso〕〈s.18.4〉

"라훌라여, 어떻게 생각하는가? 시각접촉[眼觸], 청각접촉[耳觸], 후각접촉[鼻觸], 미각접촉[舌觸], 촉각접촉[身觸], 마음접촉[意觸]은 지속하는가[常], 지속하지 않는가[無常]?"

"지속하지 않습니다[無常]. 세존이시여!"

"지속하지 않으면 괴로운가, 즐거운가?"

"괴롭습니다. 세존이시여!"

"지속하지 않고, 괴롭고, 변화하는 법(法)을 '이것은 나의 소유다. 이것은 나다. 이것은 나의 자아다'라고 여기는 것이 온당한가?"

"그렇지 않습니다. 세존이시여!"

"라훌라여, 이와 같이 본 학식이 많은 거룩한 제자는 시각접촉, 청각접촉, 후각접촉, 미각접촉, 촉각접촉, 마음접촉에 대하여 싫증 내고, 싫증 내기 때문에 탐욕을 버리고, 탐욕을 버리기 때문에 해탈하며, 해탈했을 때, '생(生)은 소멸했다. 청정한 수행[梵行]을 완성했으며, 해야 할 일을 끝마쳤다. 다시는 이와 같은 상태로 되지 않는다'라고, '나는 해탈했다'라고 통찰한다."

2.90. 느낌〔受, Vedanā〕〈s.18.5〉

"라훌라여, 어떻게 생각하는가? 시각접촉에서 생긴 느낌[眼受], 청각접촉에서 생긴 느낌[耳受], 후각접촉에서 생긴 느낌[鼻受], 미각접촉에서 생긴 느낌[舌受], 촉각접촉에서 생긴 느낌[身受], 마음접촉에서 생긴 느낌[意受]은 지속하는가[常], 지속하지 않는가[無常]?"

"지속하지 않습니다[無常]. 세존이시여!

"지속하지 않으면 괴로운가, 즐거운가?"

"괴롭습니다. 세존이시여!"

"지속하지 않고, 괴롭고, 변화하는 법(法)을 '이것은 나의 소유다. 이것은 나다. 이것은 나의 자아다'라고 여기는 것이 온당한가?"

"그렇지 않습니다. 세존이시여!"

"라훌라여, 이와 같이 본 학식이 많은 거룩한 제자는 시각접촉에서 생긴 느낌, 청각접촉에서 생긴 느낌, 후각접촉에서 생긴 느낌, 미각접촉에서 생긴 느낌, 촉각접촉에서 생긴 느낌, 마음접촉에서 생긴 느낌에 대하여 싫증 내고, 싫증 내기 때문에 탐욕을 버리고, 탐욕을 버리기 때문에 해탈하며, 해탈했을 때, '생(生)은 소멸했다. 청정한 수행[梵行]을 완성했으며, 해야 할 일을 끝마쳤다. 다시는 이와 같은 상태로 되지 않는다'라고, '나는 해탈했다'라고 통찰한다."

2.91. 관념〔想, Saññā〕〈s.18.6〉

"라훌라여, 어떻게 생각하는가? 형상에 대한 관념[色想], 소리에 대한 관념[聲想], 냄새에 대한 관념[香想], 맛에 대한 관념[味想], 촉감에 대한 관념[觸想], 법에 대한 관념[法想]은 지속하는가[常], 지속하지 않는가[無常]?"

"지속하지 않습니다[無常]. 세존이시여!"

"지속하지 않으면 괴로운가, 즐거운가?"

"괴롭습니다. 세존이시여!"

"지속하지 않고, 괴롭고, 변화하는 법(法)을 '이것은 나의 소유다. 이것은 나다. 이것은 나의 자아다'라고 여기는 것이 온당한가?"

"그렇지 않습니다. 세존이시여!"

"라훌라여, 이와 같이 본 학식이 많은 거룩한 제자는 형상에 대한 관념, 소리에 대한 관념, 냄새에 대한 관념, 맛에 대한 관념, 촉감에 대한 관념, 법에 대한 관념에 대하여 싫증 내고, 싫증 내기 때문에 탐욕을 버리고, 탐욕을 버리기 때문에 해탈하며, 해탈했을 때, '생(生)은 소멸했다. 청정한 수행[梵行]을 완성했으며, 해야 할 일을 끝마쳤다. 다시는 이와 같은 상태로 되지 않는다'라고, '나는 해탈했다'라고 통찰한다."

2.92. 의도(意圖, Sañcetanā)〈s.18.7〉

"라훌라여, 어떻게 생각하는가? 형상에 대한 의도[色思], 소리에 대한 의도[聲思], 냄새에 대한 의도[香思], 맛에 대한 의도[味思], 촉감에 대한 의도[觸思], 법에 대한 의도[法思]는 지속하는가[常], 지속하지 않는가[無常]?"

"지속하지 않습니다[無常]. 세존이시여!"

"지속하지 않으면 괴로운가, 즐거운가?"

"괴롭습니다. 세존이시여!"

"지속하지 않고, 괴롭고, 변화하는 법(法)을 '이것은 나의 소유다. 이것은 나다. 이것은 나의 자아다'라고 여기는 것이 온당한가?"

"그렇지 않습니다. 세존이시여!"

"라훌라여, 이와 같이 본 학식이 많은 거룩한 제자는 형상에 대한 의도, 소리에 대한 의도, 냄새에 대한 의도, 맛에 대한 의도, 촉감에 대한 의도, 법에 대한 의도에 대하여 싫증 내고, 싫증 내기 때문에 탐욕을 버리고, 탐욕을 버리기 때문에 해탈하며, 해탈했을 때, '생(生)은 소멸했다. 청정한 수행[梵行]을 완성했으며, 해야 할 일을 끝마쳤다. 다시는 이와 같은 상태로 되지 않는다'라고, '나는 해탈했다'라고 통찰한다."

2.93. 갈애[愛, Taṇhā]〈s.18.8〉

"라훌라여, 어떻게 생각하는가? 형상에 대한 갈애[色愛], 소리에 대한 갈애[聲愛], 냄새에 대한 갈애[香愛], 맛에 대한 갈애[味愛], 촉감에 대한 갈애[觸愛], 법에 대한 갈애[法愛]는 지속하는가[常], 지속하지 않는가[無常]?"

"지속하지 않습니다[無常]. 세존이시여!"

"지속하지 않으면 괴로운가, 즐거운가?"

"괴롭습니다. 세존이시여!"

"지속하지 않고, 괴롭고, 변화하는 법(法)을 '이것은 나의 소유다. 이것은 나다. 이것은 나의 자아다'라고 여기는 것이 온당한가?"

"그렇지 않습니다. 세존이시여!"

"라훌라여, 이와 같이 본 학식이 많은 거룩한 제자는 형상에 대한 갈애, 소리에 대한 갈애, 냄새에 대한 갈애, 맛에 대한 갈애, 촉감에 대한 갈애, 법에 대한 갈애에 대하여 싫증 내고, 싫증 내기 때문에 탐욕을 버리고, 탐욕을 버리기 때문에 해탈하며, 해탈했을 때, '생(生)은 소멸했다. 청정한 수행[梵行]을 완성했으며, 해야 할 일을 끝마쳤다. 다시는 이와 같은 상태로 되지 않는다'라고, '나는 해탈했다'라고 통찰한다."

2.94. 계(界, Dhātu)〈s.18.9〉

"라훌라여, 어떻게 생각하는가? 지계(地界), 수계(水界), 화계(火界), 풍계(風界), 공계(空界), 식계(識界)는 지속하는가[常], 지속하지 않는가[無常]?"

"지속하지 않습니다[無常]. 세존이시여!"

"지속하지 않으면 괴로운가, 즐거운가?"

"괴롭습니다. 세존이시여!"

"지속하지 않고, 괴롭고, 변화하는 법(法)을 '이것은 나의 소유다. 이것은 나다. 이것은 나의 자아다'라고 여기는 것이 온당한가?"

"그렇지 않습니다. 세존이시여!"

"라훌라여, 이와 같이 본 학식이 많은 거룩한 제자는 지계, 수계, 화계, 풍계, 공계, 식계에 대하여 싫증 내고, 싫증 내기 때문에 탐욕을 버리고, 탐욕을 버리기 때문에 해탈하며, 해탈했을 때, '생(生)은 소멸했다. 청정한 수행[梵行]을 완성했으며, 해야 할 일을 끝마쳤다. 다시는 이와 같은 상태로 되지 않는다'라고, '나는 해탈했다'라고 통찰한다."

2.95. 온(蘊, Khandha)〈s.18.10〉

"라훌라여, 어떻게 생각하는가? 형색[色], 느끼는 마음[受], 생각하는 마음[想], 유위를 조작하는 행위[行]들, 분별하는 마음[識]은 지속하는가[常], 지속하지 않는가[無常]?"

"지속하지 않습니다[無常]. 세존이시여!"

"지속하지 않으면 괴로운가, 즐거운가?"

"괴롭습니다. 세존이시여!"

"지속하지 않고, 괴롭고, 변화하는 법(法)을 '이것은 나의 소유다. 이것은 나다. 이것은 나의 자아다'라고 여기는 것이 온당한가?"

"그렇지 않습니다. 세존이시여!"

"라훌라여, 이와 같이 본 학식이 많은 거룩한 제자는 형색[色], 느끼는 마음[受], 생각하는 마음[想], 유위를 조작하는 행위[行]들, 분별하는 마음[識]에 대하여 싫증 내고, 싫증 내기 때문에 탐욕을 버리고, 탐욕을 버리기 때문에 해탈하며, 해탈했을 때, '생(生)은 소멸했다. 청정한 수행[梵行]을 완성했으며, 해야 할 일을 끝마쳤다. 다시는 이와 같은 상태로 되지 않는다'라고, '나는 해탈했다'라고 통찰한다."

2.96. 잠재적 경향〔隨眠, Anusaya〕〈s.18.21〉

세존께서 싸왓티의 제따와나 아나타삔디까 사원에 머무실 때, 라훌라 존자가 세존을 찾아와서 세존께 다음과 같이 말씀드렸습니다.

"세존이시여, 어떻게 알고 어떻게 보아야, 이 의식이 있는 몸과 모든 외모(外貌)에 대하여 '나'라는 생각을 하고, '내 것'이라는 생각을 하는 아만(我慢)의 잠재적 경향[慢睡眠]들이 없어질까요?"[345]

"라훌라여, '어떤 형색[色]이든, 그것이 과거의 것이든, 미래의 것이든, 현재의 것이든, 안의 것이든 밖의 것이든, 거친 것이든 미세한 것이든, 못생긴 것이든 잘생긴 것이든, 멀리 있든 가까이 있든, 모든 형색

---

345 'kathaṃ nu kho bhante jānato katham passato imasmiñca saviññāṇke kāye bahiddhā ca sabbanimittesu ahaṃkāra-mamaṅkāra-mānānusayā na hoti'의 번역. 우리는 무의식적으로 의식을 가지고 활동하는 몸과 외모에 대하여 나라는 생각과 내 것이라는 생각을 일으키고 있는데, 이것을 만수면(慢睡眠, mānānusaya)이라고 한다. 우리는 지각활동을 하는 몸을 자신이라고 생각하고, 다른 사람과는 다른 모습의 외모를 자신의 모습이라고 생각하는데, 이것이 아만(我慢)의 잠재적 경향[慢睡眠]인 것이다. 이 경에서 라훌라 존자는 어떻게 하면 이 아만의 잠재적 경향들이 나타나지 않을 수 있는가를 묻고 있다.

[色]은 나의 것이 아니며, 내가 아니며, 나의 자아가 아니다'라고 이와 같이 바른 통찰지로 그것을 있는 그대로 보아야 한다. 느끼는 마음[受], 생각하는 마음[想], 유위를 조작하는 행위[行]들, 분별하는 마음[識]에 대해서도 마찬가지다.[346] 라훌라여, 이와 같이 알고 이와 같이 보아야, 이 의식이 있는 몸과 모든 외모에 대하여 '나'라는 생각을 하고, '내 것'이라는 생각을 하는 아만의 잠재적 경향들이 없어진다."

2.97. 제거된(Apagataṃ)〈s.18.22〉

세존께서 싸왓티의 제따와나 아나타삔디까 사원에 머무실 때, 라훌라 존자가 세존을 찾아와서 세존께 다음과 같이 말씀드렸습니다.

"세존이시여, 어떻게 알고 어떻게 보아야, 이 의식이 있는 몸과 모든 외모(外貌)에 대하여 '나'라는 생각을 하고, '내 것'이라는 생각을 하는 아만(我慢)이 제거되고, 교만(驕慢)을 극복하여 마음이 고요해지고 잘 해탈하게 될까요?"[347]

"라훌라여, '어떤 형색[色]이든, 그것이 과거의 것이든, 미래의 것이든, 현재의 것이든, 안의 것이든 밖의 것이든, 거친 것이든 미세한 것

---

346 같은 내용이기 때문에 요약함.

347 'kathaṃ nu kho bhante jānato katham passato imasmiñca saviññāṅke kāye bahiddhā ca sabbanimittesu ahaṃkāra-mamaṅkāra-mānāpagataṃ mānasaṃ hoti vidhāsamatikkantaṃ santaṃ suvimuttaṃ'의 번역. 이 경에서 라훌라 존자는 어떻게 하면 이 아만의 잠재적 경향[慢睡眠]과 그로 인한 교만에서 벗어날 수 있는가를 묻고 있다. 여기에서 교만(驕慢)으로 번역한 'vidhā'는 자신을 남과 비교하여 우열을 가리는 마음이다.

이든, 못생긴 것이든 잘생긴 것이든, 멀리 있든 가까이 있든, 모든 형색[色]은 나의 것이 아니며, 내가 아니며, 나의 자아가 아니다'라고 이와 같이 바른 통찰지로 그것을 있는 그대로 보고 집착하지 않으면 해탈이 있다. 느끼는 마음[受], 생각하는 마음[想], 유위를 조작하는 행위[行]들, 분별하는 마음[識]에 대해서도 마찬가지다.[348] 라훌라여, 이와 같이 알고 이와 같이 보아야, 이 의식이 있는 몸과 모든 외모에 대하여 '나'라는 생각을 하고, '내 것'이라는 생각을 하는 아만이 제거되고, 교만을 극복하여 마음이 고요해지고 잘 해탈하게 된다."

제19「락카나 쌍윳따(Lakkhaṇa-Saṃyutta)」

(생략)

제20「비유(比喩) 쌍윳따(Opamma-Saṃyutta)」

(생략)

제21「비구(比丘) 쌍윳따(Bhikkhu-Saṃyutta)」

(생략)

---

348 같은 내용이기 때문에 요약함.

3

온품
蘊品

Khandha-Vagga

해제

제3장『온품(蘊品, Khandha-Vagga)』의 주제는 5온(五蘊)이다. 5온은 우리가 자아로 취하여 집착하는 다섯 가지 망상(妄想)이다. 색온(色蘊)은 우리의 신체가 지니는 모습을 취하여 자아로 집착하는 망상이다. 수온(受蘊)은 우리가 느끼는 고락의 감정을 취하여 자아로 집착하는 망상이다. 상온(想蘊)은 사유하고 판단하는 생각을 취하여 자아로 집착하는 망상이다. 행온(行蘊)은 의욕(意慾)이나 의도(意圖)를 취하여 자아로 집착하는 망상이다. 식온(識蘊)은 대상을 분별하여 인식하는 의식을 취하여 자아로 집착하는 망상이다.

싯다르타는 우리가 자아로 취하고 있는 5온이 괴로움의 실체라는 것을 깨닫고 붓다가 되었다. 붓다가 깨달아 진리(眞理)로 선언한 4성제(四聖諦) 가운데 고성제(苦聖諦)는 5온을 취하여 자아로 집착하는 망상, 즉 5취온(五取蘊)을 의미한다. 그리고 괴로움의 소멸, 즉 멸성제(滅聖諦)는 5온을 자아로 집착하는 망상의 소멸을 의미한다. 붓다가 깨달은 연기(緣起)는 바로 5온을 자아로 취하는 망상의 연기이다. 붓다는 무명(無明)으로부터 망상이 일어나는 유전연기(流轉緣起)와 무명에서 벗어남으로써 망상이 사라지는 환멸연기(還滅緣起)를 통찰하여 생사의 괴로움에서 벗어났다. 이것을 표현한 것이 12연기의 유전문(流轉門)과 환멸문(還滅門)이다.『쌍윳따 니까야』제2장『인연품(因緣品)』에서 연기에 대한 가르침을 보여주고, 이어서 연기의 핵심이 되는 5온에 대한 가르침을 모은『온품(蘊品)』을 제3장에 배치한 것은 이러한 붓다의 깨달음을 드러내기 위한 것이다.

이 책에서는 5온의 'rūpa'를 몸의 형색[色], 또는 형색[色]으로 번역했고, 'vedanā'는 느끼는 마음[受], 'saññā'는 생각하는 마음[想],

'saṅkhārā'는 유위를 조작하는 행위[行]들, 'viññāṇa'는 분별하는 마음[識]으로 번역했다.

제22「온(蘊) 쌍윳따(Khandha-Saṃyuttaṃ)」:「온 쌍윳따」의 첫 경인 3.1.「나꿀라삐따(Nakulapitā) 경」〈s.22.1〉에는 비구가 아닌 장자(長者)가 등장한다. 고령으로 병에 시달리는 나꿀라삐따(Nakulapitā) 장자가 붓다를 찾아와서 병고(病苦)를 호소하자 붓다는 '몸은 병들어도 마음은 병들게 하지 말라'고 가르친다. 어떻게 하는 것이 '몸은 병들어도 마음은 병들지 않는 것인가?' 이 알쏭달쏭한 가르침을 이해하기 위하여 싸리뿟따 존자를 찾아간 나꿀라삐따 장자에게 싸리뿟따 존자는 '5온을 자아로 여기고 집착하는 사람은 몸도 병들고, 마음도 병들지만, 5온을 자아로 여기지 않는 사람은 몸은 병들어도 마음은 병들지 않는다'라고 설명한다. 이와 같이 이 경은 불교에서 극복하고자 하는 생사(生死)는 몸의 생사가 아니라 마음의 생사라는 것을 보여준다. 불교의 핵심이 되는 5온에 대한 가르침을 모은「온 쌍윳따」에 장자가 등장하는 이 경을 앞세운 것은 괴로움에서 벗어나는 길을 가르치는 붓다의 가르침이 수행자만을 위한 것이 아니라 보편적인 것임을 보여주기 위한 것이다. 혹자는 무아(無我)나 연기(緣起)와 같은 심오한 가르침은 비구에게만 가르쳤고, 재가자들에게는 복 짓고 천상에 가는 길을 가르쳤다고 말하지만, 실상은 그렇지 않다는 것을 이 경이 보여주고 있다.

3.2.「데와다하(Devadaha) 경」〈s.22.2〉은 5온을 자아로 집착하는 망상을 극복하여 불안과 번민에서 벗어나는 것이 일관된 붓다의 가르침이라는 것을 강조한다. 불교의 목적은 수행을 통해 신통력을 얻는 데 있

는 것이 아니라, 5온을 자아로 취하여 집착하는 망상을 버리고 괴로움에서 벗어나는 데 있다는 것이다.

이와 같이 괴로움에서 벗어나는 것을 목표로 하는 붓다의 모든 가르침은 5온을 중심으로 설해진 것이다. 따라서 5온과 무관한 경은 없다고 해도 과언은 아니다. 12연기는 5온의 연기를 설명하기 위한 것이고, 제4장 『입처품(入處品)』의 주제인 12입처(入處)는 5온이 연기하는 근거를 밝힌 것이다. 그렇기 때문에 모든 경이 『온품』에 속하고 「온 쌍윳따」에 포함될 수 있지만, 편의상 세분하여 여러 품과 쌍윳따로 나눈 것이다. 이와 같은 5온의 중요성을 입증하듯이, 「온 쌍윳따」에는 158개의 경이 수록되어 있다. 이 책에서는 그 가운데 85개의 경을 선정하여 67개의 경으로 편집했다.

제23 「라다 쌍윳따(Rādha-Saṃyutta)」: 라다 존자와 붓다의 문답을 통해 5온이 죽음의 신 마라(Māra)이며, 5온을 자아로 취하여 집착하는 사람이 중생이라는 것을 이야기한다.

제24 「견해(見解) 쌍윳따(Diṭṭhi-Saṃyutta)」: 5온을 자아로 취할 때 생기는 여러 가지 사견(邪見)과 사견에서 벗어나는 방법을 보여준다.

제25 「들어감 쌍윳따(Okkantika-Saṃyutta)」: 5온, 12입처(入處), 18계(界) 등을 통찰지(通察智)로 이해하여 받아들이는 사람을 '법(法)에 수순(隨順)하는 사람들 속에 들어갔다'라고 말하며, 물러서지 않고 바른 깨달음이라는 목표에 도달하도록 결정된 수다원(須陀洹)이라고 부른다는 내용을 담고 있다.

제26「나타남 쌍윳따(Uppāda-Saṃyutta)」: 5온, 12입처, 18계의 나타남이 괴로움의 나타남, 질병의 머묾, 노사(老死)의 현현(顯現)이며, 5온, 12입처, 18계의 소멸이 괴로움의 소멸, 질병의 적멸, 노사의 사라짐이라는 내용을 담고 있다.

제27「더러운 때 쌍윳따(Kilesa-Saṃyutta)」: 5온, 12입처, 18계에 대한 욕탐이 마음의 더러운 때라는 내용을 담고 있다.

제28「싸리뿟따 쌍윳따(Sāriputta-Saṃyutta)」: 싸리뿟따 존자는 잠재적인 나라는 의식, 나의 소유라는 의식, 교만(憍慢)이 제거되었기 때문에 9차제정(九次第定)을 닦으면서 '나는 선정(禪定)에 들어간다'라는 생각이나, '나는 선정에 들었다'라는 생각이나, '나는 선정에서 일어났다'라는 생각이 없었다는 내용을 담고 있다.

제29「용(龍) 쌍윳따(Nāga-Saṃyutta)」, 제30「금시조(金翅鳥) 쌍윳따(Supaṇṇa-Saṃyutta)」, 제31「건달바(乾達婆) 쌍윳따(Gandhabbakāya-Saṃyutta)」, 제32「구름 쌍윳따(Valaha-Saṃyutta)」, 제33「왓차곳따 쌍윳따(Vacchagotta-Saṃyutta)」, 제34「선정(禪定) 쌍윳따(Jhāna-Saṃyutta)」이 6개의 쌍윳따는 다른 경에 자주 나오는 내용이기 때문에 생략했다.

제22「온(蘊) 쌍윳따(Khandha-Saṃyutta)」

3.1. 나꿀라삐따(Nakulapitā)〈s.22.1〉

세존께서 박가(Bhagga)의 쑹쑤마라기라(Suṃsumāragira)에 있는 베싸깔라와나 미가다야(Bhesakaḷāvana Migadāya)에 머무실 때, 나꿀라삐따(Nakulapitā) 장자(長者)가 세존을 찾아와서 한쪽에 앉아 이렇게 말씀드렸습니다.

"세존이시여, 저는 노쇠한 고령의 늙은이로서, 만년에 몸에 병이 있어 끊임없이 병고에 시달리고 있습니다. 세존이시여, 뿐만 아니라 저는 세존의 존경스러운 비구들을 자주 뵐 수도 없습니다. 세존이시여, 세존께서는 제가 오래오래 축복과 안락을 누릴 수 있도록 저에게 가르침을 주시고, 저를 지도하여 주십시오."

"장자여, 그렇습니다. 장자여, 그렇습니다. 실로 이 몸은 병들고, 자유롭지 못하고, 구속되어 있습니다. 장자여, 이 몸을 잠시라도 병 없이 지킬 수 있다고 알고 있다면 어찌 어리석음이 아니겠습니까? 그러므로, 장자여, 그대는 이와 같이 공부해야 합니다. '몸은 병들어도, 나의 마음은 병들지 않게 하리라.' 장자여, 그대는 실로 이와 같이 공부해야 합니다."

그러자 나꿀라삐따 장자는 세존의 말씀에 기뻐하고 만족하고서, 자리에서 일어나 세존께 예배하고 오른쪽으로 돈 다음에 싸리뿟따 존자를 찾아갔습니다. 그는 싸리뿟따 존자를 찾아가서 예배한 후 한쪽에 앉았습니다.

한쪽에 앉은 나꿀라삐따 장자에게 싸리뿟따 존자가 말했습니다.

"장자여, 당신의 6근(六根)은 청정하고, 용모는 맑고 순수하군요. 혹시 오늘 세존께서 직접 설하신 법문을 듣지 않았나요?"

"존자님, 어찌 아니겠습니까? 존자님, 세존께서는 저에게 감로(甘露)의 법문을 뿌려주셨습니다."

"장자여, 세존께서 어떻게 그대에게 감로의 법문을 뿌려주셨나요?"

"존자님, 제가 세존을 찾아가서 법문을 청하자, 세존께서는 '몸은 병들어도, 마음은 병들지 않게 해야 한다'는 가르침을 주셨습니다."[01]

"장자여, 그렇다면 세존께 '세존이시여, 어떻게 하면 몸도 병들고 마음도 병들며, 어떻게 하면 몸은 병들어도 마음은 병들지 않습니까?' 라고 더 이상 반문(反問)을 하지 않았나요?"

"존자여, 제가 멀리서 싸리뿟따 존자님 앞에 온 것은 그 말씀의 의미를 알기 위해서입니다. 그 말씀의 의미를 알려주시기를 싸리뿟따 존자님께 간절히 바라옵니다."

"장자여, 그렇다면 잘 듣고 생각해보십시오. 제가 이야기하겠습니다."

나꿀라삐따 장자는 싸리뿟따 존자에게 "존자여, 그렇게 하겠습니다"라고 응답했습니다.

싸리뿟따 존자는 다음과 같이 말했습니다.

"장자여, 어떻게 하면 몸도 병들고 마음도 병들까요? 장자여, 성인(聖人)을 무시하고, 성인의 가르침을 이해하지 못하고, 성인의 가르침에서 배우지 못하고, 참사람을 무시하고, 참사람의 가르침을 이해하지

01 반복되는 내용을 축약하여 번역함.

못하고, 참사람의 가르침에서 배우지 못한 무지한 범부는 형색[色]을 자아로 여깁니다. 자아는 형색을 지니고 있다고 여기거나, 자아 속에 형색이 있다고 여기거나, 몸의 형색[色] 속에 자아가 있다고 여겨, '몸의 형색이 자아다. 몸의 형색은 나의 소유다'라는 선입견에 사로잡혀 있습니다. '몸의 형색이 자아다. 몸의 형색은 나의 소유다'라는 선입견에 사로잡혀 있는 그 사람의 형색은 다른 모습으로 변화합니다. 형색이 다른 모습으로 변화하면, 그에게 근심, 슬픔, 고통, 우울, 고뇌가 생깁니다. 느끼는 마음[受], 생각하는 마음[想], 유위를 조작하는 행위[行]들, 분별하는 마음[識]에 대해서도 마찬가지입니다. 이렇게 하면 몸도 병들고 마음도 병듭니다.

장자여, 어떻게 하면 몸은 병들어도 마음은 병들지 않을까요? 장자여, 성인(聖人)을 알아보고, 성인의 가르침을 이해하고, 성인의 가르침에서 잘 배우고, 참사람을 알아보고, 참사람의 가르침을 이해하고, 참사람의 가르침에서 잘 배운, 학식 있는 거룩한 제자는 형색[色]을 자아로 여기지 않습니다. 자아는 형색을 지니고 있다고 여기거나, 자아 속에 형색이 있다고 여기거나, 몸의 형색 속에 자아가 있다고 여기지 않고, '몸의 형색이 자아다. 몸의 형색은 나의 소유다'라는 선입견에 사로잡히지 않습니다. '몸의 형색이 자아다. 몸의 형색은 나의 소유다'라는 선입견에 사로잡히지 않는 그 사람의 형색도 다른 모습으로 변화합니다. 형색이 다른 모습으로 변화해도, 그에게는 근심, 슬픔, 고통, 우울, 고뇌가 생기지 않습니다. 느끼는 마음[受], 생각하는 마음[想], 유위를 조작하는 행위[行]들, 분별하는 마음[識]에 대해서도 마찬가지입니다. 이렇게 하면 몸은 병들어도 마음은 병들지 않습니다."

이것이 싸리뿟따 존자께서 하신 말씀입니다. 나꿀라삐따 장자는 싸리뿟따 존자의 말씀에 만족하고 기뻐했습니다.

3.2. 데와다하(Devadaha)〈s.22.2〉

세존께서 데와다하라는 싸꺄(Sakya)족의 마을에 머무실 때, 서쪽 지방으로 가는 많은 비구들이 세존을 찾아와서 예배하고 한쪽에 앉아 세존께 말씀드렸습니다.

"세존이시여, 저희들은 서쪽 지방에 가서 서쪽 지방에 거처(居處)를 마련하고 싶습니다."

"비구들이여, 그대들은 싸리뿟따에게 작별 인사를 했나요?"

"아닙니다. 세존이시여! 싸리뿟따 존자에게 작별 인사를 하지 않았습니다."

"비구들이여, 싸리뿟따에게 작별 인사를 하도록 하시오. 비구들이여, 싸리뿟따는 도반(道伴)들을 돕는 현명한 비구라오."

그 비구들은 "그렇게 하겠습니다. 세존이시여!"라고 세존께 대답했습니다.

그때 싸리뿟따 존자는 세존으로부터 멀지 않은 곳에 있는 어떤 엘라갈라(eḷagala) 숲에 앉아 있었습니다. 그 비구들은 세존의 말씀에 만족하고 기뻐한 후에 일어나서 세존께 예배하고 오른쪽으로 돈 다음에 싸리뿟따 존자를 찾아갔습니다. 그들은 싸리뿟따 존자와 정중하게 인사를 하고, 공손한 인사말을 나눈 후 한쪽에 앉았습니다.

한쪽에 앉은 비구들이 싸리뿟따 존자에게 말했습니다.

"싸리뿟따 존자여, 저희들은 서쪽 지방에 가서 서쪽 지방에 거처를 마련하고 싶습니다. 저희들은 세존께 작별 인사를 하였습니다."

"존자들이여, 여러 지방에 가면 비구에게 질문하는 박학다식(博學多識)한 크샤트리아, 바라문, 장자, 사문들이 있을 것입니다. 존자들이여, 박학다식한 사람들은 '존자들의 스승은 무엇을 주장하고, 무엇을 가르치는가?'라고 물을 것입니다. 존자 여러분들은 가르침들을 잘 듣고, 잘 이해하고, 잘 사유하고, 잘 기억하고, 통찰지로 잘 통달했는지요? 존자들이 대답할 때는 세존께서 말씀하신 그대로 말해야 합니다. 여러분들은 허망한 말로 세존을 잘못 대변해서는 안 됩니다. 여러분들은 가르침에 따라 여법하게 설명해야 합니다. 누구든지 스승의 말씀에 따라 말을 하는[02] 동일한 가르침을 지닌 사람은 비난의 단초를 초래하지 않아야 합니다."

"존자여, 저희들은 그 말씀의 의미를 알기 위하여 멀리서 싸리뿟따 존자님 앞에 왔습니다. 부디 싸리뿟따 존자님께서 그 말씀의 의미를 밝혀주시기 바랍니다."

"존자들이여, 그렇다면 잘 듣고 잘 생각해보도록 하십시오. 내가 이야기하겠습니다."

그 비구들은 싸리뿟따 존자에게 "존자여, 그렇게 하겠습니다"라고 응답했습니다.

싸리뿟따 존자는 다음과 같이 말했습니다.

"존자들이여, 여러 지방에 가면 비구에게 질문하는 박학다식한 크

---

02 'vādānuvādo'의 번역.

샤트리아, 바라문, 장자, 사문이 있을 것입니다. 존자들이여, 박학다식한 사람들은 '존자들의 스승은 무엇을 주장하고, 무엇을 가르치는가?'라고 물을 것입니다. 존자들이여, 이와 같은 질문에 여러분들은 '존자여, 우리의 스승님은 욕탐의 조복(調伏)을 가르칩니다'라고 대답해야 합니다.

존자들이여, 이와 같이 대답하면, 그 사람들은 그다음에 '그렇다면 존자의 스승은 무엇에 대한 욕탐의 조복을 가르치는가?'라고 질문할 것입니다. 이와 같은 질문에 여러분들은 '존자여, 스승님은 형색[色]에 대한 욕탐의 조복을 가르치고, 느끼는 마음[受], 생각하는 마음[想], 유위를 조작하는 행위[行]들, 분별하는 마음[識]에 대한 욕탐의 조복을 가르칩니다'라고 대답해야 합니다.

존자들이여, 이와 같이 대답하면, 그 사람들은 그다음에 '그렇다면 존자의 스승은 어떤 재난을 보고서 형색[色]에 대한 욕탐의 조복을 가르치고, 느끼는 마음[受], 생각하는 마음[想], 유위를 조작하는 행위[行]들, 분별하는 마음[識]에 대한 욕탐의 조복을 가르치는가?'라고 질문할 것입니다. 이와 같은 질문에 여러분들은 '존자여, 형색에 대한 탐욕이 끊이지 않고, 욕망이 끊이지 않고, 애정이 끊이지 않고, 갈증이 끊이지 않고, 열망이 끊이지 않고, 갈망이 끊이지 않으면, 그 형색이 다른 모습으로 변화하기 때문에, 근심, 슬픔, 고통, 우울, 고뇌가 생깁니다. 느끼는 마음, 생각하는 마음, 유위를 조작하는 행위들, 분별하는 마음에 대해서도 마찬가지입니다. 이러한 재난을 보고서 스승님은 형색에 대한 욕탐의 조복을 가르치고, 느끼는 마음, 생각하는 마음, 유위를 조작하는 행위들, 분별하는 마음에 대한 욕탐의 조복을 가르칩니다'라고 대답해야 합니다.

존자들이여, 이와 같이 대답하면, 그 사람들은 그다음에 '그렇다면 존자의 스승은 어떤 공덕을 보고서 형색[色]에 대한 욕탐의 조복을 가르치고, 느끼는 마음[受], 생각하는 마음[想], 유위를 조작하는 행위[行]들, 분별하는 마음[識]에 대한 욕탐의 조복을 가르치는가?'라고 질문할 것입니다. 이와 같은 질문에 여러분들은 '존자여, 형색에 대한 탐욕이 끊어지고, 욕망이 끊어지고, 애정이 끊어지고, 갈증이 끊어지고, 열망이 끊어지고, 갈망이 끊어지면, 그 형색이 다른 모습으로 변화한다고 해서 근심, 슬픔, 고통, 우울, 고뇌가 생기지 않습니다. 느끼는 마음, 생각하는 마음, 유위를 조작하는 행위들, 분별하는 마음에 대해서도 마찬가지입니다. 이러한 공덕을 보고서 스승님은 형색에 대한 욕탐의 조복을 가르치고, 느끼는 마음, 생각하는 마음, 유위를 조작하는 행위들, 분별하는 마음에 대한 욕탐의 조복을 가르칩니다'라고 대답해야 합니다.

존자들이여, 착하게 살지 않아도[03] 지금 여기에서 고뇌 없이, 근심 없이, 고민 없이 행복하게 살 수 있다면, 그리고 몸이 무너져 죽은 후에 행복한 삶을 기대할 수 있다면, 세존께서는 착하지 않은 삶을 버리는 것을[04] 칭찬하시지 않았을 것입니다. 존자들이여, 그렇지만 착하게 살지 않으면 지금 여기에서 고뇌하고, 근심하고, 고민하며 불행하게 살게 되기 때문에, 그리고 몸이 무너져 죽은 후에 불행한 삶을 살게 되기 때

---

03 'akusale cāvuso dhamme upasampajja viharato'의 번역. 직역하면 '불선법(不善法)들을 성취하여 살아도'이다.

04 'akusalānam dhammānam pahānam'의 번역.

문에 세존께서는 착하지 않은 삶을 버리는 것을 칭찬하신 것입니다.

존자들이여, 착하게 살아도[05] 지금 여기에서 고뇌하고, 근심하고, 고민하면서 불행하게 살게 된다면, 그리고 몸이 무너져 죽은 후에 불행하게 살게 된다면, 세존께서는 착하게 사는 것을 칭찬하시지 않았을 것입니다. 존자들이여, 그렇지만 착하게 살면 지금 여기에서 고뇌 없이, 근심 없이, 고민 없이 행복하게 살 수 있고, 몸이 무너져 죽은 후에는 행복한 삶을 기대할 수 있기 때문에 세존께서 착하게 사는 것을 칭찬하신 것입니다."

이것이 싸리뿟따 존자께서 하신 말씀입니다. 그 비구들은 싸리뿟따 존자의 말씀에 만족하고 기뻐했습니다.

3.3. 할릿디까니(Hāliddikāni)〈s.22.3〉

한때 마하 깟짜나(Mahā Kaccāna) 존자는 아완띠(Avantī)에 있는 꾸라라가라(Kuraraghara) 절벽의 바위에 머물고 있었습니다. 그때 할릿디까니 장자(長者)가 마하 깟짜나 존자를 찾아와서 예배하고 한쪽에 앉았습니다.

한쪽에 앉은 할릿디까니 장자는 마하 깟짜나 존자에게 이렇게 말했습니다.

"존자여, 세존께서는 마간디야(Māgandiya)의 질문에 이렇게 말씀

05 'kusale cāvuso dhamme upasampajja viharato'의 번역. 직역하면 '선법(善法)들을 성취하여 살아도'이다.

하셨습니다."

집을 버리고 집 없이 사는 성자는
마음에서 교제하지 않는다네.
감각적 욕망을 제거하고 바라지 않으며,
사람들과 언쟁하지 않는다네.

"존자여, 세존께서 요약하여 말씀하신 이 말의 의미를 상세하게 설명해주십시오."

"장자여, 형색계[色界]가[06] 분별하는 마음[識]의 집입니다. 그리고 형색계에 대한 탐욕에 결박된 분별하는 마음을 집에서 얼씬거리는 자라고 부릅니다. 느낌계[受界]가 분별하는 마음의 집입니다. 그리고 느낌계[受界]에 대한 탐욕에 결박된 분별하는 마음을 집에서 얼씬거리는 자라고 부릅니다. 관념계[想界]가 분별하는 마음의 집입니다. 그리고 관념계에 대한 탐욕에 결박된 분별하는 마음을 집에서 얼씬거리는 자라고 부릅니다. 유위를 조작하는 행위계[行界]가 분별하는 마음[識]의 집입니다. 그리고 유위를 조작하는 행위계에 대한 탐욕에 결박된 분별하는 마음을 집에서 얼씬거리는 자라고 부릅니다. 장자여, 집에서 얼씬거리는 자의 의미는 이와 같습니다.

장자여, 집을 버리고 떠난 자는 어떤 의미일까요? 장자여, 여래는 형색계[色界]에 대하여 욕망하고, 탐내고, 환희하고, 갈망하고, 방편들

---

06 'rūpadhātu'의 번역.

을 취하는 마음의 기반이 되는 잠재적 경향을 버리고 근절하여, 그루터기가 잘린 종려나무처럼 다시 존재할 수 없으며, 미래에는 생기지 않습니다. 그러므로 여래를 집을 버리고 떠난 자라고 부릅니다. 장자여, 느낌계[受界], 관념계[想界], 유위를 조작하는 행위계[行界], 분별계[識界]에 대해서도 마찬가지입니다. 장자여, 집을 버리고 떠난 자의 의미는 이와 같습니다.

장자여, 집에서 머무는 자는 어떤 의미일까요? 장자여, 형색의 특징[色相][07]이라는 집에 머물려는 경향을 집에서 머무는 자라고 부릅니다. 장자여, 소리의 특징[聲相], 냄새의 특징[香相], 맛의 특징[味相], 촉감의 특징[觸相], 인지된 것의 특징[法相]이라는 집에 머물려는 경향을 집에서 머무는 자라고 부릅니다.

장자여, 집에 머물지 않는 자는 어떤 의미일까요? 장자여, 여래는 형색의 특징[色相]이라는 집에 머물려는 경향을 버리고 근절하여, 그루터기가 잘린 종려나무처럼 다시 존재할 수 없으며, 미래에는 생기지 않습니다. 그러므로 여래를 집에 머물지 않는 자라고 부릅니다. 장자여, 소리의 특징[聲相], 냄새의 특징[香相], 맛의 특징[味相], 촉감의 특징[觸相], 인지된 것의 특징[法相]에 대해서도 마찬가지입니다. 장자여, 집에 머물지 않는 자의 의미는 이와 같습니다.

장자여, 마을에서 교제한다는 것은 어떤 의미일까요? 장자여, 어떤 사람은 속인(俗人)들과 교제하며 살아갑니다. 함께 즐기고, 함께 슬퍼하고, 기쁠 때 기뻐하고, 괴로울 때 괴로워하고, 사건이 발생하면 자

07 'rūpanimitta'의 번역. 다른 형색과 차별되는 모습을 의미한다.

신이 거기에 개입합니다. 장자여, 마을에서 교제한다는 것의 의미는 이와 같습니다.

장자여, 마을에서 교제하지 않는다는 것은 어떤 의미일까요? 장자여, 비구는 속인들과 교제하지 않고 살아갑니다. 함께 즐기지 않고, 함께 슬퍼하지 않고, 기쁠 때 기뻐하지 않고, 괴로울 때 괴로워하지 않고, 사건이 발생하면 자신이 거기에 개입하지 않습니다. 장자여, 마을에서 교제하지 않는다는 것의 의미는 이와 같습니다.

장자여, 감각적 욕망을 제거하지 않는다는 것은 어떤 의미일까요? 장자여, 어떤 사람은 감각적 욕망에 대한 탐욕이 끊이지 않고, 욕망이 끊이지 않고, 애정이 끊이지 않고, 갈증이 끊이지 않고, 열망이 끊이지 않고, 갈망이 끊이지 않습니다. 장자여, 감각적 욕망을 제거하지 않는다는 것의 의미는 이와 같습니다.

장자여, 감각적 욕망을 제거한다는 것은 어떤 의미일까요? 장자여, 어떤 사람은 감각적 욕망에 대한 탐욕이 끊어지고, 욕망이 끊어지고, 애정이 끊어지고, 갈증이 끊어지고, 열망이 끊어지고, 갈망이 끊어집니다. 장자여, 감각적 욕망을 제거한다는 것의 의미는 이와 같습니다.

장자여, 바란다는 것은 어떤 의미일까요? 장자여, 어떤 사람은 '미래(未來)에 (나의) 형색[色]은 이와 같았으면! 미래에 (나의) 느끼는 마음[受]은 이와 같았으면! 미래에 (나의) 생각하는 마음[想]은 이와 같았으면! 미래에 (나의) 유위를 조작하는 행위[行]는 이와 같았으면! 미래에 (나의) 분별하는 마음[識]은 이와 같았으면!'하고 바랍니다. 장자여, 바란다는 것의 의미는 이와 같습니다.

장자여, 바라지 않는다는 것은 어떤 의미일까요? 장자여, 어떤 사람은 '미래에 (나의) 형색[色]은 이와 같았으면! 미래에 (나의) 느끼는 마음[受]은 이와 같았으면! 미래에 (나의) 생각하는 마음[想]은 이와 같았으면! 미래에 (나의) 유위를 조작하는 행위[行]는 이와 같았으면! 미래에 (나의) 분별하는 마음[識]은 이와 같았으면!'하고 바라지 않습니다. 장자여, 바라지 않는다는 것의 의미는 이와 같습니다.

장자여, 사람들과 언쟁(言爭)한다는 것은 어떤 의미일까요? 장자여, 어떤 사람은 '너는 이 법(法)과 율(律)을 알지 못하고, 나는 이 법과 율을 안다. 네가 어떻게 이 법과 율을 알 수 있겠느냐? 너는 사도(邪道)를 따르고 나는 정도(正道)를 따른다. 너는 앞에 해야 할 말을 뒤에 했고, 뒤에 해야 할 말을 앞에 했다.[08] 나의 말은 일관되고, 너의 말은 모순된다. 너는 매번 반대로 생각한다. 네가 한 말은 비난받아 마땅하다. 할 수 있다면 해명해 보아라!'라고 말합니다. 장자여, 사람들과 언쟁한다는 것의 의미는 이와 같습니다.

장자여, 사람들과 언쟁하지 않는다는 것은 어떤 의미일까요? 장자여 비구는 그런 말을 하지 않습니다. 장자여, 사람들과 언쟁하지 않는다는 것의 의미는 이와 같습니다."

이것이 마하 깟짜나 존자께서 하신 말씀입니다. 할릿디까니 장자는 마하 깟짜나 존자의 말씀에 만족하고 기뻐했습니다.

---

08 'pure vacanīyam pacchā avaca pacchā vacanīyam pure avaca '의 번역. 두서없이 말했다는 의미이다.

3.4. 삼매(Samādhi), 좌선(Paṭisallāṇā)〈s.22.5-6〉

세존께서 싸왓티의 제따와나 아나타삔디까 사원에 머무실 때, 비구들에게 말씀하셨습니다.

"비구들이여, 삼매(三昧)를 닦아 익히고〈s.22.5〉 좌선을 닦아 익히시오.〈s.22.6〉 비구들이여, 삼매를 닦아 익히고 좌선을 닦아 익히는 비구는 있는 그대로 통찰한다오.

무엇을 있는 그대로 통찰하는가? 몸의 형색[色]의 쌓임[集]과 사라짐, 그리고 느끼는 마음[受], 생각하는 마음[想], 유위를 조작하는 행위[行]들, 분별하는 마음[識]의 쌓임[集]과 사라짐을 있는 그대로 통찰한다오.

비구들이여, 몸의 형색[色]의 쌓임[集]이란 무엇이고, 느끼는 마음[受], 생각하는 마음[想], 유위를 조작하는 행위[行]들, 분별하는 마음[識]의 쌓임[集]이란 무엇인가? 비구들이여, 그것은 즐기고, 환호하고, 탐닉하면서 사는 것이라오. 무엇을 즐기고, 환호하고, 탐닉하면서 사는가? 몸의 형색을 즐기고, 환호하고, 탐닉하면서 살고, 느끼는 마음, 생각하는 마음, 유위를 조작하는 행위들, 분별하는 마음을 즐기고, 환호하고, 탐닉하면서 사는 것이라오.

몸의 형색을 즐기고, 환호하고, 탐닉하면서 살면, 몸의 형색을 즐기고, 환호하고, 탐닉하면서 살기 때문에 기쁨이 생긴다오. 몸의 형색에 대한 기쁨이 취(取)라오. 그 취에 의존하여 유(有)가 있고, 유에 의존하여 생(生)이 있고, 생에 의존하여 노사(老死)와 근심, 슬픔, 고통, 우울, 고뇌가 생긴다오. 이와 같이 순전한 괴로움 덩어리[苦蘊]가 쌓인다오[集]. 느끼는 마음, 생각하는 마음, 유위를 조작하는 행위들, 분별하는 마음[識]에 대해서도 마찬가지라오. 비구들이여, 이것이 몸의 형색의 쌓임이고, 느끼는 마음, 생각하는 마음, 유위를 조작하는 행위들, 분별하는 마음의 쌓임이라오.

비구들이여, 몸의 형색[色]의 사라짐이란 무엇이고, 느끼는 마음[受], 생각하는 마음[想], 유위를 조작하는 행위[行]들, 분별하는 마음[識]의 사라짐이란 무엇인가? 비구들이여, 그것은 즐기지 않고, 환호하지 않고, 탐닉하지 않으면서 사는 것이라오. 무엇을 즐기지 않고, 환호하지 않고, 탐닉하지 않으면서 사는가? 몸의 형색을 즐기지 않고, 환호하지 않고, 탐닉하지 않으면서 살고, 느끼는 마음, 생각하는 마음, 유위를 조작하는 행위들, 분별하는 마음을 즐기지 않고, 환호하지 않고, 탐닉하지 않으면서 사는 것이라오.

몸의 형색[色]을 즐기지 않고, 환호하지 않고, 탐닉하지 않으면서 살면, 몸의 형색을 즐기지 않고, 환호하지 않고, 탐닉하지 않으면서 살기 때문에 몸의 형색에 대한 기쁨이 소멸한다오. 기쁨이 그쳐 사라지기 때문에 취(取)가 소멸하고[滅], 취가 그쳐 사라지기 때문에 유(有)가 소멸하고, 유가 그쳐 사라지기 때문에 생(生)이 소멸하고, 생이 그쳐 사라지기 때문에 노사(老死)와 근심, 슬픔, 고통, 우울, 고뇌가 소멸한다오. 이와 같이 순전한 괴로움 덩어리[苦蘊]의 소멸이 있다오. 느끼는 마음, 생각하는 마음, 유위를 조작하는 행위들, 분별하는 마음에 대해서도 마찬가지라오. 비구들이여, 이것이 몸의 형색의 소멸이고, 느끼는 마음, 생각하는 마음, 유위를 조작하는 행위들, 분별하는 마음의 소멸이라오."

3.5. 취하면 생기는 두려움(Upādāparitassanā)〈s.22.7〉

세존께서 싸왓티의 제따와나 아나타삔디까 사원에 머무실 때, 비구들에게 말씀하셨습니다.

"비구들이여, 그대들에게 취하면 생기는 두려움과 취하지 않으면 생기지 않는 두려움에 대하여 가르쳐주겠소. 듣고 잘 생각해보도록 하시오. 내가 이야기하겠소."

그 비구들은 "그렇게 하겠습니다. 세존이시여!"라고 세존께 대답했습니다.

세존께서는 다음과 같이 말씀하셨습니다.

"비구들이여, 취하면 생기는 두려움이란 어떤 것인가? 비구들이여, 성인(聖人)을 무시하고, 성인의 가르침을 이해하지 못하고, 성인의 가르침에서 배우지 못하고, 참사람을 무시하고, 참사람의 가르침을 이해하지 못하고, 참사람의 가르침에서 배우지 못한 무지한 범부는 몸의 형색[色]을 자아로 여기거나, 자아가 몸의 형색을 지니고 있다고 여기거나, 자아 속에 몸의 형색이 있다고 여기거나, 몸의 형색 속에 자아가 있다고 여긴다오. 그런데 그 사람의 몸의 형색은 다른 모습으로 변화한다오. 몸의 형색이 다른 모습으로 변화하기 때문에 분별하는 마음[識]이 몸의 형색의 변화에 따라 변화한다오. 그러면 몸의 형색의 변화에 따른, 변화에서 생긴 두려움들이 대상과 함께 발생하여 마음을 사로잡고 머문다오.[09] 마음이 사로잡히기 때문에 그는 공포를 느끼고, 고민하

---

09 'tassa rūpavipariṇāmānuparivattijā paritassanā dhammasamuppādā cittam pariyādāya tiṭṭhanti'의 번역. 몸[色]이 변화하면 그에 따라 분별하는 마음이 변화하고, 그로 인하여 변화한 몸에 대하여 두려운 생각이 일어나서 마음을 사로잡는다는 뜻이다.

고, 열망하고, 그로 인하여 두려워한다오. 느끼는 마음[受], 생각하는 마음[想], 유위를 조작하는 행위[行]들, 분별하는 마음에 대해서도 마찬가지라오. 비구들이여, 취하면 생기는 두려움이란 이와 같다오.

비구들이여, 취하지 않으면 생기지 않는 두려움이란 어떤 것인가? 비구들이여, 성인(聖人)을 알아보고, 성인의 가르침을 이해하고, 성인의 가르침에서 잘 배우고, 참사람을 알아보고, 참사람의 가르침을 이해하고, 참사람의 가르침에서 잘 배운, 학식이 많은 거룩한 제자는 몸의 형색[色]을 자아로 여기지 않는다오. 자아는 몸의 형색을 지니고 있다고 여기거나, 자아 속에 몸의 형색이 있다고 여기거나, 몸의 형색 속에 자아가 있다고 여기지 않는다오. 그런데 그 사람의 몸의 형색은 다른 모습으로 변화한다오. 몸의 형색이 다른 모습으로 변화해도 분별하는 마음[識]은 몸의 형색의 변화에 따라 변화하지 않는다오. 그래서 몸의 형색의 변화에 따른, 변화에서 생긴 두려움들이 대상과 함께 발생하여 마음을 사로잡고 머물지 않는다오. 마음이 사로잡히지 않기 때문에 그는 공포를 느끼지 않고, 고민하지 않고, 열망하지 않고, 그로 인하여 두려워하지 않는다오. 느끼는 마음[受], 생각하는 마음[想], 유위를 조작하는 행위[行]들, 분별하는 마음[識]에 대해서도 마찬가지라오. 비구들이여, 취하지 않으면 생기지 않는 두려움이란 이와 같다오."

3.6. 과거, 미래, 현재(Atītānāgatapaccuppanna)〈s.22.9-11〉

세존께서 싸왓티의 제따와나 아나타삔디까 사원에 머무실 때, 비구들에게 말씀하셨습니다.

"비구들이여, 과거와 미래의 몸의 형색[色]은 지속성이 없으며[無常]〈s.22.9〉, 괴로움이며[苦]〈s.22.10〉, 자아가 없다오[無我]〈s.22.11〉. 그런데 현재의 몸의 형색은 말해 무엇 하겠는가? 비구들이여, 이와 같이 본 학식이 많은 거룩한 제자는 과거의 몸의 형색에 대하여 관심이 없고, 미래의 몸의 형색을 좋아하지 않고, 현재의 몸의 형색에 대하여 싫증[厭離]을 내고, 욕탐을 버리고[離欲], 소멸(消滅)을 실천한다오. 느끼는 마음[受], 생각하는 마음[想], 유위를 조작하는 행위[行]들, 분별하는 마음[識]도 이와 같다오."

3.7. 무상(Anicca), 괴로움(Dukkha), 무아(Anattā)〈s.22.12-14〉

세존께서 싸왓티의 제따와나 아나타삔디까 사원에 머무실 때, 비구들에게 말씀하셨습니다.

"비구들이여, 몸의 형색[色]은 지속성이 없으며[無常]〈s.22.12〉, 괴로움이며[苦]〈s.22.13〉, 자아가 아니라오[無我]〈s.22.14〉. 느끼는 마음[受], 생각하는 마음[想], 유위를 조작하는 행위[行]들, 분별하는 마음[識]도 이와 같다오.

비구들이여, 이와 같이 본 학식이 많은 거룩한 제자는 몸의 형색[色]이나, 느끼는 마음[受], 생각하는 마음[想], 유위를 조작하는 행위[行]들, 분별하는 마음[識]에 대하여 싫증[厭離]을 낸다오. 그는 싫증을 내기 때문에 욕탐을 버리고[離貪], 욕탐을 버리기 때문에 해탈(解脫)하며, 해탈했을 때, '나는 해탈했다'라고 안다오. 즉, 그는 '생(生)은 소멸했다. 청정한 수행[梵行]을 완성했으며, 해야 할 일을 끝마쳤다. 다시는 이와 같은 상태로 되지 않는다'라고 통찰한다오."

3.8. 무상(無常)한 것(Yad anicca)〈s.22.15〉

세존께서 싸왓티의 제따와나 아나타삔디까 사원에 머무실 때, 비구들에게 말씀하셨습니다.

"비구들이여, 몸의 형색[色]은 지속성이 없다오[無常]. 지속성이 없는 것[無常], 그것은 괴로움[苦]이라오. 괴로운 것[苦], 그것은 실체가 없다오[無我]. 실체가 없는 것[無我], 그것은 나의 소유가 아니고, 나도 아니고, 나의 자아도 아니라오. 이와 같이 이것을 바른 통찰지로 있는 그대로 보아야 한다오. 느끼는 마음[受], 생각하는 마음[想], 유위를 조작하는 행위[行]들, 분별하는 마음[識]도 이와 같다오.

비구들이여, 이와 같이 본 학식이 많은 거룩한 제자는 몸의 형색[色]이나, 느끼는 마음[受], 생각하는 마음[想], 유위를 조작하는 행위[行]들, 분별하는 마음[識]에 대하여 싫증[厭離]을 낸다오. 그는 싫증을 내기 때문에 욕탐을 버리고[離貪], 욕탐을 버리기 때문에 해탈(解脫)하며, 해탈했을 때, '나는 해탈했다'라고 안다오. 즉, 그는 '생(生)은 소멸했다. 청정한 수행[梵行]을 완성했으며, 해야 할 일을 끝마쳤다. 다시는 이와 같은 상태로 되지 않는다'라고 통찰한다오."

3.9. 원인(Hetu)〈s.22.18-20〉

세존께서 싸왓티의 제따와나 아나타삔디까 사원에 머무실 때, 비구들

에게 말씀하셨습니다.

〈s.22.18〉 "비구들이여, 몸의 형색[色]은 지속성이 없다오[無常]. 몸의 형색이 나타나는 원인과 조건도 지속성이 없다오. 비구들이여, 지속성이 없이 생긴 몸의 형색이 어떻게 지속성이 있겠는가? 느끼는 마음[受], 생각하는 마음[想], 유위를 조작하는 행위[行]들, 분별하는 마음[識]도 이와 같다오.

〈s.22.19〉 비구들이여, 몸의 형색[色]은 괴로움[苦]이라오. 몸의 형색이 생기는 원인과 조건도 괴로움이라오. 비구들이여, 괴로움에서 생긴 몸의 형색이 어떻게 즐거움이겠는가? 느끼는 마음[受], 생각하는 마음[想], 유위를 조작하는 행위[行]들, 분별하는 마음[識]도 이와 같다오.

〈s.22.20〉 비구들이여, 몸의 형색[色]은 자아가 없다오[無我]. 몸의 형색이 생기는 원인과 조건도 자아가 없다오. 비구들이여, 자아가 없는 것에서 생긴 몸의 형색이 어떻게 자아이겠는가? 느끼는 마음[受], 생각하는 마음[想], 유위를 조작하는 행위[行]들, 분별하는 마음[識]도 이와 같다오.

비구들이여, 이와 같이 본 학식이 많은 거룩한 제자는 몸의 형색[色]이나, 느끼는 마음[受], 생각하는 마음[想], 유위를 조작하는 행위[行]들, 분별하는 마음[識]에 대하여 싫증[厭離]을 낸다오. 그는 싫증을 내기 때문에 욕탐을 버리고[離貪], 욕탐을 버리기 때문에 해탈(解脫)하며, 해탈했을 때, '나는 해탈했다'라고 안다오. 즉, 그는 '생(生)은 소멸했다. 청정한 수행[梵行]을 완성했으며, 해야 할 일을 끝마쳤다. 다시는 이와 같은 상태로 되지 않는다'라고 통찰한다오."

3.10. 아난다(Ānanda)〈s.22.21〉

세존께서 싸왓티의 제따와나 아나타삔디까 사원에 머무실 때, 아난다 존자가 세존을 찾아와서 예배하고 한쪽에 앉아 세존께 말씀드렸습니다.

"세존이시여, 소멸(消滅)이라는 말들을 하는데, 어떤 법들의 소멸을 소멸이라고 합니까?"

"아난다여, 몸의 형색[色]은 지속성이 없고[無常], 조작된 것[有爲]이고, 연기(緣起)한 것이고, 파괴해야 할 법이고, 지멸(止滅)해야 할 법이고, 이욕(離欲)해야 할 법이고, 소멸해야 할 법이다. 그것의 소멸을 소멸이라고 한다. 느끼는 마음[受], 생각하는 마음[想], 유위를 조작하는 행위[行]들, 분별하는 마음[識]도 마찬가지다. 아난다여, 이들 법의 소멸을 소멸이라고 한다."

3.11. 짐(Bharaṃ)〈s.22.22〉

세존께서 싸왓티의 제따와나 아나타삔디까 사원에 머무실 때, 비구들에게 말씀하셨습니다.

"비구들이여, 짐과 짐을 진 자와 짐을 지는 것과 짐을 벗는 것에 대하여 알려주겠소. 잘 들도록 하시오.

비구들이여, 어떤 것이 짐인가? 5취온(五取蘊)을 그렇게 부른다오. 비구들이여, 색취온(色取蘊), 수취온(受取蘊), 상취온(想取蘊), 행취온(行取蘊), 식취온(識取蘊)을 짐이라고 부른다오.

비구들이여, 어떤 것이 짐을 진 자인가? 사람을 그렇게 부른다오. 이와 같은 이름, 이와 같은 성을 가진 사람을 짐을 진 자라고 부른다오.

비구들이여, 어떤 것이 짐을 지는 것인가? 다시 존재하기를 바라며, 기쁨과 탐욕을 수반하여 여기저기에서 애락(愛樂)하는 갈애[愛],[10] 예를 들면, 욕애(欲愛),[11] 유애(有愛),[12] 무유애(無有愛),[13] 비구들이여, 이것을 짐을 지는 것이라고 한다오.

비구들이여, 어떤 것이 짐을 벗는 것인가? 그 갈애[愛]가 남김없이 사라지고, 버려지고, 완전히 포기되고, (갈애에서) 해탈하여 집착이 없으면, 존자들이여, 이것을 짐을 벗는 것이라고 한다오."

세존께서는 이와 같이 말씀하셨습니다. 선서(善逝)이신 스승님께서는 이와 같이 말씀하신 후에 다시 (게송으로) 말씀하셨습니다.

실로 5온(五蘊)이 짐이라네.
그리고 사람은 짐을 진 자라네.
짐을 지는 것이 세간의 괴로움이라네.
짐을 벗는 것이 즐거움이라네.

무거운 짐을 벗어버리고
다른 짐을 지지 않으면,

10 'yā'yaṁ taṇhā ponobhavikā nandirāgasahagatā tatra tatrābhinandinī'의 번역.

11 'kāma-taṇhā'의 번역. 감각적 욕망의 대상을 갈망하는 마음이 욕애(欲愛)이다.

12 'bhava-taṇhā'의 번역. 좋아하는 것이 다시 존재하기를 갈망하는 마음이 유애(有愛)이다.

13 'vibhava-taṇhā'의 번역. 싫어하는 것이 다시는 존재하지 않기를 갈망하는 마음이 무유애(無有愛)이다.

갈애[愛]를 뿌리째 뽑아버리면,
만족스러운 열반을 성취한다네.

3.12. 이해(Pariñña), 체득(Abhijānaṃ), 욕탐(Chandarāga)〈s.22.23-25〉

세존께서 싸왓티의 제따와나 아나타삔디까 사원에 머무실 때, 비구들에게 말씀하셨습니다.

〈s.22.23〉 "비구들이여, 이해해야 할 법(法)에 대하여 가르쳐주겠소. 잘 들도록 하시오. 비구들이여, 이해해야 할 법은 어떤 것들인가? 비구들이여, 몸의 형색[色]이 이해해야 할 법이라오. 비구들이여, 느끼는 마음[受], 생각하는 마음[想], 유위를 조작하는 행위[行]들, 분별하는 마음[識]이 이해해야 할 법이라오. 비구들이여, 이들을 이해해야 할 법이라고 한다오.

비구들이여, 이해란 어떤 것인가? 비구들이여, 탐심(貪心)의 소멸, 진심(瞋心)의 소멸, 치심(癡心)의 소멸, 이것을 이해라고 한다오.

〈s.22.24〉 비구들이여, 몸의 형색[色]을 체득하지 못하고, 이해하지 못하여, 탐심(貪心)을 버리지 못하고, 포기하지 못하면, 괴로움을 소멸할 수 없다오. 비구들이여, 느끼는 마음[受], 생각하는 마음[想], 유위를 조작하는 행위[行]들, 분별하는 마음[識]을 체득하지 못하고, 이해하지 못하여, 탐심을 버리지 못하고, 포기하지 못하면, 괴로움을 소멸할 수 없다오.

비구들이여, 몸의 형색[色]을 체득하고, 이해하여 탐심을 버리고, 포기해야 괴로움을 소멸할 수 있다오. 비구들이여, 느끼는 마음[受],

생각하는 마음[想], 유위를 조작하는 행위[行]들, 분별하는 마음[識]을 체득하고, 이해하여, 탐심을 버리고, 포기해야 괴로움을 소멸할 수 있다오.

〈s.22.25〉 비구들이여, 몸의 형색[色]에 대한 욕심(欲心)과 탐심(貪心)을 버리도록 하시오. 비구들이여, 느끼는 마음[受], 생각하는 마음[想], 유위를 조작하는 행위[行]들, 분별하는 마음[識]에 대한 욕심과 탐심을 버리도록 하시오. 그러면 몸의 형색이 제거되고, 느끼는 마음, 생각하는 마음, 유위를 조작하는 행위들, 분별하는 마음이 제거되어, 뿌리가 잘려 없어진 야자나무처럼, 미래에는 생기지 않게 된다오."[14]

3.13. 달콤한 맛(Assādo) (1) 〈s.22.26〉

세존께서 싸왓티의 제따와나 아나타삔디까 사원에 머무실 때, 비구들에게 말씀하셨습니다.

"비구들이여, 예전에 정각(正覺)을 성취하지 못한 보살이었을 때, 나는 이렇게 생각했다오.

'몸의 형색[色]의 달콤한 맛[味]은 어떤 것이고, 재난[患]은 어떤 것이고, 벗어남[出離]은 어떤 것일까? 느끼는 마음[受], 생각하는 마음[想], 유위를 조작하는 행위[行]들, 분별하는 마음[識]의 달콤한 맛은 어떤 것이고, 재난은 어떤 것이고, 벗어남은 어떤 것일까?'

---

14 5온(五蘊)이 제거된다는 것은 5온을 자아라고 생각하는 망상이 제거된다는 것을 의미한다.

비구들이여, 나는 이렇게 생각했다오.

'몸의 형색[色]에 의존하여 생긴 즐거움과 만족, 이것이 몸의 형색의 달콤한 맛[味]이다. 몸의 형색은 지속성이 없고[無常], 괴롭고, 변해가는 법(法)이라는 사실, 이것이 몸의 형색의 재난[患]이다. 몸의 형색에 대한 욕탐(欲貪)을 억제하고 버리는 것, 이것이 몸의 형색에서 벗어남[出離]이다. 느끼는 마음[受], 생각하는 마음[想], 유위를 조작하는 행위[行]들, 분별하는 마음[識]도 마찬가지다.'

비구들이여, 내가 이들 5취온(五取蘊)에 대하여 이와 같이 달콤한 맛[味]을 달콤한 맛으로, 재난[患]을 재난으로, 벗어남[出離]을 벗어남으로, 있는 그대로 체득하지 못했다면, 비구들이여, 나는 결코 마라와 범천과 천신들을 포함한 세간에서 사문과 바라문, 그리고 왕과 백성을 포함한 인간들에게 위없는 평등하고 바른 깨달음을 얻은 등정각(等正覺)이라고 선언하지 못했을 것이오.

비구들이여, 나는 이들 5취온에 대하여 이와 같이 달콤한 맛[味]을 달콤한 맛으로, 재난[患]을 재난으로, 벗어남[出離]을 벗어남으로, 있는 그대로 체득했기 때문에, 비구들이여, 나는 마라와 범천과 천신들을 포함한 세간에서 사문과 바라문, 그리고 왕과 백성을 포함한 인간들에게 위없는 평등하고 바른 깨달음을 얻은 등정각(等正覺)이라고 선언했던 것이오.

그리고 '이것이 마지막 생(生)이다. 이제 다음 유[後有]는 없다'라는 지견(知見)이 나에게 생기고, 부동(不動)의 심해탈(心解脫)이 나에게 생겼던 것이라오."

3.14. 달콤한 맛(Assādo) (2) 〈s.22.28〉

세존께서 싸왓티의 제따와나 아나타삔디까 사원에 머무실 때, 비구들에게 말씀하셨습니다.

"비구들이여, 만약에 몸의 형색[色]의 달콤한 맛[味]이 없다면, 중생들이 몸의 형색을 애착하지 않을 것이오. 비구들이여, 몸의 형색의 달콤한 맛이 있기 때문에 중생들은 몸의 형색을 좋아한다오.

비구들이여, 만약에 몸의 형색[色]의 재난[患]이 없다면, 중생들이 몸의 형색에 싫증[厭離]을 내지 않을 것이오. 비구들이여, 몸의 형색의 재난이 있기 때문에 중생들은 몸의 형색에 싫증을 낸다오.

비구들이여, 만약에 몸의 형색[色]으로부터 벗어남[出離]이 없다면, 중생들이 몸의 형색으로부터 벗어나지 못할 것이오. 비구들이여, 몸의 형색으로부터 벗어남이 있기 때문에 중생들은 몸의 형색에서 벗어난다오.

느끼는 마음[受], 생각하는 마음[想], 유위를 조작하는 행위[行]들, 분별하는 마음[識]에 대해서도 마찬가지라오.

비구들이여, 이들 5취온(五取蘊)에 대하여 이와 같이 달콤한 맛[味]을 달콤한 맛으로, 재난[患]을 재난으로, 벗어남[出離]을 벗어남으로, 있는 그대로 체득하지 못한 중생들은 마라와 범천과 천신들을 포함한 세간과 사문과 바라문, 그리고 왕과 백성을 포함한 인간에서 벗어나 굴레를 벗고 자유롭게 해방된 마음으로 살아가지 못했다오.

비구들이여, 이들 5취온에 대하여 이와 같이 달콤한 맛[味]을 달콤한 맛으로, 재난[患]을 재난으로, 벗어남[出離]을 벗어남으로, 있는 그대로 체득한 중생들은 마라와 범천과 천신들을 포함한 세간과 사문과 바라문, 그리고 왕과 백성을 포함한 인간에서 벗어나 굴레를 벗고 자유롭게 해방된 마음으로 살았다오."

3.15. 기쁘게 여김(Abhinandanaṃ)〈s.22.29〉

세존께서 싸왓티의 제따와나 아나타삔디까 사원에 머무실 때, 비구들에게 말씀하셨습니다.

"비구들이여, 몸의 형색[色]을 기쁘게 여기는 사람은 괴로움을 기쁘게 여기는 사람이라오. '괴로움을 기쁘게 여기는 사람은 괴로움에서 벗어나지 못한다'라고 나는 말한다오. 느끼는 마음[受], 생각하는 마음[想], 유위를 조작하는 행위[行]들, 분별하는 마음[識]에 대해서도 마찬가지라오.

비구들이여, 몸의 형색[色]을 기쁘게 여기지 않는 사람은 괴로움을 기쁘게 여기지 않는 사람이라오. '괴로움을 기쁘게 여기지 않는 사람은 괴로움에서 벗어난다'라고 나는 말한다오. 느끼는 마음[受], 생각하는 마음[想], 유위를 조작하는 행위[行]들, 분별하는 마음[識]에 대해서도 마찬가지라오."

3.16. 출현(Uppādaṃ)〈s.22.30〉

세존께서 싸왓티의 제따와나 아나타삔디까 사원에 머무실 때, 비구들에게 말씀하셨습니다.

"비구들이여, 몸의 형색[色]이 출현하고, 머물고, 드러나는 것은 괴로움이 출현하고, 질병이 머물고, 노사(老死)가 드러나는 것이라오. 느끼는 마음[受], 생각하는 마음[想], 유위를 조작하는 행위[行]들, 분별하는 마음[識]도 이와 같다오.

비구들이여, 몸의 형색[色]이 소멸하고, 적멸하고, 사라지는 것은 괴로움이 소멸하고, 질병이 적멸하고, 노사(老死)가 사라지는 것이라오. 느끼는 마음[受], 생각하는 마음[想], 유위를 조작하는 행위[行]들, 분별하는 마음[識]도 이와 같다오."

3.17. 재앙의 근원(Aghamūlaṃ)〈s.22.31〉

세존께서 싸왓티의 제따와나 아나타삔디까 사원에 머무실 때, 비구들에게 말씀하셨습니다.

"비구들이여, 내가 재앙과 재앙의 근원을 가르쳐주겠소. 잘 듣도록 하시오.

비구들이여, 어떤 것이 재앙인가? 비구들이여, 몸의 형색[色]이 재앙이고, 느끼는 마음[受], 생각하는 마음[想], 유위를 조작하는 행위[行]들, 분별하는 마음[識]이 재앙이라오. 비구들이여 이것을 재앙이라고 한다오.

비구들이여, 어떤 것이 재앙의 근원인가? 비구들이여, 다시 존재하기를 바라며, 기쁨과 탐욕을 수반하여 여기저기에서 애락(愛樂)하는 갈애[愛], 예를 들면, 욕애(欲愛),[15] 유애(有愛),[16] 무유애(無有愛),[17] 비구들이여, 이것을 재앙의 근원이라고 한다오."

3.18. 그대들의 것이 아닌 것(Natumhāka)〈s.22.33〉

세존께서 싸왓티의 제따와나 아나타삔디까 사원에 머무실 때, 비구들에게 말씀하셨습니다.

"비구들이여, 그대들의 것이 아닌 것을 버리도록 하시오. 그것을 버리는 것이 그대들에게 이익이 되고 즐거움이 될 것이오. 비구들이여, 어떤 것이 그대들의 것이 아닌가? 몸의 형색[色]은 그대들의 것이 아니라오. 그것을 버리도록 하시오. 그것을 버리는 것이 그대들에게 이익이 되고 즐거움이 될 것이오. 느끼는 마음[受], 생각하는 마음[想], 유위를 조작하는 행위[行]들, 분별하는 마음[識]은 그대들의 것이 아니라오. 그것을 버리도록 하시오. 그것을 버리는 것이 그대들에게 이익이 되고 즐거움이 될 것이오. 비구들이여, 예를 들어 어떤 사람이 이 제따와나에 있는 풀이나 나무토막, 나뭇가지, 나뭇잎을 가져가거나, 태우거나, 제멋대로 사용한다면, 그대들은 '어떤 사람이 우리를 가져가거나, 태우거나, 제멋대로 사용한다'라고 생각하겠는가?"

---

15 'kāma-taṇhā'의 번역. 감각적 욕망의 대상을 갈망하는 마음이 욕애(欲愛)이다.

16 'bhava-taṇhā'의 번역. 좋아하는 것이 다시 존재하기를 갈망하는 마음이 유애(有愛)이다.

17 'vibhava-taṇhā'의 번역. 싫어하는 것이 다시는 존재하지 않기를 갈망하는 마음이 무유애(無有愛)이다.

"그렇지 않습니다. 세존이시여!"

"그 까닭은 무엇인가?"

"세존이시여, 그것은 우리의 자아(自我)나 자아에 속하는 것이 아닙니다."[18]

"비구들이여, 실로 이와 같이 몸의 형색[色]은 그대들의 것이 아니니, 그것을 버리도록 하시오. 그것을 버리는 것이 그대들에게 이익이 되고 즐거움이 될 것이오. 느끼는 마음[受], 생각하는 마음[想], 유위를 조작하는 행위[行]들, 분별하는 마음[識]은 그대들의 것이 아니니, 그것을 버리도록 하시오. 그것을 버리는 것이 그대들에게 이익이 되고 즐거움이 될 것이오."

3.19. 비구(Bhikkhu)〈s.22.36〉

세존께서 싸왓티의 제따와나 아나타삔디까 사원에 머무실 때, 어떤 비구가 세존을 찾아와서 세존께 예배하고 한쪽에 앉아 이렇게 말씀드렸습니다.

"세존이시여, 세존께서는 부디 저에게 간략하게 가르침을 주십시오. 저는 세존의 가르침을 듣고 홀로 외딴곳에서 게으름을 피우지 않고 열심히 정진하며 지내겠습니다."

"비구여, 무엇을 거듭해서 생각하고, 그것을 추론한다오. 추론하고, 그것을 가지고 이름을 붙인다오."

---

18 'na hi no etam bhante attā vā attaniyaṃ vā'의 번역.

"알았습니다. 세존이시여! 알았습니다. 선서(善逝)시여!"

"비구여, 그대는 내가 간략하게 한 말의 의미를 구체적으로 어떻게 이해하고 있는가?"

"세존이시여, 만약에 몸의 형색[色]을 거듭해서 생각하면, 그것을 추론하고, 추론한 것을 가지고 이름을 붙입니다.[19] 느끼는 마음[受], 생각하는 마음[想], 유위를 조작하는 행위[行]들, 분별하는 마음[識]을 거듭해서 생각하면, 그것을 추론하고, 추론한 것을 가지고 이름을 붙입니다. 세존이시여, 저는 세존께서 간략히 하신 말씀의 의미를 구체적으로 이렇게 이해하고 있습니다."

"훌륭하오. 비구여! 훌륭하오. 비구여, 그대는 내가 간략하게 한 말의 의미를 구체적으로 잘 이해하고 있구려."

그러자 그 비구는 세존의 말씀에 만족하고 기뻐하고서 자리에서 일어나 세존께 예배하고 오른쪽으로 돈 후에 떠나갔습니다.

그 비구는 홀로 외딴곳에서 게으름을 피우지 않고 열심히 정진하며 지냈습니다. 그리하여 그 비구는 아라한 가운데 한 분이 되었습니다.

3.20. 자신을 등불로(Attadīpa)〈s.22.43〉

세존께서 싸왓티의 제따와나 아나타삔디까 사원에 머무실 때, 비구들에게 말씀하셨습니다.

---

19 'rūpaṃ ce anuseti tam anumīyati yam anumīyati tena saṅkhaṃ gacchati'의 번역. 우리가 사물에 붙인 이름은 자주 생각한 것을 추론하여 이름 붙인 것이라는 뜻이다. 즉 5온(五蘊)은 우리가 자주 생각한 것을 추론하여 이름 붙인 개념에 지나지 않는다는 것이다.

"비구들이여, 다른 사람을 의지하지 말고, 자신을 등불로 삼아서 자신에 의지하여 살아가시오. 다른 것에 의지하지 말고, 가르침[法]을 등불로 삼아서 가르침에 의지하여 살아가시오. 비구들이여, 다른 사람을 의지하지 않고 자신을 등불로 삼아서 자신을 의지하여 살아갈 때, 다른 것에 의지하지 않고 가르침을 등불로 삼아서 가르침에 의지하여 살아갈 때, 근심, 슬픔, 고통, 우울, 고뇌를 낳는 것은 무엇이고, 근원은 무엇인가를 이치에 맞게 탐구할 수가 있다오.

비구들이여, 근심, 슬픔, 고통, 우울, 고뇌를 낳은 것은 무엇이고, 근원은 무엇인가? 비구들이여, 성인(聖人)을 무시하고, 성인의 가르침을 이해하지 못하고, 성인의 가르침에서 배우지 못하고, 참사람을 무시하고, 참사람의 가르침을 이해하지 못하고, 참사람의 가르침에서 배우지 못한 무지한 범부는 몸의 형색[色]을 자아로 여기거나, 자아가 몸의 형색을 지니고 있다고 여기거나, 자아 속에 몸의 형색이 있다고 여기거나, 몸의 형색 속에 자아가 있다고 여긴다오. 그런데 그 사람의 몸의 형색은 다른 모습으로 변화한다오. 몸의 형색이 다른 모습으로 변화하기 때문에 근심, 슬픔, 고통, 우울, 고뇌가 발생한다오. 느끼는 마음[受], 생각하는 마음[想], 유위를 조작하는 행위[行]들, 분별하는 마음[識]에 대해서도 마찬가지라오.

비구들이여, 그렇지만 몸의 형색[色]이 무상(無常)하고, 변해가고, 사라지고, 소멸한다는 것을 알고서, '과거와 현재의 모든 몸의 형색은 무상하며, 괴로움이며, 변해가는 법(法)이다'라고 이와 같이 이것을 있는 그대로 바른 통찰지[般若]로 통찰하면, 근심, 슬픔, 고통, 우울, 고뇌가 소멸한다오. 그것들이 소멸하면, 그는 근심 걱정하지 않으며, 아무 근심 걱정 없이 행복하게 살아간다오. 행복한 삶을 비구의 확실한 적멸(寂滅)이라고 한다오.[20] 느끼는 마음[受], 생각하는 마음[想], 유위를 조작하는 행위[行]들, 분별하는 마음[識]에 대해서도 마찬가지라오."

3.21. 길(Paṭipadā)〈s.22.44〉

세존께서 싸왓티의 제따와나 아나타삔디까 사원에 머무실 때, 비구들에게 말씀하셨습니다.

"비구들이여, 자신이 존재한다는 생각의 쌓임[有身集]에 이르는[21] 길과 자신이 존재한다는 생각의 소멸[有身滅]에 이르는 길을[22] 내가 가르쳐주겠소. 그대들은 들어보시오.

비구들이여, 자신이 존재한다는 생각의 쌓임에 이르는 길은 어떤 것인가? 비구들이여, 성인(聖人)을 무시하고, 성인의 가르침을 이해하지 못하고, 성인의 가르침에서 배우지 못하고, 참사람을 무시하고, 참사람의 가르침을 이해하지 못하고, 참사람의 가르침에서 배우지 못한 무지한 범부는 몸의 형색[色]을 자아로 여기거나, 자아가 몸의 형색을 지니고 있다고 여기거나, 자아 속에 몸의 형색이 있다고 여기거나, 몸의 형색 속에 자아가 있다고 여긴다오. 느끼는 마음[受], 생각하는 마음[想], 유위를 조작하는 행위[行]들, 분별하는 마음[識]에 대해서도 마찬

20 'sukhaṃ viharaṃ bhikhu tadaṅganibbuto ti vuccati'의 번역.

21 'sakkāyasamudayagāminiṃ'의 번역.

22 'sakkāyanirodhagāminiṃ paṭipadaṃ'의 번역.

가지라오. 비구들이여, 이것을 자신이 존재한다는 생각의 쌓임에 이르는 길이라고 부르며, 이것이 자신이 존재한다는 생각의 쌓임에 이르는 길이라오.

비구들이여, 자신이 존재한다는 생각의 소멸에 이르는 길은 어떤 것인가? 비구들이여, 성인(聖人)을 알아보고, 성인의 가르침을 이해하고, 성인의 가르침에서 잘 배우고, 참사람을 알아보고, 참사람의 가르침을 이해하고, 참사람의 가르침에서 잘 배운, 학식이 많은 거룩한 제자는 몸의 형색[色]을 자아로 여기지 않는다오. 자아는 몸의 형색을 지니고 있다고 여기거나, 자아 속에 몸의 형색이 있다고 여기거나, 몸의 형색 속에 자아가 있다고 여기지 않는다오. 느끼는 마음[受], 생각하는 마음[想], 유위를 조작하는 행위[行]들, 분별하는 마음[識]에 대해서도 마찬가지라오. 비구들이여, 이것을 자신이 존재한다는 생각의 소멸에 이르는 길이라고 부르며, 이것이 자신이 존재한다는 생각의 소멸에 이르는 길이라오. 비구들이여, 이와 같이 이것을 괴로움의 소멸에 이르는 것으로 보라는 것이 여기에서 이 말의 의미라오."

3.22. 무상성(無常性, Aniccatā)〈s.22.45-46〉

세존께서 싸왓티의 제따와나 아나타삔디까 사원에 머무실 때, 비구들에게 말씀하셨습니다.

"비구들이여, '몸의 형색[色]은 무상(無常)하다. 무상한 것은 괴로움이고, 그 괴로움은 실체가 없다.[23] 그 실체가 없는 것은 나의 소유가 아니고, 그것은 내가 아니고, 그것은 나의 자아가 아니다'[24]라고 이와 같이 그것을 있는 그대로 바른 통찰지로 보아야 한다오.

〈s.22.45〉 이와 같이 그것을 있는 그대로 바른 통찰지로 통찰할 때, 마음이 탐욕에서 벗어나 집착이 없이 번뇌로부터 해탈한다오. 느끼는 마음[受], 생각하는 마음[想], 유위를 조작하는 행위[行]들, 분별하는 마음[識]에 대해서도 마찬가지라오.

비구들이여, 만약에 몸의 형색의 계[色界]로부터 비구의 마음이 탐욕에서 벗어나 집착이 없이 번뇌로부터 해탈하면, 느끼는 마음의 계[受界]로부터, 생각하는 마음의 계[想界]로부터, 유위를 조작하는 행위들의 계[行界]로부터, 분별하는 마음의 계[識界]로부터 비구의 마음이 탐욕에서 벗어나 집착이 없이 번뇌로부터 해탈하면, 해탈하기 때문에 안정되고, 안정되기 때문에 만족하고, 만족하기 때문에 걱정하지 않으며, 걱정하지 않기 때문에 저마다 반열반(般涅槃)에 든다오. '생(生)은 소멸했다. 청정한 수행[梵行]을 완성했으며, 해야 할 일을 끝마쳤다. 다시는 이와 같은 상태로 되지 않는다'라고 통찰한다오.

〈s.22.46〉 이와 같이 그것을 있는 그대로 바른 통찰지[般若]로 통찰하면 시작[前生]에 대한 견해들이 나타나지 않으며,[25] 시작에 대한 견해가 없으면 끝[來生]에 대한 견해들이 나타나지 않는다오. 끝에 대한

---

23 'yaṃ dukkhaṃ tad anattā'의 번역.

24 'na me so attā'

25 'pubbantānudiṭṭhiyo na honti'의 번역.

견해가 없으면 강한 집착이 나타나지 않는다오.[26] 강한 집착이 없으면 몸의 형색[色]에 대하여, 느끼는 마음[受], 생각하는 마음[想], 유위를 조작하는 행위[行]들, 분별하는 마음[識]에 대하여 마음이 탐욕에서 벗어나 집착이 없이 번뇌로부터 해탈한다오. 그는 해탈함으로써 안주(安住)하게 되고, 안주함으로써 만족하게 되고, 만족함으로써 근심하지 않는다오. 근심하지 않고, 스스로 열반에 들어, '생(生)은 소멸했다. 청정한 수행[梵行]을 완성했으며, 해야 할 일을 끝마쳤다. 다시는 이와 같은 상태로 되지 않는다'라고 통찰한다오."

3.23. 여기기(Samanupassanā)〈s.22.47〉

세존께서 싸왓티의 제따와나 아나타삔디까 사원에 머무실 때, 비구들에게 말씀하셨습니다.

"비구들이여, 여러 가지 방법으로 자아를 상정(想定)하는 사문이나 바라문들은 누구나 5취온(五取蘊)이나 5취온 가운데 어떤 것을 자아로 여긴다오.

5취온은 어떤 것인가?

비구들이여, 성인을 무시하고, 참사람의 가르침에서 배우지 못한 무지한 범부는 몸의 형색[色]을 자아로 여긴다오. 자아가 몸의 형색을 가지고 있다고 여기거나, 자아 속에 몸의 형색이 있다고 여기거나, 형색을 지닌 몸속에 자아가 있다고 여긴다오. 느끼는 마음[受], 생각하는

26 'aparantānudiṭṭhīnam asati thāmaso parāmaso na hoti'의 번역.

마음[想], 유위를 조작하는 행위[行]들, 분별하는 마음[識]에 대해서도 마찬가지라오. 이와 같이 이렇게 여기기 때문에, 그에게 '내가 있다'는 생각이 그치지 않는다오. 비구들이여, '내가 있다'는 생각이 그치지 않을 때, 다섯 가지 지각작용 즉 시각작용[眼根], 청각작용[耳根], 후각작용[鼻根], 미각작용[舌根], 촉각작용[身根]이 발생한다오.

비구들이여, 의(意)가 있고, 법(法)이 있고, 무명계(無明界)가 있다오.[27] 비구들이여, 무명촉(無明觸)에서 생긴 느낌에 의해서,[28] 무지한 범부에게 '내가 있다'는 생각이 든다오. 그는 '이것이 나다'라고 생각하기도 하고, '나는 다음 세상에 존재할 것이다'라고 생각하기도 하고, '나는 다음 세상에 존재하지 않을 것이다'라고 생각하기도 하고, '몸의 형색[色]이 있는 내가 다음 세상에 존재할 것이다'라고 생각하기도 하고, '몸의 형색이 없는 내가 다음 세상에 존재할 것이다'라고 생각하기도 하고, '생각[想]이 있는 내가 다음 세상에 존재할 것이다'라고 생각하기도 하고, '생각이 없는 내가 다음 세상에 존재할 것이다'라고 생각하기도 하고, '생각이 있지도 않고 없지도 않은[非有想非無想] 내가 다음 세상에 존재할 것이다'라고 생각하기도 한다오.

비구들이여, 바로 그때 다섯 가지 지각작용[五根]이 머문다오. 그러나 여기에서 학식이 많은 거룩한 제자에게는 무명(無明)이 사라지고, 명지(明智)가 생긴다오. 그에게는 무명이 사라지고, 명지가 생기기 때문에 '내가 있다'라는 생각이 들지 않는다오. 그는 '이것이 나다'라고 생

27 'atthi bhikkhave mano atthi dhamma atthi avijjādhātu'의 번역.

28 'avijjāsamphassajena bhikkhave vedayitena'의 번역.

각하지도 않고, '나는 다음 세상에 존재할 것이다'라고 생각하지도 않고, '나는 다음 세상에 존재하지 않을 것이다'라고 생각하지도 않고, '몸이 있는 내가 다음 세상에 존재할 것이다'라고 생각하지도 않고, '몸이 없는 내가 다음 세상에 존재할 것이다'라고 생각하지도 않고, '생각이 있는 내가 다음 세상에 존재할 것이다'라고 생각하지도 않고, '생각이 없는 내가 다음 세상에 존재할 것이다'라고 생각하지도 않고, '생각이 있지도 않고 없지도 않은 내가 다음 세상에 존재할 것이다'라고 생각하지도 않는다오."

3.24. 온(蘊, Khandhā)〈s.22.48〉

세존께서 싸왓티의 제따와나 아나타삔디까 사원에 머무실 때, 비구들에게 말씀하셨습니다.

"비구들이여, 5온(五蘊)과 5취온(五取蘊)에 대하여 내가 이야기하겠소. 그대들은 잘 듣도록 하시오.

비구들이여, 5온이란 어떤 것인가?

비구들이여, 몸의 형색[色]은 그것이 어떤 것이든, 내적인 것이든 외적인 것이든, 거친 것이든 미세한 것이든, 보잘것없는 것이든 빼어난 것이든, 멀리 있는 것이든 가까이 있는 것이든, 과거와 미래와 현재의 모든 몸의 형색, 이것을 색온(色蘊)이라고 부른다오. 느끼는 마음[受]은, 그것이 어떤 것이든, 과거와 미래와 현재의 모든 느끼는 마음[受], 이것을 수온(受蘊)이라고 부른다오. 생각하는 마음[想]은 그것이 어떤 것이든, … 과거와 미래와 현재의 모든 생각하는 마음[想], 이것을 상온(想

蘊)이라고 부른다오. 유위를 조작하는 행위[行]들은 그것이 어떤 것이든, … 과거와 미래와 현재의 모든 유위를 조작하는 행위[行]들, 이것을 행온(行蘊)이라고 부른다오. 분별하는 마음[識]은 그것이 어떤 것이든, 내적인 것이든 외적인 것이든, 거친 것이든 미세한 것이든, 보잘것없는 것이든 빼어난 것이든, 멀리 있는 것이든 가까이 있는 것이든, 과거와 미래와 현재의 모든 분별하는 마음[識], 이것을 식온(識蘊)이라고 부른다오. 비구들이여, 이들을 5온(五蘊)이라고 부른다오.

비구들이여, 5취온(五取蘊)이란 어떤 것인가?

비구들이여, 몸의 형색[色]은 그것이 어떤 것이든, 내적인 것이든 외적인 것이든, 거친 것이든 미세한 것이든, 보잘것없는 것이든 빼어난 것이든, 멀리 있는 것이든 가까이 있는 것이든, 번뇌가 있는[有漏] (자아로) 취해진[29] 과거와 미래와 현재의 모든 몸의 형색, 이것을 색취온(色取蘊)이라고 부른다오. 느끼는 마음[受]은 그것이 어떤 것이든, … 번뇌가 있는[有漏] (자아로) 취해진, 과거와 미래와 현재의 모든 느끼는 마음[受], 이것을 수취온(受取蘊)이라고 부른다오. 생각하는 마음[想]은 그것이 어떤 것이든, … 번뇌가 있는[有漏] (자아로) 취해진 과거와 미래와 현재의 모든 생각하는 마음, 이것을 상취온(想取蘊)이라고 부른다오. 유위를 조작하는 행위[行]들은 그것이 어떤 것이든, … 번뇌가 있는 (자아로) 취해진 과거와 미래와 현재의 모든 유위를 조작하는 행위들, 이것을 행취온(行取蘊)이라고 부른다오. 분별하는 마음[識]은 그것이 어떤 것이든, 내적인 것이든 외적인 것이든, 거친 것이든 미세한 것이든, 보잘것

29 'sāsavam upādānīyaṃ'의 번역.

없는 것이든 빼어난 것이든, 멀리 있는 것이든 가까이 있는 것이든, 번뇌가 있는 (자아로) 취해진 과거와 미래와 현재의 모든 분별하는 마음, 이것을 식취온(識取蘊)이라고 부른다오. 비구들이여, 이것들을 5취온(五取蘊)이라고 부른다오."

3.25. 쏘나(Soṇo)〈s.22.49-50〉

세존께서 라자가하의 웰루와나 깔란다까니와빠(竹林精舍)에 머무실 때, 장자의 아들 쏘나가 세존을 찾아와서 세존께 예배하고 한쪽에 앉았습니다. 한쪽에 앉은 쏘나에게 세존께서 이렇게 말씀하셨습니다.

〈s.22.49〉 "쏘나여, 그 어떤 사문들이나 바라문들이라 할지라도, 무상하게 변화하는 괴로운, 몸의 형색[色]을 가지고 '나는 우월하다'라고 여기거나, '나는 동등하다'라고 여기거나, '나는 열등하다'라고 여기는 사람들은 여실하게 보지 못한 사람들이 아니겠는가? 그 어떤 사문들이나 바라문들이라 할지라도, 무상하게 변화하는 괴로운, 느끼는 마음[受], 생각하는 마음[想], 유위를 조작하는 행위[行]들, 분별하는 마음[識]을 가지고 '나는 우월하다'라고 여기거나, '나는 동등하다'라고 여기거나, '나는 열등하다'라고 여기는 사람들은 여실하게 보지 못한 사람들이 아니겠는가?

쏘나여, 그 어떤 사문이나 바라문이라 할지라도 무상하게 변화하는 괴로운, 몸의 형색[色]을 가지고 '나는 우월하다'라고 여기지 않고, '나는 동등하다'라고 여기지 않고, '나는 열등하다'라고 여기지 않는 사람들은 있는 그대로 본 사람들이 아니겠는가? 그 어떤 사문들이나 바라문들이라 할지라도, 무상하게 변화하는 괴로운, 느끼는 마음[受], 생각하는 마음[想], 유위를 조작하는 행위[行]들, 분별하는 마음[識]을 가지고 '나는 우월하다'라고 여기지 않고, '나는 동등하다'라고 여기지 않고, '나는 열등하다'라고 여기지 않는 사람들은 있는 그대로 본 사람들이 아니겠는가?

쏘나여, 그대는 어떻게 생각하는가? 몸의 형색[色]은 무상(無常)한가, 무상하지 않은가?"

"세존이시여, 무상합니다."

"그렇다면 무상한 것은 괴로움인가, 즐거움인가?"

"세존이시여, 괴로움입니다."

"그렇다면, 무상하게 변화하는 괴로운 것을 '이것은 나의 것이다. 이것이 나다. 이것이 나의 자아(自我)다'라고 여기는 것이 온당한가?"

"세존이시여, 결코 온당하지 않습니다."

"쏘나여, 그대는 어떻게 생각하는가? 느끼는 마음[受], 생각하는 마음[想], 유위를 조작하는 행위[行]들, 분별하는 마음[識]은 무상(無常)한가, 무상하지 않은가?"

"세존이시여, 무상합니다."

"그렇다면 무상한 것은 괴로움인가, 즐거움인가?"

"세존이시여, 괴로움입니다."

"그렇다면, 무상하게 변화하는 괴로운 것을 '이것은 나의 것이다. 이것이 나다. 이것이 나의 자아(自我)다'라고 여기는 것이 온당한가?"

"세존이시여, 결코 온당하지 않습니다."

"쏘나여, 그러므로 '몸의 형색[色]은 그것이 어떤 것이든, 내적인 것이든 외적인 것이든, 거친 것이든 미세한 것이든, 보잘것없는 것이든 빼어난 것이든, 멀리 있는 것이든 가까이 있는 것이든, 과거와 미래와 현재의 모든 몸의 형색[色], 이것은 나의 것이 아니고, 이것은 내가 아니고, 이것은 나의 자아가 아니다'라고 이것을 바른 통찰지[般若]로 있는 그대로 보아야 한다오. 느끼는 마음[受], 생각하는 마음[想], 유위를 조작하는 행위[行]들, 분별하는 마음[識]에 대해서도 마찬가지라오.

쏘나여, 이와 같이 본 학식이 많은 거룩한 제자는 몸의 형색[色]에 대하여 싫증[厭離]을 내고, 느끼는 마음[受], 생각하는 마음[想], 유위를 조작하는 행위[行]들, 분별하는 마음[識]에 대하여 싫증을 낸다오. 그는 싫증을 내기 때문에 욕탐을 버리고[離貪], 욕탐을 버리기 때문에 해탈(解脫)하며, 해탈했을 때, '나는 해탈했다'라고 안다오. 즉, 그는 '생(生)은 소멸했다. 청정한 수행[梵行]을 완성했으며, 해야 할 일을 끝마쳤다. 다시는 이와 같은 상태로 되지 않는다'라고 통찰한다오.

〈s.22.50〉 쏘나여, 그 어떤 사문들이나 바라문들이라 할지라도, 몸의 형색[色]과 느끼는 마음[受], 생각하는 마음[想], 유위를 조작하는 행위[行]들, 분별하는 마음[識]을 통찰하지 못하고, 몸의 형색과 느끼는 마음, 생각하는 마음, 유위를 조작하는 행위들, 분별하는 마음의 쌓임[集]을 통찰하지 못하고, 몸의 형색과 느끼는 마음, 생각하는 마음, 유위를 조작하는 행위들, 분별하는 마음의 소멸[滅]을 통찰하지 못하고, 몸의 형색과 느끼는 마음, 생각하는 마음, 유위를 조작하는 행위들, 분별하는 마음의 소멸에 이르는 길을 통찰하지 못한다면, 나는 그 사문들과 바라문들을 사문들 가운데 사문으로 인정하지 않고, 바라문들 가운데 바라문으로 인정하지 않는다오. 그리고 그 존자들은 지금 여기에서 스스로 체험지(體驗智)로써[30] 사문의 목적이나 바라문의 목적을 체득하고 획득하여 살아가지 못한다오.

쏘나여, 그 어떤 사문들이나 바라문들이라 할지라도, 몸의 형색[色]과 느끼는 마음[受], 생각하는 마음[想], 유위를 조작하는 행위[行]들, 분별하는 마음[識]을 통찰하고, 몸의 형색과 느끼는 마음, 생각하는 마음, 유위를 조작하는 행위들, 분별하는 마음의 쌓임[集]을 통찰하고, 몸의 형색과 느끼는 마음, 생각하는 마음, 유위를 조작하는 행위들, 분별하는 마음의 소멸[滅]을 통찰하고, 몸의 형색과 느끼는 마음, 생각하는 마음, 유위를 조작하는 행위들, 분별하는 마음의 소멸에 이르는 길을 통찰한다면, 나는 그 사문들과 바라문들을 사문들 가운데 사문으로 인정하고, 바라문들 가운데 바라문으로 인정한다오. 그리고 그 존자들은 지금 여기에서 스스로 체험지(體驗智)로써 사문의 목적이나 바라문의 목적을 체득하고 획득하여 살아간다오."

3.26. 희락(喜樂)의 소멸(Nandikkhaya)〈s.22.51-52〉

세존께서 싸왓티의 제따와나 아나타삔디까 사원에 머무실 때, 비구들에게 말씀하셨습니다.

〈s.22.51〉 "비구들이여, 비구가 무상(無常)한 몸의 형색[色]을 무상하다고 보면, 이것이 바른 견해[正見]며, 바르게 보면 싫증[厭離]을 내게 된다오. 희락(喜樂)이 소멸함으로써 탐욕이 소멸하고, 탐욕이 소멸함으

30 'abhiññā'의 번역.

로써 희락이 소멸하며, 희락과 탐욕으로부터 마음이 해탈하면, 훌륭한 해탈이라고 한다오. 느끼는 마음[受], 생각하는 마음[想], 유위를 조작하는 행위[行]들, 분별하는 마음[識]에 대해서도 마찬가지라오.

〈s.22.52〉 비구들이여, 몸의 형색[色]에 대하여 이치에 맞게 생각하고, 몸의 형색의 무상(無常)을 있는 그대로 보도록 하시오. 비구들이여, 몸의 형색에 대하여 이치에 맞게 생각하고, 몸의 형색의 무상을 있는 그대로 보면, 몸의 형색에 대하여 싫증[厭離]을 내게 된다오. 희락(喜樂)이 소멸함으로써 탐욕이 소멸하고, 탐욕이 소멸함으로써 희락이 소멸하며, 희락과 탐욕으로부터 마음이 해탈하면, 훌륭한 해탈이라고 한다오. 느끼는 마음[受], 생각하는 마음[想], 유위를 조작하는 행위[行]들, 분별하는 마음[識]에 대해서도 마찬가지라오."

3.27. 가까이함(Upāyo)〈s.22.53〉

세존께서 싸왓티의 제따와나 아나타삔디까 사원에 머무실 때, 비구들에게 말씀하셨습니다.

"비구들이여, 가까이하면 해탈하지 못한다오. 가까이하지 않아야 해탈한다오.

비구들이여, 형색[色]을 가까이하면, 분별하는 마음[識]이 머물면서 지속할 것이오. 형색을 대상으로, 형색을 의지하여 희락(喜樂)을 추구하면서 자라나고, 늘어나고, 불어날 것이오. 느끼는 마음[受], 생각하는 마음[想], 유위를 조작하는 행위[行]들을 가까이하면, 분별하는 마음[識]이 머물면서 지속할 것이오. 느끼는 마음, 생각하는 마음, 유위를 조작하는 행위들을 대상으로, 느끼는 마음, 생각하는 마음, 유위를 조작하는 행위들을 의지하여 희락을 추구하면서 자라고, 늘고, 풍부해질 것이오. 비구들이여, 만약 어떤 사람이, '나는 형색을 제외하고서, 느끼는 마음, 생각하는 마음, 유위를 조작하는 행위들을 제외하고서, 분별하는 마음이 오고 가고, 나타나고 사라지고, 자라나고, 늘어나고, 불어나는 일을 설명하겠다'라고 이야기한다면, 그런 일은 있을 수 없다오.

비구들이여, 만약 형색의 부류[色界]에 대하여 비구의 탐욕이 사라지면, 탐욕이 사라짐으로써 대상이 끊어져서, 분별하는 마음[識]이 의지할 곳이 없게 된다오. 비구들이여, 만약 느낌의 부류[受界]에 대하여, 관념의 부류[想界], 의도의 부류[行界], 분별하는 마음의 부류[識界]에 대하여 비구의 탐욕이 사라지면, 탐욕이 사라짐으로써 대상이 끊어져서, 분별하는 마음이 의지할 곳이 없게 된다오. 분별하는 마음이 의지할 곳이 없어서 성장하지 못하고, 조작하지 못하면, 그는 해탈한다오. 그는 해탈함으로써 안주(安住)하게 되고, 안주함으로써 만족하게 되고, 만족함으로써 근심하지 않는다오. 근심하지 않고, 스스로 열반에 들어, '생(生)은 소멸했다. 청정한 수행[梵行]을 완성했으며, 해야 할 일을 끝마쳤다. 다시는 이와 같은 상태로 되지 않는다'라고 통찰한다오."

3.28. 종자(Bījaṃ)〈s.22.54〉

세존께서 싸왓티의 제따와나 아나타삔디까 사원에 머무실 때, 비구들에게 말씀하셨습니다.

"비구들이여, 다섯 종자가 있다오. 다섯은 어떤 것인가? 뿌리 종자, 줄기 종자, 가지 종자, 열매 종자, 씨앗 종자, 이들이 다섯이라오.

비구들이여, 이들 다섯 종자들이 부서지지 않고, 썩지 않고, 바람이나 열에 상하지 않고, 싱싱하고, 잘 심어졌다 할지라도, 흙이 없고 물이 없으면, 비구들이여, 이들 다섯 종자들이 자라나고, 늘어나고, 불어나겠는가?"

"세존이시여, 그렇지 않습니다."

"비구들이여, 이들 다섯 종자들이 부서지고, 썩고, 바람이나 열에 상하고, 싱싱하지 않고, 잘 심어지지 않으면, 흙이 있고 물이 있다 할지라도, 비구들이여, 이들 다섯 종자들이 자라나고, 늘어나고, 불어나겠는가?"

"세존이시여, 그렇지 않습니다."

"비구들이여, 이들 다섯 종자들이 부서지지 않고, 썩지 않고, 바람이나 열에 상하지 않고, 싱싱하고, 잘 심어졌으며, 흙도 있고, 물도 있다면, 비구들이여, 이들 다섯 종자들은 자라나고, 늘어나고, 불어나지 않겠는가?"

"세존이시여, 그렇습니다."

"비구들이여, 예를 들면, 네 가지 분별하는 마음[識]이 머무는 곳은[31] 흙의 부류[地界]와 같다고 보도록 하시오. 비구들이여, 예를 들면, 즐기고자 하는 욕망은[32] 물의 부류[水界]와 같다고 보도록 하시오. 비구들이

31 'catasso viññāṇaṭṭhitiyo'의 번역. '네 가지 식(識)이 머무는 곳'은 3.30. 「가까이함(Upāyo)경」〈s.22.53〉에서 말씀하신 색(色), 수(受), 상(想), 행(行)을 의미한다.

32 'nandirāgo'의 번역.

여, 예를 들면, 음식이 있는 분별하는 마음[識]은[33] 다섯 종자와 같다고 보도록 하시오.

비구들이여, 형색[色]을 가까이하면, 머물고 있는 분별하는 마음[識]이 (사라지지 않고) 머물 것이오. 형색을 대상으로, 형색을 의지하여, 즐거움을 추구하면서, 자라나고, 늘어나고, 불어날 것이오.

비구들이여, 느끼는 마음[受], 생각하는 마음[想], 유위를 조작하는 행위[行]들을 가까이하면, 머물고 있는 분별하는 마음[識]이 (사라지지 않고) 머물 것이오. 느끼는 마음, 생각하는 마음, 유위를 조작하는 행위들을 대상으로, 느끼는 마음, 생각하는 마음, 유위를 조작하는 행위들을 의지하여, 즐거움을 추구하면서, 자라나고, 늘어나고, 불어날 것이오.

비구들이여, 만약 어떤 사람이, '나는 형색[色]을 제외하고서, 느끼는 마음[受], 생각하는 마음[想], 유위를 조작하는 행위[行]들을 제외하고서, 분별하는 마음[識]이 오고 가고, 나타나고 사라지고, 자라나고, 늘어나고, 불어나는 일을 설명하겠다'라고 이야기한다면, 그런 일은 있을 수 없다오.

비구들이여, 만약 형색의 부류[色界]에 대하여 비구의 탐욕이 사라지면, 탐욕이 사라짐으로써 대상이 끊어져서, 분별하는 마음[識]이 의지할 곳이 없게 된다오. 비구들이여, 만약 느낌의 부류[受界]에 대하여, 관념의 부류[想界], 의도의 부류[行界], 분별하는 마음의 부류[識界]에 대

---

33 'viññāṇam sāhāraṃ'의 번역. 이 경에 상응하는 『잡아함경』(39)에는 '취음구식(取陰俱識)'으로 한역됨. 5취온(五取蘊) 가운데 색(色), 수(受), 상(想), 행(行) 네 가지 취온(取蘊)이 분별하는 마음[識]의 음식이 된다는 의미에서 이들 네 가지 취온을 대상으로 분별하는 마음을 'viññāṇam sāhāraṃ : 음식이 있는 분별하는 마음[識]'이라고 한 것이다.

하여 비구의 탐욕이 사라지면, 탐욕이 사라짐으로써 대상이 끊어져서, 분별하는 마음이 의지할 곳이 없게 된다오.

분별하는 마음[識]이 의지할 곳이 없어서 성장하지 못하고, 조작되지 않으면,[34] 그는 해탈한다오. 그는 해탈함으로써 안주(安住)하게 되고, 안주함으로써 만족하게 되고, 만족함으로써 근심하지 않는다오. 근심하지 않고, 스스로 열반에 들어, '생(生)은 소멸했다. 청정한 수행[梵行]을 완성했으며, 해야 할 일을 끝마쳤다. 다시는 이와 같은 상태로 되지 않는다'라고 통찰한다오."

3.29. 우다나(Udānaṃ)〈s.22.55〉

세존께서 싸왓티의 제따와나 아나타삔디까 사원에서 다음과 같은 우다나(Udāna)를 읊으셨습니다.

그것이 있지 않으면,
나에게도 있지 않을 것이다.
그것이 있지 않으니,
나에게 그것은 없다.
이와 같이 확신하고 있는 비구는
낮은 단계의 속박[下分結]을 끊게 되리라.

34 'anabhisaṅkhāraṃ'의 번역.

이와 같이 말씀하시자, 어떤 비구가 세존께 말씀드렸습니다.

"세존이시여, 어떤 연유에서 이와 같은 말씀을 하십니까?"

"비구여, 성인을 무시하고, 참사람의 가르침에서 배우지 못한 무지한 범부는 몸의 형색[色]을 자아로 여긴다오. 자아가 몸의 형색을 가지고 있다고 여기거나, 자아 속에 몸의 형색이 있다고 여기거나, 형색을 지닌 몸[色]속에 자아가 있다고 여긴다오. 느끼는 마음[受], 생각하는 마음[想], 유위를 조작하는 행위[行]들, 분별하는 마음[識]에 대해서도 마찬가지라오.

그는 무상(無常)하고, 괴롭고[苦], 무아(無我)이고, 유위(有爲)인 몸의 형색[色]을 무상하고, 괴롭고, 무아이고, 유위인 몸의 형색이라고 있는 그대로 통찰하지 못하고, 무상하고, 괴롭고, 무아이고, 유위인 느끼는 마음[受], 생각하는 마음[想], 유위를 조작하는 행위[行]들, 분별하는 마음[識]을 무상하고, 괴롭고, 무아이고, 유위인 느끼는 마음, 생각하는 마음, 유위를 조작하는 행위들, 분별하는 마음이라고 있는 그대로 통찰하지 못한다오.

그는 몸의 형색[色]은 소멸한다는 것을 있는 그대로 통찰하지 못하고, 느끼는 마음[受], 생각하는 마음[想], 유위를 조작하는 행위[行]들, 분별하는 마음[識]은 소멸한다는 것을 있는 그대로 통찰하지 못한다오.

비구들이여, 성인(聖人)을 알아보고, 성인의 가르침을 이해하고, 성인의 가르침에서 잘 배우고, 참사람을 알아보고, 참사람의 가르침을 이해하고, 참사람의 가르침에서 잘 배운, 학식이 많은 거룩한 제자는 몸의 형색[色]을 자아로 여기지 않는다오. 자아가 몸의 형색을 가지고 있다고 여기지 않고, 자아 속에 몸의 형색이 있다고 여기지 않고, 형색을 지닌 몸속에 자아가 있다고 여기지 않는다오. 느끼는 마음[受], 생각하는 마음[想], 유위를 조작하는 행위[行]들, 분별하는 마음[識]에 대해서도 마찬가지라오.

그는 무상(無常)하고, 괴롭고[苦], 무아(無我)이고, 유위(有爲)인 몸의 형색[色]을 무상하고, 괴롭고, 무아이고, 유위인 몸의 형색이라고 있는 그대로 통찰하고, 무상하고, 괴롭고, 무아이고, 유위인 느끼는 마음[受], 생각하는 마음[想], 유위를 조작하는 행위[行]들, 분별하는 마음[識]을 무상하고, 괴롭고, 무아이고, 유위인 느끼는 마음, 생각하는 마음, 유위를 조작하는 행위들, 분별하는 마음이라고 있는 그대로 통찰한다오.

그는 몸의 형색[色]은 소멸한다는 것을 있는 그대로 통찰하고, 느끼는 마음[受], 생각하는 마음[想], 유위를 조작하는 행위[行]들, 분별하는 마음[識]은 소멸한다는 것을 있는 그대로 통찰한다오.

비구여, 그는 몸의 형색[色]이 소멸하고, 느끼는 마음[受], 생각하는 마음[想], 유위를 조작하는 행위[行]들, 분별하는 마음[識]이 소멸하기 때문에, 실로 이와 같이 '그것[五蘊]이 있지 않으면, 나에게도 있지 않을 것이다. 그것[五蘊]이 있지 않으니, 나에게 그것은 있지 않다'라고 확신하는 비구는 낮은 단계의 속박[下分結]을 끊게 된다오."

"세존이시여, 이와 같이 확신하는 비구가 낮은 단계의 속박[下分結]을 끊게 된다면, 세존이시여, 이제 번뇌[漏]는 어떻게 알고, 어떻게 보아야 곧바로 그쳐 사라집니까[止滅]?"

"비구여, 무지한 범부는 걱정할 것이 없는 데서 걱정한다오. 비구여, 무지한 범부는 '그것이 있지 않으면, 나에게도 있지 않을 것이다. 그것이 있지 않으니, 나에게 그것은 있지 않다'라고 걱정한다오.

비구여, 그렇지만 학식이 많은 거룩한 제자는 걱정할 것이 없는 데서 걱정하지 않는다오. 비구여, 학식이 많은 거룩한 제자는 '그것이 있지 않으면, 나에게도 있지 않을 것이다. 그것이 있지 않으니, 나에게 그것은 있지 않다'라고 걱정하지 않는다오.

비구여, 몸의 형색[色]을 집착하면, 머물고 있는 분별하는 마음[識]이 (사라지지 않고) 머물게 될 것이오. 몸의 형색을 대상으로, 몸의 형색을 의지처로 삼아 즐거움을 추구하고, 성장하고, 증장하고, 풍부해질 것이오.

비구여, 느끼는 마음[受], 생각하는 마음[想], 유위를 조작하는 행위[行]들을 집착하면, 머물고 있는 분별하는 마음[識]이 (사라지지 않고) 머물게 될 것이오. 느끼는 마음, 생각하는 마음, 유위를 조작하는 행위들을 대상으로, 느끼는 마음, 생각하는 마음, 유위를 조작하는 행위들을 의지처로 삼아, 즐거움을 추구하고, 성장하고, 증장하고 풍부해질 것이오.

비구여, 만약 그 사람이 '나는 몸의 형색[色]을 떠나서, 느끼는 마음[受], 생각하는 마음[想], 유위를 조작하는 행위[行]들을 떠나서, 분별하는 마음[識]의 오고 감, 사라짐이나 나타남, 성장이나 증장이나 풍부해지는 일을 설명하겠다'라고 한다면, 그런 일은 있을 수 없다오.

비구여, 만약 몸의 형색[色]의 부류[色界]에 대하여 비구의 탐욕이 사라지면, 탐욕이 사라짐으로써 (분별하는 마음의) 대상이 끊어져서, 분별하는 마음[識]이 의지할 곳이 없게 된다오. 비구여, 만약 느끼는 마음의 부류[受界], 생각하는 마음의 부류[想界], 유위를 조작하는 행위들의 부류[行界], 분별하는 마음의 부류[識界]에 대하여 비구의 탐욕이 사라지면, 탐욕이 사라짐으로써 (분별하는 마음의) 대상이 끊어져서, 분별하는 마음[識]이 의지할 곳이 없게 된다오.

분별하는 마음[識]이 의지할 곳이 없어서 성장하지 못하고, 조작되지 않으면, 그는 해탈한다. 그는 해탈함으로써 안주(安住)하게 되고, 안주함으로써 만족하게 되고, 만족함으로써 근심하지 않는다오. 근심하지 않고, 스스로 열반에 들어, '생(生)은 소멸했다. 청정한 수행[梵行]을 완성했으며, 해야 할 일을 끝마쳤다. 다시는 이와 같은 상태로 되지 않는다'라고 통찰한다오.

비구여, 이와 같이 알고, 이와 같이 보면, 곧바로 번뇌가 소멸한다오."

3.30. 5취온(五取蘊)의 단계(Upādānam parivaṭṭaṃ)〈s.22.56〉

세존께서 싸왓티의 제따와나 아나타삔디까 사원에 머무실 때, 비구들에게 말씀하셨습니다.

"비구들이여, 5취온이 있다오. 5취온은 어떤 것인가? 그것은 색취온(色取蘊), 수취온(受取蘊), 상취온(想取蘊), 행취온(行取蘊), 식취온(識取蘊)이라오.

비구들이여, 내가 5취온의 네 단계를 여실하게 통달하지 못했다면, 비구들이여, 나는 결코 천상과 악마와 범천과 사문 바라문과 인간과 천인(天人)의 세계에서 위없는 바른 깨달음을 성취한 붓다(Buddha)라고 선언하지 않았을 것이오. 비구들이여, 나는 5취온의 네 단계를 여실하게 체득했기 때문에, 비구들이여, 나는 비로소 천상과 악마와 범천과 사문과 바라문과 인간과 천인의 세계에서 위없는 바른 깨달음을 성취한 붓다라고 선언했던 것이오.

네 단계는 어떤 것인가? 나는 (우리가 자아라고 여기는) 몸의 형색[色]과 느끼는 마음[受], 생각하는 마음[想], 유위를 조작하는 행위[行]들, 분별하는 마음[識]을 체득했고, 몸의 형색과 느끼는 마음, 생각하는 마음, 유위를 조작하는 행위들, 분별하는 마음의 쌓임[集]을 체득했고, 몸의 형색과 느끼는 마음, 생각하는 마음, 유위를 조작하는 행위들, 분별하는 마음의 소멸[滅]을 체득했고, 몸의 형색과 느끼는 마음, 생각하는 마음, 유위를 조작하는 행위들, 분별하는 마음의 소멸에 이르는 길을 체득했다오.

비구들이여, (우리가 자아라고 여기는) 몸의 형색[色]이란 어떤 것인가? 4대(四大)와 4대를 취하고 있는 형색,[35] 비구들이여, 이것을 몸의 형색이라고 부른다오. 음식이 모여 쌓이면 몸의 형색이 모여 쌓이고, 음식이 소멸하면 몸의 형색이 소멸한다오. 거룩한 8정도, 즉 바른 견해[正見], 바른 의도[正思惟], 바른말[正語], 바른 행동[正業], 바른 생계[正命], 바른 정진[正精進], 바른 주의집중[正念], 바른 선정[正定], 이것이 (우리가 자아라고 여기는) 몸의 형색의 소멸에 이르는 길이라오.

비구들이여, (우리가 자아라고 여기는) 느끼는 마음[受]이란 어떤 것인가? 비구들이여, 여섯 느낌의 체계[六受身, cha-vedanākāyā], 즉 시각접촉[眼觸]에서 생긴 느낌, 청각접촉[耳觸]에서 생긴 느낌, 후각접촉[鼻觸]에서 생긴 느낌, 미각접촉[舌觸]에서 생긴 느낌, 신체접촉[身觸]에서 생긴 느낌, 마음접촉[意觸]에서 생긴 느낌, 비구들이여, 이것들을 느끼는 마

35 'catunnaṃ ca mahābhūtānam upādāya rūpaṃ'의 번역.

음이라고 부른다오. 접촉[觸]이 모여 쌓이면 느끼는 마음이 모여 쌓이고, 접촉이 소멸하면 느끼는 마음이 소멸한다오. 거룩한 8정도, 즉 바른 견해, 바른 의도, 바른말, 바른 행동, 바른 생계, 바른 정진, 바른 주의집중, 바른 선정, 이것이 (우리가 자아라고 여기는) 느끼는 마음[受]의 소멸에 이르는 길이라오.

비구들이여, (우리가 자아라고 여기는) 생각하는 마음[想]이란 어떤 것인가? 비구들이여, 여섯 관념의 체계[六想身, cha-saññākāyā], 즉 형색에 대한 관념[色想], 소리에 대한 관념[聲想], 냄새에 대한 관념[香想], 맛에 대한 관념[味想], 촉감에 대한 관념[觸想], 법에 대한 관념[法想], 비구들이여, 이것들을 생각하는 마음이라고 부른다오. 접촉[觸]이 모여 쌓이면 생각하는 마음이 모여 쌓이고, 접촉이 소멸하면 생각하는 마음이 소멸한다오. 거룩한 8정도, 즉 바른 견해, 바른 의도, 바른말, 바른 행동, 바른 생계, 바른 정진, 바른 주의집중, 바른 선정, 이것이 (우리가 자아라고 여기는) 생각하는 마음[想]의 소멸에 이르는 길이라오.

비구들이여, (우리가 자아라고 여기는) 유위를 조작하는 행위[行]들이란 어떤 것인가? 여섯 의도의 체계[六思身, cha-cetanākāyā], 즉 형색에 대한 의도[色思], 소리에 대한 의도[聲思], 냄새에 대한 의도[香思], 맛에 대한 의도[味思], 촉감에 대한 의도[觸思], 법에 대한 의도[法思], 비구들이여, 이것들을 유위를 조작하는 행위들이라고 부른다오. 접촉[觸]이 모여 쌓이면 유위를 조작하는 행위들이 모여 쌓이고, 접촉이 소멸하면 유위를 조작하는 행위들이 소멸한다오. 거룩한 8정도, 즉 바른 견해, 바른 의도, 바른말, 바른 행동, 바른 생계, 바른 정진, 바른 주의집중, 바른 선정, 이것이 유위를 조작하는 행위들의 소멸에 이르는 길이라오.

비구들이여, (우리가 자아라고 여기는) 분별하는 마음[識]이란 어떤 것인가? 여섯 분별의 체계[六識身, cha-viññāṇakāyā], 즉 시각분별[眼識], 청각분별[耳識], 후각분별[鼻識], 미각분별[舌識], 촉각분별[身識], 마음분별[意識], 비구들이여, 이것들을 분별하는 마음[識]이라고 부른다오. 이름과 형색[名色]이 모여 쌓이면 분별하는 마음이 모여 쌓이고, 이름과 형색이 소멸하면 분별하는 마음이 소멸한다오. 거룩한 8정도, 즉 바른 견해, 바른 의도, 바른말, 바른 행동, 바른 생계, 바른 정진, 바른 주의집중, 바른 선정, 이것이 분별하는 마음의 소멸에 이르는 길이라오.

비구들이여, 사문이든 바라문이든, 누구라도 이와 같이 (우리가 자아라고 여기는) 몸의 형색[色]과 느끼는 마음[受], 생각하는 마음[想], 유위를 조작하는 행위[行]들, 분별하는 마음[識]을 체득하고, 이와 같이 몸의 형색과 느끼는 마음, 생각하는 마음, 유위를 조작하는 행위들, 분별하는 마음의 쌓임[集]을 체득하고, 이와 같이 몸의 형색과 느끼는 마음, 생각하는 마음, 유위를 조작하는 행위들, 분별하는 마음의 소멸[滅]을 체득하고, 이와 같이 몸의 형색과 느끼는 마음, 생각하는 마음, 유위를 조작하는 행위들, 분별하는 마음의 소멸에 이르는 길을 체득하여, 몸의 형색과 느끼는 마음, 생각하는 마음, 유위를 조작하는 행위들, 분별하는 마음에 싫증[厭離]을 내고 탐욕을 소멸하여 몸의 형색과 느끼는 마음, 생각하는 마음, 유위를 조작하는 행위들, 분별하는 마음의 소멸에 도달했다면, 그들은 잘 도달한 것이며, 잘 도달한 사람들이 이 법(法)과 율(律)에 굳게 선 사람들이라오.

비구들이여, 사문이든 바라문이든, 누구라도 이와 같이 (우리가 자아라고 여기는) 몸의 형색[色]과 느끼는 마음[受], 생각하는 마음[想], 유위를 조작하는 행위[行]들, 분별하는 마음[識]을 체득하고, 이와 같이 몸의 형색과 느끼는 마음, 생각하는 마음, 유위를 조작하는 행위들, 분별하는 마음의 쌓임[集]을 체득하고, 이와 같이 몸의 형색과 느끼는 마음, 생각하는 마음, 유위를 조작하는 행위들, 분별하는 마음의 소멸[滅]을 체득하고, 이와 같이 몸의 형색과 느끼는 마음, 생각하는 마음, 유위를 조작하는 행위들, 분별하는 마음의 소멸에 이르는 길을 체득하여, 몸의 형색과 느끼는 마음, 생각하는 마음, 유위를 조작하는 행위들, 분별하는 마음에 싫증[厭離]을 내고 탐욕을 소멸하여 몸의 형색과 느끼는 마음, 생각하는 마음, 유위를 조작하는 행위들, 분별하는 마음이 소멸하여 집착하지 않고 해탈했다면, 그들은 잘 해탈한 사람들이라오. 잘 해탈한 사람들이 완전한 사람들이라오. 완전한 사람들, 그들에게는 윤회(輪迴)[36]를 언급할 수 없다오."

3.31. 일곱 가지 요점(Sattaṭṭhāna)〈s.22.57〉

세존께서 싸왓티의 제따와나 아나타삔디까 사원에 머무실 때, 비구들에게 말씀하셨습니다.

"비구들이여, 일곱 가지 요점을 잘 알고, 세 가지로 탐색(探索)한 사람을[37] 이 가르침과 율(律)에서는 완전한 사람, 수행을 성취한 사람, 가장 훌륭한 사람이라고 부른다오.

---

36 'vaṭṭa'의 번역.

37 'tividhūpaparikkhī'의 번역.

비구들이여, 어떤 비구가 일곱 가지 요점을 잘 아는 사람인가?

비구들이여, 그 비구는 몸의 형색[色]을 통찰하고, 몸의 형색의 쌓임[集]을 통찰하고, 몸의 형색의 소멸[滅]을 통찰하고, 몸의 형색의 소멸에 이르는 길[道]을 통찰하고, 몸의 형색의 달콤한 맛[味]을 통찰하고, 몸의 형색의 재난[患]을 통찰하고, 몸의 형색에서 벗어남[出離]을 통찰한다오. 느끼는 마음[受], 생각하는 마음[想], 유위를 조작하는 행위[行]들, 분별하는 마음[識]에 대해서도 마찬가지라오.

비구들이여, 몸의 형색[色]이란 어떤 것인가? 4대(四大)와 4대를 취하고 있는 형색, 비구들이여, 이것을 몸의 형색이라고 부른다오. 음식이 모여 쌓이면 몸의 형색이 모여 쌓인다오. 음식이 소멸하면 몸의 형색이 소멸한다오. 거룩한 8정도, 즉 바른 견해[正見], 바른 의도[正思惟], 바른말[正語], 바른 행동[正業], 바른 생계[正命], 바른 정진[正精進], 바른 주의집중[正念], 바른 선정[正定], 이것이 (우리가 자아라고 여기는) 몸의 형색의 소멸에 이르는 길이라오. 몸의 형색에 의존하여 생긴 즐거움과 만족, 이것이 몸의 형색의 달콤한 맛[味]이라오. 몸의 형색은 지속성이 없고[無常], 괴롭고, 변해가는 법이라는 사실, 이것이 몸의 형색의 재난[患]이라오. 몸의 형색에 대한 욕탐(欲貪)을 억제하고 버리는 것, 이것이 몸의 형색에서 벗어남[出離]이라오.

비구들이여, 사문이든 바라문이든, 누구라도 이와 같이 몸의 형색[色]을 체득하고,[38] 이와 같이 몸의 형색의 쌓임을 체득하고, 이와 같이 몸의 형색의 소멸을 체득하고, 이와 같이 몸의 형색의 소멸에 이르는

38 'rūpam abhiññāya'의 번역.

길을 체득하고, 몸의 형색의 달콤한 맛을 체득하고, 몸의 형색의 재난을 체득하고, 몸의 형색에서 벗어남을 체득하여, 몸의 형색에 싫증[厭離]을 내고, 탐욕을 소멸하여 몸의 형색의 소멸에 도달했다면, 그들은 잘 도달한 것이라오. 잘 도달한 사람들이 이 가르침[法]과 율(律)에 굳게 선 사람들이라오.

비구들이여, 사문이든 바라문이든, 누구라도 이와 같이 몸의 형색[色]에 대한 일곱 가지 요점을 체득하여, 몸의 형색에 싫증을 내고, 탐욕을 소멸하고, 몸의 형색이 소멸하여 집착하지 않고 해탈했다면, 그들은 잘 해탈한 사람들이라오. 잘 해탈한 사람들이 완전한 사람들이며, 완전한 사람들, 그들에게는 윤회를 언급할 수 없다오.

비구들이여, (우리가 자아라고 여기는) 느끼는 마음[受]이란 어떤 것인가? 비구들이여, 여섯 느낌의 체계[六受身], 즉 시각접촉[眼觸]에서 생긴 느낌, 청각접촉[耳觸]에서 생긴 느낌, 후각접촉[鼻觸]에서 생긴 느낌, 미각접촉[舌觸]에서 생긴 느낌, 신체접촉[身觸]에서 생긴 느낌, 마음접촉[意觸]에서 생긴 느낌, 비구들이여, 이것들을 느끼는 마음이라고 부른다오. 접촉[觸]이 모여 쌓이면 느끼는 마음이 모여 쌓이고, 접촉이 소멸하면 느끼는 마음이 소멸한다오. 거룩한 8정도, 즉 바른 견해, 바른 의도, 바른말, 바른 행동, 바른 생계, 바른 정진, 바른 주의집중, 바른 선정, 이것이 (우리가 자아라고 여기는) 느끼는 마음의 소멸에 이르는 길이라오. 느끼는 마음에 의존하여 생긴 즐거움과 만족, 이것이 느끼는 마음의 달콤한 맛[味]이라오. 느끼는 마음은 지속성이 없고[無常], 괴롭고, 변해가는 법이라는 사실, 이것이 느끼는 마음의 재난[患]이라오. 느끼는 마음에 대한 욕탐을 억제하고 버리는 것, 이것이 느끼는 마음에서 벗어남

[出離]이라오.

비구들이여, (우리가 자아라고 여기는) 생각하는 마음[想]이란 어떤 것인가? 비구들이여, 여섯 관념의 체계[六想身], 즉 형색에 대한 관념[色想], 소리에 대한 관념[聲想], 냄새에 대한 관념[香想], 맛에 대한 관념[味想], 촉감에 대한 관념[觸想], 법에 대한 관념[法想], 비구들이여, 이것들을 생각하는 마음이라고 부른다오. 접촉[觸]이 모여 쌓이면 생각하는 마음이 모여 쌓이고, 접촉이 소멸하면 생각하는 마음이 소멸한다오. 거룩한 8정도, 즉 바른 견해, 바른 의도, 바른말, 바른 행동, 바른 생계, 바른 정진, 바른 주의집중, 바른 선정, 이것이 (우리가 자아라고 여기는) 생각하는 마음의 소멸에 이르는 길이라오. 생각하는 마음에 의존하여 생긴 즐거움과 만족, 이것이 생각하는 마음의 달콤한 맛[味]이라오. 생각하는 마음은 지속성이 없고[無常], 괴롭고, 변해가는 법이라는 사실, 이것이 생각하는 마음의 재난[患]이라오. 생각하는 마음에 대한 욕탐을 억제하고 버리는 것, 이것이 생각하는 마음에서 벗어남[出離]이라오.

비구들이여, (우리가 자아라고 여기는) 유위를 조작하는 행위[行]들이란 어떤 것인가? 여섯 의도의 체계[六思身], 즉 형색에 대한 의도[色思], 소리에 대한 의도[聲思], 냄새에 대한 의도[香思], 맛에 대한 의도[味思], 촉감에 대한 의도[觸思], 법에 대한 의도[法思], 비구들이여, 이것들을 유위를 조작하는 행위들이라고 부른다오. 접촉[觸]이 모여 쌓이면 유위를 조작하는 행위들이 모여 쌓이고, 접촉이 소멸하면 유위를 조작하는 행위들이 소멸한다오. 거룩한 8정도, 즉 바른 견해, 바른 의도, 바른말, 바른 행동, 바른 생계, 바른 정진, 바른 주의집중, 바른 선정, 이것이 유위를 조작하는 행위들의 소멸에 이르는 길이라오. 유위를 조작하는 행위들에 의존하여 생긴 즐거움과 만족, 이것이 유위를 조작하는 행위들의 달콤한 맛[味]이라오. 유위를 조작하는 행위들은 지속성이 없고[無常], 괴롭고, 변해가는 법이라는 사실, 이것이 유위를 조작하는 행위들의 재난[患]이라오. 유위를 조작하는 행위들에 대한 욕탐을 억제하고 버리는 것, 이것이 유위를 조작하는 행위들에서 벗어남[出離]이라오.

비구들이여, (우리가 자아라고 여기는) 분별하는 마음[識]이란 어떤 것인가? 여섯 분별의 체계[六識身], 즉 시각분별[眼識], 청각분별[耳識], 후각분별[鼻識], 미각분별[舌識], 촉각분별[身識], 마음분별[意識], 비구들이여, 이것들을 분별하는 마음이라고 부른다오. 이름과 형색[名色]이 모여 쌓이면 분별하는 마음이 모여 쌓이고, 이름과 형색이 소멸하면 분별하는 마음이 소멸한다오. 거룩한 8정도, 즉 바른 견해, 바른 의도, 바른 말, 바른 행동, 바른 생계, 바른 정진, 바른 주의집중, 바른 선정, 이것이 분별하는 마음의 소멸에 이르는 길이라오. 분별하는 마음에 의존하여 생긴 즐거움과 만족, 이것이 분별하는 마음의 달콤한 맛[味]이라오. 분별하는 마음은 지속성이 없고[無常], 괴롭고, 변해가는 법이라는 사실, 이것이 분별하는 마음의 재난[患]이라오. 분별하는 마음에 대한 욕탐을 억제하고 버리는 것, 이것이 분별하는 마음에서 벗어남[出離]이라오.

비구들이여, 이와 같은 비구가 일곱 가지 요점을 잘 아는 사람이라오.

비구들이여, 어떤 비구가 세 가지로 탐색하는 사람인가?

비구들이여, 계(界)로[39] 탐색하고, 입처(入處)로[40] 탐색하고, 연기(緣起)로[41] 탐색하는 사람, 비구들이여, 이와 같은 비구가 세 가지로 탐색하는 사람이라오.

비구들이여, 일곱 가지 요점을 잘 알고, 세 가지로 탐색한 비구를 이 가르침과 율(律)에서는 완전한 사람, 수행을 성취한 사람, 가장 훌륭한 사람이라고 부른다오."

3.32. 다섯 비구(Pañca)〈s.22.59〉

세존께서 바라나씨의 이씨빠따나 미가다야(鹿野苑)에 머무실 때, 다섯 비구들에게 말씀하셨습니다.

"비구들이여, 몸의 형색[色]은 자아가 아니라오. 비구들이여, 만약 몸의 형색이 자아라면 이 몸의 형색은 병이 들지 않을 것이오. 그리고 몸의 형색에 대하여, '나의 몸의 형색은 이렇게 되어라. 나의 몸의 형색은 이렇게 되지 마라'라고 할 수 있을 것이오. 비구들이여, 그런데 몸의 형색은 자아가 아니기 때문에 몸의 형색은 병이 들고, 몸의 형색에 대하여, '나의 몸의 형색은 이렇게 되어라. 나의 몸의 형색은 이렇게 되지 마라'라고 할 수 없는 것이오. 느끼는 마음[受], 생각하는 마음[想], 유위를 조작하는 행위[行]들, 분별하는 마음[識]도 이와 같다오.

---

39 'dhātuso'의 번역.

40 'āyatanaso'의 번역.

41 'paṭiccasamuppādaso'의 번역.

비구들이여, 어떻게 생각하는가? 몸의 형색[色]은 지속하는가, 무상(無常)한가?"

"무상합니다. 세존이시여!"

"그렇다면, 무상한 것은 괴로움인가, 즐거움인가?"

"괴로움입니다. 세존이시여!"

"그렇다면, 무상하고 괴롭고 변역(變易)하는 현상[法]을 '그것은 나의 것이다. 그것은 나다. 그것은 나의 자아다'라고 여기는 것이 옳은가?"

"그것은 옳지 않습니다. 세존이시여!"

"느끼는 마음[受], 생각하는 마음[想], 유위를 조작하는 행위[行]들, 분별하는 마음[識]도 이와 같다오.

비구들이여, 그러므로 '과거, 미래, 현재의 어떤 몸의 형색[色]이라 할지라도, 내적인 것이든 외적인 것이든, 거친 것이든 미세한 것이든, 보잘것없는 것이든 훌륭한 것이든, 먼 것이든 가까운 것이든, 일체의 몸의 형색은 나의 것도 아니고, 나도 아니고, 나의 자아도 아니다'라고 바른 지혜로 있는 그대로 통찰해야 한다오. 느끼는 마음[受], 생각하는 마음[想], 유위를 조작하는 행위[行]들, 분별하는 마음[識]도 이와 같다오.

비구들이여, 이와 같이 보는 배움이 많은 거룩한 제자는 몸의 형색[色]이나, 느끼는 마음[受], 생각하는 마음[想], 유위를 조작하는 행위[行]들, 분별하는 마음[識]에 싫증[厭離]을 낸다오. 그는 싫증을 내기 때문에 욕탐을 버리고[離貪], 욕탐을 버리기 때문에 해탈(解脫)하며, '나는 해탈했다'라고 안다오. 즉, 그는 '생(生)은 소멸했다. 청정한 수행[梵行]을 완성했으며, 해야 할 일을 끝마쳤다. 다시는 이와 같은 상태로 되지 않는다'라고 통찰한다오."

세존께서 이와 같이 말씀하시자, 다섯 비구는 세존의 말씀에 환희하고 기뻐했습니다. 그리고 이러한 설명을 하실 때 다섯 비구는 집착이 없어져서 마음이 번뇌에서 해탈했습니다.

3.33. 마할리(Mahāli)〈s.22.60〉

세존께서 웨쌀리에 있는 마하와나(Mahāvana, 大林園)의 중각강당(重閣講堂)에 머무실 때, 마할리 릿차위(Mahāli Licchavi)[42]가 세존을 찾아와서 예배하고 한쪽에 앉아 세존께 말씀드렸습니다.

"세존이시여, 뿌라나 깟싸빠(Puraṇa Kassapa)는 '중생들이 오염(汚染)되는 데는 원인도 없고 조건도 없다. 원인도 없고 조건도 없이 중생들은 (번뇌에) 오염된다. 중생들이 청정해지는 데는 원인도 없고 조건도 없다. 원인도 없고 조건도 없이 중생들은 (번뇌로부터) 청정해진다'라고 말합니다. 이 점에 대하여 세존께서는 어떻게 말씀하십니까?"

"마할리여, 중생들이 오염되는 데는 원인이 있고 조건이 있다오. 원인이 있고 조건이 있으면 중생들은 번뇌에 오염된다오. 마할리여, 중생들이 청정해지는 데는 원인이 있고 조건이 있다오. 원인이 있고 조건이 있으면 중생들은 번뇌로부터 청정해진다오."

"세존이시여, 그렇다면 중생들이 오염되는 데는 어떤 원인과 어떤 조건이 있습니까? 어떤 원인과 어떤 조건이 있으면 중생들이 오염

42 릿차위족의 마할리라는 의미.

됩니까?"

"마할리여, 몸의 형색[色]이 괴롭기만 한 것이어서 항상 괴로움이 핍박하고, 괴로움에 빠져 있을 뿐, 즐거울 때가 없다면, 중생들은 이 몸을 좋아하지 않을 것이오. 마할리여, 그러나 몸의 형색은 때로는 즐겁고, 즐거움이 충만하고, 즐거움에 빠질 때도 있어서 항상 괴롭지만은 않다오. 그래서 중생들은 몸의 형색에 대하여 애욕을 가지고 좋아하고, 결박에 묶여 오염된다오. 마할리여, 이것이 중생들이 오염되는 원인이며 조건이라오. 이와 같이 원인이 있고, 조건이 있으면 중생들은 오염된다오. 느끼는 마음[受], 생각하는 마음[想], 유위를 조작하는 행위[行]들, 분별하는 마음[識]도 이와 같다오."

"세존이시여, 그렇다면 중생들이 청정해지는 데는 어떤 원인과 어떤 조건이 있습니까? 어떤 원인과 어떤 조건이 있으면 중생들이 청정해집니까?"

"마할리여, 몸의 형색[色]이 즐겁기만 한 것이어서 항상 즐거움이 충만하고, 즐거움에 빠져 있을 뿐, 괴로울 때가 없다면, 중생들은 이 몸에 싫증[厭離]을 내지 않을 것이오. 마할리여, 그러나 몸의 형색은 때로는 괴롭고, 괴로움이 핍박하고, 괴로움에 빠질 때도 있어서 항상 즐겁지만은 않다오. 그래서 중생들은 몸의 형색에 대하여 싫증[厭離]을 내고, 싫증을 내기 때문에 욕탐을 버리고[離貪], 욕탐을 버리기 때문에 청정해진다오. 마할리여, 이것이 중생들이 청정해지는 원인이며 조건이라오. 이와 같이 원인이 있고, 조건이 있으면 중생들은 청정해진다오. 느끼는 마음[受], 생각하는 마음[想], 유위를 조작하는 행위[行]들, 분별하는 마음[識]도 이와 같다오."

3.34. 불타고 있다(Āditta)〈s.22.61〉

세존께서 싸왓티의 제따와나 아나타삔디까 사원에 머무실 때, 비구들에게 말씀하셨습니다.

"비구들이여, 몸의 형색[色]은 불타고 있다오. 느끼는 마음[受]은 불타고 있다오. 생각하는 마음[想]은 불타고 있다오. 유위를 조작하는 행위[行]들은 불타고 있다오. 분별하는 마음[識]은 불타고 있다오.

비구들이여, 이와 같이 본 학식이 많은 거룩한 제자는 몸의 형색, 느끼는 마음, 생각하는 마음, 유위를 조작하는 행위들, 분별하는 마음에 대하여 싫증[厭離]을 내고, 싫증을 내기 때문에 욕탐을 버리고[離貪], 욕탐을 버리기 때문에 해탈(解脫)하며, 해탈했을 때 해탈했다는 것을 안다오. 즉 '생(生)은 소멸했다. 청정한 수행[梵行]을 완성했으며, 해야 할 일을 끝마쳤다. 다시는 이와 같은 상태로 되지 않는다'라고 통찰한다오."

3.35. 먹힘(Khajjani)〈s.22.79〉

세존께서 싸왓티의 제따와나 아나타삔디까 사원에 머무실 때, 비구들에게 말씀하셨습니다.

"비구들이여, 여러 전생(前生)을 기억하는 사문들이나 바라문들이 기억하고 있는 것은, 그것이 어떤 것이든, 모두 5취온(五取蘊)이나 5취온 가운데 어떤 것이라오. 비구들이여, '나는 과거세에 이런 몸의 형색[色]이었다'라고 기억하면서, 그는 몸의 형색[色]을 기억한다오. 느끼는 마음[受], 생각하는 마음[想], 유위를 조작하는 행위[行]들, 분별하는 마음[識]도 이와 같다오.

비구들이여, 그대들이 '몸의 형색[色, rūpa]'이라고 말하는 것은 무엇일까? 비구들이여, 몸살을 앓는다오(ruppati). 그래서 '몸의 형색[rūpa, 몸살 앓는 것]'이라고 불린다오. 무엇에 몸살을 앓는가? 추위에 몸살을 앓고, 더위에 몸살을 앓고, 굶주림에 몸살을 앓고, 질병에 몸살을 앓고, 파리, 모기, 바람, 열에 몸살을 앓고, 뱀에 물려서 몸살을 앓는다오. 비구들이여, 몸살을 앓는다오(ruppati). 그래서 '몸의 형색[rūpa, 몸살 앓는 것]'이라고 불린다오.

비구들이여, 그대들이 '느끼는 마음[受, vedanā]'이라고 말하는 것은 무엇일까? 비구들이여, '느낀다오(vediyati).' 그래서 '느끼는 마음[受, vedanā]'이라고 불린다오. 무엇을 느끼는가? 즐거움을 느끼고, 괴로움을 느끼고, 괴롭지도 즐겁지도 않음을 느낀다오. 비구들이여, '느낀다오(vediyati).' 그래서 '느끼는 마음[受, vedanā]'이라고 불린다오.

비구들이여, 그대들이 '생각하는 마음[想, saññā]'이라고 말하는 것은 무엇일까? 비구들이여, '생각한다오(sañjānāti).' 그래서 '생각하는 마음[想, saññā]'이라고 불린다오. 무엇을 생각하는가? 푸르다고 생각하고, 노랗다고 생각하고, 붉다고 생각하고, 희다고 생각한다오. 비구들이여, '생각한다오(sañjānāti).' 그래서 '생각하는 마음[想, saññā]'이라고 불린다오.

비구들이여, 그대들이 '유위(有爲)를 조작하는 행위들[行, saṅkhārā]'이라고 말하는 것은 무엇일까? 비구들이여, '유위를 조작한다오(saṅkhataṃ abhisaṅkharoti).' 그래서 '유위를 조작하는 행위들[行, saṅkhārā]'이라고 불린다오. 어떻게 유위를 조작하는가? 형색[色]의 성질로

(rūpattāya) 몸의 형색[色, rūpa]이라는 유위를 조작하고, 느낌[受]의 성질로(vedanattāya) 느끼는 마음[受, vedanā]이라는 유위를 조작하고, 생각[想]의 성질로(saññattāya) 생각하는 마음[想, saññā]이라는 유위를 조작하고, 조작하는 성질로(saṅkharattāya) 조작하는 행위들[行, saṅkhārā]이라는 유위를 조작하고, 분별의 성질로(viññāṇattāya) 분별하는 마음[識, viññāṇa]이라는 유위를 조작한다오. 비구들이여, '유위를 조작한다오(saṅkhataṃ abhisaṅkharoti).' 그래서 '유위를 조작하는 행위들[行, saṅkhārā]'이라고 불린다오.

비구들이여, 그대들이 '분별하는 마음[識, viññāṇa]'이라고 말하는 것은 무엇일까? 비구들이여, '분별한다오(vijānāti).' 그래서 '분별하는 마음[識, viññāṇa]'이라고 불린다오. 무엇을 분별하는가? 신맛을 분별하고, 쓴맛을 분별하고, 매운맛을 분별하고, 단맛을 분별하고, 자극적인 맛을 분별하고, 자극이 없는 맛을 분별하고, 짠맛을 분별하고, 싱거운 맛을 분별한다오. 비구들이여, '분별한다오(vijānāti).' 그래서 '분별하는 마음[識, viññāṇa]'이라고 불린다오.

비구들이여, 여기에서 배움이 많은 거룩한 제자는 이렇게 사유한다오.

'나는 지금 몸의 형색[色]에게 먹히고 있다. 현생에서 현재의 몸의 형색에게 먹히고 있듯이, 과거세에도 나는 몸의 형색에게 먹혔다. 내가 만약 미래의 몸의 형색을 즐기려 한다면, 현생에서 현재의 몸의 형색에게 먹히고 있듯이, 미래세에도 나는 몸의 형색에게 먹힐 것이다.'

그는 이렇게 사유함으로써 과거의 몸의 형색에 대하여 초연해지고, 미래의 몸의 형색을 즐기려 하지 않으며, 지금 생긴 몸의 형색에 대하여 싫증[厭離]을 내고, 욕탐을 버리고[離貪] 소멸(消滅)에 도달한다오. 느끼는 마음[受], 생각하는 마음[想], 유위를 조작하는 행위[行]들, 분별하는 마음[識]도 이와 같다오.

비구들이여, 어떻게 생각하는가? 몸의 형색[色]은 지속하는가, 지속하지 않는가?[43]"

"세존이시여, 지속하지 않습니다[無常]."

"느끼는 마음[受], 생각하는 마음[想], 유위를 조작하는 행위[行]들, 분별하는 마음[識]은 지속하는가, 지속하지 않는가?"

"세존이시여, 지속하지 않습니다."

"그렇다면, 지속하지 않는 것은 괴로운가, 즐거운가?"

"세존이시여, 괴롭습니다."

"그렇다면, 지속하지 않고, 괴롭고, 변화하는 법(法)을 '그것은 나의 것이다. 그것은 나다. 그것은 나의 자아다'라고 여기는 것이 과연 옳은가?"

"세존이시여, 그것은 결코 옳지 않습니다."

"비구들이여, 그러므로 여기에서 '과거 미래 현재의, 내적인 것이든 외적인 것이든, 거친 것이든 미세한 것이든, 보잘것없는 것이든 훌륭한 것이든, 멀리 있는 것이든 가까이 있는 것이든, 일체의 몸의 형색[色]은 나의 것도 아니고, 나도 아니고, 나의 자아도 아니다'라고, 이렇게 보는 것이 여실하게 바른 지혜로 보는 것이라오. 느끼는 마음[受], 생각하는 마음[想], 유위를 조작하는 행위[行]들, 분별하는 마음[識]도 이

43 'rūpaṃ niccaṃ vā aniccaṃ vā'의 번역.

와 같다오.

비구들이여, 이것을 '거룩한 제자는 없애고 모으지 않으며, 버리고 취하지 않으며, 멀리하고 가까이하지 않으며, 불을 끄고 지피지 않는다'라고 한다오.

무엇을 없애고 모으지 않는가? 몸의 형색[色]이나, 느끼는 마음[受], 생각하는 마음[想], 유위를 조작하는 행위[行]들, 분별하는 마음[識]을 없애고 모으지 않는다오.

무엇을 버리고 취하지 않는가? 몸의 형색이나, 느끼는 마음, 생각하는 마음, 유위를 조작하는 행위들, 분별하는 마음을 버리고 취하지 않는다오.

무엇을 멀리하고 가까이하지 않는가? 몸의 형색이나, 느끼는 마음, 생각하는 마음, 유위를 조작하는 행위들, 분별하는 마음을 멀리하고 가까이하지 않는다오.

어떤 불을 끄고 지피지 않는가? 몸의 형색이나, 느끼는 마음, 생각하는 마음, 유위를 조작하는 행위들, 분별하는 마음의 불을 끄고 지피지 않는다오.

비구들이여, 이와 같이 본 학식이 많은 거룩한 제자는 몸의 형색이나, 느끼는 마음, 생각하는 마음, 유위를 조작하는 행위들, 분별하는 마음에 대하여 싫증[厭離]을 내고, 싫증을 내기 때문에 욕탐을 버리고[離貪], 욕탐을 버리기 때문에 해탈(解脫)하며, 해탈했을 때 해탈했다는 것을 안다오. 즉 '생(生)은 소멸했다. 청정한 수행[梵行]을 완성했으며, 해야 할 일을 끝마쳤다. 다시는 이와 같은 상태로 되지 않는다'라고 통찰한다오.

비구들이여, 이것을 '비구는 모으지도 않고 없애지도 않는다. 없앤 후에는 계속해서 버리지도 않고 취하지도 않는다. 버린 후에는 계속해서 멀리하지도 않고 가까이하지도 않는다. 멀리한 후에는 계속해서 불을 끄지도 않고 지피지도 않는다'라고 한다오.

불을 끈 다음에는 계속해서 무엇을 모으지도 않고 없애지도 않는가? 없앤 후에 계속해서 몸의 형색[色]이나, 느끼는 마음[受], 생각하는 마음[想], 유위를 조작하는 행위[行]들, 분별하는 마음[識]을 모으지도 않고 없애지도 않는다오.

없앤 다음에는 계속해서 무엇을 버리지도 않고 취하지도 않는가? 버린 후에 계속해서 몸의 형색[色]이나, 느끼는 마음[受], 생각하는 마음[想], 유위를 조작하는 행위[行]들, 분별하는 마음[識]을 버리지도 않고 취하지도 않는다오.

버린 다음에는 계속해서 무엇을 멀리하지도 않고 가까이하지도 않는가? 멀리한 후에 계속해서 몸의 형색[色]이나, 느끼는 마음[受], 생각하는 마음[想], 유위를 조작하는 행위[行]들, 분별하는 마음[識]을 멀리하지도 않고, 가까이하지도 않는다오.

멀리한 다음에는 계속해서 어떤 불을 끄지도 않고 지피지도 않는가? 불을 끈 후에 계속해서 몸의 형색[色]이나, 느끼는 마음[受], 생각하는 마음[想], 유위를 조작하는 행위[行]들, 분별하는 마음[識]의 불을 끄지도 않고 지피지도 않는다오.

비구들이여, 불을 끈 후에 계속해서 이와 같이 해탈한 마음을 지닌 비구에게 제석천의 무리, 범천의 무리, 생주천(生主天)의 무리까지도 멀리서 귀의할 것이오."

고귀하신 분에게 귀의합니다. 존귀하신 분에게 귀의합니다.

당신께서 머무시는 선정(禪定)을 우리는 증득(證得)하지 못하나이다.

3.36. 탁발(Piṇḍolyaṃ)〈s.22.80〉

세존께서 싹까족의 까삘라왓투에 있는 니그로다 사원에 머무실 때, 세존께서 어떤 일로 인해서[44] 비구 승가를 꾸짖어 내치시고,[45] 아침에 옷을 입고, 발우와 법의를 지니고 탁발하러 까삘라왓투에 들어가셨습니다. 까삘라왓투에서 탁발을 하고 돌아와 식사를 마치신 후에 오후의 휴식을 하시려고 큰 숲으로 가셨습니다. 큰 숲에 들어가 오후의 휴식을 위해 웰루왈랏티따(Veluvalaṭṭhitā) 나무 아래 앉으셨습니다.

그때 세존께서는 홀로 고요한 선정에 들어 이와 같이 사유하셨습니다.

'나에게 쫓겨난 비구 승가에는 이 법과 율에 최근에 출가하여 새로 온 신참 비구들이 있다. 그들은 나를 보지 못하면, 어린 송아지가 어미를 보지 못하면 당황하고 길을 잃듯이, 당황하고 길을 잃을 것이다. 그렇지, 그렇지! 이 법과 율에 최근에 출가하여 새로 온 신참 비구들이

---

44 'kismñcid eva pakaraṇe'의 번역. 주석서에 의하면, 비구들이 법당에서 소란을 피웠기 때문이라고 하며, 우다나(Udāna) 25.에서는 세존께서 그 비구들을 걸핏하면 싸우려드는 어부들에 비유하시고, 아난다를 보내 그들을 꾸짖었다고 한다.

45 'bhikkhusaṅghaṃ paṇāmetvā'의 번역. 이 경의 문맥상 '꾸짖다'보다는 '내치다'가 더 적절하다고 생각되어 'paṇāmeti'를 '꾸짖어 내치다'로 번역함.

있지! 그들은 나를 보지 못하면, 어린 종자들이 물을 얻지 못하면 시들어 싹을 틔우지 못하듯이, 시들어 싹을 틔우지 못하겠지! 그렇지, 그렇지! 이 법과 율에 최근에 출가하여 새로 온 신참 비구들이 있지! 그들은 나를 볼 수 없으면 시들어 싹을 틔우지 못하겠지! 내가 이전에 비구 승가를 용서하고 받아들였듯이, 이제 비구 승가를 용서하고 받아들이면 어떨까?'

그때 싸함빠띠(Sahampati) 범천(梵天)이 세존께서 생각하시는 바를 알고, 마치 건장한 사람이 구부린 팔을 펴거나, 편 팔을 구부리듯이, 이와 같이 삽시간에 범천의 세계에서 사라져 세존 앞에 나타났습니다. 싸함빠띠 범천은 한쪽 어깨에 상의(上衣)를 걸치고, 오른쪽 무릎을 꿇고, 세존을 향해 합장 공경하고 세존께 말씀드렸습니다.

"그렇습니다. 세존이시여! 그렇습니다. 선서시여! 세존에게 쫓겨난 비구 승가에는 이 법과 율에 최근에 출가하여 새로 온 신참 비구들이 있습니다. 그들은 세존을 보지 못하면, 어린 송아지가 어미를 보지 못하면 당황하고 길을 잃듯이, 당황하고 길을 잃을 것입니다. 그렇습니다. 그렇습니다. 이 법과 율에 최근에 출가하여 새로 온 신참 비구들이 있습니다. 그들은 세존을 보지 못하면, 어린 종자들이 물을 얻지 못하면 시들어 싹을 틔우지 못하듯이, 시들어 싹을 틔우지 못할 것입니다. 그렇습니다. 그렇습니다. 이 법과 율에 최근에 출가하여 새로 온 신참 비구들이 있습니다. 그들은 세존을 볼 수 없으면 시들어 싹을 틔우지 못할 것입니다. 세존이시여, 비구 승가를 기쁘게 하소서! 세존이시여, 비구 승가를 받아들이소서! 세존께서 이전에 비구 승가를 용서하고 받아들였듯이, 이제 비구 승가를 용서하고 받아들이소서!"

세존께서는 침묵으로 동의하셨습니다. 그러자 싸함빠띠 범천은 세존께서 동의하신 것을 알고 세존께 예배한 후에 오른쪽으로 돌고 그곳에서 사라졌습니다.

세존께서는 해 질 무렵에 좌선에서 일어나 니그로다 승원으로 가서 마련된 자리에 앉으셨습니다. 자리에 앉으신 세존께서는 '그 비구들이 부끄러워하면서 하나둘씩 나에게 오도록 하겠다'는 그와 같은 신통을 부리셨습니다.

그 비구들은 하나둘씩 부끄러워하면서 세존에게 와서 세존께 예배한 후 한쪽에 앉았습니다. 한쪽에 앉은 그 비구들에게 세존께서 다음과 같이 말씀하셨습니다.

"비구들이여, 탁발은 밑바닥 삶이라오. 세간에서는 '손에 그릇을 들고 다니면서 빌어먹어라!'라고 저주한다오. 비구들이여, 선남자들이 그러한 탁발의 길로 나서는 것은 그럴만한 목적이 있고, 이유가 있다오. 왕의 강요 때문이 아니고, 강도의 협박 때문이 아니고, 빚 때문이 아니고, 두려움 때문이 아니고, 생계 때문이 아니라, '나는 태어남, 늙음, 죽음, 근심, 슬픔, 고통, 우울, 고뇌에 뒤덮여 있으며, 고통에 빠져서 고통에 시달리고 있다. 이와 같은 순전한 괴로움 덩어리[苦蘊]를 소멸하는 법을 알아야 한다'라고 생각하기 때문이라오.

비구들이여, 이와 같이 출가한 선남자가 감각적 욕망의 불길에 휩싸여 강렬한 탐욕이 있고, 분노의 마음이 있어 사악한 생각을 하고, 주의집중을 하지 못하여 알아차림을 하지 않고, 삼매에 들지 못하여 마음이 산란하고, 지각활동을 제어하지 못한다면, 비구들이여, 비유하면 양끝이 불에 타고 중간에 똥이 묻은 부지깽이는 속가(俗家)에서도 쓸모가 없고, 사원에서도 쓸모가 없듯이, 그와 같이 이 사람은 재가신도(在家信徒)의 재산만 축낼 뿐 출가사문(出家沙門)의 목적을 성취하지 못한다고 나는 이야기한다오.

비구들이여, 감각적 욕망에 대한 생각, 분노의 생각, 해치려는 생각, 이들 셋은 나쁜 생각이라오. 비구들이여, 4념처(四念處)에 확고하게 머무는 마음으로 살아가면서 무상삼매(無相三昧)를 닦으면[46] 이들 세 가지 나쁜 생각은 남김없이 소멸된다오.

비구들이여, 마땅히 무상삼매를 닦아야 한다오. 비구들이여, 무상삼매를 닦아서 익히면 많은 성과가 있고, 많은 이익이 있다오.

비구들이여, 유견(有見)과 무견(無見)이라는 모순되는 두 가지 견해가 있다오.[47] 비구들이여, 거기에서 학식이 많은 거룩한 제자는 '어떤 것이든 내가 그것을 취했을 때, 잘못되지 않을 수 있는 것이 세간에 있을까?'[48]라고 숙고한다오,

그는 '어떤 것이든 내가 그것을 취했을 때 잘못되지 않을 수 있는 것은 세간에 없다. 실로 나는 몸의 형색[色]을 취(取)함으로써 취해지고, 느끼는 마음[受]을 취함으로써 취해지고, 생각하는 마음[想]을 취함으로써 취해지고, 유위를 조작하는 행위[行]들을 취함으로써 취해지고, 분별하는 마음[識]을 취함으로써 취해질 것이다. 그로 인해서 나에게 취에 의존하여 유(有)가 있고, 유에 의존하여 생(生)이 있고, 생에 의존

---

46 'catūsu vā satipaṭṭhānesu supatiṭṭhita-cittassa viharato animittaṃ vā samādhiṃ bhāvayato'의 번역.

47 'dve mā bhikkhave diṭṭhiyo bhavadiṭṭhi ca vibhavadiṭṭhi ca'의 번역.

48 'atthi nu kho kiñci lokasmiṃ yam aham upādiyamāno na vajjavā assam'의 번역.

하여 노사(老死)와 근심, 슬픔, 고통, 우울, 고뇌가 있게 될 것이다. 이와 같이 순전한 괴로움 덩어리[苦蘊]가 모여서 나타날[集] 것이다'라고 통찰한다오.

비구들이여 어떻게 생각하는가? 몸의 형색[色], 느끼는 마음[受], 생각하는 마음[想], 유위를 조작하는 행위[行]들, 분별하는 마음[識]은 지속하는가[nicca, 常], 지속하지 않는가[anicca, 無常]?"

"세존이시여, 지속하지 않습니다."

"지속하지 않으면 즐거운가, 괴로운가?"

"세존이시여, 괴롭습니다."

"지속하지 않고, 괴롭고, 변해가는 법(法)을 '이것은 나의 것이다. 이것이 나다. 이것이 나의 자아다'라고 여기는 것이 과연 옳은가?"

"세존이시여, 결코 옳지 않습니다."

"비구들이여, 그러므로 이와 같이 본 학식이 많은 거룩한 제자는 몸의 형색[色], 느끼는 마음[受], 생각하는 마음[想], 유위를 조작하는 행위[行]들, 분별하는 마음[識]에 대하여 싫증[厭離]을 내고, 싫증을 내기 때문에 욕탐을 버리고[離貪], 욕탐을 버리기 때문에 해탈(解脫)하며, 해탈했을 때 해탈했다는 것을 안다오. 즉 '생(生)은 소멸했다. 청정한 수행[梵行]을 완성했으며, 해야 할 일을 끝마쳤다. 다시는 이와 같은 상태로 되지 않는다'라고 통찰한다오."

3.37. 빠릴레야(Pārileyya)〈s.22.81〉

세존께서 꼬쌈비(Kosambī)의 고씨따(Ghosita) 사원에 머무실 때, 세존께서 아침에 옷을 입고, 발우와 법의를 지니고 탁발하러 꼬쌈비에 들어가셨습니다. 세존께서는 꼬쌈비에서 탁발을 마치고, 음식을 드신 후에, 몸소 자리를 정리하고, 발우와 법의를 지니고, 시자를 부르지 않고, 비구 상가에도 알리지 않고 홀로 유행(遊行)의 길을 떠나셨습니다.

세존께서 길을 떠난 직후에 어떤 비구가 아난다 존자를 찾아와서 아난다 존자에게 말했습니다.

"아난다 존자여, 세존께서 몸소 잠자리를 정리하시고, 발우와 법의를 지니시고, 시자를 부르시지 않고, 비구 상가에도 알리시지 않고, 홀로 유행의 길을 떠나셨습니다."

"존자여, 세존께서 시자를 부르시지 않고, 비구 상가에 알리시지도 않고, 홀로 유행의 길을 떠나신 것은 세존께서 홀로 지내시고 싶은 뜻이 있기 때문입니다. 그때는 누구도 세존을 따라가서는 안 됩니다."

세존께서는 계속해서 유행하시다가 빠릴레야까(Pārileyyaka)에 도착하여 빠릴레야까에 있는 밧다쌀라(Bhaddasāla) 나무 아래에 머무셨습니다.

한편 많은 비구들이 아난다 존자를 찾아와서 아난다와 함께 공손하게 인사를 나누고 한쪽에 앉았습니다. 한쪽에 앉은 그 비구들이 아난다 존자에게 이렇게 말했다.

"아난다 존자여, 우리는 오랫동안 세존으로부터 친히 법문을 듣지 못했습니다. 아난다 존자여, 우리는 세존으로부터 친히 법문을 듣고 싶습니다."

그리하여 아난다 존자는 비구들과 함께 빠릴레야까의 밧다쌀라 나무 아래로 세존을 찾아가서 예배하고 한쪽에 앉았습니다. 한쪽에 앉은 비구들에게 세존께서 법문을 설하시어 가르치고, 격려하고, 칭찬하셨습니다. 그런데 그때 어떤 비구가 이런 생각을 일으켰습니다.

"어떻게 알고, 어떻게 보아야 곧바로 번뇌[漏]가 소멸할까?"

그때 세존께서 그 비구가 마음속으로 생각하는 바를 아시고 비구들에게 말씀하셨습니다.

"비구들이여, 나는 알아볼 수 있도록 구분하여 법(法)을 설했다오. 나는 4념처(四念處)를 알아볼 수 있도록 구분하여 설했다오. 4정근(四正勤), 4여의족(四如意足), 5근(五根), 5력(五力), 7각지(七覺支), 8지성도(八支聖道)를 알아볼 수 있도록 구분하여 설했다오. 비구들이여, 나는 이와 같이 알아볼 수 있도록 구분하여 법을 설했다오. 그럼에도 불구하고 이제 어떤 비구는 '어떻게 알고, 어떻게 보아야 곧바로 번뇌[漏]가 소멸할까?'라는 생각을 일으켰다오. 비구들이여, 번뇌[漏]는 어떻게 알고 어떻게 보아야 곧바로 소멸하는 것일까?

비구들이여, 성인을 무시하고, 참사람의 가르침에서 배우지 못한 무지한 범부는 몸의 형색[色]을 자아로 여긴다오.[49] 비구들이여, 그렇게 여기는 것이 유위를 조작하는 행위[行]라오. 몸의 형색을 자아라고 여기지 않아도, 자아가 몸의 형색을 가지고 있다고 여긴다면, 비구들이여, 그렇게 여기는 것이 유위를 조작하는 행위라오. 자아가 몸의 형색을 가지고 있다고 여기지 않아도, 자아 속에 몸의 형색이 있다고 여긴다면, 비구들이여, 그렇게 여기는 것이 유위를 조작하는 행위라오. 자아 속에 몸의 형색이 있다고 여기지 않아도, 몸의 형색 속에 자아가 있

49 'rūpam attato samanupassati'의 번역.

다고 여긴다면, 비구들이여, 그렇게 여기는 것이 유위를 조작하는 행위라오.

느끼는 마음[受], 생각하는 마음[想], 유위(有爲)를 조작하는 행위[行]들, 분별하는 마음[識]을 자아라고 여기거나, 자아가 이들을 가지고 있다고 여기거나, 자아 속에 이들이 있다고 여기거나, 이들 속에 자아가 있다고 여긴다면, 비구들이여, 그렇게 여기는 것이 유위를 조작하는 행위라오.

몸의 형색[色], 느끼는 마음[受], 생각하는 마음[想], 유위를 조작하는 행위[行]들, 분별하는 마음[識]을 자아라고 여기지 않아도, '그것이 자아다. 그것이 세계다. 그 자아가 내세(來世)에 지속적으로 일정하게 상주하며 불변할 것이다'라는 견해가 있다면, 비구들이여, 그 상견(常見)이 유위를 조작하는 행위라오. '그것이 자아다. 그것이 세계다. 그 자아가 내세에 지속적으로 일정하게 상주하며 불변할 것이다'라는 견해가 없어도, 나는 없을 것이고, 내 것도 없을 것이다. (죽은 후에) 나는 존재하지 않게 될 것이고, 내 것도 존재하지 않게 될 것이다'라는 견해가 있다면, 비구들이여, 그 단견(斷見)이 유위를 조작하는 행위[行]라오.

상견(常見)과 단견(斷見)이 없어도, 바른 가르침[正法]에 대하여 의심하고 주저하여 실천하지 않는다면,[50] 비구들이여, 바른 가르침에 대하여 의심하고 주저하여 실천하지 않는 것이 유위를 조작하는 행위[行]라오.

그렇다면, 그 유위를 조작하는 행위[行]는 무엇이 인연(nidāna)이

50 'api ca kho kaṅkhī hoti vicikicchī aniṭṭhaṅgato saddhamme'의 번역.

고, 무엇이 쌓인 것이고, 무엇이 낳은 것이고, 무엇이 함께하는가? 비구들이여, 무명(無明)의 상태에서 대상을 접촉함으로써 생긴 느낌에 영향을 받은 무지한 범부에게 생긴 갈애[愛],[51] 그것에서 유위를 조작하는 행위가 생긴다오. 비구들이여, 그 유위를 조작하는 행위는 지속하지 않으며[無常], 조작된 것이며[有爲, saṅkhatā]이며, 연기(緣起)한 것이라오. 그 갈애[愛]도 지속하지 않으며, 조작된 것이며, 연기한 것이라오. 그 느낌[受]도, 그 접촉[觸]도 지속하지 않으며, 조작된 것이며, 연기한 것이라오. 그 무명도 지속하지 않으며, 조작된 것이며, 연기한 것이라오.

비구들이여, 이와 같이 알고, 이와 같이 보면, 곧바로 번뇌[漏]가 소멸한다오."

3.38. 띳싸(Tisso)〈s.22.84〉

세존께서 싸왓티의 제따와나 아나타삔디까 사원에 머무실 때, 세존의 사촌형제인 띳싸 존자가 여러 비구들에게 말했습니다.

"존자들이여, 나의 몸은 술에 취한 것처럼 방향을 가늠할 수 없고, 가르침들이 생각나지 않으며, 나의 마음은 혼미하여 청정한 수행[梵行]을 즐겁게 실천하지 못하고, 가르침에 대하여 의심이 있습니다."

그러자 여러 비구들은 세존을 찾아가서 세존께 예배하고 한쪽에 앉은 후에 세존께 띳싸 존자에 대하여 말씀드렸습니다. 그때 세존께서는 한 비구를 보내서 띳싸 존자를 불렀습니다. 띳싸 존자는 세존의 부

51 'avijjāsamphassajena vedayitena phuṭṭhassa assutavato puthujjanassa uppannā taṇhā'의 번역.

름을 받고 세존을 찾아와서 세존께 예배한 후 한쪽에 앉았습니다. 한쪽에 앉은 띳싸 존자에게 세존께서 말씀하셨습니다.

"띳싸여, 그대는 진실로 여러 비구들에게 '존자들이여, 나의 몸은 술에 취한 것 같아서 방향을 가늠할 수 없고, 가르침들이 생각나지 않으며, 나의 마음은 혼미하여 청정한 수행[梵行]을 즐겁게 실천하지 못하고, 가르침에 대하여 의심이 있습니다'라고 말했는가?"

"그렇습니다. 세존이시여!"

"띳싸여, 어떻게 생각하는가? 몸의 형색[色]이나, 느끼는 마음[受], 생각하는 마음[想], 유위를 조작하는 행위[行]들, 분별하는 마음[識]에 대하여 탐욕이 그치지 않고, 욕망이 그치지 않고, 애정이 그치지 않고, 갈증이 그치지 않고, 열뇌(熱惱)가 그치지 않고, 갈애(渴愛)가 그치지 않기 때문에, 그 몸의 형색이나 느끼는 마음, 생각하는 마음, 유위를 조작하는 행위들, 분별하는 마음이 변하여 달라지면 근심, 슬픔, 고통, 우울, 고뇌가 생기는 것이 아닌가?"

"그렇습니다. 세존이시여!"

"훌륭하구나, 띳싸여! 훌륭하구나, 띳싸여! 어떻게 생각하는가? 몸의 형색[色]이나, 느끼는 마음[受], 생각하는 마음[想], 유위를 조작하는 행위[行]들, 분별하는 마음[識]에 대하여 탐욕이 소멸하고, 욕망이 소멸하고, 애정이 소멸하고, 갈증이 소멸하고, 열뇌가 소멸하고, 갈애가 소멸해도, 그 몸의 형색이나 느끼는 마음, 생각하는 마음, 유위를 조작하는 행위들, 분별하는 마음이 변하여 달라지면 근심, 슬픔, 고통, 우울, 고뇌가 생기겠는가?"

"그렇지 않습니다. 세존이시여!"

"훌륭하구나, 띳싸여! 훌륭하구나, 띳싸여! 어떻게 생각하는가? 몸의 형색[色]이나, 느끼는 마음[受], 생각하는 마음[想], 유위를 조작하는 행위[行]들, 분별하는 마음[識]은 지속하는가, 지속하지 않는가?"

"지속하지 않습니다[無常]. 세존이시여!"

"띳싸여, 그러므로 이와 같이 본 학식이 많은 거룩한 제자는 몸의 형색[色]이나 느끼는 마음[受], 생각하는 마음[想], 유위를 조작하는 행위[行]들, 분별하는 마음[識]에 대하여 싫증[厭離]을 내고, 싫증을 내기 때문에 욕탐을 버리고[離貪], 욕탐을 버리기 때문에 해탈(解脫)하며, 해탈했을 때 해탈했다는 것을 안다오. 즉 '생(生)은 소멸했다. 청정한 수행[梵行]을 완성했으며, 해야 할 일을 끝마쳤다. 다시는 이와 같은 상태로 되지 않는다'라고 통찰한다오.

띳싸여, 비유하면, 한 사람은 길을 모르고, 한 사람은 길을 잘 아는데, 길을 모르는 사람이 길을 잘 아는 사람에게 길을 물으면, 그는 '그 길은 이 길이요. 이 길로 잠시 가면 두 갈래 길이 보일 것이오. 그곳에서 왼쪽 길로 가지 말고 오른쪽 길로 가시오. 그 길로 잠시 가면 빽빽한 밀림(密林)이 보일 것이오. 그 길로 잠시 가면 커다란 낮은 습지가 보일 것이오. 그 길로 잠시 가면 험준한 절벽이 보일 것이오. 그 길로 잠시 가면 아름다운 평원이 보일 것이오'라고 말하는 것과 같다오. 띳싸여, 내가 이 비유를 이야기한 이유는 의미를 알려주기 위해서라오. 띳싸여, 길을 모르는 사람은 범부(凡夫)의 비유라오. 띳싸여, 길을 잘 아는 사람은 여래, 아라한, 등정각(等正覺)의 비유라오. 띳싸여, 두 갈래 길은 의혹(疑惑)의 비유라오. 띳싸여, 왼쪽 길은 여덟 가지 삿된 길[八邪道], 즉 삿된 견해[邪見] 내지 삿된 선정[邪定]의 비유라오. 띳싸여, 오른쪽 길은 여덟 가지 바른길[八正道], 즉 바른 견해[正見] 내지 바른 선정[正定]의 비유라오. 띳싸여, 빽빽한 밀림은 무명(無明)의 비유라오. 띳싸여, 커다란 낮은 습지는 감각적 욕망의 비유라오. 띳싸여, 험준한 절벽은 분노와 절망의 비유라오. 띳싸여, 아름다운 평원은 열반의 비유라오.

띳싸여, 기뻐하라! 띳싸여, 기뻐하라! 내가 충고하고, 돕고, 가르쳐 주었노라."

세존께서 이와 같이 말씀하시자, 띳싸 존자는 세존의 말씀에 환희하고 기뻐했습니다.

3.39. 야마까(Yamako)〈s.22.85〉

사리뿟따 존자께서 싸왓티의 제따와나 아나타삔디까 사원에 머무실 때, 야마까라는 비구는 이와 같은 못된 사견(邪見)을 일으켰습니다.

"나는 세존께서 '번뇌가 멸진한 비구[漏盡比丘]는 사후(死後)에 몸이 무너져 소멸하고 사라져서 존재하지 않게 된다'라는 설법을 하셨다고 알고 있다."

많은 비구들이 야마까라는 비구가 못된 사견을 일으켜 이렇게 말하는 것을 들었습니다. 그래서 그 비구들은 야마까 존자에게 가서 정중하게 인사를 나누고서 한쪽에 앉은 후에 야마까 존자에게 말했습니다.

"야마까 존자여, 그대가 '세존께서는 번뇌가 멸진한 비구는 사후에 몸이 무너져 소멸하고 사라져서 존재하지 않게 된다는 설법을 하셨다'라는 못된 사견을 일으킨 것이 사실입니까?"

"존자들이여, 나는 실로 세존께서 '번뇌가 멸진한 비구는 사후에 몸이 무너져 소멸하고 사라져서 존재하지 않게 된다'라는 설법을 하셨다고 알고 있습니다."

"야마까 존자여, 그렇게 말하지 마십시오. 세존을 비방하지 마십시오. 부디 세존께서 비방을 받게 하지 마십시오. 세존께서는 결코 '번뇌가 멸진한 비구는 사후에 몸이 무너져 소멸하고 사라져서 존재하지 않게 된다'라는 말씀을 하시지 않았을 것입니다."

그렇지만 비구들로부터 이와 같은 이야기를 들은 야마까 존자는 강하게 고집하면서 삿된 견해를 버리지 않았습니다. 그 비구들은 야마까 존자를 못된 사견에서 벗어나게 하지 못하고, 자리에서 일어나 싸리뿟따 존자를 찾아가서 싸리뿟따 존자에게 말했습니다.

"싸리뿟따 존자여, 야마까라는 비구가 '세존께서는 번뇌가 멸진한 비구는 사후에 몸이 무너져 소멸하고 사라져서 존재하지 않게 된다는 설법을 하셨다'라는 못된 사견을 일으켰습니다. 부디 싸리뿟따 존자께서는 연민의 마음을 가지고 야마까 비구에게 가시기 바랍니다."

싸리뿟따 존자는 침묵으로 승락했습니다.

싸리뿟따 존자는 해 질 무렵에 좌선에서 일어나 야마까 존자를 찾아가 함께 인사를 나눈 후 한쪽에 앉아 야마까 존자에게 말했습니다.

"야마까 존자여, 그대가 '세존께서는 번뇌가 멸진한 비구는 사후에 몸이 무너져 소멸하고 사라져서 존재하지 않게 된다는 설법을 하셨다'라는 못된 삿된 견해를 일으킨 것이 사실인가?"

"존자님, 저는 실로 세존께서 '번뇌가 멸진한 비구는 사후에 몸이 무너져 소멸하고 사라져서 존재하지 않게 된다'라는 설법을 하셨다고 알고 있습니다."

"야마까 존자여, 어떻게 생각하는가? 몸의 형색[色]이나, 느끼는 마음[受], 생각하는 마음[想], 유위를 조작하는 행위[行]들, 분별하는 마음[識]은 지속하는가, 지속하지 않는가?"

"지속하지 않습니다[無常]. 존자님!"

"야마까 존자여, 그러므로, 이와 같이 본 학식이 많은 거룩한 제자는 몸의 형색이나, 느끼는 마음, 생각하는 마음, 유위를 조작하는 행위들, 분별하는 마음에 대하여 싫증[厭離]을 내고, 싫증을 내기 때문에 욕탐을 버리고[離貪], 욕탐을 버리기 때문에 해탈(解脫)하며, 해탈했을 때 해탈했다는 것을 안다오. 즉 '생(生)은 소멸했다. 청정한 수행[梵行]을 완성했으며, 해야 할 일을 끝마쳤다. 다시는 이와 같은 상태로 되지 않는다'라고 통찰한다오. 야마까 존자여, 어떻게 생각하는가? 그대는 몸의 형색[色]이 여래(如來)라고 여기는가?"

"그렇지 않습니다. 존자님."

"야마까 존자여, 어떻게 생각하는가? 그대는 느끼는 마음[受]이나 생각하는 마음[想], 유위를 조작하는 행위[行]들, 분별하는 마음[識]이 여래(如來)라고 여기는가?"

"그렇지 않습니다. 존자님."

"야마까 존자여, 어떻게 생각하는가? 그대는 몸의 형색 안이나 느끼는 마음, 생각하는 마음, 유위를 조작하는 행위들, 분별하는 마음 안에 여래가 있다고 여기는가?"

"그렇지 않습니다. 존자님."

"야마까 존자여, 어떻게 생각하는가? 그대는 몸의 형색 밖이나, 느끼는 마음, 생각하는 마음, 유위를 조작하는 행위들, 분별하는 마음 밖에 여래가 있다고 여기는가?"

"그렇지 않습니다. 존자님."

"야마까 존자여, 어떻게 생각하는가? 그대는 몸의 형색, 느끼는 마음, 생각하는 마음, 유위를 조작하는 행위들, 분별하는 마음, 이들 모두를 여래라고 여기는가?"

"그렇지 않습니다. 존자님."

"야마까 존자여, 어떻게 생각하는가? 그대는 여래는 몸의 형색이 없고, 느끼는 마음이 없고, 생각하는 마음이 없고, 유위를 조작하는 행위들이 없고, 분별하는 마음이 없다고 여기는가?"

"그렇지 않습니다. 존자님."

"야마까 존자여, 그대는 실로 지금 여기에서 여래를 사실대로, 있는 그대로 이해하지 못하고 있군요.[52] 그럼에도 불구하고, 그대가 '나는 세존께서 번뇌가 멸진한 비구는 사후에 몸이 무너져 소멸하고 사라져서 존재하지 않게 된다는 설법을 하셨다고 알고 있다'라고 확언하는 것이 과연 옳은 일인가?"

"싸리뿟따 존자님, 이전에는 어리석어서 저에게 못된 삿된 견해[邪見]가 있었습니다. 그러나 싸리뿟따 존자님의 설법을 듣고 저는 그 못된 삿된 견해를 버리고 가르침을 이해했습니다."

"야마까 존자여, 만약 그대에게 '야마까 존자여, 비구로서 번뇌가 멸진한 아라한(阿羅漢)은 사후에 몸이 무너져 소멸하고 사라진 후에는 어떻게 되는가?'라고 묻는다면, 이러한 질문에 그대는 어떻게 대답하

---

52 'ettha ca te āvuso Yamaka diṭṭheva dhamme saccato thetato anupalabbhiyamāno'의 번역.

겠는가?"

"존자님, 만약 저에게 그렇게 묻는다면, 저는 '존자여, 몸의 형색[色]은 지속하지 않습니다. 지속하지 않으면[無常] 괴롭습니다. (번뇌가 멸진한 비구는) 그 괴로움이 소멸하고, 그 괴로움이 사라졌습니다. 느끼는 마음[受]이나 생각하는 마음[想], 유위를 조작하는 행위[行]들, 분별하는 마음[識]도 마찬가지입니다'라고 대답할 것입니다."

"훌륭하오. 야마까 존자여! 훌륭하오. 야마까 존자여! 내가 이제 그대에게 그 의미를 보다 잘 이해할 수 있도록 비유하여 이야기하겠소. 야마까 존자여, 재산이 많은 부유한 장자나, 장자의 아들이 경호원을 두고 있는데 어떤 사람이 그에게서 재산을 빼앗고, 괴롭히고, 불안하게 하고, 생명을 빼앗으려는 욕망을 일으켰다고 한다면, 그리고 그 사람이 '이 장자나, 장자의 아들은 재산이 많고 부유한데, 경호원을 두고 있다. 이 사람을 힘으로 죽이기 어려우니, 내가 침입하여 목숨을 빼앗는 것이 좋겠다'라고 생각하고, 그 장자나 장자의 아들을 찾아가서 '주인님, 당신의 시중을 들고 싶습니다'라고 말하자, 그 장자나 장자의 아들이 곧바로 그 사람을 시중들게 했다고 한다면, 그리고 그가 시중들면서 남보다 일찍 일어나고, 남보다 늦게 자고, 무슨 일이나 복종하며, 즐겁게 일하고, 상냥하게 말하자, 그 장자나 장자의 아들은 그 사람을 가까운 친구로 생각하고, 신뢰하게 되었다고 한다면, 존자여, 바로 그때 그 사람이 '이 장자나 장자의 아들은 나를 신뢰한다'라고 생각하고 그를 조용한 곳에 데려가서 날카로운 칼로 목숨을 빼앗았다고 한다면, 야마까 존자여, 어떻게 생각하는가? 그 사람이 장자나 장자의 아들을 찾아가서 '주인님, 당신의 시중을 들고 싶습니다'라고 말했을 때, 장자나 장자의 아들은 '그 살인자가 나를 죽일 살인자'라는 것을 알지 못했던 것이 아닌가? 그가 시중들면서 남보다 일찍 일어나고, 남보다 늦게 자고, 무슨 일이나 복종하며 즐겁게 일하고 상냥하게 말했을 때, 장자나 장자의 아들은 '그 살인자가 나를 죽일 살인자'라는 것을 알지 못했던 것이 아닌가? 그를 조용한 곳에 데려가서 날카로운 칼로 목숨을 빼앗았을 때, 장자나 장자의 아들은 '그 살인자가 나를 죽일 살인자'라는 것을 알지 못했던 것이 아닌가?"

"그렇습니다. 존자님!"

"존자여, 이와 같이 성인을 무시하고, 참사람의 가르침에서 배우지 못한 무지한 범부는 몸의 형색[色]을 자아로 여긴다오. 그는 자아가 몸의 형색을 가지고 있다고 여기거나, 자아 안에 몸의 형색이 있다고 여기거나, 몸의 형색 안에 자아가 있다고 여긴다오. 느끼는 마음[受]이나 생각하는 마음[想], 유위를 조작하는 행위[行]들, 분별하는 마음[識]에 대해서도 마찬가지라오. 몸의 형색은 지속하지 않는데, 그는 '몸의 형색은 지속하지 않는다'라고 있는 그대로 통찰하지 못한다오. 느끼는 마음, 생각하는 마음, 유위를 조작하는 행위들, 분별하는 마음에 대해서도 마찬가지라오. 몸의 형색은 괴로움인데, 그는 '몸의 형색은 괴로움이다'라고 있는 그대로 통찰하지 못한다오. 느끼는 마음, 생각하는 마음, 유위를 조작하는 행위들, 분별하는 마음에 대해서도 마찬가지라오. 몸의 형색은 실체가 없는데, 그는 '몸의 형색은 실체가 없다'라고 있는 그대로 통찰하지 못한다오. 느끼는 마음, 생각하는 마음, 유위를 조작하는 행위들, 분별하는 마음에 대해서도 마찬가지라오. 몸의 형색은 조작된 것[有爲]인데, 그는 '몸의 형색은 조작된 것이다'라고 있는 그대로 통찰하지 못한다오. 느끼는 마음, 생각하는 마음, 유위를 조작하는 행위들, 분별하는 마음에 대해서도 마찬가지라오. 몸의 형색은 살인자인데, 그는 '몸의 형색은 살인자이다'라고 있는 그대로 통찰하지 못한다오. 느끼는 마음, 생각하는 마음, 유위를 조작하는 행위들, 분별하는 마음에 대해서도 마찬가지라오. 그는 몸의 형색을 가까이하고, 집착하고, '나의 자아'라고 고집한다오. 느끼는 마음, 생각하는 마음, 유위를 조작하는 행위들, 분별하는 마음에 대해서도 마찬가지라오. 그가 가까이하고 집착한 이들 5취온(五取蘊)이 그를 오랜 세월 무익한 괴로움으로 이끈다오. 학식이 많은 거룩한 제자는 몸의 형색을 자아로 여기지 않는다오. … (중략) … 그는 몸의 형색을 가까이하지 않고, 집착하지 않고, '나의 자아'라고 고집하지 않는다오. 느끼는 마음, 생각하는 마음, 유위를 조작하는 행위들, 분별하는 마음에 대해서도 마찬가지라오. 그가 가까이하지 않고 집착하지 않는 이들 5취온이 그를 오랜 세월 유익한 즐거움으로 이끈다오."

"그렇군요! 싸리뿟따 존자님, 법우들에게 연민심을 가지고 도움을 주려고 충고하고 훈계하는 이런 도반들이 있군요! 저는 싸리뿟따 존자님의 설법을 듣고 집착을 버리고 번뇌로부터 마음이 해탈했습니다."

싸리뿟따 존자께서는 이와 같이 말씀하셨고, 야마까 존자는 싸리뿟따 존자의 말씀에 환희하고 기뻐했습니다.

3.40. 아누라다(Anurādho)〈s.22.86〉

세존께서 웨쌀리에 있는 마하와나(Mahāvana, 大林園)의 중각강당(重閣講

堂)에 머무실 때, 아누라다(Anurādha) 존자는 세존으로부터 멀지 않은 숲속의 초막(草幕)에 머물고 있었습니다.

그때 많은 외도(外道) 출가수행자들이 아누라다 존자를 찾아와서 정중하게 인사를 나누고 한쪽에 앉은 후에 아누라다 존자에게 말했습니다.

"아누라다 존자여, 여래는 '여래는 사후(死後)에 존재한다.' 또는 '여래는 사후에 존재하지 않는다.' 또는 '여래는 사후에 존재하기도 하고, 존재하지 않기도 한다.' 또는 '여래는 사후에 존재하는 것도 아니고, 존재하지 않는 것도 아니다'라는 네 가지 명제(命題)로 규정(規定)하여 최고의 인간이며, 최상의 인간이며, 최상의 공덕을 성취한 여래를 알려 줍니다."

이와 같이 말하자, 아누라다 존자가 외도 출가수행자들에게 말했습니다.

"존자들이여, 여래는 '여래는 사후에 존재한다.' 또는 '여래는 사후에 존재하지 않는다.' 또는 '여래는 사후에 존재하기도 하고, 존재하지 않기도 한다.' 또는 '여래는 사후에 존재하는 것도 아니고, 존재하지 않는 것도 아니다'라는 네 가지 명제(命題)로 규정하는 것을 배제하고서, 최고의 인간이며, 최상의 인간이며, 최상의 공덕을 성취한 여래를 알려 줍니다."

이와 같이 말하자, 그 외도 출가수행자들이 아누라다 존자에게 말했습니다.

"이 비구는 출가한 지 얼마 되지 않은 새내기이거나, 그렇지 않으면, 어리석은 바보 장로(長老)일 것이다."

외도 출가수행자들은 새내기라는 말과 바보라는 말로 아누라다 존자를 비난한 후에 자리에서 일어나 떠나갔습니다. 그 출가수행자들이 떠난 직후에, 아누라다 존자에게 이런 생각이 들었습니다.

"만약에 그 외도 출가수행자들이 나에게 추가적인 질문을 했다면, 나는 그 외도 출가수행자들에게 어떻게 대답을 해야만 세존께서 말씀하신 그대로 말하는 것이 되고, 거짓으로 세존을 중상(中傷)하지 않고 가르침대로 여법하게 대답하는 것이 되고, 같은 가르침을 따르는 사람은 누구라도 논쟁이나 비난을 받는 처지에 이르지 않는 대답이 될까?"

그래서 아누라다 존자는 세존을 찾아가서 예배하고 한쪽에 앉아 외도 출가수행자들이 찾아와서 있었던 일과 자신에게 생겼던 의문을 말씀드렸습니다.

세존께서 아누라다 존자에게 물었습니다.

"아누라다여, 어떻게 생각하는가? 몸의 형색[色]이나, 느끼는 마음[受], 생각하는 마음[想], 유위를 조작하는 행위[行]들, 분별하는 마음[識]은 지속하는가, 지속하지 않는가?"

"지속하지 않습니다[無常]. 세존이시여!"

"아누라다여, 그러므로, 이와 같이 본 학식이 많은 거룩한 제자는 몸의 형색이나, 느끼는 마음, 생각하는 마음, 유위를 조작하는 행위들, 분별하는 마음에 대하여 싫증[厭離]을 내고, 싫증을 내기 때문에 욕탐을 버리고[離貪], 욕탐을 버리기 때문에 해탈(解脫)하며, 해탈했을 때 해탈했다는 것을 안다오. 즉 '생(生)은 소멸했다. 청정한 수행[梵行]을 완성했으며, 해야 할 일을 끝마쳤다. 다시는 이와 같은 상태로 되지 않는다'라고 통찰한다오. 아누라다여, 어떻게 생각하는가? 그대는 몸의 형색[色]이 여래(如來)라고 여기는가?"

"그렇지 않습니다. 세존이시여!"

"아누라다여, 어떻게 생각하는가? 그대는 느끼는 마음[受]이나 생각하는 마음[想], 유위를 조작하는 행위[行]들, 분별하는 마음[識]이 여래(如來)라고 여기는가?"

"그렇지 않습니다. 세존이시여!"

"아누라다여, 어떻게 생각하는가? 그대는 몸의 형색 안이나 느끼는 마음, 생각하는 마음, 유위를 조작하는 행위들, 분별하는 마음 안에 여래가 있다고 여기는가?"

"그렇지 않습니다. 세존이시여!"

"아누라다여, 어떻게 생각하는가? 그대는 몸의 형색 밖이나, 느끼는 마음, 생각하는 마음, 유위를 조작하는 행위들, 분별하는 마음 밖에 여래가 있다고 여기는가?"

"그렇지 않습니다. 세존이시여!"

"아누라다여, 어떻게 생각하는가? 그대는 몸의 형색, 느끼는 마음, 생각하는 마음, 유위를 조작하는 행위들, 분별하는 마음, 이들 모두를 여래라고 여기는가?"

"그렇지 않습니다. 세존이시여!"

"아누라다여, 어떻게 생각하는가? 그대는 여래는 몸의 형색이 없고, 느끼는 마음이 없고, 생각하는 마음이 없고, 유위를 조작하는 행위들이 없고, 분별하는 마음이 없다고 여기는가?"

"그렇지 않습니다. 세존이시여!"

"아누라다여, 그대는 실로 지금 여기에서 여래를 사실대로, 있는 그대로 이해하지 못하고 있다오. 그럼에도 불구하고, 그대가 여래는 '여래는 사후에 존재한다. 또는 여래는 사후에 존재하지 않는다. 또는 여래는 사후에 존재하기도 하고, 존재하지 않기도 한다. 또는 여래는 사후에 존재하는 것도 아니고, 존재하지 않는 것도 아니다.' 이러한 네 가지 명제(命題)로 규정하는 것을 배제하고서, 최고의 인간이며, 최상의 인간이며, 최상의 공덕을 성취한 여래를 알려준다고 대답한 것이 과연 옳은 일인가?"

"그렇지 않습니다. 세존이시여!"

"훌륭하도다. 아누라다여, 훌륭하도다. 아누라다여, 이전에도, 그리고 지금도, 내가 알려주는 것은 실로 괴로움과 괴로움의 소멸이라오."[53]

3.41. 왁깔리(Vakkali)〈s.22.87〉

세존께서 라자가하의 웰루와나 깔란다까니와빠(竹林精舍)에 머무실 때, 중병이 들어 고통을 겪고 있는 왁깔리(Vakkali) 존자는 도공(陶工)의 집에 머물고 있었습니다. 왁깔리 존자는 간병하는 사람들에게 부탁했습니다.

"존자들이여, 그대들이 세존을 찾아가서 나를 대신하여 '세존이시여, 중병이 들어 고통을 겪고 있는 왁깔리 비구가 세존의 두 발에 정례(頂禮)를 올립니다'라고 세존의 두 발에 정례를 올리고, '세존이시여, 부

53 'pubbe cāham Anurādha etarahi ca dukkhañceva paññāpemi dukkhassa ca nirodhaṃ'의 번역.

디 연민심을 가지고 왁깔리 비구를 찾아가 주시기 바랍니다'라고 말씀드려주십시오."

"그렇게 하겠습니다. 왁깔리 존자여!"

그 비구들은 왁깔리 존자에게 승낙하고 세존을 찾아가 예배한 후 한쪽에 앉아서 왁깔리 존자의 말씀을 전했습니다.

세존께서는 침묵으로 승낙하셨습니다. 세존께서는 옷을 입고, 발우와 법의를 지니고 왁깔리 존자를 찾아가셨습니다.

왁깔리 존자는 먼발치에서 세존께서 오시는 것을 보고서 침대에서 일어났습니다. 그러자 세존께서 왁깔리 존자에게 말씀하셨습니다.

"잠깐만! 왁깔리여, 침대에서 일어나지 마시오! 마련된 자리들이 있으니, 나는 그곳에 앉겠소."

세존께서는 마련된 자리에 앉으신 후에 왁깔리 존자에게 말씀하셨습니다.

"왁깔리여, 참을만하나요? 왁깔리여, 견딜만하나요? 왁깔리여, 통증은 줄어들어 더하지는 않나요? 왁깔리여, 병세는 차도(差度)가 있나요?"

"세존이시여, 참을 수가 없고 견딜 수가 없습니다. 심한 통증은 더해지고 줄어들지 않습니다. 병세에 차도가 없습니다."

"왁깔리여, 그대에게는 어떤 회한이나 후회는 없나요?"

"세존이시여, 저에게는 실로 적지 않은 회한과 후회가 있습니다."

"왁깔리여, 그대는 계행(戒行)으로 인해서 자신을 책망(責望)하고 있나요?"

"세존이시여, 저는 계행으로 인해서 자책(自責)하는 것이 아닙니다."

"왁깔리여, 계행으로 인해서 자책하는 것이 아니라면, 그대의 회한과 후회는 무엇인가요?"

"세존이시여, 저는 오랫동안 세존을 뵈러 찾아가고 싶었지만, 저의 몸에는 그럴 기력이 없었습니다."

"잠깐만! 왁깔리여, 썩은 내 나는 이 몸은 보아서 무엇하겠소? 왁깔리여, 법(法)을 보는 사람이 나를 보는 사람이고, 나를 보는 사람은 법을 보는 사람이오. 왁깔리여, 실로 법을 보는 것이 나를 보는 것이고, 나를 보는 것은 법을 보는 것이오. 왁깔리여, 어떻게 생각하는가? 몸의 형색[色]이나, 느끼는 마음[受], 생각하는 마음[想], 유위를 조작하는 행위[行]들, 분별하는 마음[識]은 지속하는가, 지속하지 않는가?"

"지속하지 않습니다[無常]. 세존이시여!"

"왁깔리여, 그러므로 이와 같이 본 학식이 많은 거룩한 제자는 몸의 형색[色]이나, 느끼는 마음[受], 생각하는 마음[想], 유위를 조작하는 행위[行]들, 분별하는 마음[識]에 대하여 싫증[厭離]을 내고, 싫증을 내기 때문에 욕탐을 버리고[離貪], 욕탐을 버리기 때문에 해탈(解脫)하며, 해탈했을 때 해탈했다는 것을 안다오. 즉 '생(生)은 소멸했다. 청정한 수행[梵行]을 완성했으며, 해야 할 일을 끝마쳤다. 다시는 이와 같은 상태로 되지 않는다'라고 통찰한다오."

세존께서는 왁깔리 존자를 이와 같이 훈계하시고 자리에서 일어나 깃자꾸따(Gijjhakūṭa) 산으로 떠나셨습니다. 그러자 왁깔리 존자는 세존께서 떠나신 직후에 간병하는 사람들에게 부탁했습니다.

"존자들이여, 나를 침대에 올려서 이씨길리(Isigili) 산 중턱의 검바위로 데려가 주세요. 이른바 나와 같은 수행자가 속인(俗人)의 집안에서 죽을 생각을 하면 되겠소?"

그 비구들은 왁깔리 존자에게 "그렇게 하겠습니다"라고 승낙하고, 왁깔리 존자를 침대에 올려서 이씨길리 산 중턱의 검바위로 데려갔습니다.

그때 세존께서는 그날의 나머지 낮과 밤을 깃자꾸따 산에서 지내셨습니다. 그때 두 천신이 눈부신 용모로 깃자꾸따를 환히 밝히면서 세존을 찾아와 예배한 후 한쪽에 서서 한 천신이 세존께 이렇게 말씀드렸습니다.

"세존이시여, 왁깔리 비구가 해탈하려고 생각하고 있습니다."

다른 천신은 세존께 이렇게 말씀드렸습니다.

"세존이시여, 그는 분명히 훌륭한 해탈자(解脫者)로 해탈할 것입니다."

그 천신들은 이와 같이 말씀드리고 세존께 예배한 후에 오른쪽으로 돌고 나서 그곳에서 사라졌습니다.

세존께서는 그 밤이 지난 후에 비구들에게 분부하셨습니다.

"비구들이여, 그대들은 왁깔리 비구를 찾아가서 이렇게 말하시오."

"왁깔리 존자여, 세존과 두 천신의 이야기를 들어보시오. 존자여, 지난밤에 두 천신이 눈부신 용모로 깃자꾸따를 환히 밝히면서 세존을 찾아와 예배한 후 한쪽에 서서 한 천신이 세존께 이렇게 말씀드렸답니다. '세존이시여, 왁깔리 비구가 해탈하려고 생각하고 있습니다.' 다른 천신은 세존께 이렇게 말씀드렸답니다. '세존이시여, 그는 분명히 훌륭한 해탈자(解脫者)로 해탈할 것입니다.' 그 천신들은 이와 같이 말씀드리고 세존께 예배한 후에 오른쪽으로 돌고 나서 그곳에서 사라졌답니다. 왁깔리 존자여, 세존께서는 이렇게 말씀하셨습니다. '왁깔리여, 두려워 마시오. 왁깔리여, 두려워 마시오. 그대에게 죽음은 사악한 일이 되지 않고, 절명(絶命)은 비열한 일이 되지 않을 것이오."

그 비구들은 세존께 "그렇게 하겠습니다"라고 승낙한 후에 왁깔리 존자를 찾아가서 세존의 말씀을 전했습니다. 그러자 왁깔리 존자는 간병하는 사람들에게 부탁했습니다.

"존자들이여, 나를 침대에서 내려주세요. 이른바 나와 같은 제자가 높은 침대에 앉아서 세존의 전갈(傳喝)을 들을 생각을 하면 되겠소?"

그 비구들은 왁깔리 존자에게 "그렇게 하겠습니다"라고 승낙하고, 왁깔리 존자를 침대에서 내려주었습니다. 왁깔리 존자는 침대 아래에서 세존의 전갈을 들은 후에 말했습니다.

"존자들이여, 나를 대신하여 '세존이시여, 중병이 들어 고통을 겪고 있는 왁깔리 비구가 세존의 두 발에 정례(頂禮)를 올립니다'라고 세존의 두 발에 정례를 올려주세요. 그리고 '세존이시여, 몸의 형색[色]이나, 느끼는 마음[受], 생각하는 마음[想], 유위를 조작하는 행위[行]들, 분별하는 마음[識]은 지속하지 않는다[無常]는 사실을 저는 두려워하지 않습니다. 지속하지 않는 것[無常]은 괴로움이라는 사실을 저는 의심하지 않습니다. 저에게 지속하지 않고[無常] 괴롭고 변해가는 법(法)에 대한 욕망이나 집착이나 애정이 없다는 것을 저는 의심하지 않습니다'라는 말씀을 전해주세요."

그 비구들은 왁깔리 존자에게 "그렇게 하겠습니다"라고 승낙하고 떠났습니다. 그러자 왁깔리 존자는 그 비구들이 떠난 직후에 칼을 들어 자결했습니다.

그 비구들은 세존을 찾아가서 왁깔리 존자의 말씀을 전해드렸습니다. 그러자 세존께서 비구들에게 분부하셨습니다.

"비구들이여, 우리 함께 갑시다. 나는 선남자 왁깔리가 칼을 들어 자결한 이씨길리 산 중턱의 검바위를 찾아갈 것이오."

그 비구들은 세존께 "그렇게 하겠습니다"라고 승낙했습니다. 세존께서는 많은 비구들과 함께 이씨길리 산 중턱의 검바위를 찾아갔습니다. 세존께서는 먼발치에서 침대 위에 어깨를 돌리고 누워 있는 왁깔리 존자를 보셨습니다. 그때 어두운 운무(雲霧)가 동쪽으로 갔다가 서쪽으로 가고, 북쪽으로 가고, 남쪽으로 가고, 위로 가고, 아래로 가면서 모든 방향으로 퍼져갔습니다. 그러자 세존께서 비구들에게 말씀하셨습니다.

"비구들이여, 그대들은 어두운 운무가 동쪽으로 갔다가 서쪽으로 가고, 북쪽으로 가고, 남쪽으로 가고, 위로 가고, 아래로 가면서 모든 방향으로 퍼져가는 것을 보는가?"

"그렇습니다. 세존이시여!"

"비구들이여, 이것은 마라 빠삐만이, 선남자 왁깔리의 분별하는 마음[識]이 어디에 머물고 있는지, 선남자 왁깔리의 분별하는 마음[識]을 찾고 있는 것이오. 그런데 분별하는 마음[識]이 머물지 않아서 선남자 왁깔리는 반열반(般涅槃)했다오."

3.42. 앗싸지(Assaji)〈s.22.88〉

세존께서 라자가하의 웰루와나 깔란다까니와빠(竹林精舍)에 머무실 때, 중병이 들어 고통을 겪고 있는 앗싸지(Assaji) 존자는 도공(陶工)의 집에 머물고 있었습니다. 앗싸지 존자는 간병(看病)하는 사람들에게 부탁했습니다.

"존자들이여, 그대들이 세존을 찾아가서 나를 대신하여 '세존이시여, 중병이 들어 고통을 겪고 있는 앗싸지 비구가 세존의 두 발에 정례(頂禮)를 올립니다'라고 세존의 두 발에 정례를 올리고, '세존이시여, 부디 연민심을 가지고 앗싸지 비구를 찾아가 주시기 바랍니다'라고 말씀드려주십시오."

… (중략) …

"앗싸지여, 그대는 계행(戒行)으로 인해서 자신을 책망(責望)하고 있나요?"

"세존이시여, 저는 계행으로 인해서 자책(自責)하는 것이 아닙니다."

"앗싸지여, 계행으로 인해서 자책하는 것이 아니라면, 그대의 회한과 후회는 무엇인가요?"

"세존이시여, 저는 이전에 통증을 가라앉히면서 행한 신행(身行)에 대하여[54] 후회하며 지내고 있습니다. 저는 삼매(三昧)를 성취하지 못했습니다. 세존이시여, 저는 삼매를 성취하지 못했지만, '나는 물러서지 않겠다'라고 생각합니다."

"앗싸지여, 진실한 삼매를 닦고, 사문에 걸맞은 삼매를 닦는 사문이나 바라문들은 삼매를 성취하지 못해도 '우리는 물러서지 않을 것이다'라고 생각한다오. 앗싸지여, 어떻게 생각하는가? 몸의 형색[色]이나,

---

54 'pubbe khvāham bhante gelaññaṃ passambhetvā kāyasaṅkhāre'의 번역.

느끼는 마음[受], 생각하는 마음[想], 유위를 조작하는 행위[行]들, 분별하는 마음[識]은 지속하는가, 지속하지 않는가?"

"지속하지 않습니다[無常]. 세존이시여!"

"앗싸지여, 그러므로 이와 같이 본 학식이 많은 거룩한 제자는 몸의 형색[色]이나, 느끼는 마음[受], 생각하는 마음[想], 유위를 조작하는 행위[行]들, 분별하는 마음[識]에 대하여 싫증[厭離]을 내고, 싫증을 내기 때문에 욕탐을 버리고[離貪], 욕탐을 버리기 때문에 해탈(解脫)하며, 해탈했을 때 해탈했다는 것을 안다오. 즉 '생(生)은 소멸했다. 청정한 수행[梵行]을 완성했으며, 해야 할 일을 끝마쳤다. 다시는 이와 같은 상태로 되지 않는다'라고 통찰한다오.

그는 즐거운 느낌을 느낄 때, '그것은 지속하지 않는다[無常]'라고 통찰하고. '탐착하면 안 된다'라고 통찰하고, '즐기면 안 된다'라고 통찰한다오. 괴로운 느낌을 느낄 때나 괴롭지도 즐겁지도 않은 느낌을 느낄 때도 '그것은 지속하지 않는다[無常]'라고 통찰하고. '탐착하면 안 된다'라고 통찰하고, '즐기면 안 된다'라고 통찰한다오.

그는 즐거운 느낌을 느낄 때, 속박에서 벗어나 그것을 느낀다오. 괴로운 느낌을 느낄 때나 괴롭지도 즐겁지도 않은 느낌을 느낄 때도 속박에서 벗어나 그것을 느낀다오.

그는 몸이 끝나가는 느낌을 느끼면서 '나는 몸이 끝나감을 느낀다'라고 통찰하고, 수명(壽命)이 끝나가는 느낌을 느끼면서 '나는 수명이 끝나감을 느낀다'라고 통찰하고, '몸이 파괴된 후에 수명이 다하면, 지금까지 느꼈던 모든 것들이 즐길 수 없이 차갑게 식어버릴 것이다'라고 통찰한다오. 앗싸지여, 비유하면, 기름과 심지에 의지하여 타는 기름 등이 기름과 심지가 닳아 없어지면 연료가 없어서 꺼지는 것과 같다오. 앗싸지여, 이와 같이 비구는 몸이 끝나가는 느낌을 느끼면서, '나는 몸이 끝나감을 느낀다'라고 통찰하고, 수명이 끝나가는 느낌을 느끼면서, '나는 수명이 끝나감을 느낀다'라고 통찰하고, '몸이 파괴된 후에 수명이 다하면, 지금까지 느꼈던 모든 것들은 즐길 수 없이 차갑게 식어버릴 것이다'[55]라고 통찰한다오."

3.43. 찬나(Channo)〈s.22.90〉

한때 많은 장로 비구들이 바라나씨의 이씨빠따나 미가다야(鹿野苑)에 머물고 있었습니다.

그때 찬나(Channa) 존자는 해 질 무렵에 좌선에서 일어나 열쇠를 들고 승방(僧房) 이곳저곳을 찾아다니면서 장로 비구들에게 이렇게 말했습니다.

"존경하는 장로님, 저를 지도해 주십시오. 존경하는 장로님, 저를 가르쳐 주십시오. 존경하는 장로님, 저에게 가르침을 주십시오. 저는 어떻게 해야 여실하게 법을 볼 수 있을까요?"

이와 같이 말하자, 장로 비구들은 찬나 존자에게 말했습니다.

"찬나 존자여, 몸의 형색[色]은 무상(無常)합니다. 느끼는 마음[受], 생각하는 마음[想], 유위를 조작하는 행위[行]들, 분별하는 마음[識]은

---

55 'kāyassa bhedā uddhaṃ jīvitapariyādānā idheva sabbavedayitāni anabhinanditāni sītibhavissantīti'의 번역.

무상합니다. 몸의 형색은 무아(無我)입니다. 느끼는 마음, 생각하는 마음, 유위를 조작하는 행위들, 분별하는 마음은 무아입니다. 일체의 행(行)들은 무상하고, 일체의 법(法)들은 무아입니다."

그렇지만 찬나 존자에게는 이런 생각이 들었습니다.

'나도 역시 '몸의 형색이나 느끼는 마음, 생각하는 마음, 유위를 조작하는 행위들, 분별하는 마음은 지속하지 않는다[無常]. 몸의 형색이나 느끼는 마음, 생각하는 마음, 유위를 조작하는 행위들, 분별하는 마음은 무아(無我)다. 일체의 행(行)들은 무상(無常)하고, 일체의 법(法)들은 무아다'라고 생각한다. 그렇지만 내 마음은 일체의 행의 적멸(寂滅)에, 일체의 집착의 사리(捨離)에, 갈애(渴愛)의 소멸에, 이탐(離貪)에, 소멸에, 열반(涅槃)에 들어가지 못하고, 믿지 못하고, 안주(安住)하지 못하고, 걱정에서 해탈하지 못하고, 취(取)가 생기고, 생각은 '그렇다면, 나의 자아는 무엇인가?'라는 생각으로 되돌아간다. 그래서 이 법을 볼 수가 없다. 가르쳐준 대로 내가 법을 볼 수 있도록, 나에게 법을 가르쳐줄 수 있는 사람은 누구일까?'

그때 찬나 존자에게 이런 생각이 들었습니다.

'아난다 존자께서 꼬쌈비(Kosambī)의 고씨따(Ghosita) 승원(僧院)에 머물고 계신다. 이분은 스승의 칭찬을 받고, 식자(識者)들과 수행자(修行者)들의 존경을 받는 분이다. 그러므로 아난다 존자께서는 내가 법(法)을 볼 수 있도록, 나에게 법을 가르쳐줄 수 있을 것이다. 나는 이렇게 아난다 존자를 신뢰하고 있으니, 아난다 존자를 찾아가는 것이 좋겠다.'

그래서 찬나 존자는 잠자리를 정리하고, 발우와 법의를 지니고 꼬쌈비의 고씨따 승원으로 아난다 존자를 찾아가서 함께 인사를 나눈 후에 한쪽으로 물러나 앉아 자신이 찾아오게 된 사연을 설명하고 아난다 존자에게 말했습니다.

"아난다 존자여, 저를 지도해 주십시오. 아난다 존자여, 저를 가르쳐 주십시오. 아난다 존자여, 제가 법을 볼 수 있도록 적절한 말씀을 해 주십시오."

"찬나 존자는 장애(障礙)를 고백(告白)하여 깨부수었습니다. 그래서 나는 찬나 존자가 마음에 듭니다. 찬나 존자여, 귀를 기울이십시오. 그대는 법을 이해할 수 있습니다."

그때 찬나 존자에게 "나는 법을 이해할 수 있다"라는 커다란 희열이 생겼습니다.

"찬나 존자여, 내가 직접 세존으로부터 들었습니다. 깟짜야나곳따 비구를 가르치실 때[56] 나는 직접 다음과 같은 가르침을 받았습니다."

"깟짜야나여, 이 세간은 대체로 '있음'과 '없음'이라는 이원성(二元性)에 의존하고 있다. 깟짜야나여, 그렇지만 세간의 쌓임[集]을 바른 통찰지로 있는 그대로 보면 세간에 대하여 '없음'이라고 할 것이 없다. 깟짜야나여, 그리고 세간의 소멸[滅]을 바른 통찰지로 있는 그대로 보면 세간에 대하여 '있음'이라고 할 것이 없다.

깟짜야나여, 이 세간은 대체로 방편의 취착이며 집착에 의한 속박이다. 방편의 취착과 마음의 입장과 집착하는 잠재적인 경향에 다가가지 않고, (방편을) 취하지 않고, (입장을) 고집하지 않는 사람은 '그것은 나

56 2.8.「깟짜야나곳따(Kaccāyanagotta) 경」〈s.12.15〉을 의미함.

의 자아가 아니다. 일어나고 있는 것은 괴로움일 뿐이고, 사라지고 있는 것은 괴로움일 뿐이다'라고 불안해하지 않고, 의심하지 않고, 그에 관해서 남에게 의존하지 않는 올바른 지식이 그에게 생긴다. 깟짜야나여, 이런 방식으로 보는 것이 바른 견해[正見]다.

깟짜야나여, '일체(一切)는 있다'라고 보는 것은 한쪽의 견해이고, '일체는 없다'라고 보는 것은 다른 한쪽의 견해다. 깟짜야나여, 여래는 이들 양쪽에 가까이 가지 않고, 중간에서 법을 보여준다. 무명(無明)에 의존하여 유위를 조작하는 행위[行]들이 있고, … 이와 같이 순전한 괴로움 덩어리[苦蘊]의 쌓임[集]이 있다. 그렇지만, 무명이 남김없이 소멸하면 유위를 조작하는 행위들이 소멸하고, … 이와 같이 순전한 괴로움 덩어리의 소멸[滅]이 있다."

"아난다 존자여, 청정한 수행자이며, 자애롭고 요익(饒益)한 교사이며, 지도자이신 존자들의 생각은 이와 같군요. 저는 이제 아난다 존자의 설법을 듣고 법(法)을 확실하게 이해했습니다."

3.44. 꽃(Pupphaṃ)〈s.22.94〉

세존께서 싸왓티의 제따와나 아나타삔디까 사원에 머무실 때, 비구들에게 말씀하셨습니다.

"비구들이여, 나는 세간과 다투지 않는다오. 세간이 나와 다툴 뿐이라오. 비구들이여, 법(法)을 이야기하는 사람들은[57] 세간에서 누구와

57 'dhammavāvī'의 번역.

도 다투지 않는다오.

비구들이여, 세간에서 현명한 사람들이 '있다'라고 동의한 것은 나도 '있다'라고 말한다오. 비구들이여, 세간에서 현명한 사람들이 '없다'라고 동의한 것은 나도 '없다'라고 말한다오.

비구들이여, 그렇다면 무엇이 세간에서 현명한 사람들이 '없다'라고 동의하고, 나도 '없다'라고 말하는 것인가?

비구들이여, 세간에서 현명한 사람들은 '지속하고, 견고하고, 상주(常住)하고, 변괴(變壞)하지 않는 몸의 형색[色]은 없다'라고 동의하고, 나도 역시 '없다'라고 말한다오. 느끼는 마음[受], 생각하는 마음[想], 유위를 조작하는 행위[行]들, 분별하는 마음[識]에 대해서도 마찬가지라오. 비구들이여, 이것이 세간에서 현명한 사람들이 '없다'라고 동의하고, 나도 '없다'라고 말하는 것이라오.

비구들이여, 그렇다면 무엇이 세간에서 현명한 사람들이 '있다'라고 동의하고, 나도 '있다'라고 말하는 것인가?

비구들이여, 세간에서 현명한 사람들은 '지속하지 않고[無常], 괴롭고, 변괴(變壞)하는 몸의 형색[色]은 있다'라고 동의하고, 나도 역시 '있다'라고 말한다오. 느끼는 마음[受], 생각하는 마음[想], 유위를 조작하는 행위[行]들, 분별하는 마음[識]에 대해서도 마찬가지라오. 비구들이여, 이것이 세간에서 현명한 사람들이 '있다'라고 동의하고, 나도 '있다'라고 말하는 것이라오.

비구들이여, 세간에는 세간의 법(法)이[58] 있다오. 여래는 그것을

---

58 'lokadhamma'

깨닫고 이해한다오. 깨닫고 이해한 후에 보여주고, 가르치고, 시설(施設)하고, 보급하고, 드러내고, 설명하고, 천명(闡明)한다오. 비구들이여, 여래가 깨닫고 이해하여 보여주고, 가르치고, 시설하고, 보급하고, 드러내고, 설명하고, 천명하는, 세간에 있는 세간의 법은 어떤 것인가?

비구들이여, 몸의 형색[色], 느끼는 마음[受], 생각하는 마음[想], 유위를 조작하는 행위[行]들, 분별하는 마음[識]이 세간에 있는 세간의 법이라오. 여래는 그것을 깨닫고 이해하여 보여주고, 가르치고, 시설하고, 보급하고, 드러내고, 설명하고, 천명한다오. 비구들이여, 여래가 이와 같이 보여주고, 가르치고, 시설하고, 보급하고, 드러내고, 설명하고, 천명했지만, 그것을 알지 못하고 보지 못하는, 어리석고 눈먼 장님과도 같은 범부를 내가 어찌하겠는가?

비구들이여, 비유하면, 물속에서 생기고, 물속에서 자라난 청련(青蓮)이나 홍련(紅蓮)이나 백련(白蓮)이 물에서 나왔지만, 물에 오염되지 않고 서 있는 것과 같다오. 비구들이여, 이와 같이 여래는 세간에서 자랐지만, 세간을 극복하여 세간에 물들지 않고 머문다오."

3.45. 거품(Pheṇaṃ)〈s.22.95〉

세존께서 아요자야(Ayojjhāya)의 강가(Gaṅgā) 강변에 머무실 때 비구들에게 말씀하셨습니다.

"비구들이여, 비유하면 이 강가강이 일으킨 커다란 거품 덩어리를 통찰력 있는 사람이 여실하게 보고, 깊이 사유하며 살펴보는 것과 같다오. 그가 여실하게 보고, 깊이 사유하며 살펴본 그것은 공허하게 보이고, 텅 비어 보이고, 실체가 없어 보일 것이오. 비구들이여, 어떤 거품 덩어리에 실체가 있겠는가? 비구들이여, 이와 같이 과거, 미래, 현재의 몸의 형색[色]은, 어떤 몸일지라도, 먼 것이든 가까운 것이든, 비구가 그것을 여실하게 보고, 깊이 사유하며 살펴보면, 그가 여실하게 보고, 깊이 사유하며 살펴본 몸[色]은 공허하게 보이고, 텅 비어 보이고, 실체가 없어 보일 것이오. 비구들이여, 어떤 몸에 실체가 있겠는가?

비구들이여, 비유하면, 가을에 굵은 비가 내릴 때, 물에 생겼다가 없어지는 물방울을 통찰력 있는 사람이 여실하게 보고, 깊이 사유하며 살펴보는 것과 같다오. 그가 여실하게 보고, 깊이 사유하며 살펴본 그것은 공허하게 보이고, 텅 비어 보이고, 실체가 없어 보일 것이오. 비구들이여, 어떤 물방울에 실체가 있겠는가? 비구들이여, 이와 같이 과거, 미래, 현재의 느끼는 마음[受]은, 어떤 느끼는 마음일지라도, 먼 것이든 가까운 것이든, 비구가 그것을 여실하게 보고, 깊이 사유하며 살펴보면, 그가 여실하게 보고, 깊이 사유하며 살펴본 느끼는 마음은 공허하게 보이고, 텅 비어 보이고, 부실하게 보일 것이오. 비구들이여, 어떤 느끼는 마음에 실체가 있겠는가?

비구들이여, 비유하면, 여름의 마지막 달 한낮에 나타난 신기루를 통찰력 있는 사람이 여실하게 보고, 깊이 사유하며 살펴보는 것과 같다오. 그가 여실하게 보고, 깊이 사유하며 살펴본 그것은 공허하게 보이고, 텅 비어 보이고, 실체가 없어 보일 것이오. 비구들이여, 어떤 신기루에 실체가 있겠는가? 비구들이여, 이와 같이 과거, 미래, 현재의 생각하는 마음[想]은, 어떤 생각하는 마음일지라도, 먼 것이든 가까운 것이든, 비구가 그것을 여실하게 보고, 깊이 사유하며 살펴보면, 그가 여실하게 보고, 깊이 사유하며 살펴본 생각하는 마음은 공허하게 보이고, 텅 비어 보이고, 부실하게 보일 것이오. 비구들이여, 어떤 생각하는 마음에 실체가 있겠는가?

비구들이여, 예를 들어, 단단한 목재를 구하는 사람이 단단한 목재를 찾으러 날카로운 도끼를 지니고 숲에 들어가서 곧고 새로운, 높이 자란, 커다란 파초 줄기를 발견하고, 그 뿌리를 잘라내고, 꼭대기를 잘라내고, 잎사귀를 제거하는 것과 같다오. 그는 잎사귀와 나무껍질을 제거해도 결코 단단한 목재를 얻지 못할 것이오. 그것을 통찰력 있는 사람이 여실하게 보고, 깊이 사유하며 살펴보면, 그가 여실하게 보고, 깊이 사유하며 살펴본 그것은 공허하게 보이고, 텅 비어 보이고, 실체가 없어 보일 것이오. 비구들이여, 어떤 파초의 줄기 속에 단단한 목재가 있겠는가? 비구들이여, 이와 같이 과거, 미래, 현재의 조작하는 행위[行]는, 어떤 조작하는 행위일지라도, 먼 것이든 가까운 것이든, 비구가 그것을 여실하게 보고, 깊이 사유하며 살펴보면, 그가 여실하게 보고, 깊이 사유하며 살펴본 조작하는 행위는 공허하게 보이고, 텅 비어 보이고, 실체가 없어 보인다오. 비구들이여, 어떤 조작하는 행위에 실체가 있겠는가?

비구들이여, 예를 들어, 마술사나 마술사의 제자가 큰길에서 마술을 보여주는 것과 같다오. 그것을 통찰력 있는 사람이 여실하게 보고, 깊이 사유하며 살펴본다면, 그가 여실하게 보고, 깊이 사유하며 살펴본 그것은 공허하게 보이고, 텅 비어 보이고, 부실하게 보일 것이오. 비구들이여, 어떤 요술에 실체가 있겠는가? 비구들이여, 이와 같이 과거, 미래, 현재의 분별하는 마음[識]은, 어떤 분별하는 마음일지라도, 먼 것이든 가까운 것이든, 비구가 그것을 여실하게 보고, 깊이 사유하며 살펴보면, 그가 여실하게 보고, 깊이 사유하며 살펴본 분별하는 마음은 공허하게 보이고, 텅 비어 보이고, 실체가 없어 보인다오. 비구들이여, 어떤 분별하는 마음에 실체가 있겠는가?

비구들이여, 이와 같이 본 배움이 많은 거룩한 제자는 몸의 형색[色], 느끼는 마음[受], 생각하는 마음[想], 유위를 조작하는 행위[行]들, 분별하는 마음[識]에 대하여 싫증[厭離]을 내고, 싫증을 내기 때문에 욕탐을 버리고[離貪], 욕탐을 버리기 때문에 해탈(解脫)하며, 해탈했을 때 해탈했다는 것을 안다오. 즉 '생(生)은 소멸했다. 청정한 수행[梵行]을 완성했으며, 해야 할 일을 끝마쳤다. 다시는 이와 같은 상태로 되지 않는다'라고 통찰한다오."

세존께서는 이렇게 말씀하셨습니다. 선서(善逝)께서는 이렇게 말씀하셨습니다. 스승께서는 다시 다음과 같이 (게송으로) 말씀하셨습니다.

몸의 형색[色]은 거품 덩어리 같고,
느끼는 마음[受]은 물방울 같고,
생각하는 마음[想]은 신기루 같고,
조작하는 행위[行]들은 파초 같고,
분별하는 마음[識]은 마술 같다고
태양족(부처님)은 가르쳤다네.

여실하게 생각하고,
이치에 맞게 살펴보면,

이치에 맞게 본 사람에게
그것은 공허하고 비어 있다네,

이 신체(kāya)에 관하여
대지(大地) 같은 지혜(智慧)로운 분은 가르쳤다네.
세 가지 법(法)이[59] 끊어져서
버려진 몸의 형색[色]을 보라!

수명(壽命)과 열(熱), 식(識)이
신체(kāya)를 버리면,
그때는 아무런 의지(意志) 없이 버려져
다른 것의 먹이가 된다네.

이것은 혈통(血統)이 이와 같다네.
이것은 바보를 속이는 허깨비라네,
이것은 살해자(殺害者)라고 가르친 것이라네.
여기에 실체는 있지 않다네.

온(蘊)들[五蘊]을 이와 같이 보도록 하라.
비구여, 낮이나 밤이나 열심히 정진하라.
주의를 집중하여 바르게 알아차려라.

---

59 세 가지 법(法)은 수명(壽命), 열(熱), 식(識)을 의미한다.

일체의 속박을 끊어버려라.
자신을 의지처로 삼아라.
불사(不死)의 길을 갈망하여
머리에 불붙은 사람처럼 수행하라.

3.46. 손톱 끝(Nakhasikhaṃ)〈s.22.97〉

세존께서 싸왓티의 제따와나 아나타삔디까 사원에 머무실 때, 어떤 비구가 세존을 찾아와서 예배하고 한쪽으로 물러나 앉은 후에 말씀드렸습니다.

"세존이시여, 지속하고, 일정하며, 영원하고, 변치 않는 법으로서, 영구적으로, 그대로 머물 수 있는 그 어떤 몸의 형색[色]이나 느끼는 마음[受], 생각하는 마음[想], 유위를 조작하는 행위[行]들, 분별하는 마음[識]이 있습니까?"

"비구여, 지속하고, 일정하며, 영원하고, 변치 않는 법으로서, 영구적으로, 그대로 머물 수 있는 그 어떤 몸의 형색[色]도 없고, 느끼는 마음[受], 생각하는 마음[想], 유위를 조작하는 행위[行]들, 분별하는 마음[識]도 없다오."

그때 세존께서 작은 손톱 끝에 묻은 티끌을 그 비구에게 보여주시면서 말씀하셨습니다.

"비구여, 지속하고, 일정하며, 영원하고, 변치 않는 법으로서, 영구적으로, 그대로 머물 수 있는 몸의 형색[色]이나 느끼는 마음[受], 생각하는 마음[想], 유위를 조작하는 행위[行]들, 분별하는 마음[識]은 이만큼도 없다오. 비구여, 만약 지속하고, 일정하며, 영원하고, 변치 않는 법으로서의 몸의 형색이나 느끼는 마음, 생각하는 마음, 유위를 조작하는 행위들, 분별하는 마음이 이만큼이라도 있다면, 순전한 괴로움의 소멸을 위한 청정한 수행[梵行]은 시설(施設)되지 않을 것이오. 비구여, 그러나 지속하고, 일정하며, 영원하고, 변치 않는 법으로서의 몸의 형색이나 느끼는 마음, 생각하는 마음, 유위를 조작하는 행위들, 분별하는 마음은 이만큼도 없으므로, 순전한 괴로움의 소멸을 위한 청정한 수행이 시설된 것이라오. 비구여, 어떻게 생각하는가? 몸의 형색이나 느끼는 마음, 생각하는 마음, 유위를 조작하는 행위들, 분별하는 마음은 지속하는가, 지속하지 않는가?"

"세존이시여, 지속하지 않습니다."

"비구여, 그러므로 이와 같이 본 학식이 많은 거룩한 제자는 몸의 형색, 느끼는 마음, 생각하는 마음, 유위를 조작하는 행위들, 분별하는 마음에 대하여 싫증[厭離]을 내고, 싫증을 내기 때문에 욕탐을 버리고[離貪], 욕탐을 버리기 때문에 해탈(解脫)하며, 해탈했을 때 해탈했다는 것을 안다오. 즉 '생(生)은 소멸했다. 청정한 수행[梵行]을 완성했으며, 해야 할 일을 끝마쳤다. 다시는 이와 같은 상태로 되지 않는다'라고 통찰한다오."

3.47. 가죽끈(Gaddula)〈s.22.100〉

세존께서 싸왓티의 제따와나 아나타삔디까 사원에 머무실 때, 비구들에게 말씀하셨습니다.

"비구들이여, 무명(無明)에 뒤덮이고 갈애[愛]에 묶인 중생들이 흘러들어 돌고 있는, 헤아릴 수 없는 이 윤전(輪轉)의 시작은 알 수 없다오. 비구들이여, 비유하면, 단단한 말뚝이나 기둥에 가죽끈으로 묶인 개와 같다오. 그 개는 간다면 말뚝이나 기둥 가까이 갈 것이고, 머문다면 말뚝이나 기둥 가까이에 머물 것이고, 앉는다면 말뚝이나 기둥 가까이에 앉을 것이고, 눕는다면 말뚝이나 기둥 가까이에 누울 것이오. 비구들이여, 이와 같이, 무지한 범부는 몸의 형색[色]이나 느끼는 마음[受], 생각하는 마음[想], 유위를 조작하는 행위[行]들, 분별하는 마음[識]을 '그것은 나의 것이다. 그것이 나다. 그것이 나의 자아다'라고 여긴다오. 그는 가면 5취온(五取蘊) 가까이 가고, 머물면 5취온 가까이에 머물고, 앉으면 5취온 가까이에 앉고, 누우면 5취온 가까이에 눕는다오. 비구들이여, 그러므로, '긴 밤 동안 이 마음은 탐욕과 분노와 어리석음에 물들었다'라고 끊임없이 자신의 마음을 성찰해야 한다오. 비구들이여, 마음이 물들면 중생들이 물들고, 마음이 청정(淸淨)해지면 중생들이 청정해진다오. 비구들이여, 그대들은 짜라나(caraṇa) 잡색(雜色)을 본 적이 있는가?"

"그렇습니다. 세존이시여!"

"비구들이여, 그 짜라나 잡색은 마음이 의도한 것이라오. 비구들이여, 실로 마음은 그 짜라나 잡색보다 더 복잡하다오. 비구들이여, 그러므로, '긴 밤 동안 이 마음은 탐욕과 분노와 어리석음에 물들었다'라고 끊임없이 자신의 마음을 성찰해야 한다오. 비구들이여, 마음이 물들면 중생들이 물들고, 마음이 청정해지면 중생들이 청정해진다오. 비구들이여, 나는 어떤 부류도 축생계(畜生界)의 생류(生類)들보다 다양한 것을 보지 못했다오. 비구들이여, 그 축생계의 생류들은 마음이 의도한 것이라오. 비구들이여, 실로 마음은 그 축생계의 생류들보다도 더 다양하다오. 비구들이여, 그러므로, '긴 밤 동안 이 마음은 탐욕과 분노와 어리석음에 물들었다'라고 끊임없이 자신의 마음을 성찰해야 한다오. 비구들이여, 마음이 물들면 중생들이 물들고, 마음이 청정해지면 중생들이 청정해진다오. 비구들이여, 비유하면 염색공이나 화가가, 염료나 옻이나 금물이나 쪽이나 진홍색으로 잘 다듬은 널빤지나 벽이나 하얀 천에 수족을 갖춘 여인의 모습이나 남자의 모습을 그리는 것과 같다오. 비구들이여, 이와 같이 무지한 범부는 몸의 형색[色]이나 느끼는 마음[受], 생각하는 마음[想], 유위를 조작하는 행위[行]들, 분별하는 마음[識]을 자아(自我)로 여기는 생각을 계속해서 일으킨다오.[60] 비구들이

---

60 이 경에서 짜라나(caraṇa)가 무엇인지 확실하지 않다. 주석서에 의하면 '가지고 다니는 그림'이라고 한다. 그런데 이 경에 상응하는 『잡아함경』(267)의 내용은 다음과 같다.
汝見嗟蘭那鳥種種雜色不 答言 曾見 世尊 佛告比丘 如嗟蘭那鳥種種雜色 我說彼心種種雜亦復如是 所以者何 彼嗟蘭那鳥心種種故其色種種 是故 當善觀察思惟於心長夜種種 貪欲 瞋恚 愚癡種種 心惱故眾生惱 心淨故眾生淨 譬如畫師 畫師弟子 善治素地 具眾彩色 隨意圖畫種種像類
"그대들은 차란나 새의 여러 가지 잡다한 색을 본 적이 있는가?" "본 적이 있습니다. 세존이시여!"라고 대답했다. 부처님이 비구들에게 말씀하셨다. "차란나 새의 여러 가지 잡다한 색처럼 나는 그 마음 또한 이와 같이 여러 가지로 잡다하다고 말한다. 왜냐하면, 그 차란나 새는 마음이 여러 가지인 까닭에 그 색이 여러 가지이기 때문이다. 그러므로 마땅히 마음이 긴 밤 동안 갖가지로 욕심내고, 화내고, 어리석었음을 잘 관찰하여 사유해야 한다. 갖가지 번뇌가 마음을 어지럽히기 때문에 중생이 어지러우며, 마음이 청정하면 중생이 청정하다. 비유하면, 화가나 화가의 제자가 잘 다듬은 하얀 바탕에 여러 가지 물감을 갖추어 의도에 따라 갖가지 모습을 그리는 것과 같다."

이와 같이 『잡아함경』(267)에서는 짜라나(caraṇa)를 '차란나조(嗟蘭那鳥)'로 번역하여 새의 이름으로 해석하고 있다. 이 부분을 『잡아함경』(267)의 의미로 해석하면, 짜라나는 칠면조나 카멜레온처럼 마음대로 몸의 색을 변화하는 새를 의미한다.

여, 어떻게 생각하는가? 몸은 지속하는가, 지속하지 않는가?"

"세존이시여, 지속하지 않습니다."

"비구들이여, 그러므로 이와 같이 본 학식이 많은 거룩한 제자는 몸의 형색[色], 느끼는 마음[受], 생각하는 마음[想], 유위를 조작하는 행위[行]들, 분별하는 마음[識]에 대하여 싫증[厭離]을 내고, 싫증을 내기 때문에 욕탐을 버리고[離貪], 욕탐을 버리기 때문에 해탈(解脫)하며, 해탈했을 때 해탈했다는 것을 안다오. 즉 '생(生)은 소멸했다. 청정한 수행[梵行]을 완성했으며, 해야 할 일을 끝마쳤다. 다시는 이와 같은 상태로 되지 않는다'라고 통찰한다오."

3.48. 도낏자루(Vāsijaṭaṃ)〈s.22.101〉

세존께서 싸왓티의 제따와나 아나타삔디까 사원에 머무실 때, 비구들에게 말씀하셨습니다.

"비구들이여, 나는 알고, 보아야 번뇌[漏]가 사라진다고 이야기한다오. 알지 못하고, 보지 못하면 번뇌는 사라지지 않는다오. 비구들이여, 그러면 무엇을 알고, 무엇을 보아야 번뇌가 사라지는가?

'이것은 몸의 형색[色]이다. 이것은 몸의 형색의 쌓임[集]이다. 이것은 몸의 형색의 소멸[滅]이다'라고 알고, 보아야 번뇌[漏]가 사라진다오. 느끼는 마음[受], 생각하는 마음[想], 유위를 조작하는 행위[行]들, 분별하는 마음[識]에 대해서도 마찬가지라오. 비구들이여, 이와 같이 알고, 이와 같이 보아야 번뇌가 사라진다오.

비구들이여, 닦아 익히지 않고 지내는 비구에게, '아아! 진실로 나의 마음이 집착이 사라져서 번뇌[漏]에서 벗어났으면!' 하는 의욕이 일어난다고 할지라도, 결코 그의 마음은 집착이 사라져서 번뇌에서 벗어나지 못한다오. 그 까닭은 무엇인가? 그것은 스스로 닦아 익히지 않기 때문이라오. 무엇을 닦아 익히지 않기 때문인가? 4념처(四念處)를 닦아 익히지 않고, 4정근(四正勤)을 닦아 익히지 않고, 4여의족(四如意足)을 닦아 익히지 않고, 5근(五根)을 닦아 익히지 않고, 5력(五力)을 닦아 익히지 않고, 7각지(七覺支)를 닦아 익히지 않고, 8성도(八聖道)를 닦아 익히지 않기 때문이라오.

비구들이여, 비유하면, 암탉이 제대로 품어주지 않아 제대로 가열되지 않고, 제대로 부화하지 않은 여덟 개나 열 개나 열두 개의 달걀과 같다오. 그 암탉에게 '내가 발톱이나 부리로 껍질을 깨뜨려서 병아리들이 무사히 부화하도록 해야겠다'라는 의욕이 일어난다고 할지라도, 그 병아리들은 결코 발톱이나 부리에 의해 껍질이 깨져서 무사히 부화할 수 없다오. 그 까닭은 무엇인가? 비구들이여, 그 여덟 개나 열 개나 열두 개의 달걀들은 암탉이 제대로 품어주지 않아 제대로 가열되지 않고, 제대로 부화하지 않았기 때문이라오.

비구들이여, 닦아 익히며 지내는 비구에게 '아아! 진실로 나의 마음이 집착이 사라져서 번뇌[漏]에서 벗어났으면!' 하는 의욕이 일어나지 않는다고 할지라도, 그의 마음은 집착이 사라져서 번뇌에서 벗어난다오. 그 까닭은 무엇인가? 그것은 스스로 닦아 익히기 때문이라오. 무엇을 닦아 익히기 때문인가? 4념처를 닦아 익히고, 4정근을 닦아 익히고, 4여의족을 닦아 익히고, 5근을 닦아 익히고, 5력을 닦아 익히고, 7각지를 닦아 익히고, 8성도를 닦아 익히기 때문이라오.

비구들이여, 비유하면 암탉이 제대로 품어서 제대로 가열되고, 제대로 부화한 여덟 개나 열 개나 열두 개의 달걀과 같다오. 그 암탉에게 '내가 발톱이나 부리로 껍질을 깨뜨려서 병아리들이 무사히 부화하도록 해야겠다'라는 의욕이 일어나지 않는다고 할지라도, 그 병아리들은 발톱이나 부리에 의해 껍질이 깨져서 무사히 부화한다오. 그 까닭은 무엇인가? 비구들이여, 그 여덟 개나 열 개나 열두 개의 달걀들은 암탉이 제대로 품어서 제대로 가열되고, 제대로 부화하기 때문이라오.

비구들이여, 비유하면 목공이나 목공의 제자가 도낏자루를 살펴보고, 손가락 자국과 엄지손가락 자국을 보면서, '나의 도낏자루가 오늘은 이만큼 닳았고, 어제는 이만큼 닳았고, 다른 때는 이만큼 닳았다'라고 알지는 못하지만, 닳았을 때 닳았다는 것을 아는 것과 같다오. 비구들이여, 이와 같이 닦아 익히며 지내는 비구는 '참으로 나의 번뇌[漏]가 오늘은 이만큼 소멸했고, 어제는 이만큼 소멸했고, 다른 때에는 이만큼 소멸했다'라고 알지는 못하지만, 소멸하면 소멸했다는 것을 안다오.

비구들이여, 비유하면 등나무로 엮은 뗏목이 우기에 물 위에 떠다니다가 건기에 육지에 올려지면, 결박한 밧줄들이 바람과 햇빛에 삭아버리는 것과 같다오. 그 밧줄들은 비와 폭풍우를 맞아 쉽게 썩어 없어진다오. 비구들이여, 이와 같이 닦아 익히며 지내는 비구에게 결박들은 쉽게 썩어 없어진다오."

3.49. 무상성(無常性, Aniccatā)〈s.22.102〉

세존께서 싸왓티의 제따와나 아나타삔디까 사원에 머무실 때, 비구들

에게 말씀하셨습니다.

"비구들이여, 지속하지 않는다는 생각[無常想]을 닦아 익히면 일체의 쾌락에 대한 탐욕(kāmarāga)이 소멸하고, 일체의 몸의 형색에 대한 탐욕(rūparāga, 色貪)이 소멸하고, 일체의 존재에 대한 탐욕(bhavarāga, 有貪)이 소멸하고, 일체의 무명(無明)이 소멸하고, 일체의 '나다'라는 교만(asmimāna, 我慢)이 소멸하고 근절된다오.

비구들이여, 비유하면 가을철에 큰 쟁기로 밭을 가는 농부가 거미줄 같은 모든 뿌리를 갈아서 잘라버리는 것과 같다오. 비구들이여, 이와 같이 지속하지 않는다는 생각[無常想]을 닦아 익히면, 일체의 쾌락에 대한 탐욕이 소멸하고, 일체의 몸의 형색에 대한 탐욕이 소멸하고, 일체의 존재에 대한 탐욕이 소멸하고, 일체의 무명이 소멸하고, 일체의 '나다'라는 교만이 소멸하고 근절된다오.

(세존께서는 갈대를 베는 사람, 망고를 따는 일, 집의 용마루, 침향, 전단향, 재스민향, 전륜성왕, 달빛의 비유를 차례로 말씀하셨습니다.)

비구들이여, 비유하면 구름 한 점 없이 청명한 가을 하늘에 안개를 뚫고 솟아오른 태양이 모든 허공의 어둠을 몰아내고 밝고 타오르면서 광명을 비추는 것과 같다오. 비구들이여, 이와 같이 지속하지 않는다는 생각[無常想]을 닦아 익히면, 일체의 쾌락에 대한 탐욕이 소멸하고, 일체의 몸의 형색에 대한 탐욕이 소멸하고, 일체의 존재에 대한 탐욕이 소멸하고, 일체의 무명이 소멸하고, 일체의 '나다'라는 교만이 소멸하고 근절된다오.

비구들이여, 지속하지 않는다는 생각[無常想]을 어떻게 닦고 어떻게 익히면, 일체의 쾌락에 대한 탐욕이 소멸하고, 일체의 몸의 형색에 대한 탐욕이 소멸하고, 일체의 존재에 대한 탐욕이 소멸하고, 일체의 무명(無明)이 소멸하고, 일체의 '나다'라는 교만(asmimāna, 我慢)이 소멸하고 근절될까?

이것은 몸의 형색[色]이다. 이것은 몸의 형색의 쌓임[集]이다. 이것은 몸의 형색의 사라짐[atthagama, 沒]이다.

이것은 느끼는 마음[受], 생각하는 마음[想], 유위를 조작하는 행위[行]들, 분별하는 마음[識]이다. 이것은 느끼는 마음, 생각하는 마음, 유위를 조작하는 행위들, 분별하는 마음의 쌓임[集]이다. 이것은 느끼는 마음, 생각하는 마음, 유위를 조작하는 행위들, 분별하는 마음의 사라짐[沒]이다.

비구들이여, 이와 같이 지속하지 않는다는 생각[無常想]을 닦아 익히면, 일체의 쾌락에 대한 탐욕이 소멸하고, 일체의 몸의 형색에 대한 탐욕이 소멸하고, 일체의 존재에 대한 탐욕이 소멸하고 일체의 무명이 소멸하고, 일체의 '나다'라는 교만이 소멸하고 근절된다오."

3.50. 괴로움(Dukkhaṃ), 자기 자신(自己自身, Sakkāyo)〈s.22.104-105〉

세존께서 싸왓티의 제따와나 아나타삔디까 사원에 머무실 때, 비구들에게 말씀하셨습니다.

〈s.22.104〉 "비구들이여, 내가 괴로움과 괴로움의 쌓임[苦集]과 괴로움의 소멸[苦滅]과 괴로움의 소멸에 이르는 길을 알려 주겠소. 그대들은 잘 듣도록 하시오. 비구들이여, 괴로움이란 어떤 것인가? 그것은 5취온(五取蘊)이라고 말할 수 있다오.

〈s.22.105〉 비구들이여, 내가 자기 자신[61]과 자기 자신의 쌓임[集]과 자기 자신의 소멸[滅]과 자기 자신의 소멸에 이르는 길을 알려 주겠소. 그대들은 잘 듣도록 하시오. 비구들이여, 자기 자신이란 어떤 것인가? 그것은 5취온이라고 말할 수 있다오.

5취온은 어떤 것들인가? 그것은 색취온(色取蘊), 수취온(受取蘊), 상취온(想取蘊), 행취온(行取蘊), 식취온(識取蘊)이라오. 비구들이여, 이것을 괴로움이라고 한다오.

비구들이여, 괴로움의 쌓임[集]이란 어떤 것인가? 그것은 환희와 탐욕에 수반하는, 여기저기에서 애락(愛樂)하는, 새로운 존재로 이끄는 (ponabbhavika) 갈애(渴愛), 즉 욕애(欲愛, kāmataṇhā), 유애(有愛, bhavataṇhā), 무유애(無有愛, vibhavataṇhā)라오. 비구들이여, 이것을 괴로움의 쌓임[集]이라고 한다오.

비구들이여, 괴로움의 소멸[滅]이란 어떤 것인가? 그것은 갈애(渴愛)의 멸진(滅盡), 단념(斷念), 사리(捨離), 해탈(解脫), 싫증[厭離]이라오. 비구들이여, 이것을 괴로움의 소멸이라고 한다오.

비구들이여, 괴로움의 소멸에 이르는 길은 어떤 것인가? 그것은 거룩한 8정도(八正道), 즉 바른 견해[正見], 바른 의도[正思惟], 바른말[正語], 바른 행동[正業], 바른 생계[正命], 바른 정진[正精進], 바른 주의집중[正念], 바른 선정[正定]이라오. 비구들이여, 이것을 괴로움의 소멸에 이르는 길이라고 한다오."

61 'sakkāyo'의 번역.

3.51. 사문(沙門, Samaṇā)〈s.22.108〉

세존께서 싸왓티의 제따와나 아나타삔디까 사원에 머무실 때, 비구들에게 말씀하셨습니다.

"비구들이여, 5취온(五取蘊)이 있다오. 어떤 것이 5취온인가? 그것은 색취온(色取蘊), 수취온(受取蘊), 상취온(想取蘊), 행취온(行取蘊), 식취온(識取蘊)이라오.

비구들이여, 그 어떤 사문이나 바라문이라 할지라도 이 5취온의 쌓임[集]과 소멸[滅]과 달콤한 맛[味]과 재난[患]과 벗어남[出離]을 있는 그대로 통찰하지 못하는 사람을 나는 사문 가운데 있으나 사문으로 여기지 않고, 바라문 가운데 있으나 바라문으로 여기지 않는다오. 그들은 지금 여기에서 사문의 목적이나 바라문의 목적을 스스로 체험지(體驗智)로 체득하고 성취하여 사는 것이 아니라오.

비구들이여, 그 어떤 사문이나 바라문이라 할지라도 이 5취온의 쌓임과 소멸과 달콤한 맛과 재난과 벗어남을 있는 그대로 통찰하는 사람을 나는 사문 가운데 사문으로 여기고, 바라문 가운데 바라문으로 여긴다오. 그들은 지금 여기에서 사문의 목적이나 바라문의 목적을 스스로 체험지로 체득하고 성취하여 사는 것이라오."

3.52. 수다원(須陀洹, Sotāpanno)〈s.22.109〉

세존께서 싸왓티의 제따와나 아나타삔디까 사원에 머무실 때, 비구들에게 말씀하셨습니다.

"비구들이여, 5취온(五取蘊)이 있다오. 어떤 것이 5취온인가? 그것은 색취온(色取蘊), 수취온(受取蘊), 상취온(想取蘊), 행취온(行取蘊), 식취온(識取蘊)이라오.

비구들이여, 거룩한 제자가 이 5취온의 쌓임[集]과 소멸[滅]과 달콤한 맛[味]과 재난[患]과 벗어남[出離]을 있는 그대로 통찰하면, 비구들이여, 이 거룩한 제자는 바른 깨달음이라는 목표가 결정되어 악취(惡趣)에 떨어지지 않는 수다원(須陀洹)이라고 불린다오."

3.53. 아라한(阿羅漢, Arahaṃ)〈s.22.110〉

세존께서 싸왓티의 제따와나 아나타삔디까 사원에 머무실 때, 비구들에게 말씀하셨습니다.

"비구들이여, 5취온(五取蘊)이 있다오. 어떤 것이 5취온인가? 그것은 색취온(色取蘊), 수취온(受取蘊), 상취온(想取蘊), 행취온(行取蘊), 식취온(識取蘊)이라오.

비구들이여, 비구가 이 5취온의 쌓임[集]과 소멸[滅]과 달콤한 맛[味]과 재난[患]과 벗어남[出離]을 있는 그대로 통찰하여 집착을 버리고 해탈하면, 비구들이여, 이 비구는 누진(漏盡) 아라한, 원만하게 성취한 아라한, 해야 할 일을 마친 아라한, 짐을 내려놓은 아라한, 자신의 목적에 도달한 아라한, 존재[有]의 결박이 멸진(滅盡)한 아라한, 바른 지혜로 해탈한 아라한이라고 불린다오."

3.54. 욕탐에 물든(Chandarāgī)〈s.22.112〉

세존께서 싸왓티의 제따와나 아나타삔디까 사원에 머무실 때, 비구들에게 말씀하셨습니다.

"비구들이여, (자아로 취하고 있는) 몸의 형색[色]이나 느끼는 마음[受], 생각하는 마음[想], 유위를 조작하는 행위[行]들, 분별하는 마음[識]에 대한 어떤 욕망이나, 탐욕이나, 환락이나, 갈애[愛]나, 마음의 고집과 집착의 잠재적인 경향[62]이라도, 그것을 버려야 한다오. 그러면 그 몸의 형색이나 느끼는 마음, 생각하는 마음, 유위를 조작하는 행위들, 분별하는 마음은 포기되고, 근절(根絶)되고, 단절되고, 없어지고, 미래에 다시 나타나지 않는 법(法)이 될 것이오."

3.55. 무명(無明, Avijjā)〈s.22.113〉

세존께서 싸왓티의 제따와나 아나타삔디까 사원에 머무실 때, 어떤 비구가 세존을 찾아와서 예배하고 한쪽으로 물러나 앉아서 세존께 말씀드렸습니다.

"세존이시여, 무명(無明)이라는 말들을 하는데, 무명은 어떤 것이며, 어느 정도 모르는 것입니까?"

"비구여, 무지한 범부는 (자아로 취하고 있는) 몸의 형색[色]을 통찰하지 못하고, 몸의 형색의 쌓임[集]을 통찰하지 못하고, 몸의 형색의 소멸[滅]을 통찰하지 못하고, 몸의 형색의 소멸에 이르는 길을 통찰하지 못

62 'cetaso adhiṭṭhānābhinivesānusayā'의 번역.

한다오. 느끼는 마음[受], 생각하는 마음[想], 유위를 조작하는 행위[行]들, 분별하는 마음[識]에 대해서도 마찬가지라오. 비구여, 이것을 무명이라고 부르며, 이 정도를 모르는 것을 무명이라고 한다오."

3.56. 명지(明智, Vijjā)〈s.22.114〉

세존께서 싸왓티의 제따와나 아나타삔디까 사원에 머무실 때, 어떤 비구가 세존을 찾아와서 예배하고 한쪽으로 물러나 앉아서 세존께 말씀드렸습니다.

"세존이시여, 명지(明智; 明)라는 말들을 하는데, 명지란 어떤 것이며, 어느 정도 아는 것입니까?"

"비구여, 학식이 많은 거룩한 제자는 (자아로 취하고 있는) 몸의 형색[色]을 통찰하고, 몸의 형색의 쌓임[集]을 통찰하고, 몸의 형색의 소멸[滅]을 통찰하고, 몸의 형색의 소멸에 이르는 길을 통찰한다오. 느끼는 마음[受], 생각하는 마음[想], 유위를 조작하는 행위[行]들, 분별하는 마음[識]에 대해서도 마찬가지라오. 비구여, 이것을 명지라고 부르며, 이 정도를 아는 것을 명지라고 한다오."

3.57. 법사(Kathika)〈s.22.116〉

세존께서 싸왓티의 제따와나 아나타삔디까 사원에 머무실 때, 어떤 비구가 세존을 찾아와서 예배하고, 한쪽에 앉은 후에 세존께 말씀드렸습니다.

"세존이시여, 법사(法師)라는 말들을 하는데, 어느 정도를 법사라고 합니까?"

"만약에 어떤 비구가 (자아로 취하고 있는) 몸의 형색[色]이나 느끼는 마음[受], 생각하는 마음[想], 유위를 조작하는 행위[行]들, 분별하는 마음[識]에 대하여 싫증을 내고[厭離], 욕탐을 버리고[離欲], 소멸하는 법을 보여준다면 그는 법사(法師)라는 말을 들어 마땅하다오.

만약에 어떤 비구가 (자아로 취하고 있는) 몸의 형색이나 느끼는 마음, 생각하는 마음, 유위를 조작하는 행위들, 분별하는 마음에 대하여 싫증을 내고 욕탐을 버리고, 소멸(消滅)을 실천하고 있다면 그는 여법한 실천을 하는 비구라는 말을 들어 마땅하다오.

만약에 어떤 비구가 (자아로 취하고 있는) 몸의 형색이나 느끼는 마음, 생각하는 마음, 유위를 조작하는 행위들, 분별하는 마음에 대하여 싫증을 내고, 욕탐을 버리고, 소멸하고[止滅] 집착에서 벗어나 해탈했다면, 그는 지금 여기에서 해탈에 이른 비구라는 말을 들어 마땅하다오."

3.58. 속박(束縛, Bandhanā)〈s.22.117〉

세존께서 싸왓티의 제따와나 아나타삔디까 사원에 머무실 때, 비구들에게 말씀하셨습니다.

"비구들이여, 성인을 무시하고, 참사람의 가르침에서 배우지 못한 무지한 범부는 몸의 형색[色]을 자아로 여긴다오. 그는 자아가 몸의 형색을 가지고 있다고 여기거나, 자아 안에 몸의 형색이 있다고 여기거나, 몸의 형색 안에 자아가 있다고 여긴다오. 비구들이여, 이것을 일러 '몸의 형색이라는 속박에 묶이고, 내외의 속박에 묶인 무지한 범부는 묶인 상태에서 언덕을 보지 못하고 건너편을 보지 못하고, 묶인 상태에서 태어나고, 묶인 상태에서 죽어서, 이 세상에서 저세상으로 간다'라고 말한다오. 느끼는 마음[受]이나 생각하는 마음[想], 유위를 조작하는 행위[行]들, 분별하는 마음[識]에 대해서도 마찬가지라오.

비구들이여, 성인을 알아보고, 참사람의 가르침에서 배운 학식이 많은 거룩한 제자는 몸의 형색을 자아라고 여기지 않는다오. 자아가 몸의 형색을 가지고 있다고 여기거나, 자아 속에 몸의 형색이 있다고 여기거나, 몸의 형색이 자아를 소유하고 있다고 여기지 않는다오. 비구들이여, 이것을 일러 '몸의 형색이라는 속박에 묶이지 않고, 내외의 속박에 묶이지 않은 학식이 많은 거룩한 제자는 언덕을 보고 건너편을 보고, 모든 괴로움에서 해탈한다'라고 말한다오. 느끼는 마음이나 생각하는 마음, 유위를 조작하는 행위들, 분별하는 마음에 대해서도 마찬가지라오."

3.59. 해탈(解脫, Parimucchita)〈s.22.118〉

세존께서 싸왓티의 제따와나 아나타삔디까 사원에 머무실 때, 비구들에게 말씀하셨습니다.

"비구들이여, 어떻게 생각하는가? '몸의 형색[色]은 나의 것이다. 몸의 형색이 나다. 몸의 형색이 나의 자아다'라고 여길 수 있겠는가?"

"그렇지 않습니다. 세존이시여!"

"훌륭하오! 비구들이여. 비구들이여, '몸의 형색은 나의 것이 아니고, 내가 아니고, 나의 자아가 아니다'라고 이것을 여실하게 바른 통찰지로 통찰해야 한다오. 느끼는 마음[受]이나 생각하는 마음[想], 유위를 조작하는 행위[行]들, 분별하는 마음[識]에 대해서도 마찬가지라오. 이와 같이 본 학식이 많은 거룩한 제자는 몸의 형색, 느끼는 마음, 생각하는 마음, 유위를 조작하는 행위들, 분별하는 마음에 대하여 싫증[厭離]을 내고, 싫증을 내기 때문에 욕탐을 버리고[離貪], 욕탐을 버리기 때문에 해탈(解脫)하며, 해탈했을 때 해탈했다는 것을 안다오. 즉 '생(生)은 소멸했다. 청정한 수행[梵行]을 완성했으며, 해야 할 일을 끝마쳤다. 다시는 이와 같은 상태로 되지 않는다'라고 통찰한다오."

3.60. 결박(結縛, Saññojanaṃ)〈s.22.120〉

세존께서 싸왓티의 제따와나 아나타삔디까 사원에 머무실 때, 비구들에게 말씀하셨습니다.

"비구들이여, 내가 결박된 법(法)과 결박한 법(法)에 대하여 가르쳐 주겠소. 그대들은 잘 듣도록 하시오. 비구들이여, 결박된 법(法)은 어떤 것이고, 결박한 법(法)은 어떤 것인가? 비구들이여, (자아로 취하고 있는) 몸의 형색[色]이나 느끼는 마음[受], 생각하는 마음[想], 유위를 조작하는 행위[行]들, 분별하는 마음[識]이 결박된 법이라오. 그것에 대한 욕탐, 그것이 결박한 법이라오. 비구들이여, 이것을 결박된 법이라고 하고, 이것을 결박한 법이라고 한다오."

3.61. 취(取, Upādānaṃ)〈s.22.121〉

세존께서 싸왓티의 제따와나 아나타삔디까 사원에 머무실 때, 비구들

에게 말씀하셨습니다.

"비구들이여, 내가 취해진 법(法)과 취한 법에 대하여 가르쳐주겠소. 그대들은 잘 듣도록 하시오. 비구들이여, 취해진 법은 어떤 것이고, 취한 법은 어떤 것인가? 비구들이여, (자아로 취하고 있는) 몸의 형색[色]이나 느끼는 마음[受], 생각하는 마음[想], 유위를 조작하는 행위[行]들, 분별하는 마음[識]이 취해진 법이라오. 그것에 대한 욕탐, 그것이 취한 법이라오. 비구들이여, 이것을 취해진 법이라고 하고, 이것을 취한 법이라고 한다오."

3.62. 계행(戒行, Sīlaṃ)〈s.22.122〉

한때 싸리뿟따 존자와 마하 꼿티따 존자는 이씨빠따나 미가다야(鹿野苑)에 머물고 있었습니다.

그때 마하 꼿티따 존자는 해 질 무렵에 좌선에서 일어나 싸리뿟따 존자를 찾아가서 말했습니다.

"싸리뿟따 존자여, 계행(戒行)을 갖춘 비구는 어떤 법을 이치에 맞게 생각해야 합니까?"

"마하 꼿티까 존자여, 계행을 갖춘 비구는 5취온(五取蘊)은 무상하고, 괴롭고, 질병과 같고, 종기와 같고, 화살과 같고, 재난이고, 암과 같고, 타자(他者)이고, 괴멸하는 것이고, 공(空)이고, 자아가 아니라고 이치에 맞게 생각해야 합니다. 존자여, 그러면 다음과 같은 일이 가능합니다. 계행을 갖춘 비구가 이들 5취온은 무상하고, 괴롭고, 질병과 같고, 종기와 같고, 화살과 같고, 재난이고, 암과 같고, 타자이고, 괴멸하는 것이고, 공이고, 자아가 아니라고 이치에 맞게 생각하면, 수다원과(須陀洹果)를 체득할 수 있습니다."

"싸리뿟따 존자여, 수다원과를 체득한 비구는 어떤 법을 이치에 맞게 생각해야 합니까?"

"마하 꼿티까 존자여, 수다원과를 체득한 비구는 5취온은 무상하고, 괴롭고, 질병과 같고, 종기와 같고, 화살과 같고, 재난이고, 암과 같고, 타자(他者)이고, 괴멸하는 것이고, 공(空)이고, 자아가 아니라고 이치에 맞게 생각해야 합니다. 존자여, 그러면 다음과 같은 일이 가능합니다. 수다원과를 체득한 비구가 이들 5취온은 무상하고, 괴롭고, 질병과 같고, 종기와 같고, 화살과 같고, 재난이고, 암과 같고, 타자이고, 괴멸하는 것이고, 공이고, 자아가 아니라고 이치에 맞게 생각하면, 사다함과(斯多含果)를 체득할 수 있습니다."

"싸리뿟따 존자여, 사다함과를 체득한 비구는 어떤 법을 이치에 맞게 생각해야 합니까?"

"마하 꼿티까 존자여, 사다함과를 체득한 비구는 5취온은 무상하고, 괴롭고, 질병과 같고, 종기와 같고, 화살과 같고, 재난이고, 암과 같고, 타자(他者)이고, 괴멸하는 것이고, 공(空)이고, 자아가 아니라고 이치에 맞게 생각해야 합니다. 존자여, 그러면 다음과 같은 일이 가능합니다. 사다함과를 체득한 비구가 이들 5취온은 무상하고, 괴롭고, 질병과 같고, 종기와 같고, 화살과 같고, 재난이고, 암과 같고, 타자이고, 괴멸하는 것이고, 공이고, 자아가 아니라고 이치에 맞게 생각하면, 아나함과(阿那含果)를 체득할 수 있습니다."

"싸리뿟따 존자여, 아나함과를 체득한 비구는 어떤 법을 이치에 맞게 맞게 생각해야 합니까?"

"마하 꼿티까 존자여, 아나함과를 체득한 비구는 5취온은 무상하고, 괴롭고, 질병과 같고, 종기와 같고, 화살과 같고, 재난이고, 암과 같고, 타자(他者)이고, 괴멸하는 것이고, 공(空)이고, 자아가 아니라고 이치에 맞게 생각해야 합니다. 존자여, 그러면 다음과 같은 일이 가능합니다. 아나함과를 체득한 비구가 이들 5취온은 무상하고, 괴롭고, 질병과 같고, 종기와 같고, 화살과 같고, 재난이고, 암과 같고, 타자이고, 괴멸하는 것이고, 공이고, 자아가 아니라고 이치에 맞게 생각하면, 아라한과(阿羅漢果)를 체득할 수 있습니다."

"싸리뿟따 존자여, 아라한과를 체득한 비구는 어떤 법을 이치에 맞게 생각해야 합니까?"

"마하 꼿티까 존자여, 아라한과를 체득한 비구는 '5취온은 무상하고, 괴롭고, 질병과 같고, 종기와 같고, 화살과 같고, 재난이고, 암과 같고, 타자(他者)이고, 괴멸하는 것이고, 공(空)이고, 자아가 아니다'라고 이치에 맞게 생각해야 합니다. 존자여, 아라한에게는 더 이상 할 일도 없고, 이미 한 일에 보탤 것도 없습니다. 그렇지만 이들 법을 닦아 자주 익히면, 지금 여기에서 행복하게 살아가는 데, 그리고 의식을 집중하여[正念] 알아차리는 데[正知][63] 도움이 됩니다."

63 'satisampajaññāya'의 번역.

3.63. 깝빠(Kappo)〈s.22.124〉

세존께서 싸왓티의 제따와나 아나타삔디까 사원에 머무실 때, 깝빠 존자가 세존을 찾아와서 예배하고, 한쪽에 앉은 후에 세존께 말씀드렸습니다.

"세존이시여, 어떻게 알고 어떻게 보면 이 의식이 있는 몸[64]과 외부의 일체의 외모[65]에 대하여 자기라고 분별하고 나의 것이라고 분별하는 잠재적 경향이[66] 없어집니까?"

"깝빠여, 그것이 어떤 것이건, 과거, 미래, 현재의 내적이든 외적이든, 거친 것이든 미세한 것이든, 보잘것없는 것이든 빼어난 것이든, 멀리 있는 것이든 가까이 있는 것이든, 일체의 몸의 형태[色]는 나의 것도 아니고, 나도 아니고, 나의 자아도 아니라오. 이와 같이 그것을 여실하게 바른 통찰지(通察智)로 통찰해야 한다오. 느끼는 마음[受], 생각하는 마음[想], 유위를 조작하는 행위[行]들, 분별하는 마음[識]에 대해서도 마찬가지라오. 깝빠여, 이와 같이 알고 이와 같이 보면, 이 의식이 있는 몸과 외부의 일체의 외모에 대하여 잠재적 의식인 자기라는 분별의식[自意識]과 나의 것이라는 분별의식이 없어진다오."

3.64. 5온(五蘊)이 있을 때〈s.22.149-156〉

세존께서 싸왓티의 제따와나 아나타삔디까 사원에 머무실 때, 비구들

---

64 'saviññāṇaka kāya'의 번역.

65 'bahiddhā sabbanimitta'의 번역.

66 'ahaṃkāramamaṃkāramānānusayā'의 번역.

에게 말씀하셨습니다.

… (중략) …

〈s.22.149〉 "비구들이여, 5온(五蘊)이 있을 때, 5온을 취함으로써 자신의 내부에 즐거움과 괴로움이 생긴다오.

〈s.22.150〉 비구들이여, 5온이 있을 때, 5온을 취하고 5온을 집착함으로써 '이것은 나다', '이것은 나의 자아다'라고 여기게 된다오.

〈s.22.151〉 비구들이여, 5온이 있을 때, 5온을 취하고 5온을 집착함으로써 '이것은 자아다. 이것은 세계다. 이것은 이후에도 항상 지속하는 영원히 변역(變易)하지 않는 법이다'라는 견해가 생긴다오.

〈s.22.152〉 비구들이여, 5온이 있을 때, 5온을 취하고 5온을 집착함으로써 '내가 없고, 내 것이 없다면, 나는 존재하지 않게 될 것이고, 내 것도 존재하지 않게 될 것이다'라는 견해가 생긴다오.

〈s.22.153〉 비구들이여, 5온이 있을 때, 5온을 취하고 5온을 집착함으로써 삿된 견해[邪見]가 생긴다오.

〈s.22.154〉 비구들이여, 5온이 있을 때, 5온을 취하고 5온을 집착함으로써 자신(自身)이 존재한다는 견해[有身見]가 생긴다오.

〈s.22.155〉 비구들이여, 5온이 있을 때, 5온을 취하고 5온을 집착함으로써 자아에 대한 억측[67]이 생긴다오.

〈s.22.156〉 비구들이여, 5온이 있을 때, 5온을 취하고 5온을 집착함으로써 결박에 의존하는 속박이 생긴다오."

---

67 'attānudiṭṭhi'의 번역.

제23「라다 쌍윳따(Rādha-Saṃyutta)」

3.65. 마라(Māro)〈s.23.1〉

세존께서 싸왓티의 제따와나 아나타삔디까 사원에 머무실 때, 라다(Rādha) 존자가 세존을 찾아와서 예배하고, 한쪽에 앉은 후에 세존께 말씀드렸습니다.

"세존이시여, 마라(Māra)라는 말들을 하는데, 마라란 어떤 것입니까?"

"라다여, (자아로 취한) 몸의 형색[色]이나 느끼는 마음[受], 생각하는 마음[想], 유위를 조작하는 행위[行]들, 분별하는 마음[識]이 있는 곳에는 마라나 살해자(殺害者)나 죽는 자가 있을 것이오. 라다여, 그러므로 그대는 이와 같이 몸의 형색이나 느끼는 마음, 생각하는 마음, 유위를 조작하는 행위들, 분별하는 마음을 마라라고 보고, 살해자라고 보고, 죽는 자라고 보고, 질병이라고 보고, 종기라고 보고, 화살이라고 보고, 재앙이라고 보고, 재앙의 실체[68]라고 보도록 하시오. 이렇게 보는 사람이 바르게 보는 사람이오."

"세존이시여, 바르게 보는 목적은 무엇입니까?"

"라다여, 바르게 보는 목적은 싫증[厭離]을 내는 것이라오."

"세존이시여, 싫증을 내는 목적은 무엇입니까?"

"라다여, 싫증을 내는 목적은 욕탐을 버리는[離貪] 것이라오."

"세존이시여, 욕탐을 버리는 목적은 무엇입니까?"

---

68 'aghabhūtaṃ'의 번역.

"라다여, 욕탐을 버리는 목적은 해탈(解脫)이라오."

"세존이시여, 해탈의 목적은 무엇입니까?"

"라다여, 해탈의 목적은 열반(涅槃)이라오."

"세존이시여, 열반의 목적은 무엇입니까?"

"라다여, 질문의 한계를 파악하지 못한 질문이오. 라다여, 열반은 청정한 수행의 근거이며, 목표이며, 완성이라오."

3.66. 중생(Satto)〈s.23.2〉

라다 존자가 세존께 말씀드렸습니다.

"세존이시여, 중생(衆生, satta)이라는 말들을 하는데, 중생이란 어떤 것입니까?"

"라다여, (자아로 취한) 몸의 형색[色]이나 느끼는 마음[受], 생각하는 마음[想], 유위를 조작하는 행위[行]들, 분별하는 마음[識]에 대하여 욕심이 있고, 탐심이 있고, 즐기는 마음이 있고, 갈애[愛]가 있어서 그것에 매달리고(satta), 집착하면(visatta), 그로 인해서 그는 중생(satta)이라고 불린다오.

라다여, 비유하면 소년이나 소녀들이 흙집을 짓고 소꿉장난을 하는 것과 같다오. 그 흙집에 대하여 탐심이 있고, 욕심이 사라지지 않고, 애정이 사라지지 않고, 애착이 사라지지 않고, 고뇌가 사라지지 않고, 갈애[愛]가 사라지지 않는 한, 그들은 그 흙집을 집착하고, 소중하게 여기고, 마음에 두고, 자기 것으로 여긴다오. 라다여, 그렇지만 소년이나 소녀들은 그 흙집에 대하여, 탐심이 없고, 욕심이 사라지고, 애정이 사라지고, 애착이 사라지고, 고뇌가 사라지고, 갈애[愛]가 사라지면, 이제 그들은 그 흙집을 손이나 발로 흩어버리고, 무너뜨리고, 부수고, 내버린다오. 라다여, 이와 같이 그대들은 (자아로 취한) 몸의 형색이나 느끼는 마음, 생각하는 마음, 유위를 조작하는 행위들, 분별하는 마음을 흩어버리고, 무너뜨리고, 부수고, 내버리고, 갈애의 소멸로 나아가도록 하시오. 라다여, 갈애의 소멸이 열반이라오."

3.67. 존재로 이끄는 고삐(Bhavanetti)〈s.23.3〉

라다 존자가 세존께 말씀드렸습니다.

"세존이시여, 존재로 이끄는 고삐와 존재로 이끄는 고삐의 소멸[69]이라는 말을 하는데, 존재로 이끄는 고삐란 어떤 것이고, 존재로 이끄는 고삐의 소멸이란 어떤 것입니까?"

"라다여, (자아로 취한) 몸의 형색[色]이나 느끼는 마음[受], 생각하는 마음[想], 유위를 조작하는 행위[行]들, 분별하는 마음[識]에 대한 욕심, 탐심, 즐기는 마음, 갈애[愛], 방편의 취착, 고집하고 집착하는 마음의 잠재적 경향, 이것을 존재로 이끄는 고삐라고 하며, 그것의 소멸을 존재로 이끄는 고삐의 소멸이라고 한다오."

69 'bhavanettinirodha'의 번역.

제24「견해(見解) 쌍윳따(Diṭṭhi-Saṃyutta)」

3.68. 바람(Vātaṃ)〈s.24.1〉

세존께서 싸왓티의 제따와나 아나타삔디까 사원에 머무실 때, 비구들에게 말씀하셨습니다.

"비구들이여, 무엇이 있을 때, 무엇을 취하여, 무엇을 집착하여 '견고하게 서 있는 기둥처럼 바람은 불지 않는다. 강은 흐르지 않는다. 산모는 출산하지 않는다. 해와 달은 뜨거나 지지 않는다'라는 견해가 생기는 것일까?"

"세존이시여, 세존께서는 법의 근본이시고, 법의 안내자이시고, 법의 귀의처이십니다. 세존이시여, 부디 세존께서는 이 말씀의 의미를 밝혀주십시오. 세존의 말씀을 듣고 비구들은 받아 지닐 것입니다."

"비구들이여, 그렇다면 그대들은 듣고 잘 생각하도록 하시오. 내가 이야기하겠소."

그 비구들은 "그렇게 하겠습니다. 세존이시여"라고 대답했습니다.

세존께서는 다음과 같이 말씀하셨습니다.

"비구들이여, (자아로 취한) 몸의 형색[色]이 있을 때, 몸의 형색을 취하여, 몸의 형색을 집착하여, '견고하게 서 있는 기둥처럼 바람은 불지 않는다. 강은 흐르지 않는다. 산모는 출산하지 않는다. 해와 달은 뜨거나 지지 않는다'라는 견해가 생긴다오. 느끼는 마음[受], 생각하는 마음[想], 유위를 조작하는 행위[行]들, 분별하는 마음[識]도 이와 같다오. 비구들이여, 어떻게 생각하는가? 몸의 형색이나 느끼는 마음, 생각하는 마음, 유위를 조작하는 행위들, 분별하는 마음은 지속하는가, 지속하지 않는가?"

"지속하지 않습니다. 세존이시여!"

"지속하지 않는 것은 괴로움인가, 즐거움인가?"

"괴로움입니다. 세존이시여!"

"지속하지 않고, 괴롭고, 변역하는 법, 그것을 취하지 않으면, '견고하게 서 있는 기둥처럼 바람은 불지 않는다. 강은 흐르지 않는다. 산모는 출산하지 않는다. 해와 달은 뜨거나 지지 않는다'라는 견해가 생기겠는가?"

"생기지 않겠습니다. 세존이시여!"

"보이고, 들리고, 지각(知覺)되고, 분별(分別)되고, 획득되고, 탐색되고, 마음[意]에 의해 숙고된 것은[70] 지속하는가, 지속하지 않는가?"

"지속하지 않습니다. 세존이시여!"

"지속하지 않는 것은 괴로움인가, 즐거움인가?"

"괴로움입니다. 세존이시여!"

"지속하지 않고, 괴롭고, 변역하는 법, 그것을 취하지 않으면, '견고하게 서 있는 기둥처럼 바람은 불지 않는다. 강은 흐르지 않는다. 산모는 출산하지 않는다. 해와 달은 뜨거나 지지 않는다'라는 견해가 생기겠는가?"

"생기지 않겠습니다. 세존이시여!"

"비구들이여, 거룩한 제자에게 이들 여섯 가지 문제[71]에 대한 의혹

70 'idam diṭṭhaṃ suttam mutaṃ viññātam pattam pariyesitam anuvicaritam manasā'의 번역.

71 여섯 가지 문제는 '5취온(五取蘊)이 지속하는가, 지속하지 않는가?'라는 다섯 가지 문제

이 제거되면, 그리고 그에게 괴로움[苦]에 대한 의혹이 제거되고, 괴로움의 쌓임[苦集]에 대한 의혹이 제거되고, 괴로움의 소멸[苦滅]에 대한 의혹이 제거되고, 괴로움의 소멸에 이르는 길[苦滅道]에 대한 의혹이 제거되면, 비구들이여, 그로 인해서 이런 거룩한 제자를 물러서지 않고 바른 깨달음이라는 목표에 도달하도록 결정된 수다원(須陀洹)이라고 부른다오."

3.69. 무견(無見, Natthi)〈s.24.5〉

세존께서 싸왓티의 제따와나 아나타삔디까 사원에 머무실 때, 비구들에게 말씀하셨습니다.

"비구들이여, 무엇이 있을 때, 무엇을 취하여, 무엇을 집착하여 '보시의 과보(果報)도 없고, 제물(祭物)이나, 헌공(獻供)이나, 선악업(善惡業)의 과보도 없다. 현세도 없고, 내세도 없으며, 부모도 없고, 중생의 화생(化生)[72]도 없다. 세간에는 현세와 내세를 스스로 알고 체득하여 가르치는, 바른 수행으로 바르게 도달한 사문이나 바라문도 없다. 인간은 4대(四大)로 된 것이며, 죽으면 흙은 지신(地身)[73]으로 녹아 돌아가고, 물은

와 '보이고, 들리고, 지각(知覺)되고, 분별(分別)되고, 획득되고, 탐색(探索)되고, 마음에 의해 숙고(熟考)된 것이 지속하는가, 지속하지 않는가?'라는 문제를 의미한다.

72 'sattā opapātikā'의 번역. 화생(化生)이란 중생이 죽어서 성적 욕망이 없는 천상(天上)이나 극락에 부모 없이 태어나는 것을 의미한다.

73 'paṭhavi-kāya'의 번역. 여기에서 신(身)으로 번역한 'kāya'는 불변의 실체(實體)를 의미한다.

수신(水身)[74]으로 녹아 들어가고, 불은 화신(火身)[75]으로 녹아 돌아가고, 바람은 풍신(風身)[76]으로 녹아 돌아가며, 감관[根]들은 허공으로 흩어진다. 상여꾼들이 상여에 죽은 자를 싣고 가면서 화장터까지 시구(詩句)를 읊어도, 해골은 비둘기색이 되고, 헌공은 재가 된다. 유론(有論)[77]을 주장하는 사람들은 누구든, 그들의 주장은 허망한 거짓말이며, 낭설이다. 어리석은 사람이든, 현명한 사람이든, 몸이 파괴되면 단멸(斷滅)하여 사라지며, 사후에는 존재하지 않는다'[78]라는 견해가 생기는 것일까?"

"세존이시여, 세존께서는 법의 근본이시고, 법의 안내자이시고, 법의 귀의처이십니다. 세존이시여, 부디 세존께서는 이 말씀의 의미를 밝혀주십시오. 세존의 말씀을 듣고 비구들은 받아 지닐 것입니다."

"비구들이여, 그렇다면 그대들은 듣고 잘 생각하도록 하시오. 내가 이야기하겠소."

그 비구들은 "그렇게 하겠습니다. 세존이시여"라고 대답했습니다.

세존께서는 다음과 같이 말씀하셨습니다.

"비구들이여, (자아로 취한) 몸의 형색[色]이 있을 때, 몸의 형색을 취

---

74 'apo-kāya'의 번역.

75 'tejo-kāya'의 번역.

76 'vāyo-kāya'의 번역.

77 'atthika-vāda'의 번역.

78 이것은 4대설(四大說)을 주장하는 유물론자이며 단멸론자(斷滅論者)인 아지따 께싸깜발린(Ajita Kesakambalin)의 견해다. D.N.2. Sāmañña-Phala Sutta 참조.

하여, 몸의 형색을 집착하여 그와 같은 견해가 생긴다오. 느끼는 마음[受], 생각하는 마음[想], 유위를 조작하는 행위[行]들, 분별하는 마음[識]도 이와 같다오. 비구들이여, 어떻게 생각하는가? 몸의 형색이나 느끼는 마음, 생각하는 마음, 유위를 조작하는 행위들, 분별하는 마음은 지속하는가, 지속하지 않는가?"

"지속하지 않습니다. 세존이시여!"

"지속하지 않는 것은 괴로움인가, 즐거움인가?"

"괴로움입니다. 세존이시여!"

"지속하지 않고, 괴롭고, 변역하는 법, 그것을 취하지 않으면, 그와 같은 견해가 생기겠는가?"

"생기지 않겠습니다. 세존이시여!"

"보이고, 들리고, 지각되고, 분별되고, 획득되고, 탐색되고, 마음[意]에 의해 숙고된 것은[79] 지속하는가, 지속하지 않는가?"

"지속하지 않습니다. 세존이시여!"

"지속하지 않는 것은 괴로움인가, 즐거움인가?"

"괴로움입니다. 세존이시여!"

"지속하지 않고, 괴롭고, 변역하는 법, 그것을 취하지 않으면, 그와 같은 견해가 생기겠는가?"

"생기지 않겠습니다. 세존이시여!"

"비구들이여, 거룩한 제자에게 이들 여섯 가지 문제에 대한 의혹이 제거되면, 그리고 그에게 괴로움[苦]에 대한 의혹이 제거되고, 괴로

---

79 'idam diṭṭhaṃ suttam mutaṃ viññātam pattam pariyesitam anuvicaritam manasā'의 번역.

움의 쌓임[苦集]에 대한 의혹이 제거되고, 괴로움의 소멸[苦滅]에 대한 의혹이 제거되고, 괴로움의 소멸에 이르는 길[苦滅道]에 대한 의혹이 제거되면, 비구들이여, 그로 인해서 이런 거룩한 제자를 물러서지 않고 바른 깨달음이라는 목표에 도달하도록 결정된 수다원(須陀洹)이라고 부른다오."

3.70. 업(業)을 지어도(Karota)〈s.24.6〉

세존께서 싸왓티의 제따와나 아나타삔디까 사원에 머무실 때, 비구들에게 말씀하셨습니다.

"비구들이여, 무엇이 있을 때, 무엇을 취하여, 무엇을 집착하여 '베고, 베게 하고, 자르고, 자르게 하고, 굽고, 굽게 하고, 슬프게 하고, 슬프게 하도록 하고, 괴롭히고, 괴롭히게 하고, 겁박하고, 겁박하게 하고, 생명을 해치고, 강탈하고, 이간질하고, 약탈하고, 노상에서 도둑질하고, 남의 부인을 겁탈하고, 거짓말을 해도 죄가 되지 않는다. 설령 날카로운 칼끝의 전차 바퀴로 이 땅의 생명들을 한 덩어리로 짓이기고, 한 덩어리로 만들어도, 그것 때문에 죄가 있지 않으며, 죄의 과보가 있는 것도 아니다. 설령 갠지스강의 남쪽 언덕에 가서 때리고, 죽이고, 자르고, 자르게 하고, 굽고, 굽게 해도, 그것 때문에 죄가 있는 것이 아니며, 죄의 과보가 있는 것도 아니다. 설령 갠지스강의 북쪽 언덕에 가서 보시하고, 보시하도록 하고, 공양을 올리고, 공양을 올리게 해도, 그것 때문에 복이 있는 것이 아니며, 복의 과보가 있는 것도 아니다. 보시하고, 수행하고, 금욕하고, 정직함으로써 복이 있는 것이 아니며, 복의 과보가 있는 것도 아니다'[80]라는 견해가 생기는 것일까?"

"세존이시여, 세존께서는 법의 근본이시고, 법의 안내자이시고, 법의 귀의처이십니다. 세존이시여, 부디 세존께서는 이 말씀의 의미를 밝혀주십시오. 세존의 말씀을 듣고 비구들은 받아 지닐 것입니다."

"비구들이여, 그렇다면 그대들은 듣고 잘 생각하도록 하시오. 내가 이야기하겠소."

그 비구들은 "그렇게 하겠습니다. 세존이시여"라고 대답했습니다.

세존께서는 다음과 같이 말씀하셨습니다.

"비구들이여, (자아로 취한) 몸의 형색[色]이 있을 때, 몸의 형색을 취하여, 몸의 형색을 집착하여 그와 같은 견해가 생긴다오. 느끼는 마음[受], 생각하는 마음[想], 유위를 조작하는 행위[行]들, 분별하는 마음[識]도 이와 같다오. 비구들이여, 어떻게 생각하는가? 몸의 형색이나 느끼는 마음, 생각하는 마음, 유위를 조작하는 행위들, 분별하는 마음은 지속하는가, 지속하지 않는가?"

"지속하지 않습니다. 세존이시여!"

"지속하지 않는 것은 괴로움인가, 즐거움인가?"

"괴로움입니다. 세존이시여!"

"지속하지 않고, 괴롭고, 변역하는 법, 그것을 취하지 않으면, 그와 같은 견해가 생기겠는가?"

"생기지 않겠습니다. 세존이시여!"

---

80 이것은 인과응보(因果應報)와 도덕(道德)을 부정(否定)하는 뿌라나 깟싸빠(Pūraṇa Kassapa)의 견해다. D.N.2. Sāmañña-Phala Sutta 참조.

"보이고, 들리고, 지각되고, 분별되고, 획득되고, 탐색되고, 마음[意]에 의해 숙고된 것은 지속하는가, 지속하지 않는가?"

"지속하지 않습니다. 세존이시여!"

"지속하지 않는 것은 괴로움인가, 즐거움인가?"

"괴로움입니다. 세존이시여!"

"지속하지 않고, 괴롭고, 변역하는 법, 그것을 취하지 않으면, 그와 같은 견해가 생기겠는가?"

"생기지 않겠습니다. 세존이시여!"

"비구들이여, 거룩한 제자에게 이들 여섯 가지 문제에 대한 의혹이 제거되면, 그리고 그에게 괴로움[苦]에 대한 의혹이 제거되고, 괴로움의 쌓임[苦集]에 대한 의혹이 제거되고, 괴로움의 소멸[苦滅]에 대한 의혹이 제거되고, 괴로움의 소멸에 이르는 길[苦滅道]에 대한 의혹이 제거되면, 비구들이여, 그로 인해서 이런 거룩한 제자를 물러서지 않고 바른 깨달음이라는 목표에 도달하도록 결정된 수다원(須陀洹)이라고 부른다오."

3.71. 원인(Hetu)〈s.24.7〉

세존께서 싸왓티의 제따와나 아나타삔디까 사원에 머무실 때, 비구들에게 말씀하셨습니다.

"비구들이여, 무엇이 있을 때, 무엇을 취하여, 무엇을 집착하여 '중생들이 타락하는 데는 원인[81]이 없고, 조건[82]이 없다. 원인 없이, 조건 없이 중생들은 타락한다. 중생들이 청정해지는 데는 원인이 없고, 조건이 없다. 원인 없이, 조건 없이 중생들은 청정해진다. 자신의 업(業)도 없고, 타인의 업도 없고, 인간의 업도 없고, 위력도 없고, 정진(精進)도 없고, 인간의 힘도 없고, 인간의 노력도 없다. 모든 중생, 모든 생명, 모든 생물, 모든 목숨은 자제력(自制力)이 없고, 위력이 없고, 정진이 없이, 숙명(宿命)[83]이 결합하여 존재로 성숙하며, 6가지 계층(階層)[84]에서 고락(苦樂)을 겪는다. 140만 6,600가지의 자궁[85]이 있고, 500가지의 업에는 5가지 업과 3가지 업이 있으며, 업과 반업(半業)[86]이 있다.[87] 62가지 행도(行道)[88]가 있고, 62가지 중겁(中劫)[89]이 있고, 6가지 계층이 있고, 8가지 인간의 지위가 있으며, 4,900가지의 직업이 있고, 4,900가지 편력

---

81 'hetu'의 번역.

82 'paccaya'의 번역.

83 'niyati'의 번역. 'niyati'는 확정되고 결정된 법칙이나 운명을 의미한다. 결정론자이면서 숙명론자인 막칼리 고쌀라는 모든 존재 속에는 'niyati'라고 하는 확정된 숙명적인 요인이 결합되어 있다고 주장함으로써 우연론을 극복하려고 했다.

84 'abhijāti'의 번역.

85 'yoni'의 번역.

86 'aḍḍha-kamma'의 번역.

87 5업은 다섯 가지 감각 작용을 의미하고, 3업은 신(身), 구(口), 의(意) 삼업(三業)을 의미하며, 업은 신업(身業)과 구업(口業)을 의미하고, 반업(半業)은 의업(意業)을 의미함.

88 'paṭipadā'의 번역.

89 'antara-kappa'의 번역.

수행자가 있으며, 4,900가지 용(龍)의 거처가 있으며, 2,000가지 감관[根][90]이 있으며, 3,000가지 지옥(地獄)이 있으며, 36가지 티끌 세계[塵界][91]가 있고, 7가지 관념이 있는 모태(母胎)[92]가 있고, 7가지 관념이 없는 모태가 있으며, 7가지 마디 없는 모태[93]가 있으며, 7가지 천신, 7가지 인간, 7가지 악귀, 7개의 호수, 7개의 산맥, 700개의 산, 7가지의 절벽, 700개의 절벽, 7가지 꿈, 700개의 꿈, 그리고 840만 대겁(大劫)이 있다. (이들 가운데서) 어리석은 사람이든, 현명한 사람이든 (숙명에 의해 정해진 만큼) 유전(流轉)하며 윤회(輪廻)하고 나서 괴로움을 끝낸다. 그때 '나는 계행(戒行)이나, 덕행(德行)이나, 고행(苦行)이나, 범행(梵行)으로 미숙한 업을 성숙시키고, 성숙한 업을 자주 겪어 없애야겠다'고 할 수 없다. 이와 같이 고락(苦樂)의 양이 정해진 윤회에 우열(優劣)이나 증감(增減)은 없다. 비유하면, 던져진 실타래가 풀리면서 굴러가듯이, 어리석은 사람이든, 현명한 사람이든 (숙명에 의해 정해진 만큼) 유전하며 윤회하고 나서 괴로움을 끝낸다'[94]라는 견해가 생기는 것일까?"

"세존이시여, 세존께서는 법의 근본이시고, 법의 안내자이시고, 법의 귀의처이십니다. 세존이시여, 부디 세존께서는 이 말씀의 의미를

---

90 'indriya'의 번역.

91 'rajo-dhātu'의 번역.

92 'saññi-gabbha'의 번역.

93 'nigaṇṭhi-gabbha'의 번역.

94 이것은 결정론자인 막칼리 고쌀라(Makkhali Gosāla)의 견해다. D. N. 2. Sāmañña-Phala Sutta 참조.

밝혀주십시오. 세존의 말씀을 듣고 비구들은 받아 지닐 것입니다."

"비구들이여, 그렇다면 그대들은 듣고 잘 생각하도록 하시오. 내가 이야기하겠소."

그 비구들은 "그렇게 하겠습니다. 세존이시여"라고 대답했습니다.

세존께서는 다음과 같이 말씀하셨습니다.

"비구들이여, (자아로 취한) 몸의 형색[色]이 있을 때, 몸의 형색을 취하여, 몸의 형색을 집착하여 그와 같은 견해가 생긴다오. 느끼는 마음[受], 생각하는 마음[想], 유위를 조작하는 행위[行]들, 분별하는 마음[識]도 이와 같다오. 비구들이여, 어떻게 생각하는가? 몸의 형색이나 느끼는 마음, 생각하는 마음, 유위를 조작하는 행위들, 분별하는 마음은 지속하는가, 지속하지 않는가?"

"지속하지 않습니다. 세존이시여!"

"지속하지 않는 것은 괴로움인가, 즐거움인가?"

"괴로움입니다. 세존이시여!"

"지속하지 않고, 괴롭고, 변역하는 법, 그것을 취하지 않으면, 그와 같은 견해가 생기겠는가?"

"생기지 않겠습니다. 세존이시여!"

"보이고, 들리고, 지각되고, 분별되고, 획득되고, 탐색되고, 마음[意]에 의해 숙고된 것은 지속하는가, 지속하지 않는가?"

"지속하지 않습니다. 세존이시여!"

"지속하지 않는 것은 괴로움인가, 즐거움인가?"

"괴로움입니다. 세존이시여!"

"지속하지 않고, 괴롭고, 변역하는 법, 그것을 취하지 않으면, 그와 같은 견해가 생기겠는가?"

"생기지 않겠습니다. 세존이시여!"

"비구들이여, 거룩한 제자에게 이들 여섯 가지 문제에 대한 의혹이 제거되면, 그리고 그에게 괴로움[苦]에 대한 의혹이 제거되고, 괴로움의 쌓임[苦集]에 대한 의혹이 제거되고, 괴로움의 소멸[苦滅]에 대한 의혹이 제거되고, 괴로움의 소멸에 이르는 길[苦滅道]에 대한 의혹이 제거되면, 비구들이여, 그로 인해서 이런 거룩한 제자를 물러서지 않고 바른 깨달음이라는 목표에 도달하도록 결정된 수다원(須陀洹)이라고 부른다오."

3.72. 삿된 견해(Diṭṭhena)〈s.24.8〉

세존께서 싸왓티의 제따와나 아나타삔디까 사원에 머무실 때, 비구들에게 말씀하셨습니다.

"비구들이여, 무엇이 있을 때, 무엇을 취하여, 무엇을 집착하여 '7가지 실체[身][95]는 만들어진 것이 아니며, 만들어진 것으로 구성된 것이 아니며, 창조된 것이 아니며, 석녀(石女)처럼 생산할 수 없으며, 기둥처럼 움직일 수 없다. 그것들은 움직이지 않고, 변화하지 않고, 상호 간에 괴로움이나 즐거움을 서로 방해하지 않는다. 7가지는 어떤 것인가?

---

95 'kāya'의 번역.

지신(地身), 수신(水身), 화신(火身), 풍신(風身), 낙(樂),[96] 고(苦)[97] 그리고 명아(命我)[98]가 일곱째다. 이들 7가지 실체[身]는 만들어진 것이 아니며, 만들어진 것으로 구성된 것이 아니며, 창조된 것이 아니며, 석녀처럼 생산할 수 없으며, 기둥처럼 움직일 수 없다. 그것들은 움직이지 않고, 변화하지 않고, 상호 간에 괴로움이나 즐거움을 방해하지 않는다. 거기에는 살해하는 자나 살해되는 자나, 듣는 자나 들리는 자, 인식하는 자나 인식되는 자가 없다. 누군가 날카로운 칼로 머리를 자른다고 할지라도 아무도 누군가의 목숨을 빼앗지 못하며, 7가지 실체 사이에 칼이 지나간 틈이 생길 뿐이다'[99]라는 견해가 생기는 것일까?"

"세존이시여, 세존께서는 법의 근본이시고, 법의 안내자이시고, 법의 귀의처이십니다. 세존이시여, 부디 세존께서는 이 말씀의 의미를 밝혀주십시오. 세존의 말씀을 듣고 비구들은 받아 지닐 것입니다."

"비구들이여, 그렇다면 그대들은 듣고 잘 생각하도록 하시오. 내가 이야기하겠소."

그 비구들은 "그렇게 하겠습니다. 세존이시여"라고 대답했습니다.

세존께서는 다음과 같이 말씀하셨습니다.

"비구들이여, (자아로 취한) 몸의 형색[色]이 있을 때, 몸의 형색을 취

96 'sukha'의 번역.

97 'dukkha'의 번역.

98 'jīva'의 번역.

99 이것은 기계적(機械的) 요소론자(要素論者)인 빠꾸다 깟짜야나(Pakudha Kaccāyana)의 견해다.

하여, 몸의 형색을 집착하여 그와 같은 견해가 생긴다오. 느끼는 마음[受], 생각하는 마음[想], 유위를 조작하는 행위[行]들, 분별하는 마음[識]도 이와 같다오. 비구들이여, 어떻게 생각하는가? 몸의 형색이나 느끼는 마음, 생각하는 마음, 유위를 조작하는 행위들, 분별하는 마음은 지속하는가, 지속하지 않는가?"

"지속하지 않습니다. 세존이시여!"

"지속하지 않는 것은 괴로움인가, 즐거움인가?"

"괴로움입니다. 세존이시여!"

"지속하지 않고, 괴롭고, 변역하는 법, 그것을 취하지 않으면, 그와 같은 견해가 생기겠는가?"

"생기지 않겠습니다. 세존이시여!"

"보이고, 들리고, 지각되고, 분별되고, 획득되고, 탐색되고, 마음[意]에 의해 숙고된 것은 지속하는가, 지속하지 않는가?"

"지속하지 않습니다. 세존이시여!"

"지속하지 않는 것은 괴로움인가, 즐거움인가?"

"괴로움입니다. 세존이시여!"

"지속하지 않고, 괴롭고, 변역하는 법, 그것을 취하지 않으면, 그와 같은 견해가 생기겠는가?"

"생기지 않겠습니다. 세존이시여!"

"비구들이여, 거룩한 제자에게 이들 여섯 가지 문제에 대한 의혹이 제거되면, 그리고 그에게 괴로움[苦]에 대한 의혹이 제거되고, 괴로움의 쌓임[苦集]에 대한 의혹이 제거되고, 괴로움의 소멸[苦滅]에 대한 의혹이 제거되고, 괴로움의 소멸에 이르는 길[苦滅道]에 대한 의혹이 제거되면, 비구들이여, 그로 인해서 이런 거룩한 제자를 물러서지 않고 바른 깨달음이라는 목표에 도달하도록 결정된 수다원(須陀洹)이라고 부른다오."

3.73. 모순되는 견해들(Sassato loko - Neva hoti na na hoti tathāgato)〈s.24.9-18〉

세존께서 싸왓티의 제따와나 아나타삔디까 사원에 머무실 때, 비구들에게 말씀하셨습니다.

"비구들이여, 무엇이 있을 때, 무엇을 취하여, 무엇을 집착하여 '세간은 상주(常住)한다. 세간은 상주하지 않는다. 세간은 끝이 있다. 세간은 끝이 없다. 육신(肉身)이 곧 수명(壽命)이다. 수명은 육신과 다른 것이다. 사후에 여래는 있다. 사후에 여래는 없다. 사후에 여래는 있으면서 없다. 사후에 여래는 있지도 않고 없지도 않다'라는 견해가 생기는 것일까?"

"세존이시여, 세존께서는 법의 근본이시고, 법의 안내자이시고, 법의 귀의처이십니다. 세존이시여, 부디 세존께서는 이 말씀의 의미를 밝혀주십시오. 세존의 말씀을 듣고 비구들은 받아 지닐 것입니다."

"비구들이여, 그렇다면 그대들은 듣고 잘 생각하도록 하시오. 내가 이야기하겠소."

그 비구들은 "그렇게 하겠습니다. 세존이시여"라고 대답했습니다.

세존께서는 다음과 같이 말씀하셨습니다.

"비구들이여, (자아로 취한) 몸의 형색[色]이 있을 때, 몸의 형색을 취하여, 몸의 형색을 집착하여 그와 같은 견해가 생긴다오. 느끼는 마음

[受], 생각하는 마음[想], 유위를 조작하는 행위[行]들, 분별하는 마음[識]도 이와 같다오. 비구들이여, 어떻게 생각하는가? 몸의 형색이나 느끼는 마음, 생각하는 마음, 유위를 조작하는 행위들, 분별하는 마음은 지속하는가, 지속하지 않는가?"

"지속하지 않습니다. 세존이시여!"

"지속하지 않는 것은 괴로움인가, 즐거움인가?"

"괴로움입니다. 세존이시여!"

"지속하지 않고, 괴롭고, 변역하는 법, 그것을 취하지 않으면, 그와 같은 견해가 생기겠는가?"

"생기지 않겠습니다. 세존이시여!"

"보이고, 들리고, 지각되고, 분별되고, 획득되고, 탐색되고, 마음[意]에 의해 숙고된 것은 지속하는가, 지속하지 않는가?"

"지속하지 않습니다. 세존이시여!"

"지속하지 않는 것은 괴로움인가, 즐거움인가?"

"괴로움입니다. 세존이시여!"

"지속하지 않고, 괴롭고, 변역하는 법, 그것을 취하지 않으면, 그와 같은 견해가 생기겠는가?"

"생기지 않겠습니다. 세존이시여!"

"비구들이여, 거룩한 제자에게 이들 여섯 가지 문제에 대한 의혹이 제거되면, 그리고 그에게 괴로움[苦]에 대한 의혹이 제거되고, 괴로움의 쌓임[苦集]에 대한 의혹이 제거되고, 괴로움의 소멸[苦滅]에 대한 의혹이 제거되고, 괴로움의 소멸에 이르는 길[苦滅道]에 대한 의혹이 제거되면, 비구들이여, 그로 인해서 이런 거룩한 제자를 물러서지 않고 바른 깨달음이라는 목표에 도달하도록 결정된 수다원(須陀洹)이라고 부른다오."

제25 「들어감 쌍윳따(Okkantika-Saṃyutta)」

3.74. 안(眼, Cakkhu) - 온(蘊, Khandhena) (1) 〈s.25.1-10〉

세존께서 싸왓티의 제따와나 아나타삔디까 사원에 머무실 때, 비구들에게 말씀하셨습니다.

"비구들이여, 〈s.25.1〉 안이비설신의(眼耳鼻舌身意), 〈s.25.2〉 색성향미촉법(色聲香味觸法), 〈s.25.3〉 안식(眼識), 이식(耳識), 비식(鼻識), 설식(舌識), 신식(身識), 의식(意識), 〈s.25.4〉 안촉(眼觸), 이촉(耳觸), 비촉(鼻觸), 설촉(舌觸), 신촉(身觸), 의촉(意觸), 〈s.25.5〉 안수(眼受), 이수(耳受), 비수(鼻受), 설수(舌受), 신수(身受), 의수(意受), 〈s.25.6〉 색상(色想), 성상(聲想), 향상(香想), 미상(味想), 촉상(觸想), 법상(法想), 〈s.25.7〉 색사(色思), 성사(聲思), 향사(香思), 미사(味思), 촉사(觸思), 법사(法思), 〈s.25.8〉 색애(色愛), 성애(聲愛), 향애(香愛), 미애(味愛), 촉애(觸愛), 법애(法愛), 〈s.25.9〉 지계(地界), 수계(水界), 화계(火界), 풍계(風界), 공계(空界), 식계(識界), 〈s.25.10〉 색온(色蘊), 수온(受蘊), 상온(想蘊), 행온(行蘊), 식온(識蘊)은 지속하지 않고[無常], 변화하고, 달라진다오.

비구들이여, 이들 법(法)에 대하여 이와 같이 통찰지(通察智)로 적절하게 이해하여 받아들이는 사람을 '법(法)에 수순(隨順)하는 사람들

속에 들어갔다', '바르게 결정된 참사람의 땅에 들어갔다', '범부(凡夫)의 땅에서 벗어났다', '지옥이나 축생이나 아귀계(餓鬼界)에 태어날 업을 지을 수 없다', '죽는 한이 있어도 수다원과(須陀洹果)를 성취하지 않을 수 없다'라고 말한다오.

비구들이여, 이들 법(法)을 이와 같이 알고, 보는 사람을 물러서지 않고 바른 깨달음이라는 목표에 도달하도록 결정된 수다원(須陀洹)이라고 부른다오."

제26「나타남 쌍윷따(Uppāda-Saṃyutta)」

3.75. 안(眼, Cakkhu) - 온(蘊, Khandhena) (2) 〈s.26.1-10〉

세존께서 싸왓티의 제따와나 아나타삔디까 사원에 머무실 때, 비구들에게 말씀하셨습니다.

"비구들이여, 〈s.26.1〉 안이비설신의(眼耳鼻舌身意), 〈s.26.2〉 색성향미촉법(色聲香味觸法), 〈s.26.3〉 안식(眼識), 이식(耳識), 비식(鼻識), 설식(舌識), 신식(身識), 의식(意識), 〈s.26.4〉 안촉(眼觸), 이촉(耳觸), 비촉(鼻觸), 설촉(舌觸), 신촉(身觸), 의촉(意觸), 〈s.26.5〉 안수(眼受), 이수(耳受), 비수(鼻受), 설수(舌受), 신수(身受), 의수(意受), 〈s.26.6〉 색상(色想), 성상(聲想), 향상(香想), 미상(味想), 촉상(觸想), 법상(法想), 〈s.26.7〉 색사(色思), 성사(聲思), 향사(香思), 미사(味思), 촉사(觸思), 법사(法思), 〈s.26.8〉 색애(色愛), 성애(聲愛), 향애(香愛), 미애(味愛), 촉애(觸愛), 법애(法愛),

〈s.26.9〉 지계(地界), 수계(水界), 화계(火界), 풍계(風界), 공계(空界), 식계(識界), 〈s.26.10〉 색온(色蘊), 수온(受蘊), 상온(想蘊), 행온(行蘊), 식온(識蘊)의 나타남, 머묾, 발생, 현현(顯現)이 괴로움의 나타남, 질병의 머묾, 노사(老死)의 현현(顯現)이라오.

비구들이여, 〈s.26.1〉 안이비설신의(眼耳鼻舌身意), 〈s.26.2〉 색성향미촉법(色聲香味觸法), 〈s.26.3〉 안식(眼識), 이식(耳識), 비식(鼻識), 설식(舌識), 신식(身識), 의식(意識), 〈s.26.4〉 안촉(眼觸), 이촉(耳觸), 비촉(鼻觸), 설촉(舌觸), 신촉(身觸), 의촉(意觸), 〈s.26.5〉 안수(眼受), 이수(耳受), 비수(鼻受), 설수(舌受), 신수(身受), 의수(意受), 〈s.26.6〉 색상(色想), 성상(聲想), 향상(香想), 미상(味想), 촉상(觸想), 법상(法想), 〈s.26.7〉 색사(色思), 성사(聲思), 향사(香思), 미사(味思), 촉사(觸思), 법사(法思), 〈s.26.8〉 색애(色愛), 성애(聲愛), 향애(香愛), 미애(味愛), 촉애(觸愛), 법애(法愛), 〈s.26.9〉 지계(地界), 수계(水界), 화계(火界), 풍계(風界), 공계(空界), 식계(識界), 〈s.26.10〉 색온(色蘊), 수온(受蘊), 상온(想蘊), 행온(行蘊), 식온(識蘊)의 소멸, 적멸, 사라짐이 괴로움의 소멸, 질병의 적멸, 노사(老死)의 사라짐이라오."

제27「더러운 때 쌍윳따(Kilesa-Saṃyutta)」

3.76. 안(眼, Cakkhu) – 온(蘊, Khandhena) (3) 〈s.27.1-10〉

세존께서 싸왓티의 제따와나 아나타삔디까 사원에 머무실 때, 비구들

에게 말씀하셨습니다.

"비구들이여, 〈s.27.1〉 안이비설신의(眼耳鼻舌身意), 〈s.27.2〉 색성향미촉법(色聲香味觸法), 〈s.27.3〉 안식(眼識), 이식(耳識), 비식(鼻識), 설식(舌識), 신식(身識), 의식(意識), 〈s.27.4〉 안촉(眼觸), 이촉(耳觸), 비촉(鼻觸), 설촉(舌觸), 신촉(身觸), 의촉(意觸), 〈s.27.5〉 안수(眼受), 이수(耳受), 비수(鼻受), 설수(舌受), 신수(身受), 의수(意受), 〈s.27.6〉 색상(色想), 성상(聲想), 향상(香想), 미상(味想), 촉상(觸想), 법상(法想), 〈s.27.7〉 색사(色思), 성사(聲思), 향사(香思), 미사(味思), 촉사(觸思), 법사(法思), 〈s.27.8〉 색애(色愛), 성애(聲愛), 향애(香愛), 미애(味愛), 촉애(觸愛), 법애(法愛), 〈s.27.9〉 지계(地界), 수계(水界), 화계(火界), 풍계(風界), 공계(空界), 식계(識界), 〈s.27.10〉 색온(色蘊), 수온(受蘊), 상온(想蘊), 행온(行蘊), 식온(識蘊)에 대한 욕탐이 마음의 더러운 때라오.

비구들이여, 비구에게 이들에 대한 마음의 더러운 때가 제거되고, 마음이 (욕탐에서) 출리(出離)하면, 출리가 잘 실천된 마음은 성취해야 할 법에 대하여 체험지로 체득하기 쉽게 된다오."

제28 「싸리뿟따 쌍윳따(Sāriputta-Saṃyutta)」

3.77. 원리(遠離, Vivekaṃ) - 멸진(滅盡, Nirodho)〈s.28.1-9〉

한때 싸리뿟따(Sāriputta) 존자는 싸왓티의 제따와나 아나타삔디까 사원에 머물렀습니다. 어느 날 싸리뿟따 존자는 아침에 싸왓티에 들어가 탁발을 하고 돌아와서 식사를 마친 후에 오후의 휴식을 위하여 안다(Andha) 숲에 들어가 나무 아래에서 좌선(坐禪)을 하다가 해질녘에 자리에서 일어나 제따와나 아나타삔디까 사원으로 왔습니다.

아난다 존자는 먼발치로 싸리뿟따 존자가 오는 것을 보고 싸리뿟따 존자에게 말했습니다.

"싸리뿟따 존자님! 존자님의 6근(六根)은 청정(淸淨)하고, 안색(顔色)은 맑고 깨끗하군요. 싸리뿟따 존자님은 오늘 어느 처소에서 머무셨습니까?"

〈s.28.1〉 "존자여, 나는 감각적 욕망을 멀리하고 불선법(不善法)을 멀리함으로써, 사유가 있고 숙고가 있는, 멀리함에서 생긴 즐거움과 기쁨이 있는 초선(初禪)을 성취하여 머물렀다오. 존자여, 그렇지만 나에게는 '나는 초선에 들어간다'라는 생각이나, '나는 초선에 들어갔다'라는 생각이나, '나는 초선에서 일어났다'라는 생각이 없었다오.

〈s.28.2〉 존자여, 나는 사유와 숙고를 억제하여 내적으로 조용해진, 마음이 집중된, 사유와 숙고가 없는, 삼매에서 생긴 즐거움과 기쁨이 있는 제2선(第二禪)을 성취하여 머물렀다오. 존자여, 그렇지만 나에게는 '나는 제2선에 들어간다'라는 생각이나, '나는 제2선에 들어갔다'라는 생각이나, '나는 제2선에서 일어났다'라는 생각이 없었다오.

〈s.28.3〉 존자여, 나는 기쁨이 사라지고 평정한 마음으로 주의집중과 알아차림을 하며 지내는 가운데 몸으로 즐거움을 느끼면서, 성인들이 '평정한 마음[捨]으로[100] 주의집중을 하는 즐거운 상태'라고 이야

100 'upekhaka'의 번역.

기한 제3선(第三禪)을 성취하여 머물렀다오. 존자여, 그렇지만 나에게는 '나는 제3선에 들어간다'라는 생각이나, '나는 제3선에 들어갔다'라는 생각이나, '나는 제3선에서 일어났다'라는 생각이 없었다오.

〈s.28.4〉 존자여, 나는 즐거움을 포기하고 괴로움을 버림으로써 이전의 만족과 불만이 소멸하여 괴롭지도 않고 즐겁지도 않은, 평정한 주의집중이 청정한 제4선(第四禪)을 성취하여 머물렀다오. 존자여, 그렇지만 나에게는 '나는 제4선에 들어간다'라는 생각이나, '나는 제4선에 들어갔다'라는 생각이나, '나는 제4선에서 일어났다'라는 생각이 없었다오.

〈s.28.5〉 존자여, 나는 일체의 형색에 대한 관념[色想][101]을 초월하고, 지각의 대상에 대한 관념[有對想][102]을 소멸하여, 차별적인 관념을 생각하지 않음으로써 '허공은 무한하다'라고 생각하는 공무변처(空無邊處)를 성취하여 머물렀다오. 존자여, 그렇지만 나에게는 '나는 공무변처에 들어간다'라는 생각이나, '나는 공무변처에 들어갔다'라는 생각이나, '나는 공무변처에서 일어났다'라는 생각이 없었다오.

〈s.28.6〉 존자여, 나는 일체의 공무변처를 초월하여, '의식(意識)은 무한하다'라고 생각하는 식무변처(識無邊處)를 성취하여 머물렀다오. 존자여, 그렇지만 나에게는 '나는 식무변처에 들어간다'라는 생각이나, '나는 식무변처에 들어갔다'라는 생각이나, '나는 식무변처에서 일어났다'라는 생각이 없었다오.

---

101 'rūpa-saññāṇa'의 번역.

102 'paṭigha-saññāṇa'의 번역.

〈s.28.7〉 존자여, 나는 일체의 식무변처를 초월하여, '아무것도 없다'라고 생각하는 무소유처(無所有處)를 성취하여 머물렀다오. 존자여, 그렇지만 나에게는 '나는 무소유처에 들어간다'라는 생각이나, '나는 무소유처에 들어갔다'라는 생각이나, '나는 무소유처에서 일어났다'라는 생각이 없었다오.

〈s.28.8〉 존자여, 나는 일체의 무소유처를 초월하여, 비유상비무상처(非有想非無想處)를 성취하여 머물렀다오. 존자여, 그렇지만 나에게는 '나는 비유상비무상처에 들어간다'라는 생각이나, '나는 비유상비무상처에 들어갔다'라는 생각이나, '나는 비유상비무상처에서 일어났다'라는 생각이 없었다오.

〈s.28.9〉 존자여, 나는 일체의 비유상비무상처를 초월하여, 관념과 느껴진 것의 적멸(寂滅; 想受滅)[103]을 성취하여 머물렀다오. 존자여, 그렇지만 나에게는 '나는 관념과 느껴진 것의 적멸에 들어간다'라는 생각이나, '나는 관념과 느껴진 것의 적멸에 들어갔다'라는 생각이나, '나는 관념과 느껴진 것의 적멸에서 일어났다'라는 생각이 없었다오."

그렇게 싸리뿟따 존자에게는 오랫동안 잠재적인 나라는 의식, 나의 소유라는 의식, 교만(憍慢)이 제거되었습니다. 그래서 싸리뿟따 존자에게는 '나는 선정(禪定)에 들어간다'라는 생각이나, '나는 선정에 들었다'라는 생각이나, '나는 선정에서 일어났다'라는 생각이 없었던 것입니다.

---

103 'saññā-vedayita-nirodha'의 번역.

3.78. 쑤찌무키(Sucimukhī)〈s.28.10〉

한때 싸리뿟따 존자는 라자가하의 웰루와나 깔란다까니와빠(竹林精舍)에 머물렀습니다.

어느 날 싸리뿟따 존자는 아침에 옷을 입고, 발우와 법의를 지니고 탁발하러 라자가하에 들어가서 순서대로 탁발한 후에 어떤 담장에 기대어 탁발 음식을 먹고 있었습니다.

그때 편력수행녀(遍歷修行女) 쑤찌무키가 싸리뿟따 존자에게 와서 물었습니다.

"사문이여, 그대는 고개를 숙이고 먹습니까?"

"자매여, 나는 고개를 숙이지 않고 먹습니다."

"사문이여, 그렇다면 그대는 고개를 쳐들고 먹습니까?"

"자매여, 나는 고개를 쳐들지 않고 먹습니다."

"사문이여, 그렇다면 그대는 사방(四方)을 보며 먹습니까?"

"자매여, 나는 사방을 보지 않고 먹습니다."

"사문이여, 그렇다면 그대는 사유(四維)를 보며 먹습니까?"

"자매여, 나는 사유를 보지 않고 먹습니다."

"사문이여, 그렇다면 그대는 어떻게 먹습니까?"

"자매여, 어떤 사문이나 바라문일지라도, 풍수(風水)를 보는 천한 기술로 삿된 삶을 살면서 생계를 영위하면, 자매여, 이런 사문이나 바라문을 고개를 숙이고 먹는다고 한다오. 자매여, 어떤 사문이나 바라문일지라도, 별자리로 점을 치는 천한 기술로 삿된 삶을 살면서 생계를 영위하면, 자매여, 이런 사문이나 바라문을 고개를 쳐들고 먹는다고 한다오. 자매여, 어떤 사문이나 바라문일지라도, 소식을 전하는 천한 기술로 삿된 삶을 살면서 생계를 영위하면, 자매여, 이런 사문이나 바라문을 사방(四方)을 보며 먹는다고 한다오. 자매여, 어떤 사문이나 바라문일지라도, 관상(觀相)을 보는 천한 기술로 삿된 삶을 살면서 생계를 영위하면, 자매여, 이런 사문이나 바라문을 사유(四維)를 보며 먹는다고 한다오. 자매여, 나는 풍수를 보거나, 별자리로 점을 치거나, 소식을 전하거나, 관상을 보는 천한 기술로 삿된 삶을 살면서 생계를 영위하지 않는다오. 나는 여법(如法)하게 걸식(乞食)한 음식을[104] 구하며, 여법하게 걸식한 음식을 구하여 먹는다오."

그러자 편력수행녀 쑤찌무키는 라자가하의 이 거리 저 거리를 돌아다니면서 말했습니다.

"싸끼야의 아들인 사문들은 여법한 음식을 먹습니다. 싸끼야의 아들인 사문들은 허물없는 음식을 먹습니다. 여러분은 싸끼야의 아들인 사문들에게 탁발 음식을 주십시오!"

제29 「용(龍) 쌍윳따(Nāga-Saṃyutta)」

(생략)

---

104 'dhammena bhikkham'의 번역.

제30「금시조(金翅鳥) 쌍윳따(Supaṇṇa-Saṃyutta)」

(생략)

제31「건달바(乾達婆) 쌍윳따(Gandhabbakāya-Saṃyutta)」

(생략)

제32「구름 쌍윳따(Valaha-Saṃyutta)」

(생략)

제33「왓차곳따 쌍윳따(Vacchagotta-Saṃyutta)」

(생략)

제34「선정(禪定) 쌍윳따(Jhāna-Saṃyutta)」

(생략)

4

입처품
入處品

Āyatana-Vagga

해제

제4장 『입처품(入處品, Āyatana-Vagga)』의 주제는 12입처(十二入處)다. 일반적으로 12입처는 6근(六根)과 6경(六境)을 합쳐서 부르는 명칭으로 알려져 있다. 이러한 이해는 일체법(一切法)을 온(蘊), 처(處), 계(界) 3과(科)로 분류하고, 6근과 6경을 12입처에 속하는 법(法)으로 해석한 아비달마 불교에서 비롯된 것이다. 그러나 이것은 매우 잘못된 이해이다. 12입처는 내(內) 6입처와 외(外) 6입처를 합쳐서 부르는 명칭이지 6근과 6경을 의미하는 개념이 아니다. 따라서 제4장 『입처품』에서 다루는 주제는 우리의 지각활동과 관련된 6근과 6경이 아니라, 중생이 자아로 취하는 5온이 발생하는 근거로서의 내6입처(內六入處)와 외6입처(外六入處)다.

이 책에서는 6근, 6경과 구별되는 12입처 고유의 의미를 드러내기 위하여, 내6입처(內六入處)를 '보는 주관[眼], 듣는 주관[耳], 냄새 맡는 주관[鼻], 맛보는 주관[舌], 만지는 주관[身], 마음[意]'으로 번역하고, 외6입처(外六入處)를 '보이는 형색[色], 들리는 소리[聲], 냄새[香], 맛[味], 접촉되는 것[觸], 법(法)'으로 번역했다.

6근과 6경과 구별되는 12입처의 의미를 이해하는 데 도움을 주기 위해서 이 책에서는 『잡아함경』의 「생문바라문이 질문한 3경(生聞婆羅門所問三經) ; 잡아함 319경-321경」을 번역하여 원문과 함께 4.10. 「일체(一切, Sabba) 경」〈s.35.23〉 뒤에 실어 보충했다. 붓다는 일체(一切)에 대하여 묻는 생문바라문에게 "일체는 12입처(入處)다"라고 대답한다. 이 경에서 논하는 일체, 즉 'sabba; sk. sarva'는 단순히 '모든 것'을 의미하는 단순명사가 아니라 우파니샤드 철학에서 모든 존재의 근원을 의미하는 형이상학적 개념이다. 우파니샤드 철학에서는 세계를 창조한 브라만(Brahmā)을 일체라고 부른다. 왜냐하면 모든 존재는 브라만의 전변

(轉變)이기 때문이다. 이렇게 전변설을 주장하는 바라문교의 바라문인 생문바라문이 붓다에게 '일체'에 대하여 물은 것은 '붓다는 모든 존재의 근원을 무엇이라고 주장하는가?'를 물은 것이다. 이에 대한 붓다의 답변이 '12입처'이다. 그렇다면 왜 붓다는 12입처를 일체, 즉 모든 존재의 근원이라고 했을까? 붓다는 모든 존재가 연기(緣起)한다는 것을 깨달았다. 이러한 연기설의 관점에서 보면, 우리가 존재로 인식하는 모든 존재는 자아의식을 중심으로 작용하는 우리의 지각활동에서 연기한 것이다. 전변설의 입장에서 보면 브라만이 모든 존재가 나오는 근원이지만, 연기설의 입장에서 보면 우리에게 인식되는 모든 존재는 지각활동에서 연기한 것이다. 그렇기 때문에 붓다는 "일체는 12입처다"라고 대답한 것이다.

이와 같이 12입처는 일체법이 연기하는 근원이다. 따라서 『니까야』에서 12입처는 항상 존재를 인식하는 식(識, viññāṇa)이 연기하는 조건으로 설해진다. 그리고 12입처에서 식(識)이 연기함으로써 18계(界)가 형성되고, 이를 조건으로 촉(觸), 수(受), 애(愛), 취(取), 유(有)가 연기한다. 『입처품(入處品)』에는 이와 같이 12입처를 근원으로 중생들의 괴로운 세간이 연기하는 모습을 다각적으로 보여주는 경들이 수록되어 있다.

『입처품(入處品)』에는 제35「6입처(六入處) 쌍윳따(Saḷāyatana-Saṃyutta)」에서 제44「무기(無記) 쌍윳따(Avyākata-Saṃyutta)」까지 10개의 쌍윳따가 있는데, 대부분 앞에서 설명한 바와 같이, 12입처에서 여러 법들이 연기하는 것을 설명하고 있기 때문에 각각의 쌍윳따에 대한 설명은 생략한다.

제44「무기(無記) 쌍윳따(Avyākata-Saṃyutta)」는 붓다가 모순된 명

제들에 대하여 침묵한 경들을 모은 것인데, 동일한 내용이 다른 경에서 다루어지기 때문에 생략했다.

제35 「6입처(六入處) 쌍윳따(Saḷāyatana-Saṃyutta)」

4.1. 무상(無常, Aniccaṃ ; 주관적인 것, ajjhattaṃ)〈s.35.1〉

세존께서 싸왓티의 제따와나 아나타삔디까 사원에 머무실 때, 비구들에게 말씀하셨습니다.

"비구들이여, 보는 주관[眼]은 지속하지 않는다오[無常]. 지속하지 않음, 그것이 괴로움이라오[苦]. 괴로움, 그것은 실체[自我, attan]가 없다오[無我]. '실체가 없는 것, 그것은 내 것이 아니다. 그것은 내가 아니다. 그것은 나의 자아가 아니다'라고 있는 그대로 바른 통찰지로 보도록 하시오. 듣는 주관[耳], 냄새 맡는 주관[鼻], 맛보는 주관[舌], 만지는 주관[身], 마음[意]도 이와 같다오. 이들에 대해서도 '실체가 없는 것, 그것은 내 것이 아니다. 그것은 내가 아니다. 그것은 나의 자아가 아니다'라고 있는 그대로 바른 통찰지로 보도록 하시오.

비구들이여, 이와 같이 본 학식이 많은 거룩한 제자는 보는 주관[眼], 듣는 주관[耳], 냄새 맡는 주관[鼻], 맛보는 주관[舌], 만지는 주관[身], 마음[意]에 대하여 싫증[厭離]을 내고, 싫증을 내기 때문에 욕탐을 버리고[離貪], 욕탐을 버리기 때문에 해탈(解脫)하며, 해탈했을 때 해탈했다는 것을 안다오. 즉 '생(生)은 소멸했다. 청정한 수행[梵行]을 완성했으며, 해야 할 일을 끝마쳤다. 다시는 이와 같은 상태로 되지 않는다'라고 통찰한다오."

4.2. 무상(無常, Aniccaṃ ; 객관적인 것, bāhiraṃ)〈s.35.4〉

세존께서 싸왓티의 제따와나 아나타삔디까 사원에 머무실 때, 비구들에게 말씀하셨습니다.

"비구들이여, 지각되는 형색[色]은 지속하지 않는다오[無常]. 지속하지 않음, 그것은 괴로움이라오[苦]. 괴로움, 그것은 실체[自我, attan]가 없다오[無我]. '실체가 없는 것, 그것은 내 것이 아니다. 그것은 내가 아니다. 그것은 나의 자아가 아니다'라고 있는 그대로 바른 통찰지로 보도록 하시오. 지각되는 소리[聲], 냄새[香], 맛[味], 촉감[觸], 법[法]도 이와 같다오. 이들에 대해서도 '실체가 없는 것, 그것은 내 것이 아니다. 그것은 내가 아니다. 그것은 나의 자아가 아니다'라고 있는 그대로 바른 통찰지로 보도록 하시오.

비구들이여, 이와 같이 본 학식이 많은 거룩한 제자는 지각되는 형색[色], 소리[聲], 냄새[香], 맛[味], 촉감[觸], 법[法]에 대하여 싫증[厭離]을 내고, 싫증을 내기 때문에 욕탐을 버리고[離貪], 욕탐을 버리기 때문에 해탈(解脫)하며, 해탈했을 때 해탈했다는 것을 안다오. 즉 '생(生)은 소멸했다. 청정한 수행[梵行]을 완성했으며, 해야 할 일을 끝마쳤다. 다시는 이와 같은 상태로 되지 않는다'라고 통찰한다오."

4.3. 무상(Aniccaṃ), 고(Dukkhaṃ), 무아(Anattā) (1)〈s.35.7-9〉

세존께서 싸왓티의 제따와나 아나타삔디까 사원에 머무실 때, 비구들에게 말씀하셨습니다.

"비구들이여, 과거와 미래의 보는 주관[眼]은 지속하지 않으며[無

常], 괴로움[苦]이며, 실체가 없다오[無我]. 하물며 현재의 보는 주관[眼]은 말해 무엇하겠는가? 이와 같이 본 학식이 많은 거룩한 제자는 과거의 보는 주관에 대하여 고려하지 않고, 미래의 보는 주관을 기뻐하지 않고, 현재의 보는 주관에 대하여 싫증을 내고[厭離], 욕탐을 버리고[離貪], 멸진(滅盡)으로 나아간다오. 듣는 주관[耳], 냄새 맡는 주관[鼻], 맛보는 주관[舌], 만지는 주관[身], 마음[意]에 대해서도 마찬가지라오."

4.4. 무상(Aniccaṃ), 고(Dukkhaṃ), 무아(Anattā) (2) 〈s.35.10-12〉

세존께서 싸왓티의 제따와나 아나타삔디까 사원에 머무실 때, 비구들에게 말씀하셨습니다.

"비구들이여, 과거와 미래의 형색[色]은 지속하지 않으며[無常], 괴로움[苦]이며, 실체가 없다오[無我]. 하물며 현재의 것은 말해 무엇하겠는가? 이와 같이 본 학식이 많은 거룩한 제자는 과거의 형색[色]에 대하여 고려하지 않고, 미래의 지각되는 형색[色]을 기뻐하지 않고, 현재의 지각되는 형색[色]에 대하여 싫증을 내고[厭離], 욕탐을 버리고[離貪], 멸진(滅盡)으로 나아간다오. 지각되는 소리[聲], 냄새[香], 맛[味], 촉감[觸], 법[法]에 대해서도 마찬가지라오."

4.5. 올바른 깨달음(Sambodhena)〈s.35.13-14〉

세존께서 싸왓티의 제따와나 아나타삔디까 사원에 머무실 때, 비구들에게 말씀하셨습니다.

"비구들이여, 예전에, 정각(正覺)을 성취하지 못한 보살이었을 때, 나는 이렇게 생각했다오.

〈s.35.13〉 '보는 주관[眼]의 달콤한 맛[味]은 무엇이고, 재난[患]은 무엇이고, 벗어남[出離]은 무엇인가? 듣는 주관[耳], 냄새 맡는 주관[鼻], 맛보는 주관[舌], 만지는 주관[身], 마음[意]의 달콤한 맛은 무엇이고, 재난은 무엇이고, 벗어남은 무엇인가?' 〈s.35.14〉 '지각되는 형색[色]의 달콤한 맛[味]은 무엇이고, 재난[患]은 무엇이고, 벗어남[出離]은 무엇인가? 지각되는 소리[聲], 냄새[香], 맛[味], 촉감[觸], 법[法]의 달콤한 맛은 무엇이고, 재난은 무엇이고, 벗어남은 무엇인가?'

비구들이여, 그때 나는 이렇게 생각했다오.

〈s.35.13〉 '보는 주관[眼]을 조건으로 발생하는 즐거움과 기쁨, 이것이 보는 주관[眼]의 달콤한 맛[味]이다. 보는 주관[眼]은 지속하지 않고[無常], 괴로움이며, 변해가는 법(法)이라는 사실, 이것이 보는 주관의 재난[患]이다. 보는 주관에 대한 욕탐을 억제하고 욕탐을 제거하는 것, 이것이 보는 주관에서의 벗어남[出離]이다. 듣는 주관[耳], 냄새 맡는 주관[鼻], 맛보는 주관[舌], 만지는 주관[身], 마음[意]도 마찬가지다. 〈s.35.14〉 형색[色]을 조건으로 발생하는 즐거움과 기쁨, 이것이 형색의 달콤한 맛[味]이다. 형색은 지속하지 않고[無常], 괴로움이며, 변해가는 법이라는 사실, 이것이 형색의 재난[患]이다. 형색에 대한 욕탐을 억제하고 욕탐을 제거하는 것, 이것이 형색에서의 벗어남[出離]이다. 소리[聲], 냄새[香], 맛[味], 촉감[觸], 법[法]도 마찬가지다.'

비구들이여, 내가 이와 같이 이들 주관적인 6입처[內六入處]와 객관적인 6입처[外六入處]의 달콤한 맛을 달콤한 맛으로, 재난을 재난으로, 벗어남을 벗어남으로, 있는 그대로 체득하지 못했을 때는, 나는 천계(天界), 마라, 범천(梵天)을 포함한 이 세간, 사문과 바라문, 왕과 백성을 포함한 인간들에게 위없는 바르고 평등한 깨달음[無上正等正覺]을 체험적으로 깨달았다고 선언하지 못했다오.

비구들이여, 나는 이와 같이 이들 주관적인 6입처와 객관적인 6입처의 달콤한 맛을 달콤한 맛으로, 재난을 재난으로, 벗어남을 벗어남으로, 있는 그대로 체험적으로 알았기 때문에, 나는 천계, 마라, 범천을 포함한 이 세간, 사문과 바라문, 왕과 백성을 포함한 인간들에게 위없는 바르고 평등한 깨달음을 체험적으로 깨달았다고 선언했다오.

그리고 나에게 '나의 마음은 확고하게 해탈했다. 이것이 마지막 태어남이다. 이제 다시는 유(有)가 없다'[01]라는 지견(知見)이 생겼다오."

4.6. 달콤한 맛(Assādena)〈s.35.15-16〉

세존께서 싸왓티의 제따와나 아나타삔디까 사원에 머무실 때, 비구들에게 말씀하셨습니다.

"비구들이여, 나는 주관적인 6입처[內六入處]와 객관적인 6입처[外六入處]의 달콤한 맛[味]과 재난[患]과 벗어남[出離]에 대하여 탐구했다오. 나는 주관적인 6입처와 객관적인 6입처의 달콤한 맛과 재난과 벗어남을 파악했다오. 나는 주관적인 6입처와 객관적인 6입처의 달콤한

01 'akuppā me cetovimutti ayam antimā jati natthidāni punabbhavoti'의 번역.

맛과 재난과 벗어남이 어느 정도인지를 통찰지(通察智)로 잘 보았다오.[02]

비구들이여, 내가 이와 같이 이들 주관적인 6입처[內六入處]와 객관적인 6입처[外六入處]의 달콤한 맛을 달콤한 맛으로, 재난을 재난으로, 벗어남을 벗어남으로, 있는 그대로 체험적으로 알지 못했을 때는, 나는 천계(天界), 마라, 범천(梵天)을 포함한 이 세간, 사문과 바라문, 왕과 백성을 포함한 인간들에게 위없는 바르고 평등한 깨달음[無上正等正覺]을 체험적으로 깨달았다고 선언하지 못했다오.

비구들이여, 나는 이와 같이 이들 주관적인 6입처와 객관적인 6입처의 달콤한 맛을 달콤한 맛으로, 재난을 재난으로, 벗어남을 벗어남으로, 있는 그대로 체험적으로 알았기 때문에, 나는 천계, 마라, 범천을 포함한 이 세간, 사문과 바라문, 왕과 백성을 포함한 인간들에게 위없는 바르고 평등한 깨달음을 체험적으로 깨달았다고 선언했다오.

그리고 나에게 '나의 마음은 확고하게 해탈했다. 이것이 마지막 태어남이다. 이제 다시는 유(有)가 없다'라는 지견(知見)이 생겼다오."

4.7. 그렇지 않으면(No cetena)〈s.35.17-18〉

세존께서 싸왓티의 제따와나 아나타삔디까 사원에 머무실 때, 비구들에게 말씀하셨습니다.

"비구들이여, 만약 이 주관적인 6입처[內六入處]와 객관적인 6입처

02 원본에는 각각의 내6입처(內六入處)와 외6입처(外六入處)에 대하여 설하고 있는데, 이를 종합하여 간략하게 번역함. 이후의 경에서도 마찬가지로 생략하여 번역함.

[外六入處]의 달콤한 맛이 없다면 중생들은 이 주관적인 6입처와 객관적인 6입처를 좋아하지 않을 것이오. 비구들이여, 그러나 주관적인 6입처와 객관적인 6입처의 달콤한 맛이 있기 때문에 중생들은 이 주관적인 6입처와 객관적인 6입처를 좋아한다오.

비구들이여, 만약 이 주관적인 6입처[內六入處]와 객관적인 6입처[外六入處]의 재난이 없다면 중생들은 이 주관적인 6입처와 객관적인 6입처에 싫증[厭離]을 내지 않을 것이오. 비구들이여, 그러나 주관적인 6입처와 객관적인 6입처의 재난이 있기 때문에 중생들은 이 주관적인 6입처와 객관적인 6입처에 싫증을 낸다오.

비구들이여, 만약 이 주관적인 6입처[內六入處]와 객관적인 6입처[外六入處]에서 벗어남[出離]이 없다면 중생들은 이 주관적인 6입처와 객관적인 6입처에서 벗어나지 못할 것이오. 비구들이여, 그러나 주관적인 6입처와 객관적인 6입처에서 벗어남이 있기 때문에 중생들은 이 주관적인 6입처와 객관적인 6입처에서 벗어난다오.

비구들이여, 어떤 중생이든, 이 주관적인 6입처[內六入處]와 객관적인 6입처[外六入處]의 달콤한 맛을 달콤한 맛으로, 재난을 재난으로, 벗어남을 벗어남으로, 있는 그대로 체험적으로 알지 못했기 때문에, 천계(天界), 마라, 범천(梵天)을 포함한 이 세간, 사문과 바라문, 왕과 백성을 포함한 인간에서 벗어나, 속박에서 벗어나, 자유롭게, 제약 없는 마음으로 살지 못했다오.

비구들이여, 어떤 중생이든, 이 주관적인 6입처와 객관적인 6입처의 달콤한 맛을 달콤한 맛으로, 재난을 재난으로, 벗어남을 벗어남으로, 있는 그대로 체험적으로 알면, 천계, 마라, 범천을 포함한 이 세간,

사문과 바라문, 왕과 백성을 포함한 인간에서 벗어나, 속박에서 벗어나, 자유롭게, 제약 없는 마음으로 살아간다오."

4.8. 즐김(Abhinandena)〈s.35.19-20〉

세존께서 싸왓티의 제따와나 아나타삔디까 사원에 머무실 때, 비구들에게 말씀하셨습니다.

"비구들이여, 주관적인 6입처[內六入處]와 객관적인 6입처[外六入處]를 즐기는 것은 괴로움[苦]을 즐기는 것이오. 괴로움을 즐기는 것을 괴로움에서 해탈하지 못했다고 나는 말한다오.

비구들이여, 주관적인 6입처와 객관적인 6입처를 즐기지 않는 것이 괴로움[苦]을 즐기지 않는 것이오. 괴로움을 즐기지 않는 것을 괴로움에서 해탈했다고 나는 말한다오."

4.9. 나타남(Uppadena)〈s.35.21-22〉

세존께서 싸왓티의 제따와나 아나타삔디까 사원에 머무실 때, 비구들에게 말씀하셨습니다.

"비구들이여, 주관적인 6입처[內六入處]와 객관적인 6입처[外六入處]의 나타남과 머묾[住]과 발생과 출현은 괴로움의 나타남이며, 불행의 머묾이며, 늙어 죽음[老死]의 출현이라오.

비구들이여, 주관적인 6입처와 객관적인 6입처의 괴멸(壞滅)과 적정(寂靜)과 소멸(消滅)이 괴로움의 소멸이고, 불행의 적정이고, 늙어 죽음[老死]의 소멸이라오."

4.10. 일체(一切, Sabba)〈s.35.23〉

세존께서 싸왓티의 제따와나 아나타삔디까 사원에 머무실 때, 비구들에게 말씀하셨습니다.

"비구들이여, 내가 그대들에게 일체(一切)에 대하여 가르쳐주겠소. 그대들은 잘 듣도록 하시오.

비구들이여, 어떤 것이 일체인가? 보는 주관[眼]과 보이는 형색[色]들, 듣는 주관[耳]과 들리는 소리[聲]들, 냄새 맡는 주관[鼻]과 냄새[香]들, 맛보는 주관[舌]과 맛[味]들, 만지는 주관[身]과 접촉되는 것[觸]들, 마음[意]과 법(法)들, 비구들이여, 이들이 일체(一切)라고 불린다오.

비구들이여, '나는 이 일체(一切)를 거부하고 다른 일체를 선언하겠다'라고 말하는 사람은, 그의 주장은 언어에 기초한 것이기 때문에,[03] 질문을 받아도 설명할 수 없을 것이오. 그뿐만 아니라 반론(反論)에 맞닥뜨릴 것이오.[04] 그 까닭은 무엇인가? 비구들이여, 그것은 지각의 영역이 아니기 때문이오."[05]

---

03 'tassa vācā-vatthur evassa'의 번역.

04 'uttariñca vighātaṃ āpajjeyya'의 번역.

05 'yathā tam bhikkhave avisayasmin'의 번역.

『잡아함경』(319-321) 보충

❙ 생문바라문이 질문한 3경(生聞婆羅門所問三經) ❙

(319) 이와 같이 나는 들었습니다.

한때 부처님께서 사위국 기수급고독원에 머무실 때, 생문바라문(生聞婆羅門)이 부처님을 찾아와서 함께 인사말을 나눈 후에 한쪽으로 물러나 앉아 부처님께 물었습니다.

"구담(瞿曇)이시여! 일체(一切)라고들 말하는데, 무엇을 일체라고 합니까?"

부처님께서 바라문에게 말씀하셨습니다.

"일체(一切)는 12입처(入處)를 말한다오. 보는 주관과 보이는 형색[眼色], 듣는 주관과 소리[耳聲], 냄새 맡는 주관과 냄새[鼻香], 맛보는 주관과 맛[舌味], 만지는 주관과 촉감[身觸], 마음과 법[意法], 이것을 일체라고 부른다오. 만약에 '이것은 일체가 아니다. 나는 이제 사문 구담이 말한 일체를 버리고 따로 다른 일체를 세우겠다'라고 말한다면, 그것은 언설(言說)만 있을 뿐, 물어보면 알지 못하고 의혹만 늘어날 것이오. 왜냐하면, 그것은 경계(境界)가 아니기 때문이오."

(320) "구담(瞿曇)이시여! 일체의 존재[一切有]라고들 말하는데, 무엇을 일체의 존재라고 합니까?"

부처님께서 생문바라문에게 말씀하셨습니다.

"이제는 내가 그대에게 묻겠으니, 생각대로 대답하시오. 바라문이여, 어떻게 생각하는가? 보는 주관[眼]은 있는가, 없는가?"

"있습니다. 사문 구담이시여!"

"보이는 형색[色]은 있는가, 없는가?"

"있습니다. 사문 구담이시여!"

"바라문이여, 형색[色]이 있고, 시각분별[眼識]이 있고, 시각접촉[眼觸]이 있고, 시각접촉에 의존하여 생기는 괴롭거나, 즐겁거나, 괴롭지도 즐겁지도 않은 느낌이 있는가, 그렇지 않은가?"

"있습니다. 사문 구담이시여!"

듣는 주관[耳], 냄새 맡는 주관[鼻], 맛보는 주관[舌], 만지는 주관[身], 마음[意]에 대해서도 마찬가지로 말씀하셨습니다. 그리고 이렇게 말씀하셨습니다.

"이것을 일체의 존재[一切有]라고 부른다오. 만약에 '이것은 일체의 존재가 아니다. 나는 이제 사문 구담이 말한 일체의 존재를 버리고 따로 다른 일체의 존재를 세우겠다'라고 말한다면, 그것은 언설(言說)만 있을 뿐, 물어보면 알지 못하고 의혹만 늘어날 것이오. 왜냐하면, 그것은 경계(境界)가 아니기 때문이오."

(321) "구담(瞿曇)이시여! 일체의 법[一切法]이라고들 말하는데, 무엇을 일체의 법[一切法]이라고 합니까?"

부처님께서 바라문에게 말씀하셨습니다.

"보는 주관[眼]과 보이는 형색[色], 시각분별[眼識], 시각접촉[眼觸], 시각접촉에 의존하여 생기는 괴롭거나, 즐겁거나, 괴롭지도 즐겁지도 않은 느낌, 듣는 주관[耳], 냄새 맡는 주관[鼻], 맛보는 주관[舌], 만지는 주관[身], 마음[意]과 법(法), 마음분별[意識], 마음접촉[意觸], 마음접촉에 의존하여 생기는 괴롭거나, 즐겁거나, 괴롭지도 즐겁지도 않은 느낌, 이것을 일체의 법[一切法]이라고 부른다오. 만약에 '이것은 일체의 법이 아니다. 나는 이제 사문 구담이 말한 일체의 법을 버리고 따로 다른 일체의 법을 세우겠다'라고 말한다면, 그것은 언설(言說)만 있을 뿐, 물어보면 알지 못하고 의혹만 늘어날 것이오. 왜냐하면, 그것은 경계(境界)가 아니기 때문이오."

(319) 如是我聞 一時 佛住舍衛國祇樹給孤獨園 時 有生聞婆羅門往詣佛所 共相問訊 問訊已 退坐一面 白佛言 瞿曇 所謂一切者 云何名一切 佛告婆羅門 一切者 謂十二入處 眼色 耳聲 鼻香 舌味 身觸 意法 是名一切 若復說言此非一切 沙門瞿曇所說一切 我今捨 別立餘一切者 彼但有言說 問已不知 增其疑惑 所以者何 非其境界故 時 生聞婆羅門聞佛所說 歡喜隨喜 奉行

(320) 如是我聞 一時 佛住舍衛國祇樹給孤獨園 時 有生聞婆羅門往詣佛所 面相問訊已 退坐一面 白佛言 瞿曇 所謂一切有 云何一切有 佛告生聞婆羅門 我今問汝 隨意答我 婆羅門 於意云何 眼是有不 答言 是有 沙門瞿曇 色是有不 答言 是有 沙門瞿曇 婆羅門 有色 有眼識 有眼觸 有眼觸因緣生受 若苦 若樂 不苦不樂不 答言 有 沙門瞿曇 耳 鼻 舌 身 意亦如是說 如是廣說 乃至非其境界故 佛說此經已 生聞婆羅門聞佛所說 歡喜隨喜 從坐起去

(321) 如是我聞 一時 佛住舍衛國祇樹給孤獨園 時 有生聞婆羅門往詣佛所 共相問訊已 退坐一面 白佛言 沙門瞿曇 所謂一切法 云何為一切法 佛告婆羅門 眼及色 眼識 眼觸 眼觸因緣生受 若苦 若樂 不苦不樂 耳 鼻 舌 身 意法 意識 意觸 意觸因緣生受 若苦 若樂 不苦不樂 是名為一切法 若復有言此非一切法 沙門瞿曇所說一切法 我今捨 更立一切法者 此但

有言 數問已不知 增其癡惑 所以者何 非其境界故 佛說此經已 生聞婆羅門聞佛說已 歡喜隨喜 從坐起去

4.11. 버림(Pahāna) (1) 〈s.35.24〉

세존께서 싸왓티의 제따와나 아나타삔디까 사원에 머무실 때, 비구들에게 말씀하셨습니다.

"비구들이여, 내가 그대들에게 버려야 할[捨離] 일체(一切)의 법(法)[06]에 대하여 가르쳐주겠소. 그대들은 잘 듣도록 하시오.

비구들이여, 어떤 것이 버려야 할 일체의 법인가?

비구들이여, 보는 주관[眼]이 버려야 할 것이라오. 보이는 형색[色]들이 버려야 할 것이라오. 시각분별[眼識]이 버려야 할 것이라오. 시각접촉[眼觸]이 버려야 할 것이라오. 시각접촉에 의존하여 발생하는 즐거운[樂] 느낌이나 괴로운[苦] 느낌이나 즐겁지도 괴롭지도 않은[不苦不樂] 느낌, 이것이 버려야 할 것이라오.

듣는 주관[耳]과 들리는 소리[聲], 냄새 맡는 주관[鼻]과 맡아지는 냄새[香], 맛보는 주관[舌]과 느껴지는 맛[味], 만지는 주관[身]과 접촉되는 것들[觸], 마음[意]과 법[法]도 이와 같다오.

비구들이여, 이것이 버려야 할 일체의 법이라오."

---

06 'sabbappahānāya dhammaṃ'의 번역.

4.12. 버림(Pahāna) (2) 〈s.35.25〉

세존께서 싸왓티의 제따와나 아나타삔디까 사원에 머무실 때, 비구들에게 말씀하셨습니다.

"비구들이여, 내가 그대들에게 체득하고 이해함으로써 버려야 할[捨離] 일체(一切)의 법(法)[07]에 대하여 가르쳐주겠소. 그대들은 잘 듣도록 하시오.

비구들이여, 어떤 것이 체득하고 이해함으로써 버려야 할 일체의 법인가?

비구들이여, 보는 주관[眼]이 체득하고 이해함으로써 버려야 할 것이라오. 보이는 형색[色]들이 체득하고 이해함으로써 버려야 할 것이라오. 시각분별[眼識]이 체득하고 이해함으로써 버려야 할 것이라오. 시각접촉[眼觸]이 체득하고 이해함으로써 버려야 할 것이라오. 시각접촉에 의존하여 발생하는 즐거운[樂] 느낌이나 괴로운[苦] 느낌이나 즐겁지도 괴롭지도 않은[不苦不樂] 느낌, 이것이 버려야 할 것이라오.

듣는 주관[耳]과 들리는 소리[聲]들, 냄새 맡는 주관[鼻]과 냄새[香]들, 맛보는 주관[舌]과 맛[味]들, 만지는 주관[身]과 접촉되는 것[觸]들, 마음[意]과 법(法)들도 이와 같다오.

비구들이여, 이것이 체득하고 이해함으로써 버려야 할 일체의 법이라오."

---

07 'sabbam abhiññā pariññā pahānāya dhammaṃ'의 번역.

4.13. 이해(Parijānāna)〈s.35.27〉

세존께서 싸왓티의 제따와나 아나타삔디까 사원에 머무실 때, 비구들에게 말씀하셨습니다.

"비구들이여, 일체(一切)를 체득하지 못하고, 이해하지 못하고, 제거하지 못하고, 버리지 못하면 괴로움을 소멸할 수 없다오.[08]

비구들이여, 일체를 체득하지 못하고, 이해하지 못하고, 제거하지 못하고, 버리지 못하면 괴로움을 소멸할 수 없다는 것은 어떤 것인가?

비구들이여, 보는 주관[眼]과 보이는 형색[色]들과 시각분별[眼識]과 시각분별[眼識]이 분별하게 되는 법(法)들을[09] 체득하지 못하고, 이해하지 못하고, 제거하지 못하고, 버리지 못하면 괴로움을 소멸할 수 없다오. 듣는 주관[耳]과 들리는 소리[聲]들, 냄새 맡는 주관[鼻]과 냄새[香]들, 맛보는 주관[舌]과 맛[味]들, 만지는 주관[身]과 접촉되는 것[觸]들, 마음[意]과 법(法)들도 이와 같다오. 비구들이여, 일체를 체득하지 못하고, 이해하지 못하고, 제거하지 못하고, 버리지 못하면 괴로움을 소멸할 수 없다는 것은 이것이라오.

비구들이여, 일체를 체득하고, 이해하고, 제거하고, 버리면 괴로움을 소멸할 수 있다오.

비구들이여, 일체를 체득하고, 이해하고, 제거하고, 버리면 괴로움을 소멸할 수 있다는 것은 어떤 것인가?

---

08 'sabbam bhikkhave anabhijānaṃ aparijānaṃ avirājayaṃ appajahaṃ abhabbo dukkhakkhayāya'의 번역.

09 'cakkhuviññāṇaviññātabbā dhammā'의 번역.

비구들이여, 보는 주관[眼]과 보이는 형색[色]들과 시각분별[眼識]과 시각분별[眼識]이 분별하게 되는 법(法)들을 체득하고, 이해하고, 제거하고, 버리면 괴로움을 소멸할 수 있다오. 듣는 주관[耳]과 들리는 소리[聲]들, 냄새 맡는 주관[鼻]과 냄새[香]들, 맛보는 주관[舌]과 맛[味]들, 만지는 주관[身]과 접촉되는 것[觸]들, 마음[意]과 법들도 이와 같다오. 비구들이여, 일체(一切)를 체득하고, 이해하고, 제거하고, 버리면 괴로움을 소멸할 수 있다는 것은 이것이라오."

4.14. 불타고 있는(Ādittaṃ)〈s.35.28〉

세존께서 1,000명의 비구들과 함께 가야(Gayā)의 가야씨싸(Gayāsīsa)에 머무실 때, 비구들에게 말씀하셨습니다.

"비구들이여, 일체(一切)가 불타고 있다오. 비구들이여, 일체가 불타고 있다는 것은 무엇인가? 비구들이여, 보는 주관[眼]이 불타고 있다오. 보이는 형색[色]들이 불타고 있다오. 시각분별[眼識]이 불타고 있다오. 시각접촉[眼觸]이 불타고 있다오. 시각접촉에 의존하여 발생하는 즐거운[樂] 느낌이나 괴로운[苦] 느낌이나 즐겁지도 괴롭지도 않은[不苦不樂] 느낌, 이것이 불타고 있다오.

무엇에 의해서 불타고 있는가? 탐욕의 불길에 의해서, 분노의 불길에 의해서, 어리석음의 불길에 의해서 불타고 있고, 태어남에 의해서, 늙음에 의해서, 죽음에 의해서, 근심에 의해서, 슬픔에 의해서, 고통에 의해서, 불안에 의해서, 절망에 의해서 불타고 있다고 나는 말한다오.

듣는 주관[耳]과 들리는 소리[聲]들, 냄새 맡는 주관[鼻]과 냄새[香]

들, 맛보는 주관[舌]과 맛[味]들, 만지는 주관[身]과 접촉되는 것[觸]들, 마음[意]과 법(法)들도 이와 같다오.

비구들이여, 이와 같이 본 학식이 많은 거룩한 제자는 보는 주관[眼]에 대하여 싫증[厭離]을 내고, 보이는 형색[色]들에 대하여 싫증을 내고, 시각분별[眼識]에 대하여 싫증을 내고, 시각접촉[眼觸]에 대하여 싫증을 내고, 시각접촉에 의존하여 발생하는 느껴진 즐거움[樂]이나 괴로움[苦]이나 즐겁지도 괴롭지도 않음[不苦不樂], 그것에 대하여 싫증을 낸다오. 듣는 주관[耳]과 들리는 소리[聲]들, 냄새 맡는 주관[鼻]과 냄새[香]들, 맛보는 주관[舌]과 맛[味]들, 만지는 주관[身]과 접촉되는 것[觸]들, 마음[意]과 법(法)들도 이와 같다오.

싫증을 내기 때문에 욕탐을 버리고[離貪], 욕탐을 버리기 때문에 해탈(解脫)하며, 해탈했을 때 해탈했다는 것을 안다오. 즉 '생(生)은 소멸했다. 청정한 수행[梵行]을 완성했으며, 해야 할 일을 끝마쳤다. 다시는 이와 같은 상태로 되지 않는다'라고 통찰한다오."

이것이 세존께서 하신 말씀입니다. 그 비구들은 세존의 말씀에 만족하고 기뻐했습니다. 그리고 이 설명을 하실 때, 그 1,000명의 비구들은 집착이 사라져서 번뇌로부터 마음이 해탈했습니다.

4.15. 눈먼(Andhabhūtaṃ)〈s.35.29〉

세존께서 라자가하의 웰루와나 깔란다까니와빠(竹林精舍)에 머무실 때, 비구들에게 말씀하셨습니다.

"비구들이여, 일체(一切)는 눈멀었다오. 비구들이여, 무엇이 눈멀었는가? 비구들이여, 보는 주관[眼]은 눈멀었다오. 보이는 형색[色]들은 눈멀었다오. 시각분별[眼識]은 눈멀었다오. 시각접촉[眼觸]은 눈멀었다오. 시각접촉에 의존하여 발생하는 느껴진 즐거움[樂]이나 괴로움[苦]이나 즐겁지도 괴롭지도 않음[不苦不樂], 그것은 눈멀었다오.

무엇에 의해서 눈멀었는가? 탐욕의 불길에 의해서, 분노의 불길에 의해서, 어리석음의 불길에 의해서 눈멀었고, 태어남에 의해서, 늙음에 의해서, 죽음에 의해서, 근심에 의해서, 슬픔에 의해서, 고통에 의해서, 불안에 의해서, 절망에 의해서 눈멀었다고 나는 말한다오.

듣는 주관[耳]과 들리는 소리[聲]들, 냄새 맡는 주관[鼻]과 냄새[香]들, 맛보는 주관[舌]과 맛[味]들, 만지는 주관[身]과 접촉되는 것[觸]들, 마음[意]과 법(法)들도 이와 같다오.

비구들이여, 이와 같이 본 학식이 많은 거룩한 제자는 보는 주관[眼]에 대하여 싫증[厭離]을 내고, 보이는 형색[色]들에 대하여 싫증을 내고, 시각분별[眼識]에 대하여 싫증을 내고, 시각접촉[眼觸]에 대하여 싫증을 내고, 시각접촉에 의존하여 발생하는 즐거운[樂] 느낌이나 괴로운[苦] 느낌이나 즐겁지도 괴롭지도 않은[不苦不樂] 느낌, 이것에 대하여 싫증을 낸다오. 듣는 주관[耳]과 들리는 소리[聲]들, 냄새 맡는 주관[鼻]과 냄새[香]들, 맛보는 주관[舌]과 맛[味]들, 만지는 주관[身]과 접촉되는 것[觸]들, 마음[意]과 법(法)들도 이와 같다오.

싫증을 내기 때문에 욕탐을 버리고[離貪], 욕탐을 버리기 때문에 해탈(解脫)하며, 해탈했을 때 해탈했다는 것을 안다오. 즉 '생(生)은 소멸했다. 청정한 수행[梵行]을 완성했으며, 해야 할 일을 끝마쳤다. 다시는 이와 같은 상태로 되지 않는다'라고 통찰한다오."

4.16. 적합한(Sāruppa), 도움 되는(Sappāya)〈s.35.30-31〉

세존께서 라자가하의 웰루와나 깔란다까니와빠(竹林精舍)에 머무실 때, 비구들에게 말씀하셨습니다.

"비구들이여, 내가 그대들에게 일체의 헤아림을 근절하는 데 적합하고[10] 도움이 되는 길을 알려주겠소. 그대들은 잘 듣고 철저하게 생각하도록 하시오. 내가 이야기하겠소.

비구들이여, 일체의 헤아림을 근절하는 데 적합하고, 도움이 되는 길은 어떤 것인가?

비구들이여, 비구는 보는 주관[眼]을 (나라고) 헤아리지 않고, 보는 주관 속에 (내가 있다고) 헤아리지 않고, 보는 주관으로부터 (내가 있다고) 헤아리지 않고, '보는 주관은 나의 것이다'라고 헤아리지 않고, 보이는 형색[色]을 (나라고) 헤아리지 않고, 보이는 형색 속에 (내가 있다고) 헤아리지 않고, 보이는 형색으로부터 (내가 있다고) 헤아리지 않고, '보이는 형색은 나의 것이다'라고 헤아리지 않고, 시각분별[眼識]을 (나라고) 헤아리지 않고, 시각분별 속에 (내가 있다고) 헤아리지 않고, 시각분별로부터 (내가 있다고) 헤아리지 않고, '시각분별은 나의 것이다'라고 헤아리지 않고, 시각접촉[眼觸]을 (나라고) 헤아리지 않고, 시각접촉 속에 (내가 있다고) 헤아리지 않고, 시각접촉으로부터 (내가 있다고) 헤아리지 않고, '시각접촉은 나의 것이다'라고 헤아리지 않고, 시각접촉에 의존하여 발생하는 즐거운[樂] 느낌이나 괴로운[苦] 느낌이나 즐겁지도 괴롭지도 않은[不苦不樂] 느낌, 이것을 (나라고) 헤아리지 않고, 이것 속에 (내가 있다고)

---

10 'sabbamaññitasamugghātasāruppaṃ'의 번역.

헤아리지 않고, 이것으로부터 (내가 있다고) 헤아리지 않고, '이것은 나의 것이다'라고 헤아리지 않는다오. 비구들이여, (나라고) 헤아리고, 이것 속에 (내가 있다고) 헤아리고, 이것으로부터 (내가 있다고) 헤아리고, '이것은 나의 것이다'라고 헤아린 것은 변하는 것이라오. 그런데 존재[有]를 집착하는 변하는 세간(世間)은 존재[有]를 좋아한다오.

듣는 주관[耳]과 들리는 소리[聲]들, 냄새 맡는 주관[鼻]과 냄새[香]들, 맛보는 주관[舌]과 맛[味]들, 만지는 주관[身]과 접촉되는 것[觸]들, 마음[意]과 법(法)들도 이와 같다오.

그는 일체(一切)를 (나라고) 헤아리지 않고, 일체 속에 (내가 있다고) 헤아리지 않고, 일체로부터 (내가 있다고) 헤아리지 않고, 일체를 나의 것이라고 헤아리지 않는다오.

비구들이여, 온(蘊), 계(界), 입처(入處)를 (나라고) 헤아리지 않고, 그 속에 (내가 있다고) 헤아리지 않고, 그것으로부터 (내가 있다고) 헤아리지 않고, 그것을 나의 것이라고 헤아리지 않으면, 이와 같이 헤아리지 않음으로써, 그는 세간에서 어떤 것도 취(取)하지 않는다오. 그는 취하지 않기 때문에 걱정하지 않고, 걱정하지 않음으로써 저마다 반열반에 든다오. 그는 '생(生)은 소멸했다. 청정한 수행[梵行]을 완성했으며, 해야 할 일을 끝마쳤다. 다시는 이와 같은 상태로 되지 않는다'라고 통찰한다오.

비구들이여, 이것이 일체의 헤아림을 근절하는 데 적합하고, 도움이 되는 길이라오."

4.17. 도움 되는(Sappāya)〈s.35.32〉

세존께서 라자가하의 웰루와나 깔란다까니와빠(竹林精舍)에 머무실 때, 비구들에게 말씀하셨습니다.

"비구들이여, 내가 그대들에게 일체의 헤아림을 근절하는 데 적합하고 도움 되는 길을 알려주겠소. 그대들은 잘 듣도록 하시오.

비구들이여, 일체의 헤아림을 근절하는 데 적합하고, 도움 되는 길은 어떤 것인가?

비구들이여, 어떻게 생각하는가? 보는 주관[眼]이나 보이는 형색[色], 시각분별[眼識], 시각접촉[眼觸], 시각접촉에 의존하여 발생하는 느껴진 즐거움[樂]이나 괴로움[苦]이나 즐겁지도 괴롭지도 않음[不苦不樂]은 지속하는가[常], 지속하지 않는가[無常]?"

"지속하지 않습니다. 세존이시여!"

"지속하지 않으면 즐거운가[樂], 괴로운가[苦]?"

"괴롭습니다. 세존이시여!"

"지속하지 않고[無常], 괴롭고[苦], 변해가는 법(法)을 '그것은 나의 것이다. 그것이 나다. 그것이 나의 자아다'라고 여기는 것이 과연 정당한가?"

"그렇지 않습니다. 세존이시여!"

"듣는 주관[耳]과 들리는 소리[聲]들, 냄새 맡는 주관[鼻]과 냄새[香]들, 맛보는 주관[舌]과 맛[味]들, 만지는 주관[身]과 접촉되는 것[觸]들, 마음[意]과 법(法)들도 이와 같다오.

비구들이여, 이와 같이 본 학식이 많은 거룩한 제자는 보는 주관[眼]에 대하여 싫증[厭離]을 내고, 보이는 형색[色]들에 대하여 싫증을 내고, 시각분별[眼識]에 대하여 싫증을 내고, 시각접촉[眼觸]에 대하여 싫증을 내고, 시각접촉에 의존하여 발생하는 느껴진 즐거움[樂]이나 괴로움[苦]이나 즐겁지도 괴롭지도 않음[不苦不樂], 그것에 대하여 싫증을 낸다오. 듣는 주관[耳]과 들리는 소리[聲]들, 냄새 맡는 주관[鼻]과 냄새[香]들, 맛보는 주관[舌]과 맛[味]들, 만지는 주관[身]과 접촉되는 것[觸]들, 마음[意]과 법(法)들도 이와 같다오.

싫증을 내기 때문에 욕탐을 버리고[離貪], 욕탐을 버리기 때문에 해탈(解脫)하며, 해탈했을 때 해탈했다는 것을 안다오. 즉 '생(生)은 소멸했다. 청정한 수행[梵行]을 완성했으며, 해야 할 일을 끝마쳤다. 다시는 이와 같은 상태로 되지 않는다'라고 통찰한다오.

비구들이여, 이것이 일체의 헤아림을 근절하는 데 적합하고, 도움되는 길이라오."

4.18. 생(生, Jāti) - 적멸(寂滅, Nirodha)〈s.35.33-42〉

세존께서 싸왓티의 제따와나 아나타삔디까 사원에 머무실 때, 비구들에게 말씀하셨습니다.

"비구들이여, 내가 그대들에게 일체의 〈s.35.33〉 생법(生法), 〈s.35.34〉 노법(老法), 〈s.35.35〉 병법(病法), 〈s.35.36〉 사법(死法), 〈s.35.37〉 우법(憂法), 〈s.35.38〉 염법(染法), 〈s.35.39〉 소멸법(消滅法), 〈s.35.40〉 쇠멸법(衰滅法), 〈s.35.41〉 집법(集法), 〈s.35.42〉 멸법(滅法)을 가르쳐주겠소. 그대들은 잘 듣도록 하시오.

비구들이여, 보는 주관[眼], 보이는 형색[色], 시각분별[眼識], 시각접촉[眼觸], 시각접촉에 의존하여 발생하는 느껴진 즐거움[樂]이나 괴로움[苦]이나 즐겁지도 괴롭지도 않음[不苦不樂]이 일체의 생법(生法), 노법(老法), 병법(病法), 사법(死法), 우법(憂法), 염법(染法), 소멸법(消滅法), 쇠멸법(衰滅法), 집법(集法), 멸법(滅法)이라오. 듣는 주관[耳]과 들리는 소리[聲]들, 냄새 맡는 주관[鼻]과 냄새[香]들, 맛보는 주관[舌]과 맛[味]들, 만지는 주관[身]과 접촉되는 것[觸]들, 마음[意]과 법(法)들도 이와 같다오.

비구들이여, 이와 같이 본 학식이 많은 거룩한 제자는 보는 주관[眼]에 대하여 싫증[厭離]을 내고, 보이는 형색[色]들에 대하여 싫증을 내고, 시각분별[眼識]에 대하여 싫증을 내고, 시각접촉[眼觸]에 대하여 싫증을 내고, 시각접촉에 의존하여 발생하는 느껴진 즐거움[樂]이나 괴로움[苦]이나 즐겁지도 괴롭지도 않음[不苦不樂], 그것에 대하여 싫증을 낸다오. 듣는 주관[耳]과 들리는 소리[聲]들, 냄새 맡는 주관[鼻]과 냄새[香]들, 맛보는 주관[舌]과 맛[味]들, 만지는 주관[身]과 접촉되는 것[觸]들, 마음[意]과 법(法)들도 이와 같다오.

싫증을 내기 때문에 욕탐을 버리고[離貪], 욕탐을 버리기 때문에 해탈(解脫)하며, 해탈했을 때 해탈했다는 것을 안다오. 즉 '생(生)은 소멸했다. 청정한 수행[梵行]을 완성했으며, 해야 할 일을 끝마쳤다. 다시는 이와 같은 상태로 되지 않는다'라고 통찰한다오."

4.19. 무상(無常, Aniccaṃ) - 핍박받는(Upassaṭṭhaṃ)〈s.35.43-52〉

세존께서 싸왓티의 제따와나 아나타삔디까 사원에 머무실 때, 비구들

에게 말씀하셨습니다.

"비구들이여, 내가 그대들에게 일체의 〈s.35.43〉 무상(無常)한 것, 〈s.35.44〉 괴로운 것[苦], 〈s.35.45〉 무아(無我)인 것, 〈s.35.46〉 체험해야 할 것, 〈s.35.47〉 이해해야 할 것, 〈s.35.48〉 버려야 할 것, 〈s.35.49〉 체득해야 할 것, 〈s.35.50〉 체험하여 이해해야 할 것, 〈s.35.51〉 성가신 것, 〈s.35.52〉 핍박받는 것을 가르쳐주겠소. 그대들은 잘 듣도록 하시오.

비구들이여, 보는 주관[眼], 보이는 형색[色], 시각분별[眼識], 시각접촉[眼觸], 시각접촉에 의존하여 발생하는 느껴진 즐거움[樂]이나 괴로움[苦]이나 즐겁지도 괴롭지도 않음[不苦不樂]이 일체의 무상(無常)한 것, 괴로운 것[苦], 무아(無我)인 것, 체험해야 할 것, 이해해야 할 것, 버려야 할 것, 체득해야 할 것, 체험하여 이해해야 할 것, 성가신 것, 핍박받는 것이라오. 듣는 주관[耳]과 들리는 소리[聲]들, 냄새 맡는 주관[鼻]과 냄새[香]들, 맛보는 주관[舌]과 맛[味]들, 만지는 주관[身]과 접촉되는 것[觸]들, 마음[意]과 법(法)들도 이와 같다오.

비구들이여, 이와 같이 본 학식이 많은 거룩한 제자는 보는 주관[眼]에 대하여 싫증[厭離]을 내고, 보이는 형색[色]들에 대하여 싫증을 내고, 시각분별[眼識]에 대하여 싫증을 내고, 시각접촉[眼觸]에 대하여 싫증을 내고, 시각접촉에 의존하여 발생하는 느껴진 즐거움[樂]이나 괴로움[苦]이나 즐겁지도 괴롭지도 않음[不苦不樂], 그것에 대하여 싫증을 낸다오. 듣는 주관[耳]과 들리는 소리[聲]들, 냄새 맡는 주관[鼻]과 냄새[香]들, 맛보는 주관[舌]과 맛[味]들, 만지는 주관[身]과 접촉되는 것[觸]들, 마음[意]과 법(法)들도 이와 같다오.

싫증을 내기 때문에 욕탐을 버리고[離貪], 욕탐을 버리기 때문에 해탈(解脫)하며, 해탈했을 때 해탈했다는 것을 안다오. 즉 '생(生)은 소멸했다. 청정한 수행[梵行]을 완성했으며, 해야 할 일을 끝마쳤다. 다시는 이와 같은 상태로 되지 않는다'라고 통찰한다오."

4.20. 무명(無明, Avijjā)〈s.35.53〉

세존께서 싸왓티의 제따와나 아나타삔디까 사원에 머무실 때, 어떤 비구가 세존을 찾아와서 예배하고 한쪽으로 물러나 앉아서 말씀드렸습니다.

"세존이시여, 어떻게 알고, 어떻게 보면 무명(無明)이 소멸하고 명지(明智)가 생깁니까?"

"비구여, 보는 주관[眼], 보이는 형색[色], 시각분별[眼識], 시각접촉[眼觸], 시각접촉에 의존하여 발생하는 느껴진 즐거움[樂]이나 괴로움[苦]이나 즐겁지도 괴롭지도 않음[不苦不樂]을 지속하지 않는다[無常]고 알고 보면, 무명이 소멸하고 명지가 생긴다오. 듣는 주관[耳]과 들리는 소리[聲]들, 냄새 맡는 주관[鼻]과 냄새[香]들, 맛보는 주관[舌]과 맛[味]들, 만지는 주관[身]과 접촉되는 것[觸]들, 마음[意]과 법(法)들도 이와 같다오. 비구여, 이와 같이 알고, 이와 같이 보면, 무명이 소멸하고 명지가 생긴다오."

4.21. 결박(結縛, Saṃyojanā)〈s.35.54-55〉

세존께서 싸왓티의 제따와나 아나타삔디까 사원에 머무실 때, 어떤 비구가 세존을 찾아와서 예배하고 한쪽으로 물러나 앉아서 말씀드렸습니다.

"세존이시여, 어떻게 알고, 어떻게 보면 결박(結縛)들이 〈s.35.54〉 소멸하고, 〈s.35.55〉 제거됩니까?"

"비구여, 보는 주관[眼], 보이는 형색[色], 시각분별[眼識], 시각접촉[眼觸], 시각접촉에 의존하여 발생하는 느껴진 즐거움[樂]이나 괴로움[苦]이나 즐겁지도 괴롭지도 않음[不苦不樂]을 지속하지 않는다[無常]고 알고 보면, 결박들이 소멸하고, 제거된다오. 듣는 주관[耳]과 들리는 소리[聲]들, 냄새 맡는 주관[鼻]과 냄새[香]들, 맛보는 주관[舌]과 맛[味]들, 만지는 주관[身]과 접촉되는 것[觸]들, 마음[意]과 법(法)들도 이와 같다오. 비구여, 이와 같이 알고, 이와 같이 보면, 결박들이 소멸하고, 제거된다오."

4.22. 번뇌(Asavā)〈s.35.56-57〉

세존께서 싸왓티의 제따와나 아나타삔디까 사원에 머무실 때, 어떤 비구가 세존을 찾아와서 예배하고 한쪽으로 물러나 앉아서 말씀드렸습니다.

"세존이시여, 어떻게 알고, 어떻게 보면 번뇌[漏]들이 소멸하고, 제거됩니까?"

"비구여, 보는 주관[眼], 보이는 형색[色], 시각분별[眼識], 시각접촉[眼觸], 시각접촉에 의존하여 발생하는 느껴진 즐거움[樂]이나 괴로움[苦]이나 즐겁지도 괴롭지도 않음[不苦不樂]을 지속하지 않는다[無常]고 알고 보면, 번뇌들이 소멸하고, 제거된다오. 듣는 주관[耳]과 들리는 소리[聲]들, 냄새 맡는 주관[鼻]과 냄새[香]들, 맛보는 주관[舌]과 맛[味]들, 만지는 주관[身]과 접촉되는 것[觸]들, 마음[意]과 법(法)들도 이와 같다오. 비구여, 이와 같이 알고, 이와 같이 보면, 번뇌들이 소멸하고, 제거된다오."

4.23. 잠재적 경향(Anusayā)〈s.35.58-59〉

세존께서 싸왓티의 제따와나 아나타삔디까 사원에 머무실 때, 어떤 비구가 세존을 찾아와서 예배하고 한쪽으로 물러나 앉아서 말씀드렸습니다.

"세존이시여, 어떻게 알고, 어떻게 보면 잠재적 경향[隨眠]들이 소멸하고, 제거됩니까?"

"비구여, 보는 주관[眼], 보이는 형색[色], 시각분별[眼識], 시각접촉[眼觸], 시각접촉에 의존하여 발생하는 느껴진 즐거움[樂]이나 괴로움[苦]이나 즐겁지도 괴롭지도 않음[不苦不樂]을 지속하지 않는다[無常]고 알고 보면, 잠재적 경향들이 소멸하고, 제거된다오. 듣는 주관[耳]과 들리는 소리[聲]들, 냄새 맡는 주관[鼻]과 냄새[香]들, 맛보는 주관[舌]과 맛[味]들, 만지는 주관[身]과 접촉되는 것[觸]들, 마음[意]과 법(法)들도 이와 같다오. 비구여, 이와 같이 알고, 이와 같이 보면, 잠재적 경향들이 소멸하고, 제거된다오."

4.24. 이해(Pariññā)〈s.35.60〉

세존께서 싸왓티의 제따와나 아나타삔디까 사원에 머무실 때, 비구들에게 말씀하셨습니다.

"비구들이여, 내가 그대들에게 일체의 취(取)를 이해하는 법(法)을[11] 가르쳐주겠소. 그대들은 잘 듣도록 하시오.

비구들이여, 일체의 취(取)를 이해하는 법(法)은 어떤 것인가?

비구들이여. 보는 주관[眼]과 보이는 형색[色]을 의지하여 시각분별[眼識]이 생긴다오. 셋의 만남이 접촉[觸]이라오. 접촉을 의지하여 느낌[受]이 있다오.

비구들이여, 이와 같이 본 학식이 많은 거룩한 제자는 보는 주관[眼]에 대하여 싫증[厭離]을 내고, 보이는 형색[色]들에 대하여 싫증을 내고, 시각분별[眼識]에 대하여 싫증을 내고, 시각접촉[眼觸]에 대하여 싫증을 내고, 시각접촉에 의존하여 발생하는 느껴진 즐거움[樂]이나 괴로움[苦]이나 즐겁지도 괴롭지도 않음[不苦不樂], 그것에 대하여 싫증을 낸다오. 듣는 주관[耳]과 들리는 소리[聲]들, 냄새 맡는 주관[鼻]과 냄새[香]들, 맛보는 주관[舌]과 맛[味]들, 만지는 주관[身]과 접촉되는 것[觸]들, 마음[意]과 법(法)들도 이와 같다오.

싫증을 내기 때문에 욕탐을 버리고[離貪], 욕탐을 버리기 때문에 해탈(解脫)하며, 해탈하면 '나는 취(取)를 이해했다'라고 통찰한다오.

비구들이여, 이것이 일체의 취(取)를 이해하는 법(法)이라오."

---

11 'sabbupādānaññāya dhammaṃ'의 번역.

4.25. 멸진(滅盡, Pariyādinnaṃ) (1) 〈s.35.61〉

세존께서 싸왓티의 제따와나 아나타삔디까 사원에 머무실 때, 비구들에게 말씀하셨습니다.

"비구들이여, 내가 그대들에게 일체의 취(取)를 멸진(滅盡)하는 법(法)을[12] 가르쳐주겠소. 그대들은 잘 듣도록 하시오.

비구들이여, 일체의 취(取)를 멸진하는 법은 어떤 것인가?

비구들이여. 보는 주관[眼]과 보이는 형색[色]을 의지하여 시각분별[眼識]이 생긴다오. 셋의 만남이 접촉[觸]이라오. 접촉을 의지하여 느낌[受]이 있다오.

비구들이여, 이와 같이 본 학식이 많은 거룩한 제자는 보는 주관[眼]에 대하여 싫증[厭離]을 내고, 보이는 형색[色]들에 대하여 싫증을 내고, 시각분별[眼識]에 대하여 싫증을 내고, 시각접촉[眼觸]에 대하여 싫증을 내고, 시각접촉에 의존하여 발생하는 느껴진 즐거움[樂]이나 괴로움[苦]이나 즐겁지도 괴롭지도 않음[不苦不樂], 그것에 대하여 싫증을 낸다오. 듣는 주관[耳]과 들리는 소리[聲]들, 냄새 맡는 주관[鼻]과 냄새[香]들, 맛보는 주관[舌]과 맛[味]들, 만지는 주관[身]과 접촉되는 것[觸]들, 마음[意]과 법(法)들도 이와 같다오.

싫증을 내기 때문에 욕탐을 버리고[離貪], 욕탐을 버리기 때문에 해탈(解脫)하며, 해탈했을 때 해탈했다는 것을 안다오. 즉 '생(生)은 소멸했다. 청정한 수행[梵行]을 완성했으며, 해야 할 일을 끝마쳤다. 다시는 이와 같은 상태로 되지 않는다'라고 통찰한다오.

---

12 'sabbupādānapariyādānāya dhammaṃ'의 번역.

비구들이여, 이것이 일체의 취(取)를 멸진(滅盡)하는 법(法)이라오."

4.26. 멸진(滅盡, Pariyādinnaṃ) (2) 〈s.35.62〉

세존께서 싸왓티의 제따와나 아나타삔디까 사원에 머무실 때, 비구들에게 말씀하셨습니다.

"비구들이여, 내가 그대들에게 일체의 취(取)를 멸진(滅盡)하는 법(法)을 가르쳐주겠소. 그대들은 잘 듣도록 하시오.

비구들이여, 일체의 취(取)를 멸진(滅盡)하는 법(法)은 어떤 것인가?

비구들이여, 어떻게 생각하는가? 보는 주관[眼]이나 보이는 형색[色], 시각분별[眼識], 시각접촉[眼觸], 시각접촉에 의존하여 발생하는 느껴진 즐거움[樂]이나 괴로움[苦]이나 즐겁지도 괴롭지도 않음[不苦不樂]은 지속하는가[常], 지속하지 않는가[無常]?"

"지속하지 않습니다[無常]. 세존이시여!"

"지속하지 않으면 즐거운가[樂], 괴로운가[苦]?"

"괴롭습니다. 세존이시여!"

"지속하지 않고[無常], 괴롭고[苦], 변해가는 법(法)을 '그것은 나의 것이다. 그것이 나다. 그것이 나의 자아다'라고 여기는 것이 과연 정당한가?"

"그렇지 않습니다. 세존이시여!"

"듣는 주관[耳]과 들리는 소리[聲]들, 냄새 맡는 주관[鼻]과 냄새[香]들, 맛보는 주관[舌]과 맛[味]들, 만지는 주관[身]과 접촉되는 것[觸]들, 마음[意]과 법(法)들도 이와 같다오.

비구들이여, 이와 같이 본 학식이 많은 거룩한 제자는 보는 주관[眼]에 대하여 싫증[厭離]을 내고, 보이는 형색[色]들에 대하여 싫증을 내고, 시각분별[眼識]에 대하여 싫증을 내고, 시각접촉[眼觸]에 대하여 싫증을 내고, 시각접촉에 의존하여 발생하는 느껴진 즐거움[樂]이나 괴로움[苦]이나 즐겁지도 괴롭지도 않음[不苦不樂], 그것에 대하여 싫증을 낸다오. 듣는 주관[耳]과 들리는 소리[聲]들, 냄새 맡는 주관[鼻]과 냄새[香]들, 맛보는 주관[舌]과 맛[味]들, 만지는 주관[身]과 접촉되는 것[觸]들, 마음[意]과 법(法)들도 이와 같다오.

싫증을 내기 때문에 욕탐을 버리고[離貪], 욕탐을 버리기 때문에 해탈(解脫)하며, 해탈하면 '나는 취(取)를 멸진했다'라고 통찰한다오.

비구들이여, 이것이 일체의 취(取)를 멸진(滅盡)하는 법(法)이라오."

4.27. 미가잘라(Migajāla)〈s.35.63〉

세존께서 싸왓티의 제따와나 아나타삔디까 사원에 머무실 때, 미가잘라(Migajāla) 존자가 세존을 찾아와서 예배하고 한쪽으로 물러나 앉아서 말씀드렸습니다.

"세존이시여, '홀로 사는 자'[13]라는 말들을 합니다. 세존이시여, 어떤 점에서 '홀로 사는 자'라고 하고, 어떤 점에서 '동반자와 함께 사는 자'라고 합니까?"

"미가잘라여, 보는 주관[眼]에 의해 분별되는, 마음에 들고, 사랑스

13 'ekavihārī'의 번역.

럽고, 매력(魅力) 있고, 귀엽고, 즐겁고, 유혹적인 형색[色]들이 있다오. 만약에 비구가 그것을 즐기고, 환영하고, 집착하여 머물면, 그것을 즐기고, 환영하고, 집착하여 머물기 때문에, 그에게 기쁨이 생긴다오. 기쁨이 있는 곳에는 애정이 있고, 애정이 있는 곳에는 속박(束縛)이 있다오. 미가잘라여, 기쁨이라는 속박에 묶인 비구를 '동반자와 함께 사는 자'[14]라고 부른다오. 듣는 주관[耳], 냄새 맡는 주관[鼻], 맛보는 주관[舌], 만지는 주관[身], 마음[意]도 이와 같다오. 미가잘라여, 이와 같이 사는 비구는 누구든, 외딴 숲속에 있는 조용하고 고요한, 사람들과 멀리 떨어져서 인적이 없는 홀로 좌선하기 적합한 수행처에서 지낸다고 하더라도, '동반자와 함께 사는 자'라고 불린다오. 왜냐하면, 갈애[愛]가 동반자인데, 그것을 버리지 않았기 때문에 '동반자와 함께 사는 자'라고 불린다오.

미가잘라여, 보는 주관[眼]에 의해 분별되는, 마음에 들고, 사랑스럽고, 매력 있고, 귀엽고, 즐겁고, 유혹적인 형색[色]들이 있다오. 만약에 비구가 그것을 즐기지 않고, 환영하지 않고, 집착하여 머물지 않으면, 그것을 즐기지 않고, 환영하지 않고, 집착하여 머물지 않기 때문에, 그에게 기쁨이 사라진다오. 기쁨이 없는 곳에는 애정이 없고, 애정이 없는 곳에는 속박이 없다오. 미가잘라여, 기쁨이라는 속박에서 벗어난 비구를 '홀로 사는 자'라고 부른다오. 듣는 주관[耳], 냄새 맡는 주관[鼻], 맛보는 주관[舌], 만지는 주관[身], 마음[意]도 이와 같다오. 미가잘라여, 이와 같이 사는 비구는 누구든, 여러 비구, 비구니, 왕, 대신(大臣), 외도

---

14 'sadutiyavihārī'의 번역.

(外道), 외도의 제자들이 찾아오는 번잡한 마을에서 지낸다고 하더라도, '홀로 사는 자'라고 불린다오. 왜냐하면, 갈애[愛]가 동반자인데, 그것을 버렸기 때문에 '홀로 사는 자'라고 불린다오."

4.28. 싸밋디(Samiddhi)〈s.35.65-68〉

세존께서 라자가하의 웰루와나 깔란다까니와빠(竹林精舍)에 머무실 때, 싸밋디 존자가 세존을 찾아와서 예배하고 한쪽으로 물러나 앉아서 말씀드렸습니다.

"세존이시여, '마라(Māra)', '중생', '괴로움', '세간'이라는 말들을 합니다. 어떤 경우에 '마라'나 '마라'라는 명칭,[15] '중생'이나 '중생'이라는 명칭, '괴로움'이나 '괴로움'이라는 명칭, '세간'이나 '세간'이라는 명칭이 있게 됩니까?"

"싸밋디여, 보는 주관[眼]이 있고, 보이는 형색[色]이 있고, 시각분별[眼識]이 있고, 시각분별이 인식할 수 있는 법(法)이 있는 곳에, 그곳에 '마라'나 '마라'라는 명칭, '중생'이나 '중생'이라는 명칭, '괴로움'이나 '괴로움'이라는 명칭, '세간'이나 '세간'이라는 명칭이 있다오. 듣는 주관[耳], 냄새 맡는 주관[鼻], 맛보는 주관[舌], 만지는 주관[身], 마음[意]도 이와 같다오.

싸밋디여, 보는 주관[眼]이 없고, 보이는 형색[色]이 없고, 시각분별[眼識]이 없고, 시각분별이 인식할 수 있는 법(法)이 없는 곳에는, 그

15 'Mārapaññatti'의 번역.

곳에는 '마라'나 '마라'라는 명칭, '중생'이나 '중생'이라는 명칭, '괴로움'이나 '괴로움'이라는 명칭, '세간'이나 '세간'이라는 명칭이 없다오. 듣는 주관[耳], 냄새 맡는 주관[鼻], 맛보는 주관[舌], 만지는 주관[身], 마음[意]도 이와 같다오."

4.29. 우빠와나(Upavāna)〈s.35.70〉

세존께서 싸왓티의 제따와나 아나타삔디까 사원에 머무실 때, 우빠와나(Upavāna) 존자가 세존을 찾아와서 예배하고 한쪽으로 물러나 앉아서 말씀드렸습니다.

"세존이시여, '지금 여기에서 유익한 법(法)'[16]이라고들 이야기합니다. 세존이시여, 곧바로 와서 보라고 할 수 있고, 현자(賢者)들이 개별적으로 아는 데 도움이 되는, '지금 여기에서 유익한 법'이란 어떤 것입니까?"

"우빠와나여, 비구는 보는 주관[眼]으로 형색[色]을 본 후에 형색을 지각하고,[17] 형색에 대한 탐욕을 지각하면,[18] '나의 내부에 형색에 대한 탐욕이 있다'라고 내부에 형색에 대한 탐욕이 현존함을 통찰한다오. 우빠와나여, 이와 같이 통찰하는 것이 곧바로 와서 보라고 할 수 있고, 현자(賢者)들이 개별적으로 아는 데 도움이 되는, '지금 여기에서 유익한

---

16 'sandiṭṭhiko dhammo'의 번역.

17 'rūpapaṭisaṃvedī'의 번역.

18 'rūparāgapaṭisaṃvedī'의 번역.

법(法)'이라오. 듣는 주관[耳], 냄새 맡는 주관[鼻], 맛보는 주관[舌], 만지는 주관[身], 마음[意]도 이와 같다오.

우빠와나여, 비구는 보는 주관[眼]으로 형색[色]을 본 후에 형색을 지각하고, 형색에 대한 탐욕이 지각되지 않으면, '나의 내부에 형색에 대한 탐욕이 없다'라고 내부에 형색에 대한 탐욕이 현존하지 않음을 통찰한다오. 우빠와나여, 이와 같이 통찰하는 것이 곧바로 와서 보라고 할 수 있고, 현자(賢者)들이 개별적으로 아는 데 도움이 되는, '지금 여기에서 유익한 법(法)'이라오. 듣는 주관[耳], 냄새 맡는 주관[鼻], 맛보는 주관[舌], 만지는 주관[身], 마음[意]도 이와 같다오."

4.30. 6촉입처(六觸入處, Chaphassāyatanikā) (1) 〈s.35.71〉

세존께서 싸왓티의 제따와나 아나타삔디까 사원에 머무실 때, 비구들에게 말씀하셨습니다.

"비구들이여, 누구든 여섯 가지 접촉하는 주관[六觸入處]의 쌓임[集]과 소멸[滅]과 달콤한 맛[味]과 재난[患]과 벗어남[出離]을 있는 그대로 통찰하지 못하는 비구는 청정한 수행[梵行]을 완성하지 못하며, 그는 가르침과 율(律)에서 멀리 떨어진 사람이라오."

이와 같이 말씀하시자, 어떤 비구가 세존께 말씀드렸습니다.

"세존이시여, 저는 지금 불안합니다. 세존이시여, 저는 여섯 가지 접촉하는 주관[六觸入處]의 쌓임[集]과 소멸[滅]과 달콤한 맛[味]과 재난[患]과 벗어남[出離]을 있는 그대로 통찰하지 못합니다."

"비구여, 어떻게 생각하는가? 그대는 보는 주관[眼], 듣는 주관[耳],

냄새 맡는 주관[鼻], 맛보는 주관[舌], 만지는 주관[身], 마음[意]에 대하여 '이것은 나의 것이다. 이것은 나다. 이것은 나의 자아다'라고 여기는가?"

"그렇지 않습니다. 세존이시여!"

"훌륭하오! 비구여! 보는 주관[眼], 듣는 주관[耳], 냄새 맡는 주관[鼻], 맛보는 주관[舌], 만지는 주관[身], 마음[意]에 대하여 '이것은 내 것이 아니다. 이것은 내가 아니다. 이것은 나의 자아가 아니다'라고 이것을 있는 그대로 바른 통찰지로 잘 보아야 한다오. 이것이 괴로움의 끝이라오."

4.31. 6촉입처(六觸入處, Chaphassāyatanikā) (2) 〈s.35.73〉

세존께서 싸왓티의 제따와나 아나타삔디까 사원에 머무실 때, 비구들에게 말씀하셨습니다.

"비구들이여, 누구든 여섯 가지 접촉하는 주관[六觸入處]의 쌓임[集]과 소멸[滅]과 달콤한 맛[味]과 재난[患]과 벗어남[出離]을 있는 그대로 통찰하지 못하는 비구는 청정한 수행[梵行]을 완성하지 못하며, 그는 가르침과 율(律)에서 멀리 떨어진 사람이라오."

이와 같이 말씀하시자, 어떤 비구가 세존께 말씀드렸습니다.

"세존이시여, 저는 지금 불안합니다. 세존이시여, 저는 여섯 가지 접촉하는 주관[六觸入處]의 쌓임[集]과 소멸[滅]과 달콤한 맛[味]과 재난[患]과 벗어남[出離]을 있는 그대로 통찰하지 못합니다."

"비구여, 어떻게 생각하는가? 보는 주관[眼], 듣는 주관[耳], 냄새 맡는 주관[鼻], 맛보는 주관[舌], 만지는 주관[身], 마음[意]은 지속하는가[常], 지속하지 않는가[無常]?"

"지속하지 않습니다[無常]. 세존이시여!"

"지속하지 않으면 즐거운가[樂], 괴로운가[苦]?"

"괴롭습니다. 세존이시여!"

"그대는 지속하지 않고[無常], 괴롭고[苦], 변해가는 그것을 '이것은 나의 것이다. 이것이 나다. 이것이 나의 자아다'라고 여기는가?"

"그렇지 않습니다. 세존이시여!"

"비구여, 이와 같이 본 학식이 많은 거룩한 제자는 보는 주관[眼], 듣는 주관[耳], 냄새 맡는 주관[鼻], 맛보는 주관[舌], 만지는 주관[身], 마음[意]에 대하여 싫증[厭離]을 낸다오. 싫증을 내기 때문에 욕탐을 버리고[離貪], 욕탐을 버리기 때문에 해탈(解脫)하며, 해탈했을 때 해탈했다는 것을 안다오. 즉 '생(生)은 소멸했다. 청정한 수행[梵行]을 완성했으며, 해야 할 일을 끝마쳤다. 다시는 이와 같은 상태로 되지 않는다'라고 통찰한다오."

4.32. 라다(Rādha)〈s.35.76-78〉

세존께서 싸왓티의 제따와나 아나타삔디까 사원에 머무실 때, 라다(Rādha) 존자가 세존을 찾아와서 예배하고, 한쪽에 앉은 후에 말씀드렸습니다.

"세존이시여, 세존께서는 부디 저에게 간략하게 가르침을 설해주십시오. 저는 세존의 가르침을 들은 후에 홀로 멀리 떨어진 곳에서 게으름을 피우지 않고 열심히 전념(專念)하며 지내겠습니다."

"라다여, 〈s.35.76〉 지속하지 않는 것[無常], 〈s.35.77〉 괴로운 것[苦], 〈s.35.78〉 실체가 없는 것[無我]에 대하여 그대의 욕망을 버리도록 하시오. 라다여, 어떤 것이 지속하지 않는 것, 괴로운 것, 실체가 없는 것인가? 보는 주관[眼], 보이는 형색[色], 시각분별[眼識], 시각접촉[眼觸], 시각접촉에 의존하여 발생하는 느껴진 즐거움[樂]이나 괴로움[苦]이나 즐겁지도 괴롭지도 않음[不苦不樂], 그것이 지속하지 않는 것, 괴로운 것, 실체가 없는 것이라오. 그것에 대하여 그대의 욕망을 버리도록 하시오. 듣는 주관[耳]과 들리는 소리[聲]들, 냄새 맡는 주관[鼻]과 냄새[香]들, 맛보는 주관[舌]과 맛[味]들, 만지는 주관[身]과 접촉되는 것[觸]들, 마음[意]과 법(法)들도 이와 같다오."

4.33. 무명(Avijjā) (1) 〈s.35.79〉

세존께서 싸왓티의 제따와나 아나타삔디까 사원에 머무실 때, 어떤 비구가 세존을 찾아와서 예배하고, 한쪽에 앉은 후에 말씀드렸습니다.

"세존이시여, 그것을 끊어버리면 비구에게 무명(無明)이 소멸하고 명지(明智)가 생기는 하나의 법(法)이 있습니까?"

"비구여, 그것을 끊어버리면 비구에게 무명이 소멸하고 명지가 생기는 하나의 법이 있다오."

"세존이시여, 그것은 어떤 것입니까?"

"비구여, 그것은 무명(無明)이라오."

"세존이시여, 어떻게 알고, 어떻게 보면, 비구에게 무명이 소멸하고 명지가 생깁니까?"

"비구여, 보는 주관[眼], 보이는 형색[色], 시각분별[眼識], 시각접촉[眼觸], 시각접촉에 의존하여 발생하는 느껴진 즐거움[樂]이나 괴로움[苦]이나 즐겁지도 괴롭지도 않음[不苦不樂]은 지속하지 않는다[無常]고 알고, 보면, 비구에게 무명(無明)이 소멸하고 명지(明智)가 생긴다오. 듣는 주관[耳]과 들리는 소리[聲]들, 냄새 맡는 주관[鼻]과 냄새[香]들, 맛보는 주관[舌]과 맛[味]들, 만지는 주관[身]과 접촉되는 것[觸]들, 마음[意]과 법(法)들도 이와 같다오."

4.34. 무명(Avijjā) (2) 〈s.35.80〉

세존께서 싸왓티의 제따와나 아나타삔디까 사원에 머무실 때, 어떤 비구가 세존을 찾아와서 예배하고, 한쪽에 앉은 후에 말씀드렸습니다.

… (중략) …

"세존이시여, 어떻게 알고, 어떻게 보면, 비구에게 무명(無明)이 소멸하고 명지(明智)가 생깁니까?"

"비구여, 어떤 비구는 '법(法)들을 집착하면 안 된다'라는 말을 듣는다오. 비구여, 이와 같이 '일체의 법을 집착하면 안 된다'라는 말을 들은 비구가 일체의 법을 체험적으로 인식하고, 일체의 법을 체험적으로 인식함으로써 일체의 법을 이해하고, 일체의 법을 이해함으로써 일체의 현상들을 달라졌다고 본다오.[19] 보는 주관[眼]을 달라졌다고 보고,

19 'sabbaṃ dhammam pariññāya sabbanimittāni aññato passati'의 번역.

보이는 형색[色]들을 달라졌다고 보고, 시각분별[眼識]을 달라졌다고 보고, 시각접촉[眼觸]을 달라졌다고 보고, 시각접촉에 의존하여 발생하는 느껴진 즐거움[樂]이나 괴로움[苦]이나 즐겁지도 괴롭지도 않음[不苦不樂]을 달라졌다고 본다오. 듣는 주관[耳]과 들리는 소리[聲]들, 냄새 맡는 주관[鼻]과 냄새[香]들, 맛보는 주관[舌]과 맛[味]들, 만지는 주관[身]과 접촉되는 것[觸]들, 마음[意]과 법(法)들도 이와 같다오. 비구여, 이와 같이 알고, 이와 같이 보면 비구에게 무명(無明)이 소멸하고 명지(明智)가 생긴다오."

4.35. 비구(Bhikkhu)〈s.35.81〉

세존께서 싸왓티의 제따와나 아나타삔디까 사원에 머무실 때, 많은 비구들이 세존을 찾아와서 예배하고, 한쪽에 앉은 후에 말씀드렸습니다.

"세존이시여, 외도 편력수행자들은 저희에게 '존자여, 무엇 때문에 고따마 사문 곁에서 청정한 수행[梵行]을 하며 살아가는가?'라고 묻습니다. 세존이시여, 이와 같이 물으면, 저희는 그 외도 편력수행자들에게 '존자여, 괴로움을 이해하기 위하여 세존 곁에서 청정한 수행[梵行]을 하며 살아가오'라고 대답합니다. 세존이시여, 저희가 이러한 물음에 이렇게 대답하는 것은 세존의 가르침을 잘 이야기하는 것인지요? 저희가 거짓으로 세존을 중상(中傷)한 것은 아닌지요? 저희가 가르침에 대하여 여법(如法)하게 대답한 것인지요? 그 말을 따르는 같은 가르침을 지닌 사람이 비난을 받지는 않을까요?"

"비구들이여, 그대들이 이러한 물음에 이렇게 대답하는 것은 분명히 나의 가르침을 잘 이야기하는 것이오. 그대들은 거짓으로 나를 중상한 것이 아니오. 그대들은 가르침에 대하여 여법하게 대답한 것이오. 그 말을 따르는 같은 가르침을 지닌 사람은 비난을 받지 않을 것이오.

비구들이여, 이제 그대들에게 외도 편력수행자들이 '존자여, 그렇다면, 어떤 괴로움을 이해하기 위하여 고따마 사문 곁에서 청정한 수행[梵行]을 하며 살아가는가?'라고 물으면, 비구들이여, 그대들은 이렇게 대답하시오.

'존자여, 보는 주관[眼]은 괴로움이오. 그것을 이해하기 위하여 세존 곁에서 청정한 수행을 하며 살아가오. 보이는 형색[色]들, 시각분별[眼識], 시각접촉[眼觸], 시각접촉에 의존하여 발생하는 느껴진 즐거움[樂]이나 괴로움[苦]이나 즐겁지도 괴롭지도 않음[不苦不樂]은 괴로움이오. 그것을 이해하기 위하여 세존 곁에서 청정한 수행을 하며 살아가오. 듣는 주관[耳]과 들리는 소리[聲]들, 냄새 맡는 주관[鼻]과 냄새[香]들, 맛보는 주관[舌]과 맛[味]들, 만지는 주관[身]과 접촉되는 것[觸]들, 마음[意]과 법(法)들도 마찬가지요. 존자여, 이것이 그 괴로움이요. 그것을 이해하기 위하여 세존 곁에서 청정한 수행을 하며 살아가오.'

비구들이여, 이러한 물음에 그대들은 그 외도 편력수행자들에게 이렇게 대답하시오."

4.36. 세간(Loko)〈s.35.82〉

세존께서 싸왓티의 제따와나 아나타삔디까 사원에 머무실 때, 어떤 비구가 세존을 찾아와서 예배하고, 한쪽에 앉은 후에 말씀드렸습니다.

"세존이시여, '세간(世間)'이라는 말들을 하는데, 어찌하여 '세간'이라고 합니까?"

"비구여, 파괴되기 때문에 '세간'이라고 불린다오.[20] 무엇이 파괴되는가? 비구여, 보는 주관[眼]이 파괴된다오. 보이는 형색[色]들이 파괴된다오. 시각분별[眼識]이 파괴된다오. 시각접촉[眼觸]이 파괴된다오. 시각접촉에 의존하여 발생하는 느껴진 즐거움[樂]이나 괴로움[苦]이나 즐겁지도 괴롭지도 않음[不苦不樂], 그것이 파괴된다오. 듣는 주관[耳]과 들리는 소리[聲]들, 냄새 맡는 주관[鼻]과 냄새[香]들, 맛보는 주관[舌]과 맛[味]들, 만지는 주관[身]과 접촉되는 것[觸]들, 마음[意]과 법(法)들도 이와 같다오. 비구여, 파괴되기 때문에 '세간'이라고 불린다오."

4.37. 괴멸(Paloka)〈s.35.84〉

세존께서 싸왓티의 제따와나 아나타삔디까 사원에 머무실 때, 아난다 존자가 세존을 찾아와서 예배하고, 한쪽에 앉은 후에 말씀드렸습니다.

"세존이시여, '세간(世間)'이라는 말들을 하는데, 어찌하여 '세간'이라고 합니까?"

"아난다여, 괴멸법(壞滅法)이 성자의 율(律)에서는 '세간'이라고 불린다.[21] 어떤 것이 괴멸법인가? 아난다여, 보는 주관[眼]이 괴멸법이다.

---

20 'lujjātīti kho bhikkhu tasmā loko ti vuccati'의 번역. '세간(世間)'을 의미하는 명사 'loko'는 '파괴된다'는 의미의 동사 'lujjāti'에서 파생된 명사라는 의미로서, 명사로 표현되는 존재의 근원이 동사라는 것을 이야기한 것이다.

21 'yaṃ kho Ānanda palokadhammam ayaṃ vuccati ariyassa vinaye loko'의 번역.

보이는 형색[色]들이 괴멸법이다. 시각분별[眼識]이 괴멸법이다. 시각접촉[眼觸]이 괴멸법이다. 시각접촉에 의존하여 발생하는 느껴진 즐거움[樂]이나 괴로움[苦]이나 즐겁지도 괴롭지도 않음[不苦不樂], 그것이 괴멸법이다. 듣는 주관[耳]과 들리는 소리[聲]들, 냄새 맡는 주관[鼻]과 냄새[香]들, 맛보는 주관[舌]과 맛[味]들, 만지는 주관[身]과 접촉되는 것[觸]들, 마음[意]과 법(法)들도 이와 같다. 아난다여, 괴멸법이 성자의 율(律)에서는 '세간'이라고 불린다."

4.38. 공(空, Suñña)〈s.35.85〉

세존께서 싸왓티의 제따와나 아나타삔디까 사원에 머무실 때, 아난다 존자가 세존을 찾아와서 예배하고, 한쪽에 앉은 후에 말씀드렸습니다.

"세존이시여, '세간(世間)은 비어 있다[空]'라고들 말하는데, 어찌하여 '세간은 비어 있다'라고 말합니까?"

"아난다여, 자아(自我)나 자아에 속하는 것이 비어 있기 때문에 '세간은 비어 있다'라고 말한다.[22] 자아나 자아에 속하는 것이 비어 있는 것은 어떤 것인가? 아난다여, 보는 주관[眼]은 자아나 자아에 속하는 것이 비어 있다. 보이는 형색[色]들은 자아나 자아에 속하는 것이 비어 있다. 시각분별[眼識]은 자아나 자아에 속하는 것이 비어 있다. 시각접촉[眼觸]은 자아나 자아에 속하는 것이 비어 있다. 시각접촉에 의존하여 발생하는 느껴진 즐거움[樂]이나 괴로움[苦]이나 즐겁지도 괴롭지

22 'yasmā ca kho Ānanda suññaṃ attena vā attaniyena vā tasmā suñño loko ti vuccati'의 번역.

도 않음[不苦不樂], 그것은 자아나 자아에 속하는 것이 비어 있다. 듣는 주관[耳]과 들리는 소리[聲]들, 냄새 맡는 주관[鼻]과 냄새[香]들, 맛보는 주관[舌]과 맛[味]들, 만지는 주관[身]과 접촉되는 것[觸]들, 마음[意]과 법(法)들도 이와 같다. 아난다여, 자아나 자아에 속하는 것이 비어 있기 때문에 '세간은 비어 있다'라고 말한다."

『잡아함경』(335) 제일의공경(第一義空經) 보충

한때 부처님께서 구유수(拘留搜)의 조우취락(調牛聚落)에 머무셨습니다. 그때 세존께서 비구들에게 말씀하셨습니다.

"비구들이여, 내가 그대들에게 법(法)을 설하겠소. 처음도 좋고, 중간도 좋고, 마지막도 좋으며, 좋은 의미가 있으며, 순일하게 온통 청정하며, 범행(梵行)이 청백한 것으로서 제일의공경(第一義空經)이라고 하는 것이오. 잘 듣고 깊이 생각해보시오. 그대들을 위하여 이야기하겠소.

제일의공경이란 어떤 것인가? 비구들이여, 보는 주관[眼]은 생길 때 오는 곳이 없고, 사라질 때 가는 곳이 없다오. 이와 같이 보는 주관[眼]은 부실하게 생기며, 생겨서는 남김없이 사라진다오. (보면 보이는) 업보(業報)는 있으나 (보고 있는) 작자(作者)는 없으며, 이 온(蘊)이 멸하면 다른 온이 상속할 뿐이라오. 듣는 주관[耳], 냄새 맡는 주관[鼻], 맛보는 주관[舌], 만지는 주관[身], 마음[意]도 마찬가지라오.

(이 경은) 속수법(俗數法)을 제거하나니, 속수법이란 무명(無明)을 의

지하여 행(行)이 있고, 행을 의지하여 식(識)이 있으며, 내지 순전한 큰 괴로움 덩어리가 모여 나타나는 것과 같이 이것이 있는 곳에 저것이 있고, 이것이 일어날 때 저것이 일어나는 것을 말한다오. 그래서 이것이 없는 곳에는 저것이 없고, 이것이 사라질 때는 저것이 사라지나니, 무명이 사라지면 행이 사라지고, 행이 사라지면 식이 사라지고 내지 순전한 큰 괴로움 덩어리가 사라진다오. 비구들이여, 이것을 제일의공경이라고 부른다오."

비구들은 부처님의 말씀을 듣고 환희하면서 받들어 행하였습니다.

如是我聞 一時 佛住拘留搜調牛聚落 爾時 世尊告諸比丘 我今當為汝等說法 初 中 後善 善義善味 純一滿淨 梵行清白 所謂第一義空經 諦聽 善思 當為汝說 云何為第一義空經 諸比丘 眼生時無有來處 滅時無有去處 如是眼不實而生 生已盡滅 有業報而無作者 此陰滅已 異陰相續 除俗數法 耳 鼻 舌 身 意 亦如是說 除俗數法 俗數法者 謂此有故彼有 此起故彼起 如無明緣行 行緣識 廣說乃至純大苦聚集起 又復 此無故彼無 此滅故彼滅 無明滅故行滅 行滅故識滅 如是廣說 乃至純大苦聚滅 比丘 是名第一義空法經 佛說此經已 諸比丘聞佛所說 歡喜奉行

4.39. 동요(Eja)〈s.35.90-91〉

세존께서 싸왓티의 제따와나 아나타삔디까 사원에 머무실 때, 비구들에게 말씀하셨습니다.

"비구들이여, (마음의) 동요(動搖)는 질병이라오. 동요는 종기라오. 동요는 화살이라오. 비구들이여, 그러므로 여래는 동요가 없이 화살을 맞지 않고 살아간다오. 비구들이여, 그러므로 비구가 동요 없이 화살을 맞지 않고 살아가기를 원한다면, 보는 주관[眼]을 헤아려서는 안 되고, 보는 주관[眼]에 대하여 헤아려서는 안 되고, (나를) 보는 주관[眼]이라고 헤아려서는 안 되고, '보는 주관[眼]은 나의 것이다'라고 헤아려서는 안 된다오. 보이는 형색[色]들, 시각분별[眼識], 시각접촉[眼觸], 시각접촉에 의존하여 발생하는 느껴진 즐거움[樂]이나 괴로움[苦]이나 즐겁지도 괴롭지도 않음[不苦不樂]을 헤아려서는 안 되고, 보이는 형색들, 시각분별, 시각접촉, 시각접촉에 의존하여 발생하는 느껴진 즐거움이나 괴로움이나 즐겁지도 괴롭지도 않음에 대하여 헤아려서는 안 되고, (나를) 보이는 형색, 시각분별, 시각접촉, 시각접촉에 의존하여 발생하는 느껴진 즐거움이나 괴로움이나 즐겁지도 괴롭지도 않음이라고 헤아려서는 안 되고, '보이는 형색들, 시각분별, 시각접촉, 시각접촉에 의존하여 발생하는 느껴진 즐거움이나 괴로움이나 즐겁지도 괴롭지도 않음은 나의 것이다'라고 헤아려서는 안 된다오.

왜냐하면, 비구들이여, 무엇인가를 헤아리고, 무엇인가에 대하여 헤아리고, (나를) 무엇이라고 헤아리고, '무엇인가를 나의 것이다'라고 헤아리면, 그들이 헤아리는 것이 각기 다르기 때문에,[23] 각기 달리 존재하는, 유(有)를 애착하는 세간(世間)은 유를 즐긴다오.[24] 듣는 주관[耳]과 들리는 소리[聲]들, 냄새 맡는 주관[鼻]과 냄새[香]들, 맛보는 주관[舌]과 맛[味]들, 만지는 주관[身]과 접촉되는 것[觸]들, 마음[意]과 법(法)

23 'tato taṃ hoti aññathā'의 번역.

24 'aññathābhāvī bhavasatto loko bhavam evābhinandati'의 번역.

들도 마찬가지라오.

비구들이여, 온(蘊), 계(界), 입처(入處), 그것을 헤아리지 않고, 그것에 대하여 헤아리지 않고, (나를) 그것이라고 헤아리지 않고, '그것을 나의 것이다'라고 헤아리지 않으면, 이와 같이 헤아리지 않음으로써, 그는 세간에서 어떤 것도 취(取)하지 않는다오. 그는 취(取)하지 않기 때문에 걱정하지 않고, 걱정하지 않음으로써 저마다 반열반(般涅槃)에 든다오. 그는 '생(生)은 소멸했다. 청정한 수행[梵行]을 완성했으며, 해야 할 일을 끝마쳤다. 다시는 이와 같은 상태로 되지 않는다'라고 통찰한다오."

4.40. 이원성(二元性, Dvayaṃ) (1) 〈s.35.92〉

세존께서 싸왓티의 제따와나 아나타삔디까 사원에 머무실 때, 비구들에게 말씀하셨습니다.

"비구들이여, 내가 그대들에게 이원성(二元性)을 가르쳐주겠소. 그대들은 잘 듣도록 하시오.

비구들이여, 이원성은 어떤 것인가? 보는 주관[眼]과 보이는 형색[色]들, 듣는 주관[耳]과 들리는 소리[聲]들, 냄새 맡는 주관[鼻]과 냄새[香]들, 맛보는 주관[舌]과 맛[味]들, 만지는 주관[身]과 접촉되는 것[觸]들, 마음[意]과 법(法)들, 비구들이여, 이것을 이원성이라고 한다오.

비구들이여, '나는 이 이원성을 거부하고 다른 이원성을 선언하겠다'라고 말하는 사람은, 그의 주장은 언어에 기초한 것이기 때문에, 질문을 받으면 설명할 수가 없을 것이오. 그뿐만 아니라 반론(反論)에 맞닥뜨릴 것이오. 그 까닭은 무엇인가? 비구들이여, 그것은 지각의 영역이 아니기 때문이오."

4.41. 이원성(二元性, Dvayaṃ) (2) 〈s.35.93〉

세존께서 싸왓티의 제따와나 아나타삔디까 사원에 머무실 때, 비구들에게 말씀하셨습니다.

"비구들이여, 이원성에 의지하여 분별하는 마음[識]이 발생한다오. 비구들이여, 어떻게 이원성에 의지하여 분별하는 마음[識]이 발생하는가? 보는 주관[眼]과 보이는 형색[色]들을 의지하여 시각분별[眼識]이 생긴다오. 보는 주관[眼]은 지속하지 않고[無常], 변천(變遷)하고, 달라진다오. 형색[色]들은 지속하지 않고, 변천하고, 달라진다오. 이와 같이 참으로 불안정하고 쇠멸(衰滅)하는 이 이원성은 지속하지 않고, 변천하고, 달라진다오. 시각분별[眼識]은 지속하지 않고, 변천하고, 달라진다오. 시각분별[眼識]이 생기는 원인도, 그리고 조건도, 지속하지 않고, 변천하고, 달라진다오. 비구들이여, 그런데 참으로 지속하지 않는[無常] 조건에 의지하여 생긴 시각분별[眼識]이 어찌 지속할 수 있겠는가? 비구들이여, 이들 세 법(法)의 만남, 모임, 회합, 비구들이여, 이것을 시각접촉[眼觸]이라고 한다오.[25] 시각접촉[眼觸]도 지속하지 않고, 변천하고, 달라진다오. 시각접촉[眼觸]이 생기는 원인도, 그리고 조건도 지

25 'Yā kho bhikkhave imesam tiṇṇam dhammānaṃ saṅgati sannipāto samavāyo ayam vuccati bhikkhave cakkhusamphasso'의 번역.

속하지 않고, 변천하고, 달라진다오. 비구들이여, 그런데 참으로 지속하지 않는[無常] 조건에 의지하여 생긴 시각접촉[眼觸]이 어찌 지속할 수 있겠는가? 비구들이여, 접촉되면 느끼고, 접촉되면 의도하고, 접촉되면 개념적으로 인식한다오.[26] 이와 같이 참으로 불안정하고 쇠멸(衰滅)하는 이들 법(法)은 지속하지 않고, 변천하고, 달라진다오. 듣는 주관[耳]과 들리는 소리[聲]들, 냄새 맡는 주관[鼻]과 냄새[香]들, 맛보는 주관[舌]과 맛[味]들, 만지는 주관[身]과 접촉되는 것[觸]들, 마음[意]과 법들도 이와 같다오.

비구들이여, 참으로 이렇게 이원성에 의지하여 분별[識]이 발생한다오."

4.42. 억제(Saṅgayha) (1) 〈s.35.94〉

세존께서 싸왓티의 제따와나 아나타삔디까 사원에 머무실 때, 비구들에게 말씀하셨습니다.

"비구들이여, 길들지 않고, 제어(制御)되지 않고, 수호(守護)되지 않고, 통제되지 않은 6촉입처[六觸入處]가 괴로움을 실어 온다오.[27] 그 여섯은 어떤 것인가?

비구들이여, 길들지 않고, 제어되지 않고, 수호되지 않고, 통제되지 않은 시각촉입처[眼觸入處], 청각촉입처[耳觸入處], 후각촉입처[鼻觸

---

26 'phuṭṭho bhikkhave phuṭṭho vedeti phuṭṭho ceteti phuṭṭho sañjānāti'의 번역.

27 'cha yime bhikkhave phassāyatanā adantā aguttā arakkhitā asaṃvutā dukkhādhivāhā honti'의 번역.

入處], 미각촉입처[舌觸入處], 촉각촉입처[身觸入處], 마음촉입처[意觸入處]가 괴로움을 실어 온다오.

비구들이여, 참으로 이들 길들지 않고, 제어되지 않고, 수호되지 않고, 통제되지 않은 6촉입처가 괴로움을 실어 온다오.

비구들이여, 잘 길들고, 잘 제어되고, 잘 수호되고, 잘 통제된 6촉입처가 즐거움을 실어 온다오. 그 여섯은 어떤 것인가?

비구들이여, 잘 길들고, 잘 제어되고, 잘 수호되고, 잘 통제된 시각촉입처, 청각촉입처, 후각촉입처, 미각촉입처, 촉각촉입처, 마음촉입처가 즐거움을 실어 온다오.

비구들이여, 잘 길들고, 잘 제어되고, 잘 수호되고, 잘 통제된 이들 6촉입처가 즐거움을 실어 온다오."

세존께서는 이렇게 말씀하셨습니다.

스승님께서는 또 이렇게 말씀하셨습니다.

비구들이여, 6촉입처[六觸入處]를
수호하지 않으면, 괴로움을 겪는다네.
그것들을 수호할 줄 아는
믿음의 벗들은 번뇌 없이 살아간다네.

마음에 드는 형색[色]들을 보거나,
마음에 들지 않는 형색[色]들을 본 후에는
마음에 드는 것에 대하여 탐욕심을 없애고
내 마음에 들지 않는다고 성내지 않아야 한다네.

듣기에 좋거나 싫은 소리를 들은 후에는
듣기 좋은 소리에 혹(惑)하지 않고,
듣기 싫은 소리에 화내지 않고,
내 마음에 들지 않는다고 성내지 않아야 한다네.

마음에 드는 매혹적인 향기를 맡거나,
불쾌한 더러운 냄새를 맡은 후에는
불쾌한 냄새에 대한 반감(反感)을 버리고,
기분 좋은 향기에 대한 욕망에
이끌리지 않아야 한다네.

달고 맛있는 음식을 먹거나,
맛없는 음식을 먹어본 후에
맛난 음식 먹으려 원하지 않고,
맛없는 음식을 거부하지 않아야 한다네.

접촉에 의한 즐거운 촉감에 취하지 않고,
괴로운 촉감에 흔들리지 않아야 하리.
괴롭거나 즐거운 두 가지 촉감에 평정심을 가지고,
무엇에든 따르거나, 방해받지 않아야 한다네.

허망한 개념[妄想]으로 살아가는

이런저런 사람들은[28]
개념을 가지고 허상(虛像)의
구조 속으로 들어가나니[29]
마음으로 이루어진 세속(世俗)의 모든 것을
내버리고 벗어나서 돌아다녀야 한다네.

이렇게 마음이 6촉입처(六觸入處)에서
잘 닦여진 사람은
어디에서든 마음이 접촉에 동요하지 않는다네.
탐욕과 분노에 승리하라! 비구들이여!
생사(生死)를 건너라!

4.43. 억제(Saṅgayha) (2) 〈s.35.95〉

세존께서 싸왓티의 제따와나 아나타삔디까 사원에 머무실 때, 말룽꺄뿟따(Māluṃkyaputta) 존자가 찾아와서 한쪽에 앉아 말씀드렸습니다.

"세존이시여, 제가 세존의 가르침을 듣고 홀로 외딴곳에서 열심히 노력하고 정진하며 지낼 수 있도록, 세존께서 저에게 간략하게 법을 가르쳐주시면 고맙겠습니다."

"말룽꺄뿟따여, 그대는 나이 들어 늙고 노쇠한 만년의 원로 비구

---

28 'papañcasaññā itarītarā narā'의 번역.

29 'papañcayantā upayanti saññino'의 번역.

인데, 나이 많은 그대가 간략한 가르침을 요청하면, 지금 여기에 있는 젊은 비구들에게 나는 무슨 말을 해야 하겠는가?"[30]

"세존이시여, 제가 비록 나이 들어 늙고 노쇠한 만년의 원로 비구지만, 세존께서 저에게 간략하게 법을 가르쳐주시면, 분명히 저는 세존께서 하신 말씀의 의미를 이해할 수 있을 것입니다. 분명히 저는 세존께서 하신 말씀의 계승자가 될 것입니다."

"말룽꺄뿟따여, 어떻게 생각하는가? 보지 못했고, 예전에도 본 적이 없는, 시각활동[眼]에 의해 분별되는 형색[色]들을 그대가 지금 보고 있지도 않고, 그대에게 보이지도 않다면, 그때 그대에게 그것에 대한 의욕이나 욕탐이나 애정이 있겠는가?"

"그렇지 않습니다. 세존이시여!"

"청각활동[耳]에 의해 분별되는 소리[聲]들, 후각활동[鼻]에 의해 분별되는 냄새[香]들, 미각활동[舌]에 의해 분별되는 맛[味]들, 촉각활동[身]에 의해 분별되는 촉감[觸]들, 마음활동[意]에 의해 분별되는 지각대상[法]들은 어떠한가?"

"마찬가지입니다. 세존이시여!"

"말룽꺄뿟따여, 그대에게 보이고, 들리고, 지각되고, 분별되는 법들에 대하여, 보인 것에는 단지 보인 것만 있도록 하고, 들린 것에는 단지 들린 것만 있도록 하고, 지각된 것에는 단지 지각된 것만 있도록 하고, 분별된 것에는 단지 분별된 것만 있도록 해야 한다오. 말룽꺄뿟따

30 젊은 비구를 가르쳐야 할 원로가 초보적인 가르침을 청하는 것을 꾸짖는 말씀이다.

여, 그대는 그것[지각활동][31]과 함께 있지 않으므로, 그것과 함께 있지 않아야 한다오. 말룽까뿟따여, 그대는 거기[지각된 것]에 있지 않으므로, 거기에 있지 않아야 한다오. 말룽까뿟따여, 그리하여 그대는 여기[지각활동]에도 없고, 저기[지각된 것]에도 없고, 그 둘 사이에도 없어야 한다오. 참으로 이것이 괴로움의 끝이라오."

"세존이시여, 참으로 저는 세존의 이 간략한 말씀의 의미를 자세하게 알았습니다."

형색[色]을 보면서 주의집중을 망각하고
사랑스러운 모습에 정신이 팔리면
애착심을 가지고 느끼면서,
그것을 애착하며 살아갑니다.
그에게 형색[色]에서 생긴 다양한 느낌들,
그리고 탐욕과 걱정이 늘어나서
마음이 해를 입습니다.
이렇게 괴로움이 늘어나면,
열반에서 멀리 떨어진 것입니다.

소리[聲], 냄새[香], 맛[味], 촉감[觸],
지각대상[法]도 마찬가지입니다.

---

31 [지각활동]과 [지각된 것]은 역자 삽입.

형색[色]에 대하여 탐착하지 않고,
주의집중을 잊지 않고 형색[色]을 보면
애착 없는 마음으로 느끼면서,
그것을 애착하지 않고 살아갑니다.
그는 있는 그대로 형색[色]을 보기 때문에,
그 느낌[受]이 소멸하고 모이지 않습니다.
그는 이렇게 주의집중을 실천합니다.
이렇게 괴로움이 모이지 않으면,
열반은 가까운 곳에 있습니다.

소리[聲], 냄새[香], 맛[味], 촉감[觸],
지각대상[法]도 마찬가지입니다.

"세존이시여, 참으로 저는 세존의 이 간략한 말씀의 의미를 이렇게 자세하게 알았습니다."

"훌륭하오! 말룽꺄뿟따여, 훌륭하오! 그대는 참으로 간략한 내 말의 의미를 잘 알았구려."

말룽꺄뿟따 존자는 세존의 말씀에 만족하고 기뻐하면서 자리에서 일어나 세존께 예배한 후에 오른쪽으로 돌고 나서 떠나갔습니다. 말룽꺄뿟따 존자는 홀로 외딴곳에서 열심히 노력하고 정진하며 지냈습니다. 그리고 오래지 않아 선남자(善男子)들이 출가하는 목적인 위없는 청정한 수행[梵行]의 완성을 지금 여기에서 스스로 체득하고 성취하여 살았습니다. 그는 '생(生)은 소멸했다. 청정한 수행을 완성했으며, 해야 할 일을 끝마쳤다. 다시는 이와 같은 상태로 되지 않는다'라는 것을 체득했습니다. 그리하여 말룽꺄뿟따 존자는 아라한(阿羅漢) 가운데 한 분이 되었습니다.

4.44. 퇴전(退轉, Parihānaṃ)〈s.35.96〉

세존께서 싸왓티의 제따와나 아나타삔디까 사원에 머무실 때, 비구들에게 말씀하셨습니다.

"비구들이여, 내가 그대들에게 퇴전법(退轉法)과 불퇴전법(不退轉法), 그리고 6입처(六入處) 승리[六勝處]에 대하여 가르쳐주겠소.[32]

비구들이여, 퇴전법은 어떤 것인가? 비구들이여, 보는 주관[眼]으로 형색[色]을 본 후에 비구에게 사악한 불선법(不善法)들에 결박(結縛)된 기억과 의도가 발생할 때, 만약에 비구가 그것을 용인하여 포기하지 않고, 내쫓지 않고, 제거하지 않고, 비우지 않으면, 비구들이여, '나는 사악한 불선법에 의해서 비구에서 물러나고 있다. 이것을 세존께서 퇴전(退轉)이라고 말씀하셨다'라고 알아야 한다오. 듣는 주관[耳]과 소리[聲], 냄새 맡는 주관[鼻]과 냄새[香], 맛보는 주관[舌]과 맛[味], 만지는 주관[身]과 촉감[觸], 마음[意]과 지각대상[法]도 마찬가지라오. 비구들이여, 이것이 퇴전법(退轉法)이라오.

비구들이여, 불퇴전법은 어떤 것인가? 비구들이여, 보는 주관[眼]으로 형색[色]을 본 후에 비구에게 사악한 불선법들에 결박(結縛)된 기

32 'parihānadhammañc aparihānadhammañca cha ca abhibhāyatanāni'의 번역.

억과 의도가 발생할 때, 만약에 비구가 그것을 용인하지 않고 포기하고, 내쫓고, 제거하고, 비우면, 비구들이여, '나는 사악한 불선법에 의해서 비구에서 물러나지 않고 있다. 이것이 세존께서 불퇴전(不退轉)이라고 말씀하신 것이다'라고 알아야 한다오. 듣는 주관[耳]과 소리[聲], 냄새 맡는 주관[鼻]과 냄새[香], 맛보는 주관[舌]과 맛[味], 만지는 주관[身]과 촉감[觸], 마음[意]과 지각대상[法]도 마찬가지라오. 비구들이여, 이것이 불퇴전법(不退轉法)이라오.

비구들이여, 6입처 승리[六勝處]는 어떤 것인가? 비구들이여, 보는 주관[眼]으로 형색[色]을 본 후에 비구에게 사악한 불선법들에 결박된 기억과 의도가 발생하지 않으면, 비구들이여, '이것이 비구가 입처(入處)를 이긴 것[勝處]이다. 이것이 세존께서 입처(入處) 승리[勝處]라고 말씀하신 것이다'라고 알아야 한다오. 듣는 주관[耳]과 소리[聲], 냄새 맡는 주관[鼻]과 냄새[香], 맛보는 주관[舌]과 맛[味], 만지는 주관[身]과 촉감[觸], 마음[意]과 지각대상[法]도 마찬가지라오. 비구들이여, 이것이 6입처 승리라오."

4.45. 방일(放逸)한 삶(Pamādavihārī)〈s.35.97〉

세존께서 싸왓티의 제따와나 아나타삔디까 사원에 머무실 때, 비구들에게 말씀하셨습니다.

"비구들이여, 내가 그대들에게 방일(放逸)한 삶과 방일하지 않는 삶을 가르쳐주리니 잘 듣도록 하시오.

비구들이여, 방일(放逸)한 삶은 어떤 것인가? 비구들이여, 시각활동[眼根]을 통제하지 않고 살아가면, 마음[心]이 시각에 의해 분별되는 형색[色]들 가운데 이리저리 흩어진다오.[33] 마음이 이리저리 흩어지면 희락(喜樂)이 없고,[34] 희락이 없는 곳에는 희열(喜悅)이 없고,[35] 희열이 없으면 경안(輕安)이 없고,[36] 경안이 없으면 괴로움이 머물며,[37] 괴로우면 마음[心]이 선정(禪定)에 들지 못하고,[38] 선정에 들지 않은 마음에는 법(法)들이 현현(顯現)하지 않으며,[39] 법들이 현현하지 않으면 방일(放逸)한 삶이라고 한다오.

청각활동[耳根], 후각활동[鼻根], 미각활동[舌根], 촉각활동[身根], 마음활동[意根]도 마찬가지라오.

비구들이여, 방일한 삶은 이와 같다오.

비구들이여, 방일하지 않는 삶은 어떤 것인가? 비구들이여, 시각활동[眼根]을 통제하고 살아가면, 마음[心]이 시각에 의해 분별되는 형색[色]들 가운데 이리저리 흩어지지 않는다오. 마음이 이리저리 흩어지지 않으면 희락(喜樂)이 생기고, 희락이 있으면 희열(喜悅)이 생기고,

---

33 'cittaṃ vyāsiñcati cakkhuviññeyyesu rūpesu'의 번역.

34 'tassavyāsittacittassa pāmujjaṃ na hoti'의 번역.

35 'pāmujje asati pīti na hoti'의 번역.

36 'pītiyā asati passaddhi na hoti'의 번역.

37 'passaddhiyā asati dukkhaṃ viharati'의 번역.

38 'dukkhino cittaṃ na samādhiyati'의 번역.

39 'asamāhite citte dhammā na pātubhavanti'의 번역.

희열심으로 인해서 몸이 안정되고,[40] 안정된 몸이 즐거움을 느끼며, 즐거우면 마음[心]이 선정(禪定)에 들고,[41] 선정에 든 마음에 법(法)들이 현현(顯現)하며, 법들이 현현하면 방일(放逸)하지 않은 삶이라고 한다오.

청각활동[耳根], 후각활동[鼻根], 미각활동[舌根], 촉각활동[身根], 마음활동[意根]도 마찬가지라오.

비구들이여, 방일하지 않는 삶은 이와 같다오."

4.46. 삼매(三昧, Samādhi), 좌선(坐禪, Paṭisallāṇa)〈s.35.99-100〉

세존께서 싸왓티의 제따와나 아나타삔디까 사원에 머무실 때, 비구들에게 말씀하셨습니다.

"비구들이여, 삼매(三昧)를 닦고, 좌선(坐禪)을 닦으시오! 비구들이여, 삼매에 들고 좌선에 든 비구는 있는 그대로 통찰한다오.

무엇을 있는 그대로 통찰하는가? '보는 주관[眼]은 무상(無常)하다'라고 있는 그대로 통찰하고, '보이는 형색[色]은 무상하다'라고 있는 그대로 통찰하고, '시각분별[眼識]은 무상하다'라고 있는 그대로 통찰하고, '시각접촉[眼觸]은 무상하다'라고 있는 그대로 통찰하고, '시각접촉[眼觸]을 의지하여 발생한 즐겁거나, 괴롭거나, 괴롭지도 즐겁지도 않은 느낌은 무상하다'라고 있는 그대로 통찰한다오.

듣는 주관[耳], 냄새 맡는 주관[鼻], 맛보는 주관[舌], 만지는 주관

---

40 'pītimanassa kāyo passabhati'의 번역.

41 'sukhino cittaṃ samādhiyati'의 번역.

[身], 마음[意]도 마찬가지라오.

비구들이여, 삼매를 닦고, 좌선을 닦으시오! 비구들이여, 삼매에 들고 좌선에 든 비구는 있는 그대로 통찰한다오."

4.47. 그대들의 것이 아닌 것(Natumhākaṃ)〈s.35.101-102〉

세존께서 싸왓티의 제따와나 아나타삔디까 사원에 머무실 때, 비구들에게 말씀하셨습니다.

"비구들이여, 그대들의 것이 아닌 것을 버리도록 하시오. 그것을 버리는 것이 그대들에게 이익이 되고 즐거움이 될 것이오. 비구들이여, 어떤 것이 그대들의 것이 아닌가? 보는 주관[眼]은 그대들의 것이 아니라오. 그것을 버리도록 하시오. 그것을 버리는 것이 그대들에게 이익이 되고 즐거움이 될 것이오. 보이는 형색[色]들, 시각분별[眼識], 시각접촉[眼觸], 시각접촉을 의지하여 발생한 즐겁거나, 괴롭거나, 괴롭지도 즐겁지도 않은 느낌은 그대들의 것이 아니라오. 그것을 버리도록 하시오. 그것을 버리는 것이 그대들에게 이익이 되고 즐거움이 될 것이오.

듣는 주관[耳]과 들리는 소리[聲]들, 냄새 맡는 주관[鼻]과 냄새[香]들, 맛보는 주관[舌]과 맛[味]들, 만지는 주관[身]과 접촉되는 것[觸]들, 마음[意]과 법(法)들도 마찬가지라오.

비구들이여, 예를 들어 어떤 사람이 이 제따와나에 있는 풀이나 나무토막, 나뭇가지, 나뭇잎을 가져가거나, 태우거나, 제멋대로 사용한다면, 그대들은 '어떤 사람이 우리를 가져가거나, 태우거나, 제멋대로 사용한다'라고 생각하겠는가?"

"그렇지 않습니다. 세존이시여!"

"그 까닭은 무엇인가?"

"세존이시여, 그것은 우리의 자아(自我)나 자아에 속하는 것이 아닙니다."

"비구들이여, 실로 이와 같이 보는 주관[眼]은 그대들의 것이 아니니, 그것을 버리도록 하시오. 그것을 버리는 것이 그대들에게 이익이 되고 즐거움이 될 것이오. 보이는 형색[色]들, 시각분별[眼識], 시각접촉[眼觸], 시각접촉을 의지하여 발생한 즐겁거나, 괴롭거나, 괴롭지도 즐겁지도 않은 느낌은 그대들의 것이 아니니, 그것을 버리도록 하시오. 그것을 버리는 것이 그대들에게 이익이 되고 즐거움이 될 것이오. 듣는 주관[耳]과 들리는 소리[聲]들, 냄새 맡는 주관[鼻]과 냄새[香]들, 맛보는 주관[舌]과 맛[味]들, 만지는 주관[身]과 접촉되는 것[觸]들, 마음[意]과 법(法)들도 마찬가지라오."

4.48. 웃다까(Uddako)〈s.35.103〉

세존께서 싸왓티의 제따와나 아나타삔디까 사원에 머무실 때, 비구들에게 말씀하셨습니다.

"비구들이여, 웃다까 라마뿟따는 바로 이런 말을 한다오."

이 사람은 확실하게 베다에 정통했다.
이 사람은 일체승자(一切勝者)다.
이 사람은 뽑히지 않은 종기의 뿌리를 뽑은 사람이다.

"비구들이여, 웃다까 라마뿟따는 베다에 정통하지 못했음에도 베다에 정통했다고 말하고, 일체승자(一切勝者)가 아님에도 일체승자라고 말하고, 뿌리 뽑지 못했음에도 '나는 종기의 뿌리를 뽑았다'라고 말한다오.

비구들이여, 비구야말로 정당하게 그런 말을 할 수 있다오.

비구들이여, 어찌하여 비구가 베다에 정통한 사람인가? 비구는 여섯 가지 접촉하는 주관[六觸入處]의 쌓임[集]과 소멸[滅]과 달콤한 맛[味]과 재난[患]과 벗어남[出離]을 있는 그대로 통찰하기 때문에, 이러한 비구가 베다에 정통한 사람이라오.

비구들이여, 어찌하여 비구가 일체승자(一切勝者)인가? 비구는 여섯 가지 접촉하는 주관의 쌓임과 소멸과 달콤한 맛과 재난과 벗어남을 있는 그대로 통찰하고 나서, 집착하지 않고 해탈하기 때문에, 이러한 비구가 일체승자라오.

비구들이여, 어찌하여 비구가 뽑히지 않은 종기의 뿌리를 뽑은 사람인가? 비구들이여, 종기란 4대(四大)로 된 이 몸,[42] 즉 부모로부터 태어나 밥과 젖이 쌓인, 무상(無常)하며, 단멸(斷滅)하며, 부서지며, 파괴되며, 멸망하는 법(法)의 명칭(名稱)[43]이라오. 비구들이여, 종기의 뿌리란 갈애[愛]의 명칭이라오. 비구들이여, 비구에게 갈애는 제거되어, 뿌리가 잘린 나무나 밑동이 잘린 종려나무처럼 없어진, 미래에 생기지 않는 법이기 때문에, 이러한 비구가 뽑히지 않은 종기의 뿌리를 뽑은 사람이라오."

---

42 'gaṇḍa ti kho bhikkhave imassetam cātumahābhūtikassa kāyassa'의 번역.

43 'adhivacanaṃ'의 번역.

4.49. 명상으로 평안을 얻은 자(Yogakkhemi)〈s.35.104〉

세존께서 싸왓티의 제따와나 아나타삔디까 사원에 머무실 때, 비구들에게 말씀하셨습니다.

"비구들이여, 내가 그대들에게 명상(冥想)으로 평안을 얻은 자 법문(法門)을[44] 가르쳐주겠으니 잘 듣도록 하시오.

비구들이여, 명상으로 평안을 얻은 자 법문(法門)이란 어떤 것인가? 비구들이여, 보는 주관[眼]에 의해 분별되는, 마음에 들고, 사랑스럽고, 매력(魅力) 있고, 귀엽고, 즐겁고, 유혹적인 형색[色]들이 있다오. 여래에게 그것들은 제거되어, 뿌리가 잘린 나무나 밑동이 잘린 종려나무처럼 없어진, 미래에 생기지 않는 법(法)들이라오. 여래는 그것들을 제거하기 위한 명상을 가르친다오. 그래서 여래를 '명상으로 평안을 얻은 자'라고 한다오.

듣는 주관[耳]에 의해 분별되는 소리[聲]들, 냄새 맡는 주관[鼻]에 의해 분별되는 냄새[香]들, 맛보는 주관[舌]에 의해 분별되는 맛[味]들, 만지는 주관[身]에 의해 분별되는 촉감[觸]들, 마음[意]에 의해 분별되는 법(法)들도 마찬가지라오.

비구들이여, 이것이 명상으로 평안을 얻은 자 법문이라오."

4.50. 취(取)하여(Upādāya)〈s.35.105〉

세존께서 싸왓티의 제따와나 아나타삔디까 사원에 머무실 때, 비구들

44 'yogakkhemīpariyāyaṃ'의 번역. 'yoga'를 '명상(冥想)'으로 번역함.

에게 말씀하셨습니다.

"비구들이여, 무엇이 있을 때, 무엇을 취하여 내면에 즐거움과 괴로움이 발생하는가?"

"세존이시여, 세존께서는 법의 근본이시고, 법의 안내자이시고, 법의 귀의처이십니다. 세존이시여, 부디 이 말씀의 의미를 밝혀주십시오. 세존의 말씀을 듣고 비구들은 받아 지닐 것입니다."

"비구들이여, 그렇다면 그대들은 듣고 잘 생각하도록 하시오. 내가 이야기하겠소."

그 비구들은 "그렇게 하겠습니다. 세존이시여"라고 대답했습니다.

세존께서는 다음과 같이 말씀하셨습니다.

"비구들이여, 보는 주관[眼]이 있을 때, 보는 주관[眼]을 취하여 내면에 즐거움과 괴로움이 발생한다오. 듣는 주관[耳], 냄새 맡는 주관[鼻], 맛보는 주관[舌], 만지는 주관[身], 마음[意]도 마찬가지라오.

비구들이여, 어떻게 생각하는가? 보는 주관, 듣는 주관, 냄새 맡는 주관, 맛보는 주관, 만지는 주관, 마음은 지속하는가[常], 지속하지 않는가[無常]?"

"지속하지 않습니다[無常]. 세존이시여!"

"지속하지 않으면 즐거운가[樂], 괴로운가[苦]?"

"괴롭습니다. 세존이시여!"

"지속하지 않고[無常], 괴롭고[苦], 변해가는 법(法)을 취하지 않아도 내면에 즐거움과 괴로움이 발생하겠는가?"

"그렇지 않습니다. 세존이시여!"

"비구들이여, 이와 같이 본 학식이 많은 거룩한 제자는 보는 주관

[眼], 듣는 주관[耳], 냄새 맡는 주관[鼻], 맛보는 주관[舌], 만지는 주관[身], 마음[意]에 대하여 싫증[厭離]을 낸다오. 그는 싫증을 내기 때문에 욕탐을 버리고[離貪], 욕탐을 버리기 때문에 해탈(解脫)하며, 해탈했을 때, '나는 해탈했다'라고 안다오. 즉, 그는 '생(生)은 소멸했다. 청정한 수행[梵行]을 완성했으며, 해야 할 일을 끝마쳤다. 다시는 이와 같은 상태로 되지 않는다'라고 통찰한다오."

4.51. 괴로움(Dukkha)〈s.35.106〉

세존께서 싸왓티의 제따와나 아나타삔디까 사원에 머무실 때, 비구들에게 말씀하셨습니다.

"비구들이여, 내가 괴로움의 쌓임[苦集]과 소멸[苦滅]을 가르쳐주겠으니,[45] 잘 듣도록 하시오.

비구들이여, 괴로움의 쌓임[苦集]이란 어떤 것인가?

보는 주관[眼]과 보이는 형색[色]들을 의지하여 시각분별[眼識]이 발생한다오. 셋의 만남이 접촉[觸]이라오. 접촉을 의지하여 느낌[受]이 발생하고, 느낌을 의지하여 갈애[愛]가 발생한다오. 이것이 괴로움의 쌓임[苦集]이라오. 듣는 주관[耳]과 들리는 소리[聲]들, 냄새 맡는 주관[鼻]과 냄새[香]들, 맛보는 주관[舌]과 맛[味]들, 만지는 주관[身]과 촉감[觸]들, 마음[意]과 법(法)들도 마찬가지라오. 비구들이여, 이것이 괴로움의 쌓임[苦集]이라오.

45 'dukkhassa bhikkhave samudayañca atthagamañca desissāmi'의 번역.

비구들이여, 괴로움의 소멸[苦滅]이란 어떤 것인가?

보는 주관[眼]과 보이는 형색[色]들을 의지하여 시각분별[眼識]이 발생한다오. 셋의 만남이 접촉[觸]이라오. 접촉을 의지하여 느낌[受]이 발생하고, 느낌을 의지하여 갈애[愛]가 발생한다오. 그 갈애가 남김없이 소멸하면 유(有)가 소멸하고, 유가 소멸하면 생(生)이 소멸하고, 생이 소멸하면 노사(老死)와 근심, 슬픔, 고통, 우울, 고뇌가 그쳐 사라지며, 이와 같이 순전한 괴로움 덩어리[苦蘊]가 소멸한다오. 이것이 괴로움의 소멸[苦滅]이라오. 듣는 주관[耳]과 들리는 소리[聲]들, 냄새 맡는 주관[鼻]과 냄새[香]들, 맛보는 주관[舌]과 맛[味]들, 만지는 주관[身]과 촉감[觸]들, 마음[意]과 법(法)들도 마찬가지라오. 비구들이여, 이것이 괴로움의 소멸[苦滅]이라오."

4.52. 세간(Loko)〈s.35.107〉

세존께서 싸왓티의 제따와나 아나타삔디까 사원에 머무실 때, 비구들에게 말씀하셨습니다.

"비구들이여, 내가 세간(世間)의 쌓임[集]과 소멸을 가르쳐주겠으니,[46] 잘 들도록 하시오.

비구들이여, 세간(世間)의 쌓임[集]이란 어떤 것인가?

보는 주관[眼]과 보이는 형색[色]들을 의지하여 시각분별[眼識]이 발생한다오. 셋의 만남이 접촉[觸]이라오. 접촉을 의지하여 느낌[受]이

46 'lokassa bhikkhave samudayañca atthagamañca desissāmi'의 번역.

발생하고, 느낌을 의지하여 갈애[愛]가 발생하고, 갈애를 의지하여 취(取)가 발생하고, 취(取)를 의지하여 유(有)가 발생하고, 유(有)를 의지하여 생(生)이 발생하고, 생(生)을 의지하여 노사(老死)와 근심, 슬픔, 고통, 우울, 고뇌가 발생한다오. 이것이 세간의 쌓임[集]이라오. 듣는 주관[耳]과 들리는 소리[聲]들, 냄새 맡는 주관[鼻]과 냄새[香]들, 맛보는 주관[舌]과 맛[味]들, 만지는 주관[身]과 촉감[觸]들, 마음[意]과 법(法)들도 마찬가지라오. 비구들이여, 이것이 세간의 쌓임[集]이라오.

비구들이여, 세간(世間)의 소멸이란 어떤 것인가?

보는 주관[眼]과 보이는 형색[色]들을 의지하여 시각분별[眼識]이 발생한다오. 셋의 만남이 접촉[觸]이라오. 접촉을 의지하여 느낌[受]이 발생하고, 느낌을 의지하여 갈애[愛]가 발생한다오. 그 갈애가 남김없이 소멸하면 유(有)가 소멸하고, 유가 소멸하면 생(生)이 소멸하고, 생이 소멸하면 노사(老死)와 근심, 슬픔, 고통, 우울, 고뇌가 그쳐 사라지며, 이와 같이 순전한 괴로움 덩어리[苦蘊]가 소멸한다오. 이것이 세간의 소멸이라오. 듣는 주관[耳]과 들리는 소리[聲]들, 냄새 맡는 주관[鼻]과 냄새[香]들, 맛보는 주관[舌]과 맛[味]들, 만지는 주관[身]과 촉감[觸]들, 마음[意]과 법(法)들도 마찬가지라오. 비구들이여, 이것이 세간의 소멸이라오."

4.53. 우월한(Seyyo)〈s.35.108〉

세존께서 싸왓티의 제따와나 아나타삔디까 사원에 머무실 때, 비구들에게 말씀하셨습니다.

"비구들이여, 무엇이 있을 때, 무엇을 취하여, 무엇을 붙잡고, '나는 우월하다'라고 하거나, '나는 동등하다'라고 하거나, '나는 열등하다'라고 하는가?"

"세존이시여, 세존께서는 법의 근본이시고, 법의 안내자이시고, 법의 귀의처이십니다. 세존이시여, 부디 이 말씀의 의미를 밝혀주십시오. 세존의 말씀을 듣고 비구들은 받아 지닐 것입니다."

"비구들이여, 그렇다면 그대들은 듣고 잘 생각하도록 하시오. 내가 이야기하겠소."

그 비구들은 "그렇게 하겠습니다. 세존이시여"라고 대답했습니다.

세존께서는 다음과 같이 말씀하셨습니다.

"비구들이여, 보는 주관[眼]이 있을 때, 보는 주관[眼]을 취하여, 보는 주관[眼]을 붙잡고, '나는 우월하다'라고 하거나, '나는 동등하다'라고 하거나, '나는 열등하다'라고 한다오. 듣는 주관[耳], 냄새 맡는 주관[鼻], 맛보는 주관[舌], 만지는 주관[身], 마음[意]도 마찬가지라오. 비구들이여, 어떻게 생각하는가? 보는 주관[眼], 듣는 주관[耳], 냄새 맡는 주관[鼻], 맛보는 주관[舌], 만지는 주관[身], 마음[意]은 지속하는가[常], 지속하지 않는가[無常]?"

"지속하지 않습니다[無常]. 세존이시여!"

"지속하지 않으면 즐거운가[樂], 괴로운가[苦]?"

"괴롭습니다. 세존이시여!"

"지속하지 않고[無常], 괴롭고[苦], 변해가는 법(法)을 취하지 않아도, '나는 우월하다'라고 하거나, '나는 동등하다'라고 하거나, '나는 열등하다'라고 하겠는가?"

"그렇지 않습니다. 세존이시여!"

"비구들이여, 이와 같이 본 학식이 많은 거룩한 제자는 보는 주관[眼], 듣는 주관[耳], 냄새 맡는 주관[鼻], 맛보는 주관[舌], 만지는 주관[身], 마음[意]에 대하여 싫증[厭離]을 낸다오. 그는 싫증을 내기 때문에 욕탐을 버리고[離貪], 욕탐을 버리기 때문에 해탈(解脫)하며, 해탈했을 때, '나는 해탈했다'라고 안다오. 즉, 그는 '생(生)은 소멸했다. 청정한 수행[梵行]을 완성했으며, 해야 할 일을 끝마쳤다. 다시는 이와 같은 상태로 되지 않는다'라고 통찰한다오."

4.54. 결박(Saṃyojana)〈s.35.109〉

세존께서 싸왓티의 제따와나 아나타삔디까 사원에 머무실 때, 비구들에게 말씀하셨습니다.

"비구들이여, 내가 결박되는 법[結所繫法]들과 결박[結]을 가르쳐 주겠으니,[47] 잘 듣도록 하시오.

비구들이여, 결박되는 법[結所繫法]들은 어떤 것들인가? 비구들이여, 보는 주관[眼], 듣는 주관[耳], 냄새 맡는 주관[鼻], 맛보는 주관[舌], 만지는 주관[身], 마음[意]이 결박되는 법[結所繫法]들이라오. 거기에 욕탐(欲貪)이 있으면, 거기에서 그것이 결박[結]이라오.

비구들이여, 이것들을 결박되는 법들이라고 하고, 이것을 결박이라고 한다오."

---

47 'saṃyojaniye ca bhikkhave dhamme desissāmi saṃyojanañ ca'의 번역.

4.55. 취(取, Upādānaṃ)〈s.35.110〉

세존께서 싸왓티의 제따와나 아나타삔디까 사원에 머무실 때, 비구들에게 말씀하셨습니다.

"비구들이여, 내가 취해지는 법[所取法]들과 취(取)를 가르쳐주겠으니,[48] 잘 듣도록 하시오.

비구들이여, 취해지는 법[所取法]들은 어떤 것들인가? 비구들이여, 보는 주관[眼], 듣는 주관[耳], 냄새 맡는 주관[鼻], 맛보는 주관[舌], 만지는 주관[身], 마음[意]이 취해지는 법[所取法]들이라오. 거기에 욕탐(欲貪)이 있으면, 거기에서 그것이 취라오.

비구들이여, 이것들을 취해지는 법[所取法]들이라고 하고, 이것을 취라고 한다오."

4.56. 통찰(Pajānaṃ)〈s.35.111-112〉

세존께서 싸왓티의 제따와나 아나타삔디까 사원에 머무실 때, 비구들에게 말씀하셨습니다.

〈s.35.111〉 "비구들이여, 보는 주관[眼], 듣는 주관[耳], 냄새 맡는 주관[鼻], 맛보는 주관[舌], 만지는 주관[身], 마음[意]을 체험적으로 알지 못하고, 통찰하지 못하고, 이해하지 못하고, 제거하지 못하고, 포기하지 못하면, 괴로움을 소멸할 수 없다오.

〈s.35.112〉 비구들이여, 보이는 형색[色]들, 들리는 소리[聲]들, 냄

---

48 'upādāniye ca bhikkhave dhamme desissāmi upādānañ ca'의 번역.

새[香]들, 맛[味]들, 촉감[觸]들, 법(法)들을 체험적으로 알지 못하고, 통찰하지 못하고, 이해하지 못하고, 제거하지 못하고, 포기하지 못하면, 괴로움을 소멸할 수 없다오."

4.57. 마라의 올가미(Mārapāsa)〈s.35.114-115〉

세존께서 싸왓티의 제따와나 아나타삔디까 사원에 머무실 때, 비구들에게 말씀하셨습니다.

"비구들이여, 보는 주관[眼]에 의해 분별되는, 마음에 들고, 사랑스럽고, 매력(魅力) 있고, 귀엽고, 즐겁고, 유혹적인 형색[色]들이 있다오. 만약에 비구가 그것을 즐기고, 환영하고, 집착하여 머물면, 이것을 '비구가 마라의 소굴에 들어가, 마라의 지배 아래 들어갔다'라고 한다오. 그는 마라(Māra)의 올가미에 걸리고, 마라의 고삐에 묶여서, 빠삐만(Pāpimant)[49]의 뜻대로 행한다오. 듣는 주관[耳], 냄새 맡는 주관[鼻], 맛보는 주관[舌], 만지는 주관[身], 마음[意]도 마찬가지라오.

비구들이여, 보는 주관[眼]에 의해 분별되는, 마음에 들고, 사랑스럽고, 매력 있고, 귀엽고, 즐겁고, 유혹적인 형색[色]들이 있다오. 만약에 비구가 그것을 즐기지 않고, 환영하지 않고, 집착하지 않으면, 이것을 '비구가 마라의 소굴에 들어가지 않고, 마라의 지배 아래 들어가지 않았다'라고 한다오. 그는 빠삐만의 뜻대로 행하지 않는다오. 듣는 주관[耳], 냄새 맡는 주관[鼻], 맛보는 주관[舌], 만지는 주관[身], 마음[意]

49 마라(Māra)의 호칭.

도 마찬가지라오."

4.58. 세간(世間)의 감각적 쾌락(Lokakāmaguṇa) (1) 〈s.35.116〉

세존께서 싸왓티의 제따와나 아나타삔디까 사원에 머무실 때, 비구들에게 말씀하셨습니다.

"비구들이여, 나는 '세간의 끝을 걸어가서 알고, 보고, 도달할 수 없다'[50]라고 말한다오. 그리고 나는 '세간의 끝에 도달하지 않으면, 괴로움에서 벗어날 수 없다'라고 말한다오."

이와 같이 말씀하시고, 세존께서는 자리에서 일어나 거처로 들어가셨습니다.

세존께서 떠나시자, 곧바로 그 비구들은 이렇게 생각했습니다.

"존자들이여, 세존께서는 '비구들이여, 나는 세간의 끝을 걸어가서 알고, 보고, 도달할 수 없다고 말한다오. 그리고 나는 세간의 끝에 도달하지 않으면, 괴로움에서 벗어날 수 없다고 말한다오'라고, 간략하게 가르침을 주시고, 자세하게 의미를 설명해주지 않고 자리에서 일어나 거처로 들어가셨습니다. 누가 세존께서 간략하게 말씀하신 이 가르침의 자세한 의미를 설명해줄 수 있을까요?"

그때 비구들은 이런 이야기를 했습니다.

"아난다 존자는 스승님의 칭찬을 받고, 현명한 도반(道伴)들의 존경을 받습니다. 아난다 존자는 세존께서 간략하게 말씀하신 이 가르침

---

50 'gamanena lokassa antaṃ ñātayyaṃ daṭṭhayyaṃ pattayyan ti'의 번역.

의 자세한 의미를 설명해줄 수 있을 것입니다. 우리는 아난다 존자를 찾아가서 아난다 존자에게 그 의미를 묻는 것이 좋겠습니다."

그 비구들은 아난다 존자를 찾아가서 아난다 존자와 정중하게 인사를 하고, 공손한 인사말을 나눈 후 한쪽에 앉았습니다. 한쪽에 앉은 그 비구들은 아난다 존자에게 찾아온 사연을 이야기하고, 자세한 의미를 설명해주기를 청했습니다.

"존자들이여, 비유하면, 단단한 목재를 구하는 어떤 사람이 목재를 찾아 큰 나무에 가서 단단하고 견실한 줄기를 내버리고, 뿌리를 내버리고, 가지와 잎에서 목재를 구하려 하는 것과 같이, 여러분은 스승님 면전(面前)에서 세존을 버려두고 나에게 그 의미를 물으려고 하고 있군요. 존자들이여, 세존께서는 알아야 할 것을 아시고, 보아야 할 것을 보시나니, 눈을 성취한 분이시며, 앎을 성취한 분이시며, 법(法)을 성취한 분이시며, 브라만[梵天]을 성취한 분이시며, 알려주는 분이시며, 가르치는 분이시며, 목표로 인도(引導)하는 분이시며, 불사(不死)의 감로(甘露)를 베푸는 분이시며, 진리의 주인이시며, 여래(如來)이십니다. 여러분은 세존께 그 의미를 물어볼 기회가 있었습니다. 그때 세존께서 설명하셨다면, 여러분은 그대로 그것을 받아 지니면 되었을 것입니다."

"아난다 존자여, 참으로 그렇습니다. 우리는 세존께 그 의미를 물어볼 기회가 있었습니다. 그때 세존께서 설명하셨다면, 우리는 그대로 그것을 받아 지니면 되었을 것입니다. 그런데 아난다 존자께서는 스승님의 칭찬을 받고 존중을 받는 현명한 도반(道伴)이십니다. 아난다 존자께서는 세존께서 간략하게 말씀하신 이 가르침의 자세한 의미를 설명해줄 수 있을 것입니다. 아난다 존자께서는 어려워하지 말고 설명해 주십시오."

"그렇다면, 존자들이여, 잘 듣고 깊이 생각해보십시오. 제가 이야기하겠습니다."

그 비구들은 "존자여, 그렇게 하겠습니다"라고 아난다 존자에게 대답했습니다.

아난다 존자께서는 다음과 같이 말씀하셨습니다.

"존자들이여, 세존께서 간단하게 하신 말씀의 의미를 나는 이와 같이 자세하게 이해하고 있습니다. 존자들이여, 어떤 것에 의해서 세간에는 세간이라는 개념을 지닌 사람이 있고, 세간이라는 생각을 지닌 사람이 있습니다. 이것을 성자의 율(律)에서는 세간(世間)이라고 부릅니다.[51] 존자들이여, 무엇에 의해서 세간에는 세간이라는 개념을 지닌 사람이 있고, 세간이라는 생각을 지닌 사람이 있는가? 존자들이여, 보는 주관[眼]에 의해서 세간에는 세간이라는 개념을 지닌 사람이 있고, 세간이라는 생각을 지닌 사람이 있습니다. 존자들이여, 듣는 주관[耳], 냄새 맡는 주관[鼻], 맛보는 주관[舌], 만지는 주관[身], 마음[意]에 의해서 세간에는 세간이라는 개념을 지닌 사람이 있고, 세간이라는 생각을 지닌 사람이 있습니다. 존자들이여, 이것을 성자의 율(律)에서는 세간(世間)이라고 부릅니다.

존자들이여, 세존께서 간단하게 하신 말씀의 의미를 나는 이와 같이 자세하게 이해하고 있습니다. 이제 존자 여러분께서는 세존을 찾아

---

51 'yena kho āvuso lokasimiṃ lokasaññī hoti lokamānī ayam vuccati ariyassa vinaye loko'의 번역.

가서 그 의미를 물어보시고, 세존께서 설명하시는 것을 받아 지니시기 바랍니다."

그 비구들은 아난다 존자의 말씀에 기뻐하고, 만족하고서, 자리에서 일어나 세존을 찾아갔습니다. 그 비구들은 세존을 찾아가서 예배한 후에, 한쪽에 앉아 세존께 아난다 존자와 나눈 이야기를 말씀드렸습니다.

세존께서는 다음과 같이 말씀하셨습니다.

"비구들이여, 아난다는 현명하오. 비구들이여, 아난다는 큰 지혜가 있소. 비구들이여, 만약 그대들이 나에게 그 의미를 물었다면, 나도 아난다가 설명한 그대로 설명했을 것이오. 그러니 그것을 받아 지니도록 하시오."

4.59. 세간(世間)의 감각적 쾌락(Lokakāmaguṇa) (2) 〈s.35.117〉

세존께서 싸왓티의 제따와나 아나타삔디까 사원에 머무실 때, 비구들에게 말씀하셨습니다.

"비구들이여, 이전에 바른 깨달음을 얻지 못한 보살이었을 때, 나에게 '내 마음으로 예전에 경험한 다섯 가지 감각적 쾌락은 지나가고, 사라지고, 변했다.[52] 내 관심은 대부분 거기에 가고, 현재나 미래로는 적게 간다'[53]라는 생각이 들었다오.

비구들이여, 그래서 나는 '내 마음으로 예전에 경험한 다섯 가지

---

52 'ye me pañcakāmaguṇā cetaso samphuṭṭhapubbā atītā niruddhā vipariṇatā'의 번역.

53 'tatra me cittam bahulaṃ gaccheyya paccuppannesu vā appaṃ vā anāgatesu'의 번역.

감각적 쾌락은 지나가고, 사라지고, 변했다. 거기에서 나는 나 자신의 목적을 위해서 해야 할 주의집중과 마음의 수호(守護)를 게을리하지 않겠다'[54]라고 생각했다오.

그러므로, 비구들이여, 그대들에게도 그대들의 마음으로 예전에 경험한 다섯 가지 감각적 쾌락은 지나가고, 사라지고, 변할 것이오. 그대들의 관심은 대부분 거기에 가고, 현재나 미래로는 적게 갈 것이오. 그러므로, 비구들이여, 그대들에게 그대들의 마음으로 예전에 경험한 다섯 가지 감각적 쾌락이 지나가고, 사라지고, 변할 때, 거기에서 그대들은 그대 자신의 목적을 위해서 해야 할 주의집중과 마음의 수호(守護)를 게을리하지 않아야 한다오. 비구들이여, 그러기 위해서 그대들은 주관(主觀)이 머무는 장소[入處]들을 알아야 한다오. 보는 주관[眼]이 소멸하고, 형색에 대한 관념[色想]이 소멸할 때, 주관이 머무는 장소[入處]를 알아야 한다오.[55] 듣는 주관[耳], 냄새 맡는 주관[鼻], 맛보는 주관[舌], 만지는 주관[身], 마음[意]에 대해서도 마찬가지라오."

이와 같이 말씀하시고, 세존께서는 자리에서 일어나 거처(居處)로 들어가셨습니다.

세존께서 떠나시자, … (중략) … 그 비구들은 아난다 존자를 찾아가 아난다 존자와 정중하게 인사를 하고, 공손한 인사말을 나눈 후 한쪽에 앉았습니다. 한쪽에 앉은 그 비구들은 아난다 존자에게 찾아온 사연을 이야기하고, 자세한 의미를 설명해주기를 청했습니다.

---

54 'tatra me attarūpena appamādo saticetaso ārakkho karaṇīyo'의 번역.

55 'yattha cakkhuṃ ca nirujjhati rūpasaññāca nirujjhati ye āyatane veditabbe'의 번역.

… (중략) …

아난다 존자께서는 다음과 같이 말씀하셨습니다.

"존자들이여, 세존께서 간단하게 하신 말씀의 의미를 나는 이렇게 이해하고 있습니다. 존자들이여, 세존의 말씀은[56] 여섯 가지 주관이 머무는 장소[六入處]의 소멸에 대한 말씀입니다.[57] 존자들이여, 나는 세존께서 간단하게 하신 말씀의 의미를 이렇게 이해하고 있습니다.

이제 존자 여러분께서는 세존을 찾아가서 그 의미를 물어보시고, 세존께서 설명하시는 것을 받아 지니시기 바랍니다."

그 비구들은 아난다 존자의 말씀에 기뻐하고, 만족하고서, 자리에서 일어나 세존을 찾아갔습니다. 그 비구들은 세존을 찾아가서 예배한 후에, 한쪽에 앉아 세존께 아난다 존자와 나눈 이야기를 말씀드렸습니다.

세존께서는 다음과 같이 말씀하셨습니다.

"비구들이여, 아난다는 현명하오. 비구들이여, 아난다는 큰 지혜가 있소. 비구들이여, 만약 그대들이 나에게 그 의미를 물었다면, 나도 아난다가 설명한 그대로 설명했을 것이오. 그러니 그것을 받아 지니도록 하시오."

4.60. 싹까(Sakka)〈s.35.118〉

세존께서 라자가하의 깃자꾸따 산에 머무실 때, 신들의 제왕(帝王) 싹

56 앞에 세존께서 하신 말씀을 생략함.

57 'saḷāyatananirodhaṃ kho āvuso Bhagavatā sandhāya bhāsitaṃ'의 번역.

까(Sakka)가 세존을 찾아와서 세존께 예배하고 한쪽에 서서 말씀드렸습니다.

"세존이시여, 어떤 중생들이 지금 여기에서 반열반(般涅槃)하지 못하는 원인은 무엇이고, 이유는 무엇입니까? 중생들이 지금 여기에서 반열반하는 원인은 무엇이고, 이유는 무엇입니까?"

"신들의 제왕이여,[58] 보는 주관[眼]에 의해 분별되는 마음에 들고, 사랑스럽고, 매력 있고, 귀엽고, 즐겁고, 유혹적인 형색[色]들이 있다오. 만약에 비구가 그것을 즐기고, 환영하고, 집착하고, 머물면, 그것을 즐기고, 환영하고, 집착하고 머물기 때문에, 그의 분별하는 마음[識]이 그것에 의존하고, 그것을 취한다오. 신들의 제왕이여, 취(取)가 있는 비구는 반열반하지 못한다오. 듣는 주관[耳], 냄새 맡는 주관[鼻], 맛보는 주관[舌], 만지는 주관[身], 마음[意]도 마찬가지라오. 신들의 제왕이여, 이것이 중생이 지금 여기에서 반열반하지 못하는 원인이고, 이유라오.

신들의 제왕이여, 보는 주관[眼]에 의해 분별되는 마음에 들고, 사랑스럽고, 매력 있고, 귀엽고, 즐겁고, 유혹적인 형색[色]들이 있다오. 만약에 비구가 그것을 즐기지 않고, 환영하지 않고, 집착하지 않고, 머물지 않으면, 그것을 즐기지 않고, 환영하지 않고, 집착하지 않고 머물지 않기 때문에, 그의 분별하는 마음[識]이 그것에 의존하지 않고, 그것을 취하지 않는다오. 신들의 제왕이여, 취(取)가 없는 비구는 반열반한다오. 듣는 주관[耳], 냄새 맡는 주관[鼻], 맛보는 주관[舌], 만지는 주관

58 'devānam inda'의 번역. 인드라천(天)은 제석천(帝釋天)이라고도 불리며, 33명의 천신이 살기 때문에 33천(三十三天)이라고도 한다. 33천의 제왕(帝王)이 번개 천둥의 신 인드라(Inda)이며, 싹까(Sakka)는 인드라의 이름이다.

[身], 마음[意]도 마찬가지라오. 신들의 제왕이여, 이것이 중생들이 지금 여기에서 반열반하는 원인이고, 이유라오."

4.61. 싸리뿟따(Sāriputta)〈s.35.120〉

한때 싸리뿟따(Sāriputta) 존자는 싸왓티의 제따와나 아나타삔디까 사원에 머물렀습니다. 그때 어떤 비구가 싸리뿟따 존자를 찾아와서 함께 인사를 나누고 한쪽에 앉은 후에 싸리뿟따 존자에게 말했습니다.

"싸리뿟따 존자님! 함께 지내는 비구가 공부를 포기하고 환속했습니다."

"존자여, 지각활동을 통제하지 않고, 음식에 분수를 모르고, 깨어 있음을 실천하지 않아서 그런 것이라오.[59] 존자여, 지각활동을 통제하지 않고, 음식에 분수를 모르고, 깨어 있음을 실천하지 않는 비구는 살아 있는 동안 완전하고 청정한 수행(梵行)을 계속할 수 없다오. 존자여, 지각활동을 통제하고, 음식에 분수를 알고, 깨어 있음을 실천하는 비구가 살아 있는 동안 완전하고 청정한 수행을 계속할 수 있다오.

존자여, 지각활동[根]에 대한 통제는 어떻게 하는가? 존자여, 비구는 눈으로 형색을 보고서, 모습[相]에 이끌리지 않고, 부분의 모습에 이

---

59 'Evam etam āvuso hoti indriyesu aguttadvārassa bhojane amattaññūno jāgariyam ananuyuttassa'의 번역.

끌리지 않는다오.[60] 시각활동[眼根]을[61] 통제하지 않고 지내면, 탐욕과 근심, 사악하고 좋지 않은 법들이 흘러들어오기 때문에, 그는 시각활동[眼根]을 통제하고, 시각활동을 보호하며, 시각활동을 할 때 자제한다오. 청각활동[耳根], 후각활동[鼻根], 미각활동[舌根], 촉각활동[身根], 마음활동[意根]도 마찬가지라오. 존자여, 지각활동[根]에 대한 통제는 이렇게 한다오.

존자여, 음식에 분수를 아는 것은 어떤 것인가? 존자여, 비구는 '맛으로 먹지 않고, 맛에 빠져 먹지 않고, 호사(豪奢)로 먹지 않고, 과시하러 먹지 않겠다. 나는 이 몸을 지탱하고, 유지하고, 주림을 없애고, 범행(梵行)을 돕기 위해서 먹겠다. 나는 이미 생긴 느낌을 소멸하고, 새로운 느낌을 일으키지 않고, 나의 생계(生計)를 허물이 없고 평안하게 하겠다'라고 음식을 이치에 맞게 성찰하며 먹는다오. 존자여, 음식에 분수를 아는 것은 이런 것이라오.

존자여, 깨어 있음의 실천은 어떤 것인가? 존자여, 비구는 낮에는 행선(行禪)[62]과 좌선(坐禪)[63]으로 장애법(障碍法)[64]들로부터 마음을 정화하고, 초야(初夜)에는 행선과 좌선으로 장애법들로부터 마음을 정화하고, 중야(中夜)에는 사자처럼 발 위에 발을 포개고 오른쪽 옆구리로

---

60 'idhāvuso bhikkhu cakkhunā rūpaṃ disvā na nimittaggāhī hoti nānuvyañjanaggāhī'의 번역.

61 'cakkhundriyaṃ'의 번역.

62 'caṅkama'의 번역.

63 'nisajjā'의 번역.

64 'āvaraṇiya dhamma'의 번역.

누워서 주의집중과 알아차림을 하면서 일어날 생각을 하고, 후야(後夜)에는 일어나서 행선과 좌선으로 장애법들로부터 마음을 정화한다오. 존자여, 깨어 있음의 실천은 이런 것이라오.

존자여, 그러므로 이와 같이 지각활동을 통제하고, 음식에 분수를 알고, 깨어 있음을 실천하는 공부를 해야 한다오. 존자여, 이와 같이 공부해야 한다오."

4.62. 결박(Saṃyojanaṃ)〈s.35.122〉

세존께서 싸왓티의 제따와나 아나타삔디까 사원에 머무실 때, 비구들에게 말씀하셨습니다.

"비구들이여, 내가 결박되는 법[結所繫法]들과 결박[結]을 가르쳐 주겠으니,[65] 잘 듣도록 하시오.

비구들이여, 결박되는 법들은 어떤 것들인가? 비구들이여, 보는 주관[眼]에 의해 분별되는 마음에 들고, 사랑스럽고, 매력 있고, 귀엽고, 즐겁고, 유혹적인 형색[色]들이 있다오. 비구들이여, 이들이 결박되는 법[結所繫法]들이라오. 거기에 욕탐(欲貪)이 있으면, 거기에서 그것이 결박[結]이라오. 비구들이여, 듣는 주관[耳]에 의해 분별되는 소리[聲]들, 냄새 맡는 주관[鼻]에 의해 분별되는 냄새[香]들, 맛보는 주관[舌]에 의해 분별되는 맛[味]들, 만지는 주관[身]에 의해 분별되는 촉감[觸]들, 마음[意]에 의해 분별되는 법(法)들이 있다오. 비구들이여, 이들이 결박되

65 'saṃyojaniye ca bhikkhave dhamme desissāmi saṃyojanañ ca'의 번역.

는 법[結所繫法]들이라오. 비구들이여, 거기에 욕탐이 있으면, 거기에서 그것이 결박[結]이라오."

4.63. 취(取, Upādānaṃ)〈s.35.123〉

세존께서 싸왓티의 제따와나 아나타삔디까 사원에 머무실 때, 비구들에게 말씀하셨습니다.

"비구들이여, 내가 취해지는 법[所取法]들과 취(取)를 가르쳐주겠으니,[66] 잘 듣도록 하시오.

비구들이여, 취해지는 법들은 어떤 것들인가? 비구들이여, 보는 주관[眼]에 의해 분별되는 마음에 들고, 사랑스럽고, 매력 있고, 귀엽고, 즐겁고, 유혹적인 형색[色]들이 있다오. 이들이 취해지는 법[所取法]들이라오. 거기에 욕탐(欲貪)이 있으면, 거기에서 그것이 취(取)라오. 비구들이여, 듣는 주관[耳]에 의해 분별되는 소리[聲]들, 냄새 맡는 주관[鼻]에 의해 분별되는 냄새[香]들, 맛보는 주관[舌]에 의해 분별되는 맛[味]들, 만지는 주관[身]에 의해 분별되는 촉감[觸]들, 마음[意]에 의해 분별되는 법(法)들이 있다오. 비구들이여, 이들이 취해지는 법[所取法]들이라오. 비구들이여, 거기에 욕탐이 있으면, 거기에서 그것이 취(取)라오."

66 'upādāniye ca bhikkhave dhamme desissāmi upādānañ ca'의 번역.

4.64. 고씨따(Ghosita)〈s.35.129〉

한때 아난다 존자는 꼬쌈비의 고시따(Ghosita) 사원에 머물렀습니다.

그때 고시따(Ghosita) 장자(長者)가 아난다 존자를 찾아와서 예배하고 한쪽에 앉아 물었습니다.

"아난다 존자여, 다양한 계(界)[67]라는 말들을 하는데, 세존께서 말씀하신 다양한 계는 어떤 것입니까?"

"장자여, 보는 주관[眼]과 마음에 드는 형색[色]들과 시각분별[眼識]의 계(界)들이 함께 섞이면,[68] 즐겁게 느껴지는 접촉[觸]을 의지하여 즐거운 느낌이 발생합니다. 장자여, 보는 주관[眼]과 마음에 들지 않는 형색[色]과 시각분별[眼識]의 계(界)들이 함께 섞이면, 괴롭게 느껴지는 접촉[觸]을 의지하여 괴로운 느낌이 발생합니다. 장자여, 보는 주관[眼]과 평정하게 느껴지는 형색[色]과 시각분별[眼識]의 계(界)들이 함께 섞이면, 괴롭지도 즐겁지도 않게 느껴지는 접촉[觸]을 의지하여 괴롭지도 즐겁지도 않은 느낌이 발생합니다. 듣는 주관[耳], 냄새 맡는 주관[鼻], 맛보는 주관[舌], 만지는 주관[身], 마음[意]도 마찬가지입니다. 장자여, 세존께서 말씀하신 다양한 계(界)는 이런 것입니다."

4.65. 하릿다까(Hāliddako)〈s.35.130〉

한때 마하깟짜나 존자는 아완띠(Avantī)의 꾸라라가라(Kuraraghara)에

---

67 'dhātunānattaṃ'의 번역.

68 'saṃvijjati kho gahapati cakkhudhāturūpā āāññāṇṃ'의 번역.

있는 산에 머물렀습니다. 그때 하릿다까(Hāliddaka) 장자(長者)가 마하 깟짜나 존자를 찾아와 예배하고 한쪽에 앉아서 물었습니다.

"존자여, 세존께서는 다양한 계(界)를 의지하여 다양한 접촉[觸]이 발생하고, 다양한 접촉을 의지하여 다양한 느낌이 발생한다고 말씀하셨습니다. 존자여, 세존의 이러한 말씀은 어떤 것을 말씀하신 것입니까?"

"장자여, 비구가 보는 주관[眼]으로 형색[色]을 보고, '이것은 마음에 든다'라고 즐겁게 느껴지는 시각분별[眼識]로 이해하면, 즐겁게 느껴지는 접촉[觸]을 의지하여 즐거운 느낌이 발생합니다. 그렇지만 보는 주관[眼]으로 형색[色]을 보고, '이것은 마음에 들지 않는다'라고 괴롭게 느껴지는 시각분별[眼識]로 이해하면, 괴롭게 느껴지는 접촉[觸]을 의지하여 괴로운 느낌이 발생합니다. 보는 주관[眼]으로 형색[色]을 보고, '이것은 담담하다'라고 괴롭지도 즐겁지도 않게 느껴지는 시각분별[眼識]로 이해하면, 괴롭지도 즐겁지도 않게 느껴지는 접촉[觸]을 의지하여 괴롭지도 즐겁지도 않은 느낌이 발생합니다. 듣는 주관[耳], 냄새 맡는 주관[鼻], 맛보는 주관[舌], 만지는 주관[身], 마음[意]도 마찬가지입니다.

장자여, 이와 같이 다양한 계(界)를 의지하여 다양한 접촉이 발생[觸]하고, 다양한 접촉을 의지하여 다양한 느낌이 발생하는 것입니다."

4.66. 데와다하(Devadaha[69])〈s.35.134〉

세존께서 싹까의 데와다하(Devadaha)라는 싹까족 마을에 머무실 때, 비구들에게 말씀하셨습니다.

"비구들이여, 나는 모든 비구에게 '6촉입처(六觸入處)에서 방일(放逸)하면 안 된다'라고 말하지 않는다오. 비구들이여, 나는 또한 모든 비구에게 '6촉입처에서 방일하면 안 되는 것은 아니다'라고 말하지 않는다오.

비구들이여, 나는 수행을 완성하고, 해야 할 일을 마치고, 짐을 내려놓고, 자신의 목적을 성취하고, 존재의 결박[有結]이 멸진하고, 완전한 지혜에 의해 해탈하고, 번뇌[漏]가 멸진한[漏盡] 아라한들에게는 '6촉입처에서 방일하면 안 되는 것은 아니다'라고 말한다오. 그 까닭은 무엇인가?, 그들은 방일하지 않은 삶을 성취하여 방일할 수 없기 때문이오.

비구들이여, 나는 뜻을 이루지 못하고 더할 나위 없는 행복[瑜伽安穩]을 갈망하며 살아가는 유학(有學) 비구들에게는 '6촉입처에서 방일하면 안 된다'라고 말한다오. 그 까닭은 무엇인가? 비구들이여, 보는 주관[眼]에 의해 분별되는 형색[色]에는 마음에 드는 것도 있고, 마음에 들지 않는 것도 있다오. 거듭하여 접촉하여도 그것들이 마음을 붙잡고 머물지 않으면, 붙잡지 않기 때문에 기꺼이 열심히 정진하여, 성성(惺惺)한 마음의 주의집중이 이루어지나니, 몸은 평온한 경안(輕安)의 상태가 되고, 마음은 하나의 대상에 집중된다오. 비구들이여, 나는 방일

69 PTS본에는 'Devadahakhaṇo'로 되어 있으나 'khaṇo'는 다음 경의 제목이 잘못 붙은 것이다.

하지 않은 이런 결과를 보고, 그 비구들에게 '6촉입처(六觸入處)에서 방일(放逸)하면 안 된다'라고 말한다오. 듣는 주관[耳], 냄새 맡는 주관[鼻], 맛보는 주관[舌], 만지는 주관[身], 마음[意]도 마찬가지라오."

4.67. 기회(Khaṇo[70])〈s.35.135〉

세존께서 싹까의 데와다하(Devadaha)라는 싹까족 마을에 머무실 때, 비구들에게 말씀하셨습니다.

"비구들이여, 그대들이 청정한 수행(梵行)으로 살아가는 기회를 얻은 것은 그대들에게 유익한 것이라오.

비구들이여, 나는 6촉입처(六觸入處)라는 지옥(地獄)을 보았다오. 거기에서는 보는 주관[眼]으로 어떤 형색[色]을 보더라도, 마음에 들지 않은 형색[色]을 볼 뿐 마음에 드는 형색[色]은 보지 않고, 사랑스럽지 않은 형색[色]을 볼 뿐 사랑스러운 형색[色]은 보지 않고, 매력 없는 형색[色]을 볼 뿐 매력적인 형색[色]은 보지 않는다오. 듣는 주관[耳]으로 듣는 소리[聲], 냄새 맡는 주관[鼻]으로 맡는 냄새[香], 맛보는 주관[舌]으로 보는 맛[味], 만지는 주관[身]으로 접촉하는 촉감[觸], 마음[意]으로 분별하는 대상[法]도 마찬가지라오.

비구들이여, 그대들이 청정한 수행으로 살아가는 기회를 얻은 것은 그대들에게 유익한 것이라오.

70 PTS본에는 'Saṅgayha'로 되어 있으나 이는 잘못된 것이다. 미얀마본, 싱할리본에는 'Khaṇo'로 되어 있다.

비구들이여, 나는 6촉입처(六觸入處)라는 천당(天堂)을 보았다오. 거기에서는 보는 주관[眼]으로 어떤 형색[色]을 보더라도, 마음에 드는 형색[色]을 볼 뿐 마음에 들지 않은 형색[色]은 보지 않고, 사랑스러운 형색[色]을 볼 뿐 사랑스럽지 않은 형색[色]은 보지 않고, 매력적인 형색[色]을 볼 뿐 매력 없는 형색[色]은 보지 않는다오. 듣는 주관[耳]으로 듣는 소리[聲], 냄새 맡는 주관[鼻]으로 맡는 냄새[香], 맛보는 주관[舌]으로 보는 맛[味], 만지는 주관[身]으로 접촉하는 촉감[觸], 마음[意]으로 분별하는 대상[法]도 마찬가지라오.

비구들이여, 그대들이 청정한 수행으로 살아가는 기회를 얻은 것은 그대들에게 유익한 것이라오."

4.68. 형색〔色〕의 기쁨(Rūparāma[71])〈s.35.136〉

세존께서 싹까의 데와다하(Devadaha)라는 싹까족 마을에 머무실 때, 비구들에게 말씀하셨습니다.

"비구들이여, 보이는 형색[色], 들리는 소리[聲], 냄새[香], 맛[味], 촉감[觸], 대상[法]을 즐기는 천신과 인간들은 보이는 형색, 들리는 소리, 냄새, 맛, 촉감, 대상에서 기쁨을 느낀다오. 비구들이여, 인간과 천신들은 보이는 형색, 들리는 소리, 냄새, 맛, 촉감, 대상이 변하고, 사라지고, 없어지기 때문에 괴롭게 살아간다오.

71 PTS본에는 'Agayha'로 되어 있으나 이는 잘못된 것이다. 미얀마본에는 'Rūparāma'로 되어 있다.

비구들이여, 여래(如來) 아라한(阿羅漢) 등정각(等正覺)은 보이는 형색[色], 들리는 소리[聲], 냄새[香], 맛[味], 촉감[觸], 대상[法]의 쌓임[集]과 소멸[滅]과 달콤한 맛[味]과 재난[患]과 벗어남[出離]을 있는 그대로 통찰하고 나서, 보이는 형색, 들리는 소리, 냄새, 맛, 촉감, 대상을 즐기지 않고, 탐닉하지 않고, 보이는 형색, 들리는 소리, 냄새, 맛, 촉감, 대상에서 기쁨을 느끼지 않는다오. 비구들이여, 여래는 보이는 형색, 들리는 소리, 냄새, 맛, 촉감, 대상이 변하고, 사라지고, 없어지기 때문에 즐겁게 살아간다오."

세존께서는 이렇게 말씀하셨습니다. 선서(善逝)께서는 이렇게 말씀하셨습니다. 스승님께서는 다시 이렇게 말씀하셨습니다.

보이는 형색[色]들, 들리는 소리[聲]들,
냄새[香]들, 맛[味]들, 촉감[觸]들과 대상[法]들,
전적으로 마음에 들고, 사랑스럽고 매력적인 것들을
'있다'라고 한다네.

신들을 포함하는 세간(世間)은
이것들을 즐거움으로 여기지만.
이것들이 소멸하면
그들은 그것을 괴로움으로 여긴다네.
성자(聖者)들은 자신(自身)이 존재한다는
생각[有身]의 소멸을 즐거움으로 보나니,
이것은 모든 세간이 보는 것과 반대라네.

다른 사람들이 즐겁다고 말하는 것을
성자들은 괴롭다고 말하고,
다른 사람들이 괴롭다고 말하는 것을
성자들은 즐겁다고 안다네.

이해하기 어려운 법(法)을 보라!
어리석은 사람은 여기에서 헷갈린다네.

어리석은 사람에게는 가려 있다네.
무지한 사람은 보지 못한다네.
참사람에게는 열려 있다네.
여기에서 지혜로운 사람은 본다네.
위대한 가르침에 정통한 사람들은
곧바로 이해한다네.

존재에 대한 탐욕[有貪]에 지배되어[72]
존재의 흐름을 따르면
마라의 지배에 들어가
이 가르침을 쉽게 이해할 수 없다네.
성자가 아니라면 그 누가 길을 바르게 이해하여
바른 구경지(究竟智)로써

72 'bhavarāgaparetehi'의 번역.

무루(無漏)의 반열반을 성취할 수 있겠는가?

4.69. 업(業, Kammaṃ)〈s.35.145〉

세존께서 싹까의 데와다하(Devadaha)라는 싹까족 마을에 머무실 때, 비구들에게 말씀하셨습니다.

"비구들이여, 내가 현재와 과거의 업(業)과 업의 소멸과 업의 소멸에 이르는 길을 알려주겠으니,[73] 잘 듣도록 하시오.

비구들이여, 과거의 업(業)이란 어떤 것인가? 비구들이여, 보는 주관[眼]은 조작된 것이고, 의도된 것이며, 느껴지고 볼 수 있는 과거의 업이라오. 비구들이여, 이것을 과거의 업이라고 한다오. 듣는 주관[耳], 냄새 맡는 주관[鼻], 맛보는 주관[舌], 만지는 주관[身], 마음[意]도 마찬가지라오. 비구들이여, 이것을 과거의 업이라고 한다오.

비구들이여, 현재의 업(業)이란 어떤 것인가? 비구들이여, 몸과 말과 마음으로 지금 행하는 업,[74] 이것을 현재의 업이라고 한다오.

비구들이여, 업(業)의 소멸이란 어떤 것인가? 비구들이여, 신업(身業)과 구업(口業)과 의업(意業)이 소멸하여 해탈(解脫)에 도달하면, 이것을 업의 소멸이라고 한다오.

비구들이여, 업(業)의 소멸에 이르는 길은 어떤 것인가? 비구들이

73 'navapurāṇāni bhikkhave kammāni desissāmi kammanirodham kammanirodhagāmininiñ ca paṭipadaṃ'의 번역.

74 'etarahi kammaṃ karoti kāyena vācāya manasā'의 번역.

여, 이것은 거룩한 8정도(八正道), 즉 바른 견해[正見], 바른 의도[正思惟], 바른말[正語], 바른 행동[正業], 바른 생계[正命], 바른 정진[正精進], 바른 주의집중[正念], 바른 선정[正定]이라오. 비구들이여, 이것을 업의 소멸에 이르는 길이라고 한다오."

4.70. 방법이 있는가(Atthi nu kho pariyāyo)〈s.35.152〉

세존께서 싹까의 데와다하(Devadaha)라는 싹까족 마을에 머무실 때, 비구들에게 말씀하셨습니다.

"비구들이여, 신념(信念)이나 기호(嗜好), 전통(傳統), 논리적(論理的)인 추론(推論), 사변적 견해의 이해와 승인(承認) 이외에, 비구가 그 방법에 따라서 다른 사람에게 '생(生)은 소멸했다. 청정한 수행[梵行]을 완성했으며, 해야 할 일을 끝마쳤다. 다시는 이와 같은 상태로 되지 않는다고 통찰한다'라고 해명할 방법이 있는가?"

"세존이시여, 세존께서는 법의 근본이시고, 법의 안내자이시고, 법의 귀의처이십니다. 세존이시여, 부디 이 말씀의 의미를 밝혀주십시오. 세존의 말씀을 듣고 비구들은 받아 지닐 것입니다."

"비구들이여, 그렇다면 그대들은 듣고 잘 생각하도록 하시오. 내가 이야기하겠소."

그 비구들은 "그렇게 하겠습니다. 세존이시여"라고 대답했습니다.

세존께서는 다음과 같이 말씀하셨습니다.

"비구들이여, 신념이나 기호, 전통, 논리적인 추론, 사변적 견해의 이해와 승인 이외에, 비구가 그 방법에 따라서 다른 사람에게 '생(生)은 소멸했다. 청정한 수행[梵行]을 완성했으며, 해야 할 일을 끝마쳤다. 다시는 이와 같은 상태로 되지 않는다고 통찰한다'라고 해명하는 방법이 있다오.

비구들이여, 그 방법은 어떤 것인가? 비구들이여, 비구는 시각활동[眼根]으로 형색[色]을 본 후에, 내면(內面)에 탐진치(貪瞋痴)가 있으면, '나의 내면에 탐진치가 있다'라고 통찰하고, 내면에 탐진치가 없으면, '나의 내면에 탐진치가 없다'라고 통찰한다오. 비구들이여, 비구가 시각활동으로 형색을 본 후에, 내면에 탐진치가 있으면, '나의 내면에 탐진치가 있다'라고 통찰하고, 내면에 탐진치가 없으면, '나의 내면에 탐진치가 없다'라고 통찰하는 나의 가르침은 신념이나 기호, 전통, 논리적인 추론, 사변적 견해의 이해와 승인으로 알 수 있는가?"

"그렇지 않습니다. 세존이시여!"

"그렇다면 나의 가르침은 통찰지로 본 후에 알 수 있는가?"

"그렇습니다. 세존이시여!"

"비구들이여, 이것이 신념이나 기호, 전통, 논리적인 추론, 사변적 견해의 이해와 승인 이외에, 비구가 그 방법에 따라서 다른 사람에게 '생(生)은 소멸했다. 청정한 수행[梵行]을 완성했으며, 해야 할 일을 끝마쳤다. 다시는 이와 같은 상태로 되지 않는다고 통찰한다'라고 해명하는 방법이라오. 청각활동[耳根], 후각활동[鼻根], 미각활동[舌根], 촉각활동[身根], 마음활동[意根]도 마찬가지라오."

❙ 4.71. 지와까의 망고 숲에서(Jīvakambavane) (1) 〈s.35.159〉 ❙

세존께서 라자가하에 있는 지와까의 망고 숲에 머무실 때, 비구들에게 말씀하셨습니다.

"비구들이여, 삼매(三昧)를 닦아 익히시오.[75] 비구들이여, 삼매에 든 비구에게는 있는 그대로 나타난다오. 무엇이 있는 그대로 나타나는가? '보는 주관[眼]은 지속하지 않는다[無常]'라는 사실이 있는 그대로 나타난다오. '보이는 형색[色]들, 시각분별[眼識], 시각접촉[眼觸]은 지속하지 않는다[無常]'라는 사실이 있는 그대로 나타난다오. 나아가서 '시각접촉[眼觸]을 의지하여 발생한 즐겁거나, 괴롭거나, 즐겁지도 괴롭지도 않은 느낌도 지속하지 않는다[無常]'라는 사실이 있는 그대로 나타난다오. 듣는 주관[耳], 냄새 맡는 주관[鼻], 맛보는 주관[舌], 만지는 주관[身], 마음[意] 등도 마찬가지라오.

비구들이여, 삼매(三昧)를 닦아 익히시오. 비구들이여, 삼매에 든 비구에게는 있는 그대로 나타난다오."

❙ 4.72. 지와까의 망고 숲에서(Jīvakambavane) (2) 〈s.35.160〉 ❙

세존께서 라자가하에 있는 지와까의 망고 숲에 머무실 때, 비구들에게 말씀하셨습니다.

"비구들이여, 좌선(坐禪)하여 요가(yoga)에 도달하시오.[76] 비구들

---

75 'samādhim bhikkhave bhāvetha'의 번역.

76 'paṭisallāṇe bhikkhave yogam āpajjatha'의 번역.

이여, 좌선하는 비구에게는 있는 그대로 나타난다오. 무엇이 있는 그대로 나타나는가? '보는 주관[眼]은 지속하지 않는다[無常]'라는 사실이 있는 그대로 나타난다오. '보이는 형색[色]들, 시각분별[眼識], 시각접촉[眼觸]은 지속하지 않는다[無常]'라는 사실이 있는 그대로 나타난다오. 나아가서 '시각접촉[眼觸]을 의지하여 발생한 즐겁거나, 괴롭거나, 즐겁지도 괴롭지도 않은 느낌도 지속하지 않는다[無常]'라는 사실이 있는 그대로 나타난다오. 듣는 주관[耳], 냄새 맡는 주관[鼻], 맛보는 주관[舌], 만지는 주관[身], 마음[意] 등도 마찬가지라오.

비구들이여, 좌선(坐禪)하여 요가(yoga)에 도달하시오. 비구들이여, 좌선하는 비구에게는 있는 그대로 나타난다오."

4.73. 사견(邪見, Micchādiṭṭi) - 자아(自我, Attano)〈s.35.164-166〉

세존께서 싸왓티의 제따와나 아나타삔디까 사원에 머무실 때, 어떤 비구가 세존을 찾아와서 예배하고 한쪽에 앉아 물었습니다.

"세존이시여, 어떻게 알고, 어떻게 보면, 삿된 견해[邪見]가 버려지고, 자신이 존재한다는 생각[有身見]이 버려지고, 자아에 대한 억측(臆測)이 버려집니까?"

〈s.35.164〉"비구여, 보는 주관[眼]이 지속하지 않음[無常]을 알고, 보면, 삿된 견해[邪見]가 버려진다오. 보이는 형색[色]들, 시각분별[眼識], 시각접촉[眼觸]이 지속하지 않음을 알고, 보면, 삿된 견해가 버려진다오. 듣는 주관[耳], 냄새 맡는 주관[鼻], 맛보는 주관[舌], 만지는 주관[身], 마음[意] 등도 마찬가지라오.

〈s.35.165〉 비구여, 보는 주관[眼]이 괴로움임[苦]을 알고, 보면, 자신이 존재한다는 생각[有身見]이 버려진다오. 보이는 형색[色]들, 시각분별[眼識], 시각접촉[眼觸]이 괴로움임을 알고, 보면, 자신이 존재한다는 생각이 버려진다오. 듣는 주관[耳], 냄새 맡는 주관[鼻], 맛보는 주관[舌], 만지는 주관[身], 마음[意] 등도 마찬가지라오.

〈s.35.166〉 비구여, 보는 주관[眼]이 자아가 아님[無我]을 알고, 보면, 자아에 대한 억측(臆測)이 버려진다오. 보이는 형색[色]들, 시각분별[眼識], 시각접촉[眼觸]이 자아가 아님을 알고, 보면, 자아에 대한 억측이 버려진다오. 듣는 주관[耳], 냄새 맡는 주관[鼻], 맛보는 주관[舌], 만지는 주관[身], 마음[意] 등도 마찬가지라오."

4.74. 욕망(Chandena) - 객관(客觀, Bāhira)〈s.35.167-186〉

세존께서 싸왓티의 제따와나 아나타삔디까 사원에 머무실 때, 비구들에게 말씀하셨습니다.

"비구들이여, 지속하지 않으면[無常], 그대들은 이에 대한 욕망을 버리고 탐욕을 버리고, 욕망과 탐욕을 버려야 한다오. 비구들이여, 보는 주관[眼], 듣는 주관[耳], 냄새 맡는 주관[鼻], 맛보는 주관[舌], 만지는 주관[身], 마음[意]은 지속하지 않는다오[無常]. 그러므로 그대들은 이에 대한 욕망을 버리고 탐욕을 버리고, 욕망과 탐욕을 버려야 한다오.

비구들이여, 괴로우면[苦], 그대들은 이에 대한 욕망을 버리고 탐욕을 버리고, 욕망과 탐욕을 버려야 한다오. 비구들이여, 보는 주관[眼], 듣는 주관[耳], 냄새 맡는 주관[鼻], 맛보는 주관[舌], 만지는 주관[身], 마음[意]은 괴롭다오[苦]. 그러므로 그대들은 이에 대한 욕망을 버리고 탐욕을 버리고, 욕망과 탐욕을 버려야 한다오.

비구들이여, 자아가 아니면[無我], 그대들은 이에 대한 욕망을 버리고 탐욕을 버리고, 욕망과 탐욕을 버려야 한다오. 비구들이여, 보는 주관[眼], 듣는 주관[耳], 냄새 맡는 주관[鼻], 맛보는 주관[舌], 만지는 주관[身], 마음[意]은 자아가 아니라오[無我]. 그러므로 그대들은 이에 대한 욕망을 버리고 탐욕을 버리고, 욕망과 탐욕을 버려야 한다오.

보이는 형색[色]들, 소리[聲]들, 냄새[香]들, 맛[味]들, 촉감[觸]들, 법(法)들도 마찬가지라오.

비구들이여, 과거, 미래, 현재의 보는 주관[眼], 듣는 주관[耳], 냄새 맡는 주관[鼻], 맛보는 주관[舌], 만지는 주관[身], 마음[意]은 지속하지 않는다오[無常]. 비구들이여, 이와 같이 본 학식이 많은 거룩한 제자는 보는 주관, 듣는 주관, 냄새 맡는 주관, 맛보는 주관, 만지는 주관, 마음에 대하여 싫증[厭離]을 낸다오. 그는 싫증을 내기 때문에 욕탐을 버리고[離貪], 욕탐을 버리기 때문에 해탈(解脫)하며, 해탈했을 때, '나는 해탈했다'라고 안다오. 즉, 그는 '생(生)은 소멸했다. 청정한 수행[梵行]을 완성했으며, 해야 할 일을 끝마쳤다. 다시는 이와 같은 상태로 되지 않는다'라고 통찰한다오.

비구들이여, 과거, 미래, 현재의 보는 주관[眼], 듣는 주관[耳], 냄새 맡는 주관[鼻], 맛보는 주관[舌], 만지는 주관[身], 마음[意]은 괴롭다오[苦]. 비구들이여, 이와 같이 본 학식이 많은 거룩한 제자는 보는 주관, 듣는 주관, 냄새 맡는 주관, 맛보는 주관, 만지는 주관, 마음에 대하여 싫증[厭離]을 낸다오. 그는 싫증을 내기 때문에 욕탐을 버리고[離貪], 욕탐을 버리기 때문에 해탈(解脫)하며, 해탈했을 때, '나는 해탈했다'라고 안다오. 즉, 그는 '생(生)은 소멸했다. 청정한 수행[梵行]을 완성했으며, 해야 할 일을 끝마쳤다. 다시는 이와 같은 상태로 되지 않는다'라고 통찰한다오.

비구들이여, 과거, 미래, 현재의 보는 주관[眼], 듣는 주관[耳], 냄새 맡는 주관[鼻], 맛보는 주관[舌], 만지는 주관[身], 마음[意]은 자아가 아니라오[無我]. 비구들이여, 이와 같이 본 학식이 많은 거룩한 제자는 보는 주관, 듣는 주관, 냄새 맡는 주관, 맛보는 주관, 만지는 주관, 마음에 대하여 싫증[厭離]을 낸다오. 그는 싫증을 내기 때문에 욕탐을 버리고[離貪], 욕탐을 버리기 때문에 해탈(解脫)하며, 해탈했을 때, '나는 해탈했다'라고 안다오. 즉, 그는 '생(生)은 소멸했다. 청정한 수행[梵行]을 완성했으며, 해야 할 일을 끝마쳤다. 다시는 이와 같은 상태로 되지 않는다'라고 통찰한다오.

보이는 형색[色]들, 소리[聲]들, 냄새[香]들, 맛[味]들, 촉감[觸]들, 지각대상[法]들도 마찬가지라오."

4.75. 바다(Samuddo) (1) 〈s.35.187〉

세존께서 싸왓티의 제따와나 아나타삔디까 사원에 머무실 때, 비구들에게 말씀하셨습니다.

"비구들이여, 배우지 못한 무지한 범부는 '바다'라고들 말한다오. 비구들이여, 이것은 성자의 율(律)에서는 '바다'가 아니라오. 비구들이여, 범부들이 말하는 '바다'는 단지 많은 물이 모인 큰 하천을 의미할 뿐이라오.

비구들이여, 보는 주관[眼]이 인간의 바다라오. 그 바다의 거친 파도는 형색[色]으로 이루어졌다오. 비구들이여, 그 형색으로 이루어진 거친 파도를 극복한 사람을, 파도치고, 소용돌이치고, 악어와 나찰(羅刹)이 우글대는, 보는 주관의 바다를 통과하여 저편으로 건너가 높은 땅에 도달하여 머무는 바라문이라고 부른다오.

비구들이여, 듣는 주관[耳]이 인간의 바다라오. 그 바다의 거친 파도는 소리[聲]로 이루어졌다오. 비구들이여, 그 소리로 이루어진 거친 파도를 극복한 사람을, 파도치고, 소용돌이치고, 악어와 나찰이 우글대는, 듣는 주관의 바다를 통과하여 저편으로 건너가 높은 땅에 도달하여 머무는 바라문이라고 부른다오.

비구들이여, 냄새 맡는 주관[鼻]이 인간의 바다라오. 그 바다의 거친 파도는 냄새[香]로 이루어졌다오. 비구들이여, 그 냄새로 이루어진 거친 파도를 극복한 사람을, 파도치고, 소용돌이치고, 악어와 나찰이 우글대는, 냄새 맡는 주관의 바다를 통과하여 저편으로 건너가 높은 땅에 도달하여 머무는 바라문이라고 부른다오.

비구들이여, 맛보는 주관[舌]이 인간의 바다라오. 그 바다의 거친 파도는 맛[味]으로 이루어졌다오. 비구들이여, 그 맛으로 이루어진 거친 파도를 극복한 사람을, 파도치고, 소용돌이치고, 악어와 나찰이 우글대는, 맛보는 주관의 바다를 통과하여 저편으로 건너가 높은 땅에 도달하여 머무는 바라문이라고 부른다오.

비구들이여, 만지는 주관[身]이 인간의 바다라오. 그 바다의 거친 파도는 촉감[觸]으로 이루어졌다오. 비구들이여, 그 촉감으로 이루어진 거친 파도를 극복한 사람을, 파도치고, 소용돌이치고, 악어와 나찰이 우글대는, 만지는 주관의 바다를 통과하여 저편으로 건너가 높은 땅에 도달하여 머무는 바라문이라고 부른다오.

비구들이여, 마음[意]이 인간의 바다라오. 그 바다의 거친 파도는 지각대상[法]으로 이루어졌다오. 비구들이여, 그 지각대상으로 이루어진 거친 파도를 극복한 사람을, 파도치고, 소용돌이치고, 악어와 나찰이 우글대는, 마음의 바다를 통과하여 저편으로 건너가 높은 땅에 도달하여 머무는 바라문이라고 부른다오."

스승님께서는 이렇게 말씀하셨습니다.

악어와 나찰이 우글대고,
파도치는 거친 바다를 건넌 사람,
그가 청정한 수행(梵行)을 완성하고,
저편으로 건너가서
세간의 끝에 도달한 베다에
정통한 사람이라고 불린다네.

4.76. 바다(Samuddo) (2) 〈s.35.188〉

세존께서 싸왓티의 제따와나 아나타삔디까 사원에 머무실 때, 비구들에게 말씀하셨습니다.

"비구들이여, 배우지 못한 무지한 범부는 '바다'라고들 말한다오. 비구들이여, 이것은 성자의 율(律)에서는 '바다'가 아니라오. 비구들이여, 범부들이 말하는 '바다'는 단지 많은 물이 모인 큰 하천을 의미할 뿐이라오.

비구들이여, 보는 주관[眼]에 의해 분별되는 마음에 들고, 사랑스럽고, 매력 있고, 귀엽고, 즐겁고, 유혹적인 형색[色]들이 있다오. 비구들이여, 성자의 율(律)에서는 이것을 바다라고 부른다오.

지금 천신(天神), 마라, 범천(梵天)을 포함한 이 세간(世間)과 사문과 바라문, 왕과 백성을 포함한 인간은 대부분 바다에 빠져서, 뒤엉킨 실타래처럼 태어나고, 뭉친 실타래처럼 태어나, 갈대나 억새처럼 살면서, 몹쓸 세상, 괴로운 세상, 험한 세상을 떠도는 윤회(輪廻)를 벗어나지 못하고 있다오.

비구들이여, 듣는 주관[耳]에 의해 분별되는 … 유혹적인 소리[聲]들, 냄새 맡는 주관[鼻]에 의해 분별되는 … 유혹적인 냄새[香]들, 맛보는 주관[舌]에 의해 분별되는 … 유혹적인 맛[味]들, 만지는 주관[身]에 의해 분별되는 … 유혹적인 촉감[觸]들, 마음[意]에 의해 분별되는 … 유혹적인 지각대상[法]들이 있다오. 비구들이여, 성자의 율(律)에서는 이것을 바다라고 부른다오.

지금 천신, 마라, 범천을 포함한 이 세간과 사문과 바라문, 왕과 백성을 포함한 인간은 대부분 바다에 빠져서, 뒤엉킨 실타래처럼 태어나고, 뭉친 실타래처럼 태어나, 갈대나 억새처럼 살면서, 몹쓸 세상, 괴로운 세상, 험한 세상을 떠도는 윤회를 벗어나지 못하고 있다오."

4.77. 꼿티까(Koṭṭhiko)〈s.35.191〉

한때 싸리뿟따 존자와 마하 꼿티까 존자는 바라나씨의 이씨빠따나 미가다야(鹿野苑)에 머물고 있었습니다.

그때 마하 꼿티까 존자는 해 질 무렵에 좌선에서 일어나 싸리뿟따 존자를 찾아가서 말했습니다.

"싸리뿟따 존자님! 보는 주관[眼]이 보이는 형색[色]들의 결박입니까, 보이는 형색들이 보는 주관의 결박입니까? 듣는 주관[耳], 냄새 맡는 주관[鼻], 맛보는 주관[舌], 만지는 주관[身], 마음[意]이 소리[聲]들, 냄새[香]들, 맛[味]들, 촉감[觸]들, 지각대상[法]들의 결박입니까, 소리들, 냄새들, 맛들, 촉감들, 지각대상들이 듣는 주관, 냄새 맡는 주관, 맛보는 주관, 만지는 주관, 마음의 결박입니까?"

"마하 꼿티까 존자여! 보는 주관[眼]이 보이는 형색[色]들의 결박도 아니고, 보이는 형색들이 보는 주관의 결박도 아니라오. 듣는 주관[耳], 냄새 맡는 주관[鼻], 맛보는 주관[舌], 만지는 주관[身], 마음[意]과 소리[聲]들, 냄새[香]들, 맛[味]들, 촉감[觸]들, 지각대상[法]들도 마찬가지라오. 그 둘에 의지하여 욕탐(欲貪)이 발생하면, 그때 그 욕탐이 결박(結縛)이라오.

존자여, 비유하면, 검은 소와 흰 소가 하나의 밧줄이나 고삐에 묶여 있는 것과 같다오. 만약에 어떤 사람이 검은 소가 흰 소의 결박이라고 말하거나, 흰 소가 검은 소의 결박이라고 말한다면, 그는 바르게 이야기하고 있는 것인가?"

"그렇지 않습니다. 존자님!"

"존자여, 보는 주관[眼]이 보이는 형색[色]들의 결박이거나, 보이는 형색들이 보는 주관의 결박이라면, 바르게 괴로움을 소멸하기 위한 청정한 수행(梵行)의 삶이 시설(施設)되지 않는다오. 존자여, 보는 주관[眼]이 보이는 형색들의 결박도 아니고, 보이는 형색[色]들이 보는 주관의 결박도 아니고, 그 둘에 의지하여 욕탐(欲貪)이 발생하면, 그때 그 욕탐이 결박이기 때문에, 바르게 괴로움을 소멸하기 위한 청정한 수행의 삶이 시설되는 것이라오. 듣는 주관[耳], 냄새 맡는 주관[鼻], 맛보는 주관[舌], 만지는 주관[身], 마음[意]과 소리[聲]들, 냄새[香]들, 맛[味]들, 촉감[觸]들, 지각대상[法]들도 마찬가지라오. 존자여, 이런 식으로 알아야 한다오.

존자여, 세존께서도 시각활동[眼]으로 지각하신다오. 세존께서는 시각활동[眼]으로 형색[色]을 보시지만, 세존에게는 욕탐이 없다오. 그래서 세존은 자유로운 마음이라오.[77] 청각활동[耳], 후각활동[鼻], 미각활동[舌], 촉각활동[身], 마음활동[意]도 마찬가지라오."

4.78. 독사(Āsīviso)〈s.35.197〉

세존께서 싸왓티의 제따와나 아나타삔디까 사원에 머무실 때, 비구들에게 말씀하셨습니다.

"비구들이여, 비유하면, 맹렬하고 무서운 독을 품은 네 마리의 독사가 있는데, 살기를 바라고, 죽지 않기를 바라고, 즐겁기를 바라고, 괴로움을 싫어하는 사람이 다가왔다오. 그러자, 사람들이 그에게 '여보

77 'suvimuttacitto Bhagavā'의 번역.

게! 이 사람아! 여기에는 맹렬하고 무서운 독을 품은 네 마리의 독사가 있다네. 그 뱀들은 반드시 때때로 일어나서, 목욕하고, 먹고, 들어간다네. 여보게! 이 사람아! 만약에 맹렬하고 무서운 독을 품은 네 마리의 독사 가운데 어떤 놈이라도 성을 내면, 그대는 죽음에 이르거나 죽을 지경의 괴로움에 이를 것이네. 그러니, 그대는 이에 대처해야 하지 않겠는가?'라고 말했다오.

비구들이여, 그러자 맹렬하고 무서운 독을 품은 네 마리의 독사가 두려워서 그 사람은 이리저리 도망갔다오. 그러자, 사람들이 그에게 '여보게! 이 사람아! 여기에는 다섯 명의 악독한 살인자가 사람을 뒤쫓아 가서 '우리는 그를 보면 목숨을 빼앗겠다'라고 한다네. 그러니, 그대는 이에 대처해야 하지 않겠는가?'라고 말했다오.

비구들이여, 그러자, 다섯 명의 악독한 살인자가 두려워서 그 사람은 이리저리 도망갔다오. 그러자, 사람들이 그에게 '여보게! 이 사람아! 이 여섯 번째 칼을 뽑아 든 강도 살인자가 뒤쫓아 가서 '나는 그를 보면 머리를 잘라 죽이겠다'라고 한다네. 그러니, 그대는 이에 대처해야 하지 않겠는가?'라고 말했다오.

비구들이여, 그러자, 강도 살인자가 두려워서, 그 사람은 이리저리 도망갔다오. 그는 텅 빈 마을을 보고, 아무도 없는 버려진 빈집에 들어가 아무것도 없는 빈 그릇을 집어 들었다오. 그러자, 사람들이 그에게 '여보게! 이 사람아! 지금 마을을 약탈하는 도적들이 이 빈 마을을 털려고 한다네. 그러니, 그대는 이에 대처해야 하지 않겠는가?'라고 말했다오.

비구들이여, 마을을 약탈하는 도적들이 두려워서, 그 사람은 이리저리 도망가다가 큰 강을 보았다오. 그 강의 이쪽 언덕은 무섭고 위험하고, 저쪽 언덕은 안전하고 위험이 없는데, 이 언덕[此岸]에서 저 언덕[彼岸]으로 갈 수 있도록 강을 건네줄 배가 없었다오.

비구들이여, 그 사람은 '이 큰 강의 이쪽 언덕은 무섭고 위험하고, 저쪽 언덕은 안전하고 위험이 없다. 그런데 이 언덕[此岸]에서 저 언덕[彼岸]으로 갈 수 있도록 강을 건네줄 배가 없구나. 나는 풀, 나무토막, 나뭇가지, 나뭇잎을 모아 뗏목을 엮은 다음, 그 뗏목에 의지하여, 손과 발을 힘껏 저어서 안전하게 저 언덕으로 올라가야겠다'라고 생각했다오.

비구들이여, 그래서 그 사람은 풀, 나무토막, 나뭇가지, 나뭇잎을 모아 뗏목을 엮은 다음, 그 뗏목에 의지하여, 손과 발을 힘껏 저어서, 안전하게 저 언덕으로 올라갔다오. 바라문은 강을 건너가 저 언덕에 도달하여 높은 땅에 머문다오.[78]

비구들이여, 나는 어떤 의미를 전달하기 위하여 이 비유를 들었다오. 비구들이여, 맹렬하고 무서운 독을 품은 네 마리의 독사는 4대(四大), 즉 지계(地界), 수계(水界), 화계(火界), 풍계(風界)의 비유라오. 다섯 명의 악독한 살인자는 5취온(五取蘊), 즉 색취온(色取蘊), 수취온(受取蘊), 상취온(想取蘊), 행취온(行取蘊), 식취온(識取蘊)의 비유라오. 여섯 번째 칼을 뽑아 든 강도 살인자는 환락과 욕탐의 비유라오.

비구들이여, 텅 빈 마을은 내6입처(內六入處)의 비유라오. 현명하고, 총명하고 지혜로운 사람이 확인한다면, 보는 주관[眼], 듣는 주관[耳], 냄새 맡는 주관[鼻], 맛보는 주관[舌], 만지는 주관[身], 마음[意]은 실체가 없이 공허하고 텅 빈 것으로 보인다오.

---

78 'tiṇṇo pārangato thale titthati brāhmaṇo'의 번역.

비구들이여, 마을을 약탈하는 도적들은 외6입처(外六入處)의 비유라오. 보는 주관[眼], 듣는 주관[耳], 냄새 맡는 주관[鼻], 맛보는 주관[舌], 만지는 주관[身], 마음[意]은 마음에 들거나 마음에 들지 않는 형색[色]들, 소리[聲]들, 냄새[香]들, 맛[味]들, 촉감[觸]들, 지각대상[法]들에 의해서 공격을 받는다오.

비구들이여, 큰 강은 네 가지 폭류[四流], 즉 욕류(欲流), 유류(有流), 견류(見流), 무명류(無明流)의 비유라오. 무섭고, 위험한 이쪽 언덕은 자신의 존재[有身][79]의 비유라오. 안전하고, 위험이 없는 저쪽 언덕은 열반의 비유라오. 뗏목은 거룩한 8정도(八正道), 즉 바른 견해[正見], 바른 의도[正思惟], 바른말[正語], 바른 행동[正業], 바른 생계[正命], 바른 정진[正精進], 바른 주의집중[正念], 바른 선정[正定]의 비유라오. 손과 발을 힘껏 젓는다는 것은 정진(精進)과 노력의 비유라오. 바라문은 강을 건너가 저 언덕에 도달하여 높은 땅에 머문다는 것은 아라한(阿羅漢)의 비유라오."

4.79. 나뭇가지(Dārukkhandho)〈s.35.200〉

세존께서 꼬쌈비의 갠지스강 언덕에 머무실 때, 갠지스강에 큰 나뭇가지가 떠서 흘러가는 것을 보시고 비구들에게 말씀하셨습니다.

"비구들이여, 갠지스강에 큰 나뭇가지가 떠서 흘러가는 것이 보이는가?"

---

79 'sakkāya'의 번역.

"그렇습니다. 세존이시여!"

"비구들이여, 만약에 나뭇가지가 이쪽 언덕에도 가까이 가지 않고, 저쪽 언덕에도 가까이 가지 않고, 중간에 가라앉지 않고, 땅에 걸리지 않고, 사람에게 붙잡히지 않고, 비인(非人)[80]에게 붙잡히지 않고, 소용돌이에 붙잡히지 않고, 안으로 썩지 않으면, 그 나뭇가지는 바다를 향하여, 바다로 가서, 바다에 들어가게 된다오. 왜냐하면, 비구들이여, 갠지스강의 흐름은 바다를 향하여, 바다로 가서, 바다에 들어가기 때문이오. 비구들이여, 이와 마찬가지로 그대들이 이쪽 언덕에도 가까이 가지 않고, 저쪽 언덕에도 가까이 가지 않고, 도중에 가라앉지 않고, 땅에 걸리지 않고, 사람에게 붙잡히지 않고, 비인에게 붙잡히지 않고, 소용돌이에 붙잡히지 않고, 안으로 썩지 않으면, 그대들은 열반을 향하여, 열반으로 가서, 열반에 들어가게 된다오. 왜냐하면, 비구들이여, 바른 견해[正見]는 열반을 향하여, 열반으로 가서, 열반에 들어가기 때문이오."

이와 같이 말씀하시자, 어떤 비구가 세존께 말씀드렸습니다.

"세존이시여, 이쪽 언덕은 무엇이고, 저쪽 언덕은 무엇입니까? 중간에 가라앉는 것은 어떤 것이고, 땅에 걸리는 것은 어떤 것입니까? 사람에게 붙잡히는 것은 어떤 것이고, 비인(非人)에게 붙잡히는 것은 어떤 것입니까? 소용돌이에 붙잡히는 것은 어떤 것이고, 안으로 썩는 것은 어떤 것입니까?"

"비구여, 이쪽 언덕은 내6입처(內六入處)의 비유이고, 저쪽 언덕은 외6입처(外六入處)의 비유라오. 중간에 가라앉는 것은 환락과 욕탐의 비

80 'amanussa'의 번역. 인간이 아닌 귀신이나 천신이나 야차 등을 의미한다.

유라오. 땅에 걸리는 것은 '내가 있다는 생각[我慢]'의 비유라오. 비구여, 어떤 것이 사람에게 붙잡히는 것인가? 비구가 속인들과 어울려 살면서 함께 기뻐하고, 함께 슬퍼하고, 즐거운 일에 즐거워하고, 괴로운 일에 괴로워하고, 일이 생기면 스스로 끼어드는 것이 사람에게 붙잡히는 것이라오. 비구여, 어떤 것이 비인(非人)에게 붙잡히는 것인가? 비구가 어떤 사람은 '나는 이 계율(戒律)이나 덕행(德行)이나 고행(苦行)이나 청정한 수행[梵行]으로 천신(天神)이나 천중(天衆)이 되어야겠다'라고 생각하고, 어떤 천신이 되기 위하여 청정한 수행을 실천한다오. 비구여, 이것이 비인(非人)에게 붙잡히는 것이라오. 비구여, 소용돌이에 붙잡히는 것은 다섯 가지 감각적 쾌락의 비유라오. 비구여, 어떤 것이 안으로 썩는 것인가? 어떤 사람은 부도덕하다오. 그는 행실이 사악하고 깨끗하지 않으며, 바른 수행을 하는지 의심스럽고, 참회하지 않고 죄를 숨기며, 사문이 아니면서 사문인 체하고, 수행자가 아니면서 수행자인 체하며, 안으로 썩고 부패하였으며, 성품이 더럽다오. 비구여, 이것이 안으로 썩는 것이라오."

그때 세존 가까이에 있던 소를 치는[牧牛] 난다(Nanda)가 세존께 말씀드렸습니다.

"세존이시여, 저는 이쪽 언덕에도 가까이 가지 않고, 저쪽 언덕에도 가까이 가지 않고, 중간에 가라앉지 않고, 땅에 걸리지 않고, 사람에게 붙잡히지 않고, 비인(非人)에게 붙잡히지 않고, 소용돌이에 붙잡히지 않고, 안으로 썩지 않겠습니다. 세존이시여, 저는 세존 앞으로 출가하여 구족계를 받고 싶습니다."

"난다여, 그렇다면 그대는 소들을 주인에게 돌려주시오."

"세존이시여, 소들은 송아지를 애지중지하기 때문에 알아서 갈 것입니다."

"난다여, 그대는 소들을 주인에게 돌려주시오."

난다는 소들을 주인에게 돌려준 후에 세존을 찾아와서 세존께 말씀드렸습니다.

"세존이시여, 소들을 주인에게 돌려주었습니다. 세존이시여, 저는 세존 앞으로 출가하여 구족계를 받고 싶습니다."

소를 치는 난다는 세존 앞으로 출가하여 구족계를 받았습니다. 난다 존자는 구족계를 받고 곧바로 홀로 외딴곳에서 열심히 노력하고 정진하며 지냈습니다. 그리고 오래지 않아 선남자(善男子)들이 출가하는 목적인 위없는 청정한 수행[梵行]의 완성을 지금 여기에서 스스로 체득하고 성취하여 살았습니다. 그는 '생(生)은 소멸했다. 청정한 수행[梵行]을 완성했으며, 해야 할 일을 끝마쳤다. 다시는 이와 같은 상태로 되지 않는다'라는 것을 체득했습니다. 그리하여 난다 존자는 아라한(阿羅漢) 가운데 한 분이 되었습니다.

4.80. 괴로운 법(法)들(Dukkhadhammā)〈s.35.203〉

세존께서 싸왓티의 제따와나 아나타삔디까 사원에 머무실 때, 비구들에게 말씀하셨습니다.

"비구들이여, 비구가 일체의 괴로운 법(法)의 쌓임[集]과 소멸[滅]을 있는 그대로 통찰하면,[81] 그에게 감각적 쾌락들이 보이고, 그와 같이

81 'dukkhadhammānaṃ samudayañca atthagamañ ca yathābhūtam pajānāti'의 번역.

감각적 쾌락들을 관찰하면, 감각적 쾌락 가운데 있는 감각적 쾌락에 대한 의욕, 감각적 쾌락에 대한 애착, 감각적 쾌락에 대한 열망, 감각적 쾌락에 대한 열뇌(熱惱)가 무의식중에 잠재하지[隨眠] 않는다오. 그러면 그는 수행하는 방법과 살아가는 방법을 깨닫게 되며,[82] 이렇게 수행하면 탐욕과 악의(惡意)와 같은 사악(邪惡)한 불선법(不善法)들이 흘러나오지 않는다오.

비구들이여, 비구는 어떻게 일체의 괴로운 법(法)의 쌓임[集]과 소멸[滅]을 있는 그대로 통찰하는가? '이것이 몸의 형색[色]이다', '이것이 몸의 형색의 쌓임[色集]이다', '이것이 몸의 형색의 소멸[色滅]이다', '이것이 느끼는 마음[受]이다', '이것이 느끼는 마음의 쌓임[受集]이다', '이것이 느끼는 마음의 소멸[受滅]이다', '이것이 생각하는 마음[想]이다', '이것이 생각하는 마음의 쌓임[想集]이다', '이것이 생각하는 마음의 소멸[想滅]이다', '이것이 유위를 조작하는 행위[行]들이다', '이것이 유위를 조작하는 행위들의 쌓임[行集]이다', '이것이 유위를 조작하는 행위들의 소멸[行滅]이다', '이것이 분별하는 마음[識]이다', '이것이 분별하는 마음의 쌓임[識集]이다', '이것이 분별하는 마음의 소멸[識滅]이다'라고, 비구들이여, 이와 같이 비구는 일체의 괴로운 법(法)의 쌓임[集]과 소멸[滅]을 있는 그대로 통찰한다오.

비구들이여, 어떻게 비구에게 감각적 쾌락들이 보이고, 그와 같이 감각적 쾌락들을 관찰하면, 감각적 쾌락 가운데 있는 감각적 쾌락에 대한 의욕, 감각적 쾌락에 대한 애착, 감각적 쾌락에 대한 열망, 감각적 쾌

82 'tathā kho panassa cāro ca vihāro ca anubuddho hoti'의 번역.

락에 대한 열뇌가 무의식중에 잠재하지[隨眠] 않는가? 비구들이여, 예를 들어, 사람의 키보다 훨씬 깊은, 불꽃도 일지 않고, 연기도 나지 않는 숯불이 가득 찬 불구덩이에, 살기를 바라고, 죽지 않기를 바라고, 괴로움을 싫어하는 사람이 오자, 그를 힘센 장정 두 사람이 억지로 붙잡아서 그 불구덩이 속에 끌어넣는다면, 그는 이리저리 몸을 비틀 것이오. 비구들이여, 왜냐하면, 그는 '내가 이 불구덩이에 빠지게 되면 그로 인해서 죽게 되거나, 죽을 정도로 괴롭게 될 것이다'라고 알기 때문이오. 비구들이여, 이와 같이 비구에게 감각적 쾌락들이 보이고, 그와 같이 감각적 쾌락들을 관찰하면, 감각적 쾌락 가운데 있는 감각적 쾌락에 대한 의욕, 감각적 쾌락에 대한 애착, 감각적 쾌락에 대한 열망, 감각적 쾌락에 대한 열뇌가 무의식중에 잠재하지[隨眠] 않는다오.

비구들이여, 비구는 어떻게 수행하는 방법과 살아가는 방법을 깨닫게 되며, 이렇게 수행하면 탐욕과 악의와 같은 사악한 불선법(不善法)들이 흘러나오지 않는가? 비구들이여, 예를 들어, 어떤 사람이 가시덤불이 우거진 숲에 들어가서, 전후, 좌우, 상하에 가시가 있으면, 주의해서 나아가고, 주의해서 물러설 것이오. 비구들이여, 이와 같이 세간에 있는 사랑스러운 형색[色], 기분 좋은 형색[色], 이것을 성자의 율(律)에서는 '가시'라고 부른다오.

이와 같이 안 다음에, 수호(守護)와 수호하지 않음을 알아야 한다오.

비구들이여, 수호하지 않음은 어떤 것인가? 비구들이여, 어떤 비구는 시각활동[眼]으로 형색[色]을 보고, 청각활동[耳]으로 소리[聲]를 듣고, 후각활동[鼻]으로 냄새[香]를 맡고, 미각활동[舌]으로 맛[味]을 보고, 촉각활동[身]으로 촉감[觸]을 느끼고, 마음활동[意]으로 지각대상

[法]을 지각한 후에, 사랑스러운 형색[色], 소리[聲], 냄새[香], 맛[味], 촉감[觸], 지각대상[法]들을 애착하고, 사랑스럽지 않은 형색, 소리, 냄새, 맛, 촉감, 지각대상들을 싫어하고, 몸에 대한 주의집중을 확립하지 않고, 옹졸한 마음으로 살아가면서, 이미 발생한 사악한 불선법이 남김없이 소멸하는 심해탈(心解脫)과 혜해탈(慧解脫)을 여실(如實)하게 통찰하지 않는다오. 비구들이여, 이렇게 하는 것이 수호하지 않음이라오.

비구들이여, 수호(守護)는 어떤 것인가? 비구들이여, 어떤 비구는 시각활동[眼]으로 형색[色]을 보고, 청각활동[耳]으로 소리[聲]를 듣고, 후각활동[鼻]으로 냄새[香]를 맡고, 미각활동[舌]으로 맛[味]을 보고, 촉각활동[身]으로 촉감[觸]을 느끼고, 마음활동[意]으로 지각대상[法]을 지각한 후에, 사랑스러운 형색[色], 소리[聲], 냄새[香], 맛[味], 촉감[觸], 지각대상[法]들을 애착하지 않고, 사랑스럽지 않은 형색, 소리, 냄새, 맛, 촉감, 지각대상들을 싫어하지 않고, 몸에 대한 주의집중을 확립하고, 한량없는 마음으로 살아가면서, 이미 발생한 사악한 불선법이 남김없이 소멸하는 심해탈(心解脫)과 혜해탈(慧解脫)을 여실하게 통찰한다오. 비구들이여, 이렇게 하는 것이 수호라오.

비구들이여, 만약에 이와 같이 수행하며 살아가는 비구에게, 가끔 주의집중을 놓침으로써, 주의집중과 의도(意圖)를 결박하는 사악한 불선법들이 생기면, 천천히 주의집중이 일어나더라도, 그는 재빨리 그것을 포기하고, 몰아내고, 제거하여 없앤다오. 비구들이여, 비유하면, 한낮에 뜨거워진 그릇에 두세 방울의 빗방울이 떨어지면, 빗방울이 천천히 떨어져도, 그것은 재빨리 고갈하여 소멸하는 것과 같다오. 비구들이여, 이와 같이 수행하며 살아가는 비구에게, 가끔 주의집중을 놓침으로써, 주의집중과 의도를 결박하는 사악한 불선법들이 생기면, 천천히 주의집중이 일어나더라도, 그는 재빨리 그것을 포기하고, 몰아내고, 제거하여 없앤다오.

비구들이여, 이와 같이 비구가 수행하는 방법과 살아가는 방법을 깨닫게 되면, 이렇게 수행하며 살아감에 따라 탐욕과 악의와 같은 사악한 불선법들이 흘러나오지 않는다오. 비구들이여, 만약에 그에게 왕이나 왕의 대신이나, 친구나 동료나 친지나 친척이 재물을 가지고 와서, '여보게, 이 사람아! 그대는 왜 가사(袈裟)를 입고, 왜 삭발을 하는가? 이리 와서 환속하여 재물을 향유(享有)하고 공덕을 지어라!'라고 할지라도, 이렇게 수행하며 살아가는 그 비구가 실로 공부를 포기하고 환속하는 일은 있을 수 없다오.

비구들이여, 비유하면, 동쪽으로 기울어지고 동쪽으로 향하여 동쪽으로 흘러가는 갠지스강을 많은 사람들이 삽과 바구니를 가지고 와서 '우리가 갠지스강을 서쪽으로 기울게 하고 서쪽으로 향하게 하여 서쪽으로 흘러가게 하자!'라고 하는 것과 같다오. 비구들이여, 어떻게 생각하는가? 많은 사람들이 갠지스강을 서쪽으로 기울게 하고 서쪽으로 향하게 하여 서쪽으로 흘러가게 할 수 있겠는가?"

"세존이시여, 그렇게 할 수 없습니다."

"비구들이여, 이와 마찬가지로, 이렇게 수행하며 살아가는 비구에게 왕이나 왕의 대신이나, 친구나 동료나 친지나 친척이 재물을 가지고 와서, '여보게, 이 사람아! 그대는 왜 가사를 입고, 왜 삭발을 하는가? 이리 와서 환속하여 재물을 향유하고 공덕을 지어라!'라고 할지라도, 이렇게 수행하며 살아가는 그 비구가 실로 공부를 포기하고 환속하는 일은 있을 수 없다오. 왜냐하면, 비구들이여, 오랜 세월 마음이 원리(遠離)로 기울고 원리로 향하여 원리로 흘러가는 사람이 환속하는 일은 있을 수 없다오."

4.81. 여섯 동물(Chapāṇa)〈s.35.206〉

세존께서 싸왓티의 제따와나 아나타삔디까 사원에 머무실 때, 비구들에게 말씀하셨습니다.

"비구들이여, 예를 들어, 상처투성이가 되어 살이 썩어들어가는 사람이 갈대숲에 들어가면, 꾸싸(kusa)풀 가시가 발을 찌르고, 썩은 상처를 할퀼 것이오. 비구들이여, 그러면 그 사람은 그로 인해서 극심한 고통을 느낄 것이오. 비구들이여, 이와 마찬가지로 어떤 비구가 마을에 가거나 숲에 가서, '존자여! 이런 일을 하고 이런 행동을 하는 것은 더러운 세속의 가시입니다'라는 말을 들으면, '그것은 가시다'라고 안 다음에, 수호(守護)와 수호하지 않음을 알아야 한다오.

비구들이여, 수호하지 않음은 어떤 것인가? 비구들이여, 어떤 비구는 시각활동[眼]으로 형색[色]을 보고, 청각활동[耳]으로 소리[聲]를 듣고, 후각활동[鼻]으로 냄새[香]를 맡고, 미각활동[舌]으로 맛[味]을 보고, 촉각활동[身]으로 촉감[觸]을 느끼고, 마음활동[意]으로 지각대상[法]을 지각한 후에, 사랑스러운 형색, 소리, 냄새, 맛, 촉감, 지각대상들을 애착하고, 사랑스럽지 않은 형색, 소리, 냄새, 맛, 촉감, 지각대상들을 싫어하고, 몸에 대한 주의집중을 확립하지 않고, 옹졸한 마음으로 살아가면서, 이미 발생한 사악한 불선법(不善法)이 남김없이 소멸하는 심해탈(心解脫)과 혜해탈(慧解脫)을 여실(如實)하게 통찰하지 않는다오. 비구들이여, 이렇게 하는 것이 수호하지 않음이라오.

비구들이여, 예를 들어, 어떤 사람이 관심 대상이 다르고, 활동영역이 다른 여섯 동물, 즉 뱀, 악어, 새, 개, 승냥이, 원숭이를 붙잡아 튼튼한 밧줄로 묶고, 각각의 밧줄 중간을 매듭으로 묶어서 놓아주면, 관심 대상이 다르고, 활동영역이 다른 여섯 동물은 저마다 자신의 관심 대상과 활동영역으로 갈 것이오. 뱀은 '나는 구멍으로 들어가겠다'라고 구멍으로 갈 것이고, 악어는 '나는 물로 가겠다'라고 물로 갈 것이고, 새는 '나는 공중을 날겠다'라고 공중으로 갈 것이고, 개는 '나는 마을로 가겠다'라고 마을로 갈 것이고, 승냥이는 '나는 묘지(墓地)로 가겠다'라고 묘지로 갈 것이고, 원숭이는 '나는 숲으로 가겠다'라고 숲으로 갈 것이오. 비구들이여, 그 여섯 동물이 각기 지쳤을 때, 그 여섯 동물 가운데 더 강한 동물이 있으면, 동물들은 그 동물을 따르고, 순종하고, 그에게 복종할 것이오. 비구들이여, 이와 같이 누구든 몸에 대한 주의집중을 닦아 익히지 않은 비구의 보는 주관[眼]은 마음에 드는 형색[色]들을 가까이하고, 마음에 들지 않는 형색[色]들은 싫어한다오. 듣는 주관[耳], 냄새 맡는 주관[鼻], 맛보는 주관[舌], 만지는 주관[身], 마음[意]도 마찬가지라오. 비구들이여, 이렇게 하는 것이 수호하지 않음이라오.

비구들이여, 수호는 어떤 것인가? 비구들이여, 어떤 비구는 시각활동[眼]으로 형색[色]을 보고, 청각활동[耳]으로 소리[聲]를 듣고, 후각활동[鼻]으로 냄새[香]를 맡고, 미각활동[舌]으로 맛[味]을 보고, 촉각활동[身]으로 촉감[觸]을 느끼고, 마음활동[意]으로 지각대상[法]을 지각한 후에, 사랑스러운 형색, 소리, 냄새, 맛, 촉감, 지각대상들을 애착하지 않고, 사랑스럽지 않은 형색, 소리, 냄새, 맛, 촉감, 지각대상들을 싫어하지 않고, 몸에 대한 주의집중을 확립하고, 한량없는 마음으로 살아가면서, 이미 발생한 사악한 불선법이 남김없이 소멸하는 심해탈(心解脫)과 혜해탈(慧解脫)을 여실하게 통찰한다오. 비구들이여, 이렇게 하는 것이 수호(守護)라오.

비구들이여, 예를 들어, 어떤 사람이 관심 대상이 다르고, 활동영역이 다른 여섯 동물, 즉 뱀, 악어, 새, 개, 승냥이, 원숭이를 붙잡아 튼튼한 밧줄로 묶고, 튼튼한 말뚝이나 기둥에 묶어놓으면, 관심 대상이 다르고, 활동영역이 다른 여섯 동물은 저마다 자신의 관심 대상과 활동영역으로 갈 것이오. 뱀은 '나는 구멍으로 들어가겠다'라고 구멍으로 갈 것이고, 악어는 '나는 물로 가겠다'라고 물로 갈 것이고, 새는 '나는 공중을 날겠다'라고 공중으로 갈 것이고, 개는 '나는 마을로 가겠다'라고 마을로 갈 것이고, 승냥이는 '나는 묘지(墓地)로 가겠다'라고 묘지로 갈 것이고, 원숭이는 '나는 숲으로 가겠다'라고 숲으로 갈 것이오. 비구들이여, 그 여섯 동물이 각기 지쳤을 때, 그 동물들은 그 말뚝이나 기둥 가까이에 머물고, 가까이에 앉고, 가까이에서 돌아다닐 것이오. 비구들이여, 이와 같이 누구든 몸에 대한 주의집중을 닦아 익힌 비구의 보는 주관[眼]은 마음에 드는 형색[色]들을 가까이하지 않고, 마음에 들지 않는 형색들은 싫어하지 않는다오. 듣는 주관[耳], 냄새 맡는 주관[鼻], 맛보는 주관[舌], 만지는 주관[身], 마음[意]도 마찬가지라오. 비구들이여, 이렇게 하는 것이 수호라오.

비구들이여, 튼튼한 말뚝이나 기둥은 몸에 대한 주의집중의 비유라오. 비구들이여, 그러므로 그대들은 '우리는 몸에 대한 주의집중을 잘 시작하여, 꾸준히 습관적으로, 철저하게 체험적으로, 몸에 배게 몰입하여 닦아 익히겠다'라고 공부해야 한다오. 비구들이여, 이렇게 공부해야 한다오."

제36「느낌〔受〕 쌍윳따(Vedanā-Saṃyutta)」

4.82. 두 번째 화살(Sallattena)〈s.36.6〉

세존께서 싸왓티의 제따와나 아나타삔디까 사원에 머무실 때, 비구들에게 말씀하셨습니다.

"비구들이여, 배우지 못한 범부는 즐거운 느낌을 느끼고, 괴로운 느낌을 느끼고, 즐겁지도 괴롭지도 않은 느낌을 느낀다오. 비구들이여, 학식이 많은 거룩한 제자도 즐거운 느낌을 느끼고, 괴로운 느낌을 느끼고, 즐겁지도 괴롭지도 않은 느낌을 느낀다오.

비구들이여, 거기에서 학식이 많은 거룩한 제자와 배우지 못한 범부의 구별되는 점은 무엇이고, 다른 점은 무엇이고, 행동의 차이는 무엇인가?"

"세존이시여, 세존께서는 법의 근본이시고, 법의 안내자이시고, 법의 귀의처이십니다. 세존이시여, 부디 그 차이를 알려주십시오. 세존의 말씀을 듣고 비구들은 받아 지닐 것입니다."

"비구들이여, 배우지 못한 범부는 괴로운 느낌에 접할 때, 슬퍼하고, 짜증 내고, 통곡하고, 가슴을 치며 울부짖고, 실성한다오. 그는 두 개의 느낌, 즉 몸에 의한 느낌과 마음에 의한 느낌을 느낀다오. 비구들이여, 비유하면, 화살에 맞은 사람이 두 번째 화살에 맞는 것과 같다오. 비구들이여, 이와 같이 그 사람은 두 개의 화살에 맞은 것과 같은 느낌을 느낀다오. 비구들이여, 이와 같이 배우지 못한 범부는 괴로운 느낌에 접할 때, 슬퍼하고, 짜증 내고, 통곡하고, 가슴을 치며 울부짖고, 실성한다오. 그는 두 개의 느낌, 즉 몸에 의한 느낌과 마음에 의한 느낌을 느낀다오. 게다가 괴로운 느낌에 접할 때, 분노하는 그에게 괴로운 느낌에 대한 분노의 잠재적 경향[瞋恚隨眠]이 무의식중에 잠재한다오.[83] 그는 괴로운 느낌에 접할 때, 감각적 쾌락을 즐긴다오. 왜냐하면, 비구들이여, 배우지 못한 범부는 감각적 쾌락 이외에는 괴로운 느낌에서 벗어나는 방법을 통찰하지 못하기 때문이라오. 감각적 쾌락을 즐기는 그에게 즐거운 느낌에 대한 탐욕의 잠재적 경향[貪隨眠]이 무의식중에 잠재한다오.[84] 그는 그 느낌들의 쌓임[集]과 소멸[滅]과 달콤한 맛[味]과 재난[患]과 벗어남[出離]을 있는 그대로 통찰하지 못한다오. 느낌들의 쌓임과 소멸과 달콤한 맛과 재난과 벗어남을 있는 그대로 통찰하지 못하는 그에게 괴롭지도 즐겁지도 않은 느낌에 대한 무지(無知)의 잠재적 경향[無明隨眠]이 무의식중에 잠재한다오.[85] 그는 즐거운 느낌을 느낄 때 그것을 속박된 느낌으로 느끼고, 괴로운 느낌을 느낄 때 그것을 속박된 느낌으로 느끼고, 괴롭지도 즐겁지도 않은 느낌을 느낄 때 그것을

83 'yo dukkhāya vedanāya patighāyānusayo so anuseti' 의 번역.

84 'yo sukkhāya vedanāya rāgānusayo so anuseti' 의 번역.

85 'yo adukkhamasukkhāya vedanāya avivvānusayo so anuseti' 의 번역.

속박된 느낌으로 느낀다오. 비구들이여, 나는 이것을 '배우지 못한 범부는 태어남, 죽음, 근심, 슬픔, 고통, 우울, 고뇌에 속박되었다. 괴로움에 속박되었다'라고 말한다오.

비구들이여, 학식이 많은 거룩한 제자는 괴로운 느낌에 접할 때, 슬퍼하지 않고, 짜증 내지 않고, 통곡하지 않고, 가슴을 치며 울부짖지 않고, 실성하지 않는다오. 그는 몸에 의한 느낌 하나만을 느낄 뿐, 마음에 의한 느낌은 느끼지 않는다오. 비구들이여, 비유하면, 화살에 맞은 사람이 두 번째 화살에 맞지 않는 것과 같다오. 비구들이여, 이와 같이 그 사람은 하나의 화살에 맞은 것과 같은 느낌을 느낀다오. 비구들이여, 이와 같이 학식이 많은 거룩한 제자는 괴로운 느낌에 접할 때, 슬퍼하지 않고, 짜증 내지 않고, 통곡하지 않고, 가슴을 치며 울부짖지 않고, 실성하지 않는다오. 그는 몸에 의한 느낌 하나만을 느낄 뿐, 마음에 의지하는 느낌은 느끼지 않는다오. 게다가 괴로운 느낌에 접할 때, 분노하지 않는 그에게는 괴로운 느낌에 대한 분노의 잠재적 경향[瞋恚隨眠]이 무의식중에 잠재하지 않는다오. 그는 괴로운 느낌에 접할 때, 감각적 쾌락을 즐기지 않는다오. 왜냐하면, 비구들이여, 학식이 많은 거룩한 제자는 감각적 쾌락 이외의 괴로운 느낌에서 벗어나는 방법을 통찰하기 때문이라오. 감각적 쾌락을 즐기지 않는 그에게는 즐거운 느낌에 대한 탐욕의 잠재적 경향[貪隨眠]이 무의식중에 잠재하지 않는다오. 그는 그 느낌들의 쌓임[集]과 소멸[滅]과 달콤한 맛[味]과 재난[患]과 벗어남[出離]을 있는 그대로 통찰한다오. 그 느낌들의 쌓임과 소멸과 달콤한 맛과 재난과 벗어남을 있는 그대로 통찰하는 그에게는 괴롭지도 즐겁지도 않은 느낌에 대한 무지(無知)의 잠재적 경향[無明隨眠]이 무의식중에 잠재하지 않는다오. 그는 즐거운 느낌을 느낄 때 그것을 속박에서 벗어난 느낌으로 느끼고, 괴로운 느낌을 느낄 때 그것을 속박에서 벗어난 느낌으로 느끼고, 괴롭지도 즐겁지도 않은 느낌을 느낄 때 그것을 속박에서 벗어난 느낌으로 느낀다오. 비구들이여, 나는 이것을 '학식이 많은 거룩한 제자는 태어남, 죽음, 근심, 슬픔, 고통, 우울, 고뇌의 속박에서 벗어났다. 괴로움의 속박에서 벗어났다'라고 말한다오.

비구들이여, 이것이 학식이 많은 거룩한 제자와 배우지 못한 범부의 구별되는 점이고, 다른 점이고, 행동의 차이라오."

배움이 많은 지혜로운 사람은
(마음에 의한) 즐거움과 괴로움을 느끼지 않는다네.
이것이 현자(賢者)와 범부(凡夫)의 큰 차이라네.

이 세간과 저 세간을 바르게 본,
법(法)을 성찰(省察)한 배움이 많은 사람은
마음에 드는 법이 그의 마음을 흔들지 못하고,
마음에 들지 않는 것이 장애가 아니라네.

그에게는 좋은 것 또는 싫은 것이
사라져서 존재하지 않는다네.
존재[有]의 피안에 도달한 사람은
번뇌의 때가 없고 근심이 없는
길을 알고 바르게 통찰한다네.

4.83. 홀로 앉아(Rahogataka)〈s.36.11〉

세존께서 싸왓티의 제따와나 아나타삔디까 사원에 머무실 때, 어떤 비구가 세존을 찾아와서 예배하고 한쪽에 앉아 말씀드렸습니다.

"세존이시여 제가 홀로 앉아서 좌선할 때 '세존께서는 세 가지 느낌, 즉 즐거운 느낌, 괴로운 느낌, 괴롭지도 즐겁지도 않은 느낌을 말씀하셨다. 그렇지만, 세존께서는 이들 세 가지 느낌을 말씀하시면서, 느껴진 것은 무엇이든지 그것은 괴로움에 속한다고 말씀하셨다. 세존께서 느껴진 것은 무엇이든지 그것은 괴로움에 속한다고 하신 말씀은 무엇에 관한 것일까?'라는 생각이 떠올랐습니다."

"훌륭하오! 비구여, 훌륭하오! 비구여, 나는 세 가지 느낌을 말했으며, 내가 '느껴진 것은 무엇이든지 그것은 괴로움에 속한다'라고 한 말은 제행(諸行)의 무상성(無常性)에 관한 말이라오.[86] 비구여, 내가 '느껴진 것은 무엇이든지 그것은 괴로움에 속한다'라고 한 말은 제행(諸行)의 괴멸법성(壞滅法性), 쇠멸법성(衰滅法性), 퇴색법성(退色法性), 소멸법성(消滅法性), 변역법성(變易法性)에 관한 것이라오.[87]

비구여, 그리고 나는 점차적인 제행(諸行)의 소멸(消滅)을 가르쳤다오.[88] 초선정(初禪定)에 도달하면 언어(言語)가 소멸하고,[89] 제2선정

---

86 'vuttaṃ kho panetam bhikkhu mayā yaṃ kiñci vedayitaṃ taṃ dukkhasmin ti, taṃ kho panetam bhikkhu mayā saṅkhārānaṃ yeva aniccataṃ sandhāya bhāsitaṃ'의 번역.

87 'taṃ kho panetam bhikkhu mayā saṅkhārānaṃ yeva khayadhammataṃ vayadhammataṃ virāgadhammataṃ nirodhadhammataṃ vipariṇāmadhammataṃ sandhāya bhāsitaṃ'의 번역.

88 'atha kho pana bikkhu mayā anupubbaṃ saṅkhārānaṃ nirodho akkhāto'의 번역.

89 'pathamaṃ jhānaṃ samāpannassa vācā niruddhā honti'의 번역.

(第二禪定)에 도달하면 사유와 숙고[覺觀]가 소멸하고,[90] 제3선정(第三禪定)에 도달하면 기쁜 마음[喜心]이 소멸하고,[91] 제4선정(第四禪定)에 도달하면 들숨 날숨[入息出息]이 소멸하고,[92] 공무변처(空無邊處)에 도달하면 형색에 대한 관념[色想]이 소멸하고,[93] 식무변처(識無邊處)에 도달하면 공무변처에 대한 관념[空無邊處想]이 소멸하고,[94] 무소유처(無所有處)에 도달하면 식무변처에 대한 관념[識無邊處想]이 소멸하고,[95] 비유상비무상처(非有想非無想處)에 도달하면 무소유처에 대한 관념[無所有處想]이 소멸하고,[96] 상수멸(想受滅)에 도달하면 관념[想]과 느낌[受]이 소멸한다오.[97] 번뇌가 다한[漏盡] 비구는 탐심(貪心)이 소멸하고, 진심(瞋心)이 소멸하고, 치심(癡心)이 소멸한다오.[98]

비구여, 그리고 나는 점차적인 제행(諸行)의 적정(寂靜)을[99] 가르쳤다오. 초선정에 도달하면 언어(言語)가 적정해지고, 제2선정에 도달

90 'dutiyaṃ jhānaṃ samāpannassa vitakkavicārā niruddhā honti'의 번역.

91 'tatiyaṃ jhānaṃ samāpannassa pīti niruddhā hoti'의 번역.

92 'catutthaṃ jhānaṃ samāpannassa assāsapassāsā niruddhā honti'의 번역.

93 'ākāsānañcāyatanaṃ samāpannassa rūpasaññā niruddhā hoti'의 번역.

94 'viññāṇañcāyatanaṃ samāpannassa ākāsānañcāyatanasaññā niruddhā hoti'의 번역.

95 'ākiñcaññāyatanaṃ samāpannassa viññāṇañcāyatanasaññā niruddhā hoti'의 번역.

96 'nevasaññānāsaññāyatanaṃ samāpannassa ākiñcaññāyatanasaññā niruddhā hoti'의 번역.

97 'saññāvedayitanirodhaṃ samāpannassa saññā ca vedanā ca niruddhā honti'의 번역.

98 'khīṇāsavassa bhikkhuno rāgo niruddho hoti doso niruddho hoti moho niruddho hoti'의 번역.

99 'vūpasamo'의 번역.

하면 사유와 숙고[覺觀]가 적정해지고, 제3선정에 도달하면 기쁜 마음[喜心]이 적정해지고, 제4선정에 도달하면 들숨 날숨[入息出息]이 적정해지고, 공무변처(空無邊處)에 도달하면 형색에 대한 관념[色想]이 적정해지고, 식무변처(識無邊處)에 도달하면 공무변처에 대한 관념[空無邊處想]이 적정해지고, 무소유처(無所有處)에 도달하면 식무변처에 대한 관념[識無邊處想]이 적정해지고, 비유상비무상처(非有想非無想處)에 도달하면 무소유처에 대한 관념[無所有處想]이 적정해지고, 상수멸(想受滅)에 도달하면 관념[想]과 느낌[受]이 적정해진다오. 번뇌가 다한[漏盡] 비구는 탐심(貪心)이 적정해지고, 진심(瞋心)이 적정해지고, 치심(癡心)이 적정해진다오.

비구여, 이것이 여섯 가지 평온(平穩)이라오. 초선정에 도달하면 언어(言語)가 평온해지고, 제2선정에 도달하면 사유와 숙고[覺觀]가 평온해지고, 제3선정에 도달하면 기쁜 마음[喜心]이 평온해지고, 제4선정에 도달하면 들숨 날숨[入息出息]이 평온해지고, 상수멸(想受滅)에 도달하면 관념[想]과 느낌[受]이 평온해지고. 번뇌가 다한[漏盡] 비구는 탐심(貪心)이 평온해지고, 진심(瞋心)이 평온해지고, 치심(癡心)이 평온해진다오."

4.84. 허공(虛空, Ākāsaṃ)〈s.36.12〉

세존께서 싸왓티의 제따와나 아나타삔디까 사원에 머무실 때, 비구들에게 말씀하셨습니다.

"비구들이여, 비유하면 허공에 다양한 바람이 부는 것과 같다오.

동풍(東風)도 불고, 서풍(西風)도 불고, 북풍(北風)도 불고, 남풍(南風)도 불고, 흑풍(黑風)도 불고, 청풍(淸風)도 불고, 한풍(寒風)도 불고, 열풍(熱風)도 불고, 미풍(微風)도 불고, 폭풍(暴風)도 부는 것과 같이, 비구들이여, 이와 같이 이 몸에는 다양한 느낌이 일어난다오. 즐거운 느낌이 일어나고, 괴로운 느낌이 일어나고, 괴롭지도 즐겁지도 않은 느낌이 일어난다오.

허공에 바람이 불듯이
동풍, 서풍, 북풍, 남풍이 불듯이,

흑풍과 청풍이 불고, 한풍과 열풍이 불고,
미풍과 폭풍이 불듯이,

이 몸에도 느낌이 일어난다네.
즐거움과 괴로움이 일어나고,
괴롭지도 즐겁지도 않은 느낌이 일어난다네.

4.85. 객사(客舍, Āgāraṃ)〈s.36.14〉

"비구들이여, 비유하면 객사(客舍)와 같다오. 그곳에는 사람들이 동쪽에서 와서 머물기도 하고, 서쪽에서 와서 머물기도 하고, 북쪽에서 와서 머물기도 하고, 남쪽에서 와서 머물기도 한다오. 크샤트리아가 와서 머물기도 하고, 바라문이 와서 머물기도 하고, 바이샤가 와서 머물기도 하고, 수드라가 와서 머물기도 한다오. 비구들이여, 이와 같이 이 몸에는 다양한 느낌이 일어난다오. 즐거운 느낌이 일어나고, 괴로운 느낌이 일어나고, 괴롭지도 즐겁지도 않은 느낌이 일어난다오. 육체적으로 즐거운 느낌, 괴로운 느낌, 괴롭지도 즐겁지도 않은 느낌이 일어나고, 정신적으로 즐거운 느낌, 괴로운 느낌, 괴롭지도 즐겁지도 않은 느낌이 일어난다오."

4.86. 적정(寂靜, Santakaṃ)〈s.36.15〉

세존께서 싸왓티의 제따와나 아나타삔디까 사원에 머무실 때, 아난다 존자가 세존을 찾아와서 예배하고 한쪽에 앉아 말씀드렸습니다.

"세존이시여, 어떤 것들이 느낌[受]이고, 어떤 것이 느낌의 쌓임[受集]이고, 어떤 것이 느낌의 소멸[受滅]이고, 어떤 것이 느낌이 소멸하는 길[受滅道]입니까? 무엇이 달콤한 맛[味]이고, 무엇이 재난[患]이고 무엇이 벗어남[出離]입니까?"

"아난다여, 즐거운 느낌, 괴로운 느낌, 괴롭지도 즐겁지도 않은 느낌, 이들 셋을 느낌[受]이라고 한다. 접촉의 쌓임[觸集]이 느낌의 쌓임[受集]이고, 접촉의 소멸[觸滅]이 느낌의 소멸[受滅]이다. 거룩한 8정도(八正道), 즉 바른 견해[正見], 바른 의도[正思惟], 바른말[正語], 바른 행동[正業], 바른 생계[正命], 바른 정진[正精進], 바른 주의집중[正念], 바른 선정[正定]이 느낌이 소멸하는 길[受滅道]이다. 느낌을 의지하여 만족스러운 즐거움이 생기는 것이 달콤한 맛[味]이다. 느낌은 지속성이 없고[無常], 괴롭고[苦], 변해가는 법[變易法]이다. 이것이 재난[患]이다. 느낌에 대한 욕탐(欲貪)을 억제하고, 욕탐을 버리는 것이 벗어남[出離]이다.

아난다여, 나는 점차적인 제행(諸行)의 소멸(消滅)을 가르쳤다. 초선정(初禪定)에 도달하면 언어(言語)가 소멸하고, 제2선정(第二禪定)에 도달하면 사유와 숙고[覺觀]가 소멸하고, 제3선정(第三禪定)에 도달하면 기쁜 마음[喜心]이 소멸하고, 제4선정(第四禪定)에 도달하면 들숨 날숨[入息出息]이 소멸하고, 공무변처(空無邊處)에 도달하면 형색에 대한 관념[色想]이 소멸하고, 식무변처(識無邊處)에 도달하면 공무변처에 대한 관념[空無邊處想]이 소멸하고, 무소유처(無所有處)에 도달하면 식무변처에 대한 관념[識無邊處想]이 소멸하고, 비유상비무상처(非有想非無想處)에 도달하면 무소유처에 대한 관념[無所有處想]이 소멸하고, 상수멸(想受滅)에 도달하면 관념[想]과 느낌[受]이 소멸한다. 번뇌가 다한[漏盡] 비구는 탐심(貪心)이 소멸하고, 진심(瞋心)이 소멸하고, 치심(癡心)이 소멸한다.

아난다여, 그리고 나는 점차적인 제행(諸行)의 적정(寂靜)을 가르쳤다. 초선정에 도달하면 언어(言語)가 적정해지고, 제2선정에 도달하면 사유와 숙고[覺觀]가 적정해지고, 제3선정에 도달하면 기쁜 마음[喜心]이 적정해지고, 제4선정에 도달하면 들숨 날숨[入息出息]이 적정해지고, 공무변처(空無邊處)에 도달하면 형색에 대한 관념[色想]이 적정해지고, 식무변처(識無邊處)에 도달하면 공무변처에 대한 관념[空無邊處想]이 적정해지고, 무소유처(無所有處)에 도달하면 식무변처에 대한 관념[識無邊處想]이 적정해지고, 비유상비무상처(非有想非無想處)에 도달하면 무소유처에 대한 관념[無所有處想]이 적정해지고, 상수멸(想受滅)에 도달하면 관념[想]과 느낌[受]이 적정해진다. 번뇌가 다한[漏盡] 비구는 탐심(貪心)이 적정해지고, 진심(瞋心)이 적정해지고, 치심(癡心)이 적정해진다."

4.87. 감각적 욕망 없이 청정한(Suddhikaṃ nirāmisaṃ)〈s.36.29〉

세존께서 싸왓티의 제따와나 아나타삔디까 사원에 머무실 때, 비구들에게 말씀하셨습니다.

"비구들이여, 세 가지 느낌이 있다오. 그 셋은 어떤 것인가? 즐거운 느낌, 괴로운 느낌, 괴롭지도 즐겁지도 않은 느낌, 비구들이여, 이들이 세 가지 느낌이라오.

비구들이여, 감각적 욕망의 기쁨,[100] 감각적 욕망이 없는 기쁨,[101] 그 기쁨보다 더 욕망이 없는 기쁨이[102] 있고, 감각적 욕망의 즐거움[103], 감각적 욕망이 없는 즐거움, 그 즐거움보다 더 욕망이 없는 즐거움이 있고, 감각적 욕망의 평정(平定),[104] 감각적 욕망이 없는 평정, 그 평정보다 더 욕망이 없는 평정이 있고, 감각적 욕망의 해탈,[105] 감각적 욕망이 없는 해탈, 그 해탈보다 더 욕망이 없는 해탈이 있다오.

---

100 'sāmisā pīti'의 번역.

101 'nirāmisā pīti'의 번역.

102 'nirāmisā nirāmisatarā pīti'의 번역.

103 'sāmisāṃ sukhaṃ'의 번역.

104 'sāmisā upekhā'의 번역.

105 'sāmiso vimokkho'의 번역.

비구들이여, 감각적 욕망의 기쁨은 어떤 것인가? 비구들이여, 다섯 가지 감각적 쾌락[106]이 있다오. 그 다섯은 어떤 것인가? 보는 주관[眼], 듣는 주관[耳], 냄새 맡는 주관[鼻], 맛보는 주관[舌], 만지는 주관[身]에 의해 분별되는, 마음에 들고, 사랑스럽고, 매력 있고, 귀엽고, 즐겁고, 유혹적인 형색[色]들, 소리[聲]들, 냄새[香]들, 맛[味]들, 촉감[觸]들, 비구들이여, 이들이 다섯 가지 감각적 쾌락이라오. 비구들이여, 이들 다섯 가지 감각적 쾌락을 의지하여 기쁨이 생긴다오. 비구들이여, 이것을 감각적 욕망의 기쁨이라고 한다오.

비구들이여, 감각적 욕망이 없는 기쁨은 어떤 것인가? 비구들이여, 비구는 감각적 욕망을 멀리하고 불선법(不善法)을 멀리함으로써, 사유가 있고 숙고가 있는, 멀리함에서 생긴 즐거움과 기쁨이 있는 초선(初禪)을 성취하여 살아가고, 사유와 숙고를 억제하여 내적으로 조용해진, 마음이 집중된, 사유와 숙고가 없는, 삼매에서 생긴 즐거움과 기쁨이 있는 제2선(第二禪)을 성취하여 살아간다오. 비구들이여, 이것을 감각적 욕망이 없는 기쁨이라고 한다오.

비구들이여, 그 기쁨보다 더 욕망이 없는 기쁨은 어떤 것인가? 비구들이여, 탐심(貪心)에서 해탈했음을 알아차리고, 진심(瞋心)에서 해탈했음을 알아차리고, 치심(癡心)에서 해탈했음을 알아차린, 번뇌가 멸진(滅盡)한 비구에게는 기쁨이 생긴다오. 비구들이여, 이것을 그 기쁨보다 더 욕망이 없는 기쁨이라고 한다오.

비구들이여, 감각적 욕망의 즐거움은 어떤 것인가? 비구들이여,

106 'kāmaguṇā'의 번역.

다섯 가지 감각적 쾌락이 있다오. 그 다섯은 어떤 것인가? 보는 주관[眼], 듣는 주관[耳], 냄새 맡는 주관[鼻], 맛보는 주관[舌], 만지는 주관[身]에 의해 분별되는, 마음에 들고, 사랑스럽고, 매력 있고, 귀엽고, 즐겁고, 유혹적인 형색[色]들, 소리[聲]들, 냄새[香]들, 맛[味]들, 촉감[觸]들, 비구들이여, 이들이 다섯 가지 감각적 쾌락이라오. 비구들이여, 이들 다섯 가지 감각적 쾌락을 의지하여 즐거움과 희열이 생긴다오. 비구들이여, 이것을 감각적 욕망의 즐거움이라고 한다오.

비구들이여, 감각적 욕망이 없는 즐거움은 어떤 것인가? 비구들이여, 비구는 감각적 욕망을 멀리하고 불선법(不善法)을 멀리함으로써, 사유가 있고 숙고가 있는, 멀리함에서 생긴 즐거움과 기쁨이 있는 초선(初禪)을 성취하여 살아가고, 사유와 숙고를 억제하여 내적으로 조용해진, 마음이 집중된, 사유와 숙고가 없는, 삼매에서 생긴 즐거움과 기쁨이 있는 제2선(第二禪)을 성취하여 살아가고, 기쁨이 사라지고 평정한 마음으로 주의집중과 알아차림을 하며 지내는 가운데 몸으로 즐거움을 느끼면서, 성인들이 '평정한 마음[捨]으로 주의집중을 하는 즐거운 상태'라고 이야기한 제3선(第三禪)을 성취하여 살아간다오. 비구들이여, 이것을 감각적 욕망이 없는 즐거움이라고 한다오.

비구들이여, 그 즐거움보다 더 욕망이 없는 즐거움은 어떤 것인가? 비구들이여, 탐심(貪心)에서 해탈했음을 알아차리고, 진심(瞋心)에서 해탈했음을 알아차리고, 치심(癡心)에서 해탈했음을 알아차린, 번뇌가 멸진(滅盡)한 비구에게는 즐거움과 희열이 생긴다오. 비구들이여, 이것을 그 즐거움보다 더 욕망이 없는 즐거움이라고 한다오.

비구들이여, 감각적 욕망의 평정(平定)은 어떤 것인가? 비구들이여, 다섯 가지 감각적 쾌락이 있다오. 그 다섯은 어떤 것인가? 보는 주관[眼], 듣는 주관[耳], 냄새 맡는 주관[鼻], 맛보는 주관[舌], 만지는 주관[身]에 의해 분별되는, 마음에 들고, 사랑스럽고, 매력 있고, 귀엽고, 즐겁고, 유혹적인 형색[色]들, 소리[聲]들, 냄새[香]들, 맛[味]들, 촉감[觸]들, 비구들이여, 이들이 다섯 가지 감각적 쾌락이라오. 비구들이여, 이들 다섯 가지 감각적 쾌락을 의지하여 평정(平定)이 생긴다오. 비구들이여, 이것을 감각적 욕망의 평정이라고 한다오.

비구들이여, 감각적 욕망이 없는 평정은 어떤 것인가? 비구들이여, 비구는 즐거움을 포기하고 괴로움을 버림으로써 이전의 만족과 불만이 소멸하여 괴롭지도 않고 즐겁지도 않은, 평정한 주의집중이 청정한 제4선(第四禪)을 성취하여 살아간다오. 비구들이여, 이것을 감각적 욕망이 없는 평정이라고 한다오.

비구들이여, 그 평정보다 더 욕망이 없는 평정은 어떤 것인가? 비구들이여, 탐심(貪心)에서 해탈했음을 알아차리고, 진심(瞋心)에서 해탈했음을 알아차리고, 치심(癡心)에서 해탈했음을 알아차린, 번뇌가 멸진(滅盡)한 비구에게는 평정이 생긴다오. 비구들이여, 이것을 그 평정보다 더 욕망이 없는 평정이라고 한다오.

비구들이여, 감각적 욕망의 해탈은 어떤 것인가? 형색[色]에 관한 해탈이 감각적 욕망의 해탈이라오. 보는 주관[眼], 듣는 주관[耳], 냄새 맡는 주관[鼻], 맛보는 주관[舌], 만지는 주관[身]에 의해 분별되는, 마음에 들고, 사랑스럽고, 매력 있고, 귀엽고, 즐겁고, 유혹적인 형색[色]들, 소리[聲]들, 냄새[香]들, 맛[味]들, 촉감[觸]들, 비구들이여, 이들 다섯 가지 감각적 쾌락을 포기하면 해탈(解脫)이 생긴다오. 비구들이여, 이것을 감각적 욕망의 해탈이라고 한다오.

비구들이여, 감각적 욕망이 없는 해탈은 어떤 것인가? 형색 없는 것[無色]에 관한 해탈이[107] 감각적 욕망이 없는 해탈이라오. 비구들이여, 비구는 행복감을 포기하고 괴로움을 버림으로써 이전의 만족과 불만이 소멸하여 괴롭지도 않고 즐겁지도 않은, 평정한 주의집중이 청정한 제4선(第四禪)을 성취하여 살아간다오. 비구들이여, 이것을 감각적 욕망이 없는 해탈이라고 한다오.

비구들이여, 그 해탈보다 더 욕망이 없는 해탈은 어떤 것인가? 비구들이여, 탐심(貪心)에서 해탈했음을 알아차리고, 진심(瞋心)에서 해탈했음을 알아차리고, 치심(癡心)에서 해탈했음을 알아차린, 번뇌가 멸진(滅盡)한 비구에게는 해탈이 생긴다오. 비구들이여, 이것을 그 해탈보다 더 욕망이 없는 해탈이라고 한다오."

제37 「여인(女人) 쌍윳따(Mātugāma-Saṃyutta)」

(생략)

제38 「잠부카다까 쌍윳따(Jambukhādaka-Saṃyutta)」

(생략)

107 'arūpapaṭisaṃyutto vimokkho'의 번역.

제39 「싸만다까 쌍윳따(Sāmaṇḍaka-Saṃyutta)」

(생략)

제40 「목갈라나 쌍윳따(Moggallāna-Saṃyutta)」

(생략)

제41 「찟따 쌍윳따(Citta-Saṃyutta)」

(생략)

제42 「촌장(村長) 쌍윳따(Gāmaṇi-Saṃyutta)」

4.88. 서쪽 지방(Paccahābhūmako)〈s.42.6〉

세존께서 나란다(Nāḷandā)에 있는 빠와리까의 망고 숲(Pāvārikambavana)에 머무실 때, 아씨반다까뿟따(Asibandhakaputta) 촌장이 세존을 찾아와서 예배하고 한쪽에 앉아 말씀드렸습니다.

"세존이시여, 물병을 지니고, 수초(水草)로 만든 화환을 두르고, 목욕재계하고 불을 섬기는 서쪽 지방의 바라문들은 죽은 사람을 세워놓고, (천신에게) 이름을 알려서 천상(天上)으로 천도(薦度)합니다. 세존이시여, 아라한으로서 바른 깨달음을 이루신 세존께서도 세간의 모든 사람이 몸이 무너져 죽은 후에 행복한 천상 세계에 태어나도록 하실 수 있습니까?"

"촌장님! 그렇다면 내가 반문을 할 테니 좋을 대로 대답하십시오. 촌장님! 어떻게 생각하시나요? 살생하고, 주지 않은 것을 취하고, 삿된 음행을 하고, 거짓말하고, 이간질하고, 거친 욕설을 하고, 천박한 잡담을 하고, 탐욕스럽고, 진심(瞋心)을 갖고, 삿된 견해[邪見]를 가진 사람이 있는데, 많은 사람이 모여서 합장을 하고 이 사람이 몸이 무너져 죽은 후에 행복한 천상 세계에 태어나기를 기원하고 축원한다고 합시다. 촌장님! 어떻게 생각하시나요? 많은 사람이 함께 모여서 합장을 하고 이 사람이 몸이 무너져 죽은 후에 행복한 천상 세계에 태어나기를 기원하고 축원한다고 해서, 몸이 무너져 죽은 후에 행복한 천상 세계에 태어날까요?"

"그렇지 않습니다. 세존이시여!"

"촌장님! 비유하면, 어떤 사람이 커다란 바위를 깊은 호수에 던져 놓았는데, 많은 사람이 모여서 합장을 하고 '바위야 떠올라라! 바위야 가라앉지 마라! 바위야 땅으로 올라와라!'라고 기원하고 축원하는 것과 같습니다. 촌장님! 어떻게 생각하시나요? 많은 사람이 함께 모여서 합장을 하고 그 바위가 떠오르거나, 가라앉지 않거나, 땅으로 올라오기를 기원하고 축원한다고 해서, 떠오르거나, 가라앉지 않거나, 땅으로 올라올 수 있을까요?"

"그렇지 않습니다. 세존이시여!"

"촌장님! 이와 같이 살생하고, 주지 않은 것을 취하고, 삿된 음행을 하고, 거짓말하고, 이간질하고, 거친 욕설을 하고, 천박한 잡담을 하고, 탐욕스럽고, 진심(瞋心)을 갖고, 삿된 견해를 가진 사람은 누구든지, 많은 사람이 함께 모여서 합장을 하고 이 사람이 몸이 무너져 죽은 후에 행복한 천상 세계에 태어나기를 기원하고 축원한다고 해도, 이 사람은 몸이 무너져 죽은 후에 험난하고 고통스러운 지옥에 태어날 것입니다.

촌장님! 어떻게 생각하시나요? 살생하지 않고, 주지 않은 것을 취하지 않고, 삿된 음행을 하지 않고, 거짓말하지 않고, 이간질하지 않고, 거친 욕설을 하지 않고, 천박한 잡담을 하지 않고, 탐욕스럽지 않고, 진심(瞋心)이 없고, 바른 견해[正見]를 가진 사람이 있는데, 많은 사람이 모여서 합장을 하고 이 사람이 몸이 무너져 죽은 후에 험난하고 고통스러운 지옥에 태어나기를 기원하고 축원한다고 합시다. 촌장님! 어떻게 생각하시나요? 많은 사람이 함께 모여서 합장을 하고 이 사람이 몸이 무너져 죽은 후에 험난하고 고통스러운 지옥에 태어나기를 기원하고 저주한다고 해서, 몸이 무너져 죽은 후에 험난하고 고통스러운 지옥에 태어날까요?"

"그렇지 않습니다. 세존이시여!"

"촌장님! 비유하면, 어떤 사람이 버터 단지나 기름 단지를 깊은 호수에 빠트렸는데, 단지가 깨져서 깨진 파편이나 조각은 바닥으로 내려가고, 버터나 기름은 위로 올라오자, 많은 사람이 함께 모여서 합장을 하고 '기름아, 제발 가라앉아라! 기름아, 제발 내려가라! 기름아, 제발 바닥으로 가라!'라고 기원하고 축원하는 것과 같습니다. 촌장님! 어떻게 생각하시나요? 많은 사람이 함께 모여서 합장을 하고 '기름아, 제발 가라앉아라! 기름아, 제발 내려가라! 기름아, 제발 바닥으로 가라!'라고 기원하고 저주한다고 해서, 가라앉거나, 내려가거나, 바닥으로 갈 수 있을까요?"

"그렇지 않습니다. 세존이시여!"

"촌장님! 이와 같이 살생하지 않고, 주지 않은 것을 취하지 않고, 삿된 음행을 하지 않고, 거짓말하지 않고, 이간질하지 않고, 거친 욕설을 하지 않고, 천박한 잡담을 하지 않고, 탐욕스럽지 않고, 진심(瞋心)이 없고, 바른 견해[正見]를 가진 사람은 누구든지, 많은 사람이 함께 모여서 합장을 하고 이 사람이 몸이 무너져 죽은 후에 험난하고 고통스러운 지옥에 태어나기를 기원하고 저주한다고 해도, 이 사람은 몸이 무너져 죽은 후에 행복한 천상 세계에 태어날 것입니다."

이와 같이 말씀하시자, 아씨반다까뿟따 촌장은 세존께 말씀드렸습니다.

"훌륭합니다. 세존이시여! … (중략) … 세존께서는 저를 청신사(淸信士)로 받아주소서. 지금부터 살아 있는 날까지 귀의하겠나이다."

4.89. 법문(法門, Desanā)〈s.42.7〉

세존께서 나란다(Nāḷandā)에 있는 빠와리까의 망고 숲에 머무실 때, 아씨반다까뿟따 촌장이 세존을 찾아와서 예배하고 한쪽에 앉아 말씀드렸습니다.

"세존이시여, 세존께서는 모든 생명을 요익(饒益)하고 연민(憐愍)하며 살아가시지 않습니까?"

"그렇습니다. 촌장님! 여래는 모든 생명을 요익하고 연민하며 살아갑니다."

"세존이시여, 그렇다면 어찌하여 세존께서는 어떤 사람에게는 정성스레 법을 설하시고, 어떤 사람에게는 그렇게 정성스레 법을 설하지 않으십니까?"

"촌장님! 그렇다면 내가 반문을 할 테니 좋을 대로 대답하십시오. 촌장님! 어떻게 생각하시나요? 어떤 농부에게 세 개의 밭이 있다고 합시다. 하나는 최상급이고, 하나는 중급이며, 하나는 황무지에다 염분이 있는 척박한 하급의 밭입니다. 촌장님! 어떻게 생각하시나요? 농부가 씨를 뿌리고자 한다면, 제일 먼저 어느 밭에 뿌릴까요? 최상급의 밭일까요, 중급의 밭일까요, 황무지에다 염분이 있는 척박한 하급의 밭일까요?"

"세존이시여, 농부가 씨를 뿌리고자 한다면, 아마도 최상급의 밭에 뿌릴 것입니다. 그곳에 뿌린 다음에 아마도 중급의 밭에 뿌릴 것입니다. 그곳에 뿌린 다음에 아마도 황무지에다 염분이 있는 척박한 하급의 밭에 뿌릴 것입니다. 왜냐하면, 쇠먹이 정도는 나오기 때문입니다."

"촌장님! 비유하면, 최상급의 밭은 아마도 나의 비구와 비구니와 같을 것입니다. 나는 그들에게 처음도 좋고, 중간도 좋고, 마지막도 좋은, 의미 있고 명쾌하고 완벽한 법을 설하여 청정한 수행을 보여줍니다. 왜냐하면, 촌장님! 그들은 나를 등불로 삼고, 나를 피난처로 삼고, 나를 도피처로 삼고, 나를 귀의처로 삼고 살아가기 때문입니다.

촌장님! 비유하면, 중급의 밭은 아마도 나의 청신사(淸信士)와 청신녀(淸信女)와 같을 것입니다. 나는 그들에게도 역시 처음도 좋고, 중간도 좋고, 마지막도 좋은, 의미 있고 명쾌하고 완벽한 법을 설하여 청정한 수행을 보여줍니다. 왜냐하면, 촌장님! 그들은 나를 등불로 삼고, 나를 피난처로 삼고, 나를 도피처로 삼고, 나를 귀의처로 삼고 살아가기 때문입니다.

촌장님! 비유하면, 황무지에다 염분이 있는 척박한 하급의 밭은 아마도 나의 외도(外道)인 사문과 바라문과 편력수행자와 같을 것입니다. 나는 그들에게도 역시 처음도 좋고, 중간도 좋고, 마지막도 좋은, 의미 있고 명쾌하고 완벽한 법을 설하여 청정한 수행을 보여줍니다. 왜냐하면, 촌장님! 그들이 한 구절이라도 이해하면, 그들에게 오랜 세월 이익이 되고, 행복이 되기 때문입니다.

촌장님! 예를 들어 어떤 사람에게 세 개의 물동이가 있다고 합시다. 하나는 흠집이 없고 물이 새어 나오지 않고, 하나는 흠집은 없지만, 물이 새어 나오고, 하나는 흠집도 있고 물도 새어 나오는 물동이입니다. 촌장님! 어떻게 생각하시나요? 그 사람이 물을 담아두고자 한다면, 제일 먼저 어느 물동이에 담을까요? 흠집이 없고 물이 새어 나오지 않는 물동이일까요, 흠집은 없지만, 물이 새어 나오는 물동이일까요, 흠집도 있고 물도 새어 나오는 물동이일까요?"

"세존이시여, 그 사람이 물을 담아두고자 한다면, 아마도 흠집이 없고 물이 새어 나오지 않는 물동이에 담을 것입니다. 그곳에 담은 다음에 아마도 흠집은 없지만, 물이 새어 나오는 물동이에 담을 것입니다. 그곳에 담은 다음에 아마도 흠집도 있고 물도 새어 나오는 물동이에 담을 것입니다. 왜냐하면, 설거지할 정도는 남아 있을 것이기 때문입니다."

"촌장님! 비유하면, 흠집이 없고 물이 새어 나오지 않는 물동이는 아마도 나의 비구와 비구니와 같을 것입니다. 나는 그들에게 처음도 좋고, 중간도 좋고, 마지막도 좋은, 의미 있고 명쾌하고 완벽한 법을 설하여 청정한 수행을 보여줍니다. 왜냐하면, 촌장님! 그들은 나를 등불로 삼고, 나를 피난처로 삼고, 나를 도피처로 삼고, 나를 귀의처로 삼고 살아가기 때문입니다.

촌장님! 비유하면, 흠집은 없지만, 물이 새어 나오는 물동이는 아마도 나의 청신사와 청신녀와 같을 것입니다. 나는 그들에게도 역시 처음도 좋고, 중간도 좋고, 마지막도 좋은, 의미 있고 명쾌하고 완벽한 법을 설하여 청정한 수행을 보여줍니다. 왜냐하면, 촌장님! 그들은 나를 등불로 삼고, 나를 피난처로 삼고, 나를 도피처로 삼고, 나를 귀의처로 삼고 살아가기 때문입니다.

촌장님! 비유하면, 흠집도 있고 물도 새어 나오는 물동이는 아마도 나의 외도인 사문과 바라문과 편력수행자와 같을 것입니다. 나는 그들에게도 역시 처음도 좋고, 중간도 좋고, 마지막도 좋은, 의미 있고 명쾌하고 완벽한 법을 설하여 청정한 수행을 보여줍니다. 왜냐하면, 촌장님! 그들이 한 구절이라도 이해하면, 그들에게 오랜 세월 이익이 되고, 행복이 되기 때문입니다."

이와 같이 말씀하시자, 아씨반다까뿟따 촌장은 세존께 말씀드렸습니다.

"훌륭합니다. 세존이시여! … (중략) … 세존께서는 저를 청신사(淸信士)로 받아주소서. 지금부터 살아 있는 날까지 귀의하겠나이다."

4.90. 나팔(Saṅkha)〈s.42.8〉

세존께서 나란다에 있는 빠와리까의 망고 숲에 머무실 때, 니간타(Nigaṇṭha)의 제자인 아씨반다까뿟따 촌장이 세존을 찾아와서 예배하고 한쪽에 앉았습니다. 세존께서 한쪽에 앉은 아씨반다까뿟따 촌장에게 물었습니다.

"촌장님! 니간타 나따뿟따(Nigaṇṭha Nātaputta)는 어떻게 법을 설하나요?"

"세존이시여, 니간타 나따뿟따는 제자들에게 '누구든지 살생을 하면 모두 고통스러운 지옥에 간다. 누구든지 주지 않은 것을 취하거나, 삿된 음행을 하거나, 거짓말하면 모두 고통스러운 지옥에 간다. 그것을 많이 하면서 살아가면 많이 한 만큼 그것에 끌려간다'[108]라고 법을 설합니다."

"촌장님! 니간타 나따뿟따의 말과 같이 그것을 많이 하면서 살아가면 많이 한 만큼 그것에 끌려간다면, 그 누구도 고통스러운 지옥에 가지 않을 것입니다. 촌장님! 어떻게 생각하시나요? 어떤 사람이 밤낮을 가리지 않고 수시로 살생(殺生)을 한다면, 그가 살생하는 시간이 더 많을까요, 살생하지 않는 시간이 더 많을까요?"

"세존이시여, 어떤 사람이 밤낮을 가리지 않고 수시로 살생을 한다고 할지라도, 그가 살생하지 않는 시간이 더 많을 것입니다."

"촌장님! 니간타 나따뿟따의 말과 같이 그것을 많이 하면서 살아가면 많이 한 만큼 그것에 끌려간다면, 그 누구도 고통스러운 지옥에

---

108 'yam bhahulaṃ yam bhahulaṃ viharati tenatena niyyati'의 번역.

가지 않을 것입니다.[109] 촌장님! 어떻게 생각하시나요? 어떤 사람이 밤낮을 가리지 않고, 수시로 주지 않은 것을 취하고, 삿된 음행을 하고, 거짓말을 한다면, 그가 주지 않은 것을 취하고, 삿된 음행을 하고, 거짓말하는 시간이 더 많을까요, 주지 않은 것을 취하지 않고, 삿된 음행을 하지 않고, 거짓말하지 않는 시간이 더 많을까요?"

"세존이시여, 어떤 사람이 밤낮을 가리지 않고, 수시로 주지 않은 것을 취하고, 삿된 음행을 하고, 거짓말을 한다고 할지라도, 그가 주지 않은 것을 취하지 않고, 삿된 음행을 하지 않고, 거짓말하지 않는 시간이 더 많을 것입니다."

"촌장님! 니간타 나따뿟따의 말과 같이 그것을 많이 하면서 살아가면 많이 한 만큼 그것에 끌려간다면, 그 누구도 고통스러운 지옥에 가지 않을 것입니다.

촌장님! 여기에 '누구든지 살생을 하면 모두 고통스러운 지옥에 간다. 누구든지 주지 않은 것을 취하거나, 삿된 음행을 하거나, 거짓말하면 모두 고통스러운 지옥에 간다'라는 이론과 견해를 가진 어떤 스승이 있습니다. 촌장님! 그런데 그 스승에게는 성실한 제자가 있습니다. 그는 '나의 스승은 누구든지 살생을 하면 모두 고통스러운 지옥에 간다는 이론과 견해를 가지고 있다. 그런데, 나는 살생을 했다'라고 생각합니다. 그는 '나는 뒤에 고통스러운 지옥에 갈 것이다'라는 견해에 도달합니다. 촌장님! 그 말을 포기하지 않고, 그 생각을 포기하지 않고, 그

---

109 우리의 운명이 더 많은 양의 업에 의해 이끌려 간다면, 아무리 자주 살생을 한다고 해도 살생하는 시간보다는 살생하지 않는 시간이 더 많으므로, 살생하지 않은 업에 이끌려 갈 것이다. 그러므로 그 이론에 따르면, 살생해도 지옥에 가지 않는다는 의미이다.

견해를 놓아버리지 않으면, 그는 분명히 이렇게 지옥에 떨어집니다. 그는 '나의 스승은 누구든지 주지 않은 것을 취하거나, 삿된 음행을 하거나, 거짓말하면 모두 고통스러운 지옥에 간다는 이론과 견해를 가지고 있다. 그런데, 나는 주지 않은 것을 취하고, 삿된 음행을 하고, 거짓말을 했다'라고 생각합니다. 그는 '나는 뒤에 고통스러운 지옥에 갈 것이다'라는 견해에 도달합니다. 촌장님! 그 말을 포기하지 않고, 그 생각을 포기하지 않고, 그 견해를 놓아버리지 않으면, 그는 분명히 이렇게 지옥에 떨어집니다.

촌장님! 여기 세간에 여래(如來)가 출현했습니다. 그는 아라한[應供], 원만하고 바르게 깨달으신 분[正遍知], 앎과 실천을 구족하신 분[明行足], 열반에 잘 가신 분[善逝], 세상을 잘 아시는 분[世間解], 위없는 분[無上士], 사람을 길들여 바른길로 이끄시는 분[調御丈夫], 천신과 인간의 스승[天人師], 진리를 깨달으신 분[佛], 세존(世尊)입니다.[110] 그는 여러 법문을 통해서 살생을 나무라고, 살생을 꾸짖고, '살생하지 말라!'라고 말합니다. 그는 여러 법문을 통해서 주지 않은 것을 취하고, 삿된 음행을 하고, 거짓말하는 것을 나무라고, 꾸짖고, '주지 않은 것을 취하지 말고, 삿된 음행을 하지 말고, 거짓말하지 말라!'라고 말합니다. 촌장님! 그런데 그 스승에게는 성실한 제자가 있습니다. 그는 다음과 같이 성찰합니다.

'세존께서는 여러 법문을 통해서 살생을 나무라고, 살생을 꾸짖고,

---

110 여래십호(如來十號) : Arahant, Sammā-sambuddha, Vijjācaraṇasampanna, Sugata, Lokavidū, Anuttara, Purisa-damma-sārathi, Satthā deva-manussānaṃ, Buddha, Bhagavant.

살생하지 말라고 말씀하셨다. 그런데 나는 이러이러한 살생을 했다. 그것은 못난 짓이고, 그것은 못된 짓이다.[111] 나는 그에 대하여 참회하겠다. 나는 그 악행(惡行)을 하지 않겠다.' 그는 이렇게 반성하여 살생을 버리고, 미래에 살생을 삼갑니다. 그는 이렇게 그 악행을 벗어납니다. '세존께서는 여러 법문을 통해서 주지 않은 것을 취하고, 삿된 음행을 하고, 거짓말하는 것을 나무라고, 꾸짖고, 그런 악행을 하지 말라고 말씀하셨다. 그런데 나는 이러이러한 악행을 했다. 그것은 못난 짓이고, 그것은 못된 짓이다. 나는 그에 대하여 참회하겠다. 나는 그 악행(惡行)을 하지 않겠다.' 그는 이렇게 반성하여 그 악행을 끊고, 미래에 그 악행을 하지 않습니다. 그는 이렇게 그 악행에서 벗어납니다.

그는 살생을 끊고 실행하지 않습니다. 주지 않은 것을 취하는 일을 끊고 실행하지 않습니다. 삿된 음행을 끊고 실행하지 않습니다. 거짓말을 끊고 실행하지 않습니다. 이간질을 끊고 실행하지 않습니다. 거친 욕설을 끊고 실행하지 않습니다. 천박한 잡담을 끊고 실행하지 않습니다. 탐심을 끊고 일으키지 않습니다. 진심(瞋心)을 끊고 일으키지 않습니다. 삿된 견해[邪見]를 끊고 일으키지 않습니다.

촌장님! 탐심이 소멸하고, 진심(瞋心)이 소멸하고, 어리석지 않고, 바르게 알아차리고, 주의집중을 확립한 그 거룩한 제자는 자애로운 마음으로 한 방향을 가득 채웁니다. 마찬가지로 사방(四方), 팔방(八方), 상하(上下) 모든 곳에, 빠짐없이 두루, 세간의 모든 곳을 원한 없고 폭력 없는 자애로운 마음으로 한량없이 광대하게 가득 채우고 살아갑니다.

---

111 'taṃ na suṭṭhu taṃ na sādhu'의 번역.

촌장님! 비유하면, 건장한 나팔수가 힘들이지 않고 (나팔을 불어) 사방에 알리는 것과 같습니다. 이렇게 자애로운 마음을 닦아서 마음이 해탈하면, 이렇게 수시로 실천하면, 측량(測量)된 업(業)이 거기에는 남겨지지 않고, 거기에는 머물지 않습니다.[112] 촌장님! 탐심이 소멸하고, 진심(瞋心)이 소멸하고, 어리석지 않고, 바르게 알아차리고, 주의집중을 확립한 그 거룩한 제자는 연민하는 마음, 기뻐하는 마음, 평정한 마음으로 한 방향을 가득 채웁니다. 마찬가지로 사방, 팔방, 상하 모든 곳에, 빠짐없이 두루, 세간의 모든 곳을 연민하는 마음, 기뻐하는 마음, 평정한 마음으로 한량없이 광대하게 가득 채우고 살아갑니다. 촌장님! 비유하면, 건장한 나팔수가 힘들이지 않고 (나팔을 불어) 사방에 알리는 것과 같습니다. 이렇게 연민하는 마음, 기뻐하는 마음, 평정한 마음을 닦아서 마음이 해탈하면, 이렇게 수시로 실천하면, 측량된 업이 거기에는 남겨지지 않고, 거기에는 머물지 않습니다."

이와 같이 말씀하시자, 아씨반다까뿟따 촌장은 세존께 말씀드렸습니다.

"훌륭합니다. 세존이시여! … (중략) … 세존께서는 저를 청신사(淸信士)로 받아주소서. 지금부터 살아 있는 날까지 귀의하겠나이다."

---

112 'evam bhāvitāya mettāya cetovimuttiyā evam bahulīkayāya yampamāṇakatam kammaṃ na taṃ tatrāvasissati na taṃ tatrāvatiṭṭhati'의 번역. 니간타 나따뿟따는 업(業)의 양(量)에 의해서 다음 세상이 결정된다고 주장한다. 이에 대하여 붓다는 악행(惡行)을 반성하고 악행을 끊고, 자비희사(慈悲喜捨)의 사무량심(四無量心)을 닦아 익히면, 일정량의 과보(果報)를 초래하도록 결정된 이전의 업이 남김없이 소멸하여 그 과보를 받지 않게 된다고 가르치신다. 여기에서 붓다는 업과 보의 관계는 수학적으로 계량된 결정적인 것이 아니라, 반성과 새로운 실천을 통해서 변화시킬 수 있다는 것을 이야기하고 있다.

4.91. 가정(Kulaṃ)〈s.42.9〉

세존께서 나란다에 있는 빠와리까의 망고 숲에 머무실 때, 나란다는 기근(飢饉)이 들어서 초근목피로 연명하며, 피골이 상접한 상태로 어렵게 살아가고 있었습니다. 나란다에는 니간타 나따뿟따가 많은 니간타의 무리와 함께 거주하고 있었습니다.

그때 니간타의 제자인 아씨반다까뿟따 촌장이 니간타 나따뿟따를 찾아가서 니간타 나따뿟따에게 예배하고 한쪽에 앉았습니다. 한쪽에 앉은 아씨반다까뿟따 촌장에게 니간타 나따뿟따가 말했습니다.

"자! 촌장님! 그대가 고따마 사문의 말을 논박하세요. 그러면 '아씨반다까뿟따가 큰 신통(神通)이 있고, 큰 위력(威力)이 있는 고따마 사문의 말을 논박했다'라고 그대의 훌륭한 명성이 높아질 것입니다."

"존자님! 그러면 제가 어떻게 하면 큰 신통이 있고, 큰 위력이 있는 고따마 사문의 말을 논박할 수 있을까요?"

"자! 촌장님! 그대는 고따마 사문을 찾아가서 '세존이시여, 세존께서는 여러 법문을 통해서 가정을 연민하는 것을 칭찬하고, 보호하는 것을 칭찬하고, 동정하는 것을 칭찬하시지 않습니까?'라고 말하세요. 촌장님! 만약에 고따마 사문이 이러한 물음에 '그렇다'라고 대답하면, 그에게 '세존이시여, 그렇다면, 세존께서는 어찌하여, 기근이 들어서 초근목피로 연명하며, 피골이 상접한 상태로 어렵게 살아가고 있는데, 큰 비구 승가와 함께 (걸식하며) 유행(遊行)하십니까? 세존께서는 가정을 파탄 내고, 가정을 파괴하고, 가정을 재난에 빠뜨리고, 가정을 파멸하고 있습니다'라고 말하세요. 촌장님! 그대의 이러한 이율배반적(二律背反

的)인 질문을[113] 받으면, 고따마 사문은 자신의 말을 토해낼 수도 없고, 삼킬 수도 없을 것입니다."

아씨반다까뿟따 촌장은 니간타 나따뿟따에게 "그렇게 하겠습니다"라고 승낙하고, 일어나서 니간타 나따뿟따에게 예배하고, 오른쪽으로 돈 후에 세존을 찾아갔습니다. 그는 세존을 찾아가서 예배하고 한쪽에 앉은 후에 세존께 말씀드렸습니다.

"세존이시여, 세존께서는 여러 법문을 통해서 가정을 연민하는 것을 칭찬하고, 보호하는 것을 칭찬하고, 동정하는 것을 칭찬하시지 않습니까?"

"그렇습니다. 촌장님! 여래는 여러 법문을 통해서 가정을 연민하는 것을 칭찬하고, 보호하는 것을 칭찬하고, 동정하는 것을 칭찬합니다."

"세존이시여, 그렇다면, 세존께서는 어찌하여, 기근이 들어서 초근목피로 연명하며, 피골이 상접한 상태로 어렵게 살아가고 있는데, 큰 비구 승가와 함께 (걸식하며) 유행하십니까? 세존께서는 가정을 파탄 내고, 가정을 파괴하고, 가정을 재난에 빠뜨리고, 가정을 파멸하고 있습니다."

"촌장님! 내가 지금부터 91겁(劫) 이전을 기억해보니, 그 어떤 가정도 요리한 음식을 보시한 정도로 인해서 파멸하는 것을 과거에 나는 직접 보지 못했습니다. 오히려, 재산이 많고, 곡식이 많고, 금은보화가 많은 부유한 가정은 모두가 보시에서 생기고, 진실에서 생기고, 절약에

113 'ubhatokoṭikaṃ pañham'의 번역. 'ubhatokoṭika'는 '끝점이 둘'이라는 의미인데, 여기에서는 어떤 주장이 모순된 두 결론을 지니고 있어서, 즉 이율배반적(二律背反的)이어서 자기모순인 것을 의미한다.

서 생기는 것을 나는 직접 보았습니다.

촌장님! 가정이 파멸하는 8가지 원인, 8가지 조건이 있습니다. 왕 때문에 가정들이 파멸하거나, 도적 때문에 가정들이 파멸하거나, 불 때문에 가정들이 파멸하거나, 물 때문에 가정들이 파멸합니다. 저축한 재물을 찾지 못하거나, 전념하지 못하고 직업을 버리거나, 가정에 재산을 탕진하고, 흩어버리고, 흩어지게 하는 가정의 애물단지[114]가 나오기 때문에 가정들이 파멸합니다. 그리고 여덟째는 무상성(無常性) 때문입니다. 촌장님! 이들이 가정이 파멸하는 8가지 원인이며 8가지 조건입니다.

촌장님! 이들 8가지 원인, 8가지 조건이 있는데, 나에게 '세존께서는 가정을 파탄 내고, 가정을 파괴하고, 가정을 재난에 빠뜨리고, 가정을 파멸하고 있습니다'라고 말한다면, 촌장님! 그 말을 포기하지 않고, 그 생각을 포기하지 않고, 그 견해를 놓아버리지 않으면, 그는 분명히 지옥에 떨어집니다."

이와 같이 말씀하시자, 아씨반다까뿟따 촌장은 세존께 말씀드렸습니다.

"훌륭합니다. 세존이시여! … (중략) … 세존께서는 저를 청신사(淸信士)로 받아주소서. 지금부터 살아 있는 날까지 귀의하겠나이다."

---

114 'kulaṅgara'의 번역. 'kulaṅgara'는 '가정'을 의미하는 'kula'와 '숯불'을 의미하는 'aṅgara'의 합성어로서 가정의 애물단지를 의미한다.

4.92. 바드라가까(Bhadragaka)〈s.42.11〉

세존께서 말라따(Malata)에 있는 우루웰라깝빠라는 말라따족의 마을에 머무실 때, 바드라가까(Bhadragaka) 촌장이 세존을 찾아와서 예배하고 한쪽에 앉아 말씀드렸습니다.

"세존이시여, 세존께서는 부디 저에게 괴로움의 쌓임[集]과 소멸[滅]을 가르쳐주십시오."

"촌장님! 만약에 내가 과거세(過去世)에 대하여, '과거세는 이러했다'라고 괴로움의 쌓임과 소멸을 가르쳐주면, 그것에 대하여 그대는 의심할 수도 있고, 당혹할 수도 있을 것입니다. 만약에 내가 미래세(未來世)에 대하여 '미래세는 이러할 것이다'라고 괴로움의 쌓임과 소멸을 가르쳐주면, 그것에 대해서도 역시 그대는 의심할 수도 있고, 당혹할 수도 있을 것입니다. 촌장님, 그래서 나는 여기에 앉아서 지금 여기에 앉아 있는 그대의 괴로움의 쌓임과 소멸을 가르쳐주겠으니, 듣고 깊이 생각해보십시오. 내가 이야기하겠습니다."

바드라가까 촌장은 세존께 "세존이시여, 그렇게 하겠습니다"라고 약속했습니다.

세존께서 말씀하셨습니다.

"촌장님! 어떻게 생각하십니까? 그대에게는, 그들이 죽임을 당하거나, 구속되거나, 약탈을 당하거나, 비난을 받으면, 그대에게 근심, 슬픔, 고통, 우울, 고뇌가 생기는, 그런 사람들이 우루웰라깝빠에 있습니까?"

"세존이시여, 있습니다. 저에게는, 그들이 죽임을 당하거나, 구속되거나, 약탈을 당하거나, 비난을 받으면, 나에게 근심, 슬픔, 고통, 우울, 고뇌가 생기는, 그런 사람들이 우루웰라깝빠에 있습니다."

"촌장님! 어떻게 생각하십니까? 그대에게는, 그들이 죽임을 당하거나, 구속되거나, 약탈을 당하거나, 비난을 받아도, 그대에게 근심, 슬픔, 고통, 우울, 고뇌가 생기지 않는, 그런 사람들이 우루웰라깝빠에 있습니까?"

"세존이시여, 있습니다. 저에게는, 그들이 죽임을 당하거나, 구속되거나, 약탈을 당하거나, 비난을 받아도, 나에게 근심, 슬픔, 고통, 우울, 고뇌가 생기지 않는, 그런 사람들이 우루웰라깝빠에 있습니다."

"촌장님! 어떤 우루웰라깝빠 사람들이 죽임을 당하거나, 구속되거나, 약탈을 당하거나, 비난을 받으면, 그대에게 근심, 슬픔, 고통, 우울, 고뇌가 생기는 원인은 무엇이고, 조건은 무엇일까요? 촌장님! 어떤 우루웰라깝빠 사람들이 죽임을 당하거나, 구속되거나, 약탈을 당하거나, 비난을 받아도, 그대에게 근심, 슬픔, 고통, 우울, 고뇌가 생기지 않는 원인은 무엇이고, 조건은 무엇일까요?"

"세존이시여, 어떤 우루웰라깝빠 사람들이 죽임을 당하거나, 구속되거나, 약탈을 당하거나, 비난을 받으면, 저에게 근심, 슬픔, 고통, 우울, 고뇌가 생기는 것은 저에게 그들에 대한 욕탐(欲貪)이 있기 때문입니다. 세존이시여, 그렇지만 어떤 우루웰라깝빠 사람들이 죽임을 당하거나, 구속되거나, 약탈을 당하거나, 비난을 받아도, 저에게 근심, 슬픔, 고통, 우울, 고뇌가 생기지 않는 것은 저에게 그들에 대한 욕탐이 없기 때문입니다."

"촌장님! 그대는 직접 보고, 알고, 깊이 이해한, '나에게는 그들에 대한 욕탐이 있는가, 없는가'라는 이 법(法)으로 과거세와 미래세에 대하여 판단하십시오. 과거세에 일어난 괴로움은 어떤 것이든, 그것은 모두 욕망을 뿌리로, 욕망을 인연으로 생긴 것입니다. 실로 욕망이 괴로움의 뿌리입니다. 미래세에 일어날 괴로움은 어떤 것이든, 그것은 모두 욕망을 뿌리로, 욕망을 인연으로 생길 것입니다. 실로 욕망이 괴로움의 뿌리입니다."

"놀랍습니다. 세존이시여! 희유합니다. 세존이시여! 세존께서는 '과거세에 일어난 괴로움은 어떤 것이든, 그것은 모두 욕망을 뿌리로, 욕망을 인연으로 생긴 것이다. 실로 욕망이 괴로움의 뿌리다. 미래세에 일어날 괴로움은 어떤 것이든, 그것은 모두 욕망을 뿌리로, 욕망을 인연으로 생길 것이다. 실로 욕망이 괴로움의 뿌리다'라고 잘 말씀하셨습니다. 세존이시여, 저에게는 밖의 거처에 거주하는 찌라와씨(Ciravāsī)라는 어린아이가 있습니다. 세존이시여, 저는 아침 일찍 일어나서, '여봐라! 너는 가서 찌라와씨 동자(童子)가 어떤지 알아보아라!'라고 사람을 보냅니다. 그리고 그 사람이 얼마 동안 오지 않으면, 찌라와씨 동자가 어디 아프지나 않은지 걱정이 됩니다."

"촌장님! 어떻게 생각하십니까? 찌라와씨 동자가 죽임을 당하거나, 구속되거나, 약탈을 당하거나, 비난을 받으면, 그대에게 근심, 슬픔, 고통, 우울, 고뇌가 생길까요?"

"세존이시여, 찌라와씨 동자가 죽임을 당하거나, 구속되거나, 약탈을 당하거나, 비난을 받으면, 저는 제명에 죽지 못할 텐데, 어찌 저에게 근심, 슬픔, 고통, 우울, 고뇌가 생기지 않겠습니까?"

"촌장님! 이러한 이유에서 '일어나고 있는 괴로움은 어떤 것이든, 그것은 모두 욕망을 뿌리로, 욕망을 인연으로 생긴 것이다. 실로 욕망이 괴로움의 뿌리다'라는 것을 알아야 합니다.

촌장님! 어떻게 생각하십니까? 그대가 찌라와씨의 어머니를 보지도 듣지도 못했다면, 찌라와씨의 어머니에 대한 그대의 욕심이나 탐심이나 애정이 있을까요?"

"결코 그렇지 않습니다. 세존이시여!"

"촌장님! 그대가 보았기 때문에, 그대가 들었기 때문에, 그대에게 찌라와씨의 어머니에 대한 그대의 욕심이나 탐심이나 애정이 있는 것이지요?"

"그렇습니다. 세존이시여!"

"촌장님! 어떻게 생각하십니까? 찌라와씨의 어머니가 죽임을 당하거나, 구속되거나, 약탈을 당하거나, 비난을 받으면, 그대에게 근심, 슬픔, 고통, 우울, 고뇌가 생길까요?"

"세존이시여, 찌라와씨의 어머니가 죽임을 당하거나, 구속되거나, 약탈을 당하거나, 비난을 받으면, 저는 제명에 죽지 못할 텐데, 어찌 저에게 근심, 슬픔, 고통, 우울, 고뇌가 생기지 않겠습니까?"

"촌장님! 이러한 이유에서 '일어나고 있는 괴로움은 어떤 것이든, 그것은 모두 욕망을 뿌리로, 욕망을 인연으로 생긴 것이다. 실로 욕망이 괴로움의 뿌리다'라는 것을 알아야 합니다."

제43「무위(無爲) 쌍윳따(Asaṅkhata-Saṃyutta)」

4.93. 몸(Kāyo) - 길(道, Maggena)〈s.43.1-11〉

세존께서 싸왓티의 제따와나 아나타삔디까 사원에 머무실 때, 비구들에게 말씀하셨습니다.

"비구들이여, 내가 무위(無爲)와 무위에 이르는 길[無爲道]을 알려주겠소. 잘 듣도록 하시오.

비구들이여, 무위란 어떤 것인가? 비구들이여, 탐심(貪心)의 소멸, 진심(瞋心)의 소멸, 치심(癡心)의 소멸, 이것을 무위라고 한다오.

비구들이여, 무위에 이르는 길은 어떤 것인가?

몸에 대한 주의집중[身念處],[115] 이것을 무위에 이르는 길이라고 한다오.

싸마타와 위빠싸나[止觀],[116] 이것을 무위에 이르는 길이라고 한다오.

사유가 있고 숙고가 있는[有覺有觀] 삼매(三昧),[117] 사유는 없고 숙고가 있는[無覺有觀] 삼매, 사유가 없고 숙고가 없는[無覺無觀] 삼매, 이것을 무위에 이르는 길이라고 한다오.

공성삼매(空性三昧), 무상삼매(無相三昧), 무원삼매(無願三昧),[118] 이것을 무위에 이르는 길이라고 한다오.

---

115 'kāyagatā sati'의 번역.

116 'samatho vipassanā'의 번역.

117 'savitakko savicāro samādhi'의 번역.

118 'suññato samādhi animitto samādhi appaṇihito samādhi'의 번역.

4념처(四念處),[119] 이것을 무위에 이르는 길이라고 한다오.

4정단(四正斷),[120] 이것을 무위에 이르는 길이라고 한다오.

4여의족(四如意足),[121] 이것을 무위에 이르는 길이라고 한다오.

5근(五根),[122] 이것을 무위에 이르는 길이라고 한다오.

5력(五力),[123] 이것을 무위에 이르는 길이라고 한다오.

7각지(七覺支),[124] 이것을 무위에 이르는 길이라고 한다오.

거룩한 8정도(八正道),[125] 이것을 무위에 이르는 길이라고 한다오.

비구들이여, 이렇게 나는 그대들에게 무위(無爲)를 알려주었고, 무위에 이르는 길[無爲道]을 알려주었소. 비구들이여, 스승이 해야 할 일은 연민의 마음으로 제자들의 이익을 도모하는 것이오. 나는 연민을 가지고 그대들에게 그 일을 한 것이오. 비구들이여, 이것들이 나무 아래이고, 이것들이 한적한 곳이오. 비구들이여, 그대들은 선정(禪定)을 닦으시오! 방일하지 마시오! 뒤에 후회하지 마시오! 이것이 내가 그대들에게 주는 가르침이오."

---

119 'cattāro satipaṭṭhānā'의 번역.

120 'cattāro sammappadhānā'의 번역.

121 'cattāro iddhipādā'의 번역.

122 'pañcidriyāni'의 번역.

123 'pañcabalāni'의 번역.

124 'sattabojjhaṅgā'의 번역.

125 'ariyo aṭṭhaṅgiko maggo'의 번역.

제44「무기(無記) 쌍윳따(Avyākata-Saṃyutta)」

(생략)

5

대품
大品

Mahā-Vagga

해제

제5장 『대품(大品, Mahā-Vagga)』의 주제는 37도품(道品)과 4성제(四聖諦)이다. 불교 수행에 관련된 많은 경들이 『대품(大品)』에 들어 있는데, 반복되는 것들이 많고, 대부분이 『디가 니까야』와 『맛지마 니까야』에 나오는 내용이기 때문에 이 장에서는 20개의 중요한 경만을 선정하였다.

제45「도(道) 쌍윳따(Magga-Saṃyutta)」

5.1. 무명(無明, Avijjā)〈s.45.1〉

세존께서 싸왓티의 제따와나 아나타삔디까 사원에 머무실 때, 비구들에게 말씀하셨습니다.

"비구들이여, 불선법(不善法)을 성취하는 데는 무명(無明)이 앞장서고, 부끄러움을 모르고, 뉘우침을 모르는 일이 뒤 따른다오. 비구들이여, 무명에 빠진 어리석은 자에게 삿된 견해[邪見]가 생긴다오. 삿된 견해를 가진 자는 삿된 의도를 갖게 되고[邪思惟], 삿된 의도를 가진 자는 삿된 말을 하게 되고[邪語], 삿된 말을 하는 자는 삿된 행동을 하게 되고[邪業], 삿된 행동을 하는 자는 삿된 방법으로 살아가고[邪命], 삿된 방법으로 살아가는 자는 삿된 정진을 하게 되고[邪精進], 삿된 정진을 하는 자는 삿된 주의집중을 하게 되고[邪念], 삿된 주의집중을 하는 자는 삿된 선정에 든다오[邪定].

비구들이여, 선법(善法)을 성취하는 데는 명지(明智)가[01] 앞장서고, 부끄러움을 알고, 뉘우침을 아는 일이 뒤 따른다오. 비구들이여, 명지에 도달한 지혜로운 사람에게 바른 견해[正見]가 생긴다오. 바른 견해를 가진 사람은 바른 의도를 갖게 되고[正思惟], 바른 의도를 가진 사람은 바른말을 하게 되고[正語], 바른말을 하는 사람은 바른 행동을 하게 되고[正業], 바른 행동을 하는 사람은 바른 생계로 살아가게 되고[正命], 바른 생계로 살아가는 사람은 바른 정진을 하게 되고[正精進], 바른 정

01 'vijjā'의 번역.

진을 하는 사람은 바른 주의집중을 하게 되고[正念], 바른 주의집중을 하는 사람은 바른 선정에 든다오[正定].”

5.2. 자세한 설명(Vibhaṅgo)〈s.45.8〉

세존께서 싸왓티의 제따와나 아나타삔디까 사원에 머무실 때, 비구들에게 말씀하셨습니다.

“비구들이여, 내가 거룩한 8정도를 분별하여 설명할 테니 잘 듣고 깊이 생각해보시오. 내가 이야기하겠소.”

그 비구들은 “예, 그렇게 하겠습니다”라고 대답했습니다.

세존께서는 이렇게 말씀하셨습니다.

“비구들이여, 어떤 것이 거룩한 8정도인가? 바른 견해[正見], 바른 의도[正思惟], 바른말[正語], 바른 행동[正業], 바른 생계[正命], 바른 정진[正精進], 바른 주의집중[正念], 바른 선정[正定], 이것을 거룩한 8정도라고 한다오.

비구들이여, 그렇다면 바른 견해[正見]란 어떤 것인가? 괴로움[苦]에 대하여 알고, 괴로움의 쌓임[苦集]에 대하여 알고, 괴로움의 소멸[苦滅]에 대하여 알고, 괴로움의 소멸에 이르는 길[苦滅道]에 대하여 아는 것, 이것을 바른 견해라고 한다오.

비구들이여, 그렇다면 바른 의도[正思惟]란 어떤 것인가? 비구들이여, 출리(出離)를 하려는 의도(意圖), 악의(惡意)가 없는 의도, 해치려는 생각이 없는 의도, 이것을 바른 의도라고 한다오.

비구들이여, 그렇다면 바른말[正語]이란 어떤 것인가? 비구들이여, 거짓말하지 않고, 이간질하지 않고, 폭언하지 않고, 잡담하지 않는 것, 이것을 바른말이라고 한다오.

비구들이여, 그렇다면 바른 행동[正業]이란 어떤 것인가? 비구들이여, 살생하지 않고, 주지 않은 것을 취하지 않고, 삿된 음행을 하지 않는 것, 이것을 바른 행동이라고 한다오.

비구들이여, 그렇다면 바른 생계[正命]란 어떤 것인가? 비구들이여, 거룩한 제자는 삿된 생계(生計)를 버리고 바른 생계로 생활한다오. 비구들이여, 이것을 바른 생계라고 한다오.

비구들이여, 그렇다면 바른 정진[正精進]이란 어떤 것인가? 비구들이여, 비구는 아직 생기지 않은 사악한 불선법(不善法)은 발생하지 않도록 의욕을 일으켜 노력하고, 정진하고, 마음을 다잡고 애쓴다오. 이미 생긴 사악한 불선법은 버리려는 의욕을 일으켜 노력하고, 정진하고, 마음을 다잡고 애쓴다오. 아직 생기지 않은 선법(善法)은 발생하도록 의욕을 일으켜 노력하고, 정진하고, 마음을 다잡고 애쓴다오. 이미 생긴 선법은 지속하고, 망설이지 않고, 증가하고, 발전하고, 닦아 익히고, 성취하려는 의욕을 일으켜 노력하고, 정진하고, 마음을 다잡고 애쓴다오. 비구들이여, 이것을 바른 정진이라고 한다오.

비구들이여, 그렇다면 바른 주의집중[正念]이란 어떤 것인가? 비구들이여, 비구는 몸[身]을 관찰하며 몸에 머물면서, 열심히 알아차리고 주의집중을 하여 세간에 대한 탐욕과 불만을 제거한다오. 느낌[受]을 관찰하며 느낌에 머물면서, 열심히 알아차리고 주의집중을 하여 세간에 대한 탐욕과 불만을 제거한다오. 마음[心]을 관찰하며 마음에 머물면서, 열심히 알아차리고 주의집중을 하여 세간에 대한 탐욕과 불만을 제거한다오. 법(法)을 관찰하며 법에 머물면서, 열심히 알아차리고 주의집중을 하여 세간에 대한 탐욕과 불만을 제거한다오. 비구들이여, 이것을 바른 주의집중이라고 한다오.

비구들이여, 그렇다면 바른 선정[正定]이란 어떤 것인가? 비구들이여, 비구는 감각적 욕망을 멀리하고, 불선법(不善法)을 멀리하고, 사유(思惟)가 있고 숙고(熟考)가 있으며, 멀리함에서 생긴 기쁨과 즐거움이 있는 초선(初禪)을 성취하여 살아가고, 사유와 숙고를 억제하여, 내적으로 조용해진, 마음이 집중된, 사유와 숙고가 없는, 삼매에서 생긴 즐거움과 기쁨이 있는 제2선(第二禪)을 성취하여 살아가고, 기쁨이 사라지고 평정한 마음으로 주의집중과 알아차림을 하며 지내는 가운데 몸으로 즐거움을 느끼면서, 성인들이 '평정한 마음[捨]으로 주의집중을 하는 즐거운 상태'라고 이야기한 제3선(第三禪)을 성취하여 살아가고, 즐거움을 포기하고 괴로움을 버림으로써 이전의 만족과 불만이 소멸하여 괴롭지도 않고 즐겁지도 않은, 평정한 주의집중이 청정한 제4선(第四禪)을 성취하여 살아간다오. 비구들이여, 이것을 바른 선정이라고 한다오."

5.3. 설산(雪山, Himavantaṃ[02])」〈s.46.1〉

세존께서 싸왓티의 제따와나 아나타삔디까 사원에 머무실 때, 비구들에게 말씀하셨습니다.

"비구들이여, 용(龍)들은 산들의 왕 설산(雪山)에 의지하여 몸을 키우고 힘을 기른다오. 그곳에서 몸을 키우고 힘을 기른 후에 작은 못에 들어가고, 그 후에 큰 못에 들어가고, 그 후에 작은 강에 들어가고, 그 후에 큰 강에 들어가고, 그 후에 큰 바다와 대양(大洋)에 들어간다오. 그들은 그곳에서 크고 완전한 몸을 성취한다오.

비구들이여, 이와 같이 비구는 계(戒)를 의지하여 계에 굳게 서서 7각지(七覺支)를 닦아 익히고, 7각지를 끊임없이 실천하여 크고 완전한 법을 성취한다오. 비구들이여, 그렇다면 비구는 어떻게 계를 의지하여, 계에 굳게 서서 7각지를 닦아 익히고, 7각지를 끊임없이 실천하여 크고 완전한 법을 성취하는가?

비구들이여, 비구는 원리(遠離)에 의지하고, 이욕(離欲)에 의지하고, 소멸(消滅)에 의지하여, 마침내 포기[捨離]하는 염각지(念覺支)를 닦아 익히고, 택법각지(擇法覺支), 정진각지(精進覺支), 희각지(喜覺支), 경안각지(輕安覺支), 정각지(定覺支), 사각지(捨覺支)를 닦아 익힌다오.

비구들이여, 이와 같이 비구는 계를 의지하여 계에 굳게 서서 7각지를 닦아 익히고, 7각지를 끊임없이 실천하여 크고 완전한 법을 성취

02 'Himavant'의 번역. 눈 덮인 산이라는 의미로 '히말라야'를 의미한다.

한다오."

5.4. 몸(Kāyo)〈s.46.2〉

(1) 세존께서 싸왓티의 제따와나 아나타삔디까 사원에 머무실 때, 비구들에게 말씀하셨습니다.

"비구들이여, 음식에 의해 유지되는 이 몸은 음식을 의지하여 지속하고, 음식이 없으면 지속하지 못하듯이, 다섯 가지 장애[五蓋]도 음식에 의해 유지되기 때문에, 음식을 의지하여 지속하고, 음식이 없으면 지속하지 못한다오.

비구들이여, 그렇다면 무엇이 아직 일어나지 않은 감각적 욕망[貪欲]을 일어나게 하거나, 이미 일어난 감각적 욕망을 더욱 크게 하는 음식인가? 비구들이여, 마음에 드는 모습이[03] 있을 때, 그것에 대하여 이치에 맞지 않는 생각을 지속적으로 하면, 이것이 아직 일어나지 않은 감각적 욕망을 일어나게 하거나, 이미 일어난 감각적 욕망을 더욱 크게 하는 음식이라오.

비구들이여, 그렇다면 무엇이 아직 일어나지 않은 진에(瞋恚)를 일어나게 하거나, 이미 일어난 진에를 더욱 크게 하는 음식인가? 비구들이여, 거슬리는 모습이[04] 있을 때, 그것에 대하여 이치에 맞지 않는 생각을 지속적으로 하면, 이것이 아직 일어나지 않은 진에를 일어나게 하

03 'subhanimittam'의 번역.

04 'paṭighanimittam'의 번역.

거나, 이미 일어난 진에를 더욱 크게 하는 음식이라오.

비구들이여, 그렇다면 무엇이 아직 일어나지 않은 혼침(昏沈)을 일어나게 하거나, 이미 일어난 혼침을 더욱 크게 하는 음식인가? 비구들이여, 흥미 없고, 권태롭고, 졸리고, 나른하고, 마음이 무거울 때,[05] 거기에서 이치에 맞지 않는 생각을 지속적으로 하면, 이것이 아직 일어나지 않은 혼침을 일어나게 하거나, 이미 일어난 혼침을 더욱 크게 하는 음식이라오.

비구들이여, 그렇다면 무엇이 아직 일어나지 않은 흥분과 후회[悼擧]를 일어나게 하거나, 이미 일어난 흥분과 후회를 더욱 크게 하는 음식인가? 비구들이여, 마음이 어지러울 때,[06] 거기에서 이치에 맞지 않는 생각을 지속적으로 하면, 이것이 아직 일어나지 않은 흥분과 후회를 일어나게 하거나, 이미 일어난 흥분과 후회를 더욱 크게 하는 음식이라오.

비구들이여, 그렇다면 무엇이 아직 일어나지 않은 의심[疑]을 일어나게 하거나, 이미 일어난 의심을 더욱 크게 하는 음식인가? 비구들이여, 의심스러운 가르침[法]이 있을 때,[07] 거기에서 이치에 맞지 않는 생각을 지속적으로 하면, 이것이 아직 일어나지 않은 의심을 일어나게 하거나, 이미 일어난 의심을 더욱 크게 하는 음식이라오.

비구들이여, 음식에 의해 유지되는 이 몸은 음식을 의지하여 지속

---

05 'atthi bhikkhave arati tandi vijambhikā bhattasammado cetaso ca līnattaṃ'의 번역.

06 'atthi bhikkhave cetaso avūpasamo'의 번역.

07 'atthi bhikkhave vicikicchāya dhammā'의 번역.

하고, 음식이 없으면 지속하지 못하듯이, 다섯 가지 장애[五蓋]도 음식에 의해 유지되기 때문에, 음식을 의지하여 지속하고, 음식이 없으면 지속하지 못한다오."

(2) "비구들이여, 음식에 의해 유지되는 이 몸은 음식을 의지하여 지속하고, 음식이 없으면 지속하지 못하듯이, 7각지(七覺支)도 음식에 의해 유지되기 때문에, 음식을 의지하여 지속하고, 음식이 없으면 지속하지 못한다오.

비구들이여, 그렇다면 무엇이 아직 일어나지 않은 염각지(念覺支)를 일어나게 하거나, 이미 일어난 염각지를 더욱 크게 하는 음식인가? 비구들이여, 염각지가 머무는 법들이 있을 때,[08] 그것에 대하여 이치에 맞는 생각을 지속적으로 하면, 이것이 아직 일어나지 않은 염각지를 일어나게 하거나, 이미 일어난 염각지를 더욱 크게 하는 음식이라오.

비구들이여, 그렇다면 무엇이 아직 일어나지 않은 택법각지(擇法覺支)를 일어나게 하거나, 이미 일어난 택법각지를 더욱 크게 하는 음식인가? 비구들이여, 선법(善法)과 불선법(不善法)들이 있고, 허물이 있는 법과 허물이 없는 법들이 있고, 저열한 법과 수승한 법들이 있고, 흑백(黑白)으로 상반되는 법들이 있을 때, 그것에 대하여 이치에 맞는 생각을 지속적으로 하면, 이것이 아직 일어나지 않은 택법각지를 일어나게 하거나, 이미 일어난 택법각지를 더욱 크게 하는 음식이라오.

---

08 'atthi bhikkhave satisambojjhaṅgaṭṭhāniya dhammā'의 번역. 염각지(念覺支)가 머무는 법들은 4념처(四念處), 즉 신(身), 수(受), 심(心), 법(法)을 의미한다.

비구들이여, 그렇다면 무엇이 아직 일어나지 않은 정진각지(精進覺支)를 일어나게 하거나, 이미 일어난 정진각지를 더욱 크게 하는 음식인가? 비구들이여, (정진의) 시작 단계[發勤界], (욕탐에서) 벗어나는 단계[出離界], 용맹정진하는 단계[勇猛界]가 있을 때, 거기에서 이치에 맞는 생각을 지속적으로 하면, 이것이 아직 일어나지 않은 정진각지를 일어나게 하거나, 이미 일어난 정진각지를 더욱 크게 하는 음식이라오.

비구들이여, 그렇다면 무엇이 아직 일어나지 않은 희각지(喜覺支)를 일어나게 하거나, 이미 일어난 희각지를 더욱 크게 하는 음식인가? 비구들이여, 희각지가 머무는 법들이 있을 때, 거기에서 이치에 맞는 생각을 지속적으로 하면, 이것이 아직 일어나지 않은 희각지를 일어나게 하거나, 이미 일어난 희각지를 더욱 크게 하는 음식이라오.

비구들이여, 그렇다면 무엇이 아직 일어나지 않은 경안각지(輕安覺支)를 일어나게 하거나, 이미 일어난 경안각지를 더욱 크게 하는 음식인가? 비구들이여, 몸이 편안하고 마음이 편안할 때, 거기에서 이치에 맞는 생각을 지속적으로 하면, 이것이 아직 일어나지 않은 경안각지를 일어나게 하거나, 이미 일어난 경안각지를 더욱 크게 하는 음식이라오.

비구들이여, 그렇다면 무엇이 아직 일어나지 않은 정각지(定覺支)를 일어나게 하거나, 이미 일어난 정각지를 더욱 크게 하는 음식인가? 비구들이여, (밖으로 흩어지는 마음이) 멈추고 산란하지 않을 때,[09] 거기에서 이치에 맞는 생각을 지속적으로 하면, 이것이 아직 일어나지 않은 정각지를 일어나게 하거나, 이미 일어난 정각지를 더욱 크게 하는 음식이라오.

---

09 'atthi bhikkhave samathanimittam avyagganimittaṃ'의 번역.

비구들이여, 그렇다면 무엇이 아직 일어나지 않은 사각지(捨覺支)를 일어나게 하거나, 이미 일어난 사각지를 더욱 크게 하는 음식인가? 비구들이여, 사각지가 머무는 법들이 있을 때, 거기에서 이치에 맞는 생각을 지속적으로 하면, 이것이 아직 일어나지 않은 사각지를 일어나게 하거나, 이미 일어난 사각지를 더욱 크게 하는 음식이라오.

비구들이여, 음식에 의해 유지되는 이 몸은 음식을 의지하여 지속하고, 음식이 없으면 지속하지 못하듯이, 7각지(七覺支)도 음식에 의해 유지되기 때문에, 음식을 의지하여 지속하고, 음식이 없으면 지속하지 못한다오."

5.5. 비구(Bhikkhu)〈s.46.5〉

세존께서 싸왓티의 제따와나 아나타삔디까 사원에 머무실 때, 어떤 비구가 세존을 찾아와서 예배하고 한쪽에 앉아 물었습니다.

"세존이시여, 각지(覺支)라는 말들을 하는데, 어찌하여 각지라고 합니까?"

"비구여, 깨달음으로 이끌기 때문에 각지라고 말한다오. 비구여, 비구는 원리(遠離)에, 이욕(離欲)에, 소멸(消滅)에, 마침내 포기[捨離]하는 염각지(念覺支), 택법각지(擇法覺支), 정진각지(精進覺支), 희각지(喜覺支), 경안각지(輕安覺支), 정각지(定覺支), 사각지(捨覺支)를 닦아 익힌다오.

비구들이여, 이들 7각지(七覺支)를 닦아 익히면 욕루(欲漏)에서 마음이 해탈하고, 유루(有漏)에서 마음이 해탈하고, 무명루(無明漏)에서 마음이 해탈한다오. 그는 해탈했을 때, 해탈했음을 안다오. 그는 '생(生)

은 소멸했다. 청정한 수행[梵行]을 완성했으며, 해야 할 일을 끝마쳤다. 다시는 이와 같은 상태로 되지 않는다'라고 통찰한다오.

비구여, 깨달음으로 이끌기 때문에 각지라고 말한다오."

5.6. 꾼달리야(Kuṇḍaliyo)〈s.46.6〉

세존께서 싸께따(Sāketa)에 있는 안짜와나(Añcavana)의 사슴 동산에 머무실 때, 편력수행자 꾼달리야가 세존을 찾아와 함께 인사를 나눈 후 한쪽에 앉아 말씀드렸습니다.

"고따마 존자님! 저는 승원(僧院) 근처에 머물면서 집회(集會)에 돌아다니는 사람입니다. 고따마 존자님! 저에게는, 식사를 마치고 식후에, 이 승원에서 저 승원으로, 이 원림(園林)에서 저 원림으로, (집회에) 돌아다니는 습관이 있습니다. 거기에서 저는 어떤 사문과 바라문들이 논박에서 벗어날 목적으로, 그리고 논박할 목적으로 무의미한 논쟁을 일삼는 것을 보았습니다. 그런데, 고따마 존자님은 어떤 훌륭한 공덕을 이루어 살아갑니까?"

"꾼달리야여, 여래는 명지(明智)와 해탈(解脫)이라는 훌륭한 공덕의 결실을 이루어 살아간다오."[10]

"고따마 존자님, 그렇다면, 어떤 법(法)을 지속적으로 닦아 익히면 명지와 해탈이 이루어집니까?"

"꾼달리야여, 7각지(七覺支)을 지속적으로 닦아 익히면 명지와 해

---

10 'Vijjāvimuttiphalānisaṃso kho Kuṇḍaliya tathāgato viharatīti'의 번역.

탈이 이루어진다오."

"고따마 존자님, 그렇다면, 어떤 법을 지속적으로 닦아 익히면 7각지가 이루어집니까?"

"꾼달리야여, 4념처(四念處)를 지속적으로 닦아 익히면 7각지가 이루어진다오."

"고따마 존자님, 그렇다면, 어떤 법을 지속적으로 닦아 익히면 4념처가 이루어집니까?"

"꾼달리야여, 세 가지 좋은 수행을[11] 지속적으로 닦아 익히면 4념처가 이루어진다오."

"고따마 존자님, 그렇다면, 어떤 법을 지속적으로 닦아 익히면 세 가지 좋은 수행이 이루어집니까?"

"꾼달리야여, 지각활동의 수호[根守護]를[12] 지속적으로 닦아 익히면 세 가지 좋은 행위가 이루어진다오. 꾼달리야여, 지각활동의 수호를 어떻게 지속적으로 닦아 익히면 세 가지 좋은 행위가 이루어지는가? 비구가 시각활동[眼]으로 마음에 드는 형색[色]을 보고, 이를 탐착하지 않고, 즐기지 않고, 욕탐을 일으키지 않으면, 몸이 안정되고, 마음도 안정되어 내적으로 잘 안주(安住)하고, 잘 해탈한다오. 그리고 시각활동으로 마음에 들지 않는 형색을 보고도, 불만스러워하지 않고, 불안한 마음이 없고, 고상한 생각을 하고, 악의(惡意)를 품지 않으면, 몸이 안정되고, 마음도 안정되어 내적으로 잘 안주하고, 잘 해탈한다오.

---

11 'tiṇi sucaritāni'의 번역.

12 'indriyasaṃvaro'의 번역.

청각활동[耳]으로 마음에 드는 소리[聲]를 듣고, 후각활동[鼻]으로 마음에 드는 냄새[香]를 맡고, 미각활동[舌]으로 마음에 드는 맛[味]을 보고, 촉각활동[身]으로 마음에 드는 촉감[觸]을 접촉하고, 마음[意]으로 마음에 드는 대상[法]을 식별하고, 이를 탐착하지 않고, 즐기지 않고, 욕탐을 일으키지 않으면, 몸이 안정되고, 마음도 안정되어 내적으로 잘 안주하고, 잘 해탈한다오. 그리고 청각활동 내지 마음으로 마음에 들지 않는 대상을 식별하고도, 불만스러워하지 않고, 불안한 마음이 없고, 고상한 생각을 하고, 악의를 품지 않으면, 몸이 안정되고, 마음도 안정되어 내적으로 잘 안주하고, 잘 해탈한다오.

꾼달리야여, 시각활동[眼]으로 형색[色]을 보고, 마음에 들거나 마음에 들지 않는 형색들에 대하여 비구의 몸이 안정되고 마음도 안정되어 내적으로 잘 안주하고, 잘 해탈하면, 청각활동[耳]으로 소리[聲]를 듣고, 후각활동[鼻]으로 냄새[香]를 맡고, 미각활동[舌]으로 맛[味]을 보고, 촉각활동[身]으로 촉감[觸]을 접촉하고, 마음활동[意]으로 대상[法]을 식별하고, 마음에 들거나 마음에 들지 않는 대상[法]들에 대하여 비구의 몸이 안정되고 마음도 안정되어 내적으로 잘 안주하고, 잘 해탈하면, 꾼달리야여, 이와 같이 지각활동의 수호[根守護]를 지속적으로 닦아 익히면 세 가지 좋은 행위가 이루어진다오.

꾼달리야여, 세 가지 좋은 행위를 어떻게 지속적으로 닦아 익히면 4념처(四念處)가 이루어지는가? 꾼달리야여, 비구는 몸으로 행하는 나쁜 행위를 버리고, 몸으로 행하는 좋은 행위를 한다오. 말로 행하는 나쁜 행위를 버리고, 말로 행하는 좋은 행위를 하고, 마음으로 행하는 나쁜 행위를 버리고, 마음으로 행하는 좋은 행위를 한다오. 꾼달리야여, 이와 같이 세 가지 좋은 행위를 지속적으로 닦아 익히면 4념처가 이루어진다오.

꾼달리야여, 4념처를 어떻게 지속적으로 닦아 익히면 7각지(七覺支)가 이루어지는가? 꾼달리야여, 비구는 몸[身]을 관찰하며 몸에 머물면서, 열심히 알아차리고 주의집중을 하여 세간에 대한 탐욕과 불만을 제거한다오. 느낌[受]을 관찰하며 느낌에 머물면서, 열심히 알아차리고 주의집중을 하여 세간에 대한 탐욕과 불만을 제거한다오. 마음[心]을 관찰하며 마음에 머물면서, 열심히 알아차리고 주의집중을 하여 세간에 대한 탐욕과 불만을 제거한다오. 법(法)을 관찰하며 법에 머물면서, 열심히 알아차리고 주의집중을 하여 세간에 대한 탐욕과 불만을 제거한다오. 꾼달리야여, 이와 같이 4념처를 지속적으로 닦아 익히면 7각지가 이루어진다오.

꾼달리야여, 7각지를 어떻게 지속적으로 닦아 익히면 명지(明智)와 해탈(解脫)이 이루어지는가? 꾼달리야여, 비구는 염각지(念覺支), 택법각지(擇法覺支), 정진각지(精進覺支), 희각지(喜覺支), 경안각지(輕安覺支), 정각지(定覺支), 사각지(捨覺支)를 닦아 익힌다오. 꾼달리야여, 이와 같이 7각지를 지속적으로 닦아 익히면 명지와 해탈이 이루어진다오."

이와 같이 말씀하시자, 편력수행자 꾼달리야(Kuṇḍaliya)는 세존께 말씀드렸습니다.

"훌륭합니다. 세존이시여! … (중략) … 세존께서는 저를 청신사(淸信士)로 받아주소서. 지금부터 살아 있는 날까지 귀의하겠나이다."

5.7. 원숭이(Makkaṭo)〈s.47.7〉

세존께서 싸왓티의 제따와나 아나타삔디까 사원에 머무실 때, 비구들에게 말씀하셨습니다.

"비구들이여, 산들의 왕 설산(雪山)에는 험악하고 평탄하지 않은, 원숭이도 다닐 수 없고, 사람도 다닐 수 없는 지역이 있다오.

비구들이여, 산들의 왕 설산에는 험악하고 평탄하지 않은, 원숭이는 다닐 수 있지만, 사람은 다닐 수 없는 지역이 있다오.

비구들이여, 산들의 왕 설산에는 땅이 아름답고 평탄한, 원숭이도 다닐 수 있고, 사람도 다닐 수 있는 지역이 있다오.

비구들이여, 그곳에서 사냥꾼들이 원숭이를 잡기 위해서 원숭이가 다니는 길에 회반죽 덫을 놓는다오. 그러면 어리석지 않고 탐욕스럽지 않은 원숭이들은 그 회반죽을 보고 멀리 피한다오. 그런데 어리석고 탐욕스러운 원숭이가 그 회반죽으로 가서 손으로 잡으면, 그 손이 거기에 달라붙는다오. '손을 떼어내야겠다'라고 생각하고 다른 손으로 잡으면 그 손도 거기에 달라붙는다오. '두 손을 떼어내야겠다'라고 생각하고 발로 잡으면, 그 발도 거기에 달라붙는다오. '두 손과 발을 떼어내야겠다'라고 생각하고 다른 발로 잡으면, 그 발도 거기에 달라붙는다오. '두 손과 두 발을 떼어내야겠다'라고 생각하고 주둥이로 잡으면, 그 주둥이도 거기에 달라붙는다오.

비구들이여, 이렇게 다섯 군데가 묶인 그 원숭이는 신음하며 누워서 불행에 빠지고 재앙에 빠져 사냥꾼이 멋대로 할 수 있게 된다오. 비구들이여, 사냥꾼은 그 원숭이를 나무꼬챙이에 꿰어 묶어서 원하는 곳으로 떠나간다오.

비구들이여, 활동영역이 아닌 남의 경계에 돌아다니는 사람도 이와 같다오.[13] 비구들이여, 그러므로 활동영역이 아닌 남의 경계에 돌아다니지 마시오. 비구들이여, 활동영역이 아닌 남의 경계에 돌아다니면, 마라(Māra)가 기회를 얻고, 근거를 얻을 것이오.

비구들이여, 어떤 것이 활동영역이 아닌 남의 경계인가? 그것은 다섯 가지 감각적 쾌락[五欲樂]이라오. 다섯은 어떤 것들인가? 비구들이여, 보는 주관[眼]에 의해 분별되는 마음에 들고, 사랑스럽고, 매력 있고, 귀엽고, 즐겁고, 유혹적인 형색[色]들, 듣는 주관[耳]에 의해 분별되는 … 유혹적인 소리[聲]들, 냄새 맡는 주관[鼻]에 의해 분별되는 … 유혹적인 냄새[香]들, 맛보는 주관[舌]에 의해 분별되는 … 유혹적인 맛[味]들, 만지는 주관[身]에 의해 분별되는 … 유혹적인 촉감[觸]들, 비구들이여, 이것이 비구의 활동영역이 아닌 남의 경계라오.

비구들이여, 활동영역인 자신의 고향에서 돌아다니시오. 비구들이여, 활동영역인 자신의 고향에서 돌아다니면, 마라가 기회를 얻지 못하고, 근거를 얻지 못할 것이오. 비구들이여, 어떤 것이 활동영역인 자신의 고향인가? 그것은 네 가지 주의집중의 확립[四念處]이라오. 넷은 어떤 것들인가? 비구들이여, 비구는 몸[身]을 관찰하며 몸에 머물면서, 열심히 알아차리고 주의집중을 하여 세간에 대한 탐욕과 불만을 제거한다오. 느낌[受]을 관찰하며 느낌에 머물면서, 열심히 알아차리고 주

13 'evaṃ hi tam bhikkhave hoti yo agocare carati paravivaye'의 번역.

의집중을 하여 세간에 대한 탐욕과 불만을 제거한다오. 마음[心]을 관찰하며 마음에 머물면서, 열심히 알아차리고 주의집중을 하여 세간에 대한 탐욕과 불만을 제거한다오. 법(法)을 관찰하며 법에 머물면서, 열심히 알아차리고 주의집중을 하여 세간에 대한 탐욕과 불만을 제거한다오. 비구들이여, 이것이 비구의 활동영역인 자신의 고향이라오."

5.8. 쭌다(Cundo)〈s.47.13〉

세존께서 싸왓티의 제따와나 아나타삔디까 사원에 머무실 때, 싸리뿟따 존자는 깊은 병이 들어 병고(病苦)를 겪으며 마가다(Magadha)의 날라가마까(Nālagamaka)에 머물고 있었습니다. 그때 쭌다(Cunda) 사미(沙彌)는 싸리뿟따 존자의 병시중을 들고 있었습니다. 싸리뿟따 존자가 그 병으로 반열반(般涅槃)에 들었습니다.

쭌다 사미는 싸리뿟따 존자의 법의와 발우를 들고 싸왓티의 제따와나 아나타삔디까 사원으로 아난다 존자를 찾아갔습니다. 그는 아난다 존자에게 예배하고 한쪽에 앉아 말했습니다.

"존자님! 싸리뿟따 존자께서 반열반에 드셨습니다. 이것이 싸리뿟따 존자님의 법의와 발우입니다."

"쭌다 법우여! 이것은 세존께 알려드려야 할 이야기다. 쭌다 법우여! 어서 세존을 찾아가서 세존께 이 사실을 알려드리자!"

쭌다 사미는 아난다 존자에게 "존자님! 그렇게 하겠습니다"라고 응답했습니다.

아난다 존자와 쭌다 사미는 세존을 찾아가서 예배하고 한쪽에 앉왔습니다. 한쪽에 앉은 아난다 존자가 세존께 말씀드렸습니다.

"세존이시여, 이 쭌다 사미가 '존자님! 싸리뿟따 존자께서 반열반에 드셨습니다. 이것이 싸리뿟따 존자님의 법의와 발우입니다'라고 말했습니다. 싸리뿟따 존자께서 반열반에 드셨다는 말을 들으니, 저의 몸은 술에 취한 것 같이 방향을 분별할 수 없고, 눈앞이 캄캄하고 아득합니다."

"아난다여, 싸리뿟따가 그대의 계온(戒蘊)을 가지고 반열반에 들었는가, 아니면 정온(定蘊)을 가지고 반열반에 들었는가, 아니면 혜온(慧蘊)을 가지고 반열반에 들었는가, 아니면 해탈온(解脫蘊)을 가지고 반열반에 들었는가, 아니면 해탈지견온(解脫知見蘊)을 가지고 반열반에 들었는가?"

"세존이시여, 싸리뿟따 존자께서 저의 계온(戒蘊)을 가지고 반열반에 들거나, 정온(定蘊)을 가지고 반열반에 들거나, 혜온(慧蘊)을 가지고 반열반에 들거나, 해탈온(解脫蘊)을 가지고 반열반에 들거나, 해탈지견온(解脫知見蘊)을 가지고 반열반에 들지는 않았습니다. 그렇지만 싸리뿟따 존자님은 저를 감싸주고, 알려주고, 가르치고, 지도하고, 고무하고, 칭찬하고, 훈육하신 분이었으며, 도반에게 법(法)을 설함에 피로를 몰랐습니다. 우리는 싸리뿟따 존자님을 법의 자양분이며, 법의 재산이며, 법의 조력자로 기억하고 있습니다."

"아난다여, '사랑스럽고 즐거운 모든 것은 변하고, 떠나가고, 달라진다'라고 내가 이전에 이야기하지 않았더냐? 아난다여, 그것을 지금 어찌하겠느냐? 태어난 존재는 유위(有爲)이며, 쇠멸법(衰滅法)이다. 그것을 사멸(死滅)하지 말라고 할 수는 없다. 아난다여, 마치 단단하고 견실한 큰 나무에서 커다란 가지가 부러져 나간 것처럼, 단단하고 견실한 큰 비구 승가에서 싸리뿟따의 반열반은 이와 같구나. 아난다여, 그렇지만 그것을 지금 어찌하겠느냐? 태어난 존재는 유위이며, 쇠멸법이다. 그것을 사멸하지 말라고 할 수는 없는 것이다. 아난다여, 그러므로 그대들은 자신을 등불로 삼고, 자신을 귀의처로 삼고, 다른 사람을 귀의처로 삼지 말라. 가르침[法]을 등불로 삼고, 가르침을 귀의처로 삼고, 다른 것을 귀의처로 삼지 않고 살아가도록 하라. 아난다여, 비구가 자신을 등불로 삼고, 자신을 귀의처로 삼고, 다른 사람을 귀의처로 삼지 않으며, 가르침을 등불로 삼고, 가르침을 귀의처로 삼고, 다른 것을 귀의처로 삼지 않고 살아간다는 것은 어떤 것인가?

아난다여, 비구는 몸[身]을 관찰하며 몸에 머물면서, 열심히 주의집중을 하고 알아차려 세간에 대한 탐욕과 불만을 제거해야 한다. 감정[受]을 관찰하며 감정에 머물면서, 열심히 주의집중을 하고 알아차려 세간에 대한 탐욕과 불만을 제거해야 한다. 마음[心]을 관찰하며 마음에 머물면서, 열심히 주의집중을 하고 알아차려 세간에 대한 탐욕과 불만을 제거해야 한다. 법(法)을 관찰하며 법에 머물면서, 열심히 주의집중을 하고 알아차려 세간에 대한 탐욕과 불만을 제거해야 한다. 아난다여, 이와 같이 하는 것이 비구가 자신을 등불로 삼고, 자신을 귀의처로 삼고, 다른 사람을 귀의처로 삼지 않으며, 가르침을 등불로 삼고, 가르침을 귀의처로 삼고, 다른 것을 귀의처로 삼지 않고 살아가는 것이다.

아난다여, 지금이든, 나의 사후(死後)든, 자신을 등불로 삼고, 자신을 귀의처로 삼고, 다른 사람을 귀의처로 삼지 않으며, 가르침을 등불로 삼고, 가르침을 귀의처로 삼고, 다른 것을 귀의처로 삼지 않고 살아간다면, 아난다여, 그 비구들은 누구든지 학계(學戒)를 열망하는 나의 가장 훌륭한 제자가 될 것이다."

5.9. 욱까쩰라(Ukkācela)〈s.47.14〉

싸리뿟따와 목갈라나가 반열반에 든 지 얼마 되지 않았을 때, 세존께서 큰 비구 승가와 함께 왓지의 강가(Gaṅga) 강기슭에 있는 욱까쩰라(Ukkācela)에 머무셨습니다. 그때 세존께서는 비구 승가에 둘러싸여 노지(露地)에 앉아계셨습니다. 세존께서는 말없이 비구 승가를 둘러보신 후에, 비구들에게 말씀하셨습니다.

"비구들이여, 나에게는 이 대중이 텅 빈 것처럼 보이는구려. 비구들이여, 싸리뿟따와 목갈라나가 반열반에 들지 않았을 때는 나에게 대중이 텅 비지 않았다오. 싸리뿟따와 목갈라나가 머물고 있는 곳이면 어느 곳이든 아무렇지 않았다오.

비구들이여, 과거세에도 아라한, 등정각(等正覺)들이 있었고, 그 세존들에게도, 나에게 싸리뿟따와 목갈라나가 있듯이, 이처럼 뛰어난 한 쌍의 제자가 있었다오. 비구들이여, 미래세에도 아라한, 등정각들이 있을 것이고, 그 세존들에게도, 나에게 싸리뿟따와 목갈라나가 있듯이, 이처럼 뛰어난 한 쌍의 제자가 있을 것이오.

비구들이여, 제자들로서 이 얼마나 놀라운 일인가! 비구들이여, 제자들로서 이 얼마나 희유한 일인가! 다시 말해서, 그들은 얼마나 스승의 가르침에 어긋남 없이 행동하려고 했고, 훈계(訓戒)에 순응하려 했고, 사부대중(四部大衆)에게 얼마나 사랑스럽고, 매력적이며, 소중하며, 존경을 받았는가!

비구들이여, 여래로서 이 얼마나 놀라운 일인가! 비구들이여, 여래로서 이 얼마나 희유한 일인가! 다시 말해서, 이러한 제자들이 반열반에 들었는데, 여래에게는 슬픔이나 비통함이 없다오. 비구들이여, 그것을 지금 어찌하겠는가? 태어난 존재는 유위(有爲)이며, 쇠멸법(衰滅法)이라오. 그것을 사멸(死滅)하지 말라고 할 수는 없는 것이라오.

비구들이여, 그러므로 그대들은 자신을 등불로 삼고, 자신을 귀의처로 삼고, 다른 사람을 귀의처로 삼지 마시오. 가르침[法]을 등불로 삼고, 가르침을 귀의처로 삼고, 다른 것을 귀의처로 삼지 않고 살아가도록 하시오."

제48「근(根) 쌍윳따(Indriya-Saṃyutta)」

5.10. 자세한 설명(Vibhaṅga)〈s.48.10〉

세존께서 싸왓티의 제따와나 아나타삔디까 사원에 머무실 때, 비구들에게 말씀하셨습니다.

"비구들이여, 5근(五根)이 있다오. 5근은 어떤 것인가? 그것은 신근(信根), 정진근(精進根), 염근(念根), 정근(定根), 혜근(慧根)이라오.

비구들이여, 신근(信根)이란 어떤 것인가? 비구들이여, 거룩한 제자는 '세존은 아라한[應供], 원만하고 바르게 깨달으신 분[正遍知], 앎과 실천을 구족하신 분[明行足], 피안으로 잘 가신 분[善逝], 세상을 잘 아시는 분[世間解], 위없는 분[無上士], 사람을 길들여 바른길로 이끄시는 분[調御丈夫], 천신과 인간의 스승[天人師], 진리를 깨달으신 분[佛], 세존(世尊)이시다'라고 여래의 깨달음을 믿는 믿음이 있다오. 비구들이여, 이것을 신근이라고 한다오.

비구들이여, 정진근(精進根)이란 어떤 것인가? 비구들이여, 거룩한 제자는 불선법(不善法)을 버리고 선법(善法)을 얻기 위하여, 선법에 대하여 굳고, 확고하고, 용맹하고, 끈기 있게 열심히 정진하며 살아간다오. 그는 아직 생기지 않은 사악한 불선법은 발생하지 않도록 의욕을 일으켜 노력하고, 정진하고, 마음을 다잡고 애쓴다오. 이미 생긴 사악한 불선법은 버리려는 의욕을 일으켜 노력하고, 정진하고, 마음을 다잡고 애쓴다오. 아직 생기지 않은 선법은 발생하도록 의욕을 일으켜 노력하고, 정진하고, 마음을 다잡고 애쓴다오. 이미 생긴 선법은 지속하고, 망실이지 않고, 증가하고, 발전하고, 닦아 익히고, 성취하려는 의욕을 일으켜 노력하고, 정진하고, 마음을 다잡고 애쓴다오. 비구들이여, 이것을 정진근이라고 한다오.

비구들이여, 염근(念根)이란 어떤 것인가? 비구들이여, 거룩한 제자는 최상의 신중한 집중력을 가지고 오래전에 행한 일이나 오래전에 말한 것까지 상기하고 기억하여 주의집중을 한다오. 그는 몸[身]을 관찰하며 몸에 머물면서, 열심히 알아차리고 주의집중을 하여 세간에 대한 탐욕과 불만을 제거한다오. 느낌[受]을 관찰하며 느낌에 머물면서, 열심히 알아차리고 주의집중을 하여 세간에 대한 탐욕과 불만을 제거한다오. 마음[心]을 관찰하며 마음에 머물면서, 열심히 알아차리고 주의집중을 하여 세간에 대한 탐욕과 불만을 제거한다오. 법(法)을 관찰하며 법에 머물면서, 열심히 알아차리고 주의집중을 하여 세간에 대한 탐욕과 불만을 제거한다오. 비구들이여, 이것을 염근이라고 한다오.

비구들이여, 정근(定根)이란 어떤 것인가? 비구들이여, 거룩한 제자는 지각대상을 버리고 삼매(三昧)에 들어 마음을 하나로 모은다오. 그는 감각적 욕망을 멀리하고, 불선법(不善法)을 멀리하고, 사유(思惟)가 있고 숙고(熟考)가 있으며, 멀리함에서 생긴 기쁨과 즐거움이 있는 초선(初禪)을 성취하여 살아가고, 사유와 숙고를 억제하여, 내적으로 조용해진, 마음이 집중된, 사유와 숙고가 없는, 삼매에서 생긴 즐거움과 기쁨이 있는 제2선(第二禪)을 성취하여 살아가고, 기쁨이 사라지고 평정한 마음으로 주의집중과 알아차림을 하며 지내는 가운데 몸으로 즐거움을 느끼면서, 성인들이 '평정한 마음[捨]으로 주의집중을 하는 즐거운 상태'라고 이야기한 제3선(第三禪)을 성취하여 살아가고, 즐거움을 포기하고 괴로움을 버림으로써 이전의 만족과 불만이 소멸하여 괴롭지도 않고 즐겁지도 않은, 평정한 주의집중이 청정한 제4선(第四禪)을 성취하여 살아간다오. 비구들이여, 이것을 정근이라고 한다오.

비구들이여, 혜근(慧根)이란 어떤 것인가? 비구들이여, 거룩한 제자는 통찰지[般若]가 있다오. 그는 일어나고 사라지는 것을 꿰뚫어 보고, 바르게 괴로움의 멸진으로 인도하는 거룩한 통찰지를 구족(具足)한다오. 그는 '이것은 괴로움[苦]이다'라고 통찰하고, '이것은 괴로움의 쌓임[苦集]이다'라고 통찰하고, '이것은 괴로움의 소멸[苦滅]이다'라고 통찰하고, '이것은 괴로움의 소멸에 이르는 길[苦滅道]이다'라고 통찰한다오. 비구들이여, 이것을 혜근이라고 한다오.

비구들이여, 이들이 5근(五根)이라오."

5.11. 운나바 바라문(Uṇṇābho brāhmaṇo)〈s.48.42〉

세존께서 싸왓티의 뿝바라마(Pubbārāma) 미가라마뚜(Migāramātu) 강당에 머무실 때, 운나바 바라문이 세존을 찾아와서 인사를 나눈 뒤에 말씀드렸습니다.

"고따마 존자님! 다섯 가지 지각활동[五根], 즉 시각활동[眼根], 청각활동[耳根], 후각활동[鼻根], 미각활동[舌根], 촉각활동[身根]은 대상[境][14]이 다르고, 활동영역[行境][15]이 달라서, 다른 것들의 활동영역과 대상을 경험하지 못합니다. 고따마 존자님! 대상[境]이 다르고, 활동영역[行境]이 달라서, 다른 것들의 활동영역과 대상을 경험하지 못하는 이들 다섯 가지 지각활동의 의지처(依止處)는 무엇입니까? 무엇이 그것들의 활동영역과 대상을 경험합니까?"

"바라문이여, 대상이 다르고, 활동영역이 달라서, 다른 것들의 활동영역과 대상을 경험하지 못하는 이들 다섯 가지 지각활동의 의지처는 마음활동[意]이라오. 그리고 마음활동이 그것들의 활동영역과 대상을 경험한다오."

"고따마 존자님! 그렇다면 마음활동의 의지처는 무엇입니까?"

"존자여, 마음의 의지처는 주의집중[念, sati]이라오."

"고따마 존자님! 그렇다면 주의집중의 의지처는 무엇입니까?"

"존자여, 주의집중의 의지처는 해탈(解脫, vimutti)이라오."

"고따마 존자님! 그렇다면 해탈의 의지처는 무엇입니까?"

---

14 'visaya'의 번역.

15 'gocara'의 번역.

"존자여, 해탈의 의지처는 열반(涅槃)이라오."

"고따마 존자님! 그렇다면 열반의 의지처는 무엇입니까?"

"존자여, 질문이 범위를 벗어났군요. 그대는 질문의 한계를 파악하지 못했군요. 바라문이여, 청정한 수행[梵行]은 열반에 들어가기 위하여, 열반을 목표로, 열반을 종착지로 영위된다오."

그러자, 운나바 바라문은 세존의 말씀에 기뻐하고 만족하고서, 자리에서 일어나 세존께 예배한 후에 오른쪽으로 돌고 나서 떠나갔습니다.

제49「정도(正道) 쌍윳따(Sammappadhāna-Saṃyutta)」

(생략)

제50「역(力) 쌍윳따(Bala-Saṃyutta)」

(생략)

제51「여의족(如意足) 쌍윳따(Iddhipāda-Saṃyutta)」

(생략)

제52「아누룻다 쌍윳따(Anuruddha-Saṃyutta)」

(생략)

第53「선정(禪定) 쌍윳따(Jhāna-Saṃyutta)」

(생략)

第54「들숨날숨 쌍윳따(Ānāpāna-Saṃyutta)」

(생략)

第55「수다원(須陀洹) 쌍윳따(Sotāpatti-Saṃyutta)」

(생략)

第56「진리(諦) 쌍윳따(Sacca-Saṃyutta)」

5.12. 삼매(三昧, Samādhi)〈s.56.1〉

세존께서 싸왓티의 제따와나 아나타삔디까 사원에 머무실 때, 비구들에게 말씀하셨습니다.

"비구들이여, 삼매(三昧)를 닦도록 하시오. 비구들이여, 삼매에 든 비구는 있는 그대로 통찰한다오. 무엇을 있는 그대로 통찰하는가? '이것은 괴로움[苦]이다'라고 있는 그대로 통찰한다오. '이것은 괴로움의 쌓임[苦集]이다'라고 있는 그대로 통찰한다오. '이것은 괴로움의 소멸[苦滅]이다'라고 있는 그대로 통찰한다오. '이것은 괴로움의 소멸에 이르는 길[苦滅道]이다'라고 있는 그대로 통찰한다오.

비구들이여, 삼매를 닦도록 하시오. 비구들이여, 삼매에 든 비구는 있는 그대로 통찰한다오. 비구들이여, 그러므로 '이것은 괴로움[苦]이다'라고 통찰하기 위해 노력하고, '이것은 괴로움의 쌓임[苦集]이다'라고 통찰하기 위해 노력하고, '이것은 괴로움의 소멸[苦滅]이다'라고 통찰하기 위해 노력하고, '이것은 괴로움의 소멸에 이르는 길[苦滅道]이다'라고 통찰하기 위해 노력해야 한다오."

5.13. 여래의 말씀(Tathāgatena vutta)〈s.56.11〉

세존께서 바라나씨의 이씨빠따나 미가다야(鹿野苑)에 머무실 때, 다섯 비구[五比丘]에게 말씀하셨습니다.

"비구들이여, 나에게 출가한 자는 두 극단(極端)을 가까이해서는 안 된다오.[16] 두 극단은 어떤 것인가? 그것은 속가(俗家) 범부들의 저열한 감각적 욕망에서 생기는 천박하고 무익한 즐거움과 자신을 괴롭혀서 생기는 천박하고 무익한 괴로움이라오. 비구들이여, 여래는 이 두 극단을 멀리함으로써, 안목이 생기고, 앎이 생겨서, 평온과 체험적 지혜와 정각(正覺)과 열반으로 이끄는 중도(中道)를 체험하고 깨달았다오.[17]

비구들이여, 그 중도는 어떤 것인가? 이것은 거룩한 8정도(八正道), 즉 정견(正見), 정사유(正思惟), 정어(正語), 정업(正業), 정명(正命), 정

---

16 'dve me bhikkhave antā pabbajitena na sevittabbā'의 번역.

17 'ete te bhikkhave ubho ante anupakamma majjhimā paṭipadā Tathāgatena abhisambhuddhā cakkhukaraṇī ñāṇakaraṇī upasamāya sambhodhāya nibbānāya saṃvattati'의 번역.

정진(正精進), 정념(正念), 정정(正定)이라오.

비구들이여, 이것이 고성제(苦聖諦)라오. 태어남[生]이 괴로움이고, 늙음[老]이 괴로움이고, 질병[病]이 괴로움이고, 죽음[死]이 괴로움이고, 근심[憂], 슬픔[悲], 고통[苦], 우울[惱], 불안(不安)이 괴로움이고, 미워하는 사람과 만나는 것이 괴로움[怨憎會苦]이고, 사랑하는 사람과 이별하는 것이 괴로움[愛別離苦]이고, 원하는 것을 얻지 못하는 것이 괴로움[求不得苦]이라오. 요컨대 5취온(五取蘊)이 괴로움이라오.[18]

비구들이여, 다시 존재하기를 바라며, 기쁨과 탐욕을 수반하여 여기저기에서 애락(愛樂)하고 갈망하는 마음[愛],[19] 즉 욕애(欲愛),[20] 유애(有愛),[21] 무유애(無有愛),[22] 이것이 괴로움의 쌓임(苦集)이라오.

비구들이여, 그 갈망하는 마음이 남김없이 사라지고 버려지고 완전히 포기되어, 갈망하는 마음에서 해탈하여 집착이 없으면, 이것이 괴로움의 소멸[苦滅]이라오.

비구들이여, 거룩한 8정도, 즉 정견, 정사유, 정어, 정업, 정명, 정정진, 정념, 정정이 괴로움의 소멸에 이르는 길[苦滅道]이라오.

비구들이여, 나에게 '이것은 괴로움이라는 거룩한 진리[苦聖諦]다'

---

18 'saṅkhitena pañc' upādānakkhandhā dukkhā'의 번역.

19 'yā 'yaṁ taṇhā ponobhavikā nandirāgasahagatā tatratatrābhinandinī'의 번역.

20 'kāma-taṇhā'의 번역. 감각적 욕망의 대상을 갈망하는 마음이 욕애(欲愛)이다.

21 'bhava-taṇhā'의 번역. 좋아하는 것이 다시 존재하기를 갈망하는 마음이 유애(有愛)이다.

22 'vibhava-taṇhā'의 번역. 싫어하는 것이 다시는 존재하지 않기를 갈망하는 마음이 무유애(無有愛)이다.

라는 이전에 들어본 적 없는 법(法)들에 대한 안목이 생기고, 앎이 생기고, 통찰지[般若]가 생기고, 명지(明智)가 생기고, 광명이 생겼다오. 비구들이여, 나에게 '이 괴로움이라는 거룩한 진리[苦聖諦]를 명확하게 이해해야 한다'[23]라는 이전에 들어본 적 없는 법(法)들에 대한 안목이 생기고, 앎이 생기고, 통찰지[般若]가 생기고, 명지(明智)가 생기고, 광명이 생겼다오. 비구들이여, 나에게 '이 괴로움이라는 거룩한 진리를 명확하게 이해했다'[24]라는 이전에 들어본 적 없는 법들에 대한 안목이 생기고, 앎이 생기고, 통찰지가 생기고, 명지가 생기고, 광명이 생겼다오.

비구들이여, 나에게 '이것은 괴로움의 쌓임이라는 거룩한 진리[苦集聖諦]다'라는 이전에 들어본 적 없는 법(法)들에 대한 안목이 생기고, 앎이 생기고, 통찰지[般若]가 생기고, 명지(明智)가 생기고, 광명이 생겼다오. 비구들이여, 나에게 '이 괴로움의 쌓임이라는 거룩한 진리[苦集聖諦]를 제거해야 한다'[25]라는 이전에 들어본 적 없는 법들에 대한 안목이 생기고, 앎이 생기고, 통찰지가 생기고, 명지가 생기고, 광명이 생겼다오. 비구들이여, 나에게 '이 괴로움의 쌓임이라는 거룩한 진리를 제거했다'라는 이전에 들어본 적 없는 법들에 대한 안목이 생기고, 앎이 생기고, 통찰지가 생기고, 명지가 생기고, 광명이 생겼다오.

비구들이여, 나에게 '이것은 괴로움의 소멸이라는 거룩한 진리[苦滅聖諦]다'라는 이전에 들어본 적 없는 법(法)들에 대한 안목이 생기고,

---

23 'taṃ kho panidam dukkham ariyasaccam pariññeyyan ti'의 번역.

24 'taṃ kho panidam dukkham ariyasaccam pariññātan ti'의 번역.

25 'taṃ kho panidam dukkhasamudayam ariyasaccam pahātabban ti'의 번역.

앎이 생기고, 통찰지[般若]가 생기고, 명지(明智)가 생기고, 광명이 생겼다오. 비구들이여, 나에게 '이 괴로움의 소멸이라는 거룩한 진리를 증득(證得)해야 한다'[26]라는 이전에 들어본 적 없는 법들에 대한 안목이 생기고, 앎이 생기고, 통찰지가 생기고, 명지가 생기고, 광명이 생겼다오. 비구들이여, 나에게 '이 괴로움의 소멸이라는 거룩한 진리를 증득했다'라는 이전에 들어본 적 없는 법들에 대한 안목이 생기고, 앎이 생기고, 통찰지가 생기고, 명지가 생기고, 광명이 생겼다오.

비구들이여, 나에게 '이것은 괴로움의 소멸에 이르는 길이라는 거룩한 진리[苦滅道聖諦]다'라는 이전에 들어본 적 없는 법(法)들에 대한 안목이 생기고, 앎이 생기고, 통찰지[般若]가 생기고, 명지(明智)가 생기고, 광명이 생겼다오. 비구들이여, 나에게 '이 괴로움의 소멸에 이르는 길이라는 거룩한 진리를 닦아 익혀야 한다'[27]라는 이전에 들어본 적 없는 법들에 대한 안목이 생기고, 앎이 생기고, 통찰지가 생기고, 명지가 생기고, 광명이 생겼다오. 비구들이여, 나에게 '이 괴로움의 소멸에 이르는 길이라는 거룩한 진리를 닦아 익혔다'라는 이전에 들어본 적 없는 법들에 대한 안목이 생기고, 앎이 생기고, 통찰지가 생기고, 명지가 생기고, 광명이 생겼다오.

비구들이여, 내가 이들 네 가지 거룩한 진리[四聖諦]에 대하여 이와 같이 3단계의 12행위[三轉十二行]를 있는 그대로 알고 봄으로써 한

---

26 'taṃ kho panidam dukkhanirodham ariyasaccaṃ sacchikātabban ti'의 번역.

27 'taṃ kho panidam dukkhanirodhagāminī paṭipadā ariyasaccaṃ bhāvetabban ti'의 번역.

점 의혹 없이 확신하지 않았다면,[28] 비구들이여, 나는 마라와 범천을 포함한 천신들의 세계와 사문과 바라문, 그리고 왕과 백성을 포함한 인간계에서 '위 없는 바르고 평등한 깨달음[無上正等正覺]을 깨달았다'라고 선언하지 않았을 것이오.

비구들이여, 나는 이 네 가지 거룩한 진리[四聖諦]에 대하여 이와 같이 3단계의 12행위[三轉十二行]를 있는 그대로 알고 봄으로써 한 점 의혹 없이 확신했기 때문에, 비구들이여, 나는 마라와 범천을 포함한 천신들의 세계와 사문과 바라문, 그리고 왕과 백성을 포함한 인간계에서 '위 없는 바르고 평등한 깨달음[無上正等正覺]을 깨달았다'라고 선언했다오. 그리고 나에게 '이것이 마지막 태어남이다. 이제는 이후의 존재[後有]는 없다'[29]라는 확고한 지견(知見)과 마음의 해탈[心解脫]이 생겼다오."

이것이 세존께서 하신 말씀입니다. 다섯 비구[五比丘]는 세존의 말씀에 만족하고 기뻐했습니다. 그리고 이 설명을 하실 때, 꼰단냐(Koṇḍañña, 憍陳如) 존자에게 '쌓인 법[集法]은 어떤 것이든 모두가 소멸하는 법[滅法]이다'[30]라는 티 없이 맑은 법안(法眼)이 생겼습니다.

이와 같이 세존께서 법륜(法輪)을 굴리실 때, 대지(大地)의 신들이 '세존께서 바라나씨의 이씨빠따나 미가다야(鹿野苑)에서 사문이든 바

---

28 'yāva kīvañca me bhikkhave imesu catesu ariyasaccesu evaṃ tiparivaṭṭaṃ dvādasākāraṃ yathābhūtaṃ ñāṇadassanaṃ na suvisuddham ahosi'의 번역. 'suvisuddha'는 '지극히 청정한'의 의미인데, 이것은 모든 의심이 사라진 확신(確信)을 의미한다.

29 'ayam antimā jāti natthidānj punabbhavo ti'의 번역.

30 'yaṃ kiñci samudayadhammaṃ sabban taṃ nirodhadhamman ti'의 번역.

라문이든 천신이든 마라든 브라만신이든, 세간의 그 누구도 되돌릴 수 없는 위 없는 법륜(法輪)을 굴리셨다'라고 외쳤습니다.

대지(大地)의 신들의 소리를 듣고, 사대천왕(四大天王)이 '세존께서 바라나씨의 이씨빠따나 미가다야(鹿野苑)에서 사문이든 바라문이든 천신이든 마라든 브라만신이든, 세간의 그 누구도 되돌릴 수 없는 위 없는 법륜(法輪)을 굴리셨다'라고 외쳤습니다.

사대천왕의 소리를 듣고, 도리천(忉利天)의 천신들과 야마천(夜摩天)의 천신들과 도솔천(兜率天)의 천신들과 화락천(化樂天)의 천신들과 타화자재천(他化自在天)의 천신들이 '세존께서 바라나씨의 이씨빠따나 미가다야(鹿野苑)에서 사문이든 바라문이든 천신이든 마라든 브라만신이든, 세간의 그 누구도 되돌릴 수 없는 위 없는 법륜(法輪)을 굴리셨다'라고 외쳤습니다.

이렇게 하여 순식간에 범천의 세계에 그 소리가 올라갔으며, 일만 세계가 진동하고, 흔들리고, 요동쳤습니다. 그리고 천신들의 위신력(威神力)을 뛰어넘는 헤아릴 수 없는 웅장한 광명이 세간에 비쳤습니다. 그때 세존께서 우다나를 읊으셨습니다.

꼰단냐여! 참으로 그대는 이해했군요.[31]
꼰단냐여! 참으로 그대는 이해했군요.

---

31 'aññāsi vata bho Koṇḍañño'의 번역.

이렇게 해서 꼰단냐 존자에게 안냐따 꼰단냐(Aññāta Koṇḍañña)[32]라는 이름이 생겼습니다.

5.14. 온(蘊, Khandha)〈s.56.13〉

세존께서 싸왓티의 제따와나 아나타삔디까 사원에 머무실 때, 비구들에게 말씀하셨습니다.

"비구들이여, 네 가지 거룩한 진리[四聖諦]가 있다오. 그 넷은 어떤 것인가? 그것은 고성제(苦聖諦), 고집성제(苦集聖諦), 고멸성제(苦滅聖諦), 고멸도성제(苦滅道聖諦)라오.

비구들이여, 그렇다면 어떤 것이 고성제인가? 그 답은 5취온(五取蘊), 즉 색취온(色取蘊), 수취온(受取蘊), 상취온(想取蘊), 행취온(行取蘊), 식취온(識取蘊)이라오. 비구들이여, 이것을 고성제라고 한다오.

비구들이여, 그렇다면 어떤 것이 고집성제인가? 비구들이여, 다시 존재하기를 바라며, 기쁨과 탐욕을 수반하여 여기저기에서 애락(愛樂)하는 갈애[愛] 즉, 욕애(欲愛), 유애(有愛), 무유애(無有愛), 비구들이여, 이것을 고집성제라고 한다오.

비구들이여, 그렇다면 어떤 것이 고멸성제인가? 비구들이여, 그 갈애[愛]가 남김없이 사라지고, 버려지고, 완전히 포기되고, (갈애에서) 해탈하여 집착이 없으면, 비구들이여, 이것을 고멸성제라고 한다오.

비구들이여, 그렇다면 어떤 것이 고멸도성제인가? 비구들이여, 그

---

32 '이해한 꼰단냐'라는 의미.

것은 거룩한 8정도(八正道), 즉 정견(正見), 정사유(正思惟), 정어(正語), 정업(正業), 정명(正命), 정정진(正精進), 정념(正念), 정정(正定)이라오. 비구들이여, 이것을 고멸도성제라고 한다오.

비구들이여 이들이 거룩한 진리들이라오. 비구들이여, 그러므로 '이것은 괴로움[苦]이다'라고 통찰하기 위해 노력하고, '이것은 괴로움의 쌓임[苦集]이다'라고 통찰하기 위해 노력하고, '이것은 괴로움의 소멸[苦滅]이다'라고 통찰하기 위해 노력하고, '이것은 괴로움의 소멸에 이르는 길[苦滅道]이다'라고 통찰하기 위해 노력해야 한다오."

5.15. 입처(入處, Āyatana)〈s.56.14〉

세존께서 싸왓티의 제따와나 아나타삔디까 사원에 머무실 때, 비구들에게 말씀하셨습니다.

"비구들이여, 네 가지 거룩한 진리[四聖諦]가 있다오. 그 넷은 어떤 것인가? 그것은 고성제(苦聖諦), 고집성제(苦集聖諦), 고멸성제(苦滅聖諦), 고멸도성제(苦滅道聖諦)라오.

비구들이여, 그렇다면 어떤 것이 고성제인가? 그 답은 6내입처(六內入處), 즉 안입처(眼入處), 이입처(耳入處), 비입처(鼻入處), 설입처(舌入處), 신입처(身入處), 의입처(意入處)라오. 비구들이여, 이것을 고성제라고 한다오.

비구들이여, 그렇다면 어떤 것이 고집성제인가? 비구들이여, 다시 존재하기를 바라며, 기쁨과 탐욕을 수반하여 여기저기에서 애락(愛樂)하는 갈애[愛], 즉, 욕애(欲愛), 유애(有愛), 무유애(無有愛), 비구들이여,

이것을 고집성제라고 한다오.

비구들이여, 그렇다면 어떤 것이 고멸성제인가? 비구들이여, 그 갈애[愛]가 남김없이 사라지고, 버려지고, 완전히 포기되고, (갈애에서) 해탈하여 집착이 없으면, 비구들이여, 이것을 고멸성제라고 한다오.

비구들이여, 그렇다면 어떤 것이 고멸도성제인가? 비구들이여, 그것은 거룩한 8정도(八正道), 즉 정견(正見), 정사유(正思惟), 정어(正語), 정업(正業), 정명(正命), 정정진(正精進), 정념(正念), 정정(正定)이라오. 비구들이여, 이것을 고멸도성제(苦滅道聖諦)라고 한다오.

비구들이여 이들이 거룩한 진리들이라오. 비구들이여, 그러므로 '이것은 괴로움[苦]이다'라고 통찰하기 위해 노력하고, '이것은 괴로움의 쌓임[苦集]이다'라고 통찰하기 위해 노력하고, '이것은 괴로움의 소멸[苦滅]이다'라고 통찰하기 위해 노력하고, '이것은 괴로움의 소멸에 이르는 길[苦滅道]이다'라고 통찰하기 위해 노력해야 한다오.

5.16. 무명(無明, Avijjā)〈s.56.17〉

세존께서 싸왓티의 제따와나 아나타삔디까 사원에 머무실 때, 어떤 비구가 세존을 찾아와서 예배하고 한쪽에 앉아 말씀드렸습니다.

"세존이시여, 무명(無明)이라는 말들을 하는데, 무명은 어떤 것이며, 어찌하면 무명에 빠집니까?"

"비구여, 괴로움[苦]에 대하여 알지 못하고, 괴로움의 쌓임[苦集]에 대하여 알지 못하고, 괴로움의 소멸[苦滅]에 대하여 알지 못하고, 괴로움의 소멸에 이르는 길[苦滅道]에 대하여 알지 못하는 것, 이것을 무명이라고 하며, 이리하면 무명에 빠진다오. 비구여, 그러므로 '이것은 괴로움[苦]이다'라고 통찰하기 위해 노력하고, '이것은 괴로움의 쌓임[苦集]이다'라고 통찰하기 위해 노력하고, '이것은 괴로움의 소멸[苦滅]이다'라고 통찰하기 위해 노력하고, '이것은 괴로움의 소멸에 이르는 길[苦滅道]이다'라고 통찰하기 위해 노력해야 한다오."

5.17. 명지(明智, Vijjā)〈s.56.18〉

세존께서 싸왓티의 제따와나 아나타삔디까 사원에 머무실 때, 어떤 비구가 세존을 찾아와서 예배하고 한쪽에 앉아 말씀드렸습니다.

"세존이시여, 명지(明智)라는 말들을 하는데, 명지는 어떤 것이며, 어찌하면 명지에 도달합니까?"

"비구여, 괴로움[苦]에 대하여 알고, 괴로움의 쌓임[苦集]에 대하여 알고, 괴로움의 소멸[苦滅]에 대하여 알고, 괴로움의 소멸에 이르는 길[苦滅道]에 대하여 아는 것, 이것을 명지(明智)라고 하며, 이리하면 명지에 도달한다오. 비구여, 그러므로 '이것은 괴로움이다'라고 통찰하기 위해 노력하고, '이것은 괴로움의 쌓임이다'라고 통찰하기 위해 노력하고, '이것은 괴로움의 소멸이다'라고 통찰하기 위해 노력하고, '이것은 괴로움의 소멸에 이르는 길이다'라고 통찰하기 위해 노력해야 한다오."

5.18. 씽싸빠(Siṃsapā)〈s.56.31〉

세존께서 꼬쌈비의 씽싸빠 숲(Siṃsapāvana)에 머무실 때, 세존께서 씽싸빠 나뭇잎을 조금 손에 쥐고서 비구들에게 말씀하셨습니다.

"비구들이여. 어떻게 생각하는가? 내가 손에 조금 쥐고 있는 씽싸빠 나뭇잎이 더 많은가, 이 씽싸빠 숲 바닥에 있는 나뭇잎이 더 많은가?"

"세존이시여, 세존께서 손에 조금 쥐고 계신 씽싸빠 나뭇잎은 매우 적고, 이 씽싸빠 숲 바닥에 있는 나뭇잎은 매우 많습니다."

"비구들이여, 실로 이와 같이 내가 체험하여 알고 있지만 말하지 않은 것이 더 많고, 말한 것은 적다오. 비구들이여. 그렇다면, 나는 왜 그것을 말하지 않았는가? 그것은 무익하고, 청정한 수행을 실천하는 출발점이 아니며, 염리(厭離), 이욕(離欲), 멸진(滅盡), 적정(寂靜), 체험적 지혜[勝智], 정각(正覺), 열반(涅槃)으로 이끌지 않는다오. 그래서 나는 그것을 말하지 않았다오.

비구들이여, 내가 말한 것은 어떤 것인가? 말룽까뿟따여, 나는 '이것은 괴로움[苦]이다'라고 말했다오. 나는 '이것은 괴로움의 쌓임[苦集]이다'라고 말했다오. 나는 '이것은 괴로움의 소멸[苦滅]이다'라고 말했다오. 나는 '이것은 괴로움의 소멸로 가는 길[苦滅道]이다'라고 말했다오. 비구들이여, 그렇다면 나는 왜 그것을 말했는가? 비구들이여, 그것은 유익하고, 청정한 수행을 실천하는 출발점이며, 염리(厭離), 이욕(離欲), 멸진(滅盡), 적정(寂靜), 체험적 지혜[勝智], 정각(正覺), 열반(涅槃)으로 이끈다오. 그래서 나는 그것을 말했다오.

비구들이여, 그러므로 '이것은 괴로움[苦]이다'라고 통찰하기 위해 노력하고, '이것은 괴로움의 쌓임[苦集]이다'라고 통찰하기 위해 노력하고, '이것은 괴로움의 소멸[苦滅]이다'라고 통찰하기 위해 노력하고, '이것은 괴로움의 소멸에 이르는 길[苦滅道]이다'라고 통찰하기 위해 노력해야 한다오."

5.19. 옷(Ceḷa)〈s.56.34〉

세존께서 꼬쌈비의 씽싸빠 숲(Siṃsapāvana)에 머무실 때, 비구들에게 말씀하셨습니다.

"비구들이여, 옷이나 머리에 불이 붙었을 때는 어찌하겠는가?"

"세존이시여, 옷이나 머리에 불이 붙었을 때는 옷이나 머리의 불을 끄기 위하여 지극한 의지와 노력과 힘을 기울여 불퇴전의 정진과 주의집중과 알아차림을 행해야 합니다."

"비구들이여, 불이 붙은 옷이나 머리는 주시하지 않고, 주의하지 않더라도, 이해하지 못한 4성제(四聖諦)를 있는 그대로 이해하기 위해서는 지극한 의지와 노력과 힘을 기울여 불퇴전의 정진과 주의집중과 알아차림을 행해야 한다오. … (중략) … 비구들이여, 그러므로 '이것은 괴로움[苦]이다'라고 통찰하기 위해 노력하고, '이것은 괴로움의 쌓임[苦集]이다'라고 통찰하기 위해 노력하고, '이것은 괴로움의 소멸[苦滅]이다'라고 통찰하기 위해 노력하고, '이것은 괴로움의 소멸에 이르는 길[苦滅道]이다'라고 통찰하기 위해 노력해야 한다오."

5.20. 맹귀우목(盲龜遇木, Chiggaḷa[33])〈s.56.47-48〉

세존께서 웨쌀리에 있는 마하와나(大林園)의 중각강당(重閣講堂)에 머무실 때, 비구들에게 말씀하셨습니다.

〈s.56.47〉 "비구들이여, 예를 들어, 어떤 사람이 큰 바다에 구멍이 하나 뚫린 멍에를 던져놓았는데, 거기에 눈먼 거북이가 백 년마다 한 번씩 떠오른다면, 비구들이여, 어떻게 생각하는가? 백 년마다 한 번씩 떠오르는 그 눈먼 거북이가 구멍이 하나 뚫린 멍에에 목을 넣을 수 있겠는가?"

"세존이시여, 아마도 오랜 시간이 지난다면 언젠가 그럴 수 있을 것입니다."

"비구들이여, 내가 이르노니, 한 번 악처(惡處)에 떨어진 어리석은 자가 사람의 몸을 얻는 것보다 백 년마다 한 번씩 떠오르는 그 눈먼 거북이가 구멍이 하나 뚫린 멍에에 목을 넣는 것이 더 빠르다오. 왜냐하면, 비구들이여, 거기에는 여법한 수행, 바른 수행, 착한 행위, 복된 행위가 없기 때문이라오. 비구들이여, 거기에서는 서로 잡아먹고, 약자를 잡아먹는 일이 벌어진다오. 왜냐하면, 비구들이여, 그들은 4성제(四聖諦)를 보지 못했기 때문이라오.

… (중략) …

비구들이여, 그러므로 '이것은 괴로움[苦]이다'라고 통찰하기 위해 노력하고, '이것은 괴로움의 쌓임[苦集]이다'라고 통찰하기 위해 노력하고, '이것은 괴로움의 소멸[苦滅]이다'라고 통찰하기 위해 노력하

33 'chiggaḷa'는 구멍을 의미하는데, 이미 널리 알려진 '맹귀우목'으로 경의 제목을 붙였다.

고, '이것은 괴로움의 소멸에 이르는 길[苦滅道]이다'라고 통찰하기 위해 노력해야 한다오.

〈s.56.48〉 비구들이여, 예를 들어, 이 대지가 하나의 바다가 되었는데, 그곳에 어떤 사람이 구멍이 하나 뚫린 멍에를 던져놓았다고 합시다. 그 멍에는 동풍이 불면 서쪽으로 흘러가고, 서풍이 불면 동쪽으로 흘러가고, 북풍이 불면 남쪽으로 흘러가고, 남풍이 불면 북쪽으로 흘러갈 것이오. 거기에 눈먼 거북이가 백 년마다 한 번씩 떠오른다고 합시다. 비구들이여, 어떻게 생각하는가? 백 년마다 한 번씩 떠오르는 그 눈먼 거북이가 구멍이 하나 뚫린 멍에에 목을 넣을 수 있겠는가?"

"세존이시여, 백 년마다 한 번씩 떠오르는 그 눈먼 거북이가 구멍이 하나 뚫린 멍에에 목을 넣기는 지극히 어렵습니다."

"비구들이여, 사람의 몸을 얻기가 이만큼 어렵다오. 비구들이여, 아라한이며 등정각자인 여래가 이 세상에 출현하기가 이만큼 어렵다오. 여래가 가르친 법(法)과 율(律)이 세간에서 밝게 빛나기가 이만큼 어렵다오. 비구들이여, 그런데 그대들은 인간의 몸을 얻었고, 아라한이며 등정각자인 여래가 이 세상에 출현했으며, 여래가 가르친 법과 율이 세간에서 밝게 빛나고 있다오. 비구들이여, 그러므로 '이것은 괴로움[苦]이다'라고 통찰하기 위해 노력하고, '이것은 괴로움의 쌓임[苦集]이다'라고 통찰하기 위해 노력하고, '이것은 괴로움의 소멸[苦滅]이다'라고 통찰하기 위해 노력하고, '이것은 괴로움의 소멸에 이르는 길[苦滅道]이다'라고 통찰하기 위해 노력해야 한다오."

쌍윳따 니까야 색인

제1장 게송품(偈頌品)

제1 천신(天神) 쌍윳따

제2 천자(天子) 쌍윳따

제3 꼬쌀라 쌍윳따

제13 이해(理解) 쌍윳따

제14 계(界) 쌍윳따

제15 무시이래(無始以來) 쌍윳따

제5장 대품(大品)

이중표

전남대학교 철학과를 졸업한 뒤 동국대학교 대학원에서 불교학 석 · 박사 학위를 취득했다.
이후 전남대학교 철학과 교수로 재직했으며, 정년 후 동 대학교 철학과 명예교수로 위촉됐다.
호남불교문화연구소 소장, 범한철학회 회장, 불교학연구회 회장을 역임했으며,
현재 불교 신행 단체인 '붓다나라'를 설립하여 포교와 교육에 힘쓰고 있다.
저서로는 『정선 디가 니까야』, 『정선 맛지마 니까야』, 『정선 앙굿따라 니까야』, 『붓다의 철학』,
『니까야로 읽는 금강경』, 『니까야로 읽는 반야심경』, 『담마빠다』, 『숫따니빠따』,
『불교란 무엇인가』, 『붓다가 깨달은 연기법』, 『근본불교』, 『현대와 불교사상』 외 여러 책이 있으며,
역서로 『붓다의 연기법과 인공지능』, 『불교와 양자역학』 등이 있다.

精選 쌍윳따 니까야

2021년 04월 12일 초판 1쇄 발행
2024년 04월 26일 초판 2쇄 발행

지은이 이중표
발행인 박상근(至弘) • 편집인 류지호 • 상무이사 김상기 • 편집이사 양동민
편집 김재호, 양민호, 김소영, 최호승, 하다해, 정유리 • 디자인 쿠담디자인
제작 김명환 • 마케팅 김대현, 김선주, 이선호 • 관리 윤정안
콘텐츠국 유권준, 정승채, 김희준
펴낸 곳 불광출판사 (03169) 서울시 종로구 사직로10길 17 인왕빌딩 301호
대표전화 02) 420-3200 편집부 02) 420-3300 팩시밀리 02) 420-3400
출판등록 제300-2009-130호(1979. 10. 10.)

ISBN 978-89-7479-917-5 (04220)
978-89-7479-668-6 (04220) (세트)

값 39,000원

석학 이중표 명예교수의 불교철학 시리즈

• 정선 디가 니까야

초기불교 경전 모음집 제1권으로 『디가 니까야』 가운데 가장 핵심적인 12개의 경을 선정하여 번역하고 주석과 해설을 덧붙였다. 붓다가 제자들은 물론, 당시 사상가들과 나눈 토론이 자세히 실려 있어 다양한 인도 사상과 풍습을 엿볼 수 있다. 불교 교리와 수행법을 이해하는 데 결정적인 도움을 준다.

이중표 역해 | 532쪽 | 28,000원

• 정선 맛지마 니까야

초기불교 경전 모음집 제2권으로 『맛지마 니까야』 가운데 가장 핵심적인 70개의 경을 선정하여 번역하고 주석과 해설을 덧붙였다. 37조도품과 9차제정 등 불교 수행의 모든 과정을 담았다. 불교가 추구하는 열반을 이루기 위한 수행법의 종류를 명징(明澄)하게 보여준다.

이중표 역해 | 888쪽 | 39,000원

• 니까야로 읽는 반야심경

『반야심경』에 나오는 '반야(般若)'와 '공(空)'사상의 원류를 초기경전 『니까야』에서 찾아 분석한 내용을 담았다. 『니까야』를 통해 『반야심경』의 탄생 배경과 사용된 용어들의 진의를 알 수 있다. 이 과정에서 초기불교와 대승불교의 접점을 파악할 수 있다.

이중표 역해 | 272쪽 | 20,000원

• 붓다의 철학

한국 불교학의 살아있는 고전 『아함의 중도체계』를 27년 만에 새롭게 개정 증보하여 『붓다의 철학』으로 발간했다. 이 책은 붓다가 깨닫고 증명한 진리 안에서 철학이 추구하는 인식론 · 존재론 · 가치론이 어떻게 논의되고 있는지, 그리고 그 문제에 대한 해답을 철학적으로 해석해 입증해내고 있다.

이중표 지음 | 464쪽 | 27,000원